Peter Schwerdtner

Das Persönlichkeitsrecht in der deutschen Zivilrechtsordnung

Das Persönlichkeitsrecht in der deutschen Zivilrechtsordnung

Offene Probleme einer juristischen Entdeckung

Von

Professor Dr. jur. Peter Schwerdtner

Bielefeld

1977

J. Schweitzer Verlag · Berlin

CIP-Kurztitelaufnahme der Deutschen Bibliothek

Schwerdtner, Peter

Das Persönlichkeitsrecht in der deutschen Zivilrechtsordnung: offene Probleme e. jur. Entdeckung. – 1. Aufl. – Berlin: Schweitzer, 1976.
ISBN 3-8059-0449-5

Satz: Niko Jessen, Hamburg – Druck: Hildebrand, Berlin – Buchbinderarbeiten: Wübben, Berlin. – Printed in Germany

Vorwort

Die Diskussion um das allgemeine Persönlichkeitsrecht und die Rechtsfolgen seiner Verletzung ist mittlerweile durch den Beschluß des Bundesverfassungsgerichts vom 14. 2. 1973[1] zur Ruhe gekommen. Mit dieser Entscheidung über die Verfassungsmäßigkeit der Gewährung von Schmerzensgeld bei derartigen Verletzungstatbeständen ist jedoch, worauf neuerdings *Schwab*[2] zu Recht hingewiesen hat, noch nichts über die sachliche Berechtigung dieser „juristischen Entdeckung" gesagt. Insbesondere die Funktion und die Voraussetzung des Ersatzes des Nichtvermögensschadens bei Persönlichkeitsrechtsverletzungen und deren Verhältnis zu anderen Rechtsfolgen gilt es erneut zu überdenken.

Zu danken habe ich der Juristischen Fakultät der Universität Bochum, die die Schrift im Sommersemester 1972 als Habilitationsleistung angenommen hat. Mein besonderer Dank gilt Herrn Professor Dr. Fritz Fabricius, der mir während meiner Assistentenzeit großzügig Zeit zu eigener Forschung gewährte und meinen Auffassungen mit einer Toleranz begegnete, die im deutschen Wissenschaftsbetrieb wohl kaum den Regelfall bildet. Insoweit bin ich auch den sonstigen Mitgliedern der Juristischen Fakultät der Universität Bochum zu Dank verpflichtet.

Es steht zu befürchten, daß die Darlegungen des Verfassers von einem großen Teil der deutschen Zivilistik als wissenschaftlicher Journalismus abgetan werden. Die Tiefgründigkeit von Teilen deutscher Rechtswissenschaft hat nicht zuletzt dazu geführt, daß sich diese partiell aus der internationalen Diskussion herausgeschrieben hat. M. E. hat auch wissenschaftliche Kritik direkt, pointiert und klar zu sein. Sie ist damit zugleich ehrlich. *Kühnert*[3] hat zu Recht diagnostiziert, daß wissenschaftliche Kritik oft verklausuliert und bis zu übertriebener Höflichkeit zurückhaltend ist. Diesem Vorwurf wird sich der Verfasser mit Sicherheit nicht ausgesetzt sehen. Seine Kritik ist klar formuliert. Die Gefahr, als Besserwisser abgestempelt zu werden, nimmt er in Kauf.

Es versteht sich von selbst, daß die gesamte Literatur zum Persönlichkeitsschutz im Rahmen einer Arbeit nicht verwertet werden konnte. Wer dies unternimmt läuft, um mit *Schopenhauer* zu sprechen, Gefahr, sich dumm zu lesen.

---

1 BVerfGE 34, S. 269 ff.

2 *Schwab*, Einführung in das Zivilrecht, 2. Aufl., Kronberg/Ts., S. 213 RdNr. 343

3 *Kühnert*, Juristische Arbeitsblätter 1974, S. 857.

Die Drucklegung der Arbeit hat sich durch verschiedene Umstände verzögert. Die mittlerweile erschienene Literatur und die neuere Rechtsprechung wurden jedoch im Rahmen des Möglichen eingearbeitet. Dies war leider hinsichtlich der 3. Auflage der Methodenlehre von *Larenz* nicht mehr möglich.

Bielefeld, Herbst 1975 Peter Schwerdtner

Inhaltsverzeichnis

Vorwort . . . . V–VI
Einleitung 1– 4
Einführung 5– 10

Teil A: Methodische Standortbestimmung – Rechtswissenschaft und kritischer Rationalismus . . . .

I. Einleitung 11– 14
II. Der Meinungsstand zu interpretationstheoretischen Fragen 14– 16
1. Der rechtstheoretische Standpunkt *Niclas Luhmanns* . 17– 19
2. Die rechtsethische Situation als Orientierungslinie? . . 20– 21
3. *Krieles* Theorie der Rechtsgewinnung 22– 25
4. Die Verfassungsinterpretation nach *Konrad Hesse* . . . 25– 28
5. Das topische Rechtsdenken 28– 30
6. *Josef Essers* Grundsatz und Norm 30– 32
7. Die typologische Betrachtungsweise 32
8. Methodologie und Verfahrensrecht 32– 33
9. Der kritische Rationalismus im Schrifttum zur Methodenlehre 33– 35
10. Die juristische Hermeneutik in der Sicht *Hans-Georg Gadamers* 35– 37
11. Wege und Irrwege zu einer politischen Rechtstheorie . 37– 45
III. Der kritische Rationalismus als Denkstil 45– 51
IV. Kritischer Rationalismus und Rechtswissenschaft 52– 54
V. Die Jurisprudenz als politische Handlungwissenschaft . . . 54– 68
VI. Schlußbetrachtung 68– 71
VII. Allgemeines Persönlichkeitsrecht und Hermeneutik 72– 77

Teil B: Der gegenwärtige Stand der Diskussion um das allgemeine Persönlichkeitsrecht

I. Die Verkürzung des allgemeinen Persönlichkeitsrechtes auf den Schutz der Privat- oder Intimsphäre 79– 80
II. Die Unzulänglichkeit der Verlagerung der Problematik ins Deliktsrecht 80– 82

III. Gründe für die Verinnerlichung des Persönlichkeitsrechts .
1. Die „amtliche" Philosophiegeschichte als Alibi 82– 84
2. Person und Persönlichkeit 84– 86
3. Die faustische Deutung des Persönlichkeitsrechts und ihre Folgen 86– 87
IV. Die marxistische Kritik an der gegenwärtigen Sicht des Persönlichkeitsschutzes 87– 89
V. Die bisherigen Versuche der Systematisierung des allgemeinen Persönlichkeitsrechtes 89
1. Die Systematisierung *Hubmanns* 89– 90
2. Die Systematisierung von *Reinhardt* 90– 91
VI. Notwendigkeit einer Ausweitung des Blickfeldes 91– 94
VII. Die rechtsdogmatische Einordnung des Achtungs- und Teilhabeanspruchs 94– 97
VIII. Der Achtungsanspruch als Rahmenrecht 97–100

Teil C: Träger des Persönlichkeitsrechtes
I. Das postmortale Persönlichkeitsrecht 101–104
II. Der positivrechtliche Befund 104–106
1. Postmortales Persönlichkeitsrecht und Verfassungsrecht 106–107
2. Dogmatische Lösungsversuche 107
a) Die postmortale Teilrechtsfähigkeit 107–108
b) Theorie der subjektlosen Rechte 108
c) Theorie der allgemeinen Rechtssubjektivität 109
d) Die Auffassung von *Heldrich* 109–110
e) Die Treuhänderhypothese 110
3. Eigene Stellungnahme 110–117
III. Das Persönlichkeitsrecht juristischer Personen und anderer Verbände 117–119
1. Der Achtungsanspruch juristischer Personen und sonstiger Verbände 119–120
2. Der Teilhabeanspruch juristischer Personen und sonstiger Verbände 120–124

Teil D: Der Teilhabeanspruch

I. Einleitung ... 126

II. Die Funktion der Drittwirkung der Grundrechte ... 126–129

III. Die Privatautonomie ... 130
1. Meinungsstand ... 130–131
2. Kritik des Vertragsfreiheitsverständnisses ... 131–136
3. Die Verwerfung des aut-aut-Denkens ... 136–138
4. Notwendigkeit einer Politisierung der Herrschaftssysteme ... 138–139
5. Abschied vom liberalen Modell ... 140–142
6. Alibi-Normen oder Grenznormen? ... 143–144
7. Die moderne Funktion des Vertragsrechtes und ihre Folgen ... 144–149
8. Konsequenzen für das subjektive Recht ... 149–150
9. Folgerungen aus dem veränderten Privatautonomieverständnis für das Problem der allgemeinen Geschäftsbedingungen ... 150–153
a) Ablehnung einer Rückkehr zur individualisitischen Lösung des BGB ... 153
b) Ablehnung einer etatistischen Lösung ... 153
c) Versuch der Begründung eines zivilrechtlichen Übermaßverbotes ... 153–155
10. Zusammenfassung ... 155–156
11. Die Fortsetzung der Privatautonomie im Gerichtsschutzsystem – das Schiedsgerichtswesen ... 156–160
12. Eigentumsfreiheit und Vertragsfreiheit ... 161–163
13. Marktwirtschaft, Planwirtschaft, économie mixed ... 163–167
14. Arbeitsrecht und Menschenwürde – Eine Auseinandersetzung mit *Reinhardt Hoffmann* ... 167–172
15. Zusammenfassung ... 172–173

Teil E: Der Achtungsanspruch ... 175

I. Einzelfälle des Achtungsanspruches
1. Eidesstattliche Versicherung und Schuldnerverzeichnis
a) Rechtslage ... 175–176
b) Bankgeheimnis und allgemeines Persönlichkeitsrecht 176–178

2. Die Ehestörungsklage 178
a) Meinungsstand 178–180
b) Eigene Stellungnahme 180–185
3. Ton-, Fernseh- und Filmaufnahmen im Gerichtssaal . 186–188
4. Beschränkungen der Öffentlichkeit von Gerichtsverhandlungen 188–194
5. Die namentliche Nennung von Prozeßbeteiligten in veröffentlichten Zivilentscheidungen 194–196
6. Verbrechensaufklärung durch Unterhaltungssendungen des Fernsehens 196
a) Tatbestand 196–197
b) Rechtliche Würdigung der Sendung 197–202
7. Schutz vor Werbezusendungen 202–203
8. Die Weiterleitung beruflicher Werdegangsdaten an Dritte 204–205

II. Zusammenfassung 205–206

Teil F: Die speziellen Persönlichkeitsrechte – dargestellt am Recht am eigenen Bilde

I. Normative Ausgangslage 207–208

II. Verbot der Aufnahme 208–210
III. Fälle zulässiger Aufnahme und Verbreitung 210–211
1. Die Lehre von der Einwilligung 211–214
2. Relative Personen der Zeitgeschichte 214–218
3. Das Recht am Lebensbild 218–225
IV. Rechtsfolgen der Verletzung des Rechts am eigenen Bild . 225–226
1. Ansprüche aus unerlaubter Handlung gem. § 823 Abs. 1 BGB 226–240
2. Ansprüche aus Eingriffskondiktion gem. § 812 Abs. 1 S. 1, 2. Alt. BGB 241–247

Teil G: Rechtsfolgen bei der Verletzung des Achtungsanspruchs

I. Der Ersatz des immateriellen Schadens bei Persönlichkeitsrechtsverletzungen
1. Der normative Befund 251–255
2. § 253 BGB und Verfassungsrecht 255–257
3. § 253 BGB – ein Verbot der Rechtsfortbildung? 257–259

4. Der Ersatz des immateriellen Schadens und die Materialien zum BGB 260–264
5. Rechtspolitische Gründe für und gegen einen Ersatz des immateriellen Schadens im Rahmen von Persönlichkeitsrechtsverletzungen 265
a) Kampf gegen die Kommerzialisierung menschlicher Werte 265–269
b) Beeinträchtigung der Meinungs- und Pressefreiheit . 269–271
6. Das Wesen des Anspruchs auf Ersatz des immateriellen Schadens
a) Verselbständigung des Prinzips der Generalprävention 272
b) Die Struktur des Schmerzensgeldanspruches in der Rechtsprechung des BGH 272–274
c) Bedeutung des Schmerzensgeldes in der Literatur . 275–276
d) Eigene Stellungnahme 276–290
7. Folgerungen aus dieser Bestimmung des Schmerzensgeldes bei Persönlichkeitsrechtsverletzungen 290
a) Versicherungsfähigkeit 290–291
b) Möglichkeit von Rentenleistungen 291
c) Abtretbarkeit und Vererblichkeit des Schmerzensgeldanspruches 291–292
d) Schmerzensgeldtabellen 292–293
e) Abstellen auf echtes Verschulden bei § 847 I BGB? . 293
f) Berücksichtigung der Vermögensverhältnisse des Verletzers 294
8. Reformbestrebungen 294–295
9. Die Schmerzensgeldrechtsprechung bei Persönlichkeitsverletzungen – ein Stück Klassenjustiz? 295–301
10. Schmerzensgeld und strafgerichtliche Verurteilung des Verletzers 301–303
11. Die Betragshöhen des Schmerzensgeldes bei Körperverletzungen und Persönlichkeitsrechtsverletzungen . 303–306
II. Zusammenfassung 306–309

Teil H: Weitere Rechtsfolgen bei Persönlichkeitsrechtsverletzungen

I. Widerruf, Unterlassungsanspruch, Ersatz des immateriellen Schadens 311–313

1. Voraussetzungen und Grenzen des Widerrufsanspruchs 313
a) Die Beschränkung des Widerrufs auf Tatsachenbehauptungen 313–315
b) Der uneingeschränkte und der eingeschränkte Widerruf 315–318
c) Der Widerruf bei ehrverletzenden Behauptungen unter vier Augen 318–319
d) Die vermögensrechtliche Natur des Widerrufsanspruches 319–320
2. Die Befugnis zur Urteilsveröffentlichung beim Widerruf 320–321
3. Widerrufsanspruch und Beweislast 321–325
4. Form des Widerrufs 325–327
5. Widerrufsanspruch und Wahrnehmung berechtigter Interessen 327–328
6. Widerrufsanspruch und Vorbringen im schwebenden Zivilprozeß 328–332
7. Die Vollstreckung des Widerrufsurteils 332–336
8. Abschied vom Widerrufsanspruch? 336–339

II. Gegendarstellungsrecht
a) Voraussetzungen und rechtspolitische Würdigung des Gegendarstellungsrechts 339–342
b) Der Verhältnis von Widerrufs- und Gegendarstellungsanspruch 342–343
c) Das Verhältnis von Gegendarstellungsanspruch und Ersatz von Nichtvermögensschäden. 343–344

III. Aufopferungsanspruch
a) Meinungsstand 344–345
b) Kritik der Auffassung v. *M. Rehbinder* 345–347

IV. Zusammenfassung 347–348

Teil I: Schlußbetrachtung 349–351

Abkürzungsverzeichnis

a. A.	anderer Ansicht
a. a. O.	am angegebenen Ort
Abs.	Absatz
AcP	Archiv für zivilistische Praxis
a. F.	alte Fassung
AfP	Archiv für Presserecht
AG	Amtsgericht, Aktiengesellschaft
AGB	Allgemeine Geschäftsbedingungen
ALR	Allgemeines Landrecht für die Preußischen Staaten von 1794
a. M.	anderer Meinung
AnwBl	Anwaltsblatt
AöR	Archiv für öffentliches Recht
AP	Nachschlagewerk des Bundesarbeitsgerichts
ArbG	Arbeitsgericht
ArchBürgR	Archiv für Bürgerliches Recht
ARSP	Archiv für Rechts- und Sozialphilosophie
BAG	Bundesarbeitsgericht
BayObLG	Bayerisches Oberstes Landesgericht
BayVBl	Bayerische Verwaltungsblätter
BB	Betriebsberater
Bd.	Band
BDO	Bundesdisziplinarordnung
BFH	Bundesfinanzhof
BGB	Bürgerliches Gesetzbuch
BGBl	Bundesgesetzblatt
BGH	Bundesgerichtshof
BGH GrZS	Bundesgerichtshof, Großer Senat in Zivilsachen
BGHSt	Bundesgerichtshof, Entscheidungen in Strafsachen
BGHZ	Rechtsprechung des Bundesgerichtshofs in Zivilsachen
BK	Bonner Kommentar zum Grundgesetz
BNotO	Bundesnotarordnung
BR	Bundesrat
BRAO	Bundesrechtsanwaltsordnung
BStBl	Bundessteuerblatt

BVerfG	Bundesverfassungsgericht, Entscheidungen des Bundesverfassungsgerichts
DAR	Deutsches Autorecht
DB	Der Betriebsberater
Der Staat	Zeitschrift
DJ	Deutsche Justiz
DJT	Deutscher Juristentag
DJZ	Deutsche Juristen-Zeitung
DöV	Die öffentliche Verwaltung
DR	Deutsches Recht
DRiG	Deutsches Richtergesetz
DRIZ	Deutsche Richterzeitung
DVBl	Deutsches Verwaltungsblatt
EheG	Ehegesetz
f.	für
FamRZ	Zeitschrift für das gesamte Familienrecht
ff	folgende.
Film und Recht	Zeitschrift
FN	Fußnote
Futurum	Zeitschrift
GBO	Grundbuchordnung
GewO	Gewerbeordnung
GG	Grundgesetz
GoltdArch	Goltdammers Archiv für Strafrecht
GrünhutsZ	Zeitschrift für das Privat- und öffentliches Recht der Gegenwart
GRUR	Gewerblicher Rechtsschutz und Urheberrecht
GVBl	Gesetz- und Verordnungsblatt
GVG	Gerichtsverfassungsgesetz
GWB	Gesetz gegen Wettbewerbsbeschränkungen
HGB	Handelsgesetzbuch
h. L.	herrschende Lehre
HRR	Höchstrichterliche Rechtsprechung
i. d. F.	in der Fassung

i. d. R.	in der Regel
i. S.	im Sinne
JBl	Juristische Blätter (Österreich)
JGG	Jugendgerichtsgesetz
JhJ	Jherings Jahrbücher der Dogmatik des bürgerlichen Rechts
JR	Juristische Rundschau
JuS	Juristische Schulung
JW	Juristische Wochenschrift
JZ	Juristen-Zeitung
KG	Kammergericht
Kriminalstatistik	Zeitschrift
Kritische Justiz	Zeitschrift
KUG	Gesetz betr. das Urheberrecht an Werken der bildenden Künste und der Fotografie (Kunsturhebergesetz)
LG	Landgericht
LM	Nachschlagewerk des Bundesgerichts in Zivilsachen hrsg. von Lindenmaier und Möhring
LuftVG	Luftverkehrsgesetz
MDR	Monatsschrift für deutsches Recht
m. E.	meines Erachtens
Mot.	Motive zum BGB
NdsRpfl	Niedersächsische Rechtspflege
NJW	Neue juristische Wochenschrift
Nr.	Nummer
OGH	Oberster Gerichtshof für die britische Zone
OLG	Oberlandesgericht
OLGZ	Entscheidungen des Oberlandesgerichts in Zivilsachen
Prot	Protokolle der Kommission für die II. Lesung des Entwurfs des BGB
RdA	Recht der Arbeit

Rechtstheorie	Zeitschrift für Logik, Methodenlehre, Kybernetik und Soziologie des Rechts
Rdnr.	Randnummer
RG	Reichsgericht
RGBl	Reichsgesetzblatt
RHaftpflG	Reichshaftpflichtgesetz
S.	Satz, Seite
SeuffA	Seufferts Archiv für Entscheidungen der obersten Gerichte in den deutschen Staaten
SGO	Sozialgerichtsordnung
SJZ	Süddeutsche Juristen-Zeitung, Schweizerische Juristen-Zeitung
SteuerBeratG	Steuerberatungsgesetz
StGB	Strafgesetzbuch
StPO	Strafprozeßordnung
Studium Generale	Zeitschrift
u. a.	unter anderem
Ufita	Archiv für Urheber-, Film-, Funk- und Theaterrecht
UrhRG	Gesetz über Urheberrecht und verwandte Schutzrechte (Urheberrechtsgesetz)
u. U.	unter Umständen
vgl.	vergleiche
VersR	Versicherungsrecht
VerwArch	Verwaltungsarchiv
VRS	Verkehrsrechtssammlung
Warn.	Warnmeyer, Die Rechtsprechung des Reichsgerichts
WPM	Wertpapier-Mitteilungen
WRP	Wettbewerb in Recht und Praxis
WuW	Wirtschaft und Wettbewerb
WZG	Warenzeichengesetz
ZAkDR	Zeitschrift der Akademie für deutsches Recht
ZAS	Zeitschrift für Arbeitsrecht und Sozialrecht (Österreich)
z. B.	zum Beispiel
ZfA	Zeitschrift für Arbeitsrecht
ZfStW	Zeitschrift für die gesamte Strafrechtswissenschaft

ZHR	Zeitschrift für das gesamte Handelsrecht
ZPO	Zivilprozeßordnung
ZRP	Zeitschrift für Rechtspolitik
z. T.	zum Teil
ZZP	Zeitschrift für Zivilprozeß

Einleitung

Der Titel der Abhandlung wird manche abschrecken. Das Persönlichkeitsrecht scheint kein lohnender Gegenstand rechtswissenschaftlicher Bemühungen mehr zu sein. Demgegenüber ist jedoch der Verfasser der Auffassung, daß die Persönlichkeitsrechtsdiskussion nicht am Ende, sondern am Anfang steht. Die vorliegende Arbeit setzt sich nicht zum Ziele, alle Fragen des allgemeinen Persönlichkeitsrechts umfassend zu behandeln. Dies würde den Rahmen dieser Arbeit sprengen, müßte doch eine umfassende Bestandsaufnahme die „Öffentlichkeitsaufgabe" von Presse, Funk und Fernsehen eingehend untersuchen[1]. Im Gegensatz zu den jüngst erschienenen Arbeiten von *v. Gamm*[2] und von *Helle*[3] beschränkt sich die vorliegende Arbeit nicht auf die Kompilation von Literatur und Rechtsprechung. Vielmehr versucht sie kritisch die Solidität des Persönlichkeitsschutzes in der deutschen Rechtsordnung zu beleuchten und insoweit das zu leisten, was Rechtswissenschaft allein zu leisten vermag, will sie nicht in eine sterile Dogmatisierung verfallen: Eine Anreicherung des Argumentationshaushalts im Sinne eines diskursiven Problemdenkens.

Das Privatrecht steckt in einer tiefen Krise[4]. Diese Feststellung wird nicht zur Rechtfertigung dieser Arbeit getroffen. Vielmehr hofft der Verfasser die Krisis des Privatrechtssystems transparent machen zu können. Auch *Ramm*[5] hat neuerdings die Notwendigkeit betont, das Privatrecht vom Grundgesetz aus neu zu begreifen und zu gestalten.

Der Persönlichkeitsschutz ist weitgehend eine Domäne des Richterrechts. „Alle Reformideen, die hier abweichend vom Gesetz ständige Rechtsprechung geworden sind, werden als geltendes Richterrecht für sakrosankt betrachtet. Aber auch unabhängig von diesem wenig erquicklichen Zustand wird man sich die Frage vorlegen müssen, wie nun eigentlich die sachlich angemessene Lösung auszusehen hat – nicht zuletzt im Hinblick auf die vorgesehene Neugestaltung der Schadensersatzregelungen des Deliktsrechts."[6]

---

1 Vgl. dazu *R. Schumacher*, aaO; *Scholler*, aaO; *Riklin*, aaO.
2 *v. Gamm*, Persönlichkeits- und Ehrverletzungen.
3 *Helle*, aaO.
4 Vgl. dazu auch *Vischer*, Zeitschrift für Schweizerisches Recht NF, Bd. 90 (1971), 2. Halbbd., S. 3 ff., S. 32.
5 *Ramm*, Einführung, Bd. I, G 123.
6 *Hans-Joachim Hirsch*, Festschrift für Karl Engisch, S. 304 ff., S. 313.

Wenn es nicht gelingt, Rechtswissenschaft als Forum der Argumentationskunst zu erhalten, ist es nur noch eine Frage der Zeit, daß sich die Gesellschaft die gewiß nicht unberechtigte Frage nach Sinn und Zweck der Unterhaltung dieses Wissenschaftsbetriebs stellt. Auch auf dem Gebiete des Persönlichkeitsrechts, wo allenthalben Wertungsfragen im Raume stehen, ist jegliches Richtigkeitsdenken fehl am Platz. Insoweit zeigt sich auch, daß Rechtswissenschaft auf weiten Strecken nicht mehr arbeitsteilig betrieben werden kann. Gerade auf dem Gebiete des Persönlichkeitsschutzes wird man zu einer Kooperation zwischen Zivilrecht, Strafrecht und Verfassungsrecht[7] gezwungen. Innerhalb der Diskussion um den Persönlichkeitsschutz gilt es sich auch freizumachen von eingefahrenen Denkrastern und idealistischen Verklemmungen. Insoweit glaubte der Verfasser entgegen dem von ihm selbst gegebenen Protokoll, dem kritischen Rationalismus, scharfe Kritik äußern zu müssen. Er wollte damit nicht als Alles- und Besserwisser den gegebenen Spielraum zertrampeln. Vielmehr galt es nur, auf Fehlentwicklungen aufmerksam zu machen.

Manches von dem, was der Verfasser zur Diskussion stellt, mag an anderer Stelle bereits besser gesagt sein:

„Der Theoretiker, der heute in praktische Kontroversen eingreift, erfährt regelmäßig und beschämend, daß, was er an Gedanken etwa beizubringen hat, längst gesagt ward und meist besser beim ersten Mal!"[8]

Es kann wohl kaum zweifelhaft sein, daß die gegenwärtig in Literatur und Rechtsprechung diskutierten Fragen des allgemeinen Persönlichkeitsrechts für den Fortbestand unserer Kultur nicht allein entscheidend sind[9]. Sie sind Ausdruck eines individualistischen, unpolitischen Privatrechtsverständnisses. Die Forderung, die politische Funktion der Rechtswissenschaft zu reflektieren, hat nicht zum Ziele, unparteiische Erkenntnisgewinnung durch parteiliche Sichtweisen zu ersetzen. *Habermas*[10] hat gezeigt, welcher impliziten Ideologie eine zur Sozialtechnik gewordene Wissenschaft wider ihr neutrales Selbstverständnis anhängt. Die Entdeckung der politischen Funktion des Privatrechts wird freilich dadurch erschwert, daß im Bereich der deutschen Rechtswissenschaft eine Auseinandersetzung mit *Karl Marx* als Tribut an den Zeitgeist gedeutet wird[11].

---

7 Auch *Mayer-Maly* (Rechtskenntnis und Gesetzesflut, S. 85 ff.) hat neuerdings die Notwendigkeit einer enzyklopädischen Jurisprudenz betont.

8 *Theodor W. Adorno*, Sexualtabus und Recht heute, S. 299.

9 Vgl. dazu aber auch *Reinhardt*, AcP Bd. 153 (1954), S. 548 ff.

10 *Habermas*, Theorie und Praxis, S. 245 ff.

11 so z. B. *Richardi*, AcP Bd. 171 (1971), S. 179 ff., S. 186.

Der Gegenstand der Arbeit ermöglichte freilich nur eine Summe kaleidoskopischer Ansätze. Eine Gesamttheorie des Persönlichkeitsrechts war nicht möglich. Insbesondere hat der Verfasser die Frage der Rechtswidrigkeit von Persönlichkeitsverletzungen weitgehend ausgeklammert. Im übrigen kann der Verfasser nur hoffen, daß seine Ausführungen nicht nur insoweit überraschen, was aus dem allgemeinen Persönlichkeitsrecht alles abgeleitet werden kann.[13].

Im gegenwärtigen Schrifttum finden sich immer wieder Hinweise auf die grundsätzliche Bedeutung des social learning. Es ist sicher richtig, daß der Bildungsauftrag ernst genommen werden muß[14]. Ob damit aber nicht ad kalendas graecas terminiert wird, ist unsicher. Derartige Bildungsappelle sind nichts Neues: So lautet § 12 der Statuten des Gehängeschmiedevereins in Hagen (Westf.) aus dem Jahre 1845 wie folgt:

„Die Wichtigkeit und Nothwendigkeit einer besseren Schul- und Fachbildung der angehenden Meister erkennend, wodurch allein die allgemeine Verarmung der Metallarbeiter verhütet werden kann, wollen wir unsere Gesellen und Lehrlinge veranlassen, eine Sonntags- und Fortbildungsschule zu besuchen."[15]

Für die Gegenwart gilt es, den einzelnen Menschen in seiner Entfaltung als Persönlichkeit zu schützen. Hierzu glaubte der Verfasser über eine Effektuierung des Persönlichkeitsschutzes einiges erreichen zu können. Gerade innerhalb dieser Diskussion gilt es Abschied zu nehmen von einer Verinnerlichung dieses Problemkreises. Daß sich der Verfasser insbesondere gegen *Hubmann*[16] wenden zu müssen glaubte, liegt nicht zuletzt darin begründet, daß das Werk von *Hubmann* die einzige größere Darstellung des zivilrechtlichen Persönlichkeitsrechts ist. Kritik ist insoweit bislang nur sporadisch geäußert worden[17]. Es darf also insoweit Konsens erwartet werden. Nach *Bussmann*[18] hat

---

12 *Zweigert*, Jherings Erbe, S. 240 ff., S. 245.

13 So *Buri*, Bespr. v. Kopp, Verfassungsrecht und Verwaltungsverfahrensrecht, München 1971, NJW 1971, S. 2061 1. Sp.; auch *Migsch* (ZAS 1971, S. 38 ff., S. 39 1. Sp.) wirft dem Verfasser vor, daß das Persönlichkeitsrecht als Generalklausel keinerlei Aussagekraft habe; dem ist jedoch entgegenzuhalten, daß mit der Artikulierung des Persönlichkeitsrechts zumindest der Bezugspunkt klar herausgestellt wird.

14 Vgl. dazu *Fabricius*, aaO, S. 88; *Klein-Fabricius*, aaO; *Saladin*, Zeitschrift für Schweizerisches Recht NF, Bd. 90 (1971), 1. Halbbd., S. 113 ff.; *Mohammed el Fasi*, Journal der Internationalen Juristenkommission, Bd. 9 (1968), S. 36 ff.

15 *Ebel*, aaO, S. 290 Nr. 90.

16 *Hubmann*, aaO.

17 Vgl. dazu z. B. *Wiethölter*, Kritische Justiz 1970, S. 121 ff., S. 127; *Ramm*, Einführung Bd. III, L 774.

18 *Bussmann, GRUR* 1970, S. 49.

Hubmann uns sein Buch geschenkt, „das im Aufbau und Darstellung, vor allem aber auch wegen seines uns alle interessierenden und angehenden Stoffes so fesselnd ist, daß man es nur ungern aus der Hand legt und sicherlich immer gern darauf zurückgreifen wird." *Hubmann*'s Verdienst ist es zweifellos, das allgemeine Persönlichkeitsrecht monographisch aufgearbeitet zu haben. Nachdem sich die Rechtsprechung gefestigt hat, gilt es jedoch zu prüfen, wie solide sich dieser Persönlichkeitsschutz darstellt und ob die folgende Diagnose von *G. Küchenhoff*[19] verifiziert werden kann:

„Höchstes Glück der Erdenkinder sei nur die Persönlichkeit. Wenn Goethe mit diesem Satz – wie wir meinen – Recht hat, und wenn es – wie wir weiter glauben – Aufgabe und Ziel des Rechts ist, das Zusammenleben der Menschen in einer möglichst allseits befriedigenden Harmonie zu ordnen und dadurch ihr Glück zu begründen, so hat das Recht auch für das höchste Glück der Erdenkinder, also ihre Persönlichkeit, zu sorgen. Dies ist in der Rechtsprechung des Bundesgerichtshofs und des Bundesverfassungsgerichts, denen Bundesarbeitsgericht und Bundesfinanzhof gefolgt sind, weithin auch im rechtswissenschaftlichen Schrifttum geschehen."

Angesichts des fast unübersehbaren Schrifttums verstehen sich die Anmerkungen nur als exemplarische Belege, nicht als erschöpfende Nachweise.

---

[19] *G. Küchenhoff*, Festschr. f. Geiger, S. 45 ff., S. 45

Einführung

„Entsprechend jenen Forderungen, die wir aus dem Wesen der sittlichen Persönlichkeit und aus dem Vergleich Sittlichkeit und Recht abgeleitet haben, erkennt also die Rechtsordnung nicht nur in der Rechtsfähigkeit die Selbständigkeit und Selbstmächtigkeit der Person in ihren Beziehungen an, sondern sie schützt auch die sittliche Persönlichkeit als solche, die Person als Wertträger. Das Recht auf Entfaltung der Persönlichkeit gewährleistet die Freiheit und Ungestörtheit ihres Wertstrebens, wie es ihrer faustischen Anlage, ihrem irrationalen Charakter, ihrer Dynamik, ihrem Drang ins Unendliche und Unbekannte entspricht. Das Recht der Persönlichkeit schützt ihre einzelnen Werte und Güter, und zwar die inneren sowohl wie die äußeren, die geistigen wie die körperlichen und sichert nicht nur das äußere, körperliche Dasein des Menschen, sondern auch seine seelischen Kräfte, seinen Geist, seinen Willen und seine Gefühle; darüber hinaus garantiert es auch seinen ursprünglichen Anspruch auf Besitz, Verwertung und Ausnutzung jener Werte, die er Kraft seiner eigentümlichen und eigenpersönlichen Fähigkeiten geschaffen hat und die nur ihm ihr Dasein verdanken."
Hubmann[1]

„Die Individuen, die nicht unter die Teilung der Arbeit subsumiert werden, haben

---

1 *Hubmann*, aaO, S. 376.

die Philosophen sich als ideal unter dem Namen der Mensch vorgestellt, und den ganzen, von uns entwickelten Prozeß als den Entwicklungsprozeß des Menschen gefaßt, so daß den bisherigen Individuen auf jeder geschichtlichen Stufe der Mensch unterschoben und als die treibende Kraft der Geschichte dargestellt wurde. Der ganze Prozeß wurde so als Selbstentfremdungsprozeß des Menschen gefaßt und dies kommt wesentlich daher, daß das Durchschnittsindividuum der späteren Stufe immer der früheren und das spätere Bewußtsein den früheren Individuen unterschoben wurde. Durch diese Umkehrung, die von vornherein von den wirklichen Bedingungen abstrahiert, war es möglich, die ganze Geschichte in einen Entwicklungsprozeß des Bewußtseins zu verwandeln."
Karl Marx[2]

„Es ist eine Paradoxie hohen Ranges, daß die der deutschen Philosophie des Idealismus abgezweigte prätentiöseste Konzeption zur Lösung der sozialen Frage, der Marxismus, zwar Geschichte gemacht und das politische Denken weltweit verwandelt, beeinflußt oder wenigstens provoziert hat, jedoch in der Literatur des deutschen (Arbeits-)Rechts ohne Echo geblieben ist, jedenfalls keine fundierte Auseinandersetzung fand."
Adomeit, aaO[3]

Wohl kaum ein anderes Thema hat die deutsche Zivilistik in den letzten 20 Jahren mehr beschäftigt als der Problemkreis des allgemeinen Persönlichkeitsrechtes. Die Rechtsgrundlagen des Schutzes des allgemeinen Persönlichkeitsrechtes standen und stehen dabei ebenso zur Diskussion wie die Frage

---

2 *Karl Marx*, Deutsche Ideologie, in: *Karl Marx*, Friedrich Engels Werke, Bd. 3, S. 69.
3 *Adomeit*, aaO, S. 122.

nach den Rechtsfolgen einer Verletzung dieses „Rechtes". Bekanntlich hat die Rechtsprechung des BGH[4], die dem allgemeinen Persönlichkeitsrecht zur Anerkennung verholfen hat, herben Tadel geerntet. Der Vorwurf reichte von der Feststellung des Rechtsbruches[5] bis zur Anprangerung einer pressefeindlichen Haltung[6]. Überblickt man einmal die Fülle der Kasuistik, so macht man die erstaunliche Feststellung, daß fast regelmäßig relative oder absolute Personen der Zeitgeschichte den Gegenstand der Urteile bildeten. Das Persönlichkeitsrecht des „kleinen" Mannes scheint nicht gefragt zu sein. Lehre und Rechtsprechung orientieren sich weitgehend an der Über-Person.

Die Entwicklung des allgemeinen Persönlichkeitsrechtes ist häufig dargestellt worden, so daß in diesem Zusammenhang nur ein kurzer Abriß gegeben werden soll.

Das Bürgerliche Gesetzbuch hat in § 823 Abs. 1 BGB dem Eigentum und den sonstigen Rechten vier ausdrücklich benannte Persönlichkeitsgüter gleichgestellt: Das Leben, den Körper, die Gesundheit, die Freiheit. Außer

---

4 Vgl. zum allgemeinen Persönlichkeitsrecht BGHZ 13, S. 334 ff., S. 338 Leserbriefe; BGHZ 20, S. 249 ff., S. 257 f.; Cosima-Wagner-Tagebücher; BGHZ 20, S. 345 ff., S. 351 Paul Dahlke; BGHZ 24, S. 72 ff., S. 76 f. Arzt-Zeugnisse; BGHZ 24, S. 200 ff., S. 208 f. Spätheimkehrer; BGHZ 26, S. 52 ff., S. 67 f. Sherlock Holms; BGHZ 26, S. 349 ff., S. 354 Herrenreiter; BGHZ 27, S. 284 ff. Heimliche Tonbandaufnahme; BGH LM Nr. 23 zu § 12 BGB Gedenktafel; BGHZ 30, S. 7 ff., Catarina Valente; BGHZ 31, S. 308 ff. Altherrenrundschreiben; BGH NJW 1960, S. 1614 Nitribitt = JZ 1960, S. 700; BGH JZ 1960, S. 701 La Chatte; BGH LM Nr. 9 zu Art. 5 GG Flüchtlingsverbände; BGH JZ 1961, S. 741 Wiedergutmachung; BGHZ 36, S. 77 Waffenhandel; BGHZ 35, S. 363 Ginseng-Wurzel; BGH LM Nr. 5 zu § 23 KUG Hochzeitsbild; BGH LM Nr. 16 zu § 823 BGB (Ah) Doppelmörder; BGHZ 39, S. 124 ff. Fernsehansagerin; BGH JZ 1964, S. 623 Kapfinger I; BGH NJW 1965, S. 294 Volkach-Madonna; BGH LM Nr. 16 zu Art. 5 GG Gretna Green; BGH LM Nr. 17 zu Art. 5 GG Kapfinger II; BGH NJW 1965, S. 2395 Mörder unter uns; BGH LM Nr. 5 zu § 291 BGB Satter Deutscher; BGH LM Nr. 21 zu Art. 5 GG Literaturlexikon; BGHZ 45, S. 296 Höllenfeuer; BGH LM Nr. 9 zu § 23 KUG Vor unserer eigenen Tür; BGH NJW 1966, S. 1213 Vertriebener; BGH NJW 1966, S. 647 Reichstagsbrand; BGHZ 50, S. 133 ff. Mephisto; BGH MDR 1968, S. 484 Fußball-Ligaspieler; BGH VersR 1969, S. 349 Spielgefährtin; BGH FamRZ 1969, S. 273 Sittlich verfehlt; BGH NJW 1971, S. 698 ff. Helga; BGH LM Nr. 25 zu § 823 BGB (Ah) Soraya; OLG Stuttgart, JZ 1962, S. 93 Deckname; OLG Köln MDR 1965, S. 134 Prozeßvortrag; vgl. zum ganzen auch BGHSt 10, S. 202 ff., S. 205; BGHSt 14, S. 358; BGHSt 19, S. 325 ff., S. 326 f.; BAGE 2, S. 221 ff., S. 224; BAGE 4, S. 274 ff., S. 281 f.; BVerfGE 30, S. 173 ff., S. 194 f.; BVerfGE 34, S. 118 ff.; S. 135 f.; BVerfGE 34, S. 238 ff., S. 246 f.; BVerfGE 34, S. 269 ff.; S. 282; vgl. zur Entwicklung der Rspr. *Kübler* in: Die Haftung der Massenmedien, S. 124.

5 Vgl. z. B. *Larenz*, NJW 1955, S. 521 ff.

6 Vgl. z. B. *Wiethölter*, Rechtswissenschaft, S. 198.

den vier Persönlichkeitsgründen wurden alsbald das Urheberpersönlichkeitsrecht, das Namensrecht (§ 12 BGB) und das Recht am eigenen Bild (§ 22 KUG) als sonstige Rechte im Sinne von § 823 I BGB aufgefaßt. Der Versuch ein gem. § 823 Abs. 1 BGB zu schützenden subjektives Recht an der Ehre zu begründen[7] hat sich in Schrifttum und Rechtsprechung lange Zeit ebensowenig durchsetzen können[8] wie der Versuch der Anerkennung eines allgemeinen Persönlichkeitsrechts:

„Ein allgemeines subjektives Persönlichkeitsrecht ist dem geltenden bürgerlichen Recht fremd. Es gibt nur besondere, gesetzlich geregelte Persönlichkeitsrechte wie das Namensrecht, das Recht am eigenen Bilde, die persönlichkeitsrechtlichen Bestandteile des Urheberrechts"[8a].

Den derart limitierten Persönlichkeitsschutz hat der Bundesgerichtshof durch die Anerkennung eines allgemeinen Persönlichkeitsrechts beträchtlich erweitert[9]. Das allgemeine Persönlichkeitsrecht ist damit in der Rechtsprechung zu einem sonstigen Recht im Sinne von § 823 I BGB avanciert. Die bisher anerkannten einzelnen Persönlichkeitsrechte sind danach lediglich Ausgestaltungen dieses umfassenden Rechts, auf das der Bundesgerichtshof nunmehr immer dann rekurriert, wenn der Schutz durch das spezielle Persönlichkeitsrecht nicht ausreichend erscheint. Der Bundesgerichtshof hat bei Verletzung des allgemeinen Persönlichkeitsrechts unter bestimmten Voraussetzungen auch einen Ersatz des immateriellen Schadens in Geld gewährt[10]. Anlaßfälle dieser Rechtsprechung waren die Herstellung von Bild-

---

7 Vgl. dazu *Otto v. Gierke*, Deutsches Privatrecht, Bd. III S. 888; *Heck*, Schuldrecht, § 49, 2, S. 453; *Schulz-Schaeffer*, aaO, S. 161; *Müllereisert*, aaO, S. 333; *H. Lehmann*, aaO, S. 129; vgl. zur Entwicklung des allgemeinen Persönlichkeitsrechts *Kohl* in: *Hoffmann-Riem/Kohl/Lüscher*, aaO, S. 63 ff.

8 Vgl. auch den Entwurf I zum BGB, in dem die Ehre als geschütztes Rechtsgut in § 704 aufgeführt wird; vgl. *Mugdan*, aaO, Bd. II, Protokolle, S. 1072 ff.; vgl. zur Geschichte des Persönlichkeitsschutzes auch *Scheyhing*, AcP Bd. 158 (1959/1960), S. 503 ff.; *Leutze*, aaO; *Schmelzeisen*, Festschrift für Nastelski, Mitteilungen der deutschen Patentanwälte 1969, S. 216 ff.; *Reinhardt*, Das Persönlichkeitsrecht in der geltenden Rechtsordnung.

8a RGZ 69, S. 401 ff., S. 403 f.; vgl. auch RGZ 113, S. 423 f.

9 Vgl. dazu Nachweise Einführung Fn. 4.

10 Vgl. dazu BGHZ 26, S. 349 ff. Herrenreiter; BGHZ 30, S. 7 ff. Catarina Valente; BGHZ 35, S. 363 ff. Ginseng; BGHZ 39, S. 124 ff. Fernsehansagerin; BGH NJW 1963, S. 904 f., S. 1404 Gerichtsberichterstattung; BGH LM Nr. 25 zu § 847 BGB; BGH JZ 1965, S. 413 Gretna Green; BGH NJW 1965, S. 686 Exklusiv-Interview; BGH NJW 1965, S. 2396 Mörder unter uns; BGH Ufita Bd. 44 (1965), S. 366 Wo ist mein Kind?; BGH NJW 1966, S. 1215; BGH NJW 1966, S. 2355 Vor unserer eigenen Tür; BGH NJW 1965, S. 1375 Satter Deutscher; BFH NJW 1964, S. 744; BGH NJW 1971, S. 698 f. Helga; HansOLG Ufita Bd. 60 (1971), S. 322 f. Prinz der Niederlande, Irene Prinzessin von Bourbon-Parma.

nissen einer Person ohne deren Einwilligung, die heimliche Tonbandaufnahme, die öffentliche Unterschiebung von Äußerungen, Lebensbilddarstellungen ohne Einwilligung, die Verwendung von Identitätsmerkmalen (Name usw.) zu Werbezwecken, die Weitergabe oder Veröffentlichung von Informationen aus der Privatsphäre und die Schmälerung des Ansehens einer Person in der Öffentlichkeit.

Die herrschende Lehre und Rechtsprechung hat das allgemeine Persönlichkeitsrecht aus Art. 1 I und Art. 2 I GG i. V. m. der Drittwirkung der Grundrechte entwickelt. Ob diese Ableitung wirklich haltbar ist, kann nur dann beurteilt werden, wenn der jeweilige methodologische Standort bestimmt ist. Eine derartige methodische Standortbestimmung ist um so dringender, als das allgemeine Persönlichkeitsrecht im allgemeinen und der Ersatz des Nichtvermögensschadens im besonderen von den einzelnen seelisch-geistigen Erscheinungen und realen Vorgängen abgezogen und so verdinglicht werden, daß sie als Passepartout zur Lösung von Rechtsproblemen mißverstanden und mißbraucht werden[11]. Die Karriere dieses Rechts hängt nicht zuletzt damit zusammen, daß es grenzenlos für juristische Begründungen einsetzbar erschien, wobei das Verständnis dieses Rechts als Verfassungskonkretion das Avancment noch beschleunigte. Der Hinweis auf Art. 1 Abs. 1 GG und auf Art. 2 Abs. 1 GG i. V. m. der Drittwirkung der Grundrechte war die ebenso knappe wie wenig überzeugende Begründung für die Anerkennung eines allgemeinen Persönlichkeitsrechtes. Dieses im Privatrecht entwickelte allgemeine Persönlichkeitsrecht ist vom Bundesverfassungsgericht nie verfassungsrechtlich beanstandet worden[12] [13]. Die verfassungsrechtliche Über-

---

Während der BGH zunächst in der unbefugten Bildnisveröffentlichung eine Beeinträchtigung der Freiheit der Selbstbestimmung über das eigene Bild erblickte (BGHZ 26, S. 354 ff. Herrenreiter; BGH LM Nr. 5 zu § 23 KUG Hochzeitsbild), hat er diese Konstruktion alsbald aufgegeben (vgl. z. B. BGHZ 35, S. 363 ff. Ginseng). Er hat daraus jedoch den unzutreffenden Schluß gezogen, die Zubilligung des Schmerzensgeldes unmittelbar auf § 823 Abs. 1 BGB zu stützen (so zutreffend Mertens, JuS 1962, S. 261 ff., S. 266 1. Sp.; a. A. *Hubmann*, aaO, S. 353; vgl. zum ganzen unten S. 221 ff.).

11 Vgl. z. B. BGHZ 35, S. 363 ff, S. 365 = NJW 1961, S. 2059, Ginseng-Wurzel; BGH LM Nr. 16 zu Art. 5 GG, Gretna Green; BVerfGE 34, S269 ff, S. 286 f; OLG Hamburg, NJW 1975, S. 649 ff.

12 Vgl. dazu BVerfGE 30, S. 173 ff, S. 194 f; BVerfGE 34, S. 118 ff, S. 135 f; BVerfGE 34, S. 238 ff, S. 246 f; BVerfGE 34, S. 269 ff, S. 282.

13 Vgl. zum Persönlichkeitsschutz in anderen Rechtsordnungen *Coing/Lawson/Grönfors*, Das subjektive Recht und der Rechtsschutz der Persönlichkeit, 1962; *Constantinesco*, AcP, Bd. 159 (1960/61), S. 320 ff; *Kübler* in: Die Haftung der Massenmedien, S. 142 f.

höhung dieses Rechtsschutzes hat jedoch dazu geführt, daß die Einbettung des Persönlichkeitsschutzes in das vielfältig verschlungene Geflecht privat- und verfassungsrechtlicher Ordnungszusammenhänge verdeckt wurde[14], und daß dem Rechtsanwender eine Sicherheit vorgegaukelt wurde, die unter methodologischen Gesichtspunkten, insbesondere unter dem Aspekt des kritischen Rationalismus, unhaltbar ist.

[14] So zutreffend *Kübler* in: Haftung der Massenmedien, S. 124.

Teil A

Methodische Standortbestimmung – Rechtswissenschaft und kritischer Rationalismus

> *„Nur einem Staat, der die Fähigkeit zur Selbstdarstellung verloren hat, kann es widerfahren, daß seine Rechtsnormen zu bloßen Leerformeln abgewertet werden."*
> *Ernst Forsthoff*[1]

> *„Man kann die (alte) Frage stellen, ob es in der Rechtsanwendung nur eine (richtige) Entscheidung gibt, ob also gegebene Daten (Fakten und Rechtssätze) nur eine richtige Entscheidung zuwege bringen. Das ist die Frage nach einem Evidenzmonopol. Ihre Bejahung ist eine menschliche Sehnsucht: es wäre schön, wenn wir, bei aller übrigen Unsicherheit, wenigstens in Rechtssicherheit lebten. Die Frage ist aber zu verneinen."*
> *Scheuerle*[2]

I. Einleitung

Eine Auseinandersetzung mit dem kritischen Rationalismus im Rahmen der Rechtswissenschaft ist umso dringlicher, als die im deutschen Rechtskreis noch repräsentative Methodenlehre von *Karl Larenz*[3] die sozialwissenschaftliche Diskussion völlig außer acht läßt. Auch bei anderen Autoren wird sie

---

Diese methodologischen Vorbemerkungen sind bereits in Rechtstheorie 1971, S. 67 ff., S. 224 ff. veröffentlicht worden. Das Echo war jedoch gering (vgl. z. B. *Steindorff*, Festschr. f. Larenz, S. 217 ff., S. 218; *Henke*, aao, S. 3 FN 1). Vgl. aber *Kellmann* Rechtstheorie 1975, S. 83 ff.

1 *Forsthoff*, Diese Art der Justizreform brauchen wir nicht, Die Welt Nr. 73 vom 27. 3. 1971.

2 *Scheuerle*, Juristische Evidenzen, ZZP Bd. 84 (1971), S. 241 ff., S. 296/297.

3 *Karl Larenz*, Methodenlehre der Rechtswissenschaft, 2. Aufl., Berlin–Heidelberg–New York 1969 (zit.: Methodenlehre); *Larenz* (Methodenlehre, S. 1 Fn. 1) stellt fest, daß in seiner Literaturübersicht alle Schriften berücksichtigt seien, die für das Me-

kaum zur Kenntnis genommen[4]. Vor diesem geistigen Hintergrund erschließt sich der Entwicklungsstand der gegenwärtigen rechtswissenschaftlichen Methodenlehre, die dem Juristen bei der Rechtsanwendung eine Sicherheit vorgaukelt, die es nicht gibt. Unter Rechtsanwendung soll im vorliegenden Zusammenhang im Anschluß an *Kriele* Auslegung und Rechtssatzergänzung verstanden werden (Lückenausfüllung einschließlich teleologischer Reduktion)[5]. In dem Maße jedoch, in dem die Bereitschaft wächst, über juristisches Denken zu reflektieren, wird das Rechtsdenken selbst und seine Methode zum wissenschaftlichen Thema und Problem[6]. Die gegenwärtigen methodologischen Unsicherheiten lassen sich wohl kaum besser veranschaulichen, als durch die nachfolgende Feststellung von *Rene Marcic*: „*Wiethölter* lehrt den Primat der Politik gegen das Recht. Ich lehre den Primat des Rechts gegen die Politik. Und dennoch: Ich weiß nicht recht, wenn man seine und meine Gedankengänge genau verfolgt, ob in der Sache ein so großer Unterschied waltet wie in der Terminologie."[7] Es kann mit Sicherheit davon ausgegangen werden, daß *Rudolf Wiethölter* mit dieser Interpretation „seines" rechtswissenschaftlichen Denkens nicht einverstanden ist[8].

---

thodenproblem von allgemeiner oder grundlegender Bedeutung sind. Es fehlen aber: *Ricoeur*, Die Interpretation, Ein Versuch über Freud, Frankfurt a. M. 1969; *Jürgen Habermas*, Erkenntnis und Interesse, Frankfurt a. M. 1968; *Wellmer*, Methodologie als Erkenntnistheorie, Zur Wissenschaftslehre Karl R. Poppers, Frankfurt a. M. 1967: *Ernst Bloch*, Naturrecht und menschliche Würde, Frankfurt a. M. 1961; *Albert*, Traktat über kritische Vernunft, Tübingen 1968; *Popper*, Logik der Forschung, 3. Aufl., Tübingen 1969; *Luhmann*, Zweckbegriff und Systemrationalität, Über die Funktion von Zwecken in sozialen Systemen, Tübingen 1968; *Rüthers*, Die unbegrenzte Auslegung, Zum Wandel der Privatrechtsordnung im Nationalsozialismus, Tübingen 1968; es ist freilich einzuräumen, daß Larenz in der 3. Auflage, Berlin/Heidelberg/New York, 1975, insoweit seine Positionen z. T. revidiert hat.

4 *Esser* (Vorverständnis und Methode in der Rechtsfindung, Rationalitätsgarantien richterlicher Entscheidungspraxis, Frankfurt a. M. 1971), bezieht sich zwar nicht unmittelbar auf den kritischen Rationalismus, kommt aber zu weitgehend ähnlichen Denkstrukturen. Vgl. dazu kritisch aber auch *Schwerdtner* JuS 1972, S. 357 f.

5 *Kriele*, Theorie der Rechtsgewinnung, entwickelt am Problem der Verfassungsinterpretation, Berlin 1967, S. 14.

6 So zutreffend *Krawietz*, Welche Methode lehrt die juristische Methodenlehre?, JuS 1970, S. 425 ff., S. 425 l. Sp.

7 *Marcic*, Rechtsphilosophie, Eine Einführung, Freiburg 1969, S. 224 f.

8 *Wiethölter*, Rechtswissenschaft, Frankfurt a. M.–Hamburg 1968, S. 27; derartige Versuche, sachliche Gegensätze auf terminologische Fragen zu reduzieren, dienen allein dazu, eine nicht mehr vorhandene Einheit vorzutäuschen; vgl. dazu auch *Buchner*, Besprechung von Schwerdtner, Fürsorgetheorie und Entgelttheorie im Recht der Arbeitsbedingungen, Heidelberg 1970, RdA 1970, S. 214 ff.

Um was geht es?

Rechtssätze sind herkömmlicher Meinung nach hypothetische Sollenssätze. Die Erkenntnis des Tatbestandes bildet den Erkenntnisgrund für die Rechtsfolge. Für die Auslegung des Tatbestandes wird auf die bereits von *Savigny* entwickelten Interpretationsmuster rekurriert, der Rechtssatz also nach grammatischen, logisch-systematischen, historischen und teleologischen Gesichtspunkten ausgelegt[9]. Was nun überrascht, ist die Selbstsicherheit, mit der das repräsentative Schrifttum auftritt, das behauptet, daß selbst dort, wo unbestimmte Rechtsbegriffe oder Generalklauseln im Spiele sind, immer nur eine „richtige" Entscheidung möglich sei. Als Methode wird nur das anerkannt, was zur „Erkenntnis" führt[10]. Daß die juristische Hermeneutik vielleicht mehr dem Bereich der Astrologie als dem der Erkenntnis zuzuordnen sei, gilt als Häresie. Im Grunde genommen ist das Schrifttum kaum über *Savignys* Methodenlehre hinausgekommen. *Savigny* sprach sich dafür aus, daß ein Gesetz über die möglichen Streitigkeiten der Einzelnen gesetzt werde: „... denn dann entscheidet nicht mehr die Willkür des Richters und wendet sie auf den einzelnen Fall an ... Da das Gesetz zur Ausschließung aller Willkür gegeben wurde, so ist die einzige Behandlung und das einzige Geschäft des Richters eine reine logische Interpretation."[11]

Der „juristische Determinismus"[12], der die Rechtsordnung in dem Sinne als vollständiges System darstellt, daß sie auf jede denkbare Rechtsfrage eine und nur eine Antwort bereit halte, ist sicherlich tot[13]. Die Ausfertigung des Totenscheins steht jedoch noch aus.

Im vorliegenden Zusammenhang soll die repräsentative Methodenlehre an den Erkenntnissen der modernen Wissenschaftstheorie gemessen werden. Dabei ist es selbstverständlich, daß es *die* juristische Methodenlehre nicht gibt. Für das Rechtsverständnis der Gegenwart ist jedoch nicht das singuläre

---

9 Vgl. dazu *Forsthoff*, Zur Problematik der Verfassungsauslegung, 1961, S. 39; *Pawlowski*, Gedanken zur Gesetzesauslegung, AcP Bd. 160 (1961), S. 209 ff., S. 216; *Pawlowski*, Das Studium der Rechtswissenschaft, Eine Einführung in das Wesen des Rechts, Tübingen 1969, S. 173 ff.; *Zippelius*, Rechtsnorm und richterliche Entscheidungsfreiheit, JZ 1970, S. 241 ff.; *Roellecke*, Grundfragen der juristischen Methodenlehre und die Spätphilosophie Ludwig Wittgensteins, Festschrift für Gebhard Müller, Tübingen 1970, S. 323 ff., S. 324 f., S. 327 f.

10 Vgl. dazu *Diederichsen*, Topisches und systematisches Denken in der Jurisprudenz, NJW 1966, S. 697 ff., S. 702 l. Sp.

11 *Savigny*, Juristische Methodenlehre, 1802, hrsg. von G. Wesenberg, 1951, S. 14 f.

12 *Adomeit*, Methodenlehre und Juristenausbildung, ZRP 1970, S. 166 ff., S. 176 l. Sp.

13 So auch *Adomeit*, ZRP 1970, S. 176 ff., S. 176 r. Sp.

Rechtsanwendungsverständnis von Bedeutung, sondern allein die überwiegende Sicht der juristischen Hermeneutik. Zur Klarstellung soll hier noch darauf aufmerksam gemacht werden, daß es nicht auf das Rechtsdenken der Gelehrten ankommt, sondern auf die Rechtsanwendungsmethode der Praxis. Das Gelehrtenverständnis ist gesellschaftlich wertlos, wenn es ihm nicht gelingt, die Praxis zu erreichen. Die Aufarbeitung von Entscheidungsmaterial tut not. *Esser*[14] hat *Canaris*[15] zu Recht vorgeworfen, daß er die Wirklichkeit des Rechtsfindungsprozesses außer acht lasse und nur vom Rechtsdenken der Gelehrten schreibe. Man kann sich die Frage stellen, ob die juristische Methodenlehre immer dem Anspruch *Kants* gerecht geworden ist: „Einem jeden Vorwitze nachzuhängen, und der Erkenntnissucht keine anderen Grenzen zu verstatten, als das Unvermögen, ist ein Eifer, welcher der Gelehrsamkeit nicht übel ansteht, allein unter unzähligen Aufgaben, die sich selbst darbieten, diejenige auszuwählen, deren Auflösung dem Menschen angelegen ist, ist das Verdienst der Weisheit."[16]

II. Der Meinungsstand zu interpretationstheoretischen Fragen

Hans Kelsen[17] hat bereits frühzeitig darauf aufmerksam gemacht, daß die Auslegung immer mehrere Möglichkeiten zutage fördert, zwischen denen dann politisch zu wählen ist[18]. Im deutschen Rechtskreis hat von einem

---

14 *Esser*, Besprechung von Canaris, Systemdenken und Systembegriff in der Jurisprudenz, entwickelt am Beispiel des deutschen Privatrechts, Berlin 1969, Rabels Z. 1969, S. 757 ff., S. 759.

15 *Canaris*, Systemdenken und Systembegriff in der Jurisprudenz, entwickelt am Beispiel des deutschen Privatrechts, Berlin 1969; vgl. auch *Canaris*, Die Feststellung von Lücken im Gesetz, Berlin 1964.

16 *Kant*, Träume eines Geistersehers, 2. Teil, 3. Hauptstück, Werke hrsg. von E. Cassirer, Bd. 2, S. 385; vgl. auch *Esser*, Vorverständnis, S. 7.

17 *Kelsen*, Reine Rechtslehre, 2. Aufl., Wien 1960, S. 346 ff.

18 *Kelsen* wollte jedoch die Rechtswissenschaft von persönlichen Wertstandpunkten freihalten, indem er „die nur nach dem Wert der Wahrheit orientierte Rechtswissenschaft" streng von der „auf die Verwirklichung anderer Werte, insbesondere der Gerechtigkeit gerichteten Rechtspolitik als der willensmäßigen Gestaltung der gesellschaftlichen Ordnung" trennt (Was ist reine Rechtslehre?, Festschrift für Giacometti, 1953, S. 143 ff., S. 152). Solange Recht von Menschen gehandhabt wird, stellt *Kelsens* Begriff der Rechtswissenschaft eine anthropologische Unmöglichkeit dar. Vgl. dazu *Schwerdtner*, Wie politisch ist das Recht? Rudolf Wiethölter und die deutsche Rechtswissenschaft, ZRP 1969, S. 136 ff., S. 138 r. Sp.; vgl. zum Ganzen auch *Walter*, Der gegenwärtige Stand der reinen Rechtslehre, Rechtstheorie 1970, S. 69 ff., S. 92 f.

gänzlich andersartigen theoretischen Ansatzpunkt aus *H. Isay*[19] festgestellt, daß der Jurist, insbesondere der Richter seine Entscheidung zwar nach außen hin als konkrete Sollensentscheidung aus dem Gesetz ausweise und damit scheinbar dem Prinzip der Gesetzmäßigkeit der Rechtspflege genüge. Er finde aber häufig, ja meistens seine Entscheidung auf ganz andere Weise, nämlich intuitiv instinktiv, aus dem Rechtsgefühl, aus der praktischen Vernunft, dem gesunden Menschenverstand. Die Begründung der Entscheidung aus der abstrakten Norm habe nur sekundäre Bedeutung, sie rationalisiere nachträglich die an sich irrationale Entscheidung und übe insofern allenfalls eine gewisse Kontrollfunktion aus. Für *Karl Engisch*[20] stellt sich diese Sicht als „Psychologismus in Reinkultur" dar, die an den spezifischen Problemen der normativen Logik vorbeisehe: „Welche Rolle auch immer die irrationalen Quellen der richterlichen Urteilsfindung spielen mögen, der Richter kann vor seinem Amt nur eine solche Entscheidung verantworten, die er auch aus dem Gesetz begründen und das heißt ableiten kann. Insofern sind Findung und Begründung der Entscheidung keine Gegensätze. Die dem Richter gestellte Aufgabe heißt: Findung einer durch das Gesetz begründeten Entscheidung."

Es ist erstaunlich, wie ein so reflektierter Schriftsteller wie *Engisch* in diesem Zusammenhang eine völlig unzutreffende Alternative aufmacht. Es geht gar nicht darum, daß ein Richter nicht die durch das Gesetz begründete Entscheidung aufspüren soll. Die Frage ist vielmehr allein, ob man den Richter gleichsam als Relaisstation in der Vermittlung der generellen gesetzlichen Anordnung auf den Einzelfall ansehen kann, ob nicht *Isays* Sicht einem anthropologischen Grundtatbestand entspricht und das Bemühen allein auf die Rationalisierung eines bislang häufig irrationalen Rechtsfindungsprozesses gerichtet sein muß. Auch nach *Larenz*[21] bergen Formulierungen im Sinne *Isays* die Gefahr in sich, „das Bemühen um eine mit den gesetzlichen Wertungen und den der Rechtsordnung insgesamt erkennbar innewohnenden Prinzipien im Einklang stehende Wertung vorzeitig abzubrechen, mit der persönlichen Wertung zu beginnen, bevor noch alle Möglichkeiten rationaler Rechtsfindung erschöpft sind". In der Einleitung seiner in der Tat konservativen Methodenlehre räumt *Larenz* zumindest ein, daß es nicht zu bestreiten sei, „daß in vielen Fällen, in denen der Richter eine Entscheidung finden

---

19 *Isay*, Rechtsnorm und Entscheidung, 1929.

20 *Engisch*, Einführung in das juristische Denken, 4. Aufl., Stuttgart–Berlin–Köln–Mainz 1968, S. 49.

21 *Larenz*, Über die Unentbehrlichkeit der Jurisprudenz als Wissenschaft, Berlin 1966, S. 16 Fn. 21.

muß, die wissenschaftliche Methode allein ihn noch zu keinem sicheren Ergebnis führt, sondern ein gewisser Spielraum des Urteilsermessens offenbleibt, innerhalb dessen dann nur ein persönliches Wertempfinden den Ausschlag geben kann[22] [23]. Auch *Engisch*[24] kann nicht leugnen, „daß es in vielen Fällen unmöglich ist, eine bestimmte Interpretation oder Lückenausfüllung als die allein richtige zu erweisen".

Dieses Regel-Ausnahme-Denken ist aber immer noch bedenklich. Der Gegensatz ist lediglich zu einem Quantitativum geworden. Auch *Canaris*[25] wird durch den Glauben an die Objektivierbarkeit hermeneutischer Verfahren dazu verleitet, Natur der Sache – Denken und Argumentation aus der Rechtsidee als Prozesse der Rechtsanwendung zu begreifen[26].

Dieses Rechtsdenken, das bei Fragen der Auslegung grundsätzlich von der Möglichkeit einer einzigen richtigen Interpretation ausgeht und das bei Fragen der Rechtsfortbildung diese nur dann für legitim erklärt, wenn sie mit der Natur der Sache, der Rechtsidee[27] übereinstimmt bzw. wenn Transparenz der künftigen Ordnung, Gerechtigkeit ihres Inhalts und Sozialadäquanz ihrer Gestaltung gewahrt sind[28], kann, wie noch zu zeigen sein wird, mit *Bonnecase*[29] nur als juristische Romantik gekennzeichnet werden.

---

22 *Larenz*, Methodenlehre, S. 6.

23 Demgegenüber räumt *Wieacker* (Gesetz und Richterkunst, Karlsruhe 1958, S. 7) zumindest ein, daß „jede Interpretation auch schon eigene Entscheidung, nämlich Wahl zwischen mehreren möglichen Wertungen" ist; vgl. auch *Wieacker*, Der Beruf des Juristen in unserer Zeit, Festschrift für Franz Gschnitzer, Innsbruck 1969, S. 467 ff., S. 475; vgl. zum volitiven Element der Rechtsfindung auch *Esser*, Grundsatz und Norm, 2. Aufl., Tübingen 1964, S. 256; *Radbruch-Zweigert*, Einführung in die Rechtswissenschaft, 9. Aufl., Stuttgart 1952, S. 86.

24 *Engisch*, Besprechung von Kelsen, Reine Rechtslehre, 2. Aufl., Wien 1960, ZStW Bd. 75 (1963), S. 591 ff., S. 607.

25 *Canaris*, Systemdenken.

26 Vgl. dazu zutreffend *Säcker*, Grundprobleme der kollektiven Koalitionsfreiheit, Rechtsquellen- und interpretationstheoretische Bemerkungen zur legislativen und judikativen Konkretisierung des Art. 9 Abs. 3 GG, Düsseldorf 1969, S. 117.

27 So *Larenz*, Methodenlehre, S. 115 f., S. 141 ff., S. 150 ff., S. 323 ff., S. 473 ff.; *Canaris*, Systemdenken, S. 65 ff., S. 69 ff., S. 100 ff., S. 146 ff.; vgl. dazu neuerdings auch *Larenz*, Über das Verhältnis von Interpretation und richterlicher Rechtsfortbildung, Festschrift für Karl Olivecrona, 1965, S. 384 ff.

28 So *Mayer-Maly*, Arbeitsrechtliche Rechtsfortbildung, DB 1970, S. 444 ff., S. 445 r. Sp.

29 *Bonnecase*, Science du droit et romantisme, 1928, S. 361; vgl. auch *Robert Goldschmidt*, Die heutigen Strömungen in der Rechtswissenschaft, Internationale Zeitschrift für Theorie des Rechts, Bd. 10 (1936), S. 300 ff., S. 309.

1. Der rechtstheoretische Standpunkt Niklas Luhmanns

Der rechtstheoretische Standpunkt von *Niklas Luhmann* ist nicht eindeutig. Eine umfassende Kritik seines Rechtsdenkens steht noch aus. Sie kann und soll hier nicht vorgenommen werden. Bezeichnend ist die folgende Stellungnahme *Luhmanns*:

„In der Tat findet der heutige Jurist seine Entscheidungsaufgabe typisch konditional programmiert vor und nicht primär durch Zwecke oder Funktionen festgelegt. Sein Programm hat Form ‚Wenn–Dann', und seine Aufgabe ist es, herauszufinden, ob die ‚Wenn'-Bedingungen erfüllt sind, die das ‚Dann' auslösen. Dazu muß er zuweilen hoch abstrakt formulierte Konditionen ‚auslegen' und zugleich Informationen prüfen, ob sie diese Bedingungen erfüllen. Zwecke haben in solchen Konditionalprogrammen keine wesentliche Funktion, sie sind vielmehr Programm eines andersartigen, entgegengesetzten Stils, da sie nicht auslösende Ursachen, sondern zu bewirkende Wirkungen konstant setzen. Bei konditional programmiertem Entscheiden können daher Zweckerwägungen nur sekundär zur Ausräumung von Auslegungszweifeln herangezogen werden. Unser Recht ist nicht mehr wie das alt-europäische Naturrecht als Darstellung guter Zwecke des Handelns konzipiert, also nicht mehr inhärent ethisch-theologisch gebaut, sondern von Zweckerwägungen und daher auch von Zweckverantwortung weitgehend entlastet. Die finale Struktur ist nur noch für die Setzung und die Auslegung von Normen relevant."[30] [31]

Daraus folgt für *Luhmann*, daß eine gründliche Abwägung der Folgen seiner Entscheidung nicht zum Programm des Juristen gehöre[32]. Programmierende und programmierte Entscheidungen operierten unter verschiedenartigen Entscheidungsprämissen und müßten deshalb auch organisatorisch eindeutig getrennt werden[33]. Nur in einigen Fallgruppen könnte der Jurist Unbestimmtheitsräume des Programms durch eigene soziologische Analysen ausfüllen, nämlich dann, wenn es sich um abgrenzbare Kleinsysteme (z. B. Ehen, Verkehrssituationen) gehe, deren konkrete Struktur bei der Programmierung nicht überschaut werden könne[34]. Im „Sollen" sieht *Luhmann* zutreffend gleichsam „nur ein Erlebniskürzel für die Notwendigkeit der Reduktion von Komplexität"[35]. Die funktionale Methode der Soziologie sei dagegen „eine heuristische Methode, eine Methode der Aufklärung, nicht aber eine Metho-

---

30 *Luhmann*, Funktionale Methode und juristische Entscheidung, AöR Bd. 94 (1969), S. 1 ff., S. 3;

31 Vgl. auch *Luhmann*, Zweckbegriff und Systemrationalität, Tübingen 1968, S. 69; vgl. auch *Luhmann*, Rechtssystem und Rechtsdogmatik, Stuttgart–Berlin-Köln–Mainz, S. 15 ff.

32 AöR Bd. 94 (1969), S. 1 ff., S. 3.

33 AöR Bd. 94 (1969), S. 1 ff., S. 5.

34 AöR Bd. 94 (1969), S. 1 ff., S. 22 f., S. 29.

35 AöR Bd. 94 (1969), S. 1 ff., S. 10 f.

de der Entscheidungsvereinfachung, der Reduktion von Komplexität. Sie bemüht sich, das Problemfeld zu erweitern und alles, was gilt und evident erscheint, zu problematisieren, nicht aber die Fülle des Möglichen auf eine brauchbare oder gar einzig richtige Entscheidung zusammenzuziehen. Sie arbeitet also genau gegenläufig zu dem, was der Jurist braucht."[36]

Angesichts dieser Sicht verwundert dann auch nicht, wenn *Luhmann*[37] meint, ein Rechtsfall könne richtig oder zumindest brauchbar entschieden werden, wobei als brauchbare Entscheidungen solche qualifiziert werden, „die ein bestimmtes Anspruchsniveau erfüllen und dann als richtig gelten, ohne mit Sicherheit andere richtige Entscheidungen ausschließen zu können". Dies soll nicht zuletzt dadurch erreicht werden, daß auf seiten der Entscheidungstheorie Begriffe, Denkfiguren, Argumentationsformen, im Idealfall logische Operationen, kurz: Subroutinen verfügbar sind, deren Leistungen in den verschiedenartigsten Entscheidungskontexten übersehbar und konsistent verwendbar ist:

„Hier liegt die spezifische Funktion juristischer Dogmatik. Es muß etwas Übersehbares und Entscheidbares bedeuten, wenn in einem Programm Begriffe wie subjektives Recht, Plan, Widerruf, Anfechtung, Eigentum, Ermessen usw. eingesetzt werden. Auch die Dogmatik muß, wenn sie sich nicht nur als Pflege überlieferter Wesenheiten, sondern als Element einer Entscheidungswissenschaft begreift und die Programmausführung durch fertige Subroutinen der Informationsverarbeitung entlasten will, einen Wirklichkeitsbezug aufweisen in Form eines Bezugs auf zu lösende Systemprobleme."[38]

Angesichts des modischen Schreis nach interdisziplinärer Zusammenarbeit und den abstrakten Appellen, der Jurist solle sich um die sozioökonomischen Daten bemühen, verdient es festgehalten zu werden, daß der Soziologe *Luhmann* feststellt, daß hier wenig zu erreichen und viel zu verderben sei[39]. Die Eigenständigkeit juristischer Dogmatik und Entscheidungstechnik gelte es zu wahren, die Soziologisierung abzuwehren. Was bei *Luhmann* stört, ist die gerade in der Gegenwart allein idealtypisch zu denkende Alternative von Rechtspolitik und Rechtsanwendung, die heute nicht mehr nachvollzogen werden kann. Die Wenn–Dann-Kondition, die die richtige Lösung ermöglicht, gibt es in weiten Bereichen gerade eben nicht. Dies wird jedem offenbar, der das Arbeitsrecht, Wettbewerbsrecht und Zivilrecht im Hinblick auf vorab entschiedene Probleme analysiert. Dies gilt in ganz besonderem Maße

---

36 AöR Bd. 94 (1969), S. 1 ff., S. 11 f.; vgl. auch *Luhmann*, Soziologische Aufklärung, Soziale Welt Bd. 18 (1967), S. 97 ff.

37 AöR Bd. 94 (1969), S. 1 ff., S. 22.

38 AöR Bd. 94 (1969), S. 1 ff., S. 24.

39 AöR Bd. 94 (1969), S. 1 ff., S. 31.

für das sogenannte allgemeine Persönlichkeitsrecht. Der „Rechtsanwender" ist heute auf weiten Gebieten Rechtspolitiker, der die Programme zu erstellen hat, der „der überwältigenden Komplexität der Gegenstandssicht des Funktionalismus" ausgesetzt ist, der Verantwortung für Folgen zu tragen hat, ohne politisch verantwortlich zu sein. In dieser Situation stellt sich aber die Alternative zwischen programmierten und zu programmierenden Entscheidungen nicht[40].

Auch ist *Luhmann* m. E. zu optimistisch in seinem Vertrauen in das Leistungsvermögen hermeneutisch-dogmatischer Arbeit, die seiner Ansicht nach zu richtigen Ergebnissen führt. Die Vorurteilsgefahr und die Befangenheitssituation jedes Rechtsanwenders werden nicht diskutiert. In dieser Sicht des verläßlich Vorabentschiedenen, in diesem technokratisch gedachten und im Sinne politischer Verantwortlichkeit an sich allein tragbaren System von Wenn–Dann-Programmen, ist das Politische im weitesten Verständnis ausgeklammert. Die Rechtsprechung sollte an sich in der Nachhut des sozialen Wandels stehen[41]. Dies ist jedoch nur bei einer Vielzahl von Wenn–Dann-Bedingungen möglich. Soziale Systeme zu sichern ist unmöglich, wenn sich der Gesetzgeber permanent seiner legislatorischen Verantwortung entzieht und den Richter zum Ersatzgesetzgeber umfunktioniert. Da *Luhmann* diesen Vorgang nicht zur Kenntnis nimmt, kaschiert er in seiner Systemanalyse des Rechts die kontroversen Folgen bei der Urteilsfindung und wird zum konservativen Statthalter einer problementlasteten Juristenideologie[42]. Begriffe wie subjektives Recht oder Eigentum sind gerade heute kaum mehr „etwas Übersehbares und Entscheidbares."[43] [44]

---

40 Vgl. dazu auch *Münstermann*, Zur Rechtstheorie Niklas Luhmanns, Kritische Justiz 1969, S. 323 ff., S. 327, S. 329.

41 Vgl. aber auch *Münstermann*, Kritische Justiz 1969, S. 323 ff., S. 336.

42 So zutreffend *Münstermann*, Kritische Justiz 1969, S. 323 ff., S. 336; vgl. auch *Esser*, Vorverständnis, S. 202 ff.

43 So aber *Luhmann*, AöR Bd. 94 (1969), S. 1 ff., S. 24; vgl. zum subjektiven Recht einerseits *Wiethölter*, Rechtswissenschaft, S. 71, andererseits *Biedenkopf*, Über das Verhältnis wirtschaftlicher Macht zum Privatrecht, Festschrift für Franz Böhm, Karlsruhe 1965, S. 113 ff., S. 114 f.

44 Der technokratische Standpunkt Luhmanns kommt auch in nachfolgender Feststellung zum Ausdruck: „Neben der unerläßlichen Invarianz des Rechts zugleich dessen Variabilität vorzusehen, muß zunächst als offensichtlicher Widerspruch erscheinen, und ist in der Tat so schwierig, daß der Gedanke daran sich von selbst verbietet. Abänderbares Recht zu behaupten, scheint so unsinnig zu sein, wie mit flüssigen Steinen zu bauen. Das gibt es nicht." (*Luhmann*, Legitimation durch Verfahren, Neuwied–Berlin 1969, S. 143.)

2. Die rechtsethische Situation als Orientierungslinie?

Merkwürdigerweise suchen auch die Autoren, die die richterliche Entscheidungsfreiheit erkannt haben, sich letztlich wieder abzusichern. So hat neuerdings *Zippelius*[45] zutreffend dargetan, daß Worte für jeden den Bedeutungsumfang haben, den er mit ihnen zu verbinden gelernt hat. Auch Definitionen als vereinfachende Übersetzungsregeln könnten diese Basis grundsätzlich nicht verlassen. „Jeder versteht also ein Wort mit dem Bedeutungsumfang, den er kennengelernt hat"[46]. Daher sind auch die Informationen über die vom Gesetzgeber bestimmten Verhaltensnormen, die durch Gesetzesworte, also durch Zeichen, die für den normativen Sinngehalt stehen[47], nicht völlig exakt[48]. Zumindest unklar ist es, wenn *Zippelius* meint, daß die Suche nach einer verläßlichen Abgrenzung der Gesetzesbegriffe weiter dadurch erschwert werden, „daß die *Gesetze* ihren Sinn ändern können"[49]. Wie die Gesetze ihren Sinn ändern können, ist ein Rätsel. Der Richter vollzieht diesen Wandel nicht mit, sondern initiiert ihn. Was jedoch entscheidend ist, ist der Umstand, daß auch *Zippelius* den evidenten Entscheidungscharakter der „Hermeneutik" verschleiert, indem er die „rechtsethischen Vorstellungen" als Orientierungslinien auftut[50]. Was auffällt, ist der ständige Rekurs auf Gerechtigkeitsvorstellungen, die *Zippelius* freilich nur als Mehrheitsentscheidungen verstanden wissen will. Immer wieder begegnet man dem Hinweis auf das Rechtsgefühl, d. h. die Werterfahrung möglichst vieler und auf das darauf fußende Rechtsethos[51]. Wer stellt aber dieses herrschende Rechtsethos fest? Sind die modernen, häufig sehr komplexen Probleme überhaupt einer Mehrheitsentscheidung zugänglich? Soweit dies zutrifft, stellt sich die Frage, warum diese intersubjektive Grundlage ethisiert werden muß. Es stellt sich die Frage, ob diese Prädikatisierung nicht ein wenig zu hoch gegriffen ist. *Zippelius* hat offenbar selbst die Zweifelhaftigkeit dieser Vorstel-

---

45 *Zippelius*, JZ 1970, S. 241 ff.

46 *Zippelius*, JZ 1970, S. 241 ff., S. 241 f. unter Hinweis auf *F. Mauthner*, Beiträge zu einer Kritik der Sprache, 1923, Bd. 3, S. 281; *S. I. Hayakawa*, Semantik, o. J., S. 73 ff.

47 Vgl. dazu *Forsthoff*, Recht und Sprache, Darmstadt 1964 (Neudruck), S. 4 ff.; *Betti*, Allgemeine Auslegungslehre als Methodik der Geisteswissenschaften, Tübingen 1967, S. 69 ff.

48 *Zippelius*, JZ 1970, S. 241 ff., S. 241 r. Sp.

49 *Zippelius*, JZ 1970, S. 241 ff., S. 242 l. Sp.

50 *Zippelius*, JZ 1970, S. 241 ff., S. 242.

51 Vgl. *Zippelius*, Einführung in die juristische Methodenlehre, München 1971, S 18, 31, 64, 69, 81, 85.

lungen entdeckt. Er führt nämlich aus, daß der Richter aufgerufen sei, einen Wandel der rechtsethischen Vorstellungen in seiner Gesetzesinterpretation mit zu vollziehen. Dies soll auch dort gelten, wo sich die Zweifel über einen solchen Wandel nicht ausräumen lassen. Der Richter habe dann die rechtsethische Situation durch seine Entscheidung mitzugestalten. Durch diesen Rekurs auf die rechtsethische Situation, deren Ausmachbarkeit fast unerörtert bleibt, wird der dezisionistische Charakter der Norminterpretation kaschiert. Von einem solchen, mit nicht weiter aufgedeckten höheren Einsichten arbeitenden Standpunkt, ist es natürlich einfach, davor zu warnen, kurzerhand den bequemen Weg der Dezision einzuschlagen[52].

Xenia Rajewsky[53] hat jüngst unter Hinweis auf *Franz Neumann*[54] wiederum darauf verwiesen, daß die Generalklauseln des Bürgerlichen Gesetzbuches dem Richter eine nahezu unbeschränkte Ermessensfreiheit eröffneten, die ihn nicht mehr an formales gesetztes Recht binde, sondern auf außerrechtliche moralische Wertordnungen verweise, die – aus bestimmten historisch-gesellschaftlichen Verhältnissen entstanden – im Urteil des Richters als allgemein gültige gesetzt werden. „In einer Klassengesellschaft kann es einen Konsensus über ‚gute Sitten' nicht geben. Ihr Begriff wurde im bürgerlichen Gesetz ursprünglich auch nur bezogen auf die Verkehrsformen der Bürger als konkurrierende Unternehmer untereinander. Die ‚guten Sitten' konkretisierten sich im jeweiligen Rechtsfall als bürgerliche Moral und konnten innerhalb dieses Bezugsrahmens, wo es darum ging, Interessen gleichgestellter autonomer Bürger modifizierend auszugleichen, zu Recht einen Anspruch auf Verbindlichkeit erheben. Das ideologische Moment bürgerlicher Moral tritt aber offen hervor, wenn ihre Kategorien auf gesellschaftliche Konflikte angewendet werden, die aus dem Klassencharakter der Gesellschaft resultieren – auf eben jene Konflikte, die bürgerliche Moral seit jeher ignoriert hat." Sieht man einmal von den ideologischen Bezügen dieser Aussage ab, so ist unbestreitbar, daß wir zunehmend mit Konflikten konfrontiert werden, bei deren Lösung ein allgemeiner Konsens nicht herstellbar ist. Die rechtsethische Situation vermag dem Richter insoweit nicht als Orientierungslinie zu dienen.

---

52 So aber *Zippelius*, JZ 1970, S. 241 ff., S. 242 r. Sp.

53 *Rajewski*, Arbeitskampfrecht in der Bundesrepublik, Frankfurt a. M. 1970, S. 15. Vgl. auch *Scheyhing*, Pluralismus und Generalklauseln, Tübingen, 1976

54 *Franz Neumann*, Der Funktionswandel des Gesetzes im Recht der bürgerlichen Gesellschaft, in: *F. Neumann*, Demokratischer und autoritärer Staat, Frankfurt a. M. 1967, S. 38 ff.

3. Krieles Theorie der Rechtsgewinnung

Martin Kriele hat in seiner „Theorie der Rechtsgewinnung" die Auffassung vertreten, daß der Richter die Gerechtigkeit oder doch, was genügen müsse, die „Rechtfertigungsfähigkeit" seiner Entscheidung, unabhängig vom Gesetz und seiner Auslegung durch „vernunftrechtliche Erwägungen" zu finden imstande sei. Rechtsgewinnung sei „nicht Auslegung in Sinndeutung und Analogie, sondern vernunftrechtliche Erwägung von Normhypothesen"[55]. Eindeutig vom Gesetzgeber entschiedene Probleme schieden allein aus[56].
Die methodische Regel, „mal befolgt, mal nicht befolgt", gilt nicht[57]. *Kriele* geht es nicht um die Beschreibung eines nicht existenten Idealzustandes, sondern um das, was ist, er will „die Wirklichkeit der juristischen Praxis erfassen"[58]. Angesichts der Tatsache, daß auch in einem geschlossenen, d. h. kodifikatorischen System „mehr Lücken als gesetzliche Vorschriften" zu finden sind[59], ist nach *Kriele* die Legitimierung der juristischen Ergebnisse am Gesetz nicht selten sekundär. Dem Präjudiz räumt er „präsumtive Verbindlichkeit" ein. Wo solche fehlen, hätten „vernunftrechtliche Erwägungen" zu walten, die in ihrer Struktur der rechtspolitischen Argumentationsweise glichen[60]. Sie bestünden hauptsächlich in der Ermittlung der praktischen Konsequenzen der beabsichtigten Entscheidung, der dadurch berührten Interessen und in der vorzugsweisen Berücksichtigung solcher Interessen, die „eindeutig fundamentaler sind als alle anderen auf dem Spiele stehenden Interessen"[61]. Vernünftig, gerecht sei diejenige Entscheidung, die „dem allgemeinen Interesse oder bei Gruppeninteressen dem relativ fundamentalsten dient"[62]. Die Wahl der Methoden, ja die Frage, ob ein Gesetzestext klar oder interpretationsbedürftig sei, hänge oft selbst davon ab, „ob die Interpretation eine rechtfertigungsfähige Entscheidung erlaubt"[63].
Krieles Theorie der Rechtsgewinnung hat *Ernst Forsthoff*[64] einer umfassenden Kritik unterzogen. Vorbedingung jeder juristischen Hermeneutik ist für

---

55 *Kriele*, Theorie, Leitsatz 6, S. 311.
56 *Kriele*, Theorie, Leitsatz 6, S. 311.
57 *Kriele*, Theorie, S. 25.
58 *Kriele*, Theorie, S. 23, S. 161.
59 *Kriele*, Theorie, S. 244.
60 *Kriele*, Theorie, S. 195.
61 *Kriele*, Theorie, S. 179, S. 186.
62 *Kriele*, Theorie, S. 198.
63 *Kriele*, Theorie, S. 226, S. 312.
64 *Forsthoff*, Besprechung von Kriele, Theorie der Rechtsgewinnung, entwickelt am Problem der Verfassungsinterpretation, Berlin 1967, in: Der Staat 1969, S. 523 ff.

Forsthoff die semantische Analyse der zur Auslegung stehenden Texte, wobei er m. E. zutreffend auf die Überforderung der Hermeneutik im Rahmen mancher Verfassungsnormen aufmerksam macht[65]. Ein weiteres wesentliches Merkmal sei die Funktion des zur Auslegung stehenden Rechtssatzes. Interessant ist in diesem Zusammenhang der Stil der Auseinandersetzung. *Krieles* Angriff auf das *Laband*'sche Subsumtionsideal und die Feststellung, daß es völlig illusorisch sei, an diesem Ideal festzuhalten[66], ist für *Forsthoff* völlig unfaßbar. Für ihn steht fest, daß „in Gesetzgebung und Verwaltung tagtäglich die Verfassung nach dieser Methode praktiziert wird und das nicht zu ihrem Schaden"[67]. Betroffen stellt man sich die Frage, woher *Forsthoff* dieses Wissen nimmt. *Krieles* Ablehnung der *Savigny*'schen Gesetzesauslegung und seine Hinwendung zum Einzelfall, in dem Auslegung zum Problem wird, verfällt dem Urteil, daß so die Normativität der Verfassung den Zufälligkeiten eines Occasionalismus ausgeliefert werde[68]. Diesem technokratischen Denken kann aber nur verfallen, wer glaubt über die Interpretationsstufen das ausschalten zu können, was sich beim Rechtsanwendungsprozeß in der Subjekt-Objekt-Spannung ereignet, wer den außerhalb der Welt stehenden Erklärenden wertfrei urteilend fingiert. Rechtsanwendungspraxis als Occasionalismus der Zufälligkeiten – vielleicht, die Möglichkeit des Mehr bedürfte einer Erklärung. Freilich glaubt auch *Kriele,* m. E. zu Unrecht, das Ausgeliefertsein an die Subjektivität des Interpreten durch die Wechselbeziehung zwischen Textinterpretation und Fallösung überwinden zu können[69]. Insoweit bleibt *Kriele* in der Tat eine Theorie der Rechtsgewinnung schuldig[70], deren Möglichkeit er behauptet. Auch *Adomeit*[71] macht darauf aufmerksam, daß *Kriele* mit dem von ihm herausgestellten, an sich billigenswerten Prinzip der Rationalität wieder in die gefährliche Nähe des Naturrechts führe.

Es kommt nicht von ungefähr, daß sich die Kritik von *Larenz* an *Kriele* an die von *Forsthoff* annähert[72]. Interessant ist nun der untaugliche Versuch von *Larenz, Krieles* Ist-Analyse mit einer normativen Aussage eines bestimmten, aber nicht näher begründeten Inhalts zu widerlegen:

---

65 *Forsthoff*, Der Staat 1969, S. 522.
66 *Kriele*, Theorie, S. 47 ff., S. 62.
67 *Forsthoff*, Der Staat 1969, S. 523 ff., S. 524.
68 *Forsthoff*, Der Staat 1969, S. 523 ff., S. 525.
69 *Kriele*, Theorie, S. 160.
70 So zutreffend *Forsthoff*, Der Staat 1969, S. 523 ff., S. 526.
71 *Adomeit*, ZRP 1970, S. 176 ff., S. 177 Fn. 16; vgl. auch *Esser*, Vorverständnis, S. 149 f.
72 *Larenz*, Methodenlehre, S. 323 ff.

„Worauf es hier ankommt, ist, ob das von *Kriele* beschriebene Verfahren der verfassungsrechtlichen Stellung und Aufgabe der Gerichte genügt. Das wäre nur dann der Fall, wenn ihre Aufgabe lediglich darin bestünde, die gerechte – oder doch eine im Sinne *Krieles* ‚rechtfertigungsfähige' – Entscheidung des Einzelfalles zu finden. Der Gesetzgeber sieht aber notwendig den Einzelfall als einen unter seinesgleichen. Es kommt ihm nicht nur darauf an, daß dieser eine Fall gerecht entschieden werde, sondern auch darauf, daß jeder derartige Fall in der gleichen Weise, nämlich nach einer Norm entschieden wird, die nach den Vorstellungen des Gesetzgebers im großen und ganzen gerecht und sachgemäß ist. *Kriele* verkennt, daß einem kodifizierten Recht und überhaupt jedem Gesetz, das ein bestimmtes Lebensgebiet umfassend zu regeln unternimmt, die Intention zugrunde liegt, wenn nicht unmittelbar anwendbare (subsumtionsfähige) Regeln, dann doch wenigstens die zur Bildung solcher Regeln erforderlichen allgemeinen Wertmaßstäbe und Grundsätze zu enthalten, nach denen jeder von ihnen gehörte Fall entschieden werden kann und soll."[73]

Ob diese Intention realisierbar ist, ist für *Larenz* offenbar ohne Interesse. Überlegungen hierzu könnten dazu führen, daß Rechtsprechung nicht Entscheidung durch einen unbeteiligten Dritten nach kalkulierbaren voraussehbaren Normen ist, sondern schlicht Streitentscheidung durch eine derart strukturierte Instanz bedeutet. Im übrigen bewegt sich alles Denken vom Speziellen zum Allgemeinen, vom Konkreten zum Abstrakten und nicht umgekehrt. Der Kritik von *Larenz* ist freilich insoweit zu folgen, als sie den Interessenbegriff *Krieles* betrifft. Was heißt Allgemeininteresse oder bei Gruppeninteressen relativ fundamentalstes Interesse? Letztlich muß sich zwar der Rechtsanwender entscheiden. Diese letzte Entscheidung ist aber häufig dezisionistischer Art, die objektiven Kriterien nicht zugängig ist. Soweit *Kriele* Allgemein- oder Fundamentalinteressen für objektiv ermittlungsfähig erachtet, steht er sozialwissenschaftlich nicht auf der Höhe der Zeit[74].

Ob das von *Kriele* beschriebene Verfahren sein „darf"[75], ist zunächst völlig gleichgültig. Was nottut, ist eine rechtspsychologische Untersuchung des richterlichen Entscheidungsvorganges. Es ist unangemessen, dem jeweiligen Gegner die Nichtberechenbarkeit seiner Prüfungskriterien zu attestieren, sich selbst aber auf Gerechtigkeit, Natur der Sache usw. als scheinbar objektive Größen zurückzuziehen. Wenn sich sichere Feststellungen darüber,

---

73 *Larenz*, Methodenlehre, S. 324. Diese Argumentation überrascht um so mehr, als Larenz (Methodenlehre, S. 323) sieht, daß es Kriele auf die Erfassung der Wirklichkeit der juristischen Praxis ankommt.

74 Vgl. dazu *Streissler*, Zur Anwendbarkeit von Gemeinwohlvorstellungen in richterlichen Entscheidungen, in: Zur Einheit der Rechts- und Staatswissenschaften, Ringvorlesung der rechts- und staatswissenschaftlichen Fakultät der Albert-Ludwigs-Universität Freiburg i. Br., Wintersemester 1966/67, Karlsruhe 1967, S. 1 ff.

75 Vgl. aber *Larenz*, Methodenlehre, S. 325.

wie der Richter verfährt, nicht treffen lassen[76], so ist allein Zweifel angemessen. „Daß es mir – oder allen – so scheint, daraus folgt nicht, daß es so ist. Wohl aber läßt sich fragen, ob man dies sinnvoll bezweifeln kann."[77]

4. Die Verfassungsinterpretation nach Konrad Hesse

Es ist bezeichnend, daß sich der Fortschritt der Methodendiskussion im Verfassungsrecht ereignet. Neben *Kriele* hat vor allem *Konrad Hesse* die Diskussion vorangetrieben, von dessen Ergebnissen *Larenz* freilich keine Kenntnis nimmt[78] [79].

Nach *Hesse* ist es die Aufgabe der Interpretation, das verfassungsmäßig „richtige" Ergebnis in einem rationalen und kontrollierbaren Verfahren rational und kontrollierbar zu begründen und auf diese Weise Rechtsgewißheit und Voraussehbarkeit zu schaffen[80]. *Hesse* räumt jedoch ein, daß der Ausweg aus der methodologischen Verunsicherung der Gegenwart nicht in einer Rückkehr zu den traditionellen Auslegungsregeln zu suchen sei, wolle man nicht an den komplexen Problemen heutiger Verfassungsauslegung vorbeigehen[81]. *Hesse* betont nachdrücklich, daß das Ziel der Interpretation nur bedingt in der Ermittlung eines in der Verfassung vorgegebenen objektiven oder subjektiven Willens bestehen könne. „Wo nichts Eindeutiges gewollt ist, kann kein wirklicher, sondern allenfalls ein vermuteter oder fiktiver Wille ermittelt werden, und darüber vermögen auch alle Verlegenheitsformeln wie etwa die vom ‚denkenden Gehorsam' des Interpreten nicht hinwegzuhelfen."[82] Das Ziel der Auslegung sei nicht bereits real existent. Die tradier-

---

76 So *Larenz*, Methodenlehre, S. 324.

77 *Ludwig Wittgenstein*, Über Gewißheit, hrsg. von G. E. M. Anscombe und G. H. von Wright, Frankfurt a. M. 1970, Nr. 2, S. 9.

78 *Hesse*, Grundzüge des Verfassungsrechts der Bundesrepublik Deutschland, 4. Aufl., Karlsruhe 1971, § 2, S. 20 ff.

79 Vgl. zur Verfassungsinterpretation auch *Forsthoff*, Zur Problematik der Verfassungsauslegung, 1961; *P. Schneider-Ehmke*, Prinzipien der Verfassungsinterpretation, VVDStRL Bd. 20 (1963), S. 1 ff., S. 53 ff.; von *Pestalozza*, Kritische Bemerkungen zu Methoden und Prinzipien der Grundrechtsauslegung, Der Staat 1963, S. 425 ff.; *Ossenbühl*, Probleme und Wege der Verfassungsauslegung, DöV 1965, S. 649 ff.; *F. Müller*, Normstruktur und Normativität, Zum Verhältnis von Recht und Wirklichkeit in der juristischen Hermeneutik, entwickelt an Fragen der Verfassungsinterpretation, Tübingen 1966.

80 *Hesse*, aaO, § 2, I, S. 21.

81 *Hesse*, aaO, § 2, I, S. 22; vgl. auch *A. Hollerbach*, Auflösung der rechtsstaatlichen Verfassung?, AöR Bd. 85 (1960), S. 241 ff.; vgl. aber auch *Forsthoff*, Umbildung des Verfassungsgesetzes, Festschrift für *Carl Schmitt*, Berlin 1959, S. 35 ff., S. 36.

82 *Hesse*, aaO, § 2, II, 2, S. 23.

ten Interpretationsmuster seien leerformelhaft, nichtssagend und in ihrer Rangordnung unklar[83]. *Hesse* präzisiert die heute allein relevante Problemstellung: Es gilt sich Rechenschaft über das eigene Tun zu geben, nicht ein Verfahren der Urteilsbildung zu postulieren, das sich nicht einhalten läßt, sondern den wirklichen Bedingungen, Möglichkeiten und Grenzen der Verfassungsinterpretation nachzugehen[84]. Der produktive Charakter juristischer Interpretation zeige sich darin, daß sich der Inhalt der interpretierten Norm erst in der Auslegung vollende.

So sicher das heute ist[85], so zweifelhaft ist die Beantwortung der Frage, ob dann noch im strengen Sinn von einer Bindung an die Norm gesprochen werden kann[86]. Soll der Rechtsanwender an etwas gebunden sein, was er selbst (mit-)bestimmt? Bindung wurde wenigstens bislang als Fremdbestimmung verstanden. *Hesse* geht freilich insoweit über das herrschende Methodendenken hinaus, als er anerkennt, daß der Interpret den Inhalt der Norm nicht von einem außerhalb des geschichtlichen Seins liegenden, gleichsam archimedischen Punkt aus erfassen kann, „sondern nur aus der konkreten geschichtlichen Situation heraus, in der er sich befindet, deren Gewordenheit seine Denkinhalte geprägt hat und sein Wissen und seine Vorurteile bestimmt“[87]. Er verstehe den Inhalt der Norm von einem Vorverständnis her, das es ihm erst möglich mache, mit gewissen Erwartungen auf die Norm zu sehen, sich einen Sinn des Ganzen vorauszuwerfen und zu einem Vorentwurf zu gelangen, der dann im tieferen Eindringen der Bewährung, Korrektur und Revision bedürfe, bis sich als Ergebnis ständiger Annäherung der jeweils revidierten Entwürfe an die „Sache“ die Einheit des Sinns eindeutig festlege[88].

Was aber heißt Festlegung der Einheit des Sinns? Wie *Kriele* betont auch *Hesse*[89] die Bezogenheit der Auslegung auf ein konkretes Problem: „Die Erkenntnis des Sinns einer Norm und ihre ‚Anwendung‘ auf den konkreten Fall sind ein einheitlicher Vorgang, nicht nachträgliche Anwendung von etwas Gegebenem, Allgemeinem, das zunächst in sich verstanden wird, auf einen Sachverhalt.“[90]

---

[83] *Hesse*, aaO, § 2, II, 2, S. 24.
[84] *Hesse*, aaO, § 2, II, 2, S 25.
[85] Vgl. dazu *Gadamer*, Wahrheit und Methode, Grundzüge einer philosophischen Hermeneutik, 2. Aufl., Tübingen 1965, S. 307, S. 312 f., S. 315; *Esser*, Grundsatz und Norm, S. 250 ff.
[86] So aber *Hesse*, aaO, § 2, III, S. 25.
[87] *Hesse*, aaO, § 2, III, 1, S. 26.
[88] *Hesse*, aaO, § 2, III, 1, S. 26 im Anschluß an *Gadamer*, aaO, S. 250 ff.
[89] *Hesse*, aaO, § 2, III, 1, S. 26.
[90] *Hesse*, aaO, § 2, III, 1, S. 26.

Aus der Bindung des Interpreten an die zu konkretisierende Norm, an das Vor-Verständnis des Interpreten und das jeweils zu lösende konkrete Problem folge negativ, „daß es keine selbständige, von diesen Faktoren gelöste Interpretationsmethode geben kann, positiv, daß das Verfahren konkretisierender Interpretation von dem Gegenstand der Interpretation, der normativen Verfassung und dem jeweiligen Problem bestimmt sein muß“[91]. Insoweit räumt *Hesse* topischem Rechtsdenken den Vorrang ein.

In diesem Zusammenhang überschätzt *Hesse* m. E. die Eingrenzungsmöglichkeit der Problembezogenheit. Wenn der Interpret das Problem bestimmt, bestimmt er auch die topoi.

Wesentliche Bedeutung haben für *Hesse*[92] die Prinzipien der Verfassungsauslegung: Maßstab integrierender Wirkung, das Prinzip der Einheit der Verfassung, das Prinzip praktischer Konkordanz und der Maßstab funktioneller Richtigkeit und die normative Kraft der Verfassung. Da es sich hierbei um spezifisch verfassungsrechtliche Methodenfragen handelt, soll auf sie nur kurz eingegangen werden. *Hesse*[93] führt zum Maßstab der integrierenden Wirkung aus:

„Wenn es der Verfassung um die Herstellung und Erhaltung der politischen Einheit geht, dann bedeutet das die Notwendigkeit, bei der Lösung verfassungsrechtlicher Probleme denjenigen Gesichtspunkten den Vorzug zu geben, die einheitsstiftend und -erhaltend wirken.“[94]

Das „Wenn“ ist verräterisch. Diesem Integrationsmodell[95] liegt eine konfliktstheoretische Ausgangsentscheidung zugrunde, die gerade in der Gegenwart nicht mehr allgemein geteilt wird. Man denke nur an die Problematik der Grenzen des Demonstrationsrechtes oder des Arbeitskampfes. Das Streben nach neuen Formen der Unmittelbarkeit[96] hebt in einer Gesellschaft, in der häufig ein Konsens nicht mehr herstellbar ist, dieses Integrationsmodell zumindest partiell auf. Was für den einen Verfassung ist, bedeutet für den anderen wegen einer angeblichen oder realen Nichteinlösung von

---

91 *Hesse*, aaO, § 2, III, 2, S. 27.

92 *Hesse*, aaO, § 2, III, 2, S. 28.

93 *Hesse*, aaO, § 2, III, 2, S. 28 ff.

94 *Hesse*, aaO, § 2 III, 2, S. 28.

95 Vgl. dazu auch *R. Smend*, Verfassung und Verfassungsrecht, Staatsrechtliche Abhandlungen 1955, S. 190.

96 Was für den einen im Rahmen des Demonstrationsrechts sich als „Herrschaft des Haufens“ darstellt (*Zacher*, Pluralität der Gesellschaft als rechtspolitische Aufgabe, Der Staat 1970, S. 161 ff., S. 166), ist für den anderen „politische Aufklärung“, die von einem richtig verstandenen demokratischen Ansatz her gefordert ist (vgl. dazu (*Wiethölter*, Zur politischen Funktion des Rechts am eingerichteten und ausgeübten Gewerbebetrieb, Kritische Justiz 1970, S. 121 ff., S. 137 f.).

Verfassungsversprechen Nichtverfassung. Die Prinzipien der Verfassungsinterpretation stellen also bereits wieder Entscheidungen dar[97].

Hesse räumt juristischen Entscheidungen eine relative Richtigkeit ein[98]. Es ist jedoch fraglich, ob nicht das Richtigkeitsdenken wegen der mit ihm verbundenen Prätention vollkommen aufgegeben werden sollte. In einem Punkt bleibt *Hesse* leider im Vergangenen verhaftet. Interpretation ist für ihn im Anschluß an *Gadamer*[99] an etwas Gesetztes gebunden. Auf die Nichtübertragbarkeit der von *Gadamer* am theologischen Modell entwickelten Hermeneutik auf die Rechtswissenschaft wird noch in späterem Zusammenhang einzugehen sein. Hier genügt es, darauf aufmerksam zu machen, daß Rechtsanwendung und Rechtspolitik nur schwer zu trennen sind. Die in der Methodenlehre versuchten Limitierungen der Rechtsfortbildungsbefugnis sind letztlich vergebliche Versuche, Rechtspolitik einzugrenzen.

5. Das topische Rechtsdenken

Wohl kaum eine andere Schrift hat auf dem Gebiet der Methodik, sieht man einmal von *Josef Essers* „Grundsatz und Norm"[100] ab, so viel Aufsehen erregt wie *Theodor Viehwegs* Traktat über „Topik und Jurisprudenz"[101].

Nach *Viehweg* kann die Jurisprudenz ihrem eigentlichen Anliegen, nämlich der Frage, was denn hier und jetzt jeweils gerecht sei, nur genügen, wenn sie nicht deduktiv-systematisch, sondern topisch verfährt[102]. Topoi sind für ihn „vielseitig verwendbare, überall annehmbare Gesichtspunkte, die im Für und Wider des Meinungsmäßigen gebraucht werden, und zum Wahren hinführen können"[103]. Nach *Viehweg* führt das topische Denken nicht zu einem (umfassenden) System, sondern „zu einer Pluralität von Systemen, ohne deren Verträglichkeit aus einem umfassenden System zu beweisen"[104]. Dieses topische Denken soll sich auf zwei Stufen ereignen: Auf der ersten, primitiveren Stufe werden lediglich „mehr oder weniger zufällige Gesichtspunkte in beliebiger Auswahl versuchsweise" aufgegriffen und an ein Problem herange-

---

97 Vgl. dazu auch *Roellecke*, Festschrift für Gebhard Müller, S. 323 ff., S. 325 f.

98 *Hesse*, aaO, § 2, III, 7, S. 30.

99 *Gadamer*, aaO, S. 312.

100 Vgl. auch *Esser*, RabelsZ 1969, S. 757 ff.; *Esser*, Vorverständnis.

101 *Viehweg*, Topik und Jurisprudenz, Ein Beitrag zur rechtswissenschaftlichen Grundlagenforschung, 3. Aufl., München 1965; vgl. auch *Struck*, Topische Jurisprudenz 1971.

102 *Viehweg*, aaO, S. 65.

103 *Viehweg*, aaO, S. 10.

104 *Viehweg*, aaO, S. 17.

tragen. Auf der zweiten Stufe werden die Gesichtspunkte in sogenannte Topik-Kataloge zusammengefaßt, die für bestimmte Probleme passen, wobei die Anordnung der Kataloge willkürlich ist[105]. Neben den überall verwendbaren topoi gibt es nach *Viehweg* auch spezifisch juristische topoi, die für die Lösung herangezogen werden und hierbei auf allgemeine Zustimmung, den consensus omnium, rechnen können. Solche topoi sind für *Viehweg* z. B. der Begriff des Interesses, der der Willenserklärung, des wesentlichen Bestandteils, der Vertrauensschutz und die Gründe der Schadenszurechnung[106]. *Viehwegs* Topik hat Widerspruch[107] und Zustimmung[108] gefunden. *Larenz*[109] weist m. E. zu Recht darauf hin, daß sich angesichts der Disparatheit der von *Viehweg* aufgezeigten Erscheinungen sich nur schwer sagen lasse, was ein topos ist und daß die Topik erst dann als methodologischer Gewinn angesehen werden könnte, wenn *Viehweg* eine gegliederte Übersicht über die verschiedenen Arten juristischer topoi und deren jeweilige Funktion im Ganzen eines rechtswissenschaftlichen Begründungszusammenhangs vorlegen würde. Auch bleibt zweifelhaft, ob ein ausreichender topoi-Katalog von Gesichtspunkten für die Bildung von Sachverhalten im vorhinein entworfen werden kann[110]. Die zweite große Schwäche der *Viehweg*'schen Konzeption liegt in dem ständigen Rekurrieren auf die Gerechtigkeit begründet: Aufgabe der Jurisprudenz soll die Suche nach dem jeweils Gerechten, nach dem, was denn hier und jetzt jeweils gerecht sei sein[111]. Dadurch wird das Verdienst der Topik wieder in Frage gestellt, die gerade durch ihr Denkverfahren, d. h. durch das Argument und Gegenargument abwägende Verfahren, die Offenheit der Auslegung aufzeigt[112]. *Viehwegs* Topik weicht auf schwer konkre-

---

105 *Viehweg*, aaO, S. 20 f.

106 *Viehweg*, aaO, S. 64.

107 *Diederichsen*, NJW 1966, S. 697 ff.; zurückhaltend *Zipelius*, Problemjurisprudenz und Topik, NJW 1957, S. 2229 ff.; *Kriele*, Theorie, S. 114 ff.; *Fritz Rittner*, Verstehen und Auslegen, Freiburger Dies Universitatis Bd. 14, 1967, S. 60.

108 *Wieacker*, Privatrechtsgeschichte der Neuzeit, 2. Aufl., Göttingen 1967, S. 596 Anm. 48; *Horn*, Zur Bedeutung der Topiklehre Theodor Viehwegs für eine einheitliche Theorie des juristischen Denkens, NJW 1957, S. 601 ff., vgl. auch *R. Bäumlin*, Staat, Recht und Geschichte, 1961, S. 27 f.; *W. Hennis*, Politik und praktische Philosophie, 1963, S. 89 ff.; *F. Müller*, aaO, S. 59 ff.; *Ekelöf*, Topik und Jura, Festschrift für Torgnes Segerstedt, Uppsala 1968, S. 207; *Stig Jörgensen*, Vertrag und Recht, Kopenhagen 1968, S. 94 ff.; *Oswald*, Topisches und systematisches Denken, Festgabe für Wilhelm Schönenberger, Freiburg/Schw. 1968, S. 3 ff.

109 *Larenz*, Methodenlehre, S. 153.

110 *Hruschka*, Die Konstitution des Rechtsfalles, 1965, S. 56.

111 *Viehweg*, Topik, S. 63. S. 65 und passim.

112 Vgl. dazu *Walter*, Rechtstheorie 1970, S. 69 ff., S. 93 Fn. 90.

tisierbares Gerechtigkeitsdenken aus. Unzutreffend ist es jedoch, *Viehweg* eine antisystematische und antidogmatische Haltung vorzuwerfen[113]. Für *Viehweg* steht fest, daß dogmatische Systeme unentbehrlich sind, d. h. man muß ein System voraussetzen, welches dogmatisierte, der Fraglichkeit entzogene Behauptungen enthält:

„Ein dogmatisches System, welches ein Handlungsgefüge, wie angegeben, mit einer systematischen Begründung abstützen will, muß jedenfalls sowohl über eine hinreichende Stabilität als auch über eine Flexibilität verfügen. Es muß des näheren einerseits eine Einheit stiftende, als unveränderlich festgehaltene Basisdoktrin besitzen und andererseits möglichst viel ergänzende und interpretierende Einfälle zulassen, deren Verträglichkeit mit der Basisdoktrin darlegbar erscheint."[114]

Es ist einzuräumen, das *Viehweg* erst in den Anschlußschriften zu „Topik und Jurisprudenz" die nötige Klarstellung geschaffen hat. Daß „das Selbstverständnis der Rechtswissenschaft bisher fast durchgängig die systematische Struktur unserer Disziplin vorausgesetzt hat" und daß „auch im konkreten Werterlebnis"[115] – was ist das? – dem Juristen sein Fach als sinnvolles Ganzes und nicht als Gemenge unzusammenhängender Fragen erscheint, ist danach jedoch kein taugliches Argument gegen *Viehwegs* Konzeption[116].

6. Josef Essers Grundsatz und Norm

Schon frühzeitig hat *Josef Esser*[117] unter Hinweis auf *Gustav Radbruch* festgestellt, daß das volitive Element der Entscheidung primär sei und daß Auslegungsmittel erst gewählt werden, nachdem das Ergebnis schon feststehe:

„Die Bemühung, das ‚Vorverständnis' des Rechts bewußt zu machen, rechtfertigt sich nicht nur und nicht in erster Linie wegen der Abhängigkeit der Rechtsanwendung vom Verständnis der Rechtszwecke oder Rechtswerte, sondern vor allem wegen der grundsätzlichen Abhängigkeit unserer Begriffs-

---

113 Vgl. dazu vor allem *Diederichsen*, NJW 1966, S. 697 ff.

114 *Viehweg*, Systemprobleme in Rechtsdogmatik und Rechtsforschung, Festschrift zum 150jährigen Bestehen des Oberlandesgerichts Zweibrücken, Wiesbaden 1969, S. 327 ff., S. 332 f.; vgl. auch *Viehweg*, Über den Zusammenhang zwischen Rechtsphilosophie, Rechtstheorie und Rechtsdogmatik, Festschrift für Luis Legaz y Lacambra, Santiago de Compostela 1960, Bd. 1, S. 203 ff.; *Viehweg*, Ideologie und Rechtsdogmatik, in: Ideologie und Recht, hrsg. von Werner Maihofer, Frankfurt a. M. 1969, S. 83 ff.

115 *Diederichsen*, NJW 1966, S. 697 ff., S. 699 l. Sp.

116 In Epochen differenzierter gesellschaftlicher Meinungen kann die Rechtsordnung kein sinnvolles Ganzes mehr darstellen. Vgl. dazu auch *Esser*, Vorverständnis, S. 88 zur Bedeutung der Dogmatik.

117 *Esser*, Grundsatz und Norm, S. 256 und passim.

und Sprachformen, von denen die Art und Richtung, ja überhaupt die Möglichkeit und Grenze des Begreifens und Entscheidens rechtlicher Fragen abhängen. Hier begegnen sich die Interessen der dogmatischen und der außerdogmatischen Theorie: Beide fragen nach Geltungsgrund und Wirkungsweise eines Regelungssystems, das auf dem Verständnis von gemeinten Inhalten der Normen aufbaut. Beide müssen also von den Voraussetzungen und Mitteln des Normverständnisses in der Arbeit der Rechtsverwirklichung ausgehen. Zentral im beiderseits beleuchteten Feld steht damit die Interpretationslehre oder Hermeneutik – einmal als Frage nach den Mitteln und Garantien des Normverständnisses, gesehen von der als adäquat zugrundegelegten Dogmatik und ihrer Begriffsbildung, das andere Mal als Frage nach den Voraussetzungen, Eignungen und Fehlerquellen, die in der Verwendung dieser Dogmatik und Begriffsbildung liegen."[118]

Das moderne Rechtsdenken ist nicht unwesentlich dadurch gehemmt, daß Systemdenken und Problemdenken antagonistisch gegenübergestellt werden[119]. Es ist das Verdienst *Essers*,[120] dargetan zu haben, daß auch die Rechtsfindung aus Präjudizien in demselben Sinn das Zurückgreifen auf principles bedingt, wie es das „Ausgehen von vorhandenen Zusammenhängen in der jeweiligen Neuprofilierung der scheinbar vorgefundenen und dogmatisch bedingten Lösungen tut"[121]. Auch *Esser* stellt das Ausgeliefertsein an den Fall heraus: „Jedes System ist ein Geflecht von Wertungen in mehreren Schichten, welches nicht durch einen deduktiv fruchtbaren Normapparat zur Entscheidung führt, sondern jeweils neu aus der fallweise möglichen Präzisierung des Wertungsgehaltes und der Wertungsrelationen integriert wird. Bei diesem Prozeß ist aber – und das bedarf noch einer stärkeren Betonung – die Problemerörterung als jeweils notwendige Vorstufe der Systemintegration unverzichtbar, und diese auf vorsystematische bzw. nicht systemlogische Richtigkeitsevidenzen angewiesen."[122] An diesem auch von *Canaris*[123] anerkannten Systemverständnis als „Folgerichtigkeit der Wertung" ist festzuhalten. Auf die Richtigkeitsevidenzen ist freilich zurückzukommen. *Esser* weist zutreffend darauf hin, daß in der zunächst *Gadamer* zu verdankenden Analyse der Faktoren eines jeden Vorverständnisses und in ähnlichen Erscheinungen auf dem Gebiete der Finalität einer vorurteilsmäßigen Suche nach der zufriedenstellenden und daher dem Gesetz als ratio zugrun-

---

118 *Esser*, Das Bewußtwerden wissenschaftlichen Arbeitens im Recht, Nachwort in: *Dubischar*, Grundbegriffe des Rechts, Eine Einführung in die Rechtstheorie, Stuttgart–Berlin–Köln–Mainz 1968, S. 95 ff., S. 98.

119 Vgl. dazu prototypisch *Canaris*, Systemdenken.

120 *Esser*, Grundsatz und Norm, S. 44 ff. und passim.

121 *Esser*, RabelsZ 1969, S. 757 ff., S. 757.

122 *Esser*, RabelsZ 1969, S. 757 ff., S. 757.

123 *Canaris*, Systemdenken, S. 18.

de zu legenden Rechtslösung noch entscheidende Merkmale für die von *Canaris* gesuchten Leistungsgrenzen des Systemdenkens einerseits und der offenen Fallbetrachtung im topischen System andererseits zu finden sind[124]. *Roellecke*[125] irrt, wenn er apodiktisch feststellt, daß *Viehweg* und *Esser* nicht mehr Gesichtspunkte für die Argumentation aus dem Gesetz, sondern für eine überzeugende juristische Argumentation schlechthin entwickelten. Gerade *Esser* hat auf die Kontrollfunktion des Systemdenkens verwiesen[126]. Es ist auch nicht zutreffend, wenn ihm unterstellt wird, daß er als methodische Basis den Volksgeist oder moderner die öffentliche Meinung wählt[127].

7. Die typologische Betrachtungsweise

Friedrich Müller[128] hat *Viehweg* zu Recht vorgeworfen, daß bei ihm die Norm nur als topos unter topoi erscheine und darauf aufmerksam gemacht, daß die Entscheidungen des Gesetz- und Verfassungsgesetzgebers den Vorrang vor allen anderen Entscheidungspunkten hätten. *Müller* meint, daß sich der normative Spielraum auch typologisch erarbeiten lasse. Was aber beinhaltet die Entscheidung des Gesetz- und Verfassungsgebers? Gerade die Ausmachbarkeit der norminternen und normexternen Entscheidungskriterien ist das Kardinalproblem juristischer Hermeneutik. Wenn *Müller* typologisch arbeiten will und den Typus als Zwischenstufe zwischen Fall und Norm kennzeichnet, so wäre das nur dann eine präzise Bestimmung, „wenn man wüßte, was der Fall und was die Norm ist"[129].

8. Methodologie und Verfahrensrecht

Roellecke[130] hat neuerdings in einer interessanten sprachphilosophischen Studie die Grundfrage einer bewußt politischen Methodenlehre dahingehend formuliert: „Wo und bei wem hat der Jurist nachzufragen, wenn er sich über den Inhalt eines Gesetzes nicht im klaren ist? Wo findet er vernünftiges und gerechtes Denken? Wer vertritt die angesehene Meinung, von der er sich leiten lassen soll?"[131] Die Antwort ist nach *Roellecke* nicht einer

---

124 *Esser*, RabelsZ 1969, S. 757 ff., S. 758.
125 *Roellecke*, Festschrift für Gebhard Müller, S. 323 ff., S. 327.
126 *Esser*, RabelsZ 1969, S. 757 ff., S. 761.
127 Vgl. aber *Roellecke*, Festschrift für Gebhard Müller, S. 323 ff., S. 327.
128 *F. Müller*, aaO, S. 58.
129 Vgl. dazu *Roellecke*, Festschrift für Gebhard Müller, S. 323 ff., S. 325; *Denninger*, AöR Bd. 94 (1969), S. 333 f.
130 *Roellecke*, Festschrift für Gebhard Müller, S. 323 ff.
131 *Roellecke*, Festschrift für Gebhard Müller, S. 323 ff., S. 338.

Bildungsideologie, sondern ganz nüchtern zunächst dem positiven Verfassungsrecht und den Verfahrensordnungen und dann der Tradition zu entnehmen. Der Richter entscheide „nur dann methodisch richtig, wenn er auch die Ansicht der Verfahrensbeteiligten zum Inhalt einer Rechtsvorschrift ernst nimmt“[132]. Damit wiederholt er jedoch im Grund nur die Forderung von *Adolf Arndt*, daß der Anspruch auf rechtliches Gehör ein Rechtsgespräch erfordere[133]. Rein pragmatisch gesehen muß die Möglichkeit eines solchen Gesprächs bezweifelt werden[134]. Zum anderen werden die methodischen Fragen durch eine derartige verfahrensmäßige Gerechtigkeit nicht gelöst.

9. Der kritische Rationalismus im Schrifttum zur Methodenlehre

Auf die Grenzen juristischer Hermeneutik wiederum aufmerksam gemacht zu haben, ist das Verdienst von *Franz-Jürgen Säcker*[135]. Für ihn beruht der Glaube an die Objektivität hermeneutisch gewonnener Aussagen auf metaphysischen Prämissen, die sich rationaler Erkenntnis entziehen. Eine auf subjektive Bekenntnisse und hellseherische hermeneutische Einsichten gestützte Methode liege außerhalb des Feldes wissenschaftlicher Diskutierbar-

---

132 *Roellecke*, Festschrift für Gebhard Müller, S. 323 ff., S. 339.

133 *A. Arndt*, Die Verfassungsbeschwerde wegen Verletzung des rechtlichen Gehörs, NJW 1959, S. 6 ff.; vgl. dazu auch *Rasehorn*, Ansätze zu einer Justizfuturologie, Futurum 1970, S. 268 ff., S. 274.

134 Vgl. auch *Dürig* in: Maunz-Dürig-Herzog, Grundgesetz, München 1958 ff., Art. 103 Abs. 1 Rdnr. 38. Eine Verpflichtung zu einem Rechtsgespräch aus Art. 103 Abs. 1 GG bejahen: *Arndt*, JZ 1963, S. 65 ff.; ders., NJW 1967, S. 1585 ff.; *Kubisch*, NJW 1965, S. 1315 ff.; wohl auch *Baur*, JZ 1971, S. 70–71. Gegen eine derartige Verpflichtung haben sich ausgesprochen: *Bökelmann*, JR 1971, S. 359 ff., S. 361; *Jansen*, aaO, Bd. I Rdnr. 91 zu § 12 FGG; *Zeuner*, Festschrift für Nipperdey, Bd. I, S. 1013 ff., S. 1026; *Lerche*, ZZP Bd. 78 (1965), S. 1 ff.; *A. Blomeyer*, aaO, § 16 II, 2, b; *Röhl*, NJW 1964, S. 273; BVerfG, Beschluß vom 24. 7. 1963 – 2 BvR 129/63; BayVerfGH MDR 1964, S. 989; BVerwG JW 1965, S. 147; KG OLGZ 1966, S. 90 ff., S. 86. Vermittelnd *Lepa*, Rechtsgespräch im Zivilprozeß, DRiZ 1969, S. 5 ff., der eine Pflicht zum Rechtsgespräch aus Art. 103 Abs. 1 GG verneint, aber für bestimmte Fallgestaltungen eine derartige Verpflichtung aus § 139 ZPO bejaht. Ähnlich argumentiert auch das Bundesverfassungsgericht in einem weiteren unveröffentlichten Beschluß vom 25. 10. 1967 (2 Bvr 204/67), wonach die richterlichen Aufklärungspflichten nicht aus Art. 103 Abs. 1 GG folgten, sondern allein aus den einschlägigen Verfahrensvorschriften.

135 *Säcker*, Gundprobleme der kollektiven Koalitionsfreiheit, Düsseldorf 1969, S. 104 ff.

keit[136]. Besteht trotz sorgfältiger Prüfung und Diskussion Uneinigkeit, „so entscheidet der Richter, erkenntnistheoretisch betrachtet, über die ihm zur Entscheidung vorgelegten Fälle, die durch das Normensystem nicht bzw. nicht klar geregelt sind, aber geregelt werden sollen, nicht aufgrund einer heteronom bestimmten Kognition, sondern letztlich aufgrund autonomer Dezision“[137]. Nicht jede zu einer bestimmten, noch nicht entschiedenen Frage gebildete, methodengerecht begründete und mit dem Anspruch auf Richtigkeit vorgetragene Rechtsansicht sei Recht, sondern nur der Ausspruch einer dazu kompetenten Instanz (Gesetzgeber oder Richter)[138].

So progressiv *Säckers* umfangreicher Rekurs auf die moderne methodologische Literatur auch anmutet, Zweifel werden dadurch nicht ausgeräumt. Einmal ist es zweifelhaft, ob das von *Säcker* aufgemachte Regel–Ausnahme-Denken – Kognition und Dezision – wirklich die Sache trifft. Entscheidender ist jedoch der Einwand, daß mit der Verbindlichkeitserklärung des Ausspruchs der Gerichte methodologische Fragen nicht gelöst, sondern Reflexion willkürlich zum Stillstand gebracht wird. Aus der Tatsache, daß die Rechtsprechung im Konfliktsfalle entscheidet, was Recht ist, können methodologische Folgerungen nicht abgeleitet werden. Auch *Adomeit*[139] vertritt die These, daß die Entscheidungsprognosen durch eine divergente Entscheidung falsifiziert werden. Hierin dürfte jedoch eine vorschnelle Übertragung der Falsifikationsthese *Poppers*[140] auf die Rechtswissenschaft liegen. Ein Urteil ist entgegen der Auffassung von *Adomeit* trotz seiner unbestreitbaren positiven Geltung nicht geeignet, eine Prognose zur Erkenntnis zu erheben, die Grenze von Wahrheit und Unwahrheit zu bilden[141].

Säcker übernimmt die Falsifikationsthese *Adomeits* nicht. Vielmehr sollen die durch keine positivrechtliche Wertung eindeutig geordneten Fälle trotz der richterlichen Entscheidung weder als richtig noch als falsch, sondern nur vom Wert des Ergebnisses her als befriedigend oder unbefriedigend, als vernünftig oder unvernünftig kritisierbar sein[142]. *Säcker* gebührt das Verdienst auf die Fruchtbarkeit der wissenschaftstheoretischen Untersuchungen des philosophischen Positivismus und des kritischen Rationalismus aufmerksam

---

136 *Säcker*, aaO, S. 106.
137 *Säcker*, aaO, S. 110 m. w. N.
138 *Säcker*, aaO, S. 111 ff.
139 *Adomeit*, Rechtsquellenfragen im Arbeitsrecht, München 1969, S. 65 ff.
140 Vgl. dazu *Popper*, Logik der Forschung, S. 31 ff.
141 Vgl. dazu auch *Schwerdtner*, Besprechung von Adomeit, Rechtsquellenfragen im Arbeitsrecht, München 1969, BB 1969, S. 1487 ff., S. 1488.
142 *Säcker*, aaO, S. 113.

gemacht zu haben, die heute außer Zweifel setzen, daß Auslegung von subjektiv-volitiven, schöpferischen Momenten mitgetragen wird[143]. Ob er daraus alle Konsequenzen gezogen hat, erscheint zweifelhaft. Sein Hinweis auf entsprechende Feststellungen *Radbruchs*[144] zeigt, wie Einsichten immer wieder verlorengehen.

Auch *Theodor Heller*[145] vertritt die Meinung, daß neben der relativen Unbestimmtheit jedes Rechtssatzes jeder Fall in seiner konkreten Einmaligkeit ein Novum darstellt, das „in seiner Individualität vom Gesetzgeber nicht abschließend vorwegschauend erfaßt werden konnte". Alle Rechtsanwendung überschreite insoweit den Bereich „rein nachvollziehenden Wertens" und gehe zu Wertungen über, die zwar „unter dem Leitbild des Normsinns" stünden, jedoch normfremde Elemente in sich enthielten. *Heller* spricht im Hinblick auf das Moment der Gesetzesergänzung von „additiven Wertungen"[146].

In einer neueren Untersuchung stellt *Podlech*[147] zutreffend fest, daß das Richtigkeitspostulat im Rahmen der Rechtsanwendung Unmögliches fingiere: „Wird eine kybernetische Terminologie verwendet, kann man dies auch so ausdrücken, daß in solchen Fällen rechtsanwendende Organe als Zufallsgeneratoren fungieren."[148]

Säcker, Podlech, Heller, Esser und *Rüthers*[149] haben mit dem Fetisch bloßer Sachlichkeit im Rahmen der Rechtsanwendung Schluß gemacht, dessen Immunisierungsfunktion nur allzu häufig verkannt wird.

10. Die juristische Hermeneutik in der Sicht Hans-Georg Gadamers

Die beherrschende Autorität auf dem Gebiete der Hermeneutik scheint gegenwärtig *Hans-Georg Gadamer*[150] zu sein. Die Erwähnung seines Haupt-

143 *Säcker*, aaO, S. 119.

144 *Radbruch-Zweigert*, aaO, S. 86.

145 *Theodor Heller*, Logik und Axiologie der analogen Rechtsanwendung, Berlin 1961, S. 100 f.

146 *Heller*, aaO, S. 100 f.; vgl. dazu auch *Krawietz*, Das positive Recht und seine Funktion, Kategoriale und methodologische Überlegungen zu einer funktionalen Rechtstheorie, Berlin 1967, S. 97 Fn. 63.

147 *Podlech*, Wertungen und Werte im Recht, AöR Bd. 95 (1970), S. 185 ff., S. 190 f.

148 *Podlech*, AöR Bd. 95 (1970), S. 185 ff., S. 190 f.

149 Vgl. dazu neuerdings auch *Rüthers*, Institutionales Rechtsdenken im Wandel der Verfassungsepochen, Ein Beitrag zur politisch-kritischen Funktion der Rechtswissenschaft, Bad Homburg v. d. H.-Berlin-Zürich 1970; vgl. auch *Esser*, Vorverständnis, S. 51.

150 *Gadamer*, Wahrheit und Methode.

werkes „Wahrheit und Methode“ fehlt in keiner methodologischen Abhandlung. Die von *Gadamer* versuchte Parallelisierung allgemeiner geisteswissenschaftlicher und juristischer Hermeneutik vermag jedoch nicht zu überzeugen[151]. Die Auslegung des Rechts dient keinen intellektuell-kulturellen Bedürfnissen. Recht ist eine politische Handlungswissenschaft, worauf noch zurückzukommen sein wird. Der Jurist hat stets zu fragen, was die dogmatisch vertretbaren Lösungen im Falle ihrer rechtlichen Anerkennung jeweils sozial bewirken. Auf diese Notwendigkeit einer Folgenanalyse hat *Adomeit*[152] aufmerksam gemacht. Die von *Gadamer*[153] vertretene Vorurteilstheorie, die im Zentrum seiner philosophischen Konzeption steht, ist, worauf auch *Albert*[154] hinweist, von *Popper* früher, klarer und ohne die problematischen konservativen Akzente formuliert worden. Im Rahmen der juristischen Auslegung stellt sich für *Gadamer* das als Grundrechnungsmodus dar, was anderen als Gleichung mit mehreren Unbekannten erscheint:

„Die Aufgabe des Auslegens ist die Konkretisierung des Gesetzes im jeweiligen Fall, also die Aufgabe der Applikation. Die Leistung produktiver Rechtsergänzung, die damit geschieht, ist gewiß dem Richter vorbehalten, der aber genauso unter dem Gesetz steht wie jedes andere Glied der Rechtsgemeinschaft. In der Idee einer rechtlichen Ordnung liegt, daß das Urteil des Richters nicht einer unvorhersehbaren Willkür entspringt, sondern der gerechten Erwägung des Ganzen. Zu solcher gerechten Erwägung ist jeder imstande, der sich in die volle Konkretion der Sachlage vertieft hat. Eben deshalb ist in einem Rechtsstaat Rechtssicherheit vorhanden, d. h. man kann der Idee nach wissen, woran man ist. Jeder Anwalt und Berater hat die prinzipielle Möglichkeit, richtig zu beraten, d. h. die richterliche Entscheidung aufgrund der bestehenden Gesetze richtig vorauszusagen.“[155]

Eine derartige Feststellung ist in der gegenwärtigen Situation unfaßbar[156]. Sie ist auch deshalb nicht verständlich, da gerade *Gadamer*[157] auf den Lebens- und Aktualitätsbezug allen Verstehenwollens verweist, der sich dahingehend auswirkt, daß ein Text „in jedem Augenblick, d. h. in jeder konkreten

151 So auch *Adomeit*, ZRP 1970, s. 176 ff., S. 179 l. Sp. Fn. 23; vgl. zu Gadamer auch *Wieacker*, Privatrechtsgeschichte der Neuzeit, S. 15 Fn. 7.

152 So zutreffend *Adomeit*, ZRP 1970, S. 176 ff., S. 179.

153 *Gadamer*, aaO, S. 252 ff., S. 495.

154 *Albert*, Besprechung von Jürgen Habermas, Zur Logik der Sozialwissenschaften, Sonderheft der Philosophischen Rundschau, Beiheft 5, Tübingen 1967, in: Kölner Zeitschrift für Soziologie und Sozialpsychologie, Bd. 20 (1968), S. 341 ff.

155 *Gadamer*, aaO, S. 312 f.; vgl. dazu zutreffend *Roellecke*, Festschrift für Gebhard Müller, S. 323 ff., S. 326.

156 Vgl. dazu auch *Adomeit*, ZRP 1970, S. 176 ff., S. 179 r. Sp.

157 *Gadamer*, aaO, S. 252.

Situation neu und anders verstanden werden muß"[158]. Auch übersieht *Gadamer* völlig, daß der Rechtsanwender in der Gegenwart in weiten Bereichen keinen oder einen nur sehr unvollkommenen Text hat.

Mit seinem angelsächsischen Sinn für Pragmatismus stellt dagegen *Wolfgang Friedmann*[159] fest:

„Weder bei der Auslegung einer Verfassung, noch bei der Entwicklung des Rechts der unerlaubten Handlung, der Interpretation eines Steuer- oder Preiskontrollgesetzes oder der Differenzierung zwischen administrativem und richterlichem Handeln können wir absolut gültige Prinzipien heranziehen. Lehrbuchleitsätze für die Gesetzesauslegung sind nützliche und unerläßliche Werkzeuge, die flexibel und differenzierend gehandhabt werden müssen. Sie bieten jedoch keinen Ersatz für die individuelle Beurteilung einer Situation und für die Abwägung widerstreitender Interessen . . . Was wir von den großen Richtern und Rechtsgelehrten lernen können, ist nicht unfehlbares Wissen oder eine zuverlässige Antwort auf alle Rechtsprobleme, sondern vielmehr das ständige Vergegenwärtigen der Probleme unserer Gesellschaft und die Bereitschaft, die Last der Entscheidung auf uns zu nehmen; dies kann durch kein noch so umfangreiches technisches Wissen aufgewogen werden."

11. Wege und Irrwege zu einer politischen Rechtstheorie

Mehren sich auf der einen Seite die Stimmen, die Abschied nehmen von dem unhaltbaren Richtigkeitspostulat, so sind auf der anderen Seite auch Stellungnahmen erfolgt, die statt zu einer Rechtstheorie zu führen, in Offenbarungsmodellen endeten.

Am radikalsten hat *Rudolf Wiethölter* in die bisherige Methodendiskussion eingegriffen. Eine Auseinandersetzung mit seinem Rechtsdenken ist an anderer Stelle geführt worden[160]. Es soll deshalb in diesem Zusammenhang nur kurz auf seine Kernthesen eingegangen werden.

Das zentrale Erbübel und die Todsünden des Rechts und seiner Verwalter sieht *Wiethölter* in der trickreichen Kunst, Rechtssachverhalte so zu verfremden, daß sie gleichsam von selbst die gewünschten Rechtsfolgen abwerfen[161]. Das Naturrecht, die Natur der Sache, die sachlogischen Strukturen sind für ihn „gigantische, strahlkräftige Leerformeln, bloße Tautologien",

---

158 Vgl. zu der im Verstehensprozeß eingeschlossenen Möglichkeit der „Standpunktreflexion", auch *K. O. Apel*, Kann es ein wissenschaftliches „Weltbild" überhaupt geben? in: Zeitschrift f. phil. Forschung Bd. 16 (1962), S. 26 ff.; *Habermas*, Zur Logik der Sozialwissenschaften, Tübingen 1967, S. 149 ff.

159 *Wolfgang Friedmann*, Recht und sozialer Wandel, Frankfurt a. M. 1969, S. 70 f.

160 *Schwerdtner*, ZRP 1969, S. 136 ff.; vgl. auch *Ernst A. Kramer*, Der Kampf um die Rechtswissenschaft, ZRP 1970, S. 82 ff.

161 *Wiethölter*, Rechtswissenschaft, S. 17.

die Rechtswissenschaft bewegt sich für *Wiethölter* schlicht zwischen Zirkeln, Leerformeln, Alibis und Tabus[162].
Als Alternative fordert *Wiethölter* die Politisierung des Rechts[163]. Gesetztes Recht soll nicht schon Recht sein[164]. Politisch als Zielvorstellung soll die Herstellung einer „guten Ordnung" beinhalten, für die Menschenbild, Geschichtlichkeit der Existenz und Verfassung die wichtigsten Orientierungslinien für die methodischen Wege abgeben sollen[165]. Später hat *Wiethölter* seine Position als „juristischen Negativismus" präzisiert[166].
Auf den Vorwurf, letztlich mit Leerformeln und Offenbarungsmodellen zu arbeiten[167], hat *Wiethölter* scharf reagiert[168]. Solange man freilich in „wissenschaftlichen" Auseinandersetzungen dem jeweiligen Gegner eine „Reduzierung gesellschaftlicher, politischer und wissenschaftlicher Auseinandersetzungen auf vermeintliche Extremistenattacken" zum Vorwurf macht[169], solange man aus Abbreviaturen (z. B. aus meiner Formulierung: *Wiethölters* Recht) auf ein natürlich-flaches Wissenschaftsverständnis[170] schließt, ist die Fairneß im Argument nicht gewahrt, die ein verständnisvolles Gespräch erst ermöglicht. In dieser Auseinandersetzung ging es ausschließlich darum, dazutun, daß auch in der Rechtswissenschaft hinter aller Erkenntnis letzten Endes Entscheidungen stehen. „Entscheidungen und Erkenntnisse, Erfahrungen und Stellungnahmen sind eben in mannigfaltigerweise miteinander verflochten, und dieser Umstand wird nicht dadurch aus der Welt geschafft, daß man vor ihm die Augen verschließt."[171] In einer wissenschaftlichen Diskussion muß man erwarten können, daß jeder seine persönliche Einstellung, seine praktischen Prinzipien, seine moralischen Anschauungen aufdeckt und sie nicht unter einem nicht explizierten Wissenschaftsbegriff als Erkenntnisse ausgibt[172]. Mit der Offenlegung dieser Umstände wird sicherlich nicht der Streit geschlichtet, wohl aber die Möglichkeit eines Ge-

---

162 *Wiethölter*, Rechtswissenschaft, S. 10.
163 Vgl. dazu *Schwerdtner*, ZRP 1969, S. 136 ff., S. 136 f.
164 *Wiethölter*, Rechtswissenschaft, S. 57.
165 *Wiethölter*, Rechtswissenschaft, S. 179.
166 *Wiethölter*, Recht und Politik, ZRP 1969, S. 155 ff., S. 158 r. Sp.
167 So *Schwerdtner*, ZRP 1969, S. 136 ff.
168 *Wiethölter*, ZRP 1969, S. 155 ff.
169 So *Wiethölter*, ZRP 1969, S. 155 ff., S. 155 l. Sp.
170 So *Wiethölter*, ZRP 1969, S. 155 ff., S. 155 r. Sp.
171 *Albert*, Marktsoziologie und Entscheidungslogik, Ökonomische Probleme in soziologischer Perspektive, Neuwied-Berlin 1967, S. 120 f.
172 *Albert*, aaO, S. 122.

sprächs eröffnet[173]. Von diesem Ausgangspunkt aus wird von *Wiethölter* nicht gefordert, sich als Fundamentaldemokrat, Linksliberaler, Sozialist usw. zu bekennen. Angesichts der heutigen Sprachverwirrung wäre mit einer derartigen Kennzeichnung wenig gewonnen, wie überhaupt ein derartiges „Schubladendenken" abzulehnen ist. Wenn *Wiethölter* meint, die Kennzeichnung als Sozialist oder Marxist sei mit dem Unterton Verfassungsfeind zu verstehen, so kann hierin nur eine Immunisierungsstrategie erblickt werden. Eine Auseinandersetzung mit *Wiethölter* hat nicht zum Ziel, sich als *McCarthy* im wissenschaftlichen Bereich in Szene zu setzen. Um Mißverständnisse auszuschließen, soll hier nochmals nachdrücklich betont werden, daß wissenschaftliche Forschung, psychologisch gesehen, „ohne einen wissenschaftlich indiskutablen, also, wenn man so will, metaphysischen Glauben an (rein spekulative und) manchmal höchst unklare theoretische Ideen wohl gar nicht möglich ist"[174]. Fatal wird die Situation erst dann, wenn ein solches Denken im Rahmen eines Offenbarungsmodells mit Absolutheitsanspruch auftritt. *Wiethölter*[175] räumt selbst ein, daß wissenschaftliche Diskussion und Kommunikation nur möglich ist, „wenn Prämissen und Methoden (und möglichst auch die sogenannten erkenntnisleitenden Interessen) mitdiskutiert und -kommuniziert werden"[176]. *Wiethölter* hat zwar in seinen Veröffentlichungen[177] hinreichende Bekenntnisse abgegeben, nur muß man diese auf ihre erkenntnisleitenden Interessen hinterfragen. Wenn *Wiethölter*[178] sich damit zu entschuldigen versucht, daß er zunächst die Bekenntnisse der traditionellen Rechtswissenschaft hinterfragt habe, so ist darauf einmal mit einem Wort von *Christian Thomasius,* nach *Ernst Bloch* ein deutscher Gelehrter ohne Misere[179], zu antworten: „Sei kein Pharisäer, tue die Vollkommenheit, die du von anderen verlangst, dir selber an."[180] Zum anderen geschieht ein derartiges Hinterfragen und Befragen stets mit einer bestimmten Attitude, die aufgedeckt werden muß. Wenn *Wiethölter* meint, die politischen Herrschaftsverhältnisse, die wir heute für uns zu orga-

---

173 So zutreffend *Kriele*, Rechtspositivismus und Naturrecht – politisch beleuchtet, JuS 1969, S. 149 ff., S. 150.

174 *Popper*, Logik der Forschung, S. 13.

175 *Wiethölter*, ZRP 1969, S. 155 ff., S. 157 l. Sp.

176 *Wiethölter*, ZRP 1969, S. 155 ff., S. 156 r. Sp.

177 Vgl. z. B. *Wiethölter*, Rechtswissenschaft; ders., Kritische Justiz 1970, S. 121 ff.

178 *Wiethölter*, ZRP 1969, S. 155 ff., S. 156 r. Sp.

179 *E. Bloch*, Christian Thomasius, ein deutscher Gelehrter ohne Misere, Frankfurt a. M. 1961.

180 *Christian Thomasius*, Von der Kunst, vernünfftig und tugendhafft zu lieben, 5. Hauptstück, § 104.

nisieren hätten, würden auf Naturrecht gegründet, so erhärtet diese Feststellung nur den Vorwurf, daß *Wiethölter* die Naturrechtsdiskussion der Gegenwart nicht zur Kenntnis nimmt.[181]
Bezeichnend und verräterisch ist der Umstand, daß *Wiethölter* auf den zentralen Vorwurf der fehlenden Berechenbarkeit seiner „guten Ordnung" nicht eingeht[182]. Bei diesem Begriff handelt es sich entgegen *Zöllner*[183] nicht um eine unglückliche Formulierung, sondern um einen Basisbegriff im Denken *Wiethölters*. *Wiethölters* Entgegnung vermag nicht davon zu überzeugen, daß diese „gute Ordnung" mehr als ein Offenbarungsmodell darstellt. Die Nöte, in die ein politisiertes Recht den Rechtsanwender stürzen, lassen *Wiethölter* offenbar unberührt[184]. Wer sich allenthalben auf das Sozialstaatsprinzip beruft, muß in einer Gesellschaft, die allgemein von dem Gesetz der Knappheit beherrscht wird, seine soziale Entscheidungen aufdecken. Das Auffinden und die Wahrnehmung der Aufgaben „aus Lieb der Gerechtigkeit und um gemeines Nutz willen" – und schöner lassen sich nach *Wiethölter*[185] Rechts- und Sozialstaat nicht umschreiben – reicht hierzu nicht aus. Das Rekurrieren auf derartige Blankettbegriffe und Leerformeln dient letztlich auch der Immunisierung gegen die Kritik. Nicht von ungefähr gibt es in der modernen Rechtswissenschaft eine ganze Schule, die den Gegenstand der Rechtswissenschaft allein in der Hervorbringung einer reinen und nützlichen Sprache sieht[186]. Historisch gesehen nicht uninteressant ist der Um-

---

181 *Wiethölter*, ZRP 1969, S. 155 ff., S. 157 l. Sp.

182 Nicht ohne Grund erscheinen Begriffe wie „gute Ordnung" oder „gutgeordnetes Gemeinwesen" auch bei denjenigen Rechtswissenschaftlern, die auf Empirie besonderes Gewicht legen. Die Analyse der gesellschaftlichen Wirklichkeit ist eben schlechthin ungeeignet, Zielvorstellungen und Ordnungsgesichtspunkte selbst zu produzieren. Vgl. dazu auch den Begriff der „sozialen Wohlfahrt", den *Lundstedt*, Die Unwissenschaftlichkeit der Rechtswissenschaft, Berlin, I, 1932, II 1935, immer wieder verwendet. Dieses Abgleiten in die verbannte Metaphysik kommt nicht von ungefähr. (Vgl. zum Ganzen Luis *Legaz y Lacambra*, Rechtsphilosophie, Neuwied-Berlin 1965, S. 230.) Auch *H. Ridders*, Postulat einer demokratischen Verfassungsdoktrin (Zur Verfassungsdoktrin des NS-Staates, Kritische Justiz 1969, S. 221 ff., S. 242), die „am Menschen in seiner gesellschaftlichen, politischen Lage" einsetzen müsse, ist letztlich leerformelhaft. Gleiches gilt für die Forderung nach einem „gutgeordneten Gemeinwesen" (so *Hennis*, Politik und praktische Philosophie, S. 22 f.).

183 *Zöllner*, Arbeitsrecht und Politik, Der Betrieb 1970, S. 54 ff., S. 54 Fn. 7.

184 Anders läßt sich die Einlassung Wiethölters nicht deuten.

185 *Wiethölter*, Die Position des Wirtschaftsrechts im sozialen Rechtsstaat, Festschrift für Franz Böhm, Karlsruhe 1965, S. 41 ff., S. 62; diese Formulierung entspricht im übrigen Art. 104 der CCC!

186 *Bobbio*, Teoria della scienzia giuridica, Turin 1950, S. 218.

stand, daß *Luther* auf dem „Wort" zu dem Zeitpunkt insistierte, als die Schwarmgeister des 16. Jh. auf das „innere Licht" bauten.
Einen juristischen Negativismus kann sich eine Rechtswissenschaft nicht leisten, die für eine Rechtsordnung in der Zeit zu sorgen hat. Im übrigen ist es ein radikales Vorurteil, traditionslos leben zu können[187]. Traditionen müssen jedoch stets diskutierbar bleiben, was um den Preis der Unsicherheit Fortschritt allein ermöglicht. Mit dieser Unsicherheit muß der Jurist leben. Ein allgemeines Wissen um diese Unsicherheit wäre schon ein Gewinn. Der Jurist muß sich aber auch bei aller Kritik an Traditionen dem Alternativ-Radikalismus stellen. Mit dem Aufzeigen von Leiden ist noch nicht viel gewonnen[188]. Vielmehr ist die Frage zu stellen, wie sich andersartige Entwürfe unter den gegebenen Bedingungen realisieren lassen. „Die Beantwortung solcher Fragen erfordert ohne Zweifel Phantasie, aber mehr die produktive Phantasie des Erfinders als die von jeder Einschränkung freie Phantasie des Tagträumers und Illusionärs."[189] *Wiethölters* Verdienst ist es allein, über die wohl primär intendierte generelle Verunsicherung Reflexion voranzutreiben. *Wiethölter* ist es nicht gelungen, zu einer demokratischen Rechtstheorie vorzustoßen[190]. Entgegen *Fikentscher*[191] kann jedoch die politische Jurisprudenz von *Wiethölter* nicht als die geeignete Grundlage von *Hitlers* und *Stalins* Herrschaft gedeutet werden. Keine Rechtsordnung wirkt aus sich selbst heraus, sondern nur über die Verwalter des Rechts. Das unentziehbare Grundrecht vermag dem Rechtsgenossen nichts zu nützen, wenn die Verwalter des Rechts ihm seine Anerkennung versagen. Gegenüber solchen Grenzsituationen des Unrechtsstaates verbleibt nur die Hoffnung, sie nicht erleben zu müssen[192].
Dieses Urteil wird durch *Rudolf Wiethölters* jüngste Abhandlung zur politischen Funktion des Rechts am eingerichteten und ausgeübten Gewerbebetrieb[193] bestätigt. *Wiethölter* führt darin aus, daß im Arbeits- und Wirtschaftsrecht heute nicht mehr individual-privatrechtliche Grundlagen betroffen seien, sondern politisch-verfassungsrechtliche Fragestellungen. Den Ab-

---

187 Vgl. dazu *Albert*, Traktat, S. 177.
188 Vgl. aber *Wiethölter*, ZRP 1969, S. 155 ff., S. 156 r. Sp.
189 *Albert*, Traktat, S. 177.
190 So zutreffend *Roellecke*, Festschrift für Gebhard Müller, S. 323 ff., S. 338 Fn. 48.
191 *Fikentscher*, Rechtswissenschaft und Demokratie bei Justice Oliver Wendel Holmes, Eine rechtsvergleichende Kritik der politischen Jurisprudenz, Karlsruhe 1970, S. 35, S. 41.
192 Vgl. dazu den Hinweis von *Kelsen* bei Esser, Das Bewußtwerden wissenschaftlichen Arbeitens im Recht, in: *Dubischar*, aaO, S. 95 ff., S. 102.
193 *Wiethölter*, Kritische Justiz 1970, S. 121 ff.

schied von einer privatistischen Vorstellung kann niemand leugnen. Daraus kann jedoch nicht die Folgerung abgeleitet werden, daß derjenige, der z. B. das Arbeitsrecht in das bürgerliche Recht zurückholen will[194] in Wahrheit die als Aufgabe noch vor uns liegende politische Gesellschaft in den hinter uns liegenden Obrigkeitsstaat zurückhole. Dieser Auffassung ist jedoch *Wiethölter:*

„Alle diese Tendenzen sind restaurativ. Das Arbeits- und Wirtschaftsrecht einschließlich der entsprechenden Deliktsrechtsteile ließe sich schon heute leidlich modern als sozialwissenschaftlich strukturiertes normativ-regulatives System von juristischen Handlungsorientierungen konzipieren, die inhaltlich auf die vom Grundgesetz intendierte rechtsstaatlich verankerte soziale Demokratie bezogen sind. Das tradierte System des bürgerlichen Privatrechts (einschließlich seines Deliktsrechts) versperrt hingegen einen solchen Zugang total. Denn während Privatrecht laisser-faire-Recht ist, also den einzelnen aus seinem Eigentum privat autonom leben läßt, – und auf das Eigentum ist das System subjektiver Rechte exklusiv zugeschnitten – ist z. B. im UWG und GWB public policy, öffentliche Verwaltung einer „guten Ordnung“ intendiert. Anders ausgedrückt: so wie im Privatrecht Individualinteressen um der individuellen ‚Freiheit‘ willen geschützt werden, so im Wettbewerbsrecht Allgemeininteressen um der allgemeinen ‚Freiheit‘ willen. Verfolgte Zwecke und eingesetzte Mittel stehen im Privatrecht zur Disposition und zum Schutz der Individuen zur Verfügung, im Wettbewerbsrecht zur Disposition und zum Schutz der Gesellschaft. An die Stelle privaten Geschehens tritt öffentliches Geschehen. Angeblich unpolitisches Privatrecht wird durch politisches Sozialrecht abgelöst.“[195]

Diese Ausführungen bestätigen *Wiethölters* Gabe zur scharfsinnigen Analyse und die Zweifelhaftigkeit der von ihm verordneten Therapie. Abgesehen davon, daß *Wiethölters* Zukunftsperspektiven leerformelhaft sind (gute Ordnung!), ist nicht einzusehen, warum sich der notwendige Privatrechtswandel nicht systemimmanent ereignen kann. Die von *Wiethölter* beschworene Privatrechtskonzeption der Individualinteressen und der individuellen Freiheiten ist dahin. Die Fortentwicklung des Zivilrechts hält den traditionellen Rahmen aufrecht, ein Umstand, der *Wiethölter* aufgrund seiner Traditionsfeindlichkeit unberührt läßt. Für eine systemimmanente Umgestaltung des Privatrechts spricht vor allem der Umstand des Begründungszwangs, den die Abänderung positiven Rechts auslöst. Das Abstellen auf die „gute Ordnung“ geht von der unbegründeten Annahme aus, das Gemeinwohl definieren zu können. Es ist aber für ein modernes Rechtssystem schlechthin unerträglich, die Gemeinwohldefinition gruppenmäßig zu monopolisie-

---

194 Vgl. dazu *Schwerdtner*, Fürsorgetheorie und Entgelttheorie im Recht der Arbeitsbedingungen, Heidelberg 1970, S. 79 ff. m. w. N.

195 *Wiethölter*, Kritische Justiz 1970, S. 121 ff., S. 125.

ren[196]. *Wiethölters* Anliegen würde den Rechtsanwender alsbald vor die Frage der Legitimität seines Handelns stellen. *Wiethölters* Standpunkt ist insoweit schizophren, als er die bestehenden Generalklauseln einer herben Kritik unterzieht, selbst aber mit solchen Generalklauseln arbeitet:

„Das – auch politische – Hauptproblem von Generalklauseln ist ihr instrumentaler Charakter: sie selbst in ihrer Leere sagen und leisten nichts, entscheidend ist, was mit ihnen als Vorwand, von wem, in welcher Absicht, mit welchen Wirkungen gesagt und geleistet wird. Die Bedeutung solcher Generalklauseln für das Verhältnis vor allem von ‚Gesetz' und ‚Richter' liegt auf der Hand. Das Verhältnis greift tief in die Strukturen des Verfassungs-, Staats- und Gesellschaftslebens ein. Eine andere politische Bedeutung von Generalklauseln liegt darin, daß sie typischerweise aus politischen Kompromissen oder unerledigten Konflikten entstehen. Geradezu ein Dorado unerledigter Konflikte und politischer Kompromisse bildet nun das Arbeitsrecht. Das heißt konkret: Vor allem die unerledigten Konflikte werden nicht rechtlich bewältigt, sondern bleiben Konflikte, die sozial und politisch von den Konfliktsbeteiligten erledigt werden, deren Siege, Niederlagen, Kompromisse, kommt es überhaupt zu Kampfentscheidungen vor und von Gerichten, rechtlich lediglich sanktioniert werden. Auf diese Weise stabilisiert die Zauberformel von der sozialen Adäquanz – in scheinbar rechtlicher Weise – soziale Machtverhältnisse. Eine Rechtsentscheidung ist nicht getroffen und kann auch nicht getroffen sein. Tritt zur sozialen Adäquanz als Kriterium für Recht und Unrecht noch hinzu das zweite Kriterium nach der Rechtsprechung des Bundesarbeitsgerichts, nämlich die rechtliche Überzeugung, so gesellt sich zum sozialen Machtverhältnis das Bewußtsein der solche rechtliche Überzeugung Verwaltenden, also der Juristen, vornehmlich der hohen Richter und einiger Gutachter-Professoren. Beide Grundlagen wirken sich unmittelbar z. B. im sog. politischen und wilden Streik aus."[197]

Wiethölters Kritik an Generalklauseln ist wenig originell[198]. Im übrigen ist die Lehre von der Sozialadäquanz inzwischen von der traditionellen Rechtswissenschaft zu Grabe getragen worden[199]. *Wiethölters* Angriff auf die herrschende Arbeitskampfrechtskonzeption mag populär sein, durchdacht ist sie auf keinen Fall. Gerade im Rahmen des Arbeitskampfrechts sollte endlich mit den literarischen Scheingefechten, die zu einem literarischen Vergeudungskapitalismus geführt haben, Schluß gemacht werden. Die Grenzen der Zulässigkeit des Arbeitskampfes werden in nicht geringem Umfange durch den konfliktstheoretischen Ausgangspunkt des jeweiligen Interpreten des Art. 9 Abs. 3 GG bestimmt. Wer der Auffassung ist, daß Konflikte

---

196 Vgl. dazu von *Beyme*, Parlamentarismus und Rätesystem – eine Scheinalternative, Zeitschrift für Politik 1970, S. 27 ff.

197 *Wiethölter*, Kritische Justiz 1970, S. 121 ff., S. 133.

198 Vgl. z. B. *Hedemann*, Die Flucht in die Generalklauseln, Tübingen 1933.

199 Vgl. *H.-J. Hirsch*, Soziale Adäquanz- und Unrechtslehre, ZStW 74, S. 78 ff.; *Schwerdtner*, JZ 1971, S. 526 f.

stets positiv-funktional zu sehen sind und wer diese Gesellschaft für grundlegend veränderungsbedürftig und veränderungsfähig ansieht, wird den Arbeitskampf in weitem Umfange für zulässig erachten[200]. Wer dagegen Konflikte kanalisiert sehen will, wird sie gewissen Spielregeln unterwerfen und so zu einer Einschränkung der Kampfformen kommen. Daß *Nipperdey*[201] und *Abendroth*[202] über die Grenzen der Zulässigkeit des Arbeitskampfes verschiedener Auffassung sind, liegt nicht in der verschiedenen Auslegung des Art. 9 Abs. GG begründet. Vielmehr weichen ihre konfliktstheoretischen Ausgangspunkte, die die Auslegung entscheidend mitbestimmen, weit voneinander ab.

Gerade *Wiethölter*, der sich allenthalben auf sozialwissenschaftliche Theorien beruft, kann für sich in Anspruch nehmen, in kühner Souveränität gerade deren Ergebnisse außer acht gelassen zu haben. Seine „Rechtswissenschaft", die Abbreviatur sei gestattet, ist in bester deutscher geisteswissenschaftlicher Tradition geschrieben. So merkwürdig es klingen mag, trifft sich *Wiethölter* insoweit mit der traditionellen Rechtswissenschaft. Sehen es die Juristen als ihre, natürlich als realisierungsfähig gedachte Aufgabe an, „das objektiv Gerechte und Gemäße zu ermitteln"[203] oder die „gute Ordnung" herzustellen, so erschaudern die Sozialwissenschaftler vor der Größe der Abwägungsaufgabe der Juristen. Die Explikationen der Juristen auf diesem Gebiet werden von ihnen als naiv und undurchdacht gekennzeichnet[204]. Was die Rechtswissenschaft von *Larenz* bis *Wiethölter* und die Rechtsprechung kennzeichnet, ist ein „utopisches Harmoniedenken bezüglich sozialer Interessen" und ein unfundierter Glaube an eindeutige Bestimmbarkeit des sozial Gebotenen[205]. Die erkenntnisleitenden Interessen, die persönlichen Entscheidungen, die Vorurteilssituationen werden nicht aufgedeckt. In scheinbar rechtlicher Weise wird vielmehr alles als Erkenntnis aus der Rechtsordnung abgeleitet und mit einem absoluten Geltungsanspruch verse-

---

200 Vgl. dazu *Lewis Coser*, The Functions for Social Conflict, London 1956; *Dahrendorf*, Gesellschaft und Freiheit, Zur soziologischen Analyse der Gegenwart, München 1965, S. 121 ff.

201 *Nipperdey* in: *A. Hueck-Nipperdey*, Lehrbuch des Arbeitsrechts, Bd. 2, 6. Aufl., Berlin-Frankfurt a. M. 1957, S. 604 ff.

202 *Abendroth*, Die Berechtigung gewerkschaftlicher Demonstrationen für die Mitbestimmung der Arbeitnehmer in der Wirtschaft (Rechtsgutachten), in: *W. Abendroth*, Antagonistische Gesellschaft und politische Demokratie, Neuwied 1967, S. 203 ff.

203 *E. R. Huber*, Wirtschaftsverwaltungsrecht, Tübingen 1954, Bd. 2, S. 654.

204 *Streissler*, aaO, S. 1 ff., S. 1.

205 So *Streissler*, aaO, S. 1 ff., S. 2.

hen. Auch die Stellungnahme von *Burck*[206] vermag nicht aufzuzeigen, was die politische Rechtstheorie *Wiethölters* eigentlich will. Der Hinweis – eigenständiger Weg zu einer demokratischen Grundordnung – ist zu vage.

III. Der kritische Rationalismus als Denkstil

Es ist erstaunlich, mit welcher Zähigkeit sich die juristische Methodenlehre der Einsicht in die Relativität allen Verstehens widersetzt, obwohl gerade der kritische Rationalismus und die moderne Verhaltensforschung[207] auf die Unhaltbarkeit dieses hermeneutischen Denkens längst aufmerksam gemacht haben.

Was bedeutet nun kritischer Rationalismus? Der kritische Rationalismus ist keine Entdeckung unserer Zeit, sondern ein Denkstil, den die Menschheit in der Menschheitsgeschichte zu verschiedenen Zeiten zu ihrem Schaden vergißt. „Dieser neue Kritizismus, der die Neutralität des analytischen Denkens überwindet und dem totalen Engagement theologischer und quasitheologischer Denkweisen mit seinen antiliberalen Implikationen ein kritisches Engagement für rationales Denken und für die unvoreingenommene Suche nach der Wahrheit und nach offenen Problemlösungen entgegensetzt, dem Lichte neuer Gesichtspunkte jeweils revidierbar sind, knüpft tatsächlich an eine alte Tradition an, die sich bis in die griechische Tragödie zurückverfolgen läßt, die sich in der Entstehungsgeschichte der neuzeitlichen Naturwissenschaft wieder zur Geltung gebracht und in der Periode der Aufklärung für einige Zeit das allgemeine Bewußtsein geprägt hat, die aber seit Beginn des 19. Jh. den durch den Einbruch neuer Irrationalismen hervorgerufenen Belastungen ausgesetzt war."[208] In Deutschland ist der hervorragendste Vertreter des kritischen Rationalismus *Hans Albert*. *Alberts* Denken ist aus der Kritik der *Popper*'schem Denken erwachsenen Philosophie und Theologie hervorgegangen. Sie sieht sich eher dem sog. *Münchhausen*-Trilemma ausgesetzt, geht man von dem klassischen Prinzip der zureichenden Begründung aus[209]. Nach *Albert* verlangt dieses Prinzip nicht nur eine zureichende, sondern eine perfekte Begründung für jede wissenschaftliche Aussage. Wenn dem so ist, so hat man nicht nur eine Begründung für die vorgetragene wissenschaftliche Erkenntnis zu liefern, sondern auch die Begründungen selbst müssen ihrer-

---

206 *Burck*, Objektives oder politisches Recht?, JZ 1971, S. 678 ff., S. 681 l. Sp.

207 *Vgl. z. B. Rottleuthner*, Zur Soziologie richterlichen Handelns, Kritische Justiz 1970, S. 283 ff., S. 286 f. m. w. N.

208 *Albert*, Traktat, S. 6.

209 *Albert*, Traktat, S. 13.

seits wieder begründet werden. Nach *Albert* hat man hier nun die Wahl zwischen:

„1. Einem infiniten Regreß, der durch die Notwendigkeit gegeben erscheint, in der Suche nach Gründen immer weiter zurückzugehen, der aber praktisch nicht durchzuführen ist und daher keine sichere Grundlage liefert;

2. einem logischen Zirkel in der Deduktion, der dadurch entsteht, daß man im Begründungsverfahren auf Aussagen zurückgreift, die vorher schon als begründungsbedürftig aufgetreten waren, und der, weil logisch fehlerhaft, ebenfalls zu keiner sicheren Grundlage führt; und schließlich:

3. einem Abbruch des Verfahrens an einem bestimmten Punkt, der zwar prinzipiell durchführbar erscheint, aber eine willkürliche Suspendierung des Prinzips der zureichenden Begründung involvieren würde.“[210]

Die kritische Prüfung als Methode, die Aufgabe jeglichen Unfehlbarkeitsanspruchs zugunsten eines konsequenten Fallibilismus ist der einzige Ausweg aus dem Trilemma. „Die Annahme einer bestimmten Methode, auch die der Methode der kritischen Prüfung, involviert insofern eine moralische Entscheidung, denn sie bedeutet die Übernahme einer für das soziale Leben sehr folgenreichen methodischen Praxis, die nicht nur für die Theoriebildung, für die Aufstellung, Ausarbeitung und Prüfung von Theorien, sondern auch für deren Anwendung und damit auch für die Rolle der Erkenntnis im sozialen Leben von großer Bedeutung ist . . . Es ist keineswegs eine Übertreibung, sondern nur die Feststellung eines einfachen und leicht verständlichen Zusammenhanges, wenn man darauf hinweist, daß das Prinzip der kritischen Prüfung u. a. eine Verbindung herstellt zwischen Logik und Politik.“[211] Gerade die letzte Feststellung ist für den Rechtsanwender angesichts der letztlich wohl nur theoretisch zu treffenden Unterscheidung von Rechtsanwendung und Rechtspolitik von außerordentlicher Bedeutung. Selbst die moderne Psychoanalyse geht soweit, vorzuschlagen, Theoriestücke nicht mehr nach den Kriterien falsch oder richtig, sondern nach denen der Brauchbarkeit zur Erhellung und Handhabung klinischer Einzelphänomene zu beurteilen[212].

Ein wichtiger Bestandteil der Methodologie der kritischen Prüfung ist der theoretische Pluralismus. Wenn es niemals sicher ist, daß eine bestimmte

---

210 *Albert*, Traktat, S. 13.

211 *Albert*, Traktat, S. 40 f.

212 Vgl. dazu *T. Moser*, Was ist Aggression? Der Weltkongreß der Psychoanalytiker in Wien, FAZ v. 2. 8. 1971, Nr. 175, S. 20 Sp. 2.

Theorie wahr ist, dann lohnt es sich stets, nach Alternativen zu suchen, nach anderen Theorien, die möglicherweise besser sind, weil sie größere Erklärungskraft haben, bestimmte Irrtümer vermeiden oder überhaupt Schwierigkeiten irgendwelcher Art überwinden, die von bisherigen Theorien nicht bewältigt werden[213] oder neue Perspektiven zu entwerfen, aus denen sich andere Lösungen ethischer Probleme ergeben, als die bisher üblichen[214].
Von überragender Bedeutung sind im Denken *Alberts* die sogenannten „Brücken-Prinzipien", die zur Überwindung der Distanz zwischen Soll-Sätzen und Sachaussagen und damit auch zwischen Ethik und Wissenschaft dienen. Hierzu zählt z. B. der Satz „Sollen impliziert Können" oder das sog. Kongruenzpostulat, wonach normative Behauptungen, „um sinnvoll zu sein, nicht die Existenz von Faktoren involvieren dürfen, die für die Erkenntnis nicht in Betracht kommen"[215].
Der kritische Rationalismus ist einer Vielzahl von Einwänden begegnet und zwar nicht nur von der dialektischen Schule. *Siebel*[216] hat das wissenschaftstheoretische Konzept *Alberts* einer grundsätzlichen Kritik unterzogen, die im Ergebnis *Albert* bescheinigt, dem *Münchhausen*-Trilemma nicht entgangen zu sein. Eine Prüfung, zumal eine kritische, könne nur dann von Erfolg sein, wenn vor Beginn der Prüfung das Kriterium festgestellt werde, auf das hin geprüft werden soll. Man müßte einen Maßstab besitzen, auf den man die einzelnen Prüfungsgegenstände nach ihrem Wert anordnen könne:

„Wo liegt nun dieses Kriterium bei dem von *Albert* vertretenen rationalen Denken? Die Rationalität kann es nicht sein, denn sie liegt ja in der Idee der kritischen Prüfung selbst . . . Es wäre also die Frage zu stellen, was denn das Kriterium für die Prüfung einer oder mehrerer Theorien sein kann. Darauf gibt es nur eine Antwort: Das Kriterium liegt darin, ob die zu prüfende Theorie mit dem Sachverhalt übereinstimmt, den sie darzustellen vorgibt. Dieses Kriterium ist das Kriterium der Wahrheit. Eine Prüfung von Theorien und Aussagen kann also grundsätzlich nur unter Voraussetzung der Erreichbarkeit der Wahrheit (in diesem Sinne) gelingen. Gerade diese Erreichbarkeit wird von der kritischen Theorie bezweifelt. Die kritische Ablehnung von falschen Theorien (die grundsätzlich unendlich sind) vermag jedenfalls nicht zu einer Annäherung an die Wahrheit zu führen. Es ist überdies fraglich, ob eine solche Ablehnung überhaupt ohne Hinblick auf die Wahrheit erfolgen kann."[217]

---

213 *Albert*, Traktat, S. 49.
214 *Albert*, Traktat, S. 75.
215 *Albert*, Traktat, S. 76 f.
216 *Siebel*, Traktat über kritische Vernunft, Zu dem gleichnamigen Buch von Hans Albert, Schmoller's Jahrbuch für Wirtschafts- und Sozialwissenschaften 1970, S. 67 ff.
217 *Siebel*, aaO, S. 67 ff., S. 71.

In der Tat liegt hierin eine Schwäche des kritischen Rationalismus. Im Gegensatz zu vielen anderen Theorien ist er jedoch bereit einzuräumen, daß jede Theorie ihre Schwächen hat[218]. Methodologie ist nur kritisierbar, nicht falsifizierbar[219]. Vom kritischen Rationalismus wird auch nicht die Wahrheit als prinzipiell unerreichbar angesehen. Nur die Erkennbarkeit, die subjektive Gewißheit stehen im Zweifel[220]. Die Entscheidung für den kritischen Rationalismus ist eine Entscheidung in dürftiger Zeit. *Siebel* unterläßt es auch völlig, seinen Wahrheitsbegriff zu explizieren; gibt es so etwas wie Wahrheit überhaupt oder ist Wahrheit im neuzeitlichen Denken „intersubjektiv zwingende Gewißheit", also ein bestimmter Modus von Vorstellungsübertragung[221]? Akezptiert man diese Relativierung des Wahrheitsbegriffs, so sind die von *Albert* nebenbei erwähnten Prüfungskriterien wie „Erklärungskraft"[222] oder „Leistungsfähigkeit"[223] nicht so wertlos, wie *Siebel* annehmen zu müssen glaubt. Völlig verfehlt ist der Versuch *Siebels, Albert* in der Nähe einer objektivistischen Erkenntnistheorie anzusiedeln, die bekanntlich glaubt, das Erkenntnisobjekt isoliert vom Erkennenden betrachten zu können. Gerade *Albert* hat stets auf die Subjekt-Objekt-Spannung aufmerksam gemacht[224]. Warum *Albert* damit nur die ideologische, nicht aber die wissenschaftstheoretische Komponente erkannt haben soll[225], ist unklar. Es ist *Siebel* freilich einzuräumen, daß der Fallibilismus *Popper*s und *Albert*s den Ausbau einer sachgemäßen systematischen Theorie erschwert und das Problem der Begriffsbildung vernachlässigt[226].

Auch die Frankfurter Schule um *Habermas* ist nie müde geworden, den kritischen Rationalismus zu bekämpfen. Verfolgt man freilich die Literatur[227], so kann mit *Albert* nur jedem raten, die Originalarbeiten zu Rate zu ziehen, weil Fehlinterpretationen bewußt oder unbewußt fortgeschrieben werden[228]. Insbesondere der ständige Vorwurf, der kritische Rationalismus *Popper*s lege

---

218 *Albert*, Traktat, S. 49.
219 *Popper*, Logik der Forschung, S. 208.
220 *Albert*, Traktat, S. 49.
221 So zutreffend *Luhmann*, Legitimation, S. 145.
222 *Albert*, Traktat, S. 49.
223 *Albert*, Traktat, S. 54.
224 *Albert*, Traktat, S. 141.
225 So *Siebel*, aaO, S. 67 ff., S. 72.
226 So *Siebel*, aaO, S. 67 ff., S. 72.
227 *Wellmer*, Methodologie als Erkenntnistheorie, Zur Wissenschaftslehre Karl R. Poppers, Frankfurt a. M. 1967; *Adorno* u. a., Der Positivismusstreit in der deutschen Soziologie, Neuwied-Berlin 1969.
228 So zutreffend *Albert*, Kölner Zeitschrift für Soziologie und Sozialpsychologie, Bd. 20 (1968), S. 341 ff., S. 342 r. Sp.

Reflexion an den Grenzen empirisch-analytischer Wissenschaft still[229], trifft einfach nicht zu[230]. Es handelt sich zumindest um einen sprachlichen Trick mit Tendenz, wenn *Wellmer*[231] behauptet, daß das Falzifizierbarkeitskriterium den Bereich der widerlegbaren empirischen Wissenschaft und Metaphysik abgrenzen soll[232] [233]. Für *Popper* handelt es sich allein um das Problem, den Bereich empirischer Erkenntnis, die wahr oder falsch sein kann, von dem Bereich menschlicher Sinngebung, der zwar kritisierbar und verantwortbar, prinzipiell aber nicht wahr oder falsch sein kann, zureichend zu unterscheiden[234]. *Popper* wollte das Falzifizierbarkeitskriterium nie als Sinnkriterium im Sinne einer Markierung der Grenze zwischen Rationalität und Irrationalität verstanden wissen[235].
Der kritische Rationalismus richtet sich „auf die Durchleuchtung der gesellschaftlichen Zustände der Herrschaftsbeziehungen und Machtverhältnisse, auf die Kritik ihrer ideologischen Maskerade und deren Konfrontierung mit unangenehmen Tatsachen"[236]. Es ist freilich eine Verkürzung, wenn *Wilhelm Henke*[237] dem im Rahmen der sozialwissenschaftlichen Methodendiskussion neu entdeckten kritischen Rationalismus als Sozialtechnologie kennzeichnet, die natürlich als inadäquat für die Rechtswissenschaft hingestellt wird. Gerade *Albert* hat zu Fragen der Hermeneutik so Grundsätzliches beigetragen, daß die Ignoranz der Rechtswissenschaft ihm gegenüber merkwürdig anmutet. *Albert* stellt in Auseinandersetzung mit *Gadamer*, der bekanntlich der Meinung ist, daß die für die Geisteswissenschaften in Betracht kommende Disziplin des Forschens und Fragens so geartet sei, daß sie Wahrheit verbürgt[238],

229 So *Wellmer*, aaO, S. 16; *Habermas*, Gegen einen positivistisch-halbierten Rationalismus, in: *Adorno* u. a., Der Positivismusstreit, S. 267 ff., S. 268 f.

230 Vgl. dazu *Albert*, Im Rücken des Positivismus? in: *Adorno* u. a., Der Positivismusstreit, S. 267 ff., S. 268 f.

231 *Wellmer*, aaO, S. 86.

232 Vgl. dazu auch *Oetjens*, Kritischer Rationalismus und Rechtssoziologie, in: *Nauke-Trappe*, Rechtssoziologie und Rechtspraxis, Neuwied-Berlin 1970, S. 11 ff., S. 17.

233 Vgl. auch *Schwerdtner*, Besprechung von Wellmer, Methodologie als Erkenntnistheorie, Zur Wissenschaftslehre Karl R. Poppers, Frankfurt a. M. 1967, Rechtstheorie 1970, S. 223 ff.

234 Vgl. dazu *Popper*, Die offene Gesellschaft und ihre Feinde, Bern 1958, Bd. 2, besonders S. 333 ff.; vgl. dazu auch *E. Ströcker*, Falsifizierbarkeit als Kennzeichen naturwissenschaftlicher Theorien, Kant-Studien 59/1969 (Heft 4), S. 495 ff.

235 Vgl. *Popper*, Logik der Forschung, S. 15; vgl. aber *Wellmer*, aaO, S. 103 ff.

236 *Albert*, Wertfreiheit als methodisches Prinzip, in: Logik der Sozialwissenschaften, hrsg. von E. Topitsch, Köln-Opladen 1967, S. 181 ff., S. 199.

237 *W. Henke*, Sozialtechnologie und Rechtswissenschaft, Der Staat 1969, S. 1 ff., S. 3.

238 *Gadamer*, aaO, S. 465.

fest, daß für den kritischen Rationalismus das nicht akzeptabel sei. Für ihn gebe es keine Wahrheitsgarantie, wohl aber eine Methode, durch „Aufdekkung von Irrtümern eine Annäherung an die Wahrheit zu erreichen“[239]. *Albert* vertritt nachdrücklich die Auffassung, daß *Gadamer*, der ausdrücklich eine Umorientierung des geisteswissenschaftlichen Denkens in Richtung auf die juristische und theologische Hermeneutik ins Auge faßt[240] damit lediglich die Illusionen der Vertreter der exegetischen Praxis dogmatischer Wissenschaften stützt, statt sie zu enthüllen[241]. Das Bestreben, die Subjekt-Objekt-Spannung, die sich gerade in der Hermeneutik ereignet, zu überwinden und der Anspruch, Wahrheit zu vermitteln, ohne das Objektivierungen stattfinden, beruht vermutlich auf einem gründlichen Mißverständnis der Leistungen der menschlichen Sprache, die sich von der tierischen Kommunikation gerade dadurch unterscheidet, daß sie die Darstellung von Sachverhalten und darüber hinaus die Argumentation erlaubt“[242]. Die umfassende und komplizierte Wechselwirkung zwischen Beobachter und Beobachtetem, zwischen Subjekt und Objekt, zwischen Rechtsanwender und Rechtsnorm ist weitgehend noch nicht untersucht[243].

Albert vermag auch eine zutreffende Erklärung der Stabilität des hermeneutischen Wissenschaftsprogramms zu geben:

„Im Gegensatz zur naturwissenschaftlichen Wissenschaftskonzeption, die der Erfindung neuer und leistungsfähigerer Auffassungsmuster – Theorien, Erklärungen und Beschreibungsmittel – prämiert, liegt nämlich der Akzept in diesem Programm charakteristischerweise auf der Einordnung in altvertraute Muster der Auffassung. Es ist daher keineswegs überraschend, daß dieses Programm vor allem im Rahmen auch in ihren sonstigen Zügen konservativer philosophischer Denkweisen auftaucht ... Von diesem Aspekt der Verstehensproblematik her gesehen erweist sich die durch dieses Verfahren – die verstehende Deutung – angeblich zu erreichende Tiefe der Einsicht ... als eine illusionäre Qualität, deren reale Grundlage in der tiefen Verwurzelung der betreffenden Auffassungsgewohnheiten besteht.“[244]

Diese Feststellung sollte auch in der juristischen Methodenlehre beachtet

---

239 *Albert*, Traktat, S. 141.

240 *Gadamer*, aaO, S. 290 ff., S. 307 ff. und passim.

241 *Albert*, Traktat, S. 141.

242 *Albert*, Traktat, S. 142 unter Hinweis auf *Popper*, Towards a Rational Theory of Tradition (1949) und Language and The Body-Mind-Problem (1953), abgedruckt in Conjectures and Refutations; *Popper*, Of Clouds and Clocks, An Approach to the Problem of Rationality and the Freedom of Man, St. Louis 1966, S. 18 ff., *Bühler*, Sprachtheorie, Die Darstellungsfunktion der Sprache, 2. Aufl., Stuttgart 1965.

243 *Popper*, Das Elend des Historizismus, 2. Aufl., Tübingen 1969, S. 12.

244 *Albert*, Traktat, S. 151.

werden. *Albert* stellt klar heraus, daß eine die menschliche Deutungsaktivität umfassende Verhaltenstheorie davon ausgehen könne, „daß schon in der normalen menschlichen Wahrnehmung und im menschlichen Problemlösungsverhalten theoretische Elemente eine erhebliche bedeutende Rolle spielen"[245]. Der jeweilige Erwartungshorizont sei teilweise durch die theoretischen Überzeugungen des Handelnden mit konstruiert, die als Hypothesen aufgefaßt werden könnten. „Wo es sich um Objektbereiche handelt, innerhalb deren Sinnzusammenhänge eine Rolle spielen, wie z. B. normreguliertes menschliches Verhalten – oder spezieller: Menschliche Rede oder gar Texte, wie sie in Philologie, Jurisprudenz und Theologie zum Gegenstand der Analyse ... werden –, ergeben sich jeweils Deutungshypothesen, die ebenfalls auf dem Hintergrund mehr oder weniger impliziter theoretischer Auffassungen über solches Handeln und seine Produkte entworfen werden und der Prüfung und evtl. auch der Revision unterliegen."[246] Nur so wird vermieden, daß Traditionen nicht nur als Sprungbretter, sondern auch als Legitimierungsinstanzen in Betracht kommen, daß die vernehmende Vernunft der Hermeneutik in Rechtfertigungsdenken politischer Ideologen übergeht[247] [248].

Die rechtswissenschaftliche Methodenlehre beschäftigt sich vorrangig nur mit der Frage, was verstanden werden soll. Die gegenüber der Struktur des Rechtssatzes viel bedeutendere Verstehensproblematik wird weitgehend eliminiert. Berücksichtigt man, daß alle Menschen bewußt oder unbewußt eine Philosophie haben[249], berücksichtigt man weiter, daß alles Absolute dahin ist, so ist die juristische Hermeneutik nicht mehr als eine „Übung des Zweifels"[250], im Grunde eine Lehre ohne Methode. „Unser Wissen ist ein kritisches Raten, ein Netz von Hypothesen, ein Gewebe von Vermutungen."[251]

---

245 *Albert*, Traktat, S. 155; vgl. auch *Esser*, Vorverständnis, S. 133 ff.

246 *Albert*, Traktat, S. 155.

247 Vgl. zur Ideologiekritik *Kelsen*, Aufsätze zur Ideologiekritik, hrsg. von E. Topitsch, Neuwied-Berlin 1964; *Maihofer*, Ideologie und Recht, Frankfurt a. M. 1968; *Adomeit*, ZRP 1970, S. 176 ff., S. 178 f.

248 Den Sinn einer Ideologiekritik verkennt völlig *Buchner*, Besprechung von Schwerdtner, Fürsorgetheorie und Entgelttheorie im Recht der Arbeitsbedingungen, Heidelberg 1970, RdA 1970, S. 214 ff., S. 214 r. Sp.

249 So zutreffend *Popper*, Logik der Forschung, S. XXV.

250 So zutreffend *Ricoeur*, Die Interpretation, Ein Versuch über Freud, Frankfurt a. M. 1969, S. 45 ff.; vgl. auch *Esser*, Vorverständnis, S. 79.

251 *Popper*, Logik der Forschung, S. XXV.

IV. Kritischer Rationalismus und Rechtswissenschaft

Diese kurze Darstellung des kritischen Rationalismus war notwendig, weil rechtswissenschaftliche Autoren *Albert* und *Popper* häufig etwas geringfügig abtun, wozu die rechtswissenschaftliche Methodenlehre in ihrem gegenwärtigen Entwicklungszustand freilich wenig Anlaß hat. So ist es für *W. Henke*[251a] zwar reizvoll, sich mit *Alberts* „Traktat über kritische Vernunft" auseinanderzusetzen, nur erfolgt die Auseinandersetzung nicht. *Poppers* Prinzip des „trial and error" wird als philosophisch naive Antwort apostrophiert, um alsdann festzustellen, daß Gesetze von der empirischen Verifizierung dispensiert seien, eine Feststellung, die *Albert* längstens getroffen hat:

„Der Unterschied ist eben der, daß eine empirische Theorie ein System von Erkenntniswissen ist, während ein normatives System ein System von Normen, d. h. von Regeln für die Stellungnahme und für das Verhalten darstellt. Es mag intersubjektiv im gleichen Sinne gelten wie eine empirische Theorie, wenn man darunter nur die Tatsache versteht, daß es allgemein akzeptiert wird. Eine objektive Geltung aber in dem Sinne, daß es irgendwelche Aspekte der Wirklichkeit beschreibt oder erklärt, beansprucht es gar nicht."[252]

Zum eigentlichen Problem, dem Prozeß des Verstehens, dringt *Henke* nicht durch. Für ihn ist Rechtswissenschaft der „Schrei nach Gerechtigkeit", die Rechtswissenschaft ist immer „noch die gleiche wie zur Zeit der römischen Republik"[253]. Wenn sie für *Henke* hinsichtlich der Rechtswissenschaft nicht primär die Frage nach der Gewißheit des Wissens, nach der Methode, sondern die nach Recht und Gerechtigkeit stellt, so bleibt diese Feststellung dunkel[254]. Für den kritischen Rationalismus gibt es keine wahrheitsverbürgende Methode. Gerade in der Rechtswissenschaft wird jedoch nicht selten von Wahrheit oder Richtigkeit gesprochen, wobei beide Begriffe häufig nicht scharf unterschieden werden[255]. Nach *Engisch*[256] suchen wir Wahrheit im erfahrbar Gegenständlichen, Richtigkeit dagegen in der schlüssigen Begründung aus triftigen Prämissen[257]. Im Bereich der Jurisprudenz fehlen uns jedoch Richtigkeitskriterien. Diese könnten in der Evidenz gefundener Sätze[258], im Ge-

---

251a *W. Henke*, Der Staat 1969, S. 1 ff., S. 6 Fn. 14a, S. 7.

252 *Albert*, Marktsoziologie, S. 109 Fn. 47.

253 *W. Henke*, Der Staat 1969, S. 1 ff., S. 12.

254 Vgl. zur römischen Jurisprudenz als Wissenschaft neuerdings auch *Krawietz*, JuS 1970, S. 425 ff., S. 427 l. Sp.

255 Vgl. dazu auch *André*, Was heißt rechtswissenschaftliche Forschung? JZ 1970, S. 396 ff., S. 398 r. Sp. m. w. N.

256 *Engisch*, Wahrheit und Richtigkeit im juristischen Denken, 1963, S. 18.

257 Anders die Wiener Schule der Rechtstheorie, die als wertfreie Theorie nur einem Werte verpflichtet sein will, der Wahrheit. Vgl. dazu *Walter*, Rechtstheorie 1970, S. 69 ff., S. 83.

258 Vgl. dazu *André*, JZ 1970, S. 396 ff., S. 399 l. Sp.

wissen[259] oder in der Rechtsdogmatik[260], die die herrschende Lehre herstellt und kontrolliert, gesehen werden. Was aber bedeutet Evidenz[261]? Auch das Wissen ist eine nicht nachprüfbare Instanz und die herrschende Lehre als solche nur eine numerische Größe. Das ganze juristische Sprachspiel ist auf politische Konsequenzen hin konstruiert. Es kommt nicht von ungefähr, daß der veränderungsfeindliche Positivismus, die Ideologie des formalen Rechtsstaates, gerade in den Staaten hochgehalten wird, in denen Veränderungen besonders dringlich erscheinen[262], daß Aktionisten, die Sozialutopien nachträumen, den hermeneutischen Apparat dem Scheiterhaufen überliefern[263]. Wie weit die Rechtswissenschaft noch teilweise von der modernen Wissenschaftstheorie entfernt ist, ergibt sich z. B. daraus, daß für *Diederichsen*[264] Methode auf rational nachprüfbare Erkenntnisse abzielt. Alles andere verdient seiner Auffassung nach den Namen Methode nicht.

Für den kritischen Rationalismus ist weiter die ontologische Identifikation von Wert, Wesen und Wirklichkeit nicht akzeptabel:

„Die Wesensaussagen, die für diesen Denkstil charakteristisch sind, sind vermutlich aus dem Bestreben hervorgegangen, die Vorzüge dreier Aussage-Kategorien zu verschmelzen, deren scharfe Unterscheidung die Basis des modernen Denkens darstellt, der normativen, der logischen und der empirischen Aussagen. Die scheinbare Koinzidenz des Normativen, des Notwendigen und des Realen wird durch die Konstruktion einer zweiten höheren oder tieferen Wirklichkeit erreicht, die der bloß empirischen Realität zugrunde liegt oder sie durchwaltet oder die gleichzeitig höchstes, notwendigstes und ideales Sein verkörpert. Für die Erkenntnis pflegen höhere Erkenntnisfähigkeiten in Anspruch genommen zu werden (unmittelbare Einsicht, Wesensschau, Intuition, Fühlen usw.), deren gemeinsames Merkmal in ihrem Mangel an intersubjektiver Kontrollierbarkeit besteht. Man erkennt angeblich die Wirklichkeit, ohne die empirische Kontrollierbarkeit für diese in Anspruch zu nehmen, ohne ihren tautologischen Charakter und ihre logische Kontrollierbarkeit zu konzedieren, und man postuliert ihren Wertcharakter, ohne eine Entscheidung auf sich zu nehmen: man will gewissermaßen alle möglichen Vorteile, ohne die Kosten dafür zu tragen."[265]

---

259 Vgl. dazu z. B. *Heusinger*, Abschiedsrede vor dem BGH, Bulletin des Presse- und Informationsamtes der Bundesregierung, 1968, S. 349 ff.

260 Vgl. dazu *Horn*, NJW 1967, S. 607 ff.

261 Die Unmöglichkeit, die Evidenz eines Satzes aufzuzeigen, hat *Stegmüller* (Hauptströmungen der Gegenwartsphilosophie, 2. Aufl., 1960, S. 48) dargetan.

262 Ob dieser Vorwurf auch Kelsen gemacht werden kann, erscheint mehr als fraglich; vgl. aber *Kriele*, JuS 1969, S. 149 ff., S. 153 f.

263 Vgl. dazu *Wiethölter*, Rechtswissenschaft.

264 *Diederichsen*, NJW 1966, S. 679 ff., S. 702 1. Sp.

265 *Albert*, Marktsoziologie, S. 50 f. Fn. 26; vgl. dazu auch *E. Topitsch*, Mythos, Philosophie, Politik, Zur Naturgeschichte der Illusion, Freiburg 1969, S. 149.

Für den kritischen Rationalismus sind daher alle Naturrechtslehren und der Essentialismus im allgemeinen nicht akzeptabel[266]. Diesen Nachteil vermeidet das topische Denken, daß in seiner Bindungsfeindlichkeit und in seinem Abstellen auf die Annahme der Problemgesichtspunkt dem modernen wissenschaftstheoretischen Verständnis am nächsten kommt. Das topische Denken als antiquiert zu bezeichnen[267], geht daher fehl.

V. Die Jurisprudenz als politische Handlungswissenschaft

Die Jurisprudenz – und das ist eine triviale Feststellung – ist Handlungswissenschaft[268]. Sie hat das Programm zu verwirklichen, daß *Roscoe Pound* bereits 1907 als Notwendigkeit einer Schule soziologischer Rechtswissenschaft formuliert hat:

„. . . Der soziologische Jurist betreibt ein vergleichendes Studium rechtlicher Systeme, Doktrinen und Institutionen als sozialer Phänomene und kritisiert sie im Hinblick auf ihr Verhältnis zu sozialen Bedingungen und zum sozialen Fortschritt. Beim Vergleich soziologischer Juristen mit Juristen der anderen Schulen können wir sagen:

1. Sie sehen mehr auf das Funktionieren des Rechts als auf seinen abstrakten Inhalt.
2. Sie betrachten das Recht als eine soziale Institution, die durch verständige menschliche Auslegung verbessert werden kann, und halten es für ihre Pflicht, die besten Mittel zur Förderung und Steuerung solcher Anstrengung zu begründen.
3. Sie betonen mehr die sozialen Zwecke, denen das Recht dient, als die Sanktion.
4. Sie drängen darauf, daß Rechtsvorschriften mehr als Richtlinien für sozial gerechte Ergebnisse angesehen werden und weniger als inflexible Formen."[269]

Abgesehen von der hier nicht weiter zu problematisierenden Schwierigkeit der Feststellung des sozialen Fortschritts, folgt aus dieser Sicht der realisti-

---

266 Vgl. dazu *Popper*, Elend des Historizismus; *Popper*, Die offene Gesellschaft und ihre Feinde; vgl. zur kritischen Analyse naturrechtlichen Denkens auch *Kelsen*, The Natural-Law-Doctrine before the Tribunal of Science, in: Natural Law and World Law, Tokyo 1954; *A. Ross*, On Law and Justice, London 1958, bes. S. 227 ff.; *Topitsch*, Vom Ursprung und Ende der Metaphysik, Wien 1958.

267 So aber *Diederichsen*, NJW 1966, S. 697 ff., S. 702 r. Sp.; vgl. dazu neuerdings auch *Wieacker*, Zur praktischen Leistung der Rechtsdogmatik, in: Festschrift für Hans-Georg Gadamer, Tübingen 1970, Bd. 2, S. 311 ff., S. 326 f.

268 So bereits *Wieacker*, Gesetzesrecht und richterliche Kunstregel, Zu *Essers* Buch „Grundsatz und Norm", JZ 1957, S. 701 ff., S. 704, S. 706; *Esser*, RabelsZ 1969, S. 757 ff., S. 760.

269 So *Pound*, The Scope and Purpose of Sociological Jurisprudence 25 Harvard Law Review 516 (1912) in der Übersetzung von Konrad Zweigert; in: Jherings Erbe, S. 240 ff., S. 249.

schen Schule, daß eine Jurisprudenz, die nach „ewigen Werten" dürstet, inadäquat ist. Das Recht muß sich auch „an klotzige tatsächliche Gegebenheiten" ausliefern, es verliert damit nicht seine normative, wertbezogene Verbindlichkeit[270]. *Denninger*[271] hat auf derartige Klagen hin die einzig relevante Gegenfrage gestellt: „Es ist zu fragen, ob das, was der Pessimist als das Grundsätzliche und Wesensmäßige des Rechts gewissermaßen überhistorisch postuliert, in Wahrheit vielleicht nicht nur eine ganz bestimmte geschichtliche Stufe der Rechtskultur, eben die einer vortechnologischen Gesellschaft widerspiegelt." Bereits *Marx*[272] hat in seiner Auseinandersetzung mit den Richtungen der historischen Rechtsschule festgestellt, daß sie dem Schiffer zumute, nicht auf dem Flusse, sondern auf dessen Quelle zu schiffen. Gleiches gilt für die Gerechtigkeitsdenker der Neuzeit, die nur aus Fortschritten der Vergangenheit leben, die Gegenwart jedoch nicht problematisieren. Die Sklaverei ist abgeschafft, es lebe das Naturrecht! Wer solchermaßen die Gegenwart auf Fortschritt hinterfragt, ist verdächtig, ihm wird die Unvollständigkeit seines Bemühens, in das sich der andere nicht einmal schickt, alsbald attestiert[273].

Der Kennzeichnung der Rechtswissenschaft als politischer Handlungswissenschaft ist neuerdings wiederum *Canaris*[274] entgegentreten:

„Dementsprechend ist die Jurisprudenz grundsätzlich auch keine Handlungswissenschaft . . ., sondern eine Lehre vom richtigen Verstehen, nicht vom richtigen Handeln. Denn die Vorschriften über letzteres stellt grundsätzlich das objektive Recht auf, und der Richter hat in der Regel lediglich dessen Wertungen verstehend nachzuvollziehen, nicht aber die Anschauungen anderer, und seien es auch die aller oder der meisten oder der Weisen, an deren Stelle zu setzen. Daß dieses Verstehen nicht selten ein Element der Eigenwertung enthält – dessen Bedeutung man freilich nicht überschätzen sollte – und daß es sich nicht mit den Mitteln der formalen Logik vollziehen läßt, besagt dabei nicht das geringste zugunsten der Topik – denn diese ist keineswegs die einzige Alternative zur formalen Logik . . ."

Demgegenüber soll nach *Canaris* ein teleologisch-systematisches Denken die Vorzüge haben, hermeneutisch ausgerichtet zu sein und die Probleme der generalisierenden Tendenz der Gerechtigkeit folgend und damit systematisch verfahrend, möglichst weitgehend in allgemeine Probleme aufzulösen und vor dem Hintergrund des „Ganzen der Rechtsordnung", d. h. dem teleolo-

---

270 So *Hans Huber*, aaO, S. 20.

271 *Denninger*, Universitas 1970, S. 1135 ff., S. 1151.

272 *Marx*, Das philosophische Manifest der historischen Rechtsschule, Berlin 1958, S. 78 (*Marx-Engels* Werke, Bd. 1).

273 Vgl. z. B. *Henke*, Der Staat 1969, S. 1 ff.

274 *Canaris*, Systemdenken, S. 147.

gisch verstandenen System zu lösen[275]. Was aber bedeutet „generalisierende Tendenz der Gerechtigkeit“? Die Feststellung von *Canaris* bezeugt das unpolitische Selbstverständnis des Juristen der Gegenwart. Die Auseinandersetzung zwischen Topik und Systemdenken nimmt manieristische Züge an, die die wirklichen Rechtsanwendungsprobleme verschleiert. Der Rechtsanwender „steht in seinem schul- und lebensmäßig präformierten Rechtsbewußtsein nicht nur in einem von jenem Vorverständnis bedingten hermeneutischen Zirkel, sondern angesichts der Rückwirkung seiner Fallanschauung und seines vorjuristischen Aufgaben- und Richtigkeitsverständnisses in Bezug auf die Wahl und die kritische Verwendung der verfügbaren Rechtsnormen, Auslegungsmittel und Argumente auch noch in einem weiteren Zirkel, den man applikativen Zirkel nennen möchte“[276]. Damit ist der Schritt von einer verinnerlichten, an die Geisteswissenschaften angelehnten Verstehenswissenschaft zu einer politischen Handlungswissenschaft vollzogen und eine politische Verantwortung aufgezeigt, aus der sich der Rechtsanwender nicht entlassen darf. Dies gilt umso mehr, als Rechtsanwendung und Rechtspolitik kaum zu trennen sind. Die Unterscheidung von dogmatischem Denken und Forschungsdenken ist nur von relativem Wert[277]. Forschungsdenken soll überall dort vorliegen, „wo dem Bemühen um die Erkenntnis irgendeines Gegenstandes keine andere Bindung außer der denkgesetzlichen und derjenigen auferlegt ist, die aus der Beschränkung auf diesen Gegenstand selbst resultiert“[278]. Dogmatisches Denken soll dagegen zum Meinungsdenken sein, „weil es sich zum Ziele setzt, eine wie auch immer mit Autorität ausgestattete Meinung auszudenken“[279]. Die Trennung von forschendem und advokatorischem Denken *(Jaspers)* ist weitgehend nur idealtypisch denkbar[280].
Das Systemdenken hat als solches nur eine kontrollierende Funktion[281].

---

[275] *Canaris*, Systemdenken, S. 148 f.

[276] *Esser*, RabelsZ 1969, S. 757 ff., S. 760; *Esser*, Vorverständnis, S. 134.

[277] Vgl. dazu *Thul*, Untersuchungen zum Begriff der Rechtsdogmatik, Diss. Mainz 1959, auszugsweise wiedergegeben in dem Aufsatz „Die Denkform der Rechtsdogmatik“, in: Archiv für Rechts- und Sozialphilosophie XLVI/2 (1960), S. 214 ff.

[278] *Botta-Kotek*, Gedanken zum Schadensrecht in der modernen Industriegesellschaft, Festschrift für Walter Wilburg, Graz 1965, S. 31 ff., S. 37.

[279] *Botta-Kotek*, Festschrift für Walter Wilburg, S. 31 ff., S. 37; vgl. dazu auch *Viehweg*, Festschrift zum 150-jährigen Bestehen des OLG Zweibrücken, S. 327 ff., S. 331.

[280] In der Meinungsauseinandersetzung werden diese verschiedenen Denkungsarten häufig nur strategisch gewählt.

[281] *Esser*, RabelsZ 1969, S. 757 ff., S. 761; häufig wird freilich das Systemdenken überzogen; so wird es ein Rätsel des Bundesverfassungsgerichts bleiben, warum sich „aus dem System und dem Gesamtgefüge des Grundgesetzes“ ergibt, daß Art.

Diese Funktion sollte m. E. jedoch nicht unterschätzt werden[282]. *Krieles* Feststellung, daß der geringste Teil der Rechtsprobleme entschieden sei[283], ist für *Larenz*[284] hinsichtlich des Privatrechts nicht haltbar, für *Canaris*[285] geradezu abenteuerlich, für *Wieacker*[286] dagegen ein vorzügliches Apercu. Statt sich mit Lob und Tadel zu überschütten, sollte einmal empirisch nachgeprüft werden, wieviel Probleme z. B. im Rahmen des Rechts der Irrtumsanfechtung gemäß § 119 ff. BGB verläßlich vorabentschieden sind. Bei einer Entscheidungsanalyse der Rechtsprechung des Bundesgerichtshofs zu diesem Komplex würde sicherlich das Prüfungskriterium erhebliche Schwierigkeiten auslösen. Der Versuch einer Analyse würde wahrscheinlich trotz allem überraschen.

Den politischen Charakter der Rechtswissenschaft transparent zu machen, ist auch das Anliegen von *Ballerstedt*[287], der die Vorstellung eines unpolitischen Richters und Normvollstreckers zutreffend als naives Selbstverständnis charakterisiert[288]. *Ballerstedt* wendet sich jedoch zugleich gegen vergröbernde Schlagworte wie Klassenjustiz[289] und gegen den Verzicht auf die systematische Einheit der Rechtsordnung zugunsten einer allgemeinverbindlichen gesellschaftlichen Ideologie[290]. Den politischen Gehalt des Rechtsdenkens exemplifiziert er am Arbeitsrecht und am Eigentums- und Erbrecht[291]. Im Arbeitsrecht gelingt ihm dieser Nachweis trotz eines offiziell weitgehend unpolitischen Rechtsverständnisses mühelos. Gerade der Arbeitsrechtler hat die Pflicht, gegen scheinbar neutrale, rein juristische Beweisführungen mißtrauisch zu sein und gesellschaftspolitische Zusammenhänge zu analysieren[292]. *Ballerstedt* verweist in diesem Zusammenhang

---

19 Abs. 4 GG für Gnadenentscheidungen nicht gilt (so BVerfG, Beschl. v. 23. 4. 1969, NJW 1969, S. 1895 ff., S. 1896 l. Sp.).

282 Vgl. auch *Esser*, Wertung, Konstruktion und Argument im Zivilurteil, Karlsruhe 1955, S. 155, und *Esser*, Vorverständnis, S. 87 ff.

283 *Kriele*, Theorie, S. 244.

284 *Larenz*, Methodenlehre, S. 324.

285 *Canaris*, Systemdenken, S. 147 Fn. 58.

286 *Wieacker*, Besprechung von Canaris, Systemdenken und Systembegriff in der Jurisprudenz, entwickelt am Beispiel des deutschen Privatrechts, Berlin 1969, in: Rechtstheorie 1970, S. 106 ff., S. 117.

287 *Ballerstedt*, Privatrecht und Politik, Zur Frage der politischen Bildung der Juristen, Festgabe für Otto Kunze, Berlin 1969, S. 39 ff.; vgl. auch *Esser*, Vorverständnis, S. 189 ff.

288 *Ballerstedt*, aaO, S. 39 ff., S. 42.

289 *Ballerstedt*, aaO, S. 39 ff., S. 42.

290 *Ballerstedt*, aaO, S. 39 ff., S. 40.

291 *Ballerstedt*, aaO, S. 39 ff., S. 44 f., S. 52 f., S. 59 f.

292 *Ballerstedt*, aaO, S. 39 ff., S. 48.

zu Recht auf die unpolitische Interpretation der Fürsorge- und Treuepflicht[293].

Nach der Treuepflicht soll der Arbeitnehmer verpflichtet sein, sich nach besten Kräften für die Interessen des Arbeitgebers und das Gedeihen des Betriebes einzusetzen und alles zu unterlassen, was den berechtigten Interessen des Arbeitgebers schaden könnte[294]. *Ballerstedt*[295] charakterisiert diese Formel zutreffend als vermeintlich naive Umschreibung der natürlichsten Anstandspflicht, „denn die . . . Pflicht zu optimaler Förderung der Arbeitgeberinteressen läßt sich in Wahrheit nicht aus dem Arbeitsvertrage ableiten, sondern ist rechtlich nur haltbar, wenn man von einer vorgegebenen Deckung zwischen dem Interesse des Arbeitgebers (oder „des Betriebes"!) und dem Gemeinwohl ausgeht . . . Es handelt sich offensichtlich um eine fahrlässig zu weit gefaßte Formel. Aber eben diese Fahrlässigkeit dürfte die dahinter stehenden, unreflektierten gesellschaftlichen Anschauungen verraten und politisch relevant sein."

Es muß bezweifelt werden, ob die Kodifikationsidee jemals ihr Ziel erreicht hat bzw. erreichen wird, die Spielräume der Richter auf ein Minimum zu reduzieren[296]. Mit dem Kodifikationsgedanken verbindet sich die Vorstellung, das Recht solle zum wirklichen Besitz der Nation werden. Er setzt folglich beschlossene soziale und wirtschaftliche Wertvorstellungen voraus. Diese sind heute auf weiten Gebieten nicht mehr gegeben[297] [298]. Deshalb ist es eine vorrangige Aufgabe, dem Richter den politischen Gehalt seiner Funk-

---

293 *Ballerstedt*, aaO, S. 39 ff., S. 44 f.

294 Vgl. z. B. *Nikisch*, Arbeitsrecht, Bd. 1: Allgemeine Lehren und Arbeitsvertragsrecht, 3. Aufl., Tübingen 1961, S. 446.

295 *Ballerstedt*, aaO, S. 39 ff., S. 47; vgl. dazu auch *Schwerdtner*, Fürsorgetheorie und Entgelttheorie im Recht der Arbeitsbedingungen, Heidelberg 1970, S. 39 ff.

296 Vgl. dazu *Kübler*, Amt und Stellung des Richters, DRiZ 1969, S. 379 ff., S. 380 f.; *Wieacker*, Aufstieg, Blüte und Krisis der Kodifikationsidee, Festschrift für Gustav Boehmer, Tübingen 1954, S. 35 ff.; *Kübler*, Kodifikation und Demokratie, JZ 1969, S. 645 ff.

297 *Vischer*, Das Problem der Kodifikation des schweizerischen Internationalen Privatrechts, Zeitschrift für Schweizerisches Recht, N. F. Bd. 90 (1971), II Hbd., S. 3 ff., S. 32.

298 Der Pluralismus der Wertungen bleibt nicht ohne Rückwirkungen auf die Rechtsdogmatik. „Mit der Differenzierung gesellschaftlicher Meinungen muß die Dogmatik mehr alternative Möglichkeiten speichern und eine größere Auswahl an dogmatischen Entscheidungen lassen, ohne diese Auswahl selbst dogmatisch . . . doktrinieren zu können." (*Esser*, Vorverständnis, S. 88). Dies bleibt auch nicht ohne Auswirkungen auf die klassischen Auslegungsmethoden. Vgl. dazu aber neuerdings *Sandrock*, Die Einheit der Wirtschaftsordnung, Frankfurt a. M. 1971, S. VIII.

tion bewußt zu machen[299]. Ob dies freilich durch eine durchgängige Richterwahl erreichbar ist, erscheint zweifelhaft[300]. *Kübler*[301] ist dagegen der Auffassung, daß der durch einen eindeutigen politischen Akt berufene Richter gezwungen wäre, sich und den Prozeßbeteiligten Rechenschaft über sein Vorverständnis und seine ideologischen Bindungen abzulegen. Will man weiter den Richter auf Lebenszeit, so wird das politische Moment der Wahl kaum fortdauernd dem Richter seine politische Funktion vor Augen führen. Wählt man Richter nur auf Zeit, so ist dem parteipolitischen Klüngel Tür und Tor geöffnet. Es ist auch nicht einsichtig, warum „die unabdingbare Loyalität, die der zur sozialen Mitgestaltung ermächtigte Richter dem Parlament schuldet, durch ein derartiges Berufungsverfahren sinnfällig gemacht wird“[302]. An was soll sich diese Loyalität ausrichten, wenn der Gesetzgeber den Rechtsanwender auf weiten Gebieten im Stich läßt. Diese Versuche laufen dahinaus, demokratische Ableitungszusammenhänge dort vorzutäuschen, wo der Richter gestaltet[303]. Die Urteilsverkündung „Im Namen des Volkes“ ist ein Rest der Gewaltenteilungsvorstellung, die in diesem Bereich nicht mehr realisierbar ist.

Im Gegensatz zu *Canaris*[304] soll hier im Ernst behauptet werden, daß eine Unterscheidung von Rechtspolitik und Rechtsanwendung überhaupt nicht möglich ist und daß demnach Art. 20 Abs. 3 GG zum Teil ein unerfüllbares und daher leerlaufendes Postulat beinhaltet, das zum größten Schaden die Vorstellung des unpolitischen Richters hervorgebracht hat[305]. Die Versuche der Rechtswissenschaft, mittels der Gerechtigkeit, des Ganzen der Rechtsordnung, der Natur der Sache, der vernunftrechtlichen Erwägungen usw. die Bindung zu erreichen, gleichen dem Versuch, auf dem offenen Meer ein Schiff zu verankern, wobei sich manche Autoren der Untauglichkeite ihres Versuches nicht einmal bewußt sind, weil nach der Herkunft und der richtigen Interpretation dieser Erscheinungen nicht mehr gefragt wird.

---

299 Vgl. auch Franz-Jürgen *Säcker*, Zur demokratischen Legitimation des Richter- und Gewohnheitsrechts, ZRP 1971, S. 145 ff.

300 Vgl. dazu *Kübler*, DRiZ 1969, S. 379 ff.

301 *Kübler*, DRiZ 1969, S. 379 ff., S. 384 r. Sp.

302 *Kübler*, DRiZ 1969, S. 379 ff., S. 384 r. Sp.

303 Der Richter als Staatsdiener (vgl. dazu *Bettermann*, Der Richter als Staatsdiener, Berlin 1969) gehört auf jeden Fall der Vergangenheit an. Vgl. zum Ganzen auch von *Unruh*, Richteramt und politisches Mandat, Frankfurt a. M. 1971.

304 *Canaris*, Systemdenken, S. 146 Fn. 58.

305 Vgl. dazu auch *Rasehorn*, Futurum 1970, S. 268 ff., S. 270; *Esser*, Vorverständnis, S. 116.

Roellecke[306] spricht insoweit zutreffend vom „Glauben an die Bindung". Daß Auslegungsergebnisse im Zivilrecht in hohem Maße durch wertende Bestandteile der richterlichen Rechtsfindung beeinflußt werden können[307], wird zwar nicht bestritten. Daraus soll aber z. B. nur folgen, „daß bei strenger Beachtung der Funktionstrennung die rechtschaffene Tätigkeit des Richters als Teil der Rechtsfortbildung sich jeweils nur im Rahmen des gesetzten Rechts bewegen kann. Der Vorrang des gesetzten Rechts gegenüber dem Richterrecht bleibt unangetastet und insoweit auch die Bindung des Richters an das Grundgesetz, die seiner Auslegung deutlich Schranken setzt"[308]. Rechtsfortbildung im Rahmen des gesetzten Rechts – wohl eine contradictio in adiecto! Was stört, ist der ernsthafte Versuch, more geometrico Rechtsanwendung und Rechtsfortbildung trennen zu wollen. Natürlich gibt es in jeder Rechtsordnung verläßlich vorab entschiedene Probleme, aber auch eine Unzahl offener Fragen. Die unbegrenzten Möglichkeiten der Auslegung hat *Rüthers*[309] überzeugend und mutig dargetan. Anstatt akademisch über Methodenfragen zu reflektieren, sollte man in der Tat ernsthaft der Frage nachgehen, wie es im Nationalsozialismus möglich war, ohne wesentliche normative Veränderungen die Perversion der Rechtsordnung herbeizuführen. Es ist nicht einmal menschlich verständlich, daß *Larenz*[310] die Abhandlung von *Rüthers* über die unbegrenzte Auslegung nicht beachtet, ja ihn verschweigt. Eine Methodenlehre, die die NS-Zeit „vergißt", ist unredlich.

Die richterliche Spruchtätigkeit hat eine allgemeine politologische Problematik[311]. Es ist die Frage, wie lange noch Methodenlehren Anspruch auf Gehörtwerden für sich reklamieren können, die diesen politischen Bezug kaschieren. Die allenthalben vorzufindenden Deduktionen, der Richter ist an Gesetz und Recht gebunden, folglich muß der Inhalt der Norm rational nachprüfbar sein, müßten einmal hinsichtlich ihrer Vollzugsfähigkeit geprüft

---

306 *Roellecke*, Festschrift für Gebhard Müller, S. 323 ff., S. 325.

307 Vgl. dazu grundlegend *Rüthers*, Die unbegrenzte Auslegung, S. 457.

308 So *Oehler*, In welcher Weise empfiehlt es sich, die Ausbildung der Juristen zu reformieren? Gutachten E zum 48. Deutschen Juristentag, München 1970, E 122 Fn. 306.

309 *Rüthers*, Die unbegrenzte Auslegung.

310 *Larenz*, Methodenlehre; vgl. dazu auch *Roellecke*, Festschrift für Gebhard Müller, S. 323 ff., S. 337.

311 Vgl. dazu *Ballerstedt*, Festgabe für Otto Kunze, S. 39 ff., S. 51; *Isay*, Rechtsnorm und Entscheidung, E. *Fraenkel*, Zur Soziologie der Klassenjustiz, 1927; *L. Bendix*, Zur Psychologie der Urteilstätigkeit des Berufsrichters, Neuwied-Berlin 1968 (Neudruck); *Rüthers*, Die unbegrenzte Auslegung.

werden. Durch diese Vorstellung wird der Richter in eine Rechtsanwendungsideologie hineingezwungen, die ihn unter Umständen trotz des Wissens um das Bindungsmanko zur Verlogenheit anhält. Seinen Entscheidungsspielraum wagt er nicht aufzudecken. Er kann nur resignierend feststellen: „Mögen hätt ich schon wollen, aber dürfen hab ich mich nicht getraut.“[312]
Wer es wagt, die politische Komponente des Rechtsanwendungsprozesses zu akzentuieren, wird es in Kauf nehmen müssen, sich nach der politischen Legitimation der richterlichen Rechtspolitik fragen zu lassen. Der demokratiestaatliche Hintergrund der Bindung an Gesetz und Recht ist nicht zu leugnen. Nur ist es Augenwischerei, den Richter dort binden zu wollen, wo Rechtsnormen nicht existent sind[313].
Die Bindungswirkung ist nur vor dem Hintergrund des juristischen Determinismus verständlich, der davon ausgeht, daß der Rechtsordnung durchgängig richtige Aussagen entnommen werden können. In der Methodenliteratur wird das Richtigkeitspostulat häufig durch den Rückzug auf Globalaussagen erschlichen. Symptomatisch hierfür sind die Ausführungen von *Diederichsen* zum topischen Denken[314]. *Spendel*[315] veranschaulicht die Denkweise der Topik an dem Problem, wann eine empfangsbedürftige Willenserklärung als wirksam anzusehen ist und weist auf die verschiedenen Lösungsmöglichkeiten (Abgabe, Absendung, Eintreffen und Kenntnisnahme von der Erklärung) hin. „Erst wenn diese einzelnen Möglichkeiten klar entwickelt und gegeneinander abgewogen sind, vermag man sich für die eine oder andere Theorie, etwa mit dem BGB für die Empfangstheorie, als die richtige zu entscheiden und daran weitere Folgerungen zu knüpfen.“ Nach *Diederichsen*[316] ist eine Entscheidung nicht notwendig: „Sondern der Jurist hat sich an die Lösung zu halten, die im Gesetz steht, im gegebenen Fall also an § 130 BGB, der den Zugang maßgebend sein läßt. Für eine topische Betrachtungsweise ist schlechterdings kein Raum mehr.“ Diese Feststellung ist richtig, soweit sie die normative Globalaussage betrifft, sie ist unscharf, soweit ein konkreter Fall zur Entscheidung steht:
Ein Arbeitnehmer ist im Urlaub. Die Urlaubsanschrift hat er beim Arbeitgeber nicht hinterlassen. Der Arbeitgeber kündigt per Einschreiben aus wichtigem Grunde. Der Kündigungsbrief kann nicht zugestellt werden. Ist die

312 Karl *Valentin*, Gesammelte Werke, München 1969, S. 398.
313 Es berührt merkwürdig, daß *Luhmann* (AöR Bd. 94, 1969, S. 1 ff.) die Funktion des Rechtsanwenders als Ersatzgesetzgeber nicht zur Kenntnis nimmt.
314 *Diederichsen*, NJW 1966, S. 697 ff.
315 *Spendel*, Besprechung von Viehweg, Topik und Jurisprudenz, NJW 1955, S. 1351.
316 *Diederichsen*, NJW 1966, S. 697 ff., S. 703.

Kündigung nunmehr mit der Hinterlassung des Benachrichtigungszettels wirksam oder erst mit der Abholung? Ist der Arbeitnehmer verpflichtet, seine Urlaubsanschrift zu hinterlassen und geht ein diesbezügliches Unterlassen zu seinen Lasten?[317]

Alle diese Fragen zeigen, daß mit den „Theorien" (Empfangstheorie usw.) wenig gewonnen ist. Sie weisen auf die Schwierigkeit der Umsetzung von Globalaussagen auf den Einzelfall hin.

Auch *Säcker*[318] scheint der Bindung des Richters an das Gesetz noch wesentliche Bedeutung beizumessen. Wenn aber – wie *Säcker* selbst einräumt – Auslegung von subjektiv-volitiven, schöpferischen Momenten getragen wird und offene Rechtsfragen durch die Rechtsprechung zu „Recht" werden, handelt es sich doch letztlich um eine sehr relative Bindung. Es ist zu vermuten, daß das Richtigkeitsdenken im Rahmen der juristischen Hermeneutik nicht zuletzt durch das Bindungspostulat ausgelöst wurde: Die Überzeugung, gebunden zu sein, hat den Richter veranlaßt, „seine Stellungnahme nicht als Vorschlag zur Ausfüllung einer Gesetzeslücke, sondern als einen nach allen Regeln der Kunst intersubjektiv transmissibel aus dem Gesetz abgeleiteten Bescheid auszugeben"[319]. Dies gilt auch für die Auslegung. Es gibt keinen eindeutigen Rechtssatz, sondern nur die intersubjektive Einigkeit über den Inhalt eines Rechtssatzes[320]. Deshalb geht die Topik zutreffend davon aus, daß ihre grundlegenden Prämissen „durch die Annahme des Gesprächspartners legitimiert" würden[321]. Man mag zwar der Auffassung sein, daß die meisten Fälle des täglichen Lebens „gesetzlich wohl geordnet sind"[322]. Dabei wird nur übersehen, daß die Befangenheitssituation bereits bei der Tatsachenaufbereitung zum Tragen kommen kann. Anders sind Entscheidungsgründe wie die nachfolgenden eines Ehescheidungsurteils nicht denkbar:

„Der Beklagte hat sich seit der Trennung der Parteien nicht mehr um die Klägerin gekümmert, insbesondere hat er ihr keinen Unterhalt bezahlt, obwohl ihm durch einstweilige Anordnung vom 4. 11. 1969 die Zahlung einer Unterhaltsrente aufgegeben worden ist. Der Beklagte hat dadurch eine

---

317 Vgl. dazu *Soergel-Siebert-Wlotzke-Volze*, Bürgerliches Gesetzbuch, Bd. 3: Schuldrecht II, 10. Aufl., Suttgart-Berlin-Köln-Mainz 1969, vor § 620 Rdnr. 34, 35.

318 *Säcker*, aaO, S. 115 f.

319 *Säcker*, aaO, S. 118

320 Vgl. dazu *Habermas*, Zur Logik der Sozialwissenschaften, Philosophische Rundschau, Tübingen 1967, Beiheft 5, S. 76; *Adomeit*, ZRP 1970, S. 176 ff., S. 177 l. Sp.

321 *Viehweg*, Topik, S. 24, S. 51; vgl. dazu aber auch *Diederichsen*, NJW 1966, S. 697 ff., S. 702 l. Sp.

322 So *Säcker*, aaO, S. 118.

schwere Eheverfehlung begangen und die Ehe schuldhaft tiefgreifend und unheilbar zerrüttet. Daß die Ehe völlig zerrüttet ist, geht bereits daraus hervor, daß der Beklagte dreimal einer Ladung nicht Folge geleistet hat. Die Ehe ist daher auf die Klage gemäß § 43, § 52 EheG aus Verschulden des Beklagten zu scheiden."[323]

Gegenüber derartigen Urteilsbegründungen muten die exegetischen Bemühungen zur Rechtsbeugung[324] sehr akademisch an. Solange man den Erkenntnischarakter der einzelnen Problemlösungen beschwört, erschwert man nur die Einsicht des Gesetzgebers, eindeutige positiv-rechtliche Regelungen zu treffen[325]. Die Methode der Rechtsanwendung ist nichts anderes als eine Theorie der formalen Verwirklichung ihr vorgegebener materialer Wertentscheidungen[326]. Deshalb gibt es auch keine richtigen, sondern nur akzeptable Richtersprüche. Die Tatsache, daß richterliche Entscheidungen Einflüsse auf die Gesellschaft ausüben, zerstört bereits ihre Objektivität[327] [328]. Wenn von marxistischer Seite *Rüthers* vorgeworfen wird, daß die Hoffnung, die Rechtsanwender würden heute demokratische Werte verwirklichen, unbegründet sei, so ist dieser Vorwurf nicht ganz unberechtigt[329]. Nur wäre es interessant zu erfahren, wo die Vorteile einer marxistischen Ausrichtung zu suchen sind. Intoleranz und naive Seinsgewißheit sind unerträgliche Folgen von Offenbarungsmodellen, seien sie nur marxistischer oder faschistischer Provenienz[330]. Wenn *Roellecke*[331] *Rüthers* vorwirft, die Legitimierungs-

323 Nicht veröffentlichtes Urteil des LG Essen v. 9. 1. 1970 (3 R 334/69).

324 Vgl. dazu *Mohrbotter*, Zur strafrechtlichen Verantwortlichkeit des Spruchrichters und Staatsanwalts für den Inhalt der richterlichen Entscheidung, JZ 1969, S. 491 ff.; *Marx*, Zur strafrechtlichen Verantwortlichkeit des Spruchrichters gemäß § 336 StGB, JZ 1970, S. 248 ff.

325 Vgl. dazu neuerdings *Luhmann*, Positivität des Rechts als Voraussetzung einer modernen Gesellschaft, in: Jahrbuch für Rechtssoziologie und Rechtstheorie, Bd. 1 (1970), S. 175 ff.

326 So zutreffend *Rüthers*, Die unbegrenzte Auslegung, S. 443.

327 Vgl. dazu *Popper*, Das Elend des Historizismus, S. 13.

328 Dies übersieht völlig *Mennicken* (Das Ziel der Gesetzesauslegung, Eine Untersuchung zur subjektiven und objektiven Auslegungstheorie, Bad Homburg v. d. H.-Berlin-Zürich 1970), der als Ziel der Auslegung „ein solches Normverständnis" ansieht, „das die im Einzelfall richtige Entscheidung ermöglicht" (S. 106).

329 Vgl. dazu *Gesell*, Besprechung von Rüthers, Die unbegrenzte Auslegung, Zum Wandel der Privatrechtsordnung im Nationalsozialismus, Tübingen 1968, in: Kritische Justiz 1969, S. 314 ff., S. 316 r. Sp.

330 Vgl. dazu z. B. *W. F. Haug*, Der hilflose Antifaschismus, Frankfurt a. M. 1967, S. 105: „Wer die Formeln für Demokratie im Bereich der Gesinnung sucht und vermeidet, sie im Rahmen eines sozio-ökonomischen Gesamtplans zu verankern, dem entwickeln unter dem Druck des Sozialprozesses seine Gesinnungselemente sich unweigerlich ins Antidemokratische."

331 *Roellecke*, Festschrift für Gebhard Müller, S. 323 ff., S. 338 Fn. 49.

funktion der juristischen Methodenlehre nicht gesehen zu haben, so zeigt diese Feststellung nur die Grenzen der Kommunikation auf. Gerade *Rüthers* gebührt das Verdienst, diese Funktion durch seine Dokumentation aufgezeigt zu haben[332].

Sieht man diesen relativen Wert der juristischen Methodenlehre, so müssen alle diejenigen, die über den sozialpsychologisch ausgerichteten Richtertyp „demokratische Entscheidungen" qua Generalklausel in vermehrtem Maße erreichen wollen, an die fehlende politische Verantwortung des Richters und an den apologetischen Mißbrauch von Methodenlehren erinnert werden[333]. Gerade in der Rechtswissenschaft mehren sich Autoren, die über die Umgestaltung des rechtlichen Instrumentariums eine Umgestaltung der Gesellschaft erreichen wollen. Dies geschieht nicht im Sinne eines „Herumbastelns", sondern im Sinne eines holistischen Modells oder utopischer Sozialtechnik, ohne zu sehen, daß die Rechtsprechung und die Rechtswissenschaft hierzu nicht kompetent sind[334].

Ein juristischer Determinismus ist nicht mehr erreichbar. Die Willkürlichkeit der Rechtspolitik sollte jedoch den Gesetzgeber zur Verantwortung mahnen. Die Zukunft muß gerade angesichts der Pluralität der Gesellschaft[335] [336] in verstärktem Maße dem positiven Gesetz gehören[337]. Diese Pluralität der Gesellschaft wirkt sich auch auf den Stellenwert der Dogmatik[338] und auf den Stellenwert der hermeneutischen Kunstregeln[339] aus. „Mit der Differenzierung gesellschaftlicher Meinungen muß die Dogmatik mehr alternative Möglichkeiten speichern und eine größere Auswahl an dogmatischen Entscheidungen lassen, ohne diese Auswahl selbst dogmatisch – d. h. in diesem Sinne methodologisch – indoktrinieren zu können"[340].

332 Vgl. dazu das Vorwort von *Rüthers*, der ausdrücklich darauf hinweist, daß er die Bedeutung der Dokumentation für weitere Untersuchungen im Hinblick auf eine praxisnahe Methodenlehre deutlich machen wolle; vgl. neuerdings auch *Rüthers*, Institutionelles Rechtsdenken im Wandel der Verfassungsepochen, Ein Beitrag zur politisch-kritischen Funktion der Rechtswissenschaft, Bad Homburg v. d. H.–Berlin–Zürich 1970.

333 Vgl. dazu *Rasehorn*, Futurum 1970, S. 268 ff.

334 Vgl. dazu auch *Popper*, Das Elend des Historizismus, S. 54.

335 Vgl. dazu *Zacher*, Der Staat 1970, S. 161 ff.

336 Daher sind alle Gemeinwohlerwägungen fragwürdig geworden; vgl. dazu *Adomeit*, aaO, S. 81 ff.; *Säcker*, aaO, S. 53 ff.; *Häberle*, Öffentliches Interesse als juristisches Problem, Eine Analyse von Gesetzgebung und Rechtsprechung, Bad Homburg v. d. H. 1970.

337 Selbstverständlich ist dieses Ziel stets nur teilweise erreichbar.

338 Vgl. dazu *Esser*, Vorverständnis, S. 88.

339 Dies verkennt m. E. *Sandrock*, S. VIII.

340 *Esser*, Vorverständnis, S. 88.

In Zusammenhang mit der Bindung des Richters an Gesetz und Recht muß auch der Streit um die subjektive oder objektive Gesetzesauslegung gesehen werden[341]. Der Wille des historischen Gesetzgebers stellt den Rechtsanwender, will er von ihm abweichen, in einen echten Begründungszwang[342].
Gegen die hier vertretene Auffassung vom relativen Wert juristischer Methodenlehre wird natürlich eingewandt werden, daß damit die Voraussehbarkeit und Berechenbarkeit dahin sei. Dieser Einwand verschlägt jedoch nicht, da in diesem Zusammenhang allein ein Ist-Zustand beschrieben wird. Die Funktion der Rechtsprechung ist in der Gegenwart weitgehend auf Streitentscheidung durch einen unbeteiligten Dritten beschränkt. Der prognostische Gehalt der Rechtsnormen ist weitgehend dahin[343].
Zusammenfassend kann nunmehr festgestellt werden, daß der hermeneutische Kanon, verwendet man die Sprache der Datenverarbeitung, zu keinem Assembler verhilft, d. h. er verhilft zu keinem Umwandlungsprogramm, das symbolisch geschriebene Programme automatisch in die Urteilssprache überträgt, ohne die Struktur der Befehlsfolge (Syntax) zu verändern. Einmal ist die Automatik wegen der Subjekt-Objekt-Spannung nicht möglich und zum anderen ist die Struktur der Befehlssprache wegen der variierenden Wortbedeutungen nicht klar. Wichtig ist jedoch, daß man sich stets der Subjekt-Objekt-Spannung bewußt bleibt und das Vorverständnis, soweit wie möglich mitkommuniziert. Dieses Verfahren hat Grenzen, die insbesondere *Adorno*[344] aufgezeigt hat:

„Die Aufforderung, man solle sich der intellektuellen Redlichkeit befleißigen, läuft meist auf die Sabotage der Gedanken heraus. Ihr Sinn ist, den Schriftsteller dazu anzuhalten, alle Schritte explizit darzustellen, die ihn zu seiner Aussage geführt haben, und so jeden Leser zu befähigen, den Prozeß nachzuvollziehen und womöglich – im akademischen Bereich – zu duplizieren. Das arbeitet nicht bloß mit der liberalen Fiktion der beliebigen, allgemeinen Kommunizierbarkeit eines jeden Gedankens und hemmt dessen sachlich angemessenen Ausdruck, sondern ist falsch auch als Prinzip der Darstellung selber. Denn der Wert eines Gedankens mißt sich an seiner Distanz von der Kontinuität des Bekannten. Er nimmt objektiv mit der Herabsetzung der Distanz ab; je mehr er sich dem vorgegebenen Standard annähert, um so mehr schwindet seine antithetische Funktion, und nur in ihr, im offenbaren Verhältnis zu seinem Gegensatz, nicht in seinem isolierten Dasein liegt sein Anspruch begründet."

---

341 Vgl. dazu neuerdings *Mennicken*, aA; *Franz-Jürgen Säcker*, Rechtsgeschäftsauslegung und Vertrauensprinzip, Juristische Analysen, 1971, Heft 6, S. 31 ff., S. 31 Fn. 4.

342 Vgl. dazu auch *Säcker*, aaO, S. 109 Fn. 251.

343 Vgl. dazu *Adomeit*, ZRP 1970, S. 176 ff., S. 179 r. Sp.

344 *Adorno*, Minima Moralia, Reflexionen aus dem beschädigten Leben, Frankfurt a. M. 1969, S. 99.

Die Vorurteile, Anschauungen, Innervationen, Selbstkorrekturen, Voraus-nahmen und Übertreibungen sind in der Tat nur in beschränktem Ausmaße bewußt, ausmachbar und daher kommunizierbar. Soweit dies jedoch möglich ist, müssen wir gerade in einer Zeit, in der der Konsens fraglich geworden ist, die doppelte Identität erlernen, d. h. es gilt „die jeweilige Gegenseite schrittweise einfühlend zu begleiten, ihr Denken und Handeln identifizierend nachzuvollziehen und schließlich zu einem volleren rationalen wie emotionalen Verständnis" des Gegenübers zu kommen[345].

Wenn Rechtsanwendung auch Werten heißt, so stellt sich die Frage, was Werten heißt[346]. Unter Wertung sollen hier Vorzugsregeln verstanden werden[347]. Mit der Zulässigkeit von Wertungen im rechtswissenschaftlichen Bereich hat sich neuerdings *Podlech*[348] auseinandergesetzt:

„Notwendige Bedingungen für die Zulässigkeit einer Wertung in einem juristischen Begründungsprozeß ist der Umstand, daß eine Reduktion möglich ist, d. h. daß die fragliche Wertung wenigstens prinzipiell und mit dem Plausibilitätsgrad, der im juristischen Bereich möglich ist, durch Wertungen ihrer Folgen im gesellschaftlichen Zusammenleben diskutierbar und begründbar ist. Zweck dieser Bedingung ist die Sicherung der Rationalität von Begründungen"[349].

Statt von der Zulässigkeit von Werturteilen sollte besser vom Versuch der Rationalisierung vorhandener Wertungen gesprochen werden. Ganz im Sinne des kritischen Rationalismus ist *Podlech* der Auffassung, daß nur durch Folgediskussionen überprüfbare und relativ weltanschaulich invariante Begründungen für Wertungen zu leisten sind[350]. Innerhalb dieser Folgendiskussionen liegt die eigentliche Hilfsfunktion der Soziologie und der anderen Wissenschaften für die Rechtswissenschaft begründet. Hier gilt es jegliche Kooperationsangst zu verlieren. Die Analyse der gesellschaftlichen „Wirklichkeit" ist zwar schlechthin ungeeignet, Zielvorstellungen und Ordnungsgesichtspunkte selbst zu produzieren[351]. Durch die Kenntnisnahme empiri-

345 Vgl. dazu *A. Mitscherlich*, Versuch, die Welt besser zu bestehen, Fünf Plädoyers in Sachen Psychoanalyse, Frankfurt a. M. 1970, S. 47.

346 Vgl. dazu *Podlech*, AöR Bd. 95 (1970), S. 185 ff., S. 195 f. m. w. N.

347 Vgl. dazu *Podlech*, AöR Bd. 95 (1970), S. 185 ff., S. 195.

348 *Podlech*, AöR Bd. 95 (1970), S. 185 ff.

349 *Podlech*, AöR Bd. 95 (1970), S. 185 ff., S. 200.

350 *Podlech*, AöR Bd. 95 (1970), S. 185 ff., S. 201 unter Hinweis auf *Kraft*, Die Grundlagen einer wissenschaftlichen Wertlehre, 2. Aufl., Wien 1951, S. 259 ff.; *Popper*, Das Elend des Historizismus, S. 70; *Leinfellner*, Einführung in die Erkenntnis- und Wissenschaftstheorie, Mannheim 1965, S. 178 ff.; *Adomeit*, Unlautere Werbung durch Beauftragte und das Verschuldenserfordernis des § 890 ZPO, NJW 1967, S. 1996; vgl. auch *Adomeit*, ZRP 1970, S. 176 ff., S. 179.

351 Vgl. dazu *Schwerdtner*, ZRP 1969, S. 136 ff., S. 138.

scher Daten werden jedoch unter Umständen Vorurteile abgewehrt, was zumindest die Chance einer rationalen Diskussion eröffnet, mag auch das Problem letztlich nicht in der Wahl zwischen Wissen und Glauben, sondern nur in der Wahl zwischen zwei Glaubensarten bestehen[352]. Die *Scheler*'sche Wertphilosophie ist insoweit nicht akzeptabel. *Scheler,* nach *Albert* ein Philosoph von bemerkenswerter Phantasie[353], ist der Auffassung, daß es echte und wahre Wertqualitäten gibt, die einen eigenen Bereich von Gegenständen darstellen, die ihre besonderen Verhältnisse und Zusammenhänge haben, und schon als Wertqualitäten z. B. höher und niedriger usw. sein können, „daß man diese angeblich objektiven Qualitäten durch Fühlen und ihre ebenfalls objektive Rangordnung durch Vorziehen und Nachsetzen erkennen könne“[354].

Wenn *Podlech* zu dem Ergebnis gelangt, daß die Richtigkeit oder Unrichtigkeit einer Wertung oder besser ihre Annehmbarkeit für die Gesellschaft nur diskutierbar sei als Diskussion der Folgen der Wertung für die Gesellschaft, so tut sich die Schwierigkeit auf, wer über die Annehmbarkeit für die Gesellschaft entscheidet. Für den kritischen Rationalismus ist es an sich untragbar, daß eine Gruppe von Personen, hier die Verwalter des Rechts, gesamtgesellschaftliche Entscheidungen trifft[355].

Der Hang des Juristen, sich irgendwo rückzuversichern, ist denkwürdig. So disparat die Methodenlehren auch sein mögen, die Gerechtigkeit ist ein topos, der sich allenthalben findet. Es ist hier nicht der Ort, der Gerechtigkeitsvorstellung nachzugehen. Es wäre jedoch wohl zu überdenken, ob nicht die Gerechtigkeitsidee aufzugeben ist, weil sie Alternativen-Denken hemmt, gefundenen Problemlösungen gleichsam eine Weihe verleiht, die Denken still stellt und dem Glauben Raum bietet. Wer kann heute noch unbefangen den Satz aussprechen, daß Gerechtigkeit ein Volk erhöht? Auch im übrigen verdunkeln derartige Universalien viel: „Der Umgang mit dem Recht übt daher auf das sittliche Gefühl des Juristen eine verfeinernde, kultivierende Wirkung aus; das Gefühl für die Werte, auf denen sein Recht beruht, Gerech-

---

352 So *Habermas,* Dogmatismus, Vernunft und Entscheidung – Zur Theorie und Praxis in der verwissenschaftlichten Zivilisation, in: Theorie und Praxis, Sozialphilosophische Studien, Neuwied–Berlin 1967, S. 252 im Anschluß an *Popper*, Die offene Gesellschaft, Bd. 1, S. 304.

353 *Albert*, Marktsoziologie, S. 101.

354 *M. Scheler*, Der Formalismus in der Ethik und die materiale Wertethik, 4. Aufl., Bern 1957, S. 37, S. 58, S. 107 f.; vgl. dazu auch *Podlech*, AöR Bd. 95 (1970), S. 185 ff., S. 202 ff.

355 Vgl. dazu *Albert*, Traktat, S. 36.

tigkeit, Freiheit, Treu und Glauben, wird in ihm besonders lebendig."[356] Diese Feststellung *Coings* vermag heute nicht mehr zu überzeugen. Der menschlich und sachlich verständliche Protest von *Ernst E. Hirsch*[357] gegen die Gerechtigkeitsvorstellungen von *Larenz*[358] sollte nicht überhört werden. Nach *Ernst E. Hirsch* handelt es sich bei den Gerechtigkeitspostulaten um „unbewiesene Postulate und Glaubenssätze". Demgegenüber hat *Larenz* darauf aufmerksam gemacht, daß diese Sinnstrukturen und Sinnzusammenhänge in der Geschichte der Rechtsphilosophie vom „südwestdeutschen Neukantianismus bis zur Phänomenologie aufgewiesen, d. h. aufgezeigt und dadurch zur Evidenz gebracht werden können"[359]. „Mit dem Wort „gewiß" drücken wir die völlige Überzeugung, die Abwesenheit jeden Zweifels aus, und wir suchen damit den anderen zu überzeugen: Das ist subjektive Gewißheit. – Wann aber ist etwas objektiv gewiß? – Wenn ein Irrtum nicht möglich ist. Aber was für eine Möglichkeit ist das? Muß der Irrtum nicht logisch ausgeschlossen sein?"[360] *Krieles* Kriterien der Gerechtigkeit[361] versagen bei den Feineinstellungen, mit denen die Rechtsanwendung heute konfrontiert ist[362]. Was bleibt, ist häufig methodologische Lyrik:

„Aber gerade an diesem Punkte, wo wir die Gewißheit der Gerechtigkeit verloren haben, gewinnen wir ihre Lebendigkeit. Denn die Freiheit des Wagens und Gestaltens wäre verloren, wenn alles schon gewiß wäre. In der sternklaren Nacht einer ewigen, widerspruchsfreien und lückenlosen Ordnung der Werte wäre kein Platz. Gerade weil jedoch an den Grenzen des scheinbar gesicherten Bestandes einer Rechts- und Wertordnung das Wagnis der Gerechtigkeit immer wieder herausgefordert wird, hat diese teil an der Lebendigkeit des Gestaltens"[363].

VI. Schlußbetrachtung

Der kritische Rationalismus vermag die Probleme nicht zu lösen. Vielmehr kann er allein eine geistige Haltung hervorbringen, die Fortschritt ermög-

---

356 *Coing*, Grundzüge der Rechtsphilosophie, Berlin 1969, S. 331; wenn *Coing* im Vorwort zu der Neuauflage zum Ausdruck bringt, daß ihn die Arbeiten von Popper zur Theorie der wissenschaftlichen Erkenntnis zum Neudurchdenken seiner eigenen Position gezwungen hätten, so ist man verwundert, die „Universalien" wieder anzutreffen.

357 *Ernst E. Hirsch*, Zu einer Methodenlehre der Rechtswissenschaft, JZ 1962, S. 329 ff.

358 *Larenz*, Methodenlehre, S. 174 ff.

359 *Larenz*, Methodenlehre, S. 175.

360 *Wittgenstein*, aaO, Nr. 194, S. 56 f.

361 *Kriele*, Kriterien der Gerechtigkeit, Zum Problem des rechtsphilosophischen und politischen Relativismus, Berlin 1963.

362 Vgl. dazu *Podlech*, AöR Bd. 95 (1970), S. 185 ff., S. 190.

363 *Zippelius*, JZ 1970, S. 241 ff., S. 244 r. Sp.

licht. Methode ist nicht dekretiert und auch nicht dekretierbar. Methodisches Bewußtsein kann jedoch eine Atmosphäre schaffen, in der der kritische Rationalismus zum Zuge kommt. Das weitgehende Festhalten an tradierten Interpretationsmustern mit dem Glauben an die Richtigkeitsgarantie hinsichtlich des jeweiligen Auslegungsergebnisses muß verblüffen. Dies kann nur dadurch erklärt werden, daß die Juristen bis heute ein weitgehend unpolitisches Selbstverständnis an den Tag legen, das sie selbst dort, wo sie effektiv Rechtspolitik treiben[364], an die handwerklichen Kunstregeln der Hermeneutik glauben läßt. Daß diese Art von Dogmatik nicht allerorten einen Frustrationsprozeß auslöste, muß in Erstaunen versetzen. Um das Denken in Alternativen zu erreichen, um nicht vorschnell dem Vorurteil zu erliegen, um im Entscheiden nicht allzu schnell „in frisch-fröhliches Drauflosdenken, die Frage an falsche Tiefe oder radikale Flachheit zu verraten, müßte Jurisprudenz erst einmal das fortgeschrittene Niveau des psychologischen und gesellschaftlichen Wissens erreichen"[365], das keineswegs durchgängig vom weltanschaulichen Standpunkt abhängig ist[366]. Mit *Wieacker* muß man für eine offenere und pluralistischere Gruppierung der Rechtsquellen, für eine größere Durchlässigkeit der rechtstheoretischen Einordnungen gegen die rechtstatsächlichen Bedingungen und für eine größere Skepsis gegen die Ergiebigkeit einer normlogischen Betrachtungsweise eintreten[367].

Durch den weitgehend fruchtlosen, weil sich an Schlagworten und nicht an den jeweilig vertretenen Positionen orientierenden Streit zwischen Positivismus und Antipositivismus ist das Kardinalproblem der Rechtsanwendung nicht oder nur selten zur Sprache gekommen: Der Unterschied von Meinung und Einsicht, nämlich daß die Einsicht verifizierte Meinung sei, so wie es die übliche Erkenntnistheorie lehrt. „Indem aber der Unterschied von Meinung und Einsicht dadurch selbst der lebendigen Erfahrung entgleitet und als abstrakte Behauptung fern am Horizont hängt, büßt er zumindest subjektiv im Bewußtsein der Menschen seine Substanz ein."[368] Hinzu kommt

---

364 Vgl. dazu auch *Adomeit*, ZRP 1970, S. 176 ff., S. 180 1. Sp.

365 *Adorno*, Meinung, Wahn, Gesellschaft, in: Eingriffe, Neun kritische Modelle, 6. Aufl., Frankfurt a. M. 1970, S. 120.

366 Vgl. dazu *G. Myrdal*, Objectivity in Social Research, New York 1969; vgl. dazu auch *Martens*, Öffentlich als Rechtsbegriff, Bad Homburg v. d. H.–Berlin–Zürich 1969, S. 40 Fn. 177 und die Besprechung dieses Buches durch *Häberle*, DöV 1969, S. 653 ff.

367 *Wieacker*, Besprechung von Adomeit, Rechtsquellenfragen im Arbeitsrecht, München 1969, in: Rechtstheorie 1971, S. 118 ff., S. 122.

368 *Adorno*, Eingriffe, S. 152.

die bei keinem Menschen zu leugnende narzistische Grundhaltung, die darin zum Ausdruck kommt, daß die Meinung als Bestandteil der eigenen Person verstanden wird, und im Falle ihrer Widerlegung vom Unbewußten oder Vorbewußten so registriert wird, als werde ihm selber geschadet[369].
Der kritische Rationalismus läßt sich nicht erzwingen. Wer aus der Ökonomie seiner eigenen Person das Vorurteil braucht[370], wer sich dem Unterschied von Meinung und Einsicht entzieht, wird stets Vorurteile hegen. Der kritische Rationalismus führt nicht zur Wahrheit, Richtigkeit oder Letztgültigem. Dies liegt gerade außerhalb des von ihm für realisierbar gehaltenen Programm. Er nimmt nicht für sich in Anspruch, aus dem Zweifel herauszuführen, wohl aber vindiziert er für sich, Zweifel auszulösen[371]. Diesem Denken sollte vieles vorgeworfen werden. Eines sollte jedoch nicht wieder beginnen: Der Streit um den Wissenschaftscharakter der Rechtswissenschaft[372]. Der Streit ist von keinerlei Sachinteresse. Der kritische Rationalismus zeigt, wie bescheiden es um das Instrumentarium einer Geisteswissenschaft bestellt ist. Mancher mag in den vorstehenden Ausführungen die hohe Begrifflichkeit und Differenziertheit, die nun einmal die Wissenschaftstheorie in Deutschland offenbar auszeichnen muß[373], vermissen, die hier vertretenen Ansichten banal und vordergründig empfinden, dem doppelten hermeneutischen Zirkel wird jedoch auch er nicht entrinnen. Die Zeiten, in denen man sich abstrakt mit der Struktur des Rechtssatzes auseinandersetzen konnte, sind dahin[374]. Die moderne Rechtswissenschaft muß zur Kenntnis nehmen, wie nahe das Erkennen, das nach Ewigkeit dürstet, einem interessengebundenen und damit einem genuin ideologisch verfälschten Meinen steht[375]:

---

369 *Adorno*, Eingriffe, S. 150.

370 Vgl. dazu *A. Mitscherlich*, aaO, S. 165.

371 Vgl. dazu auch *Denninger*, Besprechung von F. Müller, Normstruktur und Normativität, Zum Verhältnis von Recht Wirklichkeit in der juristischen Hermeneutik, entwickelt an Fragen der Verfassungsinterpretation, Tübingen 1966, in: AöR Bd. 94 (1969), S. 333 ff., S. 338.

372 Vgl. dazu *V. Kraft*, Die Unmöglichkeit der Geisteswissenschaften, 1957, S. 50 ff.; *Ernst E. Hirsch*, Das Recht im sozialen Ordnungsgefüge, Berlin 1966, S. 25 ff.; *Larenz*, Methodenlehre, S. 4; *Fr. von Hippel*, Zur Gesetzmäßigkeit juristischer Systembildung, 1920, S. 15: vgl. zum Ganzen auch *André*, JZ 1970, S. 396 ff.

373 Vgl. dazu treffend *Seiffert*, Einführung in die Wissenschaftstheorie, München 1969, Bd. 1, S. 9.

374 Vgl. dazu *Larenz*, Methodenlehre, S. 180 ff.

375 Vgl. dazu *Adorno*, Eingriffe, S. 150 ff.; *Plessner*, Einleitung zu: *Berger-Luckmann*, Die gesellschaftliche Konstruktion der Wirklichkeit, Eine Theorie der Wissenssoziologie, Frankfurt a. M. 1969, S. XI.

„Das absolute Wissenschaftsideal, das absolut gesicherte Wissen ... hat sich als ein Idol erwiesen. Die Forderung der wissenschaftlichen Objektivität führt dazu, daß jeder wissenschaftliche Satz vorläufig ist. Er kann sich wohl bewähren, aber jede Bewährung ist relativ, eine Beziehung, eine Relation zu anderen, gleichfalls vorläufig festgesetzten Gesetzen. Nur in unseren subjektiven Überzeugungserlebnissen, in unserem Glauben können wir absolut sicher sein.
Mit dem Idol der Sicherheit, auch der graduellen, gilt eines der schwersten Hindernisse auf dem Weg der Forschung; hemmend nicht nur für die Kühnheit der Fragestellung, hemmend auch oft für die Strenge und Ehrlichkeit der Nachprüfung. Der Ehrgeiz, recht zu behalten, verrät ein Mißverständnis: Nicht der Besitz von Wissen, von unumstößlichen Wahrheiten macht den Wissenschaftler, sondern das rücksichtslos Kritische, das unablässige Suchen nach Wahrheit."[376]

Für den Richter ist der kritische Rationalismus nur bedingt nachvollziehbar. Er muß im Einzelfall verbindlich entscheiden. Der Richter muß jedoch stets versuchen, sich der ideologischen Verstrickung, des Ineinandergreifens von Erkenntnis und Entscheidung bewußt zu bleiben, um unter Umständen um den Preis des Unbehagens von der eigenen Entscheidung den Urteilen möglichst hohe Rationalität zu verleihen[377].

Man könnte sich am Ende dieses kursorischen, den Rechtstheoretiker sicherlich wenig befriedigenden Überblickes fragen, was diese Erörterungen im Rahmen einer Untersuchung zum allgemeinen Persönlichkeitsrecht zu suchen haben. Es wird zu zeigen sein, daß in bezug auf das allgemeine Persönlichkeitsrecht keine strukturalistischen, sondern nur offene, „topische", tentative Methoden helfen. „Hier kommt man nur weiter, in dem man so umfassend wie möglich die realen auftretenden Konflikte sammelt, darüber hinaus seine kasuistische Phantasie schweifen läßt, Fallgruppen bildet, eine Skalierung dieser Gruppen vornimmt je nach dem, wie stark sie dem Ausgangsprinzip oder dem Kontraprinzip entsprechen, sodann die Entscheidungsfrage, auf welcher Stufe der Skala der Umschlag erfolgen soll, frei diskutiert, schließlich den Umschlagspunkt nach bestem Wissen und Gewissen fixiert, ohne zu verdecken, wie sehr eine solche Entscheidung unentrinnbar ein improvisatorisches Moment behält"[377a], das auch vom höchst subjektiven Erwartungshorizont des „Rechtsanwenders" mitgeprägt ist. Rechtsanwendung ist insoweit permanent Wertungsfragen ausgesetzt. Das heißt nicht, den parteigebundenen Richter künstlich züchten zu wollen.[377b]

---

[376] *Popper*, Logik der Forschung, S. 225.

[377] Hierzu vermag das von *Adomeit* entwickelte 12-Operationen-Modell der Rechtsfindung wertvolle Dienste zu leisten (ZRP 1970, S. 176 ff., S. 178 f.).

[377a] *Adomeit* JuS 1973, S. 457 ff., S. 459 r. Sp.

[377b] So aber *Kellman*, Rechtstheorie 1975, S. 83 ff., S. 103 im Anschluß an Rupp NJW 1973, S. 1771.

VII. Allgemeines Persönlichkeitsrecht und Hermeneutik

Prof. X: „Recht interessant, aber wie wollen Sie das aus unserem Zivilrechtssystem heraus begründen?"
Prof. Y: „Wir machen das einfach so!"
(Aus der Diskussion auf einer deutschen Zivilrechtslehrertagung)
Konrad Zweigert[378]

Das beste Beispiel dafür, wie man einfach so etwas macht, ist die Entwicklung des allgemeinen Persönlichkeitsrechtes. Die gängige Lehre und Rechtsprechung arbeitet insoweit mit einer festen Formel: Art. 1 I GG + Art. 2 I GG + Drittwirkung der Grundrechte = Allgemeines Persönlichkeitsrecht[379]:

„Aus Art 1 I i. V. m. dem . . . Art. 2 I ergibt sich schließlich die Anerkennung des allgemeinen Persönlichkeitsrechts. Achtung und Schutz der Würde des Menschen muß zur Anerkennung des Persönlichkeitsrechts führen."[380]

„Mit der Anerkennung eines durch die Normen des Deliktsrechts geschützten allgemeinen Persönlichkeitsrechts setzte sich schließlich unter dem Einfluß der Wertentscheidung des Grundgesetzes (Art. 1 und 2) eine von der Konzeption des Gesetzgebers von 1900 grundsätzlich abweichende Auffassung über den Privatrechtsschutz aller Werte in der Rechtsprechung durch. Wird der Schutz der Würde des Menschen als vordringliche Aufgabe der Staatsgewalt und die Bindung des Richters an die Wertentscheidungen des Grundrechtskatalogs (insbesondere an Art. 2 GG) ernst genommen und nicht nur als Proklamation verstanden, so kann der Richter nicht mehr an die Entscheidung des Gesetzgebers von 1900 gebunden sein, die den immateriellen Schadensersatz derart einschränkt, daß er auch bei schwerwiegenden Persönlichkeitsverletzungen entfällt."[381]

Das Grundgesetz ist sicherlich nicht privatrechtsneutral. Auf jeden Fall stellen die Art. 1 und 2 GG einen Datenkranz dar, über den sich der Richter Rechenschaft abzulegen hat, wenn er Zivilrecht fortbildet[382]. Was in der allgemeinen Diskussion um das allgemeine Persönlichkeitsrecht stört, ist der Umstand, daß insoweit eine stringente Ableitung des gegenwärtigen Per-

---

378 *Konrad Zweigert*, Festschrift für Bötticher, S. 443 ff., S. 443.

379 Vgl. dazu zutreffend *Ramm*, Einführung, Bd. III, L772.

380 So *Nipperdey*, in: *Neumann–Nipperdey–Scheuner*, Die Grundrechte, Bd. II, S. 1 ff., S. 40; vgl. dazu auch *Schüle*, in: *Schüle–Huber*, aaO, S. 9; *Helle*, aaO, S. 71 ff.; *Hubmann*, aaO, S. 104 ff.

381 So BGHZ 39, S. 124 ff., S. 132 Fernsehansagerin.

382 Vgl. dazu auch *Ridder*, aaO, S. 45; *Stoll*, aaO, S. 50; vgl. zur Drittwirkung insbesondere *Leisner*, aaO.

sönlichkeitsschutzes aus dem Grundgesetz behauptet wird. Dies wird zudem noch poetisch verklärt:

„Streng genommen ist jedes Gesetz im Augenblick des Erlasses bereits überholt. Hierin liegt die Tragik des Gesetzgebers; aus ihr erwächst aber die Würde eines königlichen Richtertums, das Kreuz des Gesetzgebers wird zur Krone des Richters."[383]

Wie schwierig die Bestimmung des Inhalts des Grundsatzes der Unantastbarkeit der menschlichen Würde ist, zeigt am besten ein kurzer Blick in die bisherige Entscheidungspraxis des Bundesverfassungsgerichts:[383a]

BVerfGE 16, S. 124 ff., S. 128:

„Menschenwürde wird nicht verletzt, wenn die Finanzverwaltung eine Betriebsprüfung durch die Steuerfahndung durchführen läßt. Die Rüge der Verletzung der Menschenwürde ist so abwegig, daß sie einer besonderen Widerlegung nicht bedarf."

BVerfGE 16, S. 191 ff., S. 194:

„Das Verbot der Unfallflucht verstößt nicht gegen die Unantastbarkeit der Menschenwürde. Der Staatsbürger wird nicht entwürdigt, wenn die Rechtsordnung von ihm verlangt, daß er für die Folgen seines menschlichen Versagens einsteht und die Aufklärung der Unfallursachen wenigstens nicht durch die Flucht erschwert oder gar vereitelt."

BVerfGE 20, S. 31 ff., S. 32:

„Der Ausschluß der Einklagbarkeit des Ehemäklerlohnes verletzt nicht die Menschenwürde der die Tätigkeit eines Heiratsvermittlers gewerbsmäßig betreibenden Personen. Dieser Ausschluß diffamiert nicht den Berufsstand der Heiratsvermittler, sondern beruht auf sachlichen Erwägungen, die mit der Natur und dem besonderen Charakter des Ehemäklervertrages zusammenhängen."

BVerfGE 30, S. 1 ff., S. 25 f.:

„Was den in Art. 1 GG genannten Grundsatz der Unantastbarkeit der Menschenwürde anlangt, der nach Art. 79 III GG durch eine Verfassungsänderung nicht berührt werden darf, so hängt alles von der Festlegung ab, unter welchen Umständen die Menschenwürde verletzt sein kann. Offenbar läßt sich das nicht generell sagen, sondern immer nur in Ansehung des konkreten Falles. Allgemeine Formeln wie die, der Mensch dürfe nicht zum bloßen Objekt der Staatsgewalt herabgewürdigt werden, können lediglich die Richtung andeuten, in der Fälle der Verletzung der Menschenwürde gefunden werden können. Der Mensch ist nicht selten bloßes Objekt nicht nur der Verhältnisse und der gesellschaftlichen Entwicklung, sondern auch des Rechts, insofern er ohne Rücksicht auf seine Interessen sich fügen muß. Eine Verletzung der Menschenwürde kann darin allein nicht gefunden werden. Hinzukommen muß, daß er einer Behandlung ausgesetzt wird, die seine Subjektsqualität prinzipiell in Frage stellt, oder daß in der Behandlung im konkreten Fall eine willkürliche Mißachtung der Würde des Menschen liegt. Die Behandlung

---

383 So *Hubmann*, JZ 1957, S. 521 ff., S. 521 r. Sp.

383a Vgl. auch BVerwG NJW 1972, S. 1727; BGH NJW 1975, S. 116 f.

des Menschen durch die öffentliche Hand, die das Gesetz vollzieht, muß also, wenn sie die Menschenwürde berühren soll, Ausdruck der Verachtung des Wertes, der dem Menschen kraft seines Personseins zukommt, also in diesem Sinne eine verächtliche Behandlung sein.

Demgegenüber haben die dissentierenden Richter in der Abhörentscheidung[384] erhebliche Bedenken vorgebracht:

„Nach der Rechtsprechung des Bundesverfassungsgerichts gehört Art. 1 GG zu den tragenden Konstitutionsprinzipien, die alle Bestimmungen des Grundgesetzes durchdringen. Das Grundgesetz sieht die freie menschliche Persönlichkeit und ihre Würde als höchsten Rechtswert an . . . Nun muß man sich bei der Beantwortung der Frage, was Menschenwürde bedeute, hüten, das pathetische Wort ausschließlich in seinem höchsten Sinn zu verstehen, etwa indem man davon ausgeht, daß die Menschenwürde nur dann verletzt ist, wenn die Behandlung des Menschen durch die öffentliche Hand, die das Gesetz vollzieht, Ausdruck der Verachtung des Wertes, der dem Menschen kraft seines Personseins zukommt, also in diesem Sinne eine verächtliche Behandlung ist. Tut man dies dennoch, so reduziert man Art. 79 Abs. 3 GG auf ein Verbot der Wiedereinführung z. B. der Folter, des Schandpfahls und der Methoden des Dritten Reichs. Eine solche Einschränkung wird indessen der Konzeption und dem Geist des Grundgesetzes nicht gerecht. Art. 79 Abs. 3 GG i. Verb. mit Art. 1 GG hat einen wesentlich konkreteren Inhalt. Das Grundgesetz erkennt dadurch, daß es die freie menschliche Persönlichkeit auf die höchste Stufe der Wertordnung stellt, ihren Eigenwert, ihre Eigenständigkeit an. Alle Staatsgewalt hat den Menschen im Eigenwert, seiner Eigenständigkeit zu achten und zu schützen. Er darf nicht unpersönlich, nicht wie ein Gegenstand behandelt werden, auch wenn es nicht aus Mißachtung des Personenwertes, sondern in guter Absicht geschieht."

Diese kurzen Beispiele aus der Rechtsprechung des Bundesverfassungsgerichtes zeigen, wie schwierig es ist, eine bestehende positivrechtliche Regelung an den Verfassungsmaßstäben des Art. 1 GG zu messen. Gänzlich unmöglich ist es, aus Art. 1 I i. Verb. mit Art. 2 I im Wege der Drittwirkung der Grundrechte auf einen bestimmten Persönlichkeitsschutz im Zivilrecht zu schließen. „Das Schlagwort Menschenwürde kommt bei vielen Anlässen politischer und juristischer Erörterungen oder Begegnungen sehr gut zupaß, aber die Berufung auf die Menschenwürde bedeutet nicht, daß Klarheit und Einhelligkeit über ihren Sinn besteht oder daß dieser Sinn einwandfrei bestimmt oder bestimmbar ist."[385] [385a] In Bezug auf das allgemeine Persönlichkeitsrecht kann nur folgendes festgestellt werden: Soll der Grundsatz der Unantastbarkeit der Menschenwürde und das Grundrecht auf freie Ent-

---

384 BVerfGE 30, S. 39/40; vgl. dazu auch *Erichsen*, VerwArch. Bd. 62, S. 291 ff., S. 296; vgl. dazu auch *Forsthoff*, Der Staat 1969, S. 523 ff., S. 523.

385 *Tammelo*, aaO, S. 60; vgl. dazu aber auch *Bachof*, aaO, S. 40.

385a Vgl. z. B. VG Schleswig, NJW 1975, S. 275 f.

faltung der Persönlichkeit nicht jeglicher Effektivität beraubt werden, so hat der Gesetzgeber oder an seiner Stelle die Rechtsprechung *ein* System des Persönlichkeitsschutzes bereitzustellen. Die konkrete Ausgestaltung dieses Schutzes genießt keinen Verfassungsrang. Art. 1 I und Art. 2 I GG haben insoweit keinen unmittelbaren privatrechtlichen Regelungsgehalt[386]. Ob der Gesetzgeber z. B. Schmerzensgeld zuspricht oder den Strafrechtsschutz effektiv ausbaut, ist eine Frage, die jenseits des Verfassungsrechts zur Disposition des einfachen Gesetzgebers steht. Verfassungsmäßigkeit und Zweckmäßigkeit einer Regelung sind stets zu unterscheiden[387]. Es ist auch gar nicht wünschenswert, dem allgemeinen Persönlichkeitsschutz Verfassungsrang zuzumessen. Dies würde nämlich dazu führen, daß der gegenwärtige Persönlichkeitsschutz zementiert wird. Seine Änderung wäre dem einfachen Gesetzgeber entzogen. Wie eine dadurch notwendig werdende Verfassungsänderung auszusehen hätte, ist unklar. Der Kritik von *Ramm*[387a] an den verfassungsrechtlichen Ableitungen im Rahmen des Persönlichkeitsschutzes ist voll zuzustimmen. Es gibt nur eine Gewißheit: Im Persönlichkeitsschutz haben wir den point of no return passiert. Der gegenwärtige Persönlichkeitsschutz stellt eine geglückte Rechtsfortbildung dar. Konnte vor 15 Jahren noch ernsthaft von Rechtsbruch gesprochen werden, so kann in der Gegenwart ein derartiges Argument nicht mehr ernstgenommen werden[388]. Dem gegenwärtigen Persönlichkeitsschutz kommt jedoch kein Verfassungsrang zu[389].

Inzwischen hat das Bundesverfassungsgericht in seinem Beschluß vom

---

386 Der zivilrechtliche Persönlichkeitsschutz kann kaum als Sieg der modernen Grundrechtsdogmatik über die positivistische Begriffsjurisprudenz gekennzeichnet werden. So aber *Hans Schäfer*, Bulletin Nr. 58/601 v. 16. April 1971, S. 607 1. Sp.

387 Dies verkennt neuerdings in anderem Zusammenhang wiederum *Günther Küchenhoff*, AuR 1971, S. 1 ff., S. 2 1. Sp.

387a *Ramm*, Einführung, 1. Aufl., Bd. 2, L 771 ff.

388 In der allgemeinen Diskussion ist häufig auch nicht klar, ob sich der Vorwurf unzulässiger Rechtsfortbildung gegen den Persönlichkeitsschutz im allgemeinen oder nur auf die Gewährung von Schmerzensgeld bezieht. Vgl. dazu neuerdings auch *Larenz*, Jherings Erbe, S. 135 ff., S. 138; ders., Methodenlehre, S. 317 ff., S. 321. Nach der hier vertretenen Konzeption ist der Ersatz des immateriellen Schadens eine notwendige Konsequenz der Anerkennung eines allgemeinen Persönlichkeitsrechtes. Vgl. dazu oben S. 221 ff.

389 So zutreffend bereits *L. Raiser*, Grundgesetz und Privatrechtsordnung, B 21 f.; *Esser*, Schuldrecht, Bd. II, § 107 II 1 d, S. 401; vgl. dazu auch *Göldner*, aaO, S. 89 ff., S. 226 ff. und passim; vgl. dauz in anderem Zusammenhang auch *Franz-Jürgen Säcker*, Koalitionsfreiheit. S. 61 ff.

14. 2. 1972[390] die Gewährung von Schmerzensgeld bei Persönlichkeitsrechtsverletzungen für verfassungsmäßig erachtet. Das Bundesverfassungsgericht geht in seinem Beschluß zunächst davon aus, daß das allgemeine Persönlichkeitsrecht heute zu einem festen Bestandteil der Privatrechtsordnung geworden ist[391]. Angesichts der Tatsache, daß der Nichtvermögensschaden nur unter besonderen Voraussetzungen ersetzt werde und daß der Schmerzensgeldanspruch nur subsidiären Charakter habe, könne von einer „Kommerzialisierung der Ehre" und von einer Überspannung der Sorgfaltsanordnungen der Presse nicht gesprochen werden. In diesem Zusammenhang weist das Bundesverfassungsgericht auch zutreffend darauf hin, daß das den Schadensersatzanspruch begründende Verhalten des Presseorgans seinerseits i. a. R. von wirtschaftlichen Interessen bestimmt wird. Hinsichtlich des rechtsfortbildenden Charakters des Ersatzes des immateriellen Schadens bei Persönlichkeitsrechtsverletzungen und der Befugnis zur Rechtsfortbildung läßt jedoch auch das Bundesverfassungsgericht wiederum vieles im Dunkeln. Nach Auffassung des Bundesverfassungsgerichts ist es Aufgabe der Gerichte, Wertvorstellungen, die der verfassungswidrigen Ordnung immanent, aber in den Texten der geschriebenen Gesetze nicht oder nur unvollkommen zum Ausdruck gelangt sind, in einem Akt des bewertenden Erkennens, dem auch willentliche Elemente nicht fehlten, ans Licht zu bringen und in Entscheidungen zu realisieren. Die richterliche Entscheidung schließe dann die Lücke nach den Maßstäben der praktischen Vernunft und den fundierten allgemeinen Gerechtigkeitsvorstellungen der Gemeinschaft[392]. An anderer Stelle spricht das Bundesverfassungsgericht jedoch wiederum davon, daß die Gewährung von Schmerzensgeld bei Persönlichkeitsrechtsverletzungen „auf einem zivilrechtlich zumindest diskutablen, jedenfalls den Regeln zivilrichtlicher Hermeneutik nicht offensichtlich widersprechenden Wege gewonnen" wurde. Damit ist wiederum dem bereits oben angeprangerten Rückversiche-

---

390 BVerfGE 34, S. 269 ff; vgl. dazu *Kübler*, JZ 1963, S. 453, S. 662; *Larenz*, AfP 1973, S. 450; *Ridder*, AfP 1973, S. 453; *Ernst E. Hirsch* AcP Bd. 175 (1975), S. 471 ff.; *Honsell* VersR 1974, S. 205 ff.; *Knieper* ZRP 1974, S. 137; *Schwabe* DVBl 1973, S. 784.

391 Das Bundesverfassungsgericht hat freilich in seinem Beschluß vom 14. 2. 1972 (BVerfGE 34, S. 269 ff., S. 281) ausdrücklich zur Richtigkeit der Rechtsprechung des BGH insoweit nicht Stellung genommen, als die Begründung und Weiterentwicklung des Persönlichkeitsschutzes im Bereich der zivilrechtlichen Dogmatik in Frage steht; vgl. dazu auch *Dürig* in: *Maunz–Dürig–Herzog*, aaO., Art. 3 Abs. 1 Rdnr. 500 FN 1.

392 Vgl. dazu zutreffend *Biedenkopf*, Die Betriebsrisikolehre als Beispiel richterlicher Rechtsfortbildung, Karlsruhe 1970, S. 24.

rungsdenken gehuldigt. Zu Recht aber erblickt das Bundesverfassungsgericht in der Gewährung des Ersatzes des Nichtvermögensschadens eine notwendige Konsequenz der Anerkennung des allgemeinen Persönlichkeitsrechts. Was stört, ist nur der Eindruck, daß das Bundesverfassungsgericht den Ersatz des immateriellen Schadens bei Persönlichkeitsrechtsverletzungen als verfassungsrechtlich geboten ansieht. *§ 253 BGB sei durch die Rechtsprechung des BGH weder obsolet geworden noch gar dem Verdikt der Verfassungswidrigkeit ausgesetzt. Vielmehr habe ein „ius superveniens von höherem Rang, nämlich die Art. 1 und 2 Abs. 1 GG, diese Entscheidung als zwingend gefordert" erscheinen lassen. Diese Begründung vermag nicht zu überzeugen.* Dies ändert aber nichts daran, daß wir im Grundsatz in bezug auf die Anerkennung eines allgemeinen Persönlichkeitsrechtes den point of no return erreicht haben. Die generelle Zuständigkeit des Richters zur Rechtsschöpfung steht insoweit nicht mehr zur Diskussion. Die endlose Auseinandersetzung über diese Frage zeigt, daß die Fragestellung selbst wenig ergiebig ist[392a]. Der „Argumentationsaufwand" des Bundesverfassungsgerichts in seinem Beschluß vom 14. 2. 1972 vermag nicht zu überzeugen. Er war auch nicht notwendig. Diese grundsätzliche Anerkennung besagt jedoch noch nichts über die dogmatische Einordnung dieses Rechts. Für *Medicus*[393] ist das allgemeine Persönlichkeitsrecht als sonstiges Recht i. S. V. § 823 Abs. 1 BGB eine juristische Mißgeburt. Demgegenüber ist *G. Küchenhoff*[394] der Meinung, daß die Rechtsprechung des BGH zum allgemeinen Persönlichkeitsrecht einen entscheidenden Beitrag zur Verwirklichung des „höchsten Glücks der Erdenkinder" darstellt. Nach *E. Wolf*[395] wird mit dem Wort „allgemeines Persönlichkeitsrecht" kein existierender Gegenstand und damit kein Begriff bezeichnet. Nach *E. Wolf* ist dieses Wort inhaltslos. In diesem Zusammenhang muß es als eine Verirrung bezeichnet werden, wenn *E. Wolf* die Privatrechtsrelevanz von Verfassungsrecht totalitärem Staatsdenken zuschreibt[396].

392a *Biedenkopf*, Betriebsrisikolehre, S. 24

393 *Medicus*, aaO., § 24 II 2 d, S. 273, RdNr. 615

394 *G. Küchenhoff*, Feschr. f. Geiger, S. 45 ff., S. 45/46.

395 *E. Wolf*, Allg. Teil des Bürgerlichen Rechts, S. 113.

396 *E. Wolf*, Allg. Teil des Bürgerlichen Rechts, S. 108 FN 90.

Teil B

Der gegenwärtige Stand der Diskussion um das allgemeine Persönlichkeitsrecht

Die gesamte Diskussion um das allgemeine Persönlichkeitsrecht leidet nicht zuletzt darunter, daß unter dieses „Recht" die verschiedensten Rechtspositionen „gepackt" werden. So werden nach *Nipperdey*[1] „die Erhaltung, Unverletzlichkeit, Würde, anerkannte Bezeichnung und freie Betätigung der Individualität" von diesem Recht erfaßt. Das allgemeine Persönlichkeitsrecht als „Quellrecht" oder „Muttergrundrecht"[2] nimmt damit Rechtspositionen in sich auf, die, verfassungsrechtlich gewendet, einmal bei Art. 1 I GG und zum anderen bei Art. 2 I GG angesiedelt werden; d. h. Achtungs- und Teilhabeansprüche werden nicht exakt voneinander getrennt.

I. Die Verkürzung des allgemeinen Persönlichkeitsrechtes auf den Schutz der Privat- oder Intimsphäre

Im Rahmen der Diskussion um das allgemeine Persönlichkeitsrecht ging es vorrangig um den Schutz der Veröffentlichung von Briefen und vertraulichen Aufzeichnungen, um heimliche Tonbandaufnahmen, um die Mitteilung von Tatsachen und Vorgängen aus der Privatsphäre und um den Schutz der Ehre[3]. Insoweit hat dieses Recht in der Rechtsprechung und Literatur eine gewisse Verinnerlichung erfahren:

„Das Personsein hängt aufs Engste mit dem Bestreben zusammen, einen Raum des Für-sich-seins, eine Privatsphäre zu behaupten, die nur nach eigenem Ermessen einmal preisgegeben wird, sei es in der Öffentlichkeit, sei es im engeren Kreis von Freunden oder Vertrauten, sei es in der Familie. In diesem Bereich entwickelt sich die Individualität jedes Einzelnen. Hier bildet sich auch die subjektive Ehre i. S. eines ichbezogenen Wertgefühls. Hierher gehören nicht nur die eigentlichen Intimitäten oder Geheimnisse, sondern die gesamte von der Öffentlichkeit abgeschirmte und ihr nur unter dem Schutz der Anonymität unterbreitete Lebensführung. Die Bloßlegung eines Menschen, das Hervorzerren der Besonderheiten seiner Existenz braucht nicht im engsten Lebensbereich anzusetzen. Die systematische Ausforschung der Gewohnheiten, Liebhabereien, Interessen und Schwächen, der Aufent-

---

1 *Enneccerus–Nipperdey*, aaO, § 78 I, 1, S. 453.

2 *Enneccerus–Nipperdey*, aaO, § 78 I, 1, S. 453; § 101 I, 2, S. 583; vgl. auch *Hubmann*, Ehrengabe für E. Ulmer, S. 108 ff., S. 110.

3 Vgl. dazu *Larenz*, Schuldrecht, Bd. II, § 72 III, S. 474 f.

haltsorte sowie der sozialen Kontakte decouvriert den Betroffenen weit mehr, weil sie Zusammenhänge erkennen läßt, die keine der Einzelverhaltensweisen offenbart, so vielen Augen sie auch an sich jeweils zugänglich sein mögen. Hinzukommt, daß der Einzelne die Öffentlichkeit nicht nur aufsucht, um sich zu offenbaren, sondern auch um sich in der Anonymität der Menge zu verlieren, und eine umfassende Registrierung dessen, was er getan oder unterlassen hat, ihn unter Umständen nicht weniger berührt, als wenn man ihn in seinem Hause beobachtete. Schließlich gehört zur freien Entfaltung der Persönlichkeit die Freiheit von Furcht, eine Unbefangenheit, die bedroht ist, sobald mit ständiger Verfolgung systematischer Beobachtung und Ausforschung sowie mit dauerhafter Konservierung des Ermittelten gerechnet werden muß ... Die Persönlichkeit des Menschen als solche war bis zum Inkrafttreten des Grundgesetzes weder im Privatrecht noch im öffentlichen Recht geschützt. Nur einzelne Ausstrahlungen, insbesondere die subjektive Ehre, die Reputation, wurden vom Gesetz als Rechtsgüter anerkannt, deren Verletzung Abwehr- und Schadensersatzansprüche auslöste. Zu den durch § 823 I BGB geschützten absoluten Rechten und Rechtsgütern wurde das allgemeine Persönlichkeitsrecht nicht gerechnet . . .“[4]

Soweit auch die freie Entfaltung der Persönlichkeit dem allgemeinen Persönlichkeitsrecht zugeordnet wurde, wurde immer nur eine Freiheit postuliert, selten jedoch untersucht, wie ein Rechtssystem strukturiert sein muß, damit unter den gegebenen Bedingungen eine freiheitliche Gestaltung der Rechtsverhältnisse möglich ist.

II. Die Unzulänglichkeit der Verlagerung der Problematik ins Deliktsrecht

Die gesamte Diskussion um das allgemeine Persönlichkeitsrecht leidet nicht unerheblich darunter, daß der Schutz des allgemeinen Persönlichkeitsrechts vorrangig unter deliktsrechtlichen Gesichtspunkten diskutiert wird:

„In Anlehnung an Art. 2 I GG, der dem einzelnen gegen den Staat das Grundrecht auf freie Entfaltung der Persönlichkeit gibt, hat der BGH im Wege der Rechtsfortbildung für den privaten Rechtsverkehr ein allgemeines Persönlichkeitsrecht zum Schutz des gesamten Ausstrahlungs- und Wirkungskreises der Person anerkannt, das von jedermann zu achten ist und ein sonstiges Recht i. S. von § 823 I BGB darstellt.“[5]

Die Problematik des allgemeinen Persönlichkeitsrechtes darf jedoch nicht auf den deliktsrechtlichen Sektor beschränkt werden[6]. Das Deliktsrecht setzt nur den Sanktionsmechanismus bei Verletzung des allgemeinen Persönlichkeitsrechts in Gang. Diese verkürzte Sicht des allgemeinen Persönlichkeitsrechts überrascht um so mehr, als *Otto v. Gierke*[7] den weiteren Bezug

---

[4] *Salzwedel*, Gedächtnisschrift für Hans Peters, S. 756 ff., S. 761.

[5] So *Baumbach–Hefermehl*, aaO, Bd. I, Allgem. I, Rdnr. 136; vgl. auch *Lerche*, Werbung und Verfassung, S. 148; *Hartmann* NJW 1964, S. 799; *Arzt*, aaO, S. 4.

[6] Vgl. dazu auch *Merz*, SJZ 1971, S. 65 ff., S. 67 1. Sp.

[7] *Otto v. Gierke*, Deutsches Privatrecht, Bd. I, S. 702.

bereits aufgedeckt hat. *Otto v. Gierke* unterschied die Persönlichkeitsrechte, „die ihrem Subjekte die Herrschaft über einen Bestandteil der eigenen Persönlichkeitssphäre gewährleisten", „von dem Rechte der Persönlichkeit, das in dem von der Rechtsordnung gewährleisteten Anspruch bestehen sollte, als Person zu gelten". In dieser Sicht wurde das allgemeine Persönlichkeitsrecht als Achtungsanspruch verstanden. *Larenz*[8] spricht neuerdings von einem Grundverhältnis als dem Recht eines jeden, von allen anderen als Person geachtet zu werden. Zugleich bestehe für jedermann die Pflicht gegenüber jedem anderen, ihn als Person zu achten. Nach *Larenz* sind alle besonderen Rechtsverhältnisse, mögen sie nun durch einen Vertrag oder unmittelbar durch eine Norm des positiven Rechts geschaffen sein, in ihrer Struktur diesem rechtlichen Grundverhältnis nachgebildet. Damit ist klar herausgestellt, daß es im Privatrecht um die Persönlichkeit jedes einzelnen Menschen geht. *Rüthers*[9] gebührt freilich das Verdienst, auf die offenbar unbeschränkte Belegfunktion, die *Hegel* in den verschiedenen Epochen zugewiesen wird, aufmerksam gemacht zu haben:

„Während er im Nationalsozialismus die Umdeutung aller zentralen rechtswissenschaftlichen Begriffe legitimieren sollte, wird er nunmehr für die rechtsethische Grundnorm, das rechtliche Grundverhältnis gegenseitiger Achtung und Anerkennung aller Menschen zitiert. Derselbe Hegel, dessen konkret-allgemeiner Begriff in der Anwendung auf die juristische Kategorie der Rechtsfähigkeit den Abbau der elementaren Rechtsposition an Fremdrassigen begründen sollte – ein Vorgang, der die berüchtigte spätere Endlösung der Judenfrage juristisch objektiv begünstigte, bezeugt jetzt das philosophisch begründete Verbot, den anderen in seiner Person und seiner Menschenwürde nicht zu verletzen . . ."

Daß der allgemeine Persönlichkeitsschutz als Anspruch auf Achtung und damit untrennbar verbunden als Anspruch auf Teilhabe nicht reüssieren konnte, kommt nicht von ungefähr. Das allgemeine Persönlichkeitsrecht des herkömmlichen Verständnisses wirkte eher systemstabilisierend als systemändernd. Daß wirklich Mächtige buchstäblich gewaltig herrschen per produzierbarer Zustimmung der Beherrschten[10], wird durch das allgemeine Persönlichkeitsrecht nicht geändert. Durch die Verinnerlichung des Persönlichkeitsrechts wurde der Kontext von Persönlichkeit und Freiheit, von Eigentum oder Vermögen und Freiheit negiert. Das allgemeine Persönlichkeitsrecht wurde als nichtökonomische Ergänzung verstanden[11], seine Entwick-

---

8 *Larenz*, Allgemeiner Teil, § 2 I, S. 29
9 *Rüthers*, Institutionelles Rechtsdenken, S. 50/51.
10 *Wiethölter*, Kritische Justiz 1970, S. 121 ff., S. 128.
11 *Herzog*, aaO, S. 391.

lung den technischen und sozialen Veränderungen zugeschrieben (Teleobjektive, Minikameras, Einfluß der Massenmedien usw.)[12].

III. Gründe für die Verinnerlichung des Persönlichkeitsrechts

1. Die „amtliche" Philosophiegeschichte als Alibi

Persönlichkeitsrechtliche Erörterungen pflegen häufig in philosophisch oder philosophiegeschichtliche Betrachtungen einzumünden. Darauf soll im vorliegenden Zusammenhang verzichtet werden. Es interessiert insoweit unmittelbar weder das kosmische Bewußtsein der Antike[13] noch das transzendentale Bewußtsein des Mittelalters[14] oder das Selbstbewußtsein der Neuzeit[15]. Vielmehr geht es allein darum, zu ergründen, warum in der Gegenwart ein so ideales Persönlichkeitsbild entworfen wird. Es besteht der schwer abweisbare Verdacht, daß sich dahinter nicht mehr verbirgt als eine Gegenposition zur marxistischen Weltanschauung, die zudem noch als Vulgärmarxismus dargestellt wird. Einschränkungen der Gültigkeit des Basis-Überbau-Schemas werden nicht zur Kenntnis genommen:

„. . . Nach materialistischer Geschichtsauffassung ist das in letzter Instanz bestimmende Moment in der Geschichte die Produktion und Reproduktion des wirklichen Lebens. Mehr hat weder Marx noch ich je behauptet. Wenn nun jemand das dahin verdreht, das ökonomische Moment sei das einzig Bestimmende, verwandelt er jenen Satz in eine nichtssagende, abstrakte, absurde Phrase. Die ökonomische Lage ist die Basis, aber die verschiedenen Momente des Überbaus – politische Formen des Klassenkampfes und seine Resultate – Verfassungen nach gewonnener Schlacht durch die siegende Klasse festgestellt usw. – Rechtsformen und nun gar die Reflexe aller dieser wirklichen Kämpfe im Gehirn der Beteiligten, politische, juristische, philosophische Theorien, religiöse Anschauungen und deren Weiterentwicklung zu Dogmensystemen üben auch ihre Einwirkungen auf den Verlauf der geschichtlichen Kämpfe aus und bestimmen in vielen Fällen vorwiegend deren Form. Es ist eine Wechselwirkung aller dieser Momente, worin schließlich durch alle die unendliche Menge von Zufälligkeiten . . . als Notwendiges die ökonomische Bewegung sich durchsetzt . . . Daß von den Jüngeren zuweilen mehr Gewicht auf die ökonomische Seite gelegt wird, als ihr zukommt, haben Marx und ich teilweise selbst verschulden müssen. Wir hatten den Gegnern gegenüber das von diesen geleugnete Hauptprinzip zu betonen,

---

12 Vgl. dazu z. B. *Arzt*, aaO, S. 6/7.

13 Vgl. dazu *Hubmann*, aaO, S. 14 f.; vgl. dazu zutreffend *Kohl* in: *Hoffmann-Riem/Kohl/Lüscher*, aaO., S. 63.

14 Vgl. dazu *Hubmann*, aaO, S. 23 f.

15 Vgl. dazu *Hubmann*, aaO, S. 31 f.; vgl. dazu auch *Reinhardt*, AcP Bd. 153 (1954), S. 548 ff., S. 550.

und da war nicht immer Zeit, Ort und Gelegenheit, die übrigen an der Wechselwirkung beteiligten Momente zu ihrem Recht kommen zu lassen."[16]
Insbesondere *Hubmanns*[17] Ausrichtung an *Nicolai Hartmann* zeigt, wie brüchig in diesem Zusammenhang vieles ist. *Albert*[18] hat zutreffend darauf aufmerksam gemacht, daß die teilweise unter dem Einfluß *Husserlscher* Ideen entwickelte Kategorialanalyse *Nicolai Hartmanns* trotz gewisser Erinnerungen an den klassischen Rationalismus einen radikalen methodologischen Subjektivismus darstellt. In der allgemeinen Diskussion um den Persönlichkeitsschutz fällt auf, in welchem Umfange hier *Nietzsche, Marx* und *Freud* vergessen werden[19].
Die Rückkehr zu dieser die empirische Wirklichkeit am weitesten überfliegenden metaphysischen Spekulation ist sicherlich eine Folge der erschütterten Gesellschaft[20]:

„Im Gefolge der Erschütterungen, die die bestehenden Gesellschaftsordnungen durch zwei Weltkriege und die russische Revolution erfahren haben, macht sich in der westlichen Welt in zunehmendem Maße eine geistige Bewegung bemerkbar, die in schärfster Reaktion gegen eine wissenschaftlich-positivistische und relativistische Philosophie auf eine Rückkehr zur Metaphysik und Theologie – und in engstem Zusammenhang damit – auf eine Erneuerung der Naturrechtslehre sieht."

Die Bedeutung der historischen Perspektive soll in diesem Zusammenhang keineswegs unterschätzt werden. Um das Überhistorische, das Stabile im sozialen Verhalten des Menschen zu sehen, müssen wir gerade die historische Perspektive anlegen[21]. Hinter der von *Hubmann*[22] artikulierten „amtlichen" Philosophiegeschichte drückt sich nicht nur „das Bedürfnis von Machthabern nach Unterbauung ihrer Monopolstellungen und die Eitelkeit der Menschen überhaupt aus, sondern auch ein allgemeines Bedürfnis nach Verankerung von menschlichen Verhaltensweisen und Normen in übermenschlichen, objektiven und daher unbezweifelbaren Instanzen und damit nach fragloser Gewißheit"[23].

---

16 So *Friedrich Engels*, Brief an J. Bloch, 21./22. 9. 1890 in: Karl Marx, Friedrich Engels, Ausgewählte Briefe, Berlin 1953, S. 502 f.
17 *Hubmann*, aaO, S. 65/66.
18 *Albert*, Marktsoziologie, S. 281 ff., S. 282 Fn. 3.
19 Vgl. dazu *Riccoeur*, aaO, S. 451.
20 *Kelsen*, Aufsätze zur Ideologiekritik, S. 232 ff., S. 232.
21 So zutreffend *Behrendt*, aaO, S. 17.
22 *Hubmann*, aaO, S. 14 f., S. 23 f., S. 31 f.
23 *Behrendt*, aaO, S. 32.

Was jedoch nottut ist die Problematisierung „amtlichen" Philosophiegeschichte, das Aufdecken der Inkongruenz der Idee mit der sozialen Wirklichkeit[24]. Eine derartige Auseinandersetzung ist jedoch nicht gefragt:

„Ach, alle diese sichtbaren und praktischen Dinge des menschlichen Lebens sind viel zu nebensächlich, um ein anspruchsvolles Gemüt befriedigen zu können, ich sehe Weiten, Tiefen, Höhen und Fernen, mit denen verglichen jene vordergründigen Dinge schal und leer sind. Und ich will euch teilhaben lassen an meinen grandiosen Erlebnissen, wenn ihr ergriffen zuhört und mit mir erschaudert. Und dieses sagt unser Hinterweltspieler in pathetischem Tone, mit tremulierender Stimme, pathetischem Tremolo, tremulierendem Pathos, auf jeden Fall unnatürlich und aufgeplustert."[25]

Es kommt nicht von ungefähr, daß in der Grundrechtsdiskussion dafür plädiert wird, Art. 1 Abs. 1 GG nicht zur kleinen Münze werden zu lassen. Heiligtümer sollen nicht in die Vorhöfe gezogen werden[26].

2. Person und Persönlichkeit

In der Literatur wird häufig zwischen Person und Persönlichkeit unterschieden[27]. So ist *Wertenbruch*[28] der Auffassung, daß die Persönlichkeit schon vom Sprachlichen her als ein höheres, als ein eigentümlicheres und entwickelteres Sein als das Person-Sein empfunden wird. „Jedes Kind, jeder Geisteskranke ist vermutlich Person, aber nicht Persönlichkeit."[29] Dies sei nach theologischer Einsicht nicht einmal Folge der Erbsünde. Dies entspricht konservativer Geisteshaltung. „Letztlich beruht die konservative Einstellung auf dem Glauben, daß es in jeder Gesellschaft erkennbar höhergestellte Personen gibt, deren ererbte Standards und Werte und Stellung geschützt werden sollen und die in öffentlichen Angelegenheiten größeren Einfluß haben sollen als andere."[30] Vom liberalen Standpunkt ist natürlich nicht zu leugnen, daß es höherstehende Menschen gibt. Der Liberale leugnet aber, daß irgendjemand die Befugnis hat, zu entscheiden, wer diese höher-

---

24 Vgl. dazu auch *Heigert*, aaO, S. 7 f.

25 *Steinbuch*, aaO, S. 21.

26 Vgl. dazu *Dürig*, in: *Maunz–Dürig–Herzog*, aaO, Art. 1 Abs. 1 Rdnr. 16 unter Hinweis auf *Ridder*.

27 Vgl. dazu z. B. *Nass*, aaO, § 7, S. 128.

28 *Wertenbruch*, aaO, §7, S. 128.

29 *Wertenbruch*, aaO, § 7, S. 128; vgl. auch *E. Wolf*, Allg. Teil, S. 110.

30 So *v. Hayek*, Die Verfassung der Freiheit, Tübingen 1971, Nachwort

Vgl. dazu in anderem Zusammenhang auch *Hattenauer*, aaO, S. 29 Nr. 48; auch in der psychologischen Literatur ist die Unterscheidung zwischen Person und Persönlichkeit äußerst kontrovers. Vgl. dazu z. B. *Drever–Fröhlich*, Wörterbuch zur Psychologie, 3. Aufl., München 1970, Stichwort: Persönlichkeit, S. 196 r. Sp.

stehenden Leute sind. Im Schrifttum erscheint die Persönlichkeit stets als Über-Person[31]. Die Geschichte des Persönlichkeitsrecht ist die Geschichte von Über-Personen. Diese Qualifikationen der Persönlichkeit sind so lange harmlos, als aus ihnen keine Folgerungen abgeleitet werden. Soll etwa das allgemeine Persönlichkeitsrecht deshalb kein subjektives Recht sein, weil es allen Menschen zusteht? [32] Auch die sonstige Persönlichkeitsdiskussion ist von dieser Über-Person beherrscht:

„Gerade die einmalige Persönlichkeit, nicht der Durchschnittsmensch, nötigt unserem Wertgefühl die höchste Anerkennung ab. Alle diese Werte, die die Persönlichkeit ausmachen, muß ihr die Rechtsordnung als die ihrigen zuordnen ..."[33]

„Die Persönlichkeit mit ihrer Dynamik und ihrem faustischen Drang ins Unendliche"[34], der individuelle Geist „ist es, der denkt, fühlt und will"[35]. Dagegen soll der Massenmensch dadurch charakterisiert sein, „daß er denkt, fühlt und will wie andere"[36]. *Ramm*[37] spricht zu Recht von einer ins Gigantische gesteigerten Persönlichkeit. Auch *Wiethölter*[38] weist zu Recht darauf hin, daß unklar sei, wie als Rechtsbegriffe Mensch, Person und Persönlichkeit zu sehen seien. Meist werde Person mit Rechtsfähigkeit identifiziert und Persönlichkeit als Fortentwicklung der Person, als „eine durch schöpferische Selbstentfaltung erreichte eigentümliche Verwirklichung des Menschenbildes"[39] gefeiert:

„Dabei ist historisch das Urheberrecht ... außer auf die Persönlichkeit und ihr Recht auch auf das Eigentum und sein Recht gestützt worden, wie überhaupt entwicklungsgeschichtlich Eigentum und Persönlichkeit ebenso eng verbunden zu sehen sind wie Persönlichkeit und Geist. Müßte deshalb nicht ähnlich der Urheberpersönlichkeit die Unternehmerpersönlichkeit, die Arbeiterpersönlichkeit, die Eigentümerpersönlichkeit usw. ebenfalls herausragenden Rechtsschutz finden ... Wir sehen sofort: Hier ist mehr als nur der Mensch und die Person im Recht betroffen. Hier hat eine spezifische sozialkulturelle Sondereinschätzung spezifischer Menschen, nämlich die des geistig-schöpferischen deutschen Dichters und Denkers bleibende – auch ökonomisch-politische – Auswirkungen gezeitigt. Der Künstler oberhalb des

---

31 Vgl. dazu *Liermann* in: Person und Persönlichkeit, S. 19 ff. 1962.

32 Vgl. dazu *Seckel*, Festgabe für Koch, Berlin 1903, S. 205 ff., S. 211; vgl. dazu auch *Adomeit*, Gestaltungsrechte, S. 11/12.

33 *Hubmann*, aaO, S. 129.

34 *Hubmann*, aaO, S. 131.

35 *Hubmann*, aaO, S. 155.

36 *Hubmann*, aaO, S. 49 Fn. 14; vgl. dazu auch *Siebert*, NJW 1958, S. 1369 ff.

37 *Ramm*, Einführung, 1. Aufl., Bd. III, L774.

38 *Wiethölter*, Kritische Justiz 1970, S. 121 ff., S. 127.

39 Vgl. dazu die in ihrem falschen Pathos kaum mehr zu überbietenden Ausführungen von *Hubmann*, aaO, S. 233 ff.

Technikers, der Wissenschaftler oberhalb des Praktikers: Diese Gesellschaft hat ein Persönlichkeitsbild geprägt, das dem Grundgesetz heute zu Unrecht unterlegt wird. Die Grenzen des individualistischen Rechtsschutzes, der ganz sicher das private Leben aller Menschen streng sichern sollte, sind deshalb heute nur dann korrekt zu ermitteln, wenn diese falsche – ausschließlich geistig-philosophisch orientierte – Sicht der Persönlichkeit korrigiert wird. In dieser sozialen Dimension des Persönlichkeitsschutzes zeigen sich folglich auch die politischen Implikationen des Grundrechtsverständnisses."[40]

Es kommt hinzu, daß dieses faustische Ringen „Vergangenheit" besitzt:

„Die Selbstbesinnung Deutschlands auf sein inneres Ziel aber fordert, im Unterricht dort anzuknüpfen, wo sich sein Volkstum zukunftsträchtig offenbart. Hier bietet sich der deutsche Idealismus als das faustische Ringen um den selbstbewußten Geist, der das Reich Himmel im Menscheninnern findet. Hier leuchtet die Naturbetrachtung Goethes als die innere Schau schaffenden Sinnes und die Romantik als erster Versuch, das Wirken des Volksgeistes am deutschen Wesen zu erkennen. Eine solche Anknüpfung an eine Zeit, in der deutsches Volkstum zum ersten Mal sich ganz seiner selbst bewußt ward, ist nicht totes Wissen wie das bloße Lernen ungeschichtlicher Daten, in denen letztlich die Ganzheit der deutschen Werdewelt wieder in die Anfänge allgemeinen Germanentums atomistisch auseinanderfällt . . . Und aus dem Einblick in die Welt geistiger Aufgaben ergeben sich auch Ziele, die materielles Denken niemals finden kann. Damit aber erlangt der Mensch auch die Kraft, die Materie durch geistige Ordnung wieder in seine Hand zu bekommen, welche er, in Wahrheit von ihr besessen, heute nur scheinbar beherrscht. Und indem so der Deutsche frei sich erhebt zu einem höheren Sinn, wird er auch aus der Not des äußeren Daseins Wege finden."[41]

3. Die „faustische" Deutung des Persönlichkeitsrechts und ihre Folgen

Die faustische Deutung des Persönlichkeitsrechts hat dazu geführt, daß die Diskussion um das allgemeine Persönlichkeitsrecht Lebenszüge eingebüßt hat, daß es nicht zu leisten vermag, was es leisten könnte. Im Rahmen der Persönlichkeitsdiskussion scheint die Rechtswissenschaft weithin nach Ewigkeit zu dürsten, ohne sich um die Aufklärung der politischen und gesellschaftlichen Verhältnisse der Gegenwart zu bemühen[42]. Hinter der feinen Sprache verbirgt sich nur allzu häufig Heuchelei und Grausamkeit[43]. Hochsprache als elitär verwaltete Norm – so kann *Hubmann*[44] sprachcharakterisiert werden. Gerade im Rahmen des Persönlichkeitsschutzes begegnen wir

---

40 *Wiethölter*, Kritische Justiz 1970, S. 121 ff., S. 127.

41 *E. v. Hippel*, aaO, S. 163.

42 Vgl. dazu *Plessner*, Vorwort zu Berger–Luckmann, aaO, S. XI.

43 Vgl. dazu *Heinrich Böll*, Vorwort zu Anne Moody, Erwachen am Mississippi, Eine Autobiographie, Frankfurt a. M. 1970, S. VII.

44 *Hubmann*, aaO; die Problemfelder im Sprachverhalten–Sprachsystem–Sprachnorm sind in der Rechtswissenschaft noch weitgehend unerörtert.

immer mehr einem Desperanto[45]. Die facon de parler ist verräterisch. Gerade eine Rechtswissenschaft muß jedoch die Rechtsordnung aus dem Damals für den Menschen in das Heute freisetzen.

Diese Persönlichkeitssicht ist eine notwendige Form des deutschen Idealismus:

„In diesem Sinne gehört der Idealismus wesentlich zum philosophischen Denken: Denn der Begriff des Vorrangs des Denkens (Bewußtseins) spricht auch die Ohnmacht des Denkens in einer empirischen Welt aus, die von der Philosophie transzendiert und berichtigt wird – im Denken. Die Rationalität, in deren Namen Philosophie ihre Urteile aussprach, nahm jene abstrakte und allgemeine Reinheit an, die sie gegen die Welt immunisierte, in der man leben mußte. Mit Ausnahme der materialistischen Häretiker wurde das philosophische Denken selten von den Heimsuchungen des menschlichen Daseins heimgesucht."[46]

Dieses Denken ist im genuinen Sinne deutsch.

„Wir sind erst dann bei uns selbst, wenn wir etwas Gedankliches, eine Utopie, ein Phantom oder was auch immer, soweit vorauswerfen können, daß der Versuch, uns durch das Dickicht der Wirklichkeit zu ihm durchzukämpfen, gewaltsam ausfallen muß."[47]

Freilich geht es beim Persönlichkeitsschutz um den Schutz des einzelnen Individuums. Insoweit besteht auch ein wesentlicher Unterschied zum Marxismus. Dieser sieht den Einzelnen nicht als Einzelschicksal, sondern erblickt im Proletariat das weltgeschichtliche Instrument zur Erreichung seiner Ziele[48].

IV. Die marxistische Kritik an der gegenwärtigen Sicht des Persönlichkeitsschutzes

Es kann nicht verblüffen, daß dieser Höhenflug herber marxistischer Kritik unterliegen mußte:

„Die Entfaltung der Persönlichkeit kann nur in engster untrennbarer Verbundenheit im Vollzug der historischen Erfordernisse begriffen werden, wenn die Forderung nach Entfaltung der Persönlichkeit auf die Erhaltung des Friedens, die Zurückdrängung der Macht der Monopole, die Entwicklung der demokratischen Mitbestimmung in Wirtschaft, Politik und Kultur, die Forderung einer demokratischen Bildung und Kultur, die Beseitigung des Revanchismus, kurzum die Entwicklung echter demokratischer Volksrechte

---

45 So *Karl Kraus*, Zur Kennzeichnung der wilhelminisch geschwollenen Sprache Maximilian Hardens.

46 So zutreffend *H. Marcuse*, Der eindimensionale Mensch, S. 150/151.

47 So zutreffend *Gehlen*, Was ist deutsch? Neue deutsche Hefte, Heft 1 (1971).

48 Vgl. dazu zutreffend *Karl Löwith*, aaO, S. 41; vgl. zur sozialistischen Persönlichkeit auch *Bauermeister–Metzner*, Zeitschrift für sozialistische Arbeit und Arbeitsrecht 1969, S. 611 ff., S. 611.

gegründet ist. Das geschieht jedoch weithin nicht. Der einzelne wird isoliert, und in Literatur und Judikatur des westdeutschen Staates wird der Zusammenhang zwischen diesem allgemeinen Persönlichkeitsrecht und demokratischer Aktion kaum gesucht."[49]

Die gegenwärtige Gesellschaft hat allen Anlaß, nicht sogleich in ein tu-quoque auszubrechen und diese Diagnose als Ideologie zu verdächtigen. Vielmehr müssen wir in der Persönlichkeitsdiskussion von den Großinformationen dichterischer Evidenz[50] wegkommen und die Konditionen reflektieren, unter denen sich Persönlichkeit entfalten kann. Die gegenwärtige Rechtsordnung sollte beweisen, daß das Persönlichkeitsrecht kein Instrument ist zur „Verhinderung einer solchen Veränderung der menschlichen Existenzformen, die eine dauerhafte Grundlage für ein menschliches Dasein abgeben"[51]. Gerade das allgemeine Persönlichkeitsrecht ist auch ein Aufruf zu rechtspolitischen Taten. Es mag sein, daß die Schöpfer des Bonner Grundgesetzes, um der Ablehnung des totalen Staates Nachdruck zu verleihen, sich die Sprache und das Pathos des vergangenen liberalen Zeitalters geliehen haben, weil keine Begriffe und keine Lehre vom Menschen und von der Gesellschaft bereitstanden, um das Menschen- und Gesellschaftsbild unserer Zeit bündig auszudrücken[52]. In der Gegenwart gilt es jedoch, von dieser Hochsprache wegzukommen.

Zwar wird der Rechtswert der Persönlichkeit von niemandem mehr bestritten. Zieht man jedoch in Einzelfragen das Persönlichkeitsrecht heran, so wird ein derartiges Vorgehen abgelehnt[53]. Solange dies geschieht, ist das all-

---

49 *Haney*, aaO, S. 71.

50 *Gehlen*, aaO, S. 141.

51 *Haney*, aaO, S. 73.

52 So *L. Raiser*, JZ 1958, S. 1 ff., S. 5.

53 So *Buchner*, RdA 1970, S. 214 ff., S. 215 r. Sp.; Vgl. dazu auch *Echterhölter*, BB 1970, S. 677 ff., S. 682: „Die vorstehende Übersicht zeigt, wie Verfassungsnormen und verfassungsrechtliche Grundsätze in mannigfacher Weise auch das Individualarbeitsrecht beeinflussen. Wenn sich dabei auch im allgemeinen keine tiefgreifenden Änderungen hinsichtlich der früher rein arbeitsrechtlich gefundenen Ergebnisse feststellen lassen, sondern allenfalls gewisse Akzentverschiebungen – vor allem bei der Auslegung der Generalklauseln – in vielen Fällen sogar nur zusätzliche Argumente für bereits früher gefundene Lösungen, so spricht dies eindeutig für die deutsche Arbeitsgesetzgebung und Arbeitsrechtsprechung: es zeigt, daß die unser Grundgesetz bestimmenden leitenden Gesichtspunkte schon in der Weimarer Zeit den Gesetzgeber und die Rechtsprechung geleitet haben, so daß unter der Herrschaft des Grundgesetzes nicht völliges Neuland betreten werden mußte, sondern weitgehend an frühere Lösungen im Individualarbeitsrecht angeknüpft werden konnte, um sie allerdings auch in mancher Hinsicht zu vertiefen und zu verbessern." Dies kann man auch anders sehen! Vgl. dazu *Schwerdtner*, aaO, passim.

gemeine Persönlichkeitsrecht nichts anderes als ein modisches Accessoire. Dies alles geschieht nach dem bekannten Rezept: Man läßt durchblicken, daß der Verfasser offene Türen einrennt, weigert sich jedoch, sie selber zu durchschreiten.

Zusammenfassend kann festgestellt werden, daß die Erde für uns im Mittelpunkt seht. Wir leben auf der Erde und es wird durch die ausschließlich idealistische Philosophie nicht im mindesten ein irdisches Problem auch nur berührt, geschweige verändert oder neu gestellt oder gar erledigt. Im wesentlichen hat sich der allgemeine Persönlichkeitsschutz nur im Bezug auf den Schutz der Privat- und Intimsphäre und in Bezug auf den Ehrenschutz durchsetzen können. Im übrigen erleben wir einen Rückzug ins Private, einen Vorgang, den die moderne Anthropologie längst erkannt hat:

„. . . Daß nun gerade der Mensch der Industriegesellschaft von objektiven Mächten ins Private abgedrängt wird, so daß er schließlich öffentliche Probleme nur noch in seine persönlichen Interessen übersetzt verstehen kann, hat strukturelle Gründe. Er übersieht nur noch kleine Ausschnitte riesiger und unerratbarer Ereignismassen, er befindet sich sozusagen chronisch auf der Talsohle der Wirklichkeit, und wenn er über die Wohnung, den Arbeitsplatz hinausdenken will, muß er sich auf die gewerbsmäßigen Meinungsverbreiter, das Zimmerkino verlassen. Deutlich sucht der Industriebürger die echte Nahrung des Lebens im privaten Bereich, dessen Wert und Würde niemand zweifeln kann, kehrt heim, geistig und seelisch. Das beschriebene hypertrophe Ethos fügt sich ohne Schwierigkeiten in diese Voraussetzung ein, ja es wirkt umgekehrt gesehen, wie eine Verlängerung des Familienlebens ins Weltweite.“[54]

V. Die bisherigen Versuche der Systematisierung des allgemeinen Persönlichkeitsrechtes

Bei diesen Versuchen der Systematisierung des allgemeinen Persönlichkeitsrechtes wird der Mensch in seiner Existenz weitgehend parzelliert (Privatleben-Wirtschaftsleben), wobei der Schutz vorrangig auf die Wahrung des Privatlebens gerichtet ist.

1. Die Systematisierung Hubmanns

Hubmann[55] unterscheidet folgende Bereiche:

a) den Bereich dessen, was zur Entfaltung der Persönlichkeit gehört. Dem entspricht der Schutz gegen Beeinträchtigungen „Wertstrebens und Wertschaffens“.

---

54 *Gehlen*, aaO, S. 156.
55 *Hubmann*, aaO.

b) Recht an der Persönlichkeit (Schutz des Daseins, des Geistes, des Willens, der Gefühle).
c) Individualität und deren Schutz (Namensschutz,Ehrenschutz, Schutz der Eigensphäre in ihrer verschiedenartigen Prägung als Privatsphäre, Geheimsphäre, Eigenbild, Charakterbild usw.).

Bemerkenswerterweise setzt sich *Hubmann* mit der Funktion des allgemeinen Persönlichkeitsrechtes im Rahmen des Schuldrechts überhaupt nicht auseinander.

2. Die Systematisierung von Reinhardt

Reinhardt[56] hat folgende Systematisierung vorgeschlagen:

a) „In der ersten Gruppe stehen die Grundwerte der körperlichen, geistigen und seelischen Funktionsfähigkeit des Menschen. Verletzung der körperlichen Integrität, Beeinträchtigung der Willensfähigkeit, der Denkfähigkeit und der seelischen Fähigkeiten kommen als Angriffstatbestände in Betracht.
b) Wenn die Funktionsfähigkeit nach allen Seiten intakt bleibt, kann der freie Gebrauch dieser Fähigkeiten beeinträchtigt werden. Auch darin steckt ein schutzwürdiger Persönlichkeitswert. Die Behinderung im Gebrauch dieser Fähigkeiten wäre dann der zugehörige Verletzungstatbestand.
c) Schutzobjekte im Sinne von Persönlichkeitswerten können ferner die Ergebnisse menschlicher Betätigung als sichtbar geformter Ausdruck der individuellen Fähigkeiten sein. Hier handelt es sich in erster Linie um solche in der Außenwelt verkörperte Werte. Sie können als verselbständigte Güter der Außenwelt ihrem Schöpfer in Gestalt besonderer Rechte zugeordnet sein, so z. B. das Eigentum oder das Urheberrecht; sie können aber auch ohnedies als bloßer Ausdruck der Individualität eines Menschen seiner Herrschaft unterliegen und Schutzobjekt sein. Es taucht dann auch die Frage auf, inwieweit Niederschläge des individuellen Gefühlslebens solchen Schutz genießen können. Beziehungen zu Personen, sei es in der Familie, sei es durch Freundschaften oder Beziehungen zu Sachen (z. B. Tieren!) mit Affektionswert kommen hier in Betracht. Zu fragen bleibt aber auch, wieweit Gefühle und Empfindungen als solche schutzfähig sind. Mit *Hubmann* wird man ihre Einbeziehung in den Rechtsschutz nicht grundsätzlich ablehnen können, aber ebenso feststellen müssen, daß die Abgrenzung hier wieder auf besondere Schwierigkeiten stößt.

---

[56] *Reinhardt*, AcP Bd. 15 (1954), S. 548 ff., S. 558.

d) Schutzfähiger Persönlichkeitswert kann ferner das Fürsichsein des Menschen sein, und zwar in dem Sinne, daß es ihm vorbehalten bleibt, darüber zu bestimmen, ob und wieweit er andere oder gar die Öffentlichkeit an seinen Angelegenheiten teilnehmen lassen will; ein ungeheuer weites Feld verschiedenster Möglichkeiten der Eingriffe und des Schutzes eröffnet sich hier. Jede Äußerung der Individualität, die nicht von vornherein für Dritte oder die Allgemeinheit bestimmt ist, kann den Anknüpfungspunkt bieten.

e) Von diesem Werte aber ist derjenige grundlegend zu unterscheiden, der in dem Besitz eines Individualisierungszeichens für den Einzelnen besteht. Es handelt sich gewissermaßen um die Begleiterscheinung seiner Subjektisqualität in der Gemeinschaft . . .

f) Davon unterscheidet sich wiederum der Tatbestand, daß das bestimmt gekennzeichnete Individuum, das befugtermaßen zum Objekt der Betrachtung Dritter wird, mit unrichtigen Zügen ausgestattet wird, und zwar ohne das dabei Wert oder Unwert der Persönlichkeit eine Rolle spielen.

g) Sieht man Unterscheidungen so, dann tritt damit schließlich die Eigenart des Persönlichkeitsgutes auch deutlicher hervor, die darin besteht, daß jedem die Achtung in der Gesellschaft belassen wird, die er durch sein eigenes Verhalten errungen hat. Ehrenschutz ist die spezifische Forderung, die von dieser Seite an die Rechtsordnung gestellt wird."[57]

VI. Notwendigkeit einer Ausweitung des Blickfeldes

Es kann nicht geleugnet werden, daß dem Persönlichkeitsschutz, der mittlerweile in Lehre und Rechtsprechung konzediert wird – Schutz der Privatsphäre und der Ehre – ein hoher Stellenwert zukommt. Daneben gilt es jedoch, das Blickfeld zu erweitern. Bekanntlich hat das Bürgerliche Gesetzbuch anders als das Schweizerische ZGB ein allgemeines Persönlichkeitsrecht nicht anerkannt. Interessanterweise sprechen wir auch vom Persönlichkeitsrecht, nicht vom Recht auf Persönlichkeit. Es überrascht auch daher nicht, wenn festgestellt wird, daß die Problematik des allgemeinen Persönlichkeits-

57 Im amerikanischen Recht haben sich vier Fallgruppen herausgebildet: 1) Unbefugtes Eindringen in die Privatsphäre einer Person (z. B. durch Abhören von Telefongesprächen oder durch unbefugte Tonbandaufnahmen). 2) Veröffentlichung peinlicher Tatsachen aus dem Privatleben eines Menschen. 3) Fälle, in denen der Beklagte den Kläger in ein falsches, nicht notwendig ehrenrühriges Licht bringt (z. B. durch erdichtetes Interview – sogenannte false light cases). 4) Unerlaubte Auswertung fremder Persönlichkeitsrechte (Bild, Name) für eigennützige Zwecke. So *Eike v. Hippel*, RabelsZ Bd. 33, 1969, S. 276 ff., S. 278.

rechts darin liege, daß es jeder Person zustehe[58]. Dieser Hinweis ist dekuvrierend.
Das allgemeine Persönlichkeitsrecht in seinem gegenwärtigen Verständnis wirkt systemstabilisierend und ist nur dann akzeptabel, wenn das liberale Modell[59] die mit ihm verbundene Heilserwartung einlöst. Diese Träume sind jedoch ausgeträumt. Feststellungen wie die, daß dem Menschen kraft seines Personseins Würde zukomme – eine Konsequenz des mehr philosophischen Leitsatzes des Art. 1 I GG – sind nicht ungefährlich, da sie verdunkeln, daß es die Aufgabe der Rechtsordnung ist, Verhältnisse zu schaffen, in denen die Würde nicht angetastet wird[60]. In der gegenwärtigen Diskussion weht um das allgemeine Persönlichkeitsrecht eine Höhenluft, arm an Sauerstoff, immer wieder gefiltert durch das Bewußtsein der sensiblen Geister der Rechtswissenschaft, deren biographischer Schluß insoweit auch von einigem Interesse ist[61]. Demgegenüber gilt es heute vor Ort zu gehen.
In der Vernachlässigung der Einschätzung der irdischen Existenz hat auch die Theologie ihren verhängnisvollen Beitrag geleistet. Sie hat meist die Reformen nur geduldet und erst hinterher zu dem, was inzwischen durch Initiative anderer geschehen war oder was noch geschieht, ihren Segen erteilt[62].* Das lebendige und theoretisch allgemein anerkannte Ideal der Gleichheit stößt auf Widerstand, wenn es politisch wirksam werden soll, wenn Opfer in Aussicht gestellt werden[63].
Die Ideologie der bisherigen verinnerlichten Persönlichkeitsrechte berührten nur die Epidermis der Gesellschaft, wirkten jedoch nicht realiter subkutan. Ihre Gewährung berührte die Bedürfnisse des jeweils überlegenen Teils der Gesellschaft wenig. Die Privat- und Intimsphäre, die Ehre, das Charakterbild usw. wird geschützt. Der Rest wird jedoch in die individuelle Tüchtigkeit

58 Vgl. dazu *Baumbach-Hefermehl*, aaO, Bd. I, Allgem., Rdnr. 143.

59 Vgl. dazu auch *Helfer*, aaO, S. 79 ff.

60 So aber BVerfGE 30, S. 173 ff., S. 194 Mephisto; klarer ist insoweit Art. 100 der Bay. Verfassung: „Die Würde der menschlichen Persönlichkeit ist in Gesetzgebung, Verwaltung und Rechtspflege zu achten."

61 Es war zumindest „das tägliche Leben eines in guten Einkommens- u. Vermögensverhältnissen lebenden, gern reisenden, den Tafelfreuden ergebenen, musikliebenden und selbst ausübenden, hochgebildeten, national-liberalen Bourgeois, dem *Marx* und seine Schriften wohl ebenso unbekannt geblieben sind wie die politischen Schriften *Lasalles*". So zutreffend *Ernst E. Hirsch*, Jherings Erbe, S. 89 ff., S. 95.

62 So zutreffend *Gunnar Myrdal*, aaO, S. 88.

* Dies gilt natürlich nur tendenziell. Insoweit sind auch in der Gegenwart Aufbrüche zu verzeichnen.

63 So zutreffend *Gunnar Myrdal*, aaO, S. 101.

des einzelnen gestellt. Vielleicht konnte sich diese Konzeption von der Menschenwürde und Unabhängigkeit des einzelnen erst in dem Augenblick durchsetzen, wo sie der Realität nicht mehr entsprach, wo man sich insbesondere nur in dem Maße entfalten konnte, wie man Einkommen besaß[64]. Daß hier Abschied genommen werden muß, zeigt sich z. B. darin, daß gegenwärtig die Frage zumindest artikuliert wird, ob nicht auch bei Vollbeschäftigung und hinreichendem Wohnungsangebot dem Arbeitnehmer bzw. Mieter aus persönlichkeitsrechtlichen Gesichtspunkten ein Schutz gegen die Kündigung seines Arbeitsverhältnisses oder seiner Wohnung gewährt werden muß[65].

Eine Korrektur vom bloßen Integritätsschutz zum Aktivitätsschutz liegt um so näher, als gerade das Bundesverfassungsgericht immer wieder die soziale Natur des Menschen betont:

„Das Menschenbild des Grundgesetzes ist nicht das eines isoliert souveränen Individuums; das Grundgesetz hat vielmehr die Spannung Individuum-Gemeinschaft i. S. der Gemeinschaftsbezogenheit und Gemeinschaftsgebundenheit der Person entschieden, ohne dabei deren Eigenwert anzutasten . . .“[66]

Aus dieser Feststellung folgt mehr als die Pflicht des Menschen, das Gemeinwohl zu beachten[67]. Vielmehr folgt aus ihr die Verpflichtung des Gesetzgebers und der Rechtsprechung, aus dem Aufeinanderangewiesensein Sozialpflichten für die einzelnen abzuleiten und Herrschaftsstrukturen abzubauen:

„Die grundrechtliche Fixierung einer vorstaatlichen Privatsphäre und einer die Gesellschaft mit dem Staat vermittelnden, eben politisch fungierenden Öffentlichkeit wird in dem Maße, in dem Staat und Gesellschaft sich wechselseitig durchdringen (und eine mittlere, von einem erst entstehenden Sozialrecht geordnete Sphäre halb privater, halb öffentlicher Beziehungen hervorbringen), von einer konkurrierenden Grundrechtsnormierung in ihrem soziologischen Sinn und ihrer verfassungswirklichen Funktion umgewertet; denn, was indirekt durch Ausgrenzung nicht mehr gewährleistet werden kann, bedarf nun positiv der Gewährung: die Teilhabe an sozialen Leistungen und die Teilnahme an den Einrichtungen der politischen Öffentlichkeit. Gleichzeitig muß sich der Kompetenzbereich dieser Teilhabe in dem Verhältnis, in dem diese Teilhabe effektiv werden soll, ausdehnen. In der politischen Öffentlichkeit agieren deshalb staatsbezogene gesellschaftliche Organisationen, sei es durch Parteien vermittelt, sei es unmittelbar im Zusammen-

---

64 Vgl. dazu *Halbwachs*, aaO, S. 338; vgl. dazu auch *Gunnar Myrdal*, aaO, S. 98.

65 Vgl. dazu *U. Huber*, Studium Generale 1970, S. 769 ff., S. 783.

66 BVerfGE 4, S. 7 ff., S. 15/16.

67 So aber *Marcic*, Journal der Internationalen Juristen-Kommission Bd. 9 (1968), S. 65 ff., S. 70.

spiel mit der öffentlichen Verwaltung. Teils handelt es sich um Wirtschaftsverbände im engeren Sinne, wie jene, einst individuellen Interessen der aus originärer Privatautonomie handelnden Eigentümer und kollektivem Organisieren; teils handelt es sich um Massenorganisationen, die einen sozialrechtlich gesicherten Privatstaat durch kollektive Vertretung ihrer Interessen in der Öffentlichkeit, eben: private Autonomie durch politische Erwerbung behaupten müssen . . ."[68]

VII. Die rechtsdogmatische Einordnung des Achtungs- und Teilhabeanspruchs

Das allgemeine Persönlichkeitsrecht läßt sich grob in einen Achtungsanspruch und in einen Teilhabeanspruch untergliedern. Der Achtungsanspruch deckt das ab, was gegenwärtig exklusiv unter dem allgemeinen Persönlichkeitsrecht verstanden wird: Das Verbot der Veröffentlichung von Briefen und vertraulichen Aufzeichnungen, der heimlichen Aufnahme eines Bildes, einer heimlichen Tonbandaufnahme, einer Mitteilung von Tatsachen und Vorgängen aus der Privatsphäre und den Schutz der Ehre. Dabei handelt es sich insoweit nicht um ein „Bündel von Schutzpositionen, die dem Recht einer bestimmten Person zugeordnet werden"[69]. Die verschiedenen Schutzpositionen sind abschließend nicht erfaßbar.

Diese Schutzpositionen sind nicht dem sonstigen Recht i. S. von § 823 I BGB gleichzustellen. Vielmehr gehören sie in die Kategorie der Rechtsgüter Leben, Körper, Gesundheit und Freiheit. Diese Rechtsgüter hat der BGB-Gesetzgeber ausdrücklich in den Materialien als Persönlichkeitsrechte gekennzeichnet[70]. Der BGB-Gesetzgeber hatte insoweit Zweifel, ob diese höheren Güter als Rechte bezeichnet werden können:

„Zu den absoluten Rechten gehören zweifellos das Eigenthum und die anderen Rechte an Sachen . . .
Die Vorschrift, daß als Verletzung eines Rechtes i. S. des § 704 II auch die Verletzung des Lebens, des Körpers, der Gesundheit, der Freiheit und der Ehre anzusehen sei, ist nothwendig, weil mit Grund bezweifelt werden kann, ob diese höheren Güter als Rechte bezeichnet werden können, aber gerade sie auch des Schutzes bedürfen, der ihnen bei einer engeren Auffassung der Schadenszufügung oft gefehlt hat."[71]

„. . . Der Rechtskreis des Einzelnen umfasse . . . zunächst seine eigentlichen Vermögensrechte, dingliche wie obligatorische, sodann aber auch seine sogenannten Persönlichkeitsrechte (Leben, körperliche Unversehrtheit, Gesund-

---

68 *Habermas*, Strukturwandel der Öffentlichkeit, S. 251.

69 So zutreffend *Esser*, Schuldrecht Bd. II, § 107 II, 1d, S. 401; a. A. vor allem *Hubmann*, aaO, S. 128 ff.

70 Vgl. dazu *Mugdan*, aaO, Bd. II, Protokolle zu § 704, S. 1073.

71 *Mugdan*, aaO, Bd. II, Motive zu § 704, S. 406.

heit, Freiheit, Ehre), welche durch das an Jedermann gerichtete Verbot eines Eingriffes ebenso geschützt seien, wie die Rechte an Sachen."[72]
Hinter dieser Systematisierung mag sich auch noch das insbesondere von *Savigny*[73] vertretene Bedenken verbergen, daß ein Recht an der eigenen Person nicht anzuerkennen sei. Nach *Savigny* kann die menschliche Persönlichkeit nur dann privatrechtlich geschützt werden, wenn man eine eigentumsähnliche Beziehung des Menschen zu seiner eigenen Person annimmt. Damit werde dem Menschen durch das Recht eine Verfügungsmacht über sich selbst zuerkannt und damit ein Recht zum Selbstmord bejaht. Diese Vorstellung vermag uns nicht mehr zu schrecken. Die Zuordnung der einzelnen Schutzpositionen des Achtungsanspruchs zu den Rechtsgütern ist insoweit folgerichtig, als diese Rechtsgüter das *Substrat für die Entfaltung* jedes einzelnen Menschen bieten. Leben, Gesundheit, Freiheit und Achtung der Persönlichkeit sind die Grundlagen für die Entfaltung des Menschen. Die sonstigen Rechte i. S. von § 823 I BGB sind regelmäßig Mittel der Entfaltung, Gegenstände des Rechtsverkehrs. Sie haben fast durchgängig einen Verkehrswert. Soweit man für den deliktsrechtlichen Schutz eine Offenkundigkeit der Rechtsgüter verlangt[74], wird diese Offenkundigkeit heute durch den verfassungsrechtlichen Bezug hergestellt. Die Zuordnung dieser Schutzposition zu den Rechtsgütern i. S. des § 823 I BGB erklärt auch leichter, warum bei der Verletzung dieser Schutzposition ein Ersatz des immateriellen Schadens gewährt werden muß[75]. § 847 I BGB muß nämlich folgerichtig entsprechend ergänzt werden.
Soweit *Medicus*[75a] das Persönlichkeitsrecht als eine juristische Mißgeburt kennzeichnet, bezieht sich seine Kritik offenbar nicht auf die speziellen Persönlichkeitsrechte (Recht am eigenen Bilde, Namensrecht usw.). Die sonstigen Ausstrahlungen des Persönlichkeitsrechts lassen sich in der Tat nicht von der Persönlichkeit trennen. Sie sind daher Teile der Persönlichkeit und stehen als solche auf einer Stufe im Leben, Gesundheit, Körper und Freiheit, aber nicht mit dem Sacheigentum. Demgegenüber ist *E. Wolf*[75b] der Auffassung, daß ein absolutes Recht in bezug auf mehrere Rechtsgegen-

---

72 *Mugdan*, aaO, Bd. II, Protikolle zu § 704 BGB, S. 1074.
73 *Savigny*, aaO, § 53, S. 334 f.; vgl. neuerdings auch *Jerusalem*, aaO, S. 107.
74 Vgl. dazu *Fabricius*, AcP Bd. 160 (1961), S. 273 ff., S. 289 f.; vgl. dazu zutreffend *Hubmann*, aaO, S. 141/142.
75 So zutreffend *Krasser*, aaO, S. 207; der Vorschlag *J. P. Müllers* (aaO, S. 43), Art. 1 und 2 GG als Schutzgesetz i. S. von § 823 Abs. 2 BGB zu betrachten, hat sich zu Recht nicht durchgesetzt. Vgl. dazu zutreffend *Hubmann*, aaO, S. 152/153.
75a *Medicus*, aaO, S. 273 RdNr. 615
75b *E. Wolf*, Allgemeiner Teil, S. 110

stände wie Name, Bildnis, Tonbandaufnahmen eines gesprochenen Wortes oder Urheberschaft einer schriftlichen Äußerung, ein „allgemeines Persönlichkeitsrecht" wegen der inhaltlichen Abhängigkeit eines absoluten Rechts von seinem Rechtsgegenstand undenkbar sei. Da *E. Wolf* als Persönlichkeit nur den entschließungsfähigen Menschen ansieht, sollen Persönlichkeitsrechte nur solche absoluten Rechte sein, die sich auf einen persönlichkeitlichen Rechtsgegenstand beziehen und daher nur bei einer Persönlichkeit möglich sind. Den vom Bundesgerichtshof gemeinten absoluten Rechten sei nicht gemeinsam, daß sie Persönlichkeitsrechte, sondern daß sie natürliche Rechte des Menschen (Menschenrechte) seien.

M. E. kann man über derartige dogmatische Einordnungsfragen endlos streiten. Die Sachprobleme bleiben dabei leider im Hintergrund. Auch heute dürfte noch unbestreitbar sein, daß Leben, Gesundheit, Freiheit, Ehre und Schutz der Privatsphäre das Substrat für die Entfaltung jedes einzelnen Menschen bilden. Demgegenüber sind spezielle Persönlichkeitsrechte wie das Recht am eigenen Bilde und das Namensrecht zweifelsfrei sonstige Rechte i. S. v. § 823 Abs. 1 BGB, sind sie doch Gegenstände des Rechtsverkehrs. Mit der Veröffentlichung seines Bildes oder der Einräumung des Rechtes, den Namen zu gebrauchen, stellt der einzelne das Substrat seiner Lebensgestaltung noch nicht zur Disposition. Selbstverständlich kann der einzelne in beschränktem Umfange auch in den Eingriff in das allgemeine Persönlichkeitsrecht als Rechtsgut i. S. v. § 823 Abs. 1 BGB einwilligen. Derartige Dispositionen haben jedoch in der Gegenwart noch nicht den Rang typischer Verkehrsgeschäfte.

Neben dem Achtungsanspruch schützt das allgemeine Persönlichkeitsrecht auch noch den Teilhabeanspruch. Unter diesem ist die allgemeine Handlungsfreiheit oder, privatrechtlich übersetzt, die Privatautonomie zu verstehen. Darüber hinaus bildet jedoch das allgemeine Persönlichkeitsrecht ein *oberstes Konstitutionsprinzip des gesamten Privatrechts*[76], das überall dort, wo eine freiheitliche Gestaltung der Rechtsverhältnisse auf Grund von Ungleichgewichtlagen nicht mehr möglich ist, als Korrektiv eingreift. Das allgemeine Persönlichkeitsrecht beinhaltet insoweit auch ein Recht auf Persönlichkeit. Dieser Sicht des Persönlichkeitsrechts ist jüngst Wiese[77] für das Arbeitsrecht entgegengetreten:

---

[76] Ist Art. 1 I GG das oberste Konstitutionsprinzip im Rahmen der Verfassung (vgl. dazu *Dürig*, in : *Maunz-Dürig-Herzog*, aaO, Art. 1 I Rdnr. 14), so gilt für das allgemeine Persönlichkeitsrecht im Rahmen des Privatrechts ähnliches. Vgl. zu den Grundrechten als Teilhaberrechte *Häberle*, VVDStRL 30, (1972), S. 43 ff. m. w. N.

[77] *Wiese*, ZfA 1971, S. 273 ff., S. 279 Fn. 34.

„Damit wird das allgemeine Persönlichkeitsrecht nicht nur zu einer vielschichtig wirkenden Generalklausel des Arbeitsrechts umgeformt . . . Vor allem verliert es seinen Charakter, als absolutes, d. h. gegen jedermann wirkendes Recht. Es tritt nicht mehr als Konkretisierung des gegen jeden Dritten gerichteten Abwehrrechts durch die besonderen Bedingungen des Arbeitsverhältnisses in Erscheinung, sondern als eigenständige Rechtsgrundlage für Ansprüche, die nur für das Individualarbeitsrecht typisch sind. Eine solche Denaturierung des allgemeinen Persönlichkeitsrechts ist von Grund auf verfehlt."

Es ist sicherlich einzuräumen, daß gerade auf dem Gebiete des allgemeinen Persönlichkeitsrechts normative Rechtserkenntnis und höchst individuelles Vorurteil leicht zusammenfallen können. *Wiese* geht jedoch in seiner Sicht von einer heute nicht mehr zutreffenden Trennung von Staat und Gesellschaft aus[78]. Im übrigen dient für ihn der Persönlichkeitsschutz nur dem Schutz der ideellen Interessen[79]. Diese ideale Sicht des Persönlichkeitsrechts wird in diesem Zusammenhang gerade abgelehnt.

VIII. Der Achtungsanspruch als Rahmenrecht

Bei dem allgemeinen Persönlichkeitsrecht i. S. des Achtungsanspruchs handelt es sich ähnlich dem Recht am eingerichteten und ausgeübten Gewerbebetrieb um ein „Rahmenrecht" i. S. *Fikentschers*[80]. Freilich ist zu berücksichtigen, daß, worauf insbesondere *Franz-Jürgen Säcker*[81] aufmerksam gemacht hat, rechtstheoretisch diese Bezeichnung nicht ganz korrekt ist. Dem offenen Tatbestand (Rahmentatbestand) entspringt nicht ein Rahmenrecht i. S. einer einzigen Verhaltensnorm, sondern ein Bündel vielfältiger, vom Richter erst noch aufzustellender Verhaltensnormen. Der Rahmentatbestand konstituiert daher keine Verhaltensnorm, kein absolutes Recht, sondern eine Ermächtigungsnorm, die den Richter zur Aufstellung von Verhaltensnormen befähigt[82].

Eine von vornherein tatbestandlich präzise Erfassung des deliktischen Schutzobjektes ist m. E. z. Zt. hinsichtlich des Persönlichkeitsrechtes nicht

---

78 Vgl. dazu *Habermas*, Strukturwandel der Öffentlichkeit, S. 157 und passim; Preuss, aaO, S. 81 ff.

79 So *Wiese*, ZfA 1971, S. 273 ff., S. 282/283.

80 *Fikentscher*, aaO, § 103 II, S. 619.

81 *Franz-Jürgen Säcker*, ZRP 1969, S. 66 ff., S. 61 Fn. 16. Vgl. auch *Schlechtriem* DRiZ 1975, S. 65.

82 Vgl. d zu auch *Podlech*, BB 1968, S. 106 ff., S. 109; vgl. auch *Wiethölter*, Kritische Justiz 1970, S. 121 ff., S. 129; *Nipperdey-Säcker*, NJW 1967, S. 1987 ff.

möglich[83]. Es geht insoweit nicht um ein Wollen, sondern um ein Können von Präzisierung. Interessanterweise entziehen sich die Anhänger der festen Tatbestände häufig den Konsequenzen ihrer Forderungen. So ist für *Hans-Joachim Hirsch*[84] gewiß, daß eine Norm des Inhalts, nicht die Persönlichkeit eines anderen zu verletzen, mangels eines klaren Inhalts rechtlich ebensowenig tragbar sei, wie ein Rechtsbefehl mit dem pauschalen Inhalt, die schutzwürdigen Interessen anderer Menschen zu achten. Angesichts der Tatsache, daß eine Präzisierung wegen der Fülle der Verletzungsformen nicht möglich ist, müßte die Konsequenz dahingehend gezogen werden, daß jeglicher Persönlichkeitsschutz entfällt. Auch die Rechtswissenschaft sollte sich eingestehen, daß die cartesianische Regel, man solle sich nur den Gegenständen zuwenden, „zu deren klarer und unzweifelhafter Erkenntnis unser Geist auszureichen scheine, samt aller Ordnung und Disposition, worauf sie sich bezieht"[85], für sie ebenso unangemessen ist wie eine Wesensschau[86]. Das allgemeine Prsönlichkeitsrecht muß über Fallkategorien entwickelt werden.

Für das Rechtswidrigkeitsurteil ist mit der Feststellung, daß der betreffende Vorfall einer der Kategorien angehört selbst bei vorsätzlicher Handlungsweise noch keine ausreichende Grundlage geschaffen[87]. Dieses Rechtswidrigkeitsurteil kann erst nach Abwägung der hier regelmäßig widerstreitenden Interessen gefällt werden[88]. Dabei muß man sich freilich im klaren sein, daß die Interessenabwägung kein Schlüsselwort, sondern die Umschreibung eines Zielkonfliktes ist.

Es ist mißverständlich, wenn *Deutsch*[88a] ausführt, daß in einer industriellen Leistungsgesellschaft Eingriffe in das allgemeine Persönlichkeitsrecht an der Tagesordnung seien. Zutreffender ist darauf abzustellen, daß ein umfassender Schutz der Persönlichkeit mit einer freiheitlichen Ordnung unvereinbar ist.[88b] Das allgemeine Persönlichkeitsrecht kollidiert nicht selten mit dem Recht auf freie Meinungsäußerung, dem Grundrecht der Pressefreiheit und der Kunstfreiheit. Es bedarf daher in jedem Falle der Abwägung zwischen den angesprochenen Interessen.

---

83 Vgl. dazu auch *Adomeit*, JZ 1970, S. 495 ff., S. 496 l. Sp.; *Neumann-Duesberg*, NJW 1968, S. 81 ff., S. 84; *Deutsch*, aaO, S. 223; vgl. auch *Münzberg*, aaO, S. 107 f.; *Germann*, Festschrift für Fritz v. Hippel, S. 145 ff., S. 176.

84 *Hans-Joachim Hirsch*, aaO, S. 61 Fn. 39a.

85 *Adorno*, Minima Moralia, S. 100.

86 vgl. dazu auch *Stoll*, aaO, S. 1.

87 So zutreffend *Esser*, Schuldrecht Bd. II, § 107 II, 1d, S. 402.

88 Vgl. dazu *Esser*, Schuldrecht Bd. II, § 107 II, 1d, S. 402.

88a *Deutsch*, GRUR Int. 1973, S. 463 ff., S. 464 1. Sp.

88b *Ramm*, Einführung, 3. Aufl., G 716.

Können daher die einzelnen Schutzpositionen i. S. des allgemeinen Persönlichkeitsrechts als Achtungsanspruch nur den Rechtsgütern i. S. des § 823 I BGB zugeordnet werden, so stellen die speziellen Persönlichkeitsrechte (Recht am eigenen Bilde, Namensrecht, usw.) sonstige Rechte i. S. von § 823 I BGB dar. Sie sind Güter des Rechtsverkehrs und sind inhaltlich exakt konkretisiert. Über sie kann der einzelne verfügen, ohne gleichzeitig das Substrat seiner Lebensentfaltung in Frage zu stellen. Ihnen kommt auch ein Verkehrswert zu. Ihre Verletzung löst keine besonderen schadensrechtlichen Probleme aus. Deshalb kommt insoweit auch ein Ersatz eines immateriellen Schadens nicht in Betracht[89]. Demgegenüber ist das allgemeine Persönlichkeitsrecht mit seinen verschiedenartigen Schutzpositionen gerade dadurch gekennzeichnet, daß es eine Rechtsstellung ist, die nicht als subjektives Recht qualifiziert werden kann und der ein Zuweisungsgehalt abgeht[90].
Gegenüber dieser rechtsdogmatischen Einordnung bleibt jedoch zu bedenken, daß die Nichtberücksichtigung dieser Schutzpositionen im Bürgerlichen Gesetzbuch einen ideologischen Hintergrund hat. „In einer Gesellschaft besitzender Bürger, auf deren Interesse die Kodifikation in erster Linie zugeschnitten war, schien mit der Gewährleistung des Privateigentums auch die freie Entfaltung der Persönlichkeit hinreichend gesichert."[91] Diese Hoffnung ist nicht mehr angemessen. Deshalb ist es zu begrüßen, daß das allgemeine Persönlichkeitsrecht im Wege der richterlichen Rechtsfortbildung nunmehr Anerkennung gefunden hat:

„Der Grad, in dem es der Bevölkerung gestattet ist, den Frieden zu stören, wo immer es noch Friede und Stille gibt, unangenehm aufzufallen und die Dinge zu verhäßlichen, vor Vertraulichkeit überzufließen und gegen die guten Formen zu verstoßen, ist beängstigend. Beängstigend, weil er die gesetzliche, ja organisierte Anstrengung ausdrückt, das ureigene Recht des Nächsten nicht anzuerkennen, Autonomie selbst in einer kleinen, reservierten Daseinssphäre zu verhindern."[92]

Gegenüber einer solchen Diagnose wirken die immer wieder vorgebrachten Argumente, daß mit der Schaffung eines allgemeinen Persönlichkeitsrechtes eine schwer handzuhabende Generalklausel geschaffen werde, dürftig. Der Sachzwang hat einen höheren Stellenwert als dogmatische Einordnungsschwierigkeiten. Dies gilt auch für den Schutz der Ehre. Daß mit der Gewähr-

---

89 Vgl. dazu oben S. 249 ff.

90 Vgl. dazu z. B. *Hopt*, aaO, S. 223, S. 230 Fn. 6; von *Caemmerer*, Wandlungen des Deliktsrechts, S. 49 ff., S. 89.

91 So zutreffend *Heldrich*, aaO, S 163 ff., S. 165 unter Hinweis auf von *Liszt*, aaO, S. 30; *Menger*, aaO, S. 198 f.; *O. von Gierke*, Der Entwurf eines bürgerlichen Gesetzbuchs, S. 23 ff.; vgl. dazu aber auch *Horst-Heinrich Jakobs*, aaO, S. 108.

92 *Herbert Marcuse*, Der eindimensionale Mensch, S. 255.

leistung der Freiheit des Privateigentums auch die freie Entfaltung der Persönlichkeit hinreichend gesichert sei, ist ein Traum, der ausgeträumt ist.
In Zukunft gilt es daher, sich vor allem den Sachproblemen zu stellen. Die heilige Kuh der Neuzeit, die dogmatische Erfassung eines Sachproblems, ist von sekundärer Bedeutung[93]. Im Zuge dieser Entwicklung könnten auch insoweit neben dem allgemeinen Persönlichkeitsrecht als Rechtsgut Persönlichkeitsnutzungsrechte als sonstige Rechte im Sinne des § 823 Abs. 1 BGB anerkannt werden. Der Anerkennung solcher Rechte hat sich bislang die Rechtsprechung versperrt, der es nur um den Schutz des allgemeinen Persönlichkeitsrechts (Integritätsschutz) ging und die insoweit einen darüber hinausgehenden Aktivitätsschutz nicht anerkannt hat. Auch dies ist eine Folge der verinnerlichten Sicht des allgemeinen Persönlichkeitsrechts[94]. Dieses steht dem Menschen nicht kraft seines Person-Seins zu, sondern zum Schutz seiner freien Entfaltung. Mit dem Schutz der Intimsphäre wird ein Raum von Autonomie geschaffen, der sich auch gesellschaftlich auswirkt. Auch die Ehre ist ein gesellschaftlicher Wert. Der Mensch kann das, was er ist, nicht einfach für sich sein, „denn während die Dinge keinen Anspruch erheben, gesehen, gewürdigt zu sein und sich hingeben zu können, weiß der Mensch, daß es die Sehnsucht seines Lebens ist, das, was er ist, auch für jemanden zu sein; niemand erträgt die Sinnlosigkeit, vergeblich da zu sein.“[95] Der Mensch bedarf daher, anthropologisch gesehen, seinsnotwendig des sozialen Vergleiches.

---

93 Vgl. dazu *Zweigert*, Iherings Erbe, S. 240 ff., S. 245.
94 Vgl. dazu oben, S. 79 ff.
95 *Lückert*, aaO, S. 190.

Teil C

Träger des Persönlichkeitsrechts

Die deutsche Rechtsordnung geht von der Freiheit des einzelnen Menschen aus (vgl. u. a. Art. 1 I GG, Art. 2 ff. GG, Art. 19 III GG, § 1 BGB). Das Persönlichkeitsrecht als Achtungs- und Teilhabeanspruch steht daher zweifelsfrei zunächst jeder natürlichen Person zu[1]. Problematisch ist, in welchem Umfang auch dem Toten noch ein Persönlichkeitsrecht zusteht. Ebenfalls fragwürdig sind die Grenzen, in denen sich ein Verband auf das (allgemeine) Persönlichkeitsrecht berufen kann.

I. Das postmortale Persönlichkeitsrecht

> *„Unsere Zeit schminkt und überzuckert das Bild des Todes und behandelt die Toten, wie wenn sie Lebende wären. Das Leben selbst zu meistern aber sind die meisten nicht imstande . . ."*
> *Evelyn Waugh*[2]

Die herrschende Lehre[3] und die Rechtsprechung[4] bejahen ein sogenanntes postmortales Persönlichkeitsrecht im Sinne des Fortbestehens des Achtungsanspruches in dem hier verstandenen Sinne über den Tod hinaus.

---

1 Vgl. z. B. *Hubmann*, aaO, S. 333.

2 *Evelyn Waugh*, Tod in Hollywood, Nachwort zur deutschen Ausgabe, Basel-Wien 1966, S. 126.

3 *Larenz*, Allgemeiner Teil, § 19 I, 1, S. 228; *Enneccerus-Nipperdey*, aaO, § 101 III, S. 594 ff.; *H. Lange*, aaO, § 5 III, 5; *Kipp-Coling*, aaO, § 91 IV, 16, S. 408 ff.; *Hubmann*, aaO, S. 341; *Krüger-Nieland, Grur* 1968, S. 523 ff.; *Krüger-Nieland*, Ufita Bd. 53 (1969), S. 181 ff.; *Neumann-Duesberg*, JZ 1968, S. 703 ff.; *Diederichsen*, aaO, S. 9 f.; *Koebel*, NJW 1958, S. 936 ff.; *Runge* , Ufita Bd. 54 (1969), S. 20 ff.; *Buschmann*, NJW 1970, S. 2081 ff.; *Heldrich*, aaO, S. 63 ff.; *Bosch*, aaO, S. 83; a. A. *Peter*, Film und Recht, Bd. 12 (1968), S. 215 ff.; *Wolpert*, Ufita Bd. 34 (1961), S. 159 ff.; *May*, NJW 1958, S. 2001 ff.; *Trockel*, aaO, S. 42 ff.; *H.-P. Westermann*, FamRZ 1969, S. 561 ff; *Leinveber*, GRUR 1968, S. 398.

4 BGHZ 15, S. 249 ff., S. 259 Cosima *Wagner* = NJW 1955, S. 260 = JZ 1955, S. 211 mit zustimmender Anmerkung von *E. Ulmer*; LG München, Ufita Bd. 20 (1955), S. 230 ff., S. 233; v. Witzleben; LG Berlin, Ufita Bd. 51 (1968), S. 394 ff.; S. 398 Sauerbruch; OLG Hamburg, Ufita Bd. 51 (1968), S. 362 ff., S. 365 Mephisto;

Denkwürdig sind insoweit auch wieder die Begründungen für das Fortwirken des Persönlichkeitsrechts über den Tod hinaus:

„Wenn die Persönlichkeit stirbt, so geht nach dem Glauben der abendländischen Kultur ihr Geist heim in das Reich des Ewigen, des Unendlichen, des Geistigen, um dessen Erkenntnis und Realisierung er schon in diesem Leben in faustischem Drang gerungen hat. Zurück bleibt der Körper als geistlose Hülle, als Leichnam; zurück bleibt aber auch eine Reihe von Werten und Werken, die der Mensch im Leben geschaffen hat, dem er seinen Stempel, seine Eigenart aufgeprägt hat. Die Persönlichkeit lebt fort nicht nur im Jenseits, sondern auch im Diesseits in der schneller oder langsamer verblassenden Erinnerung eines größeren oder kleineren Kreises von Menschen. Ihr Geist lebt fort in seinen Objektivationen, in seinen Werken, durch die er dem Nachschaffenden, dem widererkennenden Geist anderer ständig wirksam bleibt. Freilich kann der Verstorbene nicht mehr in Beziehungen stehen, die für das Zusammenleben der Menschen von Bedeutung wären, seine selbständige und aktiv gestaltende Kraft im Erdendasein ist geschwunden. Er kann nicht mehr Subjekt von Rechtsverhältnissen sein, seine Rechtsfähigkeit ist erloschen. Aber soweit seine Werte und Werke fortbestehen, muß auch sein Recht an ihnen, sein Persönlichkeitsrecht, fortwirken. Zwar kann er selbst nicht mehr Träger dieses Rechts sein, er kann es selbst nicht mehr ausüben, aber es ist sein Interesse, sein Wertstreben, das nachwirkt als Vermächtnis für die Nachwelt und das gepflegt und wahrgenommen wird von seinen Angehörigen, seinen Vertrauten und Freunden. Dieses fortwirkende Interesse des Verstorbenen ist nicht identisch mit dem eigenen Interesse der Verwandten, was diese ihrerseits mit dem Toten und seinen Werten verbindet. Das Streben des einen oder anderen von ihnen wird oft genug mit den Intentionen des Verstorbenen in Widerspruch stehen. Das Fortwirken der Persönlichkeitsrechte des Verstorbenen ist daher vom Persönlichkeitsrecht der Lebenden, daß sich auf den Toten bezieht, zu unterscheiden."[5]

Diesen Sachverhalt, den nach *Hubmann*[6] „das abendländische Kulturbewußtsein mit aller Klarheit herausgearbeitet hat"[7] findet in der Rechtswissenschaft zunehmend Anerkennung. Verräterisch ist bereits, daß sich auch der Entwurf eines Volksgesetzbuches aus dem Jahre 1942 dieser abendländischen Kulturtradition angeschlossen hat[8].*

BGHZ 50, S. 133 ff. = NJW 1968, S. 697 f. mit zustimmender Anmerkung von *Neumann-Duesberg* Mephisto; BVerfGE 30, S. 173 ff. = JZ 1971, S. 544 ff. Mephisto; VG Hamburg, Blätter für Grundstücks-, Bau- und Wohnungsrecht 1971, S. 8 ff., S. 9 l. Sp.; a. A. LG Hamburg, Ufita Bd. 51 (1968), S. 352 ff. Mephisto.

5 *Hubmann*, aaO, S. 340/341.

6 *Hubmann*, aaO, S. 342. A.

7 *Hubmann*, aaO, S. 342.

8 Der Entwurf eines Volksgesetzbuches (vgl. *Hedemann-Lehmann-Siebert*, Volksgesetzbuch, Grundregeln und Buch I, München-Berlin 1942, S. 52) sah in § 5 Abs. 2 vor, daß die Familienangehörigen das Andenken Verstorbener gegen den Angreifer wahren. Dies entsprach damaliger deutscher Ehr- und Rechtsauffassung.

* Selbstverständlich soll mit dieser Feststellung die subjektive Redlichkeit *Hubmann's* nicht angezweifelt werden.

Bezeichnend sind auch die Stellungnahmen der Rechtsprechung[9], die sich gerade bei dem Problemkreis des postmortalen Persönlichkeitsrechts der effektiven Gewährleistung der freien Entfaltung der Persönlichkeit erinnert:

„. . . Der Senat ist der Überzeugung, daß Menschenwürde und freie Entfaltung zu Lebzeiten nur dann im Sinne des Grundgesetzes zureichend gewährleistet sind, wenn der Mensch auf einen Schutz seines Lebensbildes wenigstens gegen grobe ehrverletzende Entstellungen nach dem Tode vertrauen und in dieser Erwartung leben kann."[10]

Bei so großen Worten muß sich Verdacht einstellen. Es ist kennzeichnend für den Stand der Rechtswissenschaft, wie allein die pauschale Berufung auf das „abendländische Kulturbewußtsein" Fragen einfach wegschiebt, die im psychologischen Schrifttum eingehende Auseinandersetzungen ausgelöst haben. Insbesondere impliziert der Selbstverewigungsdrang der Menschheit die Gewißheit, daß das Fortbestehen als solches von Wert ist, und zwar von einer solchen Ranghöhe, daß die Rechtsordnung es zu schützen verpflichtet ist. Die psychologische Literatur macht eine derartige Sicht nicht mit:

„Gesichtspunkte wie Lebensaufgabe, Wertverwirklichung, Selbstverwirklichung werden wohl nur von denen ernstlich oder überhaupt ins Auge gefaßt, welche von philosophisch-sittlichen Überlegungen bestimmt ihr Leben bewußt zu gestalten versuchen. Andere mögen zwar faktisch ihr Leben und ihre Umgebung mehr oder weniger konstruktiv behandeln, dabei jedoch in ihrer Selbstbewertung nicht so sehr philosophische als vielmehr praktische Gesichtspunkte in Betracht ziehen. Solche mehr praktisch Denkende sehen ihr Leben mehr unter dem Gesichtspunkt von Chancen, die sie hatten oder nicht hatten und die sie ergriffen oder verfehlt haben."[11]

Während der tiefer schürfende Geist im Tode die menschliche Existenz, die Leistung eines Lebens in Frage gestellt sieht, sind merkwürdigerweise auch bei Durchschnittsmenschen nur wenige Äußerungen aufzufinden, die darauf hinweisen, daß die Lebensführung in sinnvolle Beziehung zum Lebensende gebracht werden muß[12]. Selbst wenn man, was angesichts der Ergebnisse der Psychologie mehr als zweifelhaft ist, davon ausgehen könnte, daß die Lebensgestaltung von der Erwartung des Schutzes der Person über den Tod hinaus gelenkt wird, was z.B. beim Erbrecht sicherlich noch der Fall ist , nützt die Anerkennung eines postmortalen Persönlichkeitsrechtes[13] solange nichts,

---

9 BGHZ 50, S. 133 ff.

10 BGHZ 50, S. 133 ff., S. 139; vgl. dazu auch *Krüger-Nieland*, GRUR 1968, S. 523 ff., S. 524; *Heldrich*, aaO, S. 163 ff., S. 167.

11 *Bühler*, Der menschliche Lebenslauf als psychologisches Problem, 2. Aufl., Göttingen 1959, S. 78.

12 Vgl. dazu *Bühler*, aaO, S. 80 m. w. N.

13 Vgl. dazu § 12 Abs. 2, 3 des Entwurfes eines Gesetzes zur Neuordnung des zivilrechtlichen Persönlichkeits- und Ehrenschutzes (Bundestagsdrucksache III, Nr. 1237 v. 18. 8. 1959).

wie diese Erwartung nicht effektiv abgesichert wird. Wie sollen die Angehörigen zum Persönlichkeitsschutz des Toten angehalten werden, die sich doch nicht selten damit begnügen, den materiellen Ertrag der Erbschaft einzuheimsen[14]? Wer soll die Persönlichkeitsrechte wahren, wenn Angehörige überhaupt nicht vorhanden sind?

Die Begründung eines postmortalen Persönlichkeitsrechts unter dem Gesichtspunkt der Sicherung der freien Entfaltung zu Lebzeiten vermag daher nicht zu überzeugen.

II. Der positivrechtliche Befund

Angesichts der Ungewißheit des Dranges nach Selbstverewigung sollte vor der Anerkennung eines allgemeinen postmortalen Persönlichkeitsrechts zunächst einmal der positivrechtliche Bestand an Normen gesichtet werden.

In verschiedenen Vorschriften des Zivilrechts und des öffentlichen Rechts wird die Fortwirkung des Willens der Person über den Tod hinaus anerkannt[15]. Zu diesen Bestimmungen sind §§ 130 II, 153 BGB und die erbrechtlichen Verfügungen von Todes wegen, Vermächtnisse, Auflagen, sowie die Einsetzung von Vor- und Nacherben[16], zu rechnen. Zu ihnen gehören jedoch auch die öffentlichrechtlichen Bestimmungen über die Wahl der Bestattungsart und die Pflege der Grabstätte[17]. Diese Bestimmungen haben jedoch keine Relevanz für die Begründung eines postmortalen Persönlichkeitsrechts. In ihnen ist lediglich der Vollzug der zu Lebzeiten getroffenen Anordnungen, also eine Fortwirkung des Willens des Verstorbenen angeordnet[18]. Daraus ergibt sich, daß nicht die Rechtsfähigkeit des Menschen über den Tod hinaus fortdauert, daß aber ein Fortwirken der zu Lebzeiten gesetzten Rechtshandlungen durch den Tod nicht ausgeschlossen wird[19].

Nach § 189 StGB wird die Verunglimpfung des Andenkens eines Verstorbenen unter Strafe gestellt. Nach § 194 Abs. 2, S. 1, S. 2 StGB tritt die Verfolgung nur auf Antrag der Eltern, Kinder, Ehegatten oder Geschwister des Verstorbenen ein. Das Erfordernis des Strafantrags entfällt jedoch, wenn der

---

14 So zutreffend *Heldrich*, aaO, S. 163 ff., S. 167.

15 Vgl. dazu *H.-P. Westermann*, FamRZ 1969, S. 561 ff., S. 564; *Krüger-Nieland*, GRUR 1968, S. 523 ff., S. 524; *Becker*, JR 1951, S. 328 ff.; *Buschmann*, NJW 1970, S. 2081 ff., S. 2084 l. Sp.

16 Vgl. dazu *Buschmann*, NJW 1970, S. 2081 ff., S. 2084 l Sp.

17 Vgl. dazu §§ 2, 4 Gesetz über die Feuerbestattung v. 15. 5. 1934 und dazu *Gaedke*, aaO.

18 So zutreffend *Buschmann*, NJW 1970, S. 2081 ff., S. 2084 l Sp.

19 Vgl. dazu auch *Strätz*, aaO, S. 13.

Verstorbene Antragsberechtigte im Sinne des Abs. 2 nicht hinterlassen hat oder wenn diese vor Ablauf der Antragsfrist verstorben sind und der Verstorbene sein Leben als Opfer einer Gewalt- und Willkürherrschaft verloren hat und die Verunglimpfung damit zusammenhängt (§ 194 II StGB). Nach § 168 (Störung der Totenruhe) wird bestraft, wer unbefugt aus dem Gewahrsam des Berechtigten eine Leiche, Leichenteile oder die Asche eines Verstorbenen wegnimmt, wer daran oder an einer Beisetzungsstätte beschimpfenden Unfug verübt oder wer eine Beisetzungsstätte zerstört oder beschädigt. Als Schutzobjekt des § 168 StGB wurde lange Zeit hindurch das Gefühl der Pietät gegenüber Toten und ihren Ruhestätten angesehen[20]. Insoweit bahnt sich nunmehr ein Wandel an. Sowohl § 168 StGB als auch § 189 StGB werden als Nachwirkungen des Persönlichkeitsrechts des Verstorbenen interpretiert[21]. Dieser Streit erscheint jedoch ziemlich belanglos. *Die Tatsache der Existenz dieser Strafrechtsnormen besagt nämlich nichts über die Existenz eines allgemeinen postmortalen Persönlichkeitsrechts.* Gleiches gilt hinsichtlich der Regelung in § 22 S. 3, 4 KUG. Danach bedarf es zur Verbreitung oder öffentlichen Schaustellung des Bildes des Verstorbenen noch bis zum Ablauf von 10 Jahren der Einwilligung seiner Angehörigen (§ 22 S. 3 KUG). § 361 II StPO läßt die Wiederaufnahme eines Strafverfahrens zugunsten des Verstorbenen auf Antrag bestimmter Angehöriger zu. Ferner können die Angehörigen eines ausübenden Künstlers nach dem Tode Entstellungen der Darbietungen des Verstorbenen untersagen (§ 83 UrhG). Während *Buschmann*[22] einräumt, daß §§ 168, 189 StGB keinen Aufschluß über ein postmortales Persönlichkeitsrecht geben, ist er in Bezug auf § 22 KUG und § 83 UrhG anderer Auffassung. Diese Rechtsnormen statuieren nach *Buschmann* eine Fortwirkung des Rechts am eigenen Bild, bzw. eine Fortwirkung des Urheber-Persönlichkeitsrechts[23]. Die Aussagekraft dieser Bestimmungen ist jedoch äußerst zweifelhaft. So beruhen § 22 KUG und § 83 UrhG auf einem gesetzgeberischen Kompromiß. Der Gesetzgeber hat sich weder beim Recht am eigenen Bilde noch bei den Leistungsschutzrechten (vgl. § 73 ff. UrhG) zur Vererblichkeit entscheiden können, andererseits aber die Notwendigkeit eines Schutzes gesehen. Da sich aber nicht um

---

20 So z. B. noch *Schönke-Schröder*, aaO, 12. Aufl., § 168 Rdnr. 1.

21 Vgl. nunmehr *Schönke-Schröder*, aaO, 18. Aufl., § 168 Rdnr. 1, § 189 Rdnr. 1; vgl. aber auch *Maurach*, aaO, § 47 II F, S. 394. Vgl. zum Ganzen auch *Buschmann*, NJW 1970, S. 2081 ff., S. 2084 r. Sp.; *Hans-Joachim Hirsch*, aaO, S. 127 ff.

22 *Buschmann*, NJW 1970, S. 2081 ff., S. 2084/2085.

23 *Buschmann*, NJW 1970, S. 2081 ff., S. 2085 l Sp.; vgl. dazu auch *Hubmann*, aaO, S. 342 f.

ein originäres oder derivatives Recht der Angehörigen handelt, mußte insoweit eine neueartige Rechtsfigur kreiert werden, die der Wahrnehmungsberechtigung, der jedoch keine Wahrnehmungsverpflichtung korrespondiert[24]. Aus dieser rechtstechnischen Regelung kann nichts für ein postmortales Persönlichkeitsrecht abgeleitet werden. Es wäre rechtstechnisch ebenso denkbar und wohl angemessener, diese Rechte befristet vererblich zu gestalten[25]. Schon gar nicht kann man aus ihnen auf ein umfassendes postmortales Persönlichkeitsrecht schließen. *Buschmann*[26] glaubt jedoch durch Gesetzesanalogie zu § 22 KUG, § 83 UrhG – gemeint ist wohl eine Rechtsanalogie –, etwa das Recht am Lebens- und Charakterbild, das Recht an der ästhetischen und erfinderischen Leistung, das Recht am geschriebenen Wort, u. U. sogar das Recht auf Unversehrtheit in Bezug auf den Leichnam als fortwirkend annehmen zu können.

Nachdem das Argument des Selbstverewigungswunsches des Menschen sich als nicht stichhaltig erwiesen hat und nachdem aus dem positivrechtlichen Befund kein Schluß auf ein allgemeines postmortales Persönlichkeitsrecht möglich war, stellt sich die Frage, ob unter verfassungsrechtlichen Gesichtspunkten, ein derartiges postmortales Persönlichkeitsrecht begründet werden kann.

1. Postmortales Persönlichkeitsrecht und Verfassungsrecht

Buschmann[27] setzt bei seiner Erörterung des postmortalen Persönlichkeitsrechts auf einer höheren Ebene an. Unter Berufung auf die herrschende Lehre[28] im Verfassungsrecht führt er aus, daß die Fortwirkung des Grundrechts auf Unantastbarkeit der Würde des Menschen überwiegend bejaht werde. Der Wortlaut des Art. 1 I GG, in dem von der Würde des Menschen die Rede sei, lasse eine Beschränkung auf den lebenden Menschen nicht erkennen, sondern lege im Gegenteil den Schluß nahe, daß der Mensch schlechthin gemeint sei, also auch der verstorbene Mensch[29]. „Wer von Menschen gezeugt wurde und wer Mensch war, nimmt an der Würde des Menschen teil."[30]

---

24 Vgl. dazu *v. Gamm*, Urheberrechtsgesetz, Einführung, Rdnr. 108.

25 Vgl. dazu auch *H.-P. Westermann*, FamRZ 1969, S. 561 ff., S. 566.

26 *Buschmann*, NJW 1970, S. 2081 ff., S. 2085 f.

27 *Buschmann*, NJW 1970, S. 2081 ff., S. 2083 f.

28 *Dürig* in: *Maunz-Dürig-Herzog*, aaO, Art. 1 Abs. 1 Rdnr. 23, 26; *Zippelius*, BK Art. 1 Rdnr. 22, 25, 30; a. A. *v. Mangoldt-Klein*, aaO, Art. 1 Anm. IIIc.

29 So *Zippelius*, BK Art. 1 Rdnr. 25 und daran anschließend *Buschmann*, NJW 1970, S. 2081 ff., S. 2082 r. Sp.

30 *Dürig* in: *Maunz-Dürig-Herzog*, aaO, Art. 1 Abs. 1 Rdnr. 23.

Dagegen sei Art. 2 I GG auf eine handlungsfähige Person zugeschnitten[31]. Da Art. 2 I GG daher auf Verstorbene nicht anwendbar sei, Art. 1 I GG jedoch eingreife, lasse sich letztere Vorschrift für eine Fortwirkung des Persönlichkeitsrechts heranziehen[32]. Es kann kein Zweifel bestehen, daß wir es insoweit mit einem Stück Begriffsjurisprudenz zu tun haben, der „heaven of concept" regiert. *Dürig*[33] hat zu Recht darauf verwiesen, daß es eine „unrichtige Fragestellung zivilrechtlichen Anspruchsdenkens" sei, wenn danach gefragt werde, von wann ab und bis wann der Mensch im juristischen Sinne als Träger eigenen Rechts am Wertschutz des Art. 1 I GG teilhabe. *Und in der Tat ist die Menschenwürde des Verstorbenen auch durch strafrechtliche Normen zu schützen.* Bereits oben[34] wurde dargestellt, daß aus den Verfassungsnormen der Art. 1 I, 2 I GG auf eine bestimmte Ausgestaltung des zivilrechtlichen Persönlichkeitsschutzes nicht geschlossen werden kann. Aus dem Verfassungsrecht kann daher auf ein postmortales Persönlichkeitsrecht nicht geschlossen werden.

2. Dogmatische Lösungsversuche

Angesichts dieses Befundes verwundert es nicht, daß die herrschende Lehre erhebliche Schwierigkeiten hat, das postmortale Persönlichkeitsrecht „möglichst widerspruchsfrei in die dogmatische Struktur des geltenden Privatrechts" einzufügen. Das Persönlichkeitsrecht als subjektives Recht setzt nämlich ein Zuordnungssubjekt voraus. Das postmortale Persönlichkeitsrecht kann jedoch einer rechtsfähigen Person nicht mehr zugeordnet werden[35]. Die in der Lehre angebotenen Konstruktionsformen muten insoweit sehr gekünstelt an:

a) Die postmortale Teilrechtsfähigkeit

Die Annahme einer postmortalen Teilrechtsfähigkeit analog der pränatalen Teilrechtsfähigkeit des ungeborenen Kindes vermag nicht zu überzeugen[36]. Nach der Zivilrechtsordnung endet die Rechtsfähigkeit mit dem Tode. Die

---

31 Vgl. dazu *Dürig* in: *Maunz-Dürig-Herzog*, Art. 2 Abs. 1 Rdnr. 66; *Nipperdey-Wiese* in: *Bettermann-Nipperdey*, Die Grundrechte Bd. IV, 2. Halbbd., S. 741 ff., S. 776; *Buschmann*, NJW 1970, S. 2081 ff., S. 2083.

32 So *Buschmann*, NJW 1970, S. 2081 ff., S. 2083 r. Sp.

33 *Dürig* in: *Maunz-Dürig-Herzog*, aaO, Art. 1 Abs. 1 Rdnr. 23.

34 Vgl. dazu oben S. 64 ff.

35 Vgl. dazu vor allem *H.-P. Westermann*, FamRZ 1969, S. 561 ff.

36 Vgl. zur pränatalen Teilrechtsfähigkeit insbesondere *Fabricius*, Relativität der Rechtsfähigkeit, S. 111 ff.; *Heldrich*, JZ 1965, S. 593 ff., S. 597 Fn. 38.

Rechtsfähigkeit ist damit endgültig erloschen. Daß die Persönlichkeit des Verstorbenen mit dem Tode nicht ausgelöscht sei, sondern lediglich eine Wandlung, eine transformatio, erfahren habe[37], mag man glauben, rechtliche Relevanz kommt dieser Aussage nicht zu. Die Persönlichkeit weist nicht über die physische Existenz hinaus[38].

b) Theorie der subjektlosen Rechte

Auch die Theorie der subjektlosen Rechte vermag das postmortale Persönlichkeitsrecht dogmatisch nicht abzusichern. Die Figur subjektloser Rechte setzt ebenso wie die pränatale Teilrechtsfähigkeit einen transitorischen Zustand voraus, d. h. Rechtspositionen, die vorübergehend ohne Inhaber sind, wird im Interesse des künftigen Rechtsträgers eine gesicherte Existenz verschafft[39]. Es kommt hinzu, daß die Annahme eines subjektlosen Rechtes durch die Anhänger postmortalen Persönlichkeitsrechts ein Widerspruch ist. Nach dieser Lehre dürfte das postmortale Persönlichkeitsrecht kein subjektloses Recht sein. Zuordnungssubjekt müßte danach vielmehr der Verstorbene sein[40]. Dieser ist jedoch keineswegs mehr rechtsfähig. Die Annahme eines postmortalen Persönlichkeitsrechts unterläuft daher die bürgerlichrechtlichen Regeln über Anfang und Ende der Rechtsfähigkeit[40a].

---

37 So *Bosch*, aaO, S. 83; es soll damit nicht geleugnet werden, daß diese bloße transformatio tatsächlich von Menschen erlebt wird: „Ich hatte befürchtet, daß meine Mutter nach einer fast 60-jährigen Ehe nun mit dem Alleinsein nicht fertigwerden könne. Das Gegenteil war der Fall, denn sie war nie allein, der Mann war für sie nicht gestorben, nur verwandelt: In was? Wohin? Darüber machte sie sich keine Gedanken. Für sie war er immer da, allgegenwärtig wie Tod und Leben. Sie konnte in ihren letzten Jahren heiter mit uns zusammensein und wir wußten, er ist immer für sie dabei", *Carl Zuckmayer*, Als wär's ein Stück von mir, Stuttgart-Berlin 1966, S. 632.

38 Vgl. dazu zutreffend *H.-P. Westermann*, FamRZ 1969, S. 561 ff., S. 563; *Heldrich*, aaO, S. 163 ff., S. 168.

39 Vgl. dazu zutreffend *Heldrich*, aaO, S. 163 ff., S. 168 f.; *H.-P. Westermann*, FamRZ 1969, S. 561 ff., S. 565 f.; *Buschmann*, NJW 1970, S. 2081 ff., S. 2087 r. Sp.; vgl. zur Problematik der subjektlosen Rechte auch *Hohner*, aaO, passim.

40 Vgl. dazu auch *Buschmann*, NJW 1970, S. 2081 ff., S. 2087 r. Sp.

40a Die Persönlichkeit wirkt eben gerade nicht im Rechtssinne über die physische Existenz hinaus, vgl. dazu aber *Buschmann*, NJW 1970, S. 2081 ff., S. 2087 Fn. 57; die Rechtsprechung ist insoweit nicht eindeutig. Vgl. z. B. BGHZ 15, S. 249 ff., S. 259; BGHZ 50, S. 133 ff., S. 136.

c) Die Theorie der allgemeinen Rechtssubjektivität

Buschmann[41] ist der Auffassung, daß es neben der Rechtsfähigkeit noch den Begriff der allgemeinen Rechtssubjektivität gebe, der auch jene Fälle decke, die nicht mehr mit dem Begriff der Rechtsfähigkeit erfaßt werden könnten und dessen Wurzeln – wie die des Begriffs der Rechtsfähigkeit – letztlich in der Personenwürde des Menschen zu suchen seien. Nach Hans J. *Wolff*[42] lasse sich Rechtssubjektivität am besten als die Eigenschaft eines Menschen oder eines Verbandes kennzeichnen „Zuordnungssubjekt mindestens eines Rechtssatzes" zu sein. Dies sei in bezug auf den Verstorbenen bei § 22 KUG und § 83 UrhG der Fall. Der Verstorbene sei insoweit nicht mehr rechtsfähig, besitze aber die allgemeine Rechtssubjektivität. Wenn *Buschmann*[43] *Fabricius*[44] vorwirft, daß nur schwer vorstellbar sei, was unter Teilrechtsfähigkeit zu verstehen ist, so gilt das gleiche für den Begriff der allgemeinen Rechtssubjektivität beim postmortalen Persönlichkeitsrecht. Zuordnungssubjekt bei § 22 KUG, § 83 UrhG ist nicht der Verstorbene, wie schon oben ausgeführt wurde[45]. Dieser ist nicht mehr. Ein Recht kann ihm nicht zugeordnet werden. Der Begriff der allgemeinen Rechtssubjektivität ist nicht mehr als ein terminologischer Eskapismus.

d) Die Auffassung von Heldrich

Heldrich sieht die Respektierung des Persönlichkeitsbildes Verstorbener „als Ausfluß einer allgemeinen Rechtspflicht ..., die von der Rechtsordnung ohne die korrespondierende individuelle Berechtigung eines einzelnen Rechtssubjekts statuiert wird ..."[46]. Die Verletzung dieser Rechtspflicht bedeute einen Verstoß gegen ein Schutzgesetz im Sinne von § 823 II BGB, das von der höchstrichterlichen Judikatur durch eine Präzisierung des durch Art. 1 und 2 GG gebotenen Persönlichkeitsschutzes entwickelt worden sei. Gegenüber § 823 I BGB werde der zivilrechtliche Güterschutz durch § 823 II BGB gerade in der Hinsicht erweitert, daß die Verletzung eines eigenen subjektiven Rechts nicht zur Voraussetzung des Normverstoßes erhoben werde. Was *Heldrich* unterschlägt, ist der Umstand, daß ein Verstoß gegen ein Schutzgesetz Schadensersatz- und Unterlassungspflichten nur dann be-

---

41 *Buschmann*, NJW 1970, S. 2081 ff., S. 2087 r. Sp.
42 *Hans J. Wolff*, aaO, § 7–11, insbesondere § 7 III.
43 *Buschmann*, NJW 1970, S. 2081 ff., S. 2088 1. Sp.
44 *Fabricius*, Relativität der Rechtsfähigkeit, S. 43 f., S. 111 f.
45 Vgl. dazu oben S. 94 f.
46 *Heldrich*, aaO, S. 163 ff., S. 169.

gründet, wenn der Schaden gerade an einem solchen Rechtsgut eingetreten ist, das durch die Norm geschützt werden soll und der Geschädigte zu dem geschützten Personenkreis gehört[47]. Der Verstorbene nimmt jedoch nicht mehr am Rechtsverkehr teil.

e) Die Treuhänderhypothese

Heinrich Lange[48] sieht in den Hinterbliebenen Treuhänder des Persönlichkeitsrechts des Verstorbenen. Auch diese Treuhänderhypothese vermag angesichts des normativen Befundes ebensowenig zu überzeugen wie die Annahme einer Prozeßstandschaft[49]. Alle diese Konstruktionen laufen letzten Endes auf eine Umgehung der bürgerlichrechtlichen Bestimmungen über das Ende der Rechtsfähigkeit hinaus.

3) Eigene Stellungnahme

Hans-Joachim Hirsch[50] hat jüngst das Problem der Ehre von Verstorbenen wiederum positiv zu reaktivieren versucht:

„. . . Gegenstand des Angriffs ist der Ehr-Wertstatus im Todeszeitpunkt. Er ist im Gegensatz zur physischen Existenz noch nach dem Tode angreifbar, weil er nach wie vor bestritten werden kann. Das Ableben bewirkt nur, daß der Ehr-Wertstatus, der sich bis dahin auf einen noch lebenden Menschen bezog, nunmehr einen vormals Lebenden betrifft, und zwar gerichtet auf den Zeitpunkt unmittelbar vor dem Tode. Hierbei handelt es sich nicht etwa nur um die faktische Erinnerung an die Ehre des Verstorbenen. Denn der Gegenstand einer postmortalen Ehrabsprechung bildet nicht die tatsächlich vorhandene Fremdeinschätzung, sondern jener objektive Ehrbestand. Die Erinnerung steht zu ihm im gleichen Verhältnis wie zu Lebzeiten der gute Ruf . . .“

Die Frage, ob ein Persönlichkeitsrecht des Verstorbenen im Rahmen des bürgerlichen Rechts zu schützen ist, sollte nur dann gestellt werden, wenn man sich über die Funktion des Rechts im klaren ist. Das Recht dient der Ordnung der Beziehungen unter Menschen. Die Erinnerung an einen Menschen kann für das Recht nur dann relevant werden, wenn sie Auswirkungen auf noch lebende Menschen hat. Insoweit könnte sich der Persönlichkeitsschutz Verstorbener als Persönlichkeitsschutz der Hinterbliebenen darstellen.

Hans-Joachim Hirsch[51] ist der Meinung, daß sich alle Versuche, auf andere Schutzsubjekte auszuweichen, als unzulänglich erweisen. Seine Argumenta-

---

47 Vgl. dazu *Larenz*, Schuldrecht, Bd. II, § 72 II, S. 469.
48 *H. Lange*, aaO, § 5 III, 5, S. 45.
49 Vgl. dazu *Hubmann*, aaO, S. 346 f.
50 *Hans-Joachim Hirsch*, aaO, S. 126.
51 *Hans-Joachim Hirsch*, aaO, S. 131 f.

tion gegen diese Versuche ist aber, wie leicht aufgezeigt werden kann, ein typisches Ergebnisdenken. Die Unrichtigkeit der Ansicht, daß auf das Pietätsgefühl der nächsten Angehörigen (Hinterbliebenen) abzustellen sei. ergibt sich für Hirsch bereits daraus, daß u. U. keine oder jedenfalls keine nächsten Angehörigen vorhanden sind. Eine Verunglimpfung liege auch in diesen Fällen vor und sei sozialethisch nicht weniger verwerflich.

Für den zivilrechtlichen Ehrenschutz ist aber die Rechtsverfolgung an das Vorhandensein von Hinterbliebenen gebunden. Sind keine Hinterbliebenen vorhanden, die dieses Recht wahrnehmen, so ist auch das behauptete postmortale Persönlichkeitsrecht ein Recht, das von niemand geltend gemacht werden kann. Dieser Umstand absoluter Sanktionslosigkeit in diesen Fällen ist bislang kaum zutreffend gewürdigt. Ähnliches gilt übrigens auch für das Strafrecht (vgl. § 189, § 194 StGB).

Darüber hinaus erweist sich nach *Hans-Joachim Hirsch*[52] das Pietätsgefühl deshalb als untaugliches Schutzobjekt, weil es nicht selten durch eine wahre Äußerung mehr verletzt werde als durch eine unwahre. Auch diese Feststellung besagt jedoch nichts über die Anerkennung eines postmortalen Persönlichkeitsrechts. Es ist selbstverständlich, daß der strafrechtliche und der zivilrechtliche Persönlichkeitsschutz nach dem Tode nicht weiter reichen kann als zu Lebzeiten.

Insoweit vermögen auch die Einwände von *Heldrich* nicht zu überzeugen. *Heldrich*[53] geht von folgendem Fall aus:

Wird von dem christlich-demokratischen Politiker fälschlich behauptet, er sei Zeit seines Lebens ein verkappter Kommunist gewesen, so dürfte dies den einzigen Sohn, der überzeugter Anhänger der Weltrevolution ist, kaum treffen.

Die Interessen des Toten brauchen sich sicherlich nicht mit denen seiner Hinterbliebenen unbedingt zu decken. Nur müssen die Interessen des Verstorbenen zivilrechtlich durch Personen wahrgenommen werden, die auf Grund ihrer Beziehungen zu ihm dazu befugt erscheinen[54].

Nach der hier vertretenen Auffassung ist ein allgemeines postmortales Persönlichkeitsrecht abzulehnen. Der Verstorbene kann auch keine Personen zur Wahrnehmung seines Persönlichkeitsrechtes ermächtigen[55].

---

52 *Hans-Joachim Hirsch*, aaO, S. 132.

53 *Heldrich*, aaO, S. 163 ff., S. 170.

54 Vgl. dazu auch *Heldrich*, aaO, S. 163 ff., S. 170.

55 So aber die herrschende Lehre und Rechtsprechung, vgl. dazu *Hubmann*, aaO, S. 347; *Heldrich*, aaO, S. 163 ff., S. 171; BGHZ 15, S. 249 ff., S. 259 f.; BGHZ 50, S. 133 ff., S. 139 f.

Im Grunde ist auch die Rechtsprechung zum postmortalen Persönlichkeitsrecht mehr als unsicher. So vertritt der BGH[56] die Auffassung, daß es ein Indiz für die fehlende Verletzung des Persönlichkeitsrechts des Verstorbenen sein könne, wenn unter mehreren Wahrnehmungsbefugten nur einer eine Klage erhebt. Gerade diese Aussage ist jedoch von der Annahme eines postmortalen Persönlichkeitsrechts des Verstorbenen her gesehen inkonsequent. Dieses ist entweder verletzt oder nicht. Die Zahl der Klagen ist insoweit irrelevant. Sieht man dagegen in derartigen Fällen das Persönlichkeitsrecht der Angehörigen verletzt, so ist es durchaus ein Indiz für die fehlende Betroffenheit eines einzelnen Angehörigen, wenn nur einer von ihnen die Klage erhebt. Bezeichnenderweise wird auch bei der Bestimmung des Schutzzeitraumes darauf festgestellt, daß eine Limitierung insoweit unnötig sei, als die Rechtsgüter des Verstorbenen ohnehin nur von den Wahrnehmungsbefugten verteidigt werden könnten. Also auch hier wird ausdrücklich oder stillschweigend auf die Angehörigen abgestellt[57].

Auch bei den Rechtsfolgen zeigen sich bei den Anhängern des postmortalen Persönlichkeitsrechts Inkonsequenzen. So soll der Schadensersatzanspruch nach § 823 I, II BGB nur auf Naturalrestitution gerichtet sein, da dem Verstorbenen ein Nichtvermögensschaden aus der postmortalen Beeinträchtigung seiner Persönlichkeitsgüter nicht mehr erwachsen könne[58]. Es trifft sicherlich zu, daß dem Verstorbenen mit den Mitteln der irdischen Gerechtigkeit keine Genugtuung mehr verschafft werden kann. Nur könnte die Alternative zur Verkürzung der Rechtsfolgen auch lauten, daß ein postmortales Persönlichkeitsrecht generell abgelehnt wird. Kann denn dem Verstorbenen mit dem Unterlassungs- oder Beseitigungsanspruch noch irdische Gerechtigkeit widerfahren? Eine gewisse Parallele bietet hierzu das Urheberrecht. Der neuere Gesetzgeber hat selbst das Urheberpersönlichkeitsrecht vererblich gestaltet, also Verstorbenenschutz in Erbenschutz umgewandelt (vgl. § 28 UrhG). Auch schon früher blieb die Einheit des Urheberrechts im Erbgang gewahrt. Damit war ein effektiver Schutz erreicht, da die Erben, die als Träger der Nutzungsrechte die Verträge über die Wiedergabe des Werkes ab-

---

56 BGHZ 50. S. 133 ff., S. 140.

57 Vgl. dazu auch *Heldrich*, aaO, S. 163 ff., S. 173; *Hubmann*, aaO, S. 346 will insoweit eine Befristung analog § 83 UrhG für 25 Jahre einnehmen; vgl. dazu auch § 12 Abs. 2 des Entwurfes eines Gesetzes zur Neuordnung des zivilrechtlichen Persönlichkeits- und Ehrenschutzes (Bundestagsdrucksache III, Nr. 1237 v. 18. 8. 1959), für eine Befristung de lege ferenda auch *H.-P. Westermann*, FamRZ 1969, S. 561 ff., S. 569.

58 Vgl. dazu *Hubmann*, aaO, S. 348; *H. Lange*, aaO, § 5 III, 5 S. 46; kritisch *H.-P. Westermann*, FamRZ 1969, S. 561 ff., S. 571.

schließen, gleichzeitig Wahrer der persönlichkeitsrechtlichen Befugnisse sind[59].

Auch *H. P. Westermann*[60] will allein den in ihren Persönlichkeitsrechten verletzten Angehörigen einen Anspruch auf einen billigen Ausgleich in Geld gemäß § 847 BGB zubilligen. Die Frage ist jedoch, wann ein solcher sanktionsbewährter Tatbestand der Angehörigen erfüllt ist. Keineswegs kann es die Aufgabe des Zivilrechts sein, die fehlenden strafrechtlichen Sanktionen durch zivilrechtliche Reaktionen zu kompensieren[61].

Welche Verirrungen insoweit möglich sind, zeigt am besten das Urteil des LG Bonn vom 25. 2. 1970[62]. Diesem Urteil lag folgender Tatbestand zugrunde:

Die Witwe und die Mutter eines in der chirurgischen Klinik einer Universität als Kassenpatient aufgenommenen und dort verstorbenen Patienten verlangten von dem Chefarzt und Direktor dieser Klinik ein Schmerzensgeld von je DM 16 000,– auf Grund folgenden Vorfalls: Der Beklagte hatte veranlaßt, daß ein Operationsteam der Klinik dem seit mindestens 15 Stunden toten Patienten dessen Leber entnahm, um sie durch ein anderes Operationsteam unter seiner Leitung einem an Leberkrebs lebensgefährlich erkrankten anderen Patienten einzusetzen. Die Klägerinnen erblicken eine schwerwiegende Verletzung ihrer Persönlichkeitsrechte darin, daß der Beklagte zur Entnahme der Leber weder ihre Einwilligung eingeholt noch nachträglich ihre Genehmigung erhalten habe. Sie seien von den Vorgängen erst durch die Presse in unangebrachter Form unterrichtet und belästigt worden.

Das LG Bonn hat im vorliegenden Fall die Frage, wessen Persönlichkeitsrecht verletzt worden ist, unerörtert gelassen und die Klage gegen den Klinikchef auf Grund des § 839 I, 2 BGB abgewiesen, scheint aber von einer Verletzung der Klägerinnen auszugehen[63]. *Heldrich* ist der Meinung, daß der Gedanke, daß der eigene Körper nach dem exakt festgestellten Tode als Spender eines einzelnen Organs zur Rettung eines kranken Menschen dienen könnte, die vom Grundgesetz gewährte Entfaltung der individuellen Persönlichkeit während des Lebens nicht beeinträchtige; eine Verletzung des postmortalen Persönlichkeitsrechts komme daher nicht in Betracht[64]. *Heldrich* sieht insoweit das allgemeine Persönlichkeitsrecht der Hinterbliebenen auf Achtung ihres familiären Pietätsgefühls als verletzt an, lehnt jedoch einen

---

59 Vgl. dazu *E. Ulmer*, aaO, S. 284/285 m. w. N.

60 *H.-P. Westermann*, FamRZ 1969, S. 561 ff., S. 571 r. Sp.

61 Vgl. dazu auch *Geilen*, JZ 1971, S. 41 ff.

62 LG Bonn, VersR 1970, S. 719 mit Anm. von *Deutsch* = DRiZ 1970, S. 169 f. = JZ 1971, S. 56 ff. und dazu *Geilen*, JZ 1971, S. 41 ff.; vgl. dazu auch *Roesch*, VersR 1970, S. 1084; vgl. dazu auch *Laufs*, VersR 1972, S. 166.

63 LG Bonn, DRiZ 1970, S. 169 ff., S. 170 r. Sp.

64 *Heldrich*, aaO, S. 163 ff., S. 177.

Schmerzensgeldanspruch ab: Bei einer zur Rettung eines schwer Erkrankten nach den Regeln der medizinischen Wissenschaft vorgenommenen Transplantation eines Leichenteils liege weder schwere Schuld noch eine objektiv erheblich ins Gewicht fallende Beeinträchtigung des Persönlichkeitsrechts der Angehörigen vor[65].

Es berührt merkwürdig, daß auch in diesem Zusammenhang Schadenssummen verlangt werden, die sich in Wirklichkeit als verkappte Lizenzgebühren darstellen. Auch *Geilen*[66] steht einem Ersatz des immateriellen Schadens in diesen Fällen skeptisch gegenüber:

„. . . Auch wenn man die Möglichkeit einer in doppelter Richtung laufenden Verletzungskonkurrenz nicht grundsätzlich bestreitet . . ., so müßte doch im vorliegenden Fall vorausgesetzt werden, daß die Verfügungsbefugnis des Hinterbliebenen nicht nur das postmortale Persönlichkeitsrecht des Verstorbenen wahrnimmt, sondern gleichzeitig im eigenen Persönlichkeitsrecht verwurzelt ist. Dagegen spricht die Bindungswirkung eines vom Verstorbenen zu Lebzeiten geäußerten Willens, die Notwendigkeit auch auf den mutmaßlichen Willen Rücksicht zu nehmen und schließlich der auch sonst auf die Zwecke der Totenfürsorge beschränkte Entscheidungsspielraum . . ."

Lehnt man wie hier ein postmortales Persönlichkeitsrecht ab, so stellt sich die Frage, wann das eigene Persönlichkeitsrecht der Hinterbliebenen verletzt ist. Werden hier keine Grenzen errichtet, so kann diese Konstruktion leicht zu einem für den Verletzer unerträglichen Summierungseffekt führen[67]. Dieser Gefahr kann man nur dann entgehen, wenn man in diesen Fällen eine Parallele zu den möglichen Verletzungskonkurrenzen in Familienverbänden zieht, d. h. ein Angriff auf die Ehre des Toten ist nur dann eine Persönlichkeitsrechtsverletzung des Angehörigen, wenn dieser Ehrangriff auch zu dessen Lebzeiten eine Verletzung des Angehörigen darstellen würde. Dies ist aber nur dann der Fall, wenn sich die Persönlichkeitsverletzung unmittelbar als Verletzungshandlung gegenüber beiden darstellt. Dies ist nur ausnahmsweise der Fall[68]. *Soweit das nicht der Fall ist, stellt sich die Geltendmachung von Ansprüchen wegen Verletzung des Ehrstatus des Toten nicht als Verletzung des eigenen Persönlichkeitsrechts, sondern als Wahrnehmung fremder Interessen dar, die das geltende Recht nicht kennt.* Insoweit greift allein der strafrechtliche Schutz des § 189 StGB ein. Eine Ausnahme gilt nur in Bezug auf § 22 KUG und § 83 UrhG.[68a] [68b]

---

65 *Heldrich*, aaO, S. 163 ff., S. 177.

66 *Geilen*, JZ 1971, S. 41 ff., S. 45 1. Sp.

67 Vgl. dazu *Geilen*, JZ 1971, S. 41 ff., S. 45.

68 Vgl. dazu *Schönke-Schröder*, aaO, vor § 185 Rdnr. 6, 8, 9; vgl. dazu auch *Hans-Joachim Hirsch*, aaO, S. 134.

68a Soweit Organe aus dem Leichnam ohne Zustimmung des Toten oder der Angehörigen in Frage stehen, sollte erwogen werden, ob insoweit nicht die Zahlung einer Li-

Sieht man dagegen bei Angriffen auf den Ehrstatus des Toten generell das Persönlichkeitsrecht der Angehörigen als verletzt an, so erheben sich schwerwiegende Fragen: Wieweit reicht der Kreis der Angehörigen? Wie stellt sich

---

zenzgebühr unter bereicherungsrechtlichen Gesichtspunkten in Betracht kommen kann. Leider steht das rechtswissenschaftliche Schrifttum überwiegend auf dem Standpunkt, daß ein Vertrag, mit dem die Angehörigen die Organentnahme von einer finanziellen Zuwendung des Empfängers abhängig machen, gemäß § 138 I BGB nichtig ist. Dieser sehr pauschalen Betrachtungsweise ist jüngst *Hanack* (Studium Generale Bd. 23 (1970), S. 428 ff., S. 435) entgegengetreten:

„Ob dieser strenge Standpunkt immer sinnvoll ist, scheint allerdings zweifelhaft: Eine freiwillige finanzielle Zuwendung an den Spender bzw. seine Angehörigen, und zwar zur Unterstützung in Not geratener Hinterbliebener oder zu den Kosten der Beerdigung ist ohne Zweifel statthaft; daß sie dann unter Umständen nicht auch im Wege beiderseitiger Vereinbarung soll erfolgen können, ist schwer einzusehen, solange es sich nicht um die Ausnutzung der Notlage des Empfängers, also ein Verschachern der Organe handelt ... Ein echter Handel mit Leichenteilen nach den Grundsätzen einer freien Marktwirtschaft mit entsprechender Preistreiberei wäre jedoch unzulässig. Er würde allgemeine Belange empfindlich berühren: Der reiche Kranke hätte dann andere Lebenschancen als der arme, falls sich nicht, was undenkbar erscheint, die gesetzlichen oder privaten Krankenkassen an einem solchen Handel beteiligen würden. Sollte daher eine derartige Geschäftigkeit einsetzen, müßte der Gesetzgeber durch entsprechendes Verbot eingreifen, wie das in Italien – für lebende Spender – geschehen ist, in Deutschland m.E. augenblicklich aber nicht erforderlich erscheint."

Wie immer man sich in dieser Frage entscheiden mag, so zeigen doch die Ausführungen *Hanacks*, daß es insoweit nicht um das „Anstands- und Gerechtigkeitsgefühl" der Rechtsgemeinschaft geht, sondern um ein Problem der sozialen Teilhabe. Auf jeden Fall ist es verlogen, wenn die Angehörigen eine Verletzung ihres Pietätsgefühls behaupten, gleichzeitig jedoch Schmerzensgeld in einer Höhe fordern, die den Verdacht nahelegt, daß hier eine Lizenzgebühr geltend gemacht wird; vgl. dazu auch *Reimann*, Festschr. f. G. Küchenhoff, Berlin, 1972, Bd. 2, S. 341 ff., S. 347 f. Auch im übrigen gilt es, ein realistisches Verhältnis zur Leiche zu finden. Inwieweit dieses Verhältnis z. Z . noch gestört ist, zeigen die nachfolgenden Ausführungen von *W. Weimar* (MDR 1971, S. 795 r. Sp.):

„Besteht z. B. ein Vorlegungsanspruch gemäß § 809 BGB hinsichtlich eines Leichnams ... Kann eine im Strom treibende Wasserleiche gefunden und für die Mühewaltung durch den Finder ein Finderlohn beansprucht werden? ... Welche Behandlung erfährt der Transport einer Leiche nach der EVO? Ist für den Transport ein Frachtbrief auszustellen oder entspricht es unserem Pietätsgefühl mehr, wenn der Transport nur auf Grund einer Fahrkarte ausgeführt werden darf? Wie sind die Eigentumsverhältnisse an den einer Leiche in den Sarg mitgegebenen Gegenständen?"

Der Verfasser muß es sich versagen, auf diese „Problematik" der Rechtsstellung des Toten einzugehen.

[68b] Auch das Bundesverfassungsgericht hat in seinem Beschluß vom 24. 2. 1971 (BVerfGE 30, S. 173 ff., S. 195/196) nicht exakt zwischen Persönlichkeitsrecht des

die Rechtslage dar, wenn der Angriff gegen den Verstorbenen auf Grund von Rechtfertigungsgründen, bzw. Entschuldigungsgründen gerechtfertigt bzw. entschuldigt war? Sollen diese Rechtfertigungs- oder Schuldausschließungsgründe auf Dritte ausgedehnt werden? Sollen Schmerzensgeldbeträge zugewiesen werden mit der Folge, daß dem Verletzer zugemutet wird, sich zunächst über die Familienverhältnisse, d. h. die Zahl der Hinterbliebenen zu orientieren? Alle diese Fragen zeigen, daß es auch rechtspolitisch nicht wünschenswert ist, eine Verletzung des eigenen Persönlichkeitsrechts der Angehörigen anzunehmen. Eine derartige „Sippenberechtigung" ist in der Gegenwart ebenso unberechtigt wie die Sippenhaft.

Mit Urteil vom 4. 6. 1974[68c] hat der BGH einen Schmerzensgeldanspruch von Angehörigen bei groben Entstellungen des Lebensbildes eines Verstorbenen abgelehnt. Nach Auffassung des BGH muß ein derartiger Anspruch bereits aufgrund der Funktion dieser Entschädigung entfallen. Die Genugtuungsfunktion könne eine von dem Angehörigen geltend gemachte Entschädigung insoweit nicht erfüllen. Insoweit scheint der BGH jedoch an die Annahme einer Verletzung der Persönlichkeitssphäre der Angehörigen selbst strenge Anforderungen zu stellen. Daß die Vorwürfe gegen den Verstorbenen „naturgemäß" auch die Ehre der Angehörigen verletzen, verfällt der Ablehnung. Die hierfür gegebene Begründung, daß die Angehörigen in dem betreffenden Artikel nicht erwähnt waren, vermag freilich nicht zu überzeugen[68d]. Der BGH hält jedoch die Angehörigen für befugt, die über den Tod hinauswirkenden Persönlichkeitsrechte des Verstorbenen mit einer Unterlassungs- oder Widerufsklage wahrzunehmen. Einen Widerspruch zur Versagung eines Schmerzensgeldes erblickt er hierin nicht. Von dem hier vertretenen Standpunkt aus entfällt auch ein Widerrufs- oder Unterlassungsanspruch, da ein postmortales Persönlichkeitsrecht nicht zu begründen ist.

Dieser Auffassung hat sich neuerdings auch *G. Küchenhoff*[68e] angeschlossen, der ebenfalls zu Recht davon ausgeht, daß dem Verstorbenen kein Persönlichkeitsrecht mehr zusteht. Trotzdem geht *Küchenhoff* von einer Rechtspflicht der Überlebenden aus, die Würde des Verstorbenen zu achten und zu schützen. Zur Wahrung dieser Rechtspflicht „aus Art. 1 GG" sollen alle

---

Verstorbenen und dem Persönlichkeitsrecht der Angehörigen unterschieden. So spricht das Bundesverfassungsgericht (aaO., S. 195/196) von einer Abwägung „zwischen dem durch Art. 1 Abs. 1 GG geschützten Persönlichkeitsbereich des Verstorbenen Gustav Gründgens *und seines Adoptivsohnes* und der durch Art. 5 Abs. 3 S. 1 GG gewährleisteten Kunstfreiheit". Vgl. dazu auch *Schwab*, aaO, S. 83 Rdnr. 136.

68c BGH NJW 1974, S. 1371.

68d So aber BGH NJW 1974, S. 1371 1. Sp.

68e *G. Küchenhoff*, Festschr. für Geiger, S. 45 ff., S. 50.

Kinder und Enkel, Eltern, Ehefrau, Lebensgefährtin, Freund und Freundin aktivlegitimiert sein. Wenn jedoch der Verstorbene nicht mehr Rechtssubjekt ist, so können die Überlebenden allein Ansprüche aus Verletzungen des eigenen Persönlichkeitsrechts geltend machen. Eine Rechtspflicht, die Würde des Verstorbenen zu wahren, läßt sich für die Überlebenden ohnehin nicht begründen.

Auch im Rahmen des presserechtlichen Gegendarstellungsanspruchs ist zweifelhaft, ob für einen Verstorbenen dessen Erben den Gegendarstellungsanspruch geltend machen können[68f] und wann von einer eigenen Betroffenheit des Erben gesprochen werden kann, so daß ihm ein eigener Entgegnungsanspruch erwächst. Die Pressegesetze verlangen, daß derjenige, der diesen Anspruch geltend macht, durch eine in einem Druckwerk aufgestellte Tatsachenbehauptung betroffen ist. Sieht man den Gegendarstellungsanspruch im allgemeinen Persönlichkeitsrecht begründet an, so wird man die Geltendmachung des Entgegnungsanspruchs durch den Erben bei Angriffen auf den Verstorbenen ausschließen müssen. Der Gegendarstellungsanspruch erwächst bei mittelbarer Betroffenheit auch nur unter der Voraussetzung originär in der Person des mittelbar Betroffenen, wenn die betreffende Pressemitteilung auch ihn in seiner Identität tangiert. Dies wird regelmäßig nicht der Fall sein.

III. Das Persönlichkeitsrecht juristischer Personen und anderer Verbände

Gibt es so etwas wie ein Persönlichkeitsrecht im Sinne des Achtungsanspruchs von Genossenschaften, eingetragenen Vereinen, Aktiengesellschaften usw.? Die Frage mutet erheiternd an und trotzdem ist sie in der Rechtswissenschaft bejaht worden[69].

Das Problem des Persönlichkeitsrechts von juristischen Personen soll hier im Anschluß an das Persönlichkeitsrecht Verstorbener erörtert werden, da sich die Problematik zum Teil ähnlich stellt.

68f Einen derartigen Anspruch bejahen *Regensburger*, Die pressegesetzliche Berechtigungspflicht, Rostok, 1911, S. 23; OLG Celle GoltdArch 39, S. 375; a. A. *Kitzinger*, Das Reichsgesetz über die Presse, Tübingen, 1920, S. 75; *Mannheim*, Presserecht, Berlin, 1927; soweit dieses Problem unter dem Gesichtspunkt der Vererblichkeit des Gegendarstellungsanspruchs diskutiert wird (vgl. dazu *Löffler*, Presserecht, Bd. 2, § 11 LPG Rdnr. 50), bleibt festzustellen, daß dieser Aspekt das Problem nicht erhellt. Wird nämlich ein Verstorbener von einer Pressemitteilung betroffen, so kann nicht festgestellt werden, daß sein zu Lebzeiten nicht aktualisierter Gegendarstellungsanspruch auf den Erben übergeht. Ein solcher Gegendarstellungsanspruch bestand zu Lebzeiten überhaupt nicht.

69 Vgl. *H. Westermann*, Festschrift für König, 1960, S. 345 ff., S. 353.

Welcher Hochsprache die Rechtsdogmatik auch hier verfallen ist, läßt sich leicht anhand der Darstellung von *Hubmann*[70] aufzeigen:

„Träger von Persönlichkeitsrechten kann nicht nur der Einzelne, sondern auch ein Verband sein. Es entspricht der sozialen Anlage des Menschen, daß er sich zu Gemeinschaften zusammenschließt, um durch Verbindung seiner Kräfte und Fähigkeiten mit denen anderer seine Wirksamkeit zu verstärken oder um seinen Plänen und Zielen einen von seinem Leben und seiner Person unabhängigen Bestand zu sichern. Diese Gebilde werden zu Trägern personaler Werte, weil sie Personen zusammenfassen und durch deren Streben, deren Fähigkeiten und deren Willen geprägt und getragen werden; sie enthalten auch den Geist der Gründer und suchen diesen weiterhin zu verwirklichen. Der ihnen satzungsmäßig zugrunde liegende Zweck ist nichts anderes als objektivierter Geist des oder der Gründer. Insoweit trägt auch die Stiftung, wo sie keine Personenmehrheit ist, personale Züge. Aufgrund ihrer Organisation sind diese Verbände in der Lage, einen Willen zu bilden und ihn durch ihre Organe oder Vertreter nach außen durchzusetzen. Nur erscheinen sie im Verkehrsleben als Einheit, die von den sie tragenden Einzelpersonen verschieden ist. Trotzdem dienen sie der Entfaltung und sittlichen Aufgabe des Individuums; sie besitzen und realisieren Güter und Werte, die denen des Einzelnen entsprechen und im menschlichen Dasein dieselbe Bedeutung haben, sie haben Bedürfnisse und Belange, die den persönlichen Interessen des natürlichen Menschen ähnlich sind und ebenso Schutz verdienen."

Bereits *Otto v. Gierke*[71] hat festgestellt, daß die Verbände nicht den gleichen „sakrosankten Anspruch auf Persönlichkeit" wie die Individuen haben. Menschenrecht und Rechtspersönlichkeit (auch die menschenrechtlich geforderte) sind dogmatisch zu scheiden[72]. *Lessmann*[73] kommt im Wege einer arithmetischen Methode zum allgemeinen Persönlichkeitsrecht juristischer Personen:

„Art. 1 GG ist . . . auf juristische Personen nicht anwendbar. Art. 2 GG gilt zwar auch für juristische Personen, sein Anwendungsbereich ist jedoch eingeschränkt. Da erst im Zusammenwirken dieser Bestimmungen für die herrschende Meinung die Rechtsbasis für das allgemeine Persönlichkeitsrecht liegt, kann ein solches für juristische Personen nicht in dem umfassenden Sinn wie für natürliche Personen anerkannt werden."

Konnte für den Toten Art. 2 I GG keine Anwendung finden, so stellt sich also – more geometrico – die Problematik bei den juristischen Personen so

[70] *Hubmann*, aaO, S. 333.

[71] *O. v. Gierke*, Grundzüge des deutschen Privatrechts, in: v. Holtzendorffs Systematische Enzyklopädie der Rechtswissenschaft, 7. Aufl., 1. Bd., 1. Hälfte, München-Leipzig-Berlin 1913, S. 175 ff., S. 209.

[72] Vgl. zum Ganzen auch *W. Schmidt*, Grundrechte und Nationalität juristischer Personen, Eine Untersuchung über den Grundrechtsschutz der inländischen und ausländischen juristischen Personen in der Bundesrepublik Deutschland, Heidelberg 1966, S. 28 ff., S. 30 f.

[73] *Lessmann*, AcP Bd. 170 (1970), S. 266 ff., S. 270.

dar, daß auf sie Art. 1 I nicht anwendbar sein soll. Derartige Ableitungen sind schon deshalb verfehlt, weil aus diesen Verfassungsbestimmungen, wie schon wiederholt ausgeführt wurde, ein konkreter Persönlichkeitsschutz des Zivilrechts nicht abgeleitet werden kann.

Im Privatrecht werden den Verbänden diejenigen Persönlichkeitsrechte zugestanden, die ihrem „Wesen" nach für sie passen[74].

Für die Diskussion um das allgemeine Persönlichkeitsrecht juristischer Personen wäre schon viel gewonnen, wenn man sich bewußt wäre, daß die Gruppe keine, einzelnen Mitgliedern übergeordnete Gesamtperson ist und wenn man die Anwendung personaler Kategorien wie z. B. die „höhere Würde des Ganzen", womit noch *Gierke* das „Wesen menschlicher Verbände" mißdeutete, aufgeben würde[75]. An die Stelle derartiger Betrachtungen sollten allein Funktionsbegründungen treten. Die juristische Person darf nicht mystifiziert werden. Es ist das Verdienst von *Fabricius*[76] jüngst unter Hinweis auf *Müller-Freihenfels*[77] diesen Mystifikationen entgegengetreten zu sein. Die juristische Person ist keine „Einheit . . . als selbständiger Wert an sich", sondern eine „konstruktive Abbreviatur", die nur komplizierte Tatbestände, Zusammenhänge, Regeln auf einen abkürzenden Begriff bringt, der seinerseits ganz von seinen Komponenten abhängt[78].

1. Der Achtungsanspruch juristischer Personen und sonstiger Verbände

Es ist allgemein anerkannt, daß diejenigen Persönlichkeitsrechte, welche mit dem Menschsein zusammenhängen, wie Menschenwürde, Leben, Körper, Gesundheit, Arbeitskraft, Willenskraft, Gefühle, geistige Integrität, Bildnis und Charakterbild juristischen Personen und sonstigen Verbänden nicht zu-

---

[74] *Hubmann*, aaO, S. 334; *Hinderling*, Persönlichkeit und subjektives Recht, Die ärztliche Aufklärungspflicht, Basel 1963, S. 28; *Maurer*, Das Persönlichkeitsrecht der juristischen Person bei Konzern und Kartell, Aarau 1955, S. 56 ff.; *Nipperdey-Wiese*, in: *Bettermann-Nipperdey*, Die Grundrechte, Bd. IV, S. Halbbd., S. 741 ff., S. 861; *Lessmann*, AcP Bd. 170 (1970), S. 266 ff., S. 268 f. m. w. N.

[75] Vgl. dazu v. d. *Gablentz*, aaO, S. 124.

[76] *Fabricius*, Gesellschaftsrechtliche Unternehmensverbindungen und Arbeitgeberbegriff in der betrieblichen Krankenversicherung, Ein Beitrag zum Arbeits-, Konzern- und Sozialversicherungsrecht, Neuwied-Berlin 1971, S. 56 ff., S. 107 f.

[77] *Müller-Freienfels*, AcP Bd. 156 (1975), S. 522 ff., S. 533.

[78] *Hans J. Wolff*, aaO, S. 207.

kommen[79] [80]. *Lessmann*[81] ist der Auffassung, daß die Rechte am Körper, am Leben und an der Gesundheit Güter zum Gegenstand hätten, deren Verletzung sich zwar auch auf das organisationsmäßige Funktionieren des Verbandes und dessen Zweckverfolgung auswirken könnte; diese mittelbare Beeinträchtigung sei nach dem Deliktssystem jedoch nicht sanktionsfähig (vgl. §§ 844, 845 BGB).
Deshalb könne ein Recht am Körper, am Leben, an der Gesundheit für juristische Personen nicht anerkannt werden. Dies ist sicherlich im Ergebnis richtig. Gesundheit, Leben und Körper als Lebensgüter sind auf einen Menschen bezogen. Sie kommen einem Verband nicht zu. Der Rest, die Beeinträchtigung der Funktion durch eine Verletzung dieser Lebensgüter bei einem Mitglied, löst ein allgemeines Schadensproblem aus, das nichts für die Frage hergibt, ob eine juristische Person insoweit an Persönlichkeitsrechten teilnimmt. Gleiches gilt für die körperliche Bewegungsfreiheit[82].

Ein Achtungsanspruch kann für juristische Personen nur insoweit in Betracht kommen, als dieser zur Wahrung der Funktionsfähigkeit der juristischen Person oder der sonstigen Verbände dient. Achtungsanspruch und Teilhabeanspruch gehen ineinander über.

2. Der Teilhabeanspruch juristischer Personen und sonstiger Verbände

Unbestritten steht den Verbänden und juristischen Personen das Recht der allgemeinen Handlungsfreiheit zu[83]. Ob diese Handlungsfreiheit als Bestandteil des allgemeinen Persönlichkeitsrechts oder im Sinne eines erweiterten Freiheitsbegriffs i. S. des § 823 I BGB[84] zu verstehen ist, ist von sekundärer

---

79 Vgl. *Hubmann*, aaO, S. 335; vgl. auch BGHZ 45, S. 296 *Höllenfeuer*.

80 Vgl. auch *Nipperdey-Wiese*, in: *Bettermann-Nipperdey*, Die Grundrechte, Bd. IV, 2. Halbbd., S. 741 ff., S. 861; *Staudinger-Coing*, aaO, vor § 1 Rdnr. 25.

81 *Lessmann*, AcP Bd. 170 (1970), S. 266 ff., S. 273.

82 Vgl. dazu *Lessmann*, AcP Bd. 170 (1970), S. 266 ff., S. 274 f.

83 Vgl. dazu BAGE 12, S. 199; BVerfGE 10, S. 89 ff., S. 99; BVerfGE 10, S. 221 ff., S. 225; BVerfGE 19, S. 206 ff., S. 215; BVerfGE 19, S. 226 ff., S. 239; BVerfG NJW 1967, S. 197; *Lessmann*, AcP Bd. 170 (1970), S. 266 ff., S. 275 f.; *Hubmann*, aaO, S. 334 m. w. N.; zu dieser allgemeinen Handlungsfreiheit gehört auch die Freiheit zu wirtschaftlicher Betätigung, vgl. dazu BVerfGE 4, S. 7 ff., S. 15; BVerfGE 6, S. 32 ff., S. 41; BVerfGE 8, S. 274 ff., S. 328; BVerfGE 9, S. 3 ff., S. 11; BVerfGE 10, S. 89 ff., S. 99; BVerfGE 12, S. 341 ff., S. 347; *Nipperdey-Wiese*, in: *Bettermann-Nipperdey*, Die Grundrechte, Bd. IV, 2. Halbbd., S. 741 ff., S. 775 m. w. N.

84 So *Lessmann*, AcP Bd. 170 (1970), S. 266 ff., S. 274.

Bedeutung. Der Weg über einen erweiterten Freiheitsbegriff ist kaum „dogmatisch reiner, weil gesetzesnäher"[85].

Wie sehr der Persönlichkeitsschutz juristischer Personen und sonstiger Verbände immer noch am Schutz der natürlichen Person orientiert wird, zeigt am besten die Stellungsnahme von *Lessmann*[86]:

„Sind letztlich bei der juristischen Person Interessenträger die einzelnen Mitglieder, die ihre Interessen nur zu gemeinsamer Zweckverwirklichung organisatorisch verselbständigt haben, so muß trotz der Verobjektivierung noch eine erkennbare Interessenbezogenheit auf die das Substrat der juristischen Person bildenden menschlichen Mitglieder gegeben sein, um der juristischen Person den Persönlichkeitsschutz zubilligen zu können. Als entscheidenden Gesichtspunkt sieht darum auch *Westermann* für den Persönlichkeitsschutz juristischer Personen und Gesamthandsgemeinschaften an, daß es sich um Gebilde handelt, in denen so viel menschliches vereint ist, daß sie des Schutzes bedürftig und würdig sind, die dem Menschen selber zugedacht ist. Ein Recht auf wirtschaftliche Betätigung wird man daher grundsätzlich nur für die juristischen Personen und Vereinigungen anerkennen können, die ihrem Typ nach körperschaftlich organisiert sind, etwa für die oHG, die Genossenschaften, die personalistisch strukturierte KG oder GmbH. Auch einer Familien-AG kann bei entsprechend starker personalistischer Struktur Persönlichkeitsschutz zukommen. In derartigen Gebilden liegt auch bei wirtschaftlicher Zweckverfolgung das Entscheidende in der personellen Zusammensetzung, so daß der Rechtsschutz an diesem Strukturprinzip anknüpfen kann. Ist dagegen die juristische Person wie etwa die publizistisch orientierte Aktiengesellschaft mit breit gestreutem Aktienbesitz weniger von personellen Elementen durchdrungen, sondern beruht im wesentlichen auf kapitalistischer Grundlage, so fehlt eine erkennbare Interessenrückbezogenheit auf letztlich menschliche Interessenträger, so daß der der Idee nach an menschliche Eigenschaften anknüpfende Persönlichkeitsschutz nicht eingreifen kann. Es soll zwar nicht verkannt werden, daß auch solche Gebilde für die Sachlagen, für die das Persönlichkeitsrecht neben dem Recht am eingerichteten und ausgeübten Gewerbebetrieb Schutz gewähren will, schutzbedürftig sein können. Eine Aktiengesellschaft wird z. B. durch eine Behinderung an der Eröffnung ihres Geschäftsbetriebs durch Sperre, Boykott oder Aufforderung hierzu grundsätzlich ebenso getroffen wie eine oHG. Hier wäre zu überlegen, ob nicht der Unternehmensschutz durch das Recht am eingerichteten und ausgeübten Gewerbebetrieb auf solche Verletzungsfälle erweitert werden könnte, zumal man dadurch den schwierigen Fragen der Strukturbestimmung enthoben wäre. Das Persönlichkeitsrecht jedoch erscheint wegen der andersartigen Wertbezogenheit nicht als die passende dogmatische Grundlage."

Ganz abgesehen davon, daß *Lessmann* das Rechtsinstitut des eingerichteten und ausgeübten Gewerbebetriebes nicht weiter problematisiert[87], ist es von

---

85 *Lessmann*, AcP Bd. 170 (1970), S. 266 ff., S. 274; diese Betrachtungsweise zeigt wiederum, in welchem Umfang gegenwärtig das Problem des Persönlichkeitsschutzes deliktsrechtlich verkürzt wird. Vgl. dazu oben.

86 *Lessmann*, AcP Bd. 170 (1970), S. 266 ff., S. 279.

87 Vgl. dazu neuerdings *H. Buchner*, aaO.

sekundärer Bedeutung, ob man juristische Personen und sonstige Verbände qua Gewerbebetrieb oder Persönlichkeitsrecht als geschützt ansieht. Entscheidend sind allein die Grenzen dieses Schutzes. *Lessmanns* Persönlichkeitssicht atmet auch deutlich ein liberales Erbe. Der Einzelunternehmer ist der Träger der wirtschaftlichen Betätigungsfreiheit, ein Bild, das in der Lebenswirklichkeit längst nicht mehr stimmt. Auch der juristischen Person kommt die wirtschaftliche Betätigungsfreiheit als Teil ihres Persönlichkeitsrechts i. S. des Teilhabeanspruchs zu (vgl. auch Art. 19 III, Art. 3 I GG).
Im einzelnen ist viel streitig. Die Ausführungen von *Hubmann*[88] vermögen insoweit nicht zu überzeugen. Das Recht auf gewerbliche Betätigung steht zwar den gewerblichen Verbänden, nicht aber den Idealvereinen zu. Dies folgt aber nicht aus der Nichtgeltung des Persönlichkeitsrechts für Idealvereine, sondern allein aus der Funktion dieses Verbandstyps, der nach dem BGB gerade dadurch gekennzeichnet ist, daß sein Zweck nicht auf seinen wirtschaftlichen Geschäftsbetrieb gerichtet ist (§ 21 BGB)[89]. Daß sich auf das Recht auf religiöse Bestätigung nur solche Verbände berufen können, deren Zweck an religiösen Zielen ausgerichtet ist, ergibt sich ebenfalls aus der satzungsmäßigen Zwecksetzung[90].
Bereits oben wurde ausgeführt, daß für juristische Personen und sonstige Verbände ein Achtungsanspruch nur insoweit in Betracht kommt, als er die Funktionsfähigkeit des Verbandes absichert. Deshalb tritt in diesen Bereichen an die Stelle des Namens- der Firmenschutz[91], an die Stelle der Ehre der Schutz des Rufes, des Kredits und des Ansehens, an die Stelle des Schutzes der Intimsphäre der Schutz der Geschäfts- und Betriebsgeheimnisse und der sonstigen vertraulichen Angelegenheiten[92] [93]. Bei juristischen

---

88 *Hubmann*, aaO, S. 335/336.

89 Vgl. dazu auch *Lessmann*, AcP Bd. 170 (1970), S. 266 ff., S. 277/278.

90 Vgl. dazu BVerfGE 19, S. 129 ff., S. 132; BVerwGE 10, S. 92; *Lessmann*, AcP Bd. 170 (1970), S. 266 ff., S. 283.

91 Deshalb fällt der Firmenschutz unabhängig von § 28 UWG generell nicht unter § 12 BGB. Vgl. zur entgegenstehenden ganz herrschenden Lehre z. B. *Erman-Böhle-Stamschräder*, aaO, § 12 Anm. 5 und für die entgegenstehende Rechtsprechung zuletzt BGH NJW 1971, S. 1522 ff.; vgl. dazu zutreffend *Fabricius*, JR 1972, S. 15 ff.

92 Vgl. dazu *Seiler*, aaO, S. 17, S. 137; *H. Westermann*, Festschrift für König, S. 345 ff., S. 351; *Rötelmann*, AcP Bd. 160 (1961), S. 366 ff., S. 383 f.

93 Deshalb hat auch der Bundesgerichtshof den von *Lessmann* (AcP Bd. 170 (1970), S. 266 ff., S. 266/267) gewählten Ausgangsfall des OLG Hamburg (Urteil v. 2. 11. 1967 – 3 U 198 (199) (213/66) in seinem Urteil v. 28. 11. 1969 (JZ 1970, S. 777 ff. mit Anm. von *Deutsch*) vorrangig unter dem Gesichtspunkt des UWG geprüft.

Personen und sonstigen Verbänden werden diese Positionen ausschließlich deshalb geschützt, um ihnen eine angemessene Zweckverfolgung zu sichern. Darüber hinaus können allein Persönlichkeitsrechtsverletzungen der einzelnen Mitglieder in Betracht kommen[94].

Es kann daher *H. Westermann*[94a] nicht gefolgt werden, der juristischen Personen und Gesamthandsgemeinschaften dann ein allgemeines Persönlichkeitsrecht zubilligen will, wenn es sich um ein Gebilde handelt, in dem soviel Menschliches vereint ist, daß es des Schutzes bedürftig und würdig ist, der dem Menschen selbst zugedacht ist. Dies sieht *Westermann* bei Genossenschaften als gegeben an. Ganz abgesehen davon, daß hier ein Stück überkommener Genossenschaftsromantik fortzuwirken scheint, kann einer „konstruktiven Abbreviatur"[95] diese Qualität niemals zukommen. „Die Personen, Rechtswesen, sind entweder Einzelwesen oder Gemeinwesen. Zweck und Wille des Einzelwesens sind von Natur gegeben und werden vom Recht nur anerkannt; Zweck und Wille des Gemeinwesens erlangen ihre Existenz erst im Recht und durch das Recht. Demzufolge ist die rechtliche Erfassung der Persönlichkeit eines Gemeinwesens in der Erkenntnis ihres Zweckes und ihres Willens beschlossen . . ."[96]. Diese bereits 1886 von *Rosin* getroffene Feststellung hat auch noch heute Gültigkeit. Dies gilt auch für das öffentliche Recht. Die Gemeinde ist nicht Trägerin eines öffentlich-rechtlichen Persönlichkeitsrechts. Soweit die Führung ihres Gemeindenamens rechtlich geschützt ist, handelt es sich insoweit auch um einen bloßen Funktionsschutz[97].

Insoweit hat auch der BGH[98] anerkannt, daß eine juristische Person den Persönlichkeitsschutz dann in Anspruch nehmen kann, wenn sie und ihre Betriebsangehörigen unter Verwendung ihrer realen Existenz und Tätigkeit zu Objekten einer herabwürdigenden Kritik gemacht werden, die ihre Bezugspunkte nicht in den konkreten Verhältnissen der Trägerperson, sondern in allgemeinen kritischen Einsichten des Verfassers gegenüber einem von ihm aus grundsätzlichen Erwägungen abgelehnten Wirtschaftssystem hat.

---

94 Vgl. dazu auch *Hubmann*, aaO, S. 334 Fn. 3.

94a *H. Westermann*, Festschrift für König, S. 345 ff., S. 353.

95 Vgl. dazu *Müller-Freienfels*, AcP Bd. 156 (1957), S. 522 ff., S. 533.

96 *Heinrich Rosin*, Das Recht der öffentlichen Genossenschaft, Eine verwaltungsrechtliche Monographie, Zugleich ein Beitrag zur allgemeinen Lehre von der Körperschaft, Aalen 1971 (Neudr. d. Ausg. Freiburg i. Br. 1886, S. 92).

97 Vgl. dazu aber auch *Pappermann*, DVBl 1971, S. 519 ff., S. 520 1. Sp.; *Veelken*, DöV 1971, S. 158 ff.; vgl. dazu auch *Rupp-v. Brünneck*, Festschrift für A. Arndt, 1969, S. 349 ff.; v. *Mutius* in: BK Art. 19 Abs. 3 Rdnr. 33 m. w. N.

98 BGH NJW 1975, S. 1882 ff.

Ob dieser soziale Geltungsanspruch der juristischen Person für ihren Tätigkeitsbereich als Arbeitgeberin und Wirtschaftsunternehmen aus der Verfassung folgt, kann hier dahingestellt bleiben[99]. Diese Sicht des Persönlichkeitsschutzes wird auch dadurch bestätigt, daß nach der herrschenden Meinung und der Rechtsprechung der Persönlichkeitsschutz der gewerblichen Betätigung nicht so weit reicht wie der Schutz des privaten Bereichs im engeren Sinne[100].

---

99 Vgl. dazu BGH NJW 1975, S. 1882 ff., S. 1884; vgl. auch *Nipperdey* in: *Betterman/Nipperdey*, Die Grundrechte, Bd. IV/2, S. 778; BVerfGE 10, S. 89 ff., S. 99; BVerfGE 19, S. 206 ff., S. 215; BerfGE 20, S. 323 ff., S. 326; BVerfGE 29, S. 260 ff., S. 265.

100 Vgl. dazu z. B. BGH NJW 1962, S. 32 ff., S. 33.

Teil D

Der Teilhabeanspruch

„Die Idee des freien Spiels der selbstverantwortlichen Kräfte, des harmonischen Interessenausgleichs durch den freien Markt, sowie der gewaltlosen Konstituierung des Gesellschaftsganzen durch die sich von selbst einstellende Marktordnung, diese Ideen sind, soweit sie sich auf die Organisation von Staat und Gesellschaft beziehen, in Wahrheit die großartigen Verhüllungen eines geradezu konträren Zustandes, rechtfertigende Ideologien, die nicht den bewußten Zweck, wohl aber die Funktion haben, der bürgerlichen Gesellschaft ein gutes Gewissen zu verschaffen. Denn die wirkliche bürgerliche Gesellschaft kennt keinen freien Tauschmarkt, keine freie Konkurrenz, keine freie Selbstverantwortung und Selbstbestimmung, sie kennt vor allem keine herrschaftslose Formung des Gesellschaftsganzen durch das freie und gleiche Spiel der Kräfte. Die wirkliche bürgerliche Gesellschaft ist Klassengesellschaft, zusammengehalten durch eine Klassenherrschaft, für die allerdings die Aufrechterhaltung der Freiheits- und Gleichheitsideologie lebensnotwendig ist . . .“
Hermann Heller[1]

„Privatautonomie nennt man das Prinzip der Selbstgestaltung der Rechtsverhältnisse durch den Einzelnen nach seinem Willen. Die Privatautonomie ist ein Teil

---

1 *H. Heller*, aaO, S. 112/113.

des allgemeinen Prinzips der Selbstbestimmung des Menschen. Dieses Prinzip ist nach dem Grundgesetz als ein der Rechtsordnung vorgegebener und in ihr zu verwirklichender Wert durch die Grundrechte anerkannt."
Werner Flume[2]
„Seine Persönlichkeit kann nur entfalten, wer einerseits die positive Befugnis hat, frei . . . zu entscheiden . . ., zu handeln und zu unterlassen . . ."
Hubmann[2a]

I. Einleitung

Unter dem Teilhabeanspruch wird in diesem Zusammenhang der Anspruch auf freiheitliche Betätigung im ökonomischen Bereich verstanden. Die Privatautonomie wird häufig nur als Prinzip der Selbstbestimmung des Menschen, als zu verwirklichender Wert postuliert, nicht aber gefragt, inwieweit dem einzelnen eine solche Selbstbestimmung überhaupt möglich ist. Es soll hier nicht der Frage nach der Erreichbarkeit echter Freiheit und Gleichheit nachgegangen werden. Vieles verliert sich dabei im Spekulativen. Wichtig ist allein, den „Fall-out" einer freien Gesellschaft zu sehen. Auf jeden Fall ist es eine naive Feststellung, wenn behauptet wird, daß wir in einem System leben, „in dem Freiheit, Menschenwürde, Wahrheit und Gerechtigkeit eine harmonische Einheit bilden und eine gleichberechtigte Verwirklichung finden können"[3]. Es gilt nicht nur eine Freiheit zu behaupten. *Vielmehr muß der Persönlichkeitsschutz bei Ungleichgewichtslagen korrigierend eingreifen.*

II. Die Funktion der Drittwirkung der Grundrechte

Auch das Problem der Drittwirkung der Grundrechte[4] muß unter dem Gesichtspunkt der Einschränkung der Freiheit im gesellschaftlichen Bereich gesehen werden. Die Drittwirkung der Grundrechte hat keine andere Funktion, als dem Menschen im gesellschaftlichen Bereich den Schutz angedeihen zu lassen, den er in der Beziehung zum Staat genießt. Im Klartext heißt das: Es soll nicht der Mensch in der Staat-Bürger-Beziehung mit Grundrechten

---

2 *Flume*, aaO, § 1, 1 S. 1.
3 So aber *Vassalli*, aaO, S. 1 ff., S. 2.
4 Vgl. dazu *Leisner*, aaO, m. w. N.

ausgestattet sein, wenn deren Rechtsinhalte im gesellschaftlichen Bereich vergessen werden können. *Forsthoff*[5] weist zutreffend darauf hin, daß es bezeichnend sei, daß nicht ernsthaft versucht werde, die Drittwirkung durch den Nachweis zu begründen, „daß angebbare Veränderungen der gesellschaftlichen Struktur neue Schutzbedürftigkeiten des einzelnen gegenüber der organisierten gesellschaftlichen Macht hervorgerufen haben. Das bedeutet verfassungspolitisch die Umdeutung der Grundrechte in im wesentlichen sozialdeterminierte Pflichtbindungen unter weitgehender Eliminierung ihres liberalen Gehalts“[6].

Es ist frappierend zu sehen, mit welcher Leichtigkeit die insbesondere von *Leisner*[7] und von *Ballerstedt*[8] vorgetragene Auffassung, die Grundrechte gegen jede Form privater Macht zu mobilisieren, abgelehnt wird[9]. *Emmerich*[10] sieht den Haupteinwand gegen diese politische Grundrechtssicht in der Rechtsunsicherheit, „die mit Abgrenzungskriterien wie wirtschaftliche Macht und Unentrinnbarkeit verbunden ist“. Der Preis des Denkens in einfachen Kategorien ist die Erhaltung des status quo. Hinter der Auffassung von *Emmerich* steht die Ideologie der freien Marktwirtschaft, in der nach ihm auf die Dauer allein die Freiheit des einzelnen gewährleistet ist[11]. In diesen Rahmen paßt dann auch der Einwand, die Grundrechte dürften nicht zur kleinen Münze abgewertet werden. Wir sind offenbar bereit, das gesellschaftliche Treiben mit all seiner Mühsal zur kleinen Münze zu erheben. Nicht von ungefähr kommen dann Feststellungen wie die von *Tomandl*[12],

---

5 *Forsthoff*, Rechtsstaat im Wandel, S. 158.

6 *Forsthoff*, Rechtsstaat im Wandel, S. 147 ff., S. 160; vgl. auch *Nipperdey*, Die Grundrechte, S. 1 ff., S. 10: „Die Rechtsidee fordert, daß die Würde der Person gerade auch gegenüber den Gruppen, dem Staat, der Nation gewahrt werde; sie verlangt, daß der Eigenwert der Person auch seitens der sozialen Mächte anerkannt werde. Die Gruppe ist nicht der höhere Wert: Der Einzelne darf nicht zu ihrem Mittel erniedrigt werden.“

7 *Leisner*, aaO. insbesondere S. 378–384.

8 *Ballerstedt*, Die Grundrechte, Bd. III, 1. Halbbd., S. 1 ff., S. 56–59; ob man in diesem Zusammenhang von einer Drittwirkung der Grundrechte im Privatrechtsverkehr oder von einer besonderen Wirkung des Sozialstaatsprinzips ausgeht, soll in diesem Zusammenhang dahingestellt bleiben; vgl. zum ganzen auch *Dürig*, aaO, S. 157 ff., S. 187–189; *Ramm*, Freiheit der Willensbildung, S. 67–69; *Grossfeld*, aaO, S. 52 ff.; *Wiedemann*, JZ 1968, S. 119 ff., S. 219 l. Sp.

9 Vgl. z. B. die schroffe Ablehnung bei *Bydlinski*, ZfÖffR XII (1963), S. 423 ff.; vgl. zur Drittwirkung neuerdings *Eckhold-Schmidt*, Legitimation durch Begründung, 1974.

10 *Emmerich*, aaO, S. 126.

11 Vgl. *Emmerich*, aaO, S. 69.

12 *Tomandl*, JBl 1969, S. 577 ff., S. 577 r. Sp.

daß der Arbeitnehmer nicht nur integriert sei, sondern längst die Führung an sich gerissen habe:

„In der die Stimmen zählenden Gruppendemokratie ist er zur Dominanten geworden, prägt die öffentliche Meinung und sitzt in seinen Berufsorganisationen, den mächtigsten Bastionen im Staat."

Hier werden noch dazu unter Berufung auf *Ernst Jünger*[13], der gerade jede verstandesmäßig vorstellbare gesellschaftliche Ordnung verneinte[14], Herrschaftsstrukturen eskamotiert.

Auch *Flume*[15] wird der Problematik der Drittwirkung oder der absoluten Wirkung der Grundrechte nicht gerecht:

„Insbesondere zeigt sich die Unrichtigkeit der Lehre von der Drittwirkung der Grundrechte, wie sie im allgemeinen vertreten wird, betreffs des Gleichheitssatzes des Art. 3. Würde man mit dem Gleichheitssatz für das private Rechtsgeschäft ernst machen, so würde sich entweder die Lehre von der Drittwirkung offenbar ad absurdum führen oder der Grundsatz der Privatautonomie negiert."

Es ist nicht angängig, vom Extremfall, der Geltung des Gleichheitssatzes im Privatrecht, die Drittwirkung der Grundrechte in Frage zu stellen. Im übrigen geht es nicht um die Alternative Drittwirkung der Grundrechte oder Privatautonomie. Eine Rechtswissenschaft, die sich als Wissenschaft ihrer Zeit versteht, kann hinter derart blassen gedanklichen Abstraktionen die soziale Wirklichkeit, in der für selbstherrliche Verwirklichung wenig Raum ist, nicht negieren. Es ist auch unrichtig, die Drittwirkung allein auf eine mittelbare in dem Sinne zu beschränken, daß rechtsgeschäftliche Regelungen wegen der Mißachtung von Grundrechten gem. § 138 BGB nichtig sind[16]. Das Persönlichkeitsrecht ist vielmehr eine Grundstruktur, die sich auf die Ausgestaltung des gesamten Privatrechts auswirkt.

Jüngst hat sich wiederum *Roman Herzog*[17] mit dem Problem des Verhältnisses der Grundrechte zur Gesellschaftspolitik auseinandergesetzt. Da dessen Ausführungen weitgehend zu folgen ist, sollen sie hier nur kurz referiert werden. *Herzog* stellt zunächst den erstaunlichen Umstand fest, daß die gesellschaftspolitische Diskussion vorrangig unter den Problemgesichtspunkten Klassifizierung und Stringenz gesamtwirtschaftlicher und gesamtgesellschaftlicher Planung, der Verteilung der Planungs- und damit Gestaltungskompe-

---

13 *Ernst Jünger*, aaO.

14 Vgl. dazu *Behrendt*, aaO. S. 162.

15 *Flume*, aaO, § 1, 10b, S. 21/22.

16 Vgl dazu *Püttner*, aaO, S. 186, der zutreffend diagnostiziert, daß die Rechtsprechung bei der Beseitigung drückender Vertragspflichten über §138 BGB sich zurückhaltend verhalte.

17 *Herzog*, Grundrechte und Gesellschaftspolitik, S. 63 ff.

tenz auf die einzelnen Staatsgewalten und die richterliche Kontrolle der einzelnen Akte staatlicher Gesellschaftspolitik bezieht, die Grundrechtsproblematik dagegen ausgeklammert wird[18]. Dies ist umso erstaunlicher, als die gesellschaftspolitischen Forderungen finanzielle Anforderungen auslösen, die über öffentliche Haushalte nicht realisiert werden können[19]:

„Das Besondere, dem die Grundrechtslehre im Zeitalter der Gesellschaftspolitik gegenübersteht, ist also nicht so sehr die selbstverständliche Abhängigkeit der Grundrechtsausübung von der jeweiligen gesellschaftlichen, insbesondere auch wirtschaftlichen Situation, sondern die Tatsache, daß diese gesellschaftliche Situation heute mehr als zu jeder anderen Zeit von demselben Staat ziel- und planmäßig geschaffen und geändert werden kann, der an die Grundrechte, deren praktische Bedeutung mit ihr auf Gedeih und Verderb verknüpft ist, in allen Äußerungen seiner Gewalt unabdingbar gebunden ist. Daß die Eigentumsgarantie für weite Teile der Bevölkerung wegen einer Konzentration der Vermögen praktisch leerläuft, mag für einen Staat, der auf die Vermögensverteilung keinen Einfluß hat, bitter, und für einen Staat, der diese Situation vorfindet, aber trotz der Möglichkeit hierzu diese nicht beseitigt, gerade noch erträglich sein; ein Staat jedoch, der diesen Effekt durch eine planmäßige Wirtschafts-, Währungs- und Steuerpolitik erst herbeiführt, wird sich die Frage stellen lassen müssen, inwiefern sich eine solche Politik von einer Politik der entschädigungslosen Sozialisierung unterscheidet."[20]

Es ist erstaunlich, daß die Lehre von der Drittwirkung der Grundrechte von ihren Urhebern ganz überwiegend nicht mit gesellschaftspolitischen, sondern mit rechtsstaatlichen Ambitionen entwickelt worden ist[21]. Das Verheerende ist gerade, daß die gesellschaftspolitische Stoßrichtung der Grundrechte nicht gesehen wird[22].

Auf Ziel und Ende staatlicher Politik ist das Grundgesetz noch nicht befragt und hinterfragt worden[23]. Auch bei der Drittwirkung der Grundrechte beobachten wir jene Trennung personaler und wirtschaftlicher Werte, die die allgemeine Persönlichkeitsschutzdiskussion beherrscht[24].

---

18 *Herzog*, Grundrechte und Gesellschaftspolitik, S. 63 ff., S. 63/64.

19 *Herzog*, Grundrechte und Gesellschaftspolitik, S. 63 ff., S. 65.

20 *Herzog*, aaO, S. 63 ff., S. 66/67.

21 *Herzog*, aaO. S. 63 ff., S. 67.

22 *Herzog*, aaO. S. 63 ff., S. 67 f.

23 *Herzog*, aaO, S. 63 ff., S. 71 f.

24 Bekanntlich haben *Hans Peters* (aaO, S. 669 ff.) und andere die Wertintensität des Art. 2 I GG so ernst genommen, daß sie dieses Hauptfreiheitsrecht für zu schade erachteten, um es im ökonomischen Alltag abnutzen zu lassen. Vgl. dazu *Maunz-Dürig-Herzog*, aaO, Art. 2 I Rdnr. 11 m w. N. Auf der anderen Seite hat man das allgemeine Persönlichkeitsrecht als eine „wichtige nichtökonomische Ergänzung" des Zivilrechts bezeichnet. Vgl. dazu *Herzog*, aaO, S. 395.

III. Die Privatautonomie

Der Vertrag ist die Hauptform privatautonomer Gestaltung. Im vorliegenden Zusammenhang soll allein von der schuldrechtlichen Vertragsfreiheit die Rede sein, wobei hierunter Abschluß- und Gestaltungsfreiheit verstanden werden[25] [26].

1. Meinungsstand

Um die Sicht der Vertragsfreiheit in der gegenwärtig herrschenden deutschen Privatrechtsdoktrin transparent machen zu können, sollen im folgenden einige repräsentative Stellungnahmen angeführt werden:

„Die Rechtsgrundlage der Vertragsfreiheit ist . . . Art. 2 I GG. Schon früher stützte man die Vertragsfreiheit auf § 305 BGB. Da die Vertragsfreiheit auch Angriffen Privater ausgesetzt sein kann, ist es erforderlich, dem Grundrecht der freien Entfaltung der Persönlichkeit jedenfalls insoweit Drittwirkung zuzuerkennen."[27]

„Es ist denkbar, daß die Rechtsgemeinschaft, etwa der Staat, jedem Rechtsgenossen durch hoheitliche Tätigkeit die Güter zuteilt; wenn der Staat jedem Einzelnen Nahrung, Kleidung, Wohnung, Arbeitsplatz usw. zuweist, brauchen wir die Institution des Vertrages nicht mehr. Es würde sich dabei allerdings nur um ein hypothetisches Zerrbild handeln, das unserer abendländischen Kultur und ihren Grundlagen widerspräche. Eine ausschließlich hoheitliche Betätigung würde voraussetzen, daß unser Beamten- und Verwaltungsapparat um ein Vielfaches vergrößert werden müßte. Eine solche Regelung wäre schon aus dem Grund der m. E. erforderlichen Beachtung des Subsidiaritätsprinzips abzulehnen; nach diesem Prinzip soll die Gemeinschaft ihren Gliedern, wozu nicht nur kleinere Gemeinschaften, sondern auch die einzelnen Personen gehören, all das zur Erledigung in eigener Verantwortung überlassen, was das Glied der Gemeinschaft aus eigener Kraft erledigen kann. Eine alles umfassende staatliche Fürsorge würde dem Menschen nicht dienlich sein, denn der Mensch gedeiht nicht, wenn er ständig am Gängelband geführt wird; deshalb muß man ihm auch die Möglichkeit geben, daß er sein Leben und sein Verhältnis zur Umwelt selbst regelt, selbst auf die Gefahr hin, daß sich dabei Fehlentwicklungen ergeben. Das Prinzip der Vertragsfreiheit ergibt sich zudem auch aus dem Grundrechtskatalog unserer Verfassung; es ist in Art. 2 I GG enthalten, wodurch das Recht auf die freie Entfaltung der Persönlichkeit geschützt wird."[28]

„Die Selbstbestimmung des Einzelnen ist nach dem Grundgesetz ein Prinzip der Gemeinschaftsordnung. Die Grundrechte, welche die Selbstbestimmung

---

[25] Vgl. zum Begriff der Privatautonomie *Flume*, aaO, § 1, 8a S. 12.

[26] Damit soll nicht bestritten werden, daß auch durchaus kritische Gegenstimmen im Raume stehen. Vgl. z. B. *R. Hoffmann*, Kritische Justiz 1970, S. 48 ff., S. 51. Trotzdem bleibt die Mitteilung einer Realdiagnose der Privatautonomie immer noch eine Neuigkeit i. S. der klassischen Informationstheorie. Vgl dazu aber auch v. Craushaar, aaO, S. 3, S. 64.

[27] *Fikentscher*, aaO, § 21 III, 2, S. 73.

[28] *Brox*, Einschränkung der Irrtumsanfechtung, S. 86 f.

gewährleisten, sind nicht nur auf den Einzelnen als Einzelnen bezogen, sondern zugleich auf den Einzelnen als Glied der staatlichen Gemeinschaft. Der Staat ist nach dem Geltungssinn des Grundgesetzes eine Gemeinschaft von Menschen, deren Person-Sein, d. h. Selbstbestimmung, zum Wesensgehalt auch der Gemeinschaft gehört. Die Selbstbestimmung des Einzelnen ist nach dem Grundgesetz auch im Hinblick auf die Gemeinschaft unabdingbar, weil ohne die Selbstbestimmung des Einzelnen eine Gemeinschaft, wie sie vom Grundgesetz gewollt ist, nicht gegeben wäre."[29]

2. Kritik dieses Vertragsfreiheitsverständnisses

Diese Umschreibungen des Vertragsfreiheitsverständnisses erinnern fatal an Glaubensbekenntnisse. „Manche glauben nur, was sie sehen, andere sehen, was sie glauben ... Ich erlaube mir, an Größe zu glauben, wo Kleinheit naheliegt, und Niedrigkeit und Feigheit da zu erkennen, wo Höhenflug propagiert wird. Ich bin ein Organ, zum Fühlen bestimmt, kein Plakat und keine Parole"[30].

Was zunächst den häufig vorzufindenden Hinweis auf § 305 BGB[31] anbetrifft, so zeigt ein Blick in die Gesetzgebungsmaterialien, daß diese Rechtsnorm hinsichtlich der Gewährleistung der Vertragsfreiheit nichts aussagt:

„Der Hauptantrag beruhte auf der Erwägung, daß sich im Entwurf bei fast jedem anderen Rechte eine Bestimmung darüber finde, wie dasselbe begründet werde – s. insbes. bezügl. der Rechte an Grundstücken § 794 I, § 798 –, während für die Obligation eine solche Bestimmung fehle und nur in § 310 ein negativer Satz ausgesprochen sei. Man habe den § 310 hauptsächlich deswegen beibehalten, damit gegenüber der verbindlichen Kraft der Offerte gleichgestellt werde, daß der Entwurf grundsätzlich dem einseitigen, nicht angenommenen Versprechen keine Verpflichtungsmacht beilege. Dies sei zu billigen, es entspreche aber der Redaktionsweise des Entwurfs, den Gedanken nicht negativ, sondern positiv auszudrücken ..."[32]

Dieser Auszug aus den Gesetzesmaterialien zeigt, daß § 305 BGB lediglich eine rechtstechnische Klarstellungsfunktion zukommen sollte.

Im übrigen ist für das deutsche rechtswissenschaftliche Schrifttum im Bereich der Vertragsfreiheit kennzeichnend, daß soziale Veränderungen, Ungleichgewichtslagen, Manipulationssituationen, die die eigenverantwortliche Selbstverwirklichung illusorisch machen, erst in jüngster Zeit verstärkt zur Kenntnis genommen werden. *Die Vertragsfreiheit hat sehr viel von einer vorgeblichen individuellen Freiheit an sich.*

---

29 *Flume*, aaO, § 1, 10a, S. 17.

30 *Hagelstange*, Altherrensommer, Hamburg 1969, S. 199.

31 Vgl. z. B. *Fikentscher*, aaO, § 21 III, 2, S. 73.

32 *Mugdan*, aaO, Bd. II zu § 310, S. 613.

Anstatt diese soziale Wirklichkeit zu analysieren, werden abendländisches Kulturbewußtsein, Subsidiaritätsprinzip und Verfassungsgrundsätze[32a] beschworen. Wer gerade das abendländische Kulturbewußtsein anspricht, muß nachweisen, inwieweit es für das Recht verbindlich ist. Auch das Subsidiaritätsprinzip ist als Rechtsprinzip mehr als zweifelhaft[33]. *Ramm*[34] weist zu Recht darauf hin, daß *Brox* mit seinen unreflektierten Blanketten die Frage nach der Gefährdung der liberalen Denkposition durch die gesellschaftliche Entwicklung und den staatlichen Interventionismus umgeht, obwohl gerade die Einengung der Möglichkeiten wirklichen Aushandelns im Vertrag und die Berücksichtigung der sozial unterschiedlichen Macht der Parteien sehr erhebliche Rückwirkungen auf die Auslegung und die richterliche Position haben müßten. Vertragsfreiheit kann inhaltlich zur Persönlichkeitsrechtsverletzung führen, ein Gesichtspunkt, der im deutschen Schrifttum durch Begriffe wie Verstoß gegen die guten Sitten nur verschleiert wird.

Wenn nicht alles täuscht, ist die Geschichte der Idee der Privatautonomie die Geschichte des Abbaus einer Fiktion[34a]. Bezeichnend ist aber immer noch die Zähigkeit, mit der sich solche reinen Ideen halten, ja diejenigen, die vor der Überschätzung der Vertragsfreiheit in der Gegenwart warnen, als kurzsichtig abgestempelt werden:

„In dieser Beziehung wird häufig mit erstaunlicher Gedankenlosigkeit die Phrase wiederholt, der Raum der Privatautonomie werde immer mehr eingeengt. Die Wiederholung macht auch hier nichts besser. Die Beobachtung der Realität zeigt, daß nach wie vor nahezu das gesamte Angebot an Waren und Leistungen, das eine Volkswirtschaft aufzuweisen hat, durch – regelmäßig mehrfach aneinandergereihte – Rechtsgeschäfte umgesetzt wird; daß sich der Bereich des Rechtsgeschäfts nach wie vor auch auf Grund und Boden, Wohnungen usw. erstreckt; daß alljährlich für Zwecke, die früher dem Großteil der Rechtsgenossen unzugänglich waren, wie etwa Reisen und Erholung, Riesensummen durch privatrechtliche Rechtsgeschäfte umgesetzt werden usw. Man wird im Gegenteil behaupten müssen, daß das Rechtsgeschäft und damit die Privatautonomie de facto kaum je für so viele Menschen reale Bedeutung hatte wie jetzt“[35].

Diese Feststellungen von *Bydlinski* sind wenig überzeugend. Soll das Wohlstandswachstum, das nicht geleugnet werden kann, ernsthaft als Beleg dafür dienen, daß sich der Konsum qua Privatautonomie ereignet?

Eine Privatrechtswissenschaft, die für sich reklamiert, auf der Höhe der Zeit zu stehen, muß sehen, daß Freiheit heute weitestgehend nicht mehr nur als

---

32a Vgl. auch *Mestmäcker*, Festschrift f. Böhm, Tübingen 1975, S. 383 ff.

33 Vgl. zum Subsidiaritätsprinzip *Zuck*, aaO; *Isensee*, aaO.

34 *Ramm*, AcP Bd. 160 (1961), S. 74 ff., S. 75.

34a Vgl. dazu *Ernst A. Kramer*, Die Krise des liberalen Vertragsdenkens, München/Salzburg, 1974.

35 *Bydlinski*, aaO, S. 132.

Freiheit vom Staat, sondern auch als Freiheit durch den Staat real existent werden kann[36]. Die Manipulationen durch die Werbung sind nicht zu übersehen[37]. Insoweit wäre es Aufgabe des Staates, durch das Gesetz gegen Wettbewerbsbeschränkungen oder durch Reklamesteuern die Unternehmer wieder auf die eigentliche Preiskonkurrenz zu verweisen[37a]. Sieht man von solchen Manipulationen ab, so ist schlicht nicht zu leugnen, daß der einzelne in weiten Bereichen hinsichtlich der inhaltlichen Gestaltung des Vertrages keinerlei Freiheit mehr besitzt[38].

Um Mißverständnissen vorzubeugen, sei hier ausdrücklich festgestellt, daß es insoweit nicht um eine aut-aut-Entscheidung geht. Es sind nicht die freie Selbstentfaltung und die Verplanung des Menschen zu kontrastieren. Vielmehr ist nur die Einsicht wichtig, daß Privatautonomie potentiell in Inhumanität umschlagen kann. Wenn *Mestmäcker*[39] im Rahmen der Diskussion um das Schutzobjekt des Gesetzes gegen Wettbewerbsbeschränkungen feststellt, daß nicht zwischen öffentlichem Interesse und Gemeinwohl auf der einen Seite und Privatrecht und Vertragsfreiheit auf der anderen Seite ein vorgegebener Gegensatz unterstellt werden dürfe, so ist gegen diese Feststellung dann etwas einzuwenden, wenn damit gesagt werden soll, daß das pri-

---

36 Vgl. dazu zutreffend *Hesse*, aaO, § 12, 5b, cc, S. 160.

37 Zur Funktion der Werbung hat *H. Peter Gieseler* (Konsumgüterwerbung und Marktstruktur, Freiburg i. Br. 1971) eine umfassende Untersuchung vorgelegt. Er kommt dabei anhand von mathematischen Modellen zu folgenden Ergebnissen:

1) Im Oligopol tritt die Werbung grundsätzlich am stärksten in Erscheinung. Hier versuchen die Unternehmen häufig mit hohen Werbeaufwendungen ihren Marktanteil zu erweitern, wodurch langfristig ein Prozeß kumulativ steigender Kosten zustandekommen kann.
2) Der Monopolist will durch Werbung vor allem Nachfrage aus anderen Branchen abziehen und latente Nachfrage gewinnen.
3) In vollständiger Konkurrenz ist Werbung unsinnig; im unvollkommenen Polypol fehlen den Marktteilnehmern in der Regel die finanziellen Mittel für überregionale Werbekampagnen.
4) Werbung fördert heute die wirtschaftliche Konzentration.
5) Potentiellen Anbietern wird durch die Werbung häufig der Eintritt in den Markt erschwert.

Im übrigen wird immer wieder versucht, die Wirkung der Werbung auf den einzelnen Menschen zu verharmlosen (vgl. z. B. Handelsblatt v. 19. 5. 1970 Nr. 93, S. 10; *Benckiser*, Die Angst manipuliert zu werden, FAZ v. 23. 3. 1970 Nr. 69 (Leitartikel); vgl. zur Werbung auch *v. Holzschuher*, Psychologische Grundlagen der Werbung, Essen 1969).

37a Vgl. dazu auch *H. Peter Gieseler*, aaO.

38 Dies gilt z. B. für den Bereich des Bank-, Versicherungs- und Arbeitsrechts.

39 *Mestmäcker*, JZ 1964, S. 441 ff., S. 442.

vatautonome Handeln im Privatrechtsverkehr die Realisierung eines optimalen Zustandes für alle Beteiligten herbeiführt. Eine derartige Sicht wäre eine reine Ideologie, die insoweit gefährlich ist, als sie rasche und effektive Abhilfe dort inhibiert, wo Marktentscheidungen nicht mehr erreicht werden können[40]. Sieht man dagegen in der Privatautonomie ein „institutionelles Arrangement", das je nach seiner sozialen Einbettung ganz verschieden funktionieren kann, das aber in keinem Falle die Realisierung eines optimalen Zustandes garantiert, dann wird seine Beurteilung und die Beurteilung möglicher Eingriffe in jedem einzelnen Fall von der soziologischen Erforschung seiner Wirkungsweise unter den vorliegenden und entsprechend variierten sozialkulturellen Bedingungen abhängen[41]. Was an der gegenwärtigen Privatautonomie-Diskussion stört, ist die hohe Weihe, die diesem Rechtsinstitut von vornherein zugewiesen wird:

„Dem in krisenhaften Zeiten ohnehin halsbrecherischen Ideal der autonomen Persönlichkeit stellt die industrielle Epoche nicht mehr die geeignete Umwelt zur Verfügung, denn die Unübersehbarkeit der Superstrukturen macht es sinnlos, die im kleinen Individualbereich gemachten Erfahrungen auf die großen Verhältnisse zu übertragen, man muß sich da mit Meinungen und Gefühlsstößen begnügen, auf die man in den Massenmedien eingeübt wird, deren langfristig gesehen enorme Indoktrinationskraft nur von ihnen selbst bestritten wird. Die Fiktion, frei zu sein, läßt sich leichter als jede andere durchhalten, weil man adoptierte Meinungen und Gesinnungen als eigene erlebt und in die Tagesgeschäfte des Privatalltags einbaut, wobei Politisches nur insoweit wahrgenommen wird, als es in Erlebnisbegriffe des Alltags und Berufs übersetzbar ist"[42].

Wenn *Schmidt-Rimpler*[43] im Jahre 1941 die Lehre von der prästabilierten Harmonie, wenn auch in der Tat in einer weniger anspruchsvoll konzipierten Theorie[44], mit der Lehre von der Richtigkeitsgewähr des Vertrages wieder aktualisierte, so liegt der Grund dieser Wiederbelebung allein in der Opposition gegen die antiindividualistischen Postulate der NS-Zeit begründet[45]. Objektivierbare Erfahrung in die Vorzüge vertraglicher Regelung lagen dieser Sicht kaum zugrunde. Deshalb geht auch *Flumes*[46] Kritik an *Schmidt-Rimpler* an der Sache vorbei. Nach *Flume*[47] ist eine Gestaltung, die durch Selbst-

---

40 Vgl. dazu auch Franz-Jürgen *Säcker*, aaO, S. 18.

41 Vgl. dazu *Albert*, Marktsoziologie, S. 205 ff., S. 236 Fn 51.

42 *Gehlen*, aaO, S. 158.

43 *Schmidt-Rimpler*, AcP Bd. 147 (1941), S. 130 ff.; vgl. dazu *Bydlinski*, aaO, S. 62 ff.; *Flume*, aaO, § 1, 6a, S. 7 ff.

44 Vgl. dazu zutreffend *Mayer-Maly*, Festschrift für Merkl, S. 247 ff., S. 250.

45 So zutreffend *Mayer-Maly*, Festschrift für Merkl, S. 247 ff., S. 250.

46 *Flume*, aaO, § 1, 6a, S. 7 ff.

47 *Flume*, aaO. § 1, 6a, S. 8.

bestimmung getroffen wird, einem rechtlichen Urteil, ob sie „richtig" ist, unzugänglich.

Mayer-Maly[48] hat zutreffend aufgezeigt, daß die ökonomische Komponente des Liberalismus nicht von seiner politischen Seite, dem Programm des gewaltentrennenden und grundrechtsverbürgenden Rechtsstaates abgehoben werden könne. Man sollte bei der Bewertung der Privatautonomie, soweit sie den wirtschaftlichen Bereich berühre, von jeglicher ökonomistischer Deutung abkommen. Die Vertragsfreiheit leitet ihre Rechtfertigung nicht aus einer (letztlich verläßlich) ableitbaren Überlegenheit des Marktmodells ab, sondern ist die Realisierung des Rechtsstaatsprinzips im Privatrecht. Der Rechtsstaat „verbürgt Freiheit durch eine freiheitliche Gesamtordnung, die einerseits die Bereiche staatlichen Wirkens bindend ausgestaltet und in einer Weise einander zuordnet, die Machtmißbrauch nach Möglichkeit ausschließt, andererseits auf einem rechtlich gewährleisteten, ausgestalteten und geschützten freiheitlichen Status des einzelnen beruht"[49]. *Nicht das Individualgrundrecht des Art. 2 I GG ist der vorrangige Ansatzpunkt für die verfassungsrechtliche Verbürgung der Vertragsfreiheit, sondern die Staatszielbestimmung des Rechtsstaates, die in unmittelbarem Kontext mit dem Sozialstaatsprinzip zu sehen ist.* „Die dem dialektischen Verhältnis von Grenzlosigkeit und Grenznotwendigkeit allein genau entsprechende sozialtheoretische Figur ist der Vertrag"[49a]. In diese Richtung hat sich der Sache nach auch die Kontroverse um den verfassungsrechtlichen Standort der Vertragsfreiheit entwickelt. Während ursprünglich die These vorherrschte, daß die Vertragsfreiheit als Erscheinungsform des in Art. 2 I GG verankerten Rechts auf freie Entfaltung der Persönlichkeit am Grundrechtsschutz teilhabe[50], setzt sich in der Gegenwart mehr und mehr die Auffassung durch, daß das Grundgesetz nur einen skizzenhaften Verhaltensentwurf enthalte[51]. Was jedoch immer noch stört, sind die sehr akademischen Betrachtungen, die in diesem Bereich noch angestellt werden:

„Die Anerkennung dieser Freiheit als verfassungsrechtlichen Wert in Art. 2 I GG beeinflußt auch die Wertschätzung der Vertragsfreiheit im Zivilrecht,

---

48 *Mayer-Maly*, Festschrift für Merkl, S. 247 ff., S. 251.

49 *Hesse*, aaO, § 6 I, S. 77.

49a *Denninger*, aaO, S. 76; vgl. dazu auch *Schwerdtner*, ZRP 1970, S. 62 ff., S. 66 f.

50 Vgl. dazu insbesondere *Laufke*, aaO, S. 145 ff.; *Maunz-Dürig-Herzog*, aaO, Art. 2 I Rdnr. 53 m. w. N.

51 Vgl. dazu z. B. *Hans Huber*, Die verfassungsrechtliche Bedeutung der Vertragsfreiheit, S. 21; *M. Wolf*, aaO, S. 21 ff., vgl. zum ganzen *Roscher*, Vertragsfreiheit als Verfassungsproblem, Berlin, 1974.

weil die Grundrechte als Ausdruck einer allgemeinen Wertordnung auch in das Privatrecht hineinwirken"[52].

Derartige grundrechtliche Festlegungen geben der Vertragsfreiheit ohne besondere Auseinandersetzung eine besondere Weihe – was Verfassungsrang hat, ist im Prinzip zunächst einmal gut. Vom gesichert erscheinenden Kern werden alsdann nur Grenzsituationen diskutiert. Die Aufgabe hat jedoch zu sein, ein Vertragssystem zu entwickeln, das die Herstellung der Vertragsgerechtigkeit zu einer uneingeschränkten Daueraufgabe macht. Wenn sich das Grundgesetz mit seinem feierlichen Bekenntnis zur Menschenwürde gleichzeitig einer Freiheit verschrieben hat, die dieser Würde angemessen ist[53], dann ist es nur angemessen, zu untersuchen, wie es um deren „Geschäftsgrundlage" bestellt ist.

3. Die Verwerfung des aut-aut-Denkens

Bei dieser Aufforderung zu einer realistischeren Betrachtung der Vertragsfreiheit in der Gegenwart, geht es nicht darum, dem Bürgerlichen Gesetzbuch Klassenrechtscharakter zu unterstellen:

„Es wäre wohl falsch, den geistigen Schöpfern dieser Kodifikationen die Absicht eines Klassenrechts zu unterschieben, eine Ordnung, die Reiche reicher, den Armen ärmer machen sollte . . ."[54].

Um den Vorwurf des Klassenrechtes geht es nicht. Wohl aber geht es darum, die falsche Alternative vom verplanten und sich selbst verwirklichenden Menschen aufzugeben:

„Ich bin der Meinung, die Antwort auf diese grundsätzliche Frage falle nach dem genossenen Anschauungsunterricht weniger schwer als vor fünfzig Jahren. Konnte damals vielleicht noch angenommen werden, mit der weitgehenden Aufhebung der Privatautonomie lasse sich auch die wirtschaftliche Ungleichheit beseitigen, so vermöchten wir heute einer solchen Behauptung kaum mehr den guten Glauben zuzubilligen. Für die breite Masse der unter kollektivistischen Ordnungen lebenden Menschen lassen sich Konsumangebot und Wohnverhältnisse doch wohl nur mit frühkapitalistischen Zuständen vergleichen. Die persönliche und politische Freiheit betreffend findet sich Vergleichbares erst im nicht aufgeklärten Absolutismus"[55].

---

[52] *M. Wolf*, aaO, S. 21. Vgl. neuerdings auch *Franz-Jürgen Säcker*, Juristische Analysen Heft 6 (1971), S. 31 ff., S. 47: „Allein diese Auffassung ist mit dem in Art. 2 GG verankerten liberalen Prinzip der Privatautonomie zu vereinbaren, das den einzelnen ermächtigt, seine Angelegenheiten in Freiheit und Selbstverantwortlichkeit zu besorgen . . . "

[53] Vgl. dazu z. B. *H. Krüger*, S. 52.

[54] *Merz*, aaO, S. 5.

[55] *Merz*, aaO, S. 19/20.

Wenn in derartigen Äußerungen auch die Intention der Verherrlichung bestehender Zustände bestritten wird[56], so ist die Wirkung derartiger Äußerungen unbestreitbar, ganz abgesehen davon, daß sie in dieser Hinsicht so apodiktisch nicht mehr aufgestellt werden können. Gerade auf dem wirtschaftlichen Sektor könnten die freiheitlichen Staaten in absehbarer Zeit überrundet werden[57].

Dieses aut-aut-Denken – das Rotkäppchen-Motiv in der herrschenden Privatautonomievorstellung – prägt auch den Standpunkt von *Schmidt-Salzer*[58]:

„Innerhalb einer auf dem rechtsstaatlichen Leitbild beruhenden Rechtsordnung muß den Individuen die Befugnis zur Selbstbegründung und Selbstgestaltung ihrer intersubjektiven Rechtsbeziehungen eingeräumt werden, während dies in einer auf einem kollektivistischen Leitbild beruhenden Rechtsordnung eine reine staatsorganisatorische Zweckmäßigkeitsfrage ist."

Mit dem Prädikat Rechtsstaatlichkeit wird der Privatautonomie sofort eine Weihe erteilt, die sie sakrosankt erscheinen läßt. *Merz*[59] spricht deshalb auch von der „unveräußerlichen Idee der Privatautonomie". Er stellt die Frage, ob wir im Begriffe seien, den liberalen Rechtsstaat und die Marktwirtschaft verlassen, um uns einer totalitären Staatsführung und Kommandowirtschaft zu nähern. Bei solchen Feststellungen hat man häufig den Eindruck, daß es unter Strafe gestellt ist, über Freiheit und Eigentum nachzudenken. Zwischen dem Rechtsstaat = Marktwirtschaft und der totalitären Staatsführung = Kommandowirtschaft scheint nichts zu existieren.

In diesem letztlich inhumanen Verständnis der Privatautonomie sind sich die deutsche, schweizerische[60] und österreichische Doktrin[61] weitgehend einig:

„Im Osten hat weitgehend das seelenlose Kollektiv die Stelle der Person eingenommen."[62]

„Zu Unrecht und auch im Widerspruch zum eigenen Denkansatz hat der . . . kollektische Materialismus bei der revolutionären Lösung haltgemacht und dessen Antithese übersehen, die reformistische Wandlung der Wirtschaftsordnung mit Hilfe des Sozialgedankens, die nach den bisherigen Erfahrungen

---

56 Vgl. *Merz*, aaO, S. 20.

57 *Dürig* (*Maunz-Dürig-Herzog*, aaO, Art. 17a Rdnr. 2 Fn. 1) bezeichnet es zu Recht als die größte Fehlentwicklung in der Abwehrideologie des Westens, wenn er sich vom potentiellen Angreifer dessen Materialismus aufzwingen und ideologisch in ökonomische Wettlaufargumente abdrängen läßt, bei denen er durchaus überrundbar ist.

58 *Schmidt-Salzer*, NJW 1971, S. 5 ff., S. 5 r. Sp.

59 *Merz*, aaO, S. 19.

60 Vgl. dazu *Merz*, aaO; *Padrutt*, aaO, S. 29 Fn. 2.

61 Vgl. dazu *Bydlinski*, aaO, S. 132; *Mayer-Maly*, Festschrift für Merkl, S. 247 ff.

62 *Padrutt*, aaO, S. 29 Fn. 2.

die Entwicklung menschenwürdiger Daseinsbedingungen besser garantiert."[63]

„Wir sehen das zweijährige Kind im ersten Ausbruch seines Gerechtigkeitsgefühls, wie es in Anwendung einer ersten primitiven kommunistischen Gerechtigkeit absolute Gleichstellung mit seinem Bruder fordert, dessen Erdbeere auch noch eine Raupe trägt. Wir sehen den Vierjährigen, der nun in fortschrittlichem Kommunismus sich mit weniger begnügt als sein älterer Bruder, weil dieser mehr für sich braucht, den Fünfjährigen, der als sozialistische Gerechtigkeit das verlangt, was seiner Leistung im Vergleich zu der des Bruders entspricht und durch all die folgenden Jahre das wachsende Kind mit seinen konservativen, liberalen und nationalistischen Gerechtigkeiten, auf Grund deren er das Eigene beschützen, das Gewünschte tun, und das Erstrebenswerte auf seine Gruppe beschränken will. Alle diese Gerechtigkeiten können nicht nur miteinander im einzelnen unvereinbar sein, sondern müssen in stetigem unvermeidlichen Nebeneinanderwirken unvereinbar bleiben – von der Kindheit durch die Jugend bis zur Erwachsenheit mit ihren neuen Infantilitäten im Rahmen der Gesellschaft."[64]

Im Grunde führt dieses schablonenhafte Denken nicht weiter. Vielmehr spricht vieles dafür, daß sich in ihm nur Strategien vollziehen. Die Auseinandersetzung von Liberalismus und Sozialismus, die manchem heute so modern erscheint, ist uralt[65].

4. Notwendigkeit einer Politisierung der Herrschaftssysteme

Was not tut, ist eine Politisierung der Herrschaftssysteme[66] und ein Argumentationsstil, der sich der Verteufelung des gegnerischen Standpunkts versagt. Wer die Privatautonomie heute als faktisch begrenzt ansieht, ist noch kein Anhänger sozialistischen Planungsdenkens[67]. Diese Ächtung kommt

---

63 *Adomeit*, aaO, S. 123.

64 *Albert A. Ehrenzweig*, aaO, S. 65 ff., S. 69/70.

65 Selbst die literarischen Erscheinungsformen haben ihre Parallelen. Dies gilt z. B. auch für das Kursbuch. Bereits im Jahre 1905 hat diese Funktion die Wochenschrift für Kultur und Politik, hrsg. v. Heinrich Michalski, übernommen.

66 *Habermas*, aaO.

67 Vgl. aber *Bydlinski*, aaO, S. 133. *Franz-Jürgen Säcker* (Juristische Analysen 1971, Heft 6, S. 31 ff., S. 44) hat jüngst den Versuch unternommen, den Privatautonomiegedanken zu „entzaubern". Seiner Auffassung nach muß der Willensbegriff unter Absehen von der Wirklichkeit axiomatisiert werden. Der aufgestellte Willensbegriff dürfe nicht mit dem Anspruch einer Realdefinition, sondern nur mit dem einer Nominaldefinition, die lediglich den Sprachgebrauch darstellt, auftreten. Von einer Orientierung an einer ontologischen Vorgegebenheit kann jedoch erst dann Abstand genommen werden, wenn sich dieser Sprachgebrauch allgemein durchgesetzt hat. Ansonsten bleibt der bestehende Zauber erhalten, der gerade daher rührt, daß stets von bestimmten philosophischen Freiheitsbegriffen ohne Bezug zu den sozioökonomischen Grundlagen ausgegangen wurde.

nicht von ungefähr. „Die Ächtung des Außenseiters wird sich . . . gerade in den Gruppen am ehesten erwarten lassen, die von der unverrückbaren Selbstverständlichkeit der von ihnen vorgenommenen Bestimmungen am festesten überzeugt sind oder die eine solche Überzeugung am lautesten proklamieren müssen, um ihren inneren Halt nicht zu verlieren“[68]. Genauso töricht wie das uneingeschränkte Hochhalten der Privatautonomie ist jedoch auch die Feststellung, daß strafrechtliche und zivilrechtliche Freiheit heute dahin sei. Das Infragestellen von Freiheit ist so lange eine nicht einmal originelle literarische Koketterie, als nicht gesagt wird, wie in einer Welt, die von dem Gesetz der Knappheit beherrscht wird, fremdbestimmte Verteilungsmechanismen funktionsfähig gestaltet werden können. Unfrei sind soweit immer die anderen. Dabei ist selbst bei Unfreiheit die Freiheit eine notwendige Fiktion, sollen nicht Entscheidungen gruppenmäßig bei Menschen „höherer Einsichtsfähigkeit“ monopolisiert werden. Auch das Privatrechtssystem muß die Willensfreiheit fingieren[69], sich ihres fiktiven Charakters aus Gründen der Korrekturbedürftigkeit jedoch etwas bewußt sein. „Feststellungen“ sind insoweit nicht möglich. Keine politische Ordnung kann die Freiheit vollkommen verwirklichen[70]. Deshalb sind Feststellungen wie die folgende von *Manfred Wolf*[71] nicht verständlich:

„Die Arbeit löst das Problem ungerechter Vertragsgestaltung bei ungleichen Machtlagen der Vertragspartner in Verbindung mit dem Schutz der rechtsgeschäftlichen Entscheidungsfreiheit.“

Die daran von marxistischer Seite geübte Kritik war nötig[72].

Es ist daher zu fordern, daß die grundlegende Institution des Privatrechtssystems, die Vertragsfreiheit, der beliebigen privaten Disposition entzogen wird, soweit sie sich zur Herstellung sachgerechter Ergebnisse untauglich erweist[73]. Die „Legitimation durch Realitätsverleugnung“[74] muß ein Ende haben. Es gilt die Privatautonomie als eine gesellschaftliche Bedingung zu problematisieren[74a].

---

68 *Hofstätter*, aaO, S. 71.

69 Vgl. für das Strafrecht *Rudolphi*, aaO.

70 *Franz Neumann* (Zum Begriff der politischen Freiheit in: Demokratischer und autoritärer Staat, 1967, S. 100 ff., S. 102) hat zutreffend darauf hingewiesen, daß eine politische Theorie immer kritisch sein müsse, da keine politische Ordnung die Freiheit vollkommen verwirkliche.

71 *M. Wolf*, aaO (Klappentext).

72 Vgl. *Mückenberger*, Kritische Justiz 1971, S. 343 ff.

73 Vgl. dazu *Badura*, aaO, S. 34.

74 *Mückenberger*, Kritische Justiz 1971, S. 248 ff.

74a Vgl. dazu *Struck*, ARSP 1975, S. 67 ff., S. 67.

5. Abschied vom liberalen Modell

Die Voraussetzungen des liberalen Modells sind in Wegfall gekommen. Der Liberalismus ist die Gesellschafts- und Wirtschaftstheorie des europäischen Industriekapitalismus in jener Epoche, da der eigentliche Träger des Kapitalismus der „Einzelkapitalist" war, der Privat-Unternehmer im wörtlichen Sinne[75]. Das Grundgesetz dieser Veranstaltung war die freie Verfügung des individuellen Wirtschaftssubjekts über das Privateigentum und die staatlich-rechtlich garantierte Sicherheit dieser Verfügung, wobei der Liberalismus naiv davon ausging, daß mit egoistischen Handlungen der einzelne, u. U. unbewußt, den Zielen der Gesellschaft diene; das Eigeninteresse koinzidiere mit dem der Gesamtheit[76].

Das private Verständnis der Veranstaltung Wirtschaft wird heute selbst der konservative Geist nicht mehr unbefangen artikulieren. An die Stelle der Einzelunternehmen sind Konzerne, Kartelle und sonstige Machtgruppierungen getreten; die Devise kann nicht mehr lauten, Sicherung der Vertragsfreiheit, sondern Herstellung der Vertragsfreiheit unter allen Beteiligten, was eine „Entprivatisierung" des Privatrechts zur Folge haben muß, d.h. die Zivilrechtsbeziehungen werden nicht mehr nur als persönliche Beziehungen gedeutet und nur Spielregeln zur Verfügung gestellt, vielmehr ereignet sich eine Verschiebung auf objektive, gesellschaftspolitisch relevante Momente[77]. Wurde in sozialistischen Rechten von einer Verstaatlichung des Privatrechtssystems gesprochen, so kann in kapitalistischen Systemen eine Entprivatisierung des Privatrechts festgestellt werden. Selbstverständlich ist bis heute nicht widerlegt, daß Gewinnstreben bei wirksamem Wettbewerb zu wirtschaftlicher Freiheit, hoher Leistung und guter Versorgung führt. Nur die Automatik wird nicht mehr goutiert.

Man hat dem neuerdings entgegengehalten, daß die Privatautonomie nicht blind einem individuellen Voluntarismus huldige, sondern einer klar umrissenen Wertung entspringe, der man den Respekt nicht versagen könne:

„Im Zentrum dieser Wertung steht ein Bild vom Menschen – der Mensch, in dem die Ordnung angelegt ist. Es mag uns dieses Bild zu optimistisch, ja als illusionär erscheinen, aber die Frage, wohin ein Recht gelangen muß, das vom Menschen weniger voraussetzt, gibt zu denken: Geht der Entwurf des

---

75 Vgl. dazu *H. Marcuse*, aaO, S. 22.

76 Vgl. dazu *H. Marcuse*, aaO, S. 22; vgl. dazu auch *v. Jhering*, Der Zweck im Recht, Bd. I, S. 27 ff. und dazu *Helfer*, aaO, S. 79 ff., S. 84.

77 Vgl. zu dieser Verstaatlichungstendenz im Zivilrecht der DDR, *Markovits*, aaO, S. 100/101; vgl. zum Ganzen auch *U. Huber*, Studium generale 1970, S. 769 ff., S. 783.

Rechts vom Vertrauen auf den Menschen ab, muß er sich dessen Erziehung nach einem als richtig dekretierten Leitbild zur Aufgabe setzen."[78]

Wer jemals Menschen bei Gericht, bei der Verfolgung von Sozialansprüchen und bei Vertragsverhandlungen erlebt hat, wer die Trainingscamps von Vertretern, die raffinierten tiefenpsychologischen Instrumente der modernen Werbestrategie in Wort, Bild und Ton kennt, dessen Vertrauen in die Vertragsautonomie muß erschüttert sein.

Die Freiheit als Ausdruck der Würde des Menschen birgt die Gegenmöglichkeit der Unterdrückung, der Ausbeutung, der Zielverkennungen, des Verfalls in sich[79]:

„Auf immer mehr Gebieten schlägt die entfesselte, von der Allgemeinwohl-Rationalität nicht im Zaum gehaltene Privatinitiative, damit sie prinzipiell und konkret erhalten bleiben kann, in die Notwendigkeit staatlicher Vorzugsregelungen um. Die allgemeinen Bedingungen individueller Möglichkeiten müssen, wenn es nicht vollends zu spät sein soll, in behördliche Obhut genommen werden. Die Dialektik der Autonomie-Entfaltung wirkt massiv in dieser Richtung: einerseits erzwingt der renditeorientierte Wettbewerb um die Produktions- und Marktanteile Kosteneinsparung und unablässige Intensivierung der Leistungen, somit, früher oder später, die Betriebs- und Unternehmenskonzentration, deren Machtfolgen aus nicht nur einem Grunde unter Kontrolle genommen werden müssen, andererseits ist die sozialstaatlich verfaßte Demokratie zur Garantie der Mindest-, möglichst einer maximalen Wohlfahrt verpflichtet: sie kann nicht und schon gar nicht nach den gemachten Erfahrungen der Privatisierung der Gewinne, jedoch der Sozialisierung der Folgen allein den mehr oder minder zutreffenden Einsichten und dem guten oder auch weniger guten Entscheidungswillen einer ökonomisch vorherrschenden Minderheit, der besitz- und verfügungsprivilegierten Unternehmerschaft, überlassen werden. Das reicht bis in tausend notwendig gewordene gesetzliche Maßnahmen, die ihrerseits das System der Autonomie selbst beeinträchtigen."[80]

Abgesehen davon, daß es die Unternehmerschaft liberaler Prägung weitgehend nicht mehr gibt, hat *Kogon* mit dieser Feststellung einen wesentlichen Bezugspunkt herausgestellt. Das gegenwärtig noch weitgehend private Verständnis von Rechtsgeschäft und Eigentum entspricht weder den gesellschaftlichen Notwendigkeiten noch den gegebenen Verzahnungen von Staat und Gesellschaft.

Freiheit und Gerechtigkeit mögen dialektische Begriffe sein; heute, wo die Selbstbestimmung mehr als fragwürdig geworden ist, muß die Vertragsfreiheit sich eine umfassende Inhaltskontrolle gefallen lassen, trotz der Schwierigkeit, allgemein akzeptierte Kriterien der Richtigkeit aufzufinden[81]. Allein

---

78 *Mayer-Maly*, Festschrift für Merkl, S. 247 ff., S. 250.
79 So zutreffend *Kogon*, Frankfurter Hefte 1971, S. 235 ff., S. 235.
80 *Kogon*, Frankfurter Hefte 1971, S. 235 ff., S. 239.
81 Vgl. dazu *Mayer-Maly*, Festschrift für Merkl, S. 247 ff., S. 251.

darum geht es. Das Geschwätz vom Absterben des Spätkapitalismus[82] oder von der Notwendigkeit eines Emanzipationsprozesses ist unerträglich und zur Lösung der anstehenden Probleme nutzlos[82a].
Auch die Theorie der countervailing power[83] vermag hier nur wenig Abhilfe zu schaffen. Sie hat sicherlich viel zur Lösung der sozialen Frage beigetragen[84]. Den Ausfall der Regelungsfunktion des Vertrages vermag sie jedoch angesichts einer fehlenden countervailing power auf der Verbraucherseite in weiten Bereichen des Wirtschaftsverkehrs nicht abzudecken[85] [86] [87].

---

82 Vgl. dazu z. B. *Ellwein*, Der Spiegel v. 27. 2. 1971 Nr. 9, S. 50 ff.: „Ich bin überzeugt, daß die Manager dieses Systems daran sind, den Spätkapitalismus zugrunde zu richten."

82a „Emanzipation ist zu einem Grund- und Reizwort unserer Gegenwart geworden. Sie degeneriert zu einem Fetisch, wenn sie sich nicht an einem Fortschritt im Bewußtsein der Freiheit ausweisen kann." So zutreffend *Günter Rohrmoser*, Emanzipation und Freiheit, München 1970, Vorwort.

83 Vgl. dazu *Galbraith*, American Capitalism, The Concept of Counter-vailing Power, 1956; *Bartholomeyczik*, AcP Bd. 166 (1966), S. 30 ff., S. 68 f.; *Franz-Jürgen Säcker*, aaO, S. 31.

84 So zutreffend *Mayer-Maly*, Festschrift für Merkl, S. 247 ff., S. 250.

85 Die eigentlichen Vertretungen der Verbraucherinteressen in der Bundesrepublik Deutschland, die Arbeitsgemeinschaft der Verbraucherverbände e. V. in Bonn und die ihr angeschlossenen Organisationen, führen ein Schattendasein. Sie sind zwar in den Ausschüssen beim Bundesernährungs- und Bundeswirtschaftsministerium vertreten und Mitglied der IOCU (International Organisation of Consumer Unions). Die Verbraucher werden jedoch von ihnen weitgehend nicht erreicht. Vgl. dazu auch *H. Pelckmann*, Der Verbraucher kennt seine Macht nicht, FAZ v. 3. 2. 1971 Nr. 28, S. 17.
Es kommt hinzu, daß Qualitäts-, Preis- und Konditionsvergleiche dem Verbraucher durch das gegenwärtige Recht noch erschwert werden. Dies zeigt sich z. B. bei dem von Lehre und Rechtsprechung im Grundsatz vertretenen Verbot der vergleichenden Werbung (vgl. *Baumbach-Hefermehl*, aaO, Bd. I, § 1 UWG, Rdnr. 271 ff., m. w. N.) Seit eh und je wird gegen die vergleichende Werbung vorgebracht, daß niemand Richter in eigener Sache sein dürfe:
„Der Werbende, der seinen Absatz fördern will, will mehr oder weniger bewußt nur die Vorteile seiner Ware und die Nachteile der Konkurrenzware herausstellen, jedoch es vermeiden, auch die Nachteile der eigenen und die Vorteile der fremden Waren aufzudecken .... Niemand kann in eigener Sache objektiv urteilen. Dem Werbenden wird die Möglichkeit wirklicher Nachprüfung ..... Es ist nicht Sache des Wettbewerbes, sondern des Verkehrs, sich ein unbefangenes Urteil über die Güte und Preiswürdigkeit der ihm angebotenen Waren zu bilden. Die Gesamtbeurteilung obliegt dem Verbraucher. Der Werbende darf den Verbraucher durch die Anpreisung seiner Ware oder Leistung zum Vergleich mit Konkurrenzwaren anregen ......" (*Baumbach-Hefermehl*, aaO, Bd. I, § 1 UWG, Rdnr. 272). Auf die Gesamtprobleme der vergleichenden Werbung kann hier nicht eingegangen werden.

6. Alibi-Normen oder Grenznormen?

Hiergegen könnte nun eingeräumt werden, daß der einzelne über eine Reihe von Grenznormen hinreichend geschützt werde. Es ist aber unbestreitbar, daß sich die Rechtsprechung sehr zurückhaltend bei der Beseitigung drückender Vertragspflichten über § 138 BGB verhält[88]. Symptomatisch ist z. B. die folgende Feststellung von *Wagner*[89]:

„Wucherische Provisionsvereinbarung . . . hat nach §§ 138, 139 Nichtigkeit des Mäklervertrages zur Folge. Sehr selten . . . ."

Auch im übrigen legen derartige Bindungsnormen den Verdacht einer Alibi-Funktion sehr nahe.

So soll der Vorstand einer Aktiengesellschaft verpflichtet sein, die Gesellschaft unter Berücksichtigung des Wohls der Arbeitnehmer, der Aktionäre und der Allgemeinheit zu leiten. Eine ausdrückliche Aufnahme dieser „Bestimmung" ins Aktiengesetz wird für überflüssig erachtet, da in einem sozialen Rechtsstaat die Berücksichtigung der drei Faktoren Kapital, Arbeit und öffentliches Interesse selbstverständliche Pflicht sei und weil man andererseits vermeiden wolle, eine bestimmte Reihenfolge dieser Interessen gesetzlich festzulegen:

„Das ist wichtig für die Haftung des Vorstandes. Er verletzt seine Pflicht gegenüber der AG nicht und wird ihr nicht aus § 93 schadensersatzpflichtig, wenn er eine Maßnahme ergreift, die Kosten hervorruft und dadurch den Gewinn der Gesellschaft vermindert und insofern nicht dem Vermögensinteresse der Gesellschaft und ihrer Aktionäre entspricht, falls er diese Maßnahme aus sozialen Gründen oder im Allgemeininteresse für berechtigt halten durfte. Entsprechendes gilt für das Unterlassen einer Maßnahme, die an sich einen Gewinn für die Gesellschaft herbeigeführt hätte"[90].

Entscheidungen zu Schadensersatzansprüchen nach § 93 AktG sind bezeichnenderweise nicht bekannt. Wird die Rangfolge von Kapital und Arbeit nicht

---

Interessant ist nur, daß mit dieser Argumentation verkannt wird, daß der Unternehmer im Kundengespräch durchaus seine Waren mit denen der Konkurrenz vergleicht. Diese Vergleiche bleiben, selbst wenn sie unrichtig sind, ohne Sanktion. Mit der Zulassung der vergleichenden Werbung müßte dagegen der Unternehmer den Warenvergleich äußerst sorgfältig vornehmen, um Schadensersatzansprüche des Mitbewerbers zu vermeiden.

86 *M. Wolf*, aaO (Klappentext).

87 Vgl. dazu *Galbraith*, Die moderne Industriegesellschaft, München-Zürich 1968, S. 130 und passim.

88 Vgl. dazu z. B. *Püttner*, S. 186.

89 *Erman-Wagner*, aaO, Bd. I, § 655 Anm. 3; es soll nicht verkannt werden, daß die Lehre und Rechtsprechung insoweit in einem gewissen Wandel begriffen ist. Vgl. z. B. BGHZ 51, S. 55 ff., S. 59.

90 *Baumbauch-Hueck-G. Hueck*, aaO, § 76 Rdnr. 1.

festgelegt, so ist diese Schadensersatznorm nur eine Verschleierung der bestehenden Herrschaftsverhältnisse. Ähnliches gilt für andere Haftungsnormen in der geltenden Rechtsordnung. *Tiedemann*[91] weist zutreffend darauf hin, daß die außerordentlich weite Fassung des Straftatbestandes beim Kurs- und Prospektbetrug (§ 88 BörsenG) und die weite Fassung der Verleitung zur Börsenspekulation zu einem Schattendasein dieser Rechtsnormen geführt haben. Eine Alibi-Funktion kommt ihnen immer noch zu.

Es wäre aber grundsätzlich verfehlt, nur die privaten Unternehmen der Inanspruchnahme dieser Alibi-Funktion zu zeihen. Die gewerkschaftlichen Unternehmen reklamieren allen Ernstes für sich, daß sie im Gegensatz zu privaten Unternehmen bereits primär dem öffentlichen Interesse, dem Gemeinwohl, gewidmet seien, daß bei ihnen „die höhere gesellschaftliche Vernunft" liege[92]. Fatal wird eine derartige Feststellung dann, wenn mit ihr die Forderung verbunden wird, keiner wettbewerbspolitischen Aufsicht unterworden zu sein[93]. Dies zeigt am besten, wie weit es mit der Verlogenheit in dieser Gesellschaft gekommen ist.

7. Die moderne Funktion des Vertragsrechts und ihre Folgen

Die Funktion des Vertragsrechtes ist – abgesehen vom stark juristisch-technischen Mechanismus des Zustandekommens – die Herstellung der „Vertragsgerechtigkeit"[94]. „Sie – nicht mehr die Vertragsfreiheit – ist heute in aller Welt das materiale Funktionsprinzip des Vertragsrechts"[95].

Die Vertragsfreiheit koinzidiert nicht mehr mit der Vertragsgerechtigkeit: „Das Pathos des Vertrages lag lange – vor allem im Liberalismus des 19. Jh. – in der Verwirklichung von Privatautonomie und Vertragsfreiheit. Bedeutet Privatautonomie, daß der erklärte Wille der Vertragsparteien Motor der Vertragsgenesis und Legitimation seiner rechtlichen Durchsetzbarkeit sei, so hat das auch heute noch seine Gültigkeit, obwohl man sich über die zugrunde liegende Vorstellung wundern darf, daß die Willensvereinigung der Parteien gleichsam selbstverständlich richtig und auf die ökonomischen und sozialen Umstände ihres Zustandekommens nicht mehr zu befragen sei, und obwohl diese Privatautonomie in nicht wenigen Rechtssystemen, vor allem

---

91 *Tiedemann*, Vierteljahreshefte für Rechts- und Verwaltungspolitik 1970, S. 50 ff., S. 53 r. Sp.; vgl. auch *Tiedemann*, Die Verbrechen in der Wirtschaft, Karlsruhe 1970.

92 Vgl. dazu *Hesselbach*, Die gemeinwirtschaftlichen Unternehmen, Frankfurt a. M. 1971.

93 Vgl. dazu auch *W. Hamm*, Wirtschaftspolitik à la Hesselbach, FAZ v. 6. 4. 1971 Nr. 81, S. 15.

94 Vgl. dazu *Raiser*, Vertragsfunktion und Vertragsfreiheit, S. 101 ff.

95 So zutreffend *Zweigert*, Festschrift für Rheinstein, Bd. II, S. 493 ff., S. 501.

in der Irrtumsproblematik, zu Folgerungen geführt hat, die nicht mehr verkehrsgerecht sind, weil sie durch die Eröffnung der Anfechtung das Risiko des Irrtums vom Irrenden auf den vertrauenden Vertragspartner ohne einsichtigen Grund überwälzen. Betrachtet man den Vertrag in der Phase nach seinen Abschluß, so ist die Privatautonomie weiterhin ein legitimes Prinzip für Rechtsgrund und Rechtsfolgen des Vertrages bis an die Grenze des ordre public.

Problematischer ist die – oft mit der Privatautonomie verquickte – Vertragsfreiheit. Kann sie heute wirklich noch als ein Prinzip des Vertragsrechts (mit Ausnahmen) gelten, oder hat das Prinzip dadurch seine Geltung verloren, daß es nur noch in Ausnahmefällen gilt?

Vertragsfreiheit bedeutet und meint noch heute, beschränkt auf schuldrechtliche Versprechensgeschäfte, mehrerlei: Freie Auswahl und Selbstgestaltung aller nur denkbaren Vertragstypen – Freiheit, ob man überhaupt kontrahieren soll oder nicht – Freiheit eines jeden Vertragspartners, den Inhalt des Vertrages (was seinen Versprechensbeitrag angeht und vorbehaltlich der Zustimmung des anderen Partners) nach Belieben zu gestalten – alles mit der Maßgabe, daß die Grenze des ordre public nicht überschritten wird, eine äußerste Grenze, die mit der Entwicklung des sittlichen Bewußtseins sich immer weiter nach dem Mittelpunkt verschoben hat. Macht man sich klar, daß die Freiheit der Typenwahl nur eine Modalität freier Inhalts- und Folgengestaltung ist, so reduziert sich die Frage, ob Vertragsfreiheit heute noch eine prinzipbildende Realität sei, auf die Frage, ‚Ob' des Abschlusses und das ‚Wie' des Inhalts heute der freien Bestimmung durch die Partner noch unterliegen. Weiter reduziert sich in der Rechtswirklichkeit ‚Ob' und ‚Wie' des Vertrages oft, wenn man meist, auf eine einheitliche Frage, da das ‚Wie' des erreichbaren Inhalts in aller Regel auch über die Frage entscheidet, ob man sich auf diesen Vertrag überhaupt einlassen kann.

... Da eine Gesellschaft, in der Gleichheit besteht, nirgends existiert ..., wahrscheinlich überhaupt eine Utopie ist und nie existieren wird, ist Vertragsfreiheit bei präziser Betrachtung ein Traumschloß, eine Utopie und keine Realität. Für die überwiegende Zahl der in der modernen Gesellschaft geschlossenen Verträge gilt Vertragsfreiheit nicht, da hier fixierte Bedingungen des Lieferanten gelten, an denen der Bezieher nicht rütteln kann. Vertragsfreiheit gilt im Grunde im wirtschaftlich interessanten Bereich nur noch für Verträge zwischen Großunternehmen über atypische Gegenstände und kraft des kollektiven Arbeitsrechts in neuer Gestalt im Bereich der Tarifverträge. Die Rechtswissenschaft sollte das mitgeschleppte Verfahren, das die Vertragsfreiheit als ein Prinzip verkündet und ihre Ausnahmen herausarbeitet, fallen lassen. Die moderne Aufgabe liegt darin, Kriterien und Verfahren für die Vertragsgerechtigkeit zu entwickeln, die herzustellen gerade deshalb nötig ist, weil es eine Vertragsfreiheit in Wahrheit nicht gibt"[96].

Diese treffliche Beschreibung des Istzustandes ist wohl nur einem Rechtsvergleicher wie *Zweigert* möglich. Das anglo-amerikanische Recht kennt nämlich im Gegensatz zum deutschen und französischen Recht nicht den Begriff des Rechtsgeschäfts oder des acte juridique, sondern nur den konkreten Aktstyp[96a]. Im deutschen Rechtskreis geht das Denken vom Allgemeinen

---

[96] *Zweigert*, Festschrift für Rheinstein, Bd. II, S. 493 ff., S. 502/503.

[96a] Vgl. dazu *Kessler/Sharp*, aao, S. 9.

zum Konkreten und wieder zum Allgemeinen, was zu einem Verlust an Unmittelbarkeit führt. Jüngster Höhepunkt dieser inhaltslosen, aber rechtstheoretischen Arbeit ist die Sicht der Privatautonomie durch *Adomeit*[97]: Die Gesamtheit der von einer Rechtsordnung gewährten Gestaltungsrechte ist gleichbedeutend mit dem Begriff der Privatautonomie[98]. In der Tat gilt es, das zu leisten, was *Zweigert*[99] herausgestellt hat: Wir müssen Verfahren zur Herstellung der Vertragsgerechtigkeit finden, gleichzeitig aber der Gefahr der Herstellung der Vertragsgerechtigkeit durch etatistische Mittel (z. B. vom Gesetzgeber verordnete Vertragsbedingungen) abwehren, Sätze, die zum zivilistischen Grunddogma gehören müßten, derzeitig jedoch die Stimme eines Außenseiters darstellen.

Derartige Überlegungen werden gegenwärtig um so mehr gehemmt, als die Vertragsfreiheit nach der herrschenden Lehre jedem Menschen sozusagen von Natur aus[100] zukommt. Dieses originäre Recht, das nicht erst durch die Rechtsordnung gewährt wird, stellt einen Naturzustand dar mit den bekannten Folgen: Eingriffe in sie sind naturwidrig. Die Legitimation dieser Macht wird nicht hinterfragt.

Um das von *Zweigert* gekennzeichnete Ziel zu erreichen, muß der Vertragsbegriff als Regelungsmechanismus im Sinne eines Einigseins von seiner hohen Abstraktionsstufe heruntergeholt werden. Ehe, Verlöbnis, Adoption, Übereignung, schuldrechtlicher Austauschvertrag und Kartellvertrag sind Verträge, deren soziale Dimension erst in der Einzelanalyse ihren spezifischen Charakter verrät. So ist es äußerst zweifelhaft, ob auf einen Kartellvertrag die allgemeinen Regeln des BGB über das Zustandekommen eines Vertrages (§§ 145ff. BGB) uneingeschränkt anwendbar sind[101].

Die Krise des liberalen Modells ist – und darauf sei noch einmal ausdrücklich hingewiesen – keine totale. Wer die Privatautonomie als bürgerliche Ideologie, als Verschleierung von Herrschaft abtut[102], für den gibt es nur noch

---

97 *Adomeit*, aaO, S. 110; vgl. dazu zutreffend *Richardi*, AcP Bd. 171 (1971), S. 179 ff., S. 185.

98 Vgl. auch *Adomeit*, Gestaltungsrechte.

99 *Zweigert*, Festschrift für Rheinstein, Bd. II, S. 493 ff.

100 *Bydlinski*, aaO, S. 69; a. A. *Adomeit*, Gestaltungsrechte, S. 11.

101 Vgl. dazu BGH Beschluß v. 17. 12. 1970 KRB 1/70 (Teerfarben) = BUW 1971, S. 187 ff., mit Anm. von *Benisch* und *Gutzler* = JZ 1971, S. 391 ff., mit Anm. von *Th. Raiser* = NJW 1971, S. 521 mit Anm. von *Deringer* = BB 1971, S. 190 ff., mit Anm. von *Reinhardt*; vgl. dazu auch *Willoweit*, NJW 1971, S. 2045 ff.; *Sandrock*, WuW 1971, S. 858 ff.

102 Vgl. *Wiethölter*, Rechtswissenschaft, S. 181 ff.

Zukunft, dem Vakuum-Schrecken stellt er sich nicht. Diejenigen, die sich so sehr als Monopolisten eines höheren Bewußtseins feiern, müssen es sich gefallen lassen, daß ihnen ein problementlastetes Phantasieren attestiert wird. Solange das Privateigentum anerkannt ist, ist das Institut des Vertrages für das Privatrecht unabdingbar:

„Waren sind nun einmal Dinge und daher widerstandslos gegen den Menschen. Wenn sie nicht willig sind, kann er Gewalt brauchen, in anderen Worten, sie nehmen. Um diese Dinge als Waren aufeinander zu beziehen, müssen die Warenhüter sich zueinander als Personen verhalten, deren Willen in jenen Dingen haust, so daß der eine nur mit dem Willen des anderen, also jeder nur vermittels eines beiden gemeinsamen Willensaktes sich die fremde Ware aneignet, indem er die eigene veräußert. Sie müssen sich daher wechselseitig als Privateigentümer anerkennen. Dieses Rechtsverhältnis, dessen Form der Vertrag ist, ob nun legal entwickelt oder nicht, ist ein Willensverhältnis, worin sich das ökonomische Verhältnis widerspiegelt“[103].

Es gilt also nicht im Sinne eines holistischen Systems die Privatautonomiekonzeption wegzuschieben, sondern dort korrektiv einzugreifen, wo die Wirklichkeit dem liberalen Konzept entgegenläuft[104]. Hierbei sollte man sich jedoch keinen übertriebenen Vorstellungen über die Meßbarkeit von Macht hingeben:

„So ist das Prinzip der Privatautonomie anwendbar, wenn im Rechtsverkehr Inhaber von Verfügungsgewalt aufeinandertreffen, die ihre Bedürfnisse durch Umsatzgeschäfte zu befriedigen suchen. Das Prinzip ist dort Verschleierung, wo kein ‚Verhandlungs'-ergebnis möglich ist, weil einer der Vertragspartner dem anderen ausgeliefert ist. Das trifft zu, wenn der Eigentümer auf den Habenichts, der Inhaber auf den Nichtinhaber von Verfügungsgewalt trifft, oder wo einer der Vertragspartner zwar formal Verfügungsgewalt innehat, er diese aber in bestimmtem Sinne ausüben muß, um seine Bedürfnisse zu befriedigen. Differenzierungsgesichtspunkte sind demnach Innehabung von Verfügungsgewalt und – möglicherweise – die Befriedigung echter oder manipulierter Bedürfnisse, wobei für das letzte Kriterium bis heute jede Analyse fehlt“[105].

Es ist m. E. äußerst zweifelhaft, ob man allein schon an die Innehabung von Verfügungsgewalt, also auf einer sehr abstrakten Ebene, den Vorwurf der Verschleierung ansetzen sollte, oder ob man nicht vielmehr eben jeden konkreten Vertrag einer Analyse unterziehen muß, bei der Abhängigkeiten, Unfreiheiten und Ungleichheiten mit zu berücksichtigen sind[106].

---

103 *Karl Marx*, Das Kapital, Bd. 1, Berlin 1962, S. 99 (Marx-Engels-Werke, Bd. 23).

104 Vgl. dazu auch *Knieper*, ZRP 1971, S. 60 ff.

105 *Knieper*, ZRP 1971, S. 60 ff., S. 66 r. Sp.

106 Diese Abhängigkeiten, Unfreiheiten und Ungleichheiten interessieren z. Zt. nur in Grenzsituationen. Vgl. dazu in anderem Zusammenhang auch *Narr*, aaO, S. 179/180.

Fest-Stellungen im wahren Sinne des Wortes sind insoweit nicht möglich. Die Privatrechtstheorie befindet sich gegenwärtig in einem Umbruch, der aus einer Neubestimmung von Staat und Gesellschaft resultiert[107]. Das öffentliche Interesse expandiert in den privaten Bereich, der gerade deshalb nicht mehr privat ist. Demgegenüber war es für die großen Theoretiker neuzeitlicher Politik, für *Bodin, Hobbes, Montesquieu, Locke* und *Kant*, eine undiskutierte Voraussetzung, daß die soziale Grundeinheit, auf der alles politische Leben aufbaute, der „Haushalt" war, d. h. eine ökonomisch unabhängige Familie mit ihrem Anhang, sei es nun die bäuerliche Hauswirtschaft, sei es das große bürgerliche Haus mit dem Handwerk[108].

Was ein Volkswagen kostet, ist in der Tat nicht mehr nur Sache der Volkswagen AG, ihrer Aktionäre, Abnehmer, also der privaten Interessenten. Großunternehmen können heute nicht mehr als private Einrichtungen verstanden werden[109].

Aus dieser Verzahnung von öffentlichen und privaten Interessen folgt auch, daß der Geltungsgrund von Verträgen heute auch darin besteht, daß das Vertrauen auf gegebene Zusagen aus ökonomischen Gründen unerläßlich ist, nicht weil der Vertrag ein Mittel zur eigenverantwortlichen Gestaltung des Privatrechts darstellt. Damit verschiebt sich der Bewertungsparameter weg von einem Freiheitsideal (Willenstheorie) zur ökonomischen Notwendigkeit (Vertrauenstheorie), ein Umstand, der auch wiederum eine Annäherung der Systeme darstellt[110].

Demgegenüber war der menschliche Wille im Liberalismus das rechtliche „Ding an sich":

„Was bedeutet das Gesetz der Rechtsphilosophie dieser Zeit? Es ist der allgemeine Wille. Was ist Gewohnheitsrecht? Der sich unausgesprochen manifestierende Volkswille. Was ist das subjektive Recht? Die freie Willenssphäre des Rechtssubjektes. Was ist der Inhalt der Obligation? Willensherrschaft. Was ist das Erbrecht? Fortsetzung der Willenspotenz des Erblassers"[111].

Mit der Konsolidierung des Bürgertums war das Willensprinzip bereits in den Hintergrund getreten. Die Verkehrssicherheit trat als Faktor des Warenaus-

---

107 Vgl. dazu *U. Huber*, Studium Generale, Bd. 23 (1970), S. 769 ff., S. 774; *Stig Jorgensen*, Recht und Gesellschaft, S. 85; *Heinze*, aaO, S. 18 ff.

108 So *Hennis*, aaO, S. 120 ff., S. 122.

109 Vgl. dazu *U. Huber*, Studium Generale, Bd. 23 (1970), S. 769 ff., S. 778; vgl. dazu grundlegend *H. Krüger*, Allgemeine Staatslehre, S. 407 ff.; aber auch *H. Krüger*, aaO, S. 17 f.

110 Vgl. dazu zutreffend *U. Huber*, Studium Generale, Bd. 23 (1970), S. 769 ff., S. 781.

111 So zutreffend *Polay*, aaO, S. 192 ff., S. 193. Vgl. dazu auch *Habermas*, aaO, S. 143 ff.

tausches bereits zu dieser Zeit in den Vordergrund[112]. Heute gilt es zu sehen, daß das Institut des Vertrages in seiner grenzziehenden Funktion nur dort anzuerkennen ist, wo ein Aushandeln gewährleistet ist. Nur insoweit wird das Vertrauen auf gegebene Zusagen aus ökonomischen Gründen uneingeschränkt geschützt.

8. Konsequenzen für das subjektive Recht

Kaum eine zivilistische Abhandlung läßt es sich entgehen, zum Begriff und zur Funktion des subjektiven Rechts Stellung zu nehmen, obwohl der Begriff, wie seine wechselhafte Geschichte zeigt, ein reichlich konturenloser ist. Versteht man unter Definition eine Vereinbarung darüber, wie man den Ausdruck versteht, so gilt es gerade beim subjektiven Recht zu beachten, daß Definitionen keinen Inhalt ausdrücken, sondern nur festsetzen, wie sein Inhalt auszudrücken ist.

Für *Rudolf Wiethölter*[113] ist das subjektive Recht als Pfeiler unseres Systems dahin, für andere ist das subjektive Recht geradezu der Zentralbegriff des bürgerlichen Rechts[114]. Die Wahrheit liegt, wie so oft, in der Mitte.

Es ist das Verdienst von *Biedenkopf*[115], darauf aufmerksam gemacht zu haben, daß eine der wichtigsten Gründe für die marktfördernde Wirkung des Privatrechts in dessen Eigenart besteht, „den Individualrechtsschutz nach allen Seiten durch die Entwicklung eines Systems subjektiver Rechte zu gewährleisten“:

„Diese subjektiven Rechte dienen dazu, die Rechtssphären der Rechtssubjekte gegeneinander abzugrenzen und zu schützen. Sie verleihen dem einzelnen eine Rechtsmacht als Mittel zur Befriedigung seiner Interessen und zur Erfüllung seiner gesellschaftlichen Funktionen. Beherrschungsrechte, einschließlich der Ausschlußrechte, Ansprüche und Gestaltungsbefugnisse sind die drei Formen, in denen diese Rechtsmacht auftritt, die die Rechtsordnung dem Individuum verleiht“[116].

Dieses subjektive Recht als Quelle der Berechtigung gerade für das Kartell und den Marktmächtigen hat nach *Biedenkopf* nachfolgende unschätzbare Vorteile:

---

112 Vgl. dazu *Polay*, aaO, S. 192 ff., S. 196.

113 *Wiethölter*, Rechtswissenschaft, S. 71.

114 Vgl. zum subjektiven Rechts insbesondere *Bucher*, Das subjektive Recht als Normsetzungsbefugnis, Tübingen 1965 und *J. Schmidt*, Aktionsberechtigung und Vermögensberechtigung, Ein Beitrag zur Theorie des subjektiven Rechtes, Köln 1969 und dazu *H. Huber*, Rechtstheorie, 1971, S. 246 ff.

115 *Biedenkopf*, Festschrift für Franz Böhm, S. 113 ff.

116 *Biedenkopf*, Festschrift für Franz Böhm, S. 113 ff., S. 115.

a) Die begriffliche Bestimmung des subjektiven Rechts enthält keine Aussage über seine konkrete Begrenzung.
b) Das subjektive Recht ist dem Individuum zugeordnet und wird in diesem Zusammenhang gesehen.
c) Die mit dem subjektiven Recht gewährte Rechtsmacht wird dem selbst bestimmten Rechtssubjekt, der Persönlichkeit, zugeordnet und damit seiner Dispositionsbefugnis unterworfen.
d) Die Gewährung subjektiver Rechte bedeutet eine Umkehr der Beweislast.
e) Der Begriff des subjektiven Rechts läßt keinen Raum für die Berücksichtigung wirtschaftlicher Macht.
f) Das subjektive Recht soll die Rechtssphären der Individuen gegeneinander abgrenzen und dadurch zugleich schützen.

Die eigentliche Funktion subjektiver Rechte besteht zweifelsfrei darin, daß sie dezentralisierte Entscheidungen, die ihrem Inhalt nach pluralistisch sind, ermöglichen[117]. Diese Befugnis zu dezentralisierter Entscheidung impliziert infolge ihrer immanenten Ungerechtigkeit zweifelsfrei latente Gesellschaftskonflikte. Diese Konflikte müssen ausgeglichen werden[118].

9. Folgerungen aus dem veränderten Privatautonomieverständnis für das Problem der Allgemeinen Geschäftsbedingungen

Die Problematik der Vertragsfreiheit ist bis in die jüngste Zeit fast ausschließlich an dem Problem der sogenannten Allgemeinen Geschäftsbedingungen dargestellt worden[119].

In diesem Zusammenhang ist es zunächst von sekundärer Bedeutung, ob man den Geltungsgrund von Allgemeinen Geschäftsbedingungen in der Privatautonomie sieht oder ob man von Unterwerfung spricht, wenn man sich nur bewußt ist, wie „verdünnt" die Privatautonomie sein kann. *Däubler*[120] stellt zu Recht fest, daß die Einordnung der AGB in die Antinomie von Rechtsgeschäft oder Rechtssatz reichlich platonisch ist. Die auftauchenden Einzelprobleme sind auf Grund von Wertungen und nicht durch Subsumtion unter derartige Systembegriffe zu lösen. Dies gilt um so mehr, als diejenigen, die sich um eine realistische Rechtsquellenlehre bemühen, insoweit offenbar nicht bereit sind, aus ihrer rechtsquellenmäßigen Erfassung der AGB die not-

---

117 Vgl. dazu *J. Schmidt*, Archiv für Rechts- und Sozialphilosophie, Bd. LVII (1971), S. 383 ff.

118 Vgl. dazu *J. Schmidt*, Archiv für Rechts- und Sozialphilosophie, Bd. LVII (1971), S. 383 ff.

119 Vgl. dazu bereits grundlegend *L. Raiser*, Das Recht der allgemeinen Geschäftsbedingungen, Berlin 1936.

wendigen Konsequenzen zu ziehen[121, 122]. Freilich ist zuzugeben, daß allein ein Aufbruch aus der exklusiven Antinomie von Rechtssatz – Rechtsgeschäft den Blick für die sich stellenden Probleme zu öffnen vermag. Unrichtig ist es dagegen, wenn *Flume*[123] in echter *Palmström*-Manier das Problem folgendermaßen kennzeichnet:

„Der Terminus Unterwerfung würde besagen, daß der sich Unterwerfende die Allgemeinen Geschäftsbedingungen inhaltlich akzeptiert. Wer sich unterwirft, erkennt eine Herrschaft an. Das wäre aber gerade von Rechts wegen nicht zuzulassen, weil eine Preisgabe der Selbstbestimmung und die Unterwerfung unter eine Gestaltung von Rechtsverhältnissen in Fremdbestimmung als Rechtens nicht vorstellbar sind."

Es ist einzuräumen, daß *Flume* im Bereich der Allgemeinen Geschäftsbedingungen § 315 BGB einen weiten Raum gibt[124]. Gegenüber dieser Feststellung von *Flume* ist aber anzumerken, daß es auf dieser Welt leider nicht immer darauf ankommt, was von Rechts wegen zugelassen wird und was als Recht vorstellbar ist, sondern auf das, was ist und was von der Rechtsordnung als Faktum geduldet wird. Auf der anderen Seite macht die Qualifizierung der AGB als Unterwerfung den Fortschritt noch nicht aus und verhilft ihren Vertretern kaum zum Prädikat der kritischen Jurisprudenz[125]. Wenn *Schütte*[126] in der Anerkennung der richterlichen Inhaltskontrolle eine Bankrotterklärung für das Prinzip der Privatautonomie und mithin auch für die gesamte Rechtsgeschäftslehre sieht, so liegt darin ein grundlegendes Mißver-

---

120 *Däubler*, NJW 1971, S. 1736/1737, S. 1736 r. Sp.

121 Es ist freilich zuzugeben, daß der Aufbruch aus der exklusiven Antinomie Rechtssatz–Rechtsgeschäft den Blick für die sich stellenden Probleme zu öffnen vermag. Leider hat *Meyer-Cording* (Die Rechtsnormen, Tübingen 1971, S. 45 ff.) aus der von ihm getroffenen Unterscheidung zwischen Wahlnormen (Regelungsgebilde im intermediären Sektor) und Zwangsnormen (von Staatspersonen oktroyierte Regeln) keinerlei plausible Konsequenzen gezogen (vgl. auch S. 81 ff., S. 105).

122 Das gleiche dürfte für das Vereinsrecht gelten. Die Anhänger der Normtheorie (*Meyer-Cording*, Die Vereinsstrafe, S. 32 ff. m. w. N.) sehen in den gesetzlichen Bestimmungen über die Art der Regelung der Vereinsangelegenheit einschließlich der Satzungsfeststellung durch Beschlußfassung der Mitgliederversammlung eine Delegation des Gesetzgebers an die Vereine zu privater Normsetzung. Andere hängen der Vertragslehre an (vgl. dazu zuletzt *Thiele*, Zustimmungen, S. 48). Diese begrifflichen Kategorisierungen führen zu den wirklichen Sachproblemen noch nicht heran. Vgl. zum Ganzen neuerdings auch *Vollmer*, aaO, S. 18 ff.

123 *Flume*, aaO, § 37 I, S. 670.

124 *Flume*, aaO, § 37, 2, S. 670 ff.; mit der analogen Anwendung des § 315 Abs. 3 BGB ist jedoch der kollektive Bezug der allgemeinen Geschäftsbedingungen noch nicht hinreichend herausgestellt.

125 Vgl. dazu z. B. *Schütte*, Kritische Justiz 1970, S. 114 ff., S. 116 l. Sp.

126 *Schütte*, Kritische Justiz 1970, S. 114 ff., S. 115 f.

ständnis begründet. Gerade das Gegenteil ist richtig. Privatrechtliche Grundprinzipien sind nicht unwandelbar. Mit einem juristischen Negativismus ist ebensowenig gewonnen wie mit einem verzweifelten Festhalten an einem falschen Freiheitspathos.

Die Rechtsprechung[127] und die Lehre[128] haben sich schon frühzeitig unter Heranziehung von §§ 138, 242, 315 III BGB und unter Bezugnahme auf das Sozialstaatsprinzip und den Rang des dispositiven Gesetzesrechts dem Problem der AGB gestellt. Das dispositive Recht sichert einen gewissen Interessenausgleich unter den beteiligten Personen. Von diesem dispositiven Recht konnte nunmehr der wirtschaftlich stärkere Teilnehmer am Rechtsverkehr abgehen. Im Sinne der liberalen Ideologie, daß das freie Spiel der Kräfte zu einem gesellschaftspolitischen Optimum führe, konnten nur Extremfälle diesen Grenznormen unterworfen werden.

Esser[129] hat jüngst darauf hingewiesen, daß bei AGB der Schlüssel zur Vertragsgerechtigkeit Wirtschaftsmächten in die Hand gegeben sei, „denen gegenüber die Chance einer individuellen Rechtshygiene nach den Maßstäben der ‚boni mores' nicht mehr besteht".

In diesem Zusammenhang stellt *Esser* zutreffend heraus, daß der kollektive Bezug von AGB ein neuartiges Verständnis des § 138 I BGB voraussetzt:

> „An die Stelle der für letztere geltenden rechtsethischen Maßstäbe müssen im Planungsbereich der Wirtschaftsmächte die öffentlichen Maßstäbe des Gemeinwohls treten"[130].

Ist es dann aber nicht nur folgerichtig, diesen verschiedenartigen Bewertungsmaßstab bereits in den begrifflichen Distinktionen anklingen zu lassen mit der Folge, daß an die Stelle des nun einmal traditionell mit rechtsethischen Inhalten besetzten Begriffs der guten Sitten der des Übermaßverbotes tritt?[131]. Dieser Gesichtspunkt mag manchem zunächst absurd erscheinen. Es ist aber nicht zu leugnen, daß das individualistische Modell – A kauft von B – der Allgemeinen Geschäftsbedingungen inadäquat ist. Der Beurteilungsbeziehungspunkt ist bei AGB nicht die prinzipiell isoliert zu sehende Person oder das isoliert zu sehende Rechtsgeschäft. Die AGB stehen in einer bestimmten Beziehung zur Umwelt, in einer bestimmten Sozialität, mit deren Hilfe die Wirtschaftsmächte diesen Rechtsverkehr gestalten, „ver-

---

127 Vgl. dazu *Schmidt-Salzer*, Allgemeine Geschäftsbedingungen.
128 Vgl. dazu *Schmidt-Salzer*, Allgemeine Geschäftsbedingungen.
129 *Esser*, ZHR Bd. 135 (1971), S. 320 ff., S. 338.
130 *Esser*, ZHR Bd. 135 (1971), S. 320 ff., S. 338.
131 Ähnlich bereits *Ramm*, Freiheit der Willensbildung, S. 68.

walten". *Die Rechtsgemeinschaft verdient gegen diesen Planungs- und Verwaltungsbereich Schutz*[131a].

a) Ablehnung einer Rückkehr zur individualistischen Lösung des BGB

Sieht man diese Verwaltungserscheinung im Privatrechtsverkehr und erachtet man diese als irreversibel, dann können *Rupert Schreibers*[132] Thesen zur Rückkehr zur individualistischen Lösung nur als eine Fehlleistung konstruktiv-dogmatischer Jurisprudenz gewertet werden, ganz abgesehen davon, daß eine Rückkehr zu den §§ 145ff. BGB in diesen Bereich dann die Probleme nicht zu lösen vermag, wenn die Wirtschaft an die Stelle der Allgemeinen Geschäftsbedingungen gleichlautende private Vereinbarungen treten läßt. Das Machtproblem stellt sich auch bei derartigen individuellen Vereinbarungen[133].

b) Ablehnung einer etatistischen Lösung

Was not tut, ist nicht ein Mehr an etatistischen Maßnahmen, sondern der Mut der Gerichte, sich dem Problem der Inhaltskontrolle in verstärktem Maße zu stellen. Unabdingbar ist auch eine Normenkontrollklagemöglichkeit. Auch sind Sanktionen gegen die Aufsteller notwendig, die mißbilligte Allgemeine Geschäftsbedingungen erneut verwenden[134, 135, 136].

c) Versuch der Begründung eines zivilrechtlichen Übermaßverbotes

Bereits oben[137] wurde festgestellt, daß der Wirtschaftsverkehr heute in weitem Umfange verwaltet wird. Daraus folgt m. E. ein zivilrechtliches Übermaßverbot. Gegenüber der Kontrolle mit Hilfe der §§ 138, 242, 315 III BGB wird damit herausgestellt, daß es sich insoweit um die Kontrolle eines

---

131a Es ist auch äußerst zweifelhaft, ob eine verstärkte Bewußtseinsbildung bei den Kunden diesen Planungsbereich der Wirtschaftsmächte wieder aufbrechen und so eine Inhaltskontrolle überflüssig machen kann. Zu optimistisch m.E. *Grunsky* BB 1971, S. 1113 ff.

132 *Rupert Schreiber*, NJW 1967, S. 1441 ff.

133 Bei den allgemeinen Geschäftsbedingungen ist das Machtungleichgewicht nach außen hin sichtbar gemacht. Ob die Gefahr einer Umgehung der Inhaltskontrolle von allgemeinen Geschäftsbedingungen durch individuelle Vereinbarungen wirklich generell besteht, muß bezweifelt werden.

134 Vgl. dazu auch Vorschläge zur Verbesserung des Schutzes der Verbraucher gegenüber AGB, Bonn 1974.

135 Vgl. dazu z. B. *W. Weber*, NJW 1968, S. 1 ff., S. 9 l. Sp.

136 Vgl. z. B. für die AKB, BGH NJW 1969, S. 1384/1385, S. 1385 r. Sp.; vgl. dazu auch *Schwerdtner*, JR 1970, S. 20 ff., S. 22 l. Sp.

137 Vgl. dazu oben S. 131 ff.

kollektiven Phänomens handelt. Aus diesem zivilrechtlichen Übermaßverbot ergeben sich folgende Konsequenzen:

aa) Der Abschluß eines Rechtsgeschäfts ist, abgesehen von den Fällen des Kontrahierungszwangs, in das rechtliche Belieben der Parteien gestellt.

bb) Soweit die Parteien ausdrücklich bestimmte Vertragspflichten individuell aushandeln, werden diese Vereinbarungen vorrangig an §§ 134, 138, 242 BGB gemessen.

cc) Soweit es sich jedoch um AGB handelt, gilt ein privatrechtliches Übermaßverbot. Daraus folgt, daß der Aufsteller von AGB zunächst nachweisen muß, aus welchen Gründen er eine bestimmte Bedingung niedergelegt hat. Kommt er dieser Darlegungslast nicht nach, so tritt an die Stelle der AGB das dispositive Gesetzesrecht als operationale Definition des Interessengemäßen[137a]. Kommt dagegen der Aufsteller seiner Darlegungslast nach, so ist zu prüfen, ob der von ihm angegebene Zweck rechtlich gebilligt werden kann, wobei insbesondere der kollektive Bezug ins Auge zu fassen ist. Es ist nicht zu leugnen, daß damit das Prinzip des Prüfungsmaßstabs noch nicht gelöst ist. Trotzdem weist die Einführung eines privatrechtlichen Übermaßverbotes in diesen Bereichen bereits in die Richtung, in der die Maßstäbe zu suchen sind. Demgegenüber finden sich in der Rechtsprechung häufig nur Hinweise auf den Grundsatz von Treu und Glauben, wobei verkannt wird, daß dieser Grundsatz selbst die Maßstäbe nicht liefert. So hat der BGH in seinem Urteil vom 29. Oktober 1956[138] entschieden, daß beim Verkauf fabrikneuer Möbel an den letzten Abnehmer die Sachmängeleinwendungen des Käufers durch AGB nicht generell ausgeschlossen werden können:

„... Für die allgemeine Beurteilung unter dem Gesichtspunkt von Treu und Glauben kann es insoweit nicht entscheidend sein, daß ein weitgehender Ausschluß der Haftungsansprüche, insbesondere auch der Gewährleistungsansprüche des Käufers sich auch für den Käufer insoweit günstig auswirken mag, als sich ein solcher Ausschluß in einem verbilligten Preis für die Ware niederschlägt ... Denn wenn der völlige Ausschluß der Gewährleistungsansprüche bei einem Kauf über fabrikneue Waren nach allgemeinen Rechtsgrundsätzen, insbesondere unter gerechter Abwägung der beiderseitigen schutzwerten Belange der an einem solchen Kauf typischerweise beteiligten Käufer- und Verkäuferschicht nach Treu und Glauben als unwirksam angesehen werden muß, dann kann in diesem Rahmen auch eine solche preiskalkulatorische Erwägung nicht durchgreifen. Denn die Verkäufer müssen ihre Preise nach solchen Bedingungen kalkulieren, die sich mit den Geboten von Treu und Glauben vereinbaren lassen, und sie dürfen sich insoweit nicht über die Grenzen hinwegsetzen, die für den Rahmen des rechtlich billigen und vertretbaren gelten. Die Möglichkeit, daß bei rechtlich unbilligen Verkaufsbedingungen dadurch u. U. auch für den Käufer ein wirtschaftlich etwas gün-

---

137a Dies übersieht *Grunsky* (BB 1971, S. 1113 ff., S. 1117 Fn. 26).

138 BGHZ 22, S. 90 ff.

stigerer Preis kalkuliert werden kann, vermag ein solches – nämlich rechtlich unbilliges – Verhalten nicht zu rechtfertigen"[139].

Bezeichnenderweise spricht der BGH in dieser Entscheidung von der beteiligten Käufer- und Verkäuferschicht. In der weiteren Begründung nimmt er jedoch diesen kollektiven Bezug nicht mehr auf. Nimmt man jedoch diesen in Bezug, so erweist es sich, daß das Risiko der Fehlerhaftigkeit der Ware bei derartigen einseitigen kollektiven Anordnungen „sozialisiert" werden muß. Es ist nicht vertretbar, daß bei AGB eine Minderheit die Nachteile der AGB zu tragen hat. Mit der Statuierung des Übermaßverbotes kann dem Gesichtspunkt Rechnung getragen werden, daß die AGB nicht immer Machtmißbrauch darstellen[139a].

10. Zusammenfassung

Die Herstellung der Vertragsgerechtigkeit muß daher zu einer Daueraufgabe gemacht werden. Die verkündeten Ansprüche müssen auch realisiert werden. Leider wird dies noch weitgehend verkannt:

„Bei den unausbleiblichen Ausstrahlungen von Staatsrechtsgrundsätzen auf die Privatrechtssphäre wird, ohne daß eine unmittelbare Einwirkung sichtbar zu werden braucht, auch die Vertragsfreiheit berührt, wenn auch nicht solchermaßen eingeengt, daß hieraus Eingriffe in vertragliche Verpflichtungen hergeleitet werden könnten"[139b].

Wie notwendig eine derartige Revision jedoch ist, zeigt sich z. B. im Rahmen der Vertragsstrafenvereinbarungen im Arbeitsrecht. Es berührt merkwürdig, daß in dem Standardwerk des Arbeitsrechts von *A. Hueck-Nipperdey*[140] die Zulässigkeit von Vertragsstrafenvereinbarungen in Arbeitsverträgen nicht einmal diskutiert wird. Die Strafgewalt des Arbeitgebers, die früher diesem durch Gesetz überlassen wurde[141], erscheint nunmehr als einzelvertragliche Vereinbarung wieder. Das Risiko ihrer Überprüfung wird damit dem schwächeren Vertragsteil überbürdet. Im übrigen verliert sich der moderne Gesetzgeber leider teilweise lediglich in einer Flucht ins Formalisierte[142, 143].

---

139 BGHZ 22, S. 90 ff., S. 98.

139a Vgl. dazu *L. Raiser*, aaO, S. 137; *M. Wolf*, aaO, S. 15.

139b *Schlessmann*, aaO, S. 391 ff., S. 395 l. Sp.; verräterisch ist es auch, wenn *Echterhölter* (BB 1970, S. 677 ff., S. 680) feststellt, daß sich trotz des Verfassungswandels im Arbeitsrecht keinerlei größere Veränderungen zu ereignen hätten.

140 *A. Hueck-Nipperdey*, aaO, § 39, S. 260 ff.

141 § 134b Abs. 1 Ziff. 4, Abs. 2; § 134c Abs. 2 und 3; § 139k GewO; § 80 Abs. 2 BRG v. 1920 u. a.

142 Vgl. dazu auch *Schwerdtner*, JR 1971, S. 199 ff.

143 Vgl. zu den Reformbestrebungen auf dem Gebiet der Allgemeinen Geschäftsbedingungen z. B. *Kötz*, und *Ulmer*, Verhandlungen des 50. Deutschen Juristentages (Hamburg), München 1974, A 1 ff. H 8 ff.m. w. N.

Demgegenüber gilt es in Zukunft an konkreten Beispielen, die sich nicht auf die Problematik von allgemeinen Geschäftsbedingungen beschränken sollten, die Grenzen der Selbstbestimmung in der Lebenswirklichkeit herauszuarbeiten[144]. Mit der Ausweitung der Formbedürftigkeit von Rechtsgeschäften wird für den schwächeren Vertragsteil lediglich der vorgesehene Vertragsinhalt transparenter, das Machtphänomen als solches jedoch nicht tangiert. Diesem gilt es sich jedoch zu stellen.

11. Die Fortsetzung der Privatautonomie im Gerichtsschutzsystem – das Schiedsgerichtswesen

Die Wirtschaft schafft sich nicht nur in Form der allgemeinen Geschäftsbedingungen ihr Recht, sondern in weiten Bereichen auch die Gerichte, die dieses selbstgeschaffene Recht anwenden. Dies geschieht im sogenannten Schiedsgerichtsverfahren (§ 1025ff. ZPO).

In der Amtlichen Begründung zur ZPO[145] wird zur Schiedsgerichtsbarkeit nur folgendes ausgeführt:

„Der Staat hat kein Interesse, Kontrolle zu üben."

Welche Ausmaße die Schiedsgerichtsbarkeit mittlerweile in Deutschland angenommen hat, geht am besten aus einer Anzeige hervor, die 1968 in deutschen juristischen Fachzeitschriften erschien:

„Demnächst: Private Gerichtsbarkeit in Deutschland: Vorbild eines US-Unternehmens stellt die zu gründende European Arbitrage Association Deutschland GmbH KG = EAA-D kommerzielle Schiedsgerichte zur Verfügung. Die Tätigkeit ist erlaubnisfrei nach § 2 Rechtsberatungsgesetz. Wir empfehlen uns besonders allen Unternehmungen, welche Abzahlungs- und Ratenvereinbarungen treffen sowie Teilzahlungs- und Kreditfinanzierungsinstituten. Keine Überlastung der ordentlichen Gerichtsbarkeit. Keine langwierige Wartezeit auf Terminfestsetzungen. EAA-D garantiert für einen vollstreckbaren Titel innerhalb von spätestens 4 Wochen (§ 1040 ZPO), dem modernen Geschäftsleben aufgeschlossene, unparteiische Richter (§ 1028 ZPO), eine zügige Verfahrensordnung (§ 1034 ZPO), geringe vom Streitwert unabhängige Kosten, keine Vertretungsschwierigkeiten (auch Firmenvertreter, Beistände, Referendare etc.). EAA-D will mit einem Schlage das Gebiet der gesamten Bundesrepublik mit Schiedsgerichten bedecken, z. B. Rechtsanwälte, Firmen etc., die repräsentative Räume zur Durchführung von Verhandlungen zur Verfügung stellen können"[146].

Kronstein[147] hat zu Recht darauf verwiesen, daß eine solche sich häufig über allgemeine Geschäftsbedingungen vollziehende, die Erfordernisse des § 1027

---

144 Vgl. dazu *Roscher*, aaO, S. 107.

145 *Hahn-Stegemann*, aaO, S. 492. Vgl. dazu auch *Kornblum*, aaO, S. 1.

146 NJW 1968, Heft 52, S. VII.

147 *Kronstein*, ZRP 1970, S. 10 ff.

I ZPO beachtende Unterwerfung eindeutig dem Rechtsberatungsmißbrauchsgesetz und § 1025 II ZPO widerspricht.
Immer wieder wird versucht, die privatautonomen Beschränkungen der Gerichtsschutzgarantie zu rechtfertigen. Für *Dütz*[148] machen die Parteien beim Abschluß einer Schiedsgerichtsvereinbarung von ihrer ebenfalls verfassungsmäßig und sogar grundrechtlich gewährleisteten Privatautonomie Gebrauch[149]. Um der Gefahr einer einseitigen Überlegenheit und einer daraus sich etwa ergebenden parteilichen Entscheidung vorzubeugen, sei gesetzlich entweder ein Schutz gegen die wirtschaftliche oder soziale Übermacht eines Teils vorgesehen (§ 1025 II ZPO) oder die Möglichkeit zum Abschluß von Schiedsverträgen überhaupt beschränkt (vgl. § 91 GWB, § 53 BörsenG, § 101 ArbG)[150]. Es ist aber sehr die Frage, ob diese in den §§ 1025 ff. ZPO niedergelegten Sicherungen die Gefahren der Schiedsgerichtsbarkeit ausschließen. Nach § 1025 II ZPO ist der Schiedsvertrag unwirksam, wenn eine Partei ihre wirtschaftliche oder soziale Überlegenheit dazu ausgenutzt hat, den anderen Teil zu seinem Abschluß oder zur Annahme von Bestimmungen zu nötigen, die ihr im Verfahren, insbesondere hinsichtlich der Ernennung oder Ablehnung der Schiedsrichter, ein Übergewicht über den anderen Teil einräumen. So schneidig diese Bestimmung erscheint, so wirkungslos scheint sie in der Praxis zu sein. Es kommt doch nicht von ungefähr, daß die ansonsten mit Rechtsprechungsnachweisen vollgepfropften Kommentare von *Baumbach-Lauterbach*[151] und von *Stein-Jonas-Pohle*[152] kein einziges Urteil zu § 1025 II ZPO zu berichten wissen. Hier beginnt m. E. rechtswissenschaftliche Grundlagenforschung sinnvoll zu werden. Dies setzt eine Aufarbeitung der bestehenden Schiedsgerichtsbarkeit voraus, um überhaupt Abhängigkeitskriterien entwickeln zu können. Die rein exegetischen Bemühungen sind im Rahmen derartiger Unterlegenheitsstrukturen nutzlos:

„Man wird sie außerhalb eines rechtlichen Abhängigkeitsverhältnisses namentlich da bejahen, wo der andere den Schiedsvertrag in der seiner Meinung nach begründeten Befürchtung abschließt, andernfalls wirtschaftliche oder andere Nachteile zu erleiden. Der andere braucht durchaus nicht der geldlich Schwächere zu sein; wirtschaftlich schwächer ist man immer gegenüber einem Monopol. Ausnutzen verlangt, daß sich die Partei ihrer Überlegenheit und deren Ursächlichkeit für den Vertragsschluß bewußt ist. Nicht jeder

---

148 *Dütz*, aaO, S. 238/239.

149 Die private Schiedsgerichtsbarkeit soll sogar im Rahmen des Art. 2 Abs. 1 GG verfassungsrechtlich abgesichert sein; vgl. dazu *Vollmer*, aaO, S. 92 m. w. N.

150 Vgl. *Dütz*, aaO, S. 239. Vgl. zur Schiedsgerichtsbarkeit in rechtssoziologischer Sicht neuerdings *Persson Blegvad*, aaO, S. 126 ff.

151 *Baumbach-Lauterbach*, aaO, § 1025 Anm. 7 B.

152 *Stein-Jonas-Pohle-Schlosser*, aaO, § 1025 Anm. II, 4.

vom Großkaufmann mit einem Kleinabnehmer vereinbarte Schiedsvertrag nutzt aus"[153].

Man braucht kein Ökonom zu sein, um diese „Soll- und Haben-Romantik" zu durchschauen. Der gleiche Einwand ist gegen § 1042 ZPO vorzubringen. Auch er bietet keinen wirksamen Schutz gegen Vormachtstellungen. Der Antrag auf die Vollstreckbarkeitserklärung eines Schiedsspruches ist zwar nach § 1042 II ZPO abzulehnen, wenn einer der in § 1041 ZPO bezeichneten Aufhebungsgründe vorliegt. Auch dies setzt wiederum voraus, daß die Partei in der Lage ist, sich auf die dort bezeichneten Aufhebungsgründe zu berufen.

Auch in diesem Zusammenhang sollte man nicht unbesehen an der marxistischen Kritik der Schiedsgerichte bürgerlicher Länder vorbeigehen:

„Die großen kapitalistischen Gesellschaften nehmen häufig Klauseln über die schiedsgerichtliche Beilegung von Streitigkeiten in die von ihnen ausgearbeiteten Formulare auf, die sie ihren Vertragspartnern zur Unterschrift vorlegen. Die Klausel über die Entscheidung einer Streitigkeit durch ein Schiedsgericht ist also nicht mehr Gegenstand einer Vereinbarung und nimmt die Form von Beitrittserklärungen an, d. h. sie ist ihrem Wesen nach eine einseitige Willenserklärung der monopolistischen Organisation, der Art Befehl, dem sich der Partner dieser Organisation unterwerfen muß. In den Formularen wird gewöhnlich ein bestimmtes, ständig tätiges und spezialisiertes Schiedsgericht genannt, das bei einer Handelsvereinigung besteht, der auch die Vertreter der betreffenden monopolistischen Organisation angehören. Unter diesen Umständen ist es der Monopolvereinigung möglich, in bedeutendem Maße auf die personelle Zusammensetzung des Schiedsgerichts einzuwirken und ihre Leute in das Schiedsgericht zu entsenden"[154].

Die Gefahren der Schiedsgerichtsbarkeit hat der moderne Gesetzgeber durchaus gesehen. So wird in § 91 I GWB bestimmt, daß Schiedsverträge über künftige Rechtsstreitigkeiten aus Verträgen oder Beschlüssen der in den §§ 1–5a, 7, 8, 29, 99 II Nr. 2–4, 100, 102, 102a und 103 GWB bezeichneten Art oder aus Ansprüchen i. S. des § 35 GWB nichtig sind, wenn sie nicht jedem Beteiligten das Recht geben, im Einzelfall statt der Entscheidung durch das Schiedsgericht eine Entscheidung durch das ordentliche Gericht zu verlangen. Auch § 14 I, 3 2. Halbs. des Gesetzes über die Wahrnehmung von Urheberrechten und verwandten Schutzrechten vom 9. September 1965[155] sieht ebenfalls vor, daß Schiedsverträge über künftige Rechtsstreitigkeiten dann nichtig sind, wenn sie nicht jedem Beteiligten das Recht geben, im Einzelfall statt der Entscheidung durch das Schiedsgericht eine Entscheidung durch das Gericht zu verlangen.

---

[153] *Stein-Jonas-Pohle-Schlosser*, aaO, § 1025 Anm. II, 4.
[154] *Lunz*, aaO, S. 133.
[155] BGBl I, S. 1294.

Es kommt nicht von ungefähr, daß die Einschränkungen der Kartellgerichtsbarkeit als „rückschrittlich und undemokratisch“[156] gekennzeichnet werden. Für *Möhring*[157] muß es „im Interesse der Wirtschaft liegen, Schiedssprüche möglichst nur in Ausnahmefällen Angriffen auszusetzen“. Einer der wichtigsten Gründe für die Wahl des Schiedsverfahrens bestehe darin, daß die Beteiligten eine schnelle Entscheidung herbeiführen und wegen des Fortfalls des Instanzenzuges die Kosten möglichst niedrig halten könnten.

Welche Motive die Parteien zum Abschluß von Schiedsverträgen bewegen, ist schwer ausmachbar. Ein Mißbrauch einer wirtschaftlichen Machtstellung ist jedoch nicht auszuschließen. Hierauf hat neuerdings wiederum *Fechner*[158] aufmerksam gemacht:

„Das Dissimulationsinteresse der betroffenen Kreise (auch zu Lasten der rechtsdogmatischen Forschung) ist übrigens in einem spektakulären Fall sozusagen (in einer vom Gesetzgeber nicht beabsichtigten Weise) institutionalisiert, und zwar beim schiedsrichterlichen Verfahren (§ 1025 ZPO). Hier entscheiden Private ihre Streitigkeiten auf Grund eines (nicht selten vom mächtigeren Partner geforderten) sogenannten Schiedsvertrages unter Ausschluß der ordentlichen Gerichtsbarkeit. Dabei besteht weder die Pflicht noch die Gepflogenheit, Urteil, Sachverhalt und Begründung zu veröffentlichen . . .“.

Durch die Schiedsgerichtsbarkeit werden daher ganze Bereiche des Wirtschaftsrechts der rechtswissenschaftlichen Kontrolle entzogen. Viel erheblicher ist jedoch der Umstand, daß in diesem Bereich ein Aufzwingen des Schiedsvertrages durch den wirtschaftlich Mächtigeren nicht ausgeschlossen werden kann. Wenn immer wieder behauptet wird, daß der IX. Abschnitt des Grundgesetzes nur die staatlichen Gerichte betreffe, jegliche Form privater Gerichtsbarkeit also diesen Bestimmungen nicht unterliege[159], so trifft dies sicherlich zu. Die Art. 92 und 101 I, 2 GG sind sicherlich gegen den Staat gerichtet und berühren als solche die private Gerichtsbarkeit (Schiedsgerichtsbarkeit, Verbandsgerichtsbarkeit, Betriebsjustiz) nicht. Es vermag jedoch nicht zu überzeugen, daß Art. 19 IV, 1 GG gegen Rechtsverletzungen durch die öffentliche Gewalt den Rechtsweg garantiert, während im gesellschaftlichen Bereich der Schutz durch die ordentlichen Gerichte durch pri-

---

156 Vgl. dazu *Dörinkel*, WuW 1957, S. 607 ff., S. 652; *Kurt Zweigert*, DVBl 1953, S. 225 ff., S. 232; ders., DVBl 1958, S. 625 ff., S. 733 ff., S. 783 ff.

157 *Möhring*, NJW 1968, S. 369 ff., S. 372 l. Sp.

158 *Erich Fechner*, aaO, S. 91 ff., S. 102 Fn. 19; vgl. dazu auch *Michaelis*, NJW 1971, S. 1737 r. Sp.

159 So *Bettermann*, in: *Bettermann-Nipperdey-Scheuner*, Die Grundrechte Bd. III, 2. Halbbd., S. 523 ff., S. 629 und im Anschluß daran *Bötticher*, ZfA 1971, S. 3 ff., S. 61; kritisch dazu *Baur*, JZ 1965, S. 163 ff., S. 164 Fn. 4.

vatautonome Vereinbarungen ausgeklammert werden kann. *Kronstein*[160] hat daher m. E. rechtspolitisch zu Recht gefordert, Entscheidungen der Schiedsgerichte der Berufung oder Revision vor den ordentlichen Gerichten zu unterwerfen, „so daß es wieder eine Instanz gibt, in der sich alle Rechtsprechung letztlich vereinigt und durch die allgemein anerkannte vorgegebene Rechtsgrundsätze materiell und verfahrensrechtlich gegenüber jeglicher Gewalt durchgesetzt werden können"[161]. Auch in diesem Zusammenhang ist zwar der wirtschaftlich Schwächere genötigt, sich gegen den wirtschaftlich Stärkeren zu wenden. Er ist jedoch nicht gehalten, etwa einen Mißbrauch wirtschaftlicher Macht zu behaupten. Die Möglichkeit der gerichtlichen Nachprüfung würde sicherlich auch nicht ohne Rückwirkungen auf das schiedsgerichtliche Verfahren bleiben. Auch sollte es in Zukunft nicht mehr verblüffen, daß die GmbH & Co. KG nur selten Anlaß zu höchstrichterlichen Entscheidungen gibt. Dies liegt auch in der Schiedsgerichtsbarkeit begründet[161a].

Letztlich bleibt jedoch die Frage, ob die Schiedsgerichte nicht generell beseitigt werden sollten. Die technokratischen Vorteile (größere Schnelligkeit des Verfahrens, größerer Sachverstand usw.) könnten durch zu hohe Freiheitsbeschränkungen erkauft sein. Es kommt hinzu, daß durch die Schiedsrichtertätigkeit von Richtern der ordentlichen Gerichtsbarkeit eine unheilige Allianz von Richterschaft und Wirtschaft entsteht, die sich in der ordentlichen Gerichtsbarkeit fortsetzen kann. Es ist zwar sicherlich richtig, daß in privatrechtlichen, zumal handels- und wirtschaftsrechtlichen Streitigkeiten die aus dem deutschen Bildungsbürgertum stammenden Richter, würden sie ihre Einkommensschicht vertreten, regelmäßig gegen Handel, Groß- und Kleinindustrie entscheiden müßten[162]. Diese Feststellung *Fikentschers* übersieht jedoch das Dazugehörigkeitsgefühl der Richter, das durch die richterliche Tätigkeit für diese Kreise noch verstärkt wird[163].

---

160 *Kronstein*, Ausgewählte Schriften, S. 113/114.

161 *Kronstein*, Ausgewählte Schriften, S. 113/114; vgl. auch *Kronstein*, Arbitration is Power NYU L. Review 38 (1863), S. 661 ff.; vgl. zur Schiedsgerichtsbarkeit auch *Kornblum*, aaO.

161a Vgl. dazu *Schneider/Schneider*, Z. f. Unternehmens- u. Gesellschaftsrecht 1972, S. 52 ff., S. 53.

162 Vgl. dazu *Fikentscher*, Rechtswissenschaft und Demokratie, S. 9 Fn. 19 in Auseinandersetzung mit *Dahrendorf*, aaO, S. 176 ff.

163 Die schiedsgerichtliche Tätigkeit ist durchaus lukrativ. Wird etwa der Streitwert eines Schiedsgerichtsverfahrens auf 8 Millionen festgesetzt, so erhalten die Schiedsrichter ihre Gebühren nach den Grundsätzen der Rechtsanwaltsgebührenordnung für die Tätigkeit eines Anwalts in 2. Instanz, der Obmann das $1^1/_2$-fache dieser Gebühr, höchstens jedoch eine 13/10-Gebühr mehr als die anderen Schiedsrichter,

12. Eigentumsfreiheit und Vertragsfreiheit

Erst mit der Eigentumsfreiheit erhält die Vertragsfreiheit jene Materien, durch die sie wahrhaft zur Privatautonomie wird[164]. Es ist ein Kennzeichen unserer Privatrechtsordnung, daß mit tradierten Begriffen gearbeitet wird, ohne die Veränderungen der sozialen Umwelt zur Kenntnis zu nehmen. Dies gilt in ganz besonderem Maße für den Eigentumsbegriff:

„Wirtschaft und Gesellschaft haben sich zutiefst gewandelt, kollektives Eigentum an den wirtschaftlich entscheidenden Gütern hat das Individualeigentum verdrängt, aber der rechtliche Begriff des Eigentums, der Ort dieses Instituts im System des Privatrechts, ist unverändert geblieben."[165]

Dies ist um so frappierender, als zu Beginn des Jahrhunderts *Karl Renner*[166] die Rechtsinstitute des Privatrechts und ihre soziale Funktion gerade vom Eigentum her kritisch untersuchte[167].
Die Antiquiertheit des privatrechtlichen Eigentumsbegriffs, so wie er sich in § 903 BGB darstellt, ist neuerdings von *Denninger*[168] herausgestellt worden. *Denninger* ist der Auffassung, daß keine der in § 903 BGB herausgestellten Bestimmungen des Eigentums, weder die Beliebigkeit der Sachbehandlung noch die Ausschließungsbefugnis, für den modernen Verbraucher technischer Produkte immer von primärem wirtschaftlichen Interesse sei, ganz abgesehen davon, daß die einzelgesetzlichen Ausgestaltungen der Sozialbindungen des Eigentums den zivilrechtlichen Grundgedanken auch juristisch wesentlich modifiziert hätten. Dieser Eigentumsbegriff ist in der Tat wesentlich am Modell des autarken Bauernhofes oder des Handwerksbetriebes orientiert[169]. Der Verbraucher ist daran interessiert, daß die Sache funktioniert, daß er fachmännische Einwirkung bewirken und das aus dem Gebrauch der Sache entstehende Haftungsrisiko versichern kann.
Neben dieser gewandelten Funktion des Eigentums beim Verbraucher gilt es jedoch auch zu beachten, daß die gesellschaftliche Rechtfertigung des Eigentums als Korrelat der Persönlichkeitsfreiheit in dem Maße abnimmt, in dem

---

die Schiedsrichter eine 13/10 Gebühr. Dies macht für die Schiedsrichter zuzüglich 5,5 % Mehrwertsteuer DM 36.344,75 und für den Obmann DM 51.675,– aus. Es ist zu hoffen, daß die Justizverwaltungen in Zukunft die schiedsrichterliche Tätigkeit von Richtern nur noch in Ausnahmefällen genehmigen (vgl. dazu § 40 I DRiG).

164 *Ballerstedt*, aaO, S. 39 ff., S. 55; vgl. auch BVerfGE 24, S. 389.

165 *Hans Peter*, aaO, S. 35 f.

166 *Karl Renner*, aaO.

167 Vgl. dazu auch *Ballerstedt*, aaO, S. 39 ff., S. 53.

168 *Denninger*, Universitas 1970, S. 1135 ff.

169 *Denninger*, Universitas 1970, S. 1135 ff., S. 1144.

der Eigentumskomplex zunimmt[170]. Die kapitalmäßige Beteiligung an einer AG oder GmbH ist anders strukturiert als das Eigentum an Fahrnis. Mit dem Festhalten an einem einheitlichen Eigentumsbegriff ist die eigentumspolitische Situation des 19. Jh. noch nicht überwunden[171]. Das Eigentum wird als „Daseyn der Persönlichkeit" empfunden[172]. Demgegenüber hat *Ballerstedt* zu Recht darauf verwiesen, daß das Zusammenspiel von Unternehmensrecht und gesamtwirtschaftlichem Lenkungsinstrumentarium und Eigentum in einer Gesamtschau heute dazu zwinge, die soziale und ökonomische Position von Unternehmen kritisch zu würdigen[173]. Differenzierte Betrachtungen des Eigentums wie etwa der von *Franz Wieacker* unternommene Versuch, das Grundeigentum zu verselbständigen unter Einbeziehung der öffentlichrechtlichen Eigentumsbeschränkungen, haben nicht das verdiente Echo gefunden[174]. Angesichts der völlig verschiedenartigen Eigentumsinhalte fragt man betroffen nach dem Sinn des Kampfes für die Beibehaltung eines einheitlichen Eigentumsbegriffes[175]. Dieser einheitliche Eigentumsbegriff wird allein strategisch gewählt. Unternehmerische Positionsbeschränkungen können unter diesem einheitlichen Eigentumsbegriff individualistisch als Beeinträchtigung der Entfaltungsmöglichkeit der Unternehmerpersönlichkeit gewertet werden, wobei diese auf den liberalen Einzelunternehmer zugeschnittene Sicht häufig völlig unbefangen auch auf die juristischen Personen ausgedehnt wird. Wenn nicht alles trügt, wird in allernächster Zeit dieser einheitliche Eigentumsbegriff verabschiedet werden, freilich nicht im Sinne einer Aufgabe des Privateigentums an Produktionsmitteln, weil damit lediglich der Träger der Herrschaftsmacht ausgetauscht wird. Einer in Wahrheit etatistischen Lösung wird häufig plebejischer Charakter unterschoben, was nur allzu leicht durchschaubar ist:

„Mit der Entstehung des Privateigentums an den Produktionsmitteln beginnt die Ausbeutung des Menschen durch den Menschen, die Gesellschaft spaltet sich in Klassen, die sich antagonistisch gegenüberstehen."[176]

---

170 *Ballerstedt*, aaO, S. 39 ff., S. 54.

171 *Ballerstedt*, aaO, S. 39 ff., S. 54.

172 *Hegel*, aaO, § 44 ff., § 51; Einschränkungen wollte *Hegel* freilich bereits bei den moralischen Personen zulassen (*Hegel*, aaO, § 51).

173 *Ballerstedt*, aaO, S. 39 ff., S. 57.

174 *Wieacker*, Bodenrecht, Hamburg 1938; vgl. dazu auch *Liver*, Gedenkschrift für Gschnitzer, S. 247 ff., S. 257; *Schulze-v. Lasaulx*, AcP Bd. 151 (1950/51), S. 449 ff., S. 453/454.

175 Vgl. dazu *Liver*, Gedenkschrift für Schnitzer, S. 247 ff., S. 259/260.

176 Wörterbuch der marxistisch-leninistischen Soziologie, 2. Aufl., Opladen 1971, S. 98 ff., S. 99 1. Sp.

„Der planmäßige Einsatz und die gesellschaftliche Verwendung und Vervollkommnung des sozialistischen Eigentums durch die Werktätigen sind von maßgeblicher Bedeutung für die Erfüllung der Aufgaben, die sich aus der wirtschaftlichen Zielfunktion des entwickelten gesellschaftlichen Systems des Sozialismus ergeben."[177]

Der ideologische Gehalt dieser Aussagen ist nicht zu übersehen. Von Bedeutung ist für die Zukunft allein, daß es in weiten Bereichen ein „Privateigentum" im Sinne eines individualistischen Reservats[178] nicht mehr geben kann:

„Eigentum ist nicht sozialpflichtig, sondern sozialverflochten. Eigentum ist dogmatisch nicht nach seinem Begriffe – privatrechtlich, öffentlichrechtlich –, sondern nach dem Grad seiner sozialen Verflochtenheit zu differenzieren, etwa als personales Eigentum an Konsum- und Verbrauchsgütern, an Grund und Boden sowie an Produktionsmitteln. Je höher der Grad der sozialen Verflochtenheit, desto größer ist die Mitbestimmtheit des Eigentums durch die Gesellschaft, ein Sachverhalt, der besonders bei der Lösung der Probleme einer künftigen Gestaltung einer Unternehmensverfassung wie der Stadterneuerung, eine Rolle spielt."[179] [180]

Eine Inanspruchnahme auf Grund dieser sozialen Verpflichtungen liegt um so näher, als in der Gegenwart über öffentliche Haushalte der Eigentumserwerb in großem Umfange mitfinanziert wird:

„In der Tat ist mit Hilfe der großen, vom Staat zur Förderung des Wohnungsbaus herausgegebenen Summen nicht nur ein mächtiger Kollektivbesitz bei den gemeinnützigen Wohnungsbauunternehmen entstanden, sondern es sind auch erhebliche Reichtümer an Immobilienbesitz bei Privaten, seien es Industrieunternehmen, seien es Wohnungsbauunternehmen, seien es einzelne Bauherren, entstanden."[181]

Soweit jedoch der Erwerb von Privateigentum über öffentliche Haushalte finanziert wird, müssen sich die Eigentümer weitergehende Bindungen des Eigentums gefallen lassen. Würde man diesen Gesichtspunkt aufnehmen, so könnten dem häufig extrem privatnützigen Denken echte Bindungen auferlegt werden.

13. Marktwirtschaft, Planwirtschaft, économie mixte

„Was sich vom Eigentum am Unternehmen her gesehen ergeben hat, wird bestätigt, wenn man den Tatbestand vom Mo-

---

177 Wörterbuch der marxistisch-leninistischen Soziologie, 2. Aufl., Opladen 1971, S. 98 ff., S. 99 r. Sp.; vgl. dazu auch *Merz*, aaO, S. 9.

178 Vgl. dazu auch *Badura*, S. 34.

179 *Callies*, aaO, S. 119 ff., S. 121.

180 Vgl. z. B. in Bezug auf die Städtesanierung das Städtebauförderungsgesetz v. 27. 7. 1971 (BGBl I, S. 1125 ff.) und dazu *Küppers-Reinartz*, NJW 1971, S. 2041 ff.

181 So zutreffend *H. Neumeister*, aaO, S. 67 ff., S. 68.

dell ‚Marktwirtschaft' her betrachtet. Es gibt heute in der Bundesrepublik keine ernstgenommene Stimme mehr, die nicht diesem Modell huldigte."
Herbert Krüger[182]

„Die vielfach beschworene Alternative: entweder staatliches Planwirtschaftssystem oder staatsfreies, allein durch den Wettbewerbsmechanismus gesteuertes Marktwirtschaftssystem hat sich längst als ein rein ideologisch-propagandistisches Entweder-Oder erwiesen. Die konkrete Wirtschaftsverfassung ist im Lichte ideologisch unbefangener Realdiagnose eine ‚économie mixte', eine gemischte Wirtschaftsverfassung."
Franz-Jürgen Säcker[183]

Das oben aufgezeigte Privatautonomie- und Eigentumsverständnis setzt sich in einem bestimmten Modelldenken hinsichtlich der Wirtschaftsverfassung fort. So ist es für *Emmerich*[184] wichtig festzustellen, daß nur in der Marktwirtschaft auf die Dauer die Freiheit des einzelnen gewährleistet sei:

„Allein sie beruht auf der freien Initiative des einzelnen und versucht eine Koordinierung der zahllosen wirtschaftlichen Entscheidungen nicht durch staatlichen Zwang, sondern über den Marktmechanismus. Erst wenn man deshalb die Entscheidung für die Marktwirtschaft auch als eine Entscheidung für die Freiheit des Einzelnen, für die freie Entfaltung der privaten Initiative im Bereich der Wirtschaft erkennt, wird die zentrale Bedeutung des Privateigentums für jede marktwirtschaftliche Ordnung verständlich, da ohne Privateigentum an den Produktionsmitteln eine freie Entfaltung der wirtschaftlichen Privatinitiative undenkbar ist. Nur wenn der einzelne die Freiheit besitzt, Eigentum an den Produktionsmitteln zu erwerben, um sich unternehmerisch zu betätigen, sind die Voraussetzungen für eine Entfaltung der freien Privatinitiative auf wirtschaftlichem Gebiet gegeben."

In Bezug auf die Privatautonomie finden sich dann ähnliche bekenntnishafte Deutungen:

„Die Privatautonomie ist ein Teil des Grundsatzes der Selbstbestimmung des Menschen und besagt, daß es dem einzelnen überlassen bleiben soll, seine privaten Rechtsverhältnisse im Rahmen des zwingenden Rechtes nach seinem Belieben zu gestalten. Wichtigstes Gestaltungsmittel ist der Vertrag,

---

182 *H. Krüger*, aaO, S. 21.
183 *Franz-Jürgen Säcker*, aaO, S. 13.
184 *Emmerich*, aaO, S. 69.

vornehmster Bestandteil der Privatautonomie deshalb die Vertragsfreiheit. Der Staat gibt also durch Privatrecht und Privatautonomie dem einzelnen einen Raum frei, in dem der einzelne seine Initiative frei entfalten kann. Hierin hat man auch den tieferen Grund für die Unterscheidung zwischen öffentlichem und privatem Recht zu sehen."[185]

Daraus darf indessen nach *Emmerich*[188] nicht gefolgert werden, daß der Staat dem einzelnen die Gestaltung seiner Rechtsbeziehungen deshalb überlasse, weil er deren Inhalt gleichgültig gegenüberstehe. Im Gegenteil liege der Anerkennung der Privatautonomie die durchaus berechtigte Erwartung zugrunde, daß der im Wege des freien Aushandelns der vertraglichen Beziehungen herbeigeführte Interessenausgleich immer noch das beste Mittel sei, um eine gerechte Sozialordnung herbeizuführen. Träfe die Erwartung nicht zu, so bliebe dem Staat nichts anderes übrig, als die Gestaltung sämtlicher Rechtsbeziehungen auch zwischen seinen Bürgern durch umfassende Planung zu ordnen.

Demgegenüber hat bereits *Franz-Jürgen Säcker*[187] darauf verwiesen, daß das Prinzip des freien Wettbewerbs heute nicht uneingeschränkt gilt:

„Es ist sektoral und funktionell vielfach begrenzt. Planung und Intervention erfassen gegenwärtig immer weitere Bereiche; die Vereinheitlichung der Preise durch Marktordnung auf obrigkeitlich gelenkten Märkten, vor allem für den Bereich der Urproduktion und für Rohstoffe, läßt die Tendenz wachsen, auch die Preise der mit diesen Rohstoffen hergestellten Halbfertigwaren und Endprodukte durch ein System starrer oder Richtpreise festzulegen. Zahlreiche Bereichsausnahmen für die Energiewirtschaft, die Landwirtschaft, die Versicherungen und Banken, den Verkehr, den bilateral monopolisierten Arbeitsmarkt schränken die Geltung des Prinzips Wettbewerb weiter ein; öffentliche und gemeinnützige Unternehmen gehorchen weithin anderen Gesetzen als denen des Wettbewerbs. Konzertierte Aktion und staatlich unterstützte, den Wettbewerb strangulierende Selbstbeschränkungsabkommen zwischen rivalisierenden Substitutionsgüterindustrien suchen den Spielraum auf den durch Wettbewerb geordneten Marktbereichen weiter einzuengen."

Emmerich[186] übersieht völlig, daß eine zentral geleitete Verwaltungswirtschaft in voller Reinheit ebensowenig in der Realität zu finden ist wie die freie Marktwirtschaft[189]. Er scheint insoweit noch in den Bahnen von *Adam Smith* zu denken[190]. Im übrigen sind Privatautonomie und Eigentum nicht als Selbstverwirklichungsinstrumente schlechthin zu betrachten, die nur in Ausnahmefällen zerstörerisch wirken können, sondern in der Anerkennung

---

185 *Emmerich*, aaO, S. 129.
186 *Emmerich*, aaO, S. 130.
187 *Franz-Jürgen Säcker*, aaO, S. 11/12.
188 *Emmerich*, aaO, S. 69.
189 *E. Schneider*, aaO, S. 231 ff., S. 232/233.
190 *Adam Smith*, Über den Reichtum der Nationen, 1776.

des Eigentums und in seinem Gebrauch sollte man zugleich seinen Mißbrauch erwarten[191].

Im übrigen ist die Wahl der Wirtschaftsordnung keine Erkenntnis-, sondern letztlich eine Bekenntnisfrage.

„Auch unsere heutige vorwiegend marktwirtschaftliche Ordnung ist in ihren Grundlagen und in ihrer Wirkungsweise an bestimmte Vorstellungen über den Wert des Individuums als Persönlichkeit und über den Wert bestimmter Freiheiten gebunden; – Wertvorstellungen, deren Überlegenheit gegenüber anderen Wertvorstellungen sich logisch nicht begründen läßt. Die ökonomische Theorie kann wohl die verschiedenen Möglichkeiten der Lösung des ökonomischen Grundproblems vergleichend analysieren und damit einen wesentlichen Beitrag zu einem Verständnis der Unterschiede in den Funktionsweisen verschiedener Wirtschaftsordnungen leisten. Sie kann auch zeigen, daß und wie bestimmte außerökonomische Daten den Spielraum für die Realisierbarkeit grundsätzlich möglicher Wirtschaftsordnungen einschränken. Innerhalb dieses Spielraums aber ist und bleibt die Entscheidung für eine bestimmte Wirtschaftsordnung eine Angelegenheit des wollenden Menschen, wobei die Wissenschaft allerdings ganz deutlich zu machen hat, wo der denkende Forscher aufhört und der wollende Mensch anfängt zu sprechen. ... Diese Entscheidung wollender Menschen bestimmt in letzter Instanz die Art der Lösung des Problems der Allokation der Ressourcen sowie die Verteilung des Sozialprodukts und damit die zentralen Fragestellungs- und Entwicklungslinien der Wirtschaftswissenschaft."[192]

Freilich ist zuzugeben, daß sich die Allgemeinheit der Staatsbürger nicht mehr in diese Entscheidung „schickt". Dies liegt letztlich darin begründet, daß es für viele Mitglieder dieser Gesellschaft eine soziale Notwendigkeit nicht mehr gibt. Wenn keiner mehr verhungert, wenn jedermann einen Aufstieg des Lebensstandards erlebt, dann empfindet sich das Individuum immer mehr als einzelner, den es nur für sich selbst gibt[193]. Die Kurskorrektur bedarf jedoch eines überindividuellen Bewußtseins, das sich nicht durch historische Rückblenden paradiesische Gegenwartszustände vorgaukeln läßt. *Wer Eigentum und Privatautonomie derart realistisch sieht, für den ist die Verpflichtung des Grundgesetzes auf das Sozialstaatsprinzip (Art. 20 I, 28 I, 1 GG) keine Leerformel mehr, sondern eine regulative Idee, die den Wandlungen der Privatrechtsinstitute Rechnung trägt*[194].

Dieser Diagnose wird man entgegenhalten, daß mit ihr der Weg zu konkreten Lösungsmustern bestenfalls angedeutet, nicht aber bestimmt wird. So hat

---

191 Vgl. dazu auch *Diehl*, Pierre Joseph Proudhon, Seine Lehre und sein Leben, Neudr. d. Ausg. Jena 1888–1896, Aalen 1968, S. 3.

192 *E. Schneider*, aaO, S. 231 ff., S. 245.

193 Vgl. dazu auch *Martin Walser*, in: Kursbuch Bd. 20, S. 19 ff.

194 Vgl. zum Verhältnis von Mitbestimmung und Sozialstaatsprinzip *Fabricius*, Mitbestimmung in der Wirtschaft, Frankfurt a. M. 1970, S. 32 m. w. N.

mir *Fabricius*[194a] vorgeworfen, die Möglichkeiten des Fortschritts, die das allgemeine Persönlichkeitsrecht in sich birgt, nicht ausgeschöpft zu haben. Demgegenüber ist darauf hinzuweisen, daß im Rahmen des Teilhabeanspruchs die Variabilität der Lösungsmuster es von vornherein verbietet, bestimmte Ordnungsvorstellungen, u. U. noch verfassungsrechtlich überhöht, als persönlichkeitsrechtlich geboten anzusehen. Das jeweils geltende Recht ist in der Tat eine Selektionsleistung und gilt nur kraft dieser jederzeit änderbaren Selektion[194b]. Unter dem Hinweis auf Art. 1 Abs. 1 und Art. 2 Abs. 1 GG kann nicht auf eine bestimmte Form der Unternehmensverfassung oder auf eine bestimmte Mittel der Herstellung intellektueller Waffengleichheit[194c] geschlossen werden. Im Rahmen des Aktivitätsschutzes kann es allein darum gehen, die Einsicht in die Notwendigkeit von dessen Ausbau transparent zu machen. Das allgemeine Persönlichkeitsrecht darf insoweit, will sich nicht die Rechtsordnung aufgeben, zur unbegrenzt einsetzbaren Begründungsschablone werden. Nicht einmal die blühendste juristische Phantasie vermag derartige Ableitungen zu tragen. Im Gegensatz zum Teilhabeanspruch sind beim Achtungsanspruch die Schutzpositionen (Bild, Name, Sprache etc.) vorgegeben. Die Rechtsdogmatik hat insoweit nur mit den zivilrechtlichen Mitteln den Schutzumfang zu bestimmen. Schon daraus ergibt sich, daß der Persönlichkeitsschutz beim Teilhabeanspruch nur partiell von der Rechtsprechung geleistet werden kann. Ein derartiger Ausbau dieses Persönlichkeitsschutzes ist um so dringender, als die sonstigen Persönlichkeitsrechte in der Wirklichkeit nur den beati possidentes zugute kommen, also den Bevölkerungskreisen, deren Ehre, Name, Lebensbild publizistisches Interesse erregt.

14. Arbeitsrecht und Menschenwürde – Eine Auseinandersetzung mit Reinhard Hoffmann

> *„. . . in der Tat gelangt kein Kollektiv zu den Rechten und Würden einer Person, ohne seine Mitglieder ihrer persönlichen Rechte und Würden zu berauben."*
> *Goetz Briefs*[195]

194a *Fabricius*, Festschr. f. Fechner, S. 171 ff., S. 196.

194b *Luhmann*, Rechtssoziologie, S. 209.

194c Vgl. aber *Däubler*, Das Grundrecht auf Mitbestimmung, S. 174 ff.

195 *Goetz Briefs*, Das Ethos der pluralistischen Gesellschaft von heute, in: Hochland Jahrg. 51 (1958), S. 59.

Reinhard Hoffmann[196] hat zutreffend jüngst darauf hingewiesen, daß die Persönlichkeitsdiskussion an die humanistisch-idealistische Position *Kants* anknüpft.

Nach *Kant*[197] ist in der Tat die Autonomie der Person der Grund der Würde jedes Menschen als eines vernünftigen Wesens, als das jeder Mensch mit einem Willen begabt ist. Es kann keinem Zweifel unterliegen, daß die bürgerliche Gesellschaft diese menschliche Würde lange mit Füßen getreten hat[198]. Freilich ist es ein bloßes polemisches Ausschlachten des dazu unbegrenzt geeigneten Begriffs der menschlichen Würde, wenn *Hoffmann*[199] feststellt, daß sich in der entwickelten bürgerlichen Gesellschaft die Anerkennung der individuellen Persönlichkeit und Würde nicht unmittelbar auf das sich selbst identische Menschsein des Einzelnen, sondern auf das mit Eigentum ausgestattete Individuum, auf das Individuum als Inhaber einer durch Privateigentum vermittelten Verfügungsgewalt über Sachen (Produktionsmittel) bezieht. Die Fatalität des gegenwärtigen Zustandes ist eine doppelte: Der bürgerliche Humanismus führte durch seine Gründung auf das Privateigentum, die Freiheitsrechte und Menschenwürde zur Privilegierung der Eigentümerklasse[200]. Zugleich schlug jedoch das kommunistische Humanitätsideal in den letzten 60 Jahren so häufig in individuellen Terror und Inhumanität aus, die selbst für Marxisten kaum faßbar ist. Daß man auch im Sozialismus unglücklich sein kann, daß der Sozialismus niemandem persönliches Glück garantieren kann, ist mittlerweile selbst bei Marxisten ein Gemeinplatz[201]. Zum anderen ist die von *Hoffmann* vorgenommene Personalisierung –Kapitalisten, Eigentumslose – in dieser Form eine kaum zu verantwortende Simplifizierung. Eine derartige begriffliche Aufzehrung der Wirklichkeit führt nicht weiter. Sie ist auch nicht zutreffend, da sie nur das Eigentum an Produktionsmitteln zur Kenntnis nimmt. Für *Reinhard Hoffmann* ist der Sachverhalt klar:

„Derart wird der bürgerliche Humanismus zu einer unterdrückenden Ausschließungspraxis und zum Kampfprinzip gegen das eigentumslose Proletariat, in dem er den (besitzenden) Bürger mit dem Mensch schlechthin identi-

---

196 *Reinhard Hoffmann*, Kritische Justiz 1970, S. 48 ff.

197 *Kant*, Die Metaphysik der guten Sitten, S. 462.

198 *R. Hoffmann*, Kritische Justiz 1970, S. 48 ff., S. 50 f.

199 *R. Hoffmann*, Kritische Justiz 1970, S. 48 ff., S. 51.

200 *R. Hoffmann*, Kritische Justiz 1970, S. 48 ff., S. 51.

201 Vgl. dazu z. B. *A. Schaff*, aaO; vgl. zur innermarxistischen Auseinandersetzung insbesondere *Sweezy*, Theorie der kapitalistischen Entwicklung, Frankfurt a. M. 1970.

fiziert als Widerpart des Anderen, des Nicht-Menschen, der der eigentumslose Arbeitnehmer ist."[202]

Mit dieser modischen Tatü-Tata-Sprache im Sinne *W. E. Süsskinds*[203] sollte endlich Schluß gemacht werden. Ihr Gebrauch liegt nicht zuletzt darin begründet, daß wir nur in Antworten, aber nicht in Fragen leben können. Sie bestätigt, daß unsere Epoche, die redseligste der Weltgeschichte, sich ununterbrochen milliardenfach äußert, aber nicht zu Wort kommt[204, 205].

Alternativen wie „Mensch – Nichtmensch", Kapitalist, Proletarier, sind zu durchsichtige Vereinfachungen der Geistesströmungen und Konflikte in der neueren Geschichte. Alles muß offenbar zu etwas anderem reduziert werden. Die Kompliziertheit der bestehenden Verhältnisse ist nicht nur eine Ausrede, sondern eine Tatsache der Gegenwart:

„Die konkrete Vielfalt als solche, das, was oberflächlich und für das Auge als die Realität erscheint, ist nicht erkennbar. Sie besteht aus einer oszillierenden Fülle von Bezügen, Bedingungen und Bedingtem, Gründen und Wirkungen, Abhängigkeiten und bloßen Bezügen, Wichtigem und Unwichtigem, daß erst gedanklich vorgefaßte Gesichtspunkte und Ordnungsschemata diese Realität der Erkenntnis zugänglich machen und aufschlüsseln helfen. Jede Art von Erkenntnis aber, die die Wirklichkeit nicht schlicht fotografieren kann, stellt, indem sie Gesichtspunkte aus dem vielfältigen, kompakten Zusammenhang isoliert und (aus der Wirklichkeit als solche nichtevidente) Ordnungsschemata gebraucht, einen Abstraktionsvorgang dar. Freilich bedarf dieser Abstraktionsprozeß, der die Erkenntnis von der Wirklichkeit distanziert, einer dauernden Rückkopplungskontrolle zu dieser Wirklichkeit."[206]

Das sollten sich auch die know-how-Optimisten einmal vor Augen führen. Auch *Ballerstedt*[207] weist zu Recht darauf hin, daß die Grundfrage jeden Arbeitsrechts in der industriellen Welt nicht in einem ideologisch vorbestimmten Sinne, etwa mit der Forderung nach Überwindung der kapitalistischen Wirtschaftsordnung, zu beantworten sei. Damit würde sie zu einem Schlagwort erniedrigt. Verstehe man dagegen Sozialismus in einem sehr allgemeinen Sinne als eine Gesellschaftsordnung, in der der menschlichen Arbeit unter allen Arten von Gütern der oberste Wertrang beigelegt werde, so könne man

---

202 *R. Hoffmann*, Kritische Justiz 1970, S. 48 ff., S. 52/53.

203 *W. E. Süsskind*, Dagegen hab ich was, Sprachschnitzer, grober und feiner Art, aufgespießt, untersucht und zurechtgerückt, Stuttgart 1969.

204 So *Manes Sperber*, Alfred Adler oder das Elend der Psychologie, Frankfurt a. M. 1971, S. 181.

205 Ohne Zweifel wirken die Werke von Camus, Beckett, Natalie Sarraute, die das Elend des zeitgenössischen Individuums aufzeigen, intensiver und radikaler als vieles, was sich vordergründig gesellschaftskritisch gibt.

206 *Narr*, aaO, S. 31.

207 *Ballerstedt*, aaO, S. 39 ff., S. 45/46.

freilich an diesem Prinzip den Gerechtigkeitsgrad des positiven Arbeitsrechts messen. Es geht also nicht um Systeme, sondern um den Grad der jeweiligen Betroffenheit des einzelnen Menschen. Diese Würde des einzelnen Arbeitnehmers kann auch in einem kapitalistischen System, sieht man es durch Privateigentum, Gewerbe und Vertragsfreiheit sowie durch die Dispositionsfreiheit der Produzenten und Konsumenten bei freien Märkten und freiem Wettbewerb gekennzeichnet an, gewahrt werden. Über eines sollte jedoch kein Zweifel bestehen: Der Grundsatz der Unantastbarkeit der menschlichen Würde (Art. 1 I GG) ist kein tauglicher Ansatzpunkt für eine gesellschaftliche Revolution. Es mag sein, daß in der spätbürgerlichen Gesellschaft „Würde" in der gesellschaftlichen Realität nur als pathetischer Ausdruck der Identifikation mit der bestehenden Herrschaftsordnung verstanden werden kann[208]. Eine Verfassungsordnung jedoch, die neben dem Bekenntnis zur Unantastbarkeit der menschlichen Würde das Eigentum garantiert und eine Enteignung nur gegen Entschädigung zuläßt, macht eine Änderung in der Rechtsinhaberschaft an den Produktionsmitteln qua Verfassungsrecht unmöglich. Selbst wenn nämlich die Produktionsmittel verstaatlicht würden, stünde den früheren Inhabern dieser Mittel qua Entschädigung – ihre Finanzierungsmöglichkeit durch den Staat sei einmal unterstellt – Vermögen in einem Maße zur Verfügung, daß wiederum die Ungleichheit der Vermögensmacht fortsetzen würde. An einem Fortschreiben der Eigentumstitel kann niemand gelegen sein. Zum anderen ist es einfach eine naive Illusion, an die Sozialisierung der Produktionsmittel unmittelbare Heilserwartungen zu knüpfen. Bekanntlich hat *Trotzki* auf dem 9. Kongreß der kommunistischen Partei die These vertreten, daß der Sozialismus auf dem Prinzip der Planwirtschaft beruhe, die den Kollektivbesitz der Produktionsmittel überhaupt erst ermögliche. Sie solle nach dem Staatsplan rigoros zentralisiert werden, „die Arbeitermassen sollten dabei dirigiert und kommandiert werden wie eine „Armee". Die Auseinandersetzung zwischen *Trotzki* und *Lenin* ging gerade um die Frage, ob man eine optimale Entwicklung mit oder ohne eine strenge Administration erreichen kann[209]. Es ist auch nach *Marx*[210] und *Lenin* nicht so, daß bereits die Vergesellschaftung der Produktionsmittel die Würde aller arbeitenden Menschen wahrt. Die Entfremdung des Arbeitnehmers ist in

---

208 So *R. Hoffmann*, Kritische Justiz 1970, S. 48 ff., S. 53/54.

209 Vgl. dazu *Roger Garaudy*, Die große Initiative, Zum hundertsten Geburtstag Lenins am 22. April, Auszüge des noch nicht ins Deutsche übersetzten Buches „Lenine", Presses Universitaires de France 1968, Stuttgarter Zeitung v. 18. 4. 1970, Die Brücke zur Welt, S. 49.

210 Vgl. *Karl Marx*, Kritik des Hegel'schen Staatsrecht, Ausgabe *Lieber-Furth*, Bd. I, S. 258 ff.

sozialistischen Systemen ähnlich gegeben wie in kapitalistischen Wirtschaftsverfassungen. Die Chance des kapitalistischen Systems besteht gerade darin, rascher für alle Menschen Bedingungen der freien Entfaltung der Persönlichkeit zu schaffen[211]. Die modernen Enteignungstheorien erscheinen bis zu einem gewissen Grade als Neoidealismus, dessen Programm deshalb nicht ungefährlich ist, weil die Würde des Menschen bereits mit der Vergesellschaftung der Produktionsmittel als gewahrt angesehen wird[212]. Man mag der Auffassung sein, daß Demokratie und Kapitalismus unvereinbar sind[213]. Es ist jedoch die Frage, ob die Basisentfremdung, d. h. der Verlust an Unmittelbarkeit, in der modernen Gesellschaft, insbesondere in der Arbeitswelt noch reversibel ist. Maskierte Begriffe wie demokratischer Zentralismus, Volksdemokratie oder sozialistische Gerechtigkeit sind solange von demselben hohlen Pathos der liberale Freiheitsgedanke, wie sie nicht pragmatisch verbürgt sind. Sonst könnte sich die denkwürdige Konvergenz ergeben, daß sich der Mensch im sozialistischen System ebenso vernachlässigt sieht wie der Arbeitnehmer in den Zeiten des Frühkapitalismus. Es geht nicht an, existente kapitalistische Mißstände stets an sozialistischen Sollzuständen zu messen. Karikaturen einer freiheitlichen Wirtschaftsverfassung machen diese nicht aus.

Im Rahmen des Arbeitsrechtes stellt es daher ein problementlastetes Denken dar, wenn man mit der Vergesellschaftung der Produktionsmittel das Heil erreicht sieht. Mit dieser Denkweise werden Probleme unterlaufen, man verfällt einem problementlasteten Denken: Ziele werden verkündet, die Realisierungsnotwendigkeit postuliert, die Verwirklichungsmöglichkeit jedoch ausgeklammert. Wer die Realisierbarkeit außer Acht läßt, hat nach *Albert*[214] mehr Möglichkeiten, die Wunschfantasien seiner Anhänger fiktiv zu befriedigen. Er verzichtet jedoch damit auch auf praktikable, aber unattraktive Alternativen, weil sie ideologisch anstößige Kompromisse enthalten.

Es ist der Linkskritik zuzugeben, daß die Menschenwürde nicht nur geistig-abstrakt zu verstehen ist. Vielmehr gilt es – und das ist auch ein Anliegen

---

211 Die marxistischen Kritiker des gegenwärtigen Gesellschaftssystems in der Bundesrepublik müssen sich auch einen Praxisbezug gefallenlassen, auf die Gefahr hin, sie auf dem falschen Fuß zu erwischen.

212 Insoweit scheint jedoch wenig Hoffnung für eine sachlichere Diskussion am Platz. Insbesondere die Mitbestimmungsforderung ist zu einem Fetisch geworden. Die Zielvorstellungen werden hier nicht mehr klar akzentuiert. Vgl. z. B. zum neuen Betriebsverfassungsgesetz zutreffend *Hanau*, BB 1971, S. 485 ff., S. 491 r. Sp.

213 Vgl. dazu *O. Negt*, Stuttgarter Zeitung v. 4. 5. 1970 Nr. 101, S. 2.

214 Vgl. dazu *Albert*, Plädoyer für den kritischen Rationalismus, S. 69.

dieser Arbeit – sie konkret auf die Situation des Einzelnen zu beziehen[215]. Wenn jedoch Arbeit Anpassungsmittel an die Umwelt im Sinne einer aktiven Umgestaltung der Umweltgegebenheiten ist[216], wenn weiter Arbeit organisiert werden muß, dann gilt es, Organisationsmodelle zu entwickeln, in denen die Persönlichkeit des einzelnen Arbeitnehmers weitestgehend gewahrt ist. Erst der Vergleich dieser konkreten Modelle ermöglicht ein Urteil über den Fortschritt[217]. Es darf weder das Gegebene als eine Art Schicksal hingenommen noch das Zukünftige überbewertet werden. Über der Perpetuierung des verbalisierten ständigen revolutionären Kampfes sollte man die systemimmanenten Veränderungsmöglichkeiten zumindest nicht aus dem Auge verlieren[218].

15. Zusammenfassung

In diesem Zusammenhang sollte nur aufgezeigt werden, daß eine Rechtsordnung, die die freie Entfaltung des Menschen zum Inhalt eines Persönlichkeitsrechts macht[219], auch der Frage nachzugehen hat, wie diese freie Entfaltung des Menschen ermöglicht werden kann. Der „Teilhabeanspruch" ist insoweit kein subjektives Recht, das jedem Einzelnen einen festen Tätigkeitsbereich ausschließlicher Herrschaft zuerkennt[220]. Vielmehr ist er lediglich ein Instrument der Korrektur in den Bereichen, wo eine freie Entfaltung des Menschen nicht mehr möglich ist. Eine solche Korrektur ist um so zwingender, als das liberale Modell mit seinen Stützpfeilern des Privateigentums und der

---

215 So zutreffend *Brock-Hindrichs-R. Hoffmann-Negt* u. a., aaO, S. 140/141.

216 So *René König*, aaO, S. 69 ff., S. 75; vgl. auch *Rüthers*, Arbeitsrecht und politische System, Frankfurt/M., 1973.

217 Die junge Linke muß sich den Vorwurf gefallenlassen, so gut wie nichts von der Arbeiterschaft gewußt zu haben. Die Vorstellungen, die sich die meist bürgerlichen Schichten entstammenden Studenten von den Arbeitern machten, entsprechen allenfalls „den symbolhaft reduzierten Arbeiterstereotypen der bürgerlichen Tradition". Infolgedessen pendelte die revolutionäre Linke zwischen „romantisch überholten Vorstellungen vom potentiell revolutionären Proletariat und der Resignation darüber, daß es dem Spätkapitalismus geglückt sei, die Arbeiter durch Teilhabe am Massenwohlstand zu integrieren . . . .". So *Hans Paul Bahrdt* in seiner Einführung zu Schumann, Industriearbeit und Arbeiterbewußtsein, Frankfurt a. M., 1971.

218 So sind z. B. im Rahmen des modernen Arbeitsrechts die Frage des Rechts am Arbeitsplatz, die Sicherung des Arbeitsverhältnisses und im Rahmen des Mietrechts das Recht auf Wohnraum zu diskutieren.

219 Vgl. z. B. *Enneccerus-Nipperdey*, aaO, § 78 I, 1, S. 453.

220 Insoweit erledigen sich die diesbezüglichen Befürchtungen von *Raiser*, JZ 1961, S. 471 ff.; vgl. dazu auch *Hubmann*, S. 130.

Vertragsfreiheit grundlegende Veränderungen erfahren hat. Es ist einzuräumen, daß insoweit sich in den letzten Jahren ein stiller Privatrechtswandel ereignet hat. Der „Schutz des Schwächeren" im Zivilrecht ist heute Gegenstand privatrechtlicher Forschung[221].

---

221 Vgl. neuerdings *Weitnauer*, Der Schutz des Schwächeren im Zivilrecht, Karlsruhe 1975.

Teil E

Der Achtungsanspruch

Unter dem allgemeinen Persönlichkeitsrecht als Achtungsanspruch wird herkömmlicherweise der Schutz vor Veröffentlichung von Briefen und vertraulichen Aufzeichnungen, vor heimlichen Tonbandaufnahmen, vor der Mitteilung von Tatsachen oder Vorgängen aus der Privatsphäre und der Schutz der Ehre verstanden. Durch den Ausbau des allgemeinen Persönlichkeitsrechts im Zivilrecht sind auch einige Regelungen des öffentlichen Rechts (Prozeßrecht) fragwürdig geworden. Diese sollen im vorliegenden Zusammenhang in den Einzelfällen des Achtungsanspruchs miterörtert werden.

I. Einzelfälle des Achtungsanspruchs

1. Eidesstattliche Versicherung und Schuldnerverzeichnis

a) Rechtslage

Nach § 915 I ZPO führt das Vollstreckungsgericht über diejenigen Personen, die vor ihm die in § 807 ZPO erwähnte eidesstattliche Versicherung abgegeben haben oder gegen die nach § 901 ZPO die Haft angeordnet ist, ein Verzeichnis[1], dessen Einsicht jedem offensteht und aus dem der Urkundsbeamte auf Antrag Auskunft zu erteilen hat (§ 915 III ZPO). Selbst Abschriften solcher schwarzer Listen an Fachverbände werden für zulässig erachtet, da die Löschung nach Ablauf von 3 Jahren oder nach Befriedigung des Gläubigers (§ 915 II ZPO) insoweit gesichert sei[2]. Es ist bezeichnend, daß bei der

---

[1] *Jonas*, Anm. zu LG Berlin, Beschluß v. 18. 9. 1934 254 T 13075/34 = JW 1935, S. 70/71.

[2] Das schweizerische Recht kennt überhaupt kein Offenbarungseidverfahren. Nach Art. 91 SchKG (Bundesgesetz über Schuldbeitreibung und Konkurs v. 11. 4. 1889) ist der Schuldner nur verpflichtet, dem Beitreibungsbeamten alle seine Vermögenswerte anzugeben mit Einschluß der Forderungen und Rechte gegenüber Dritten und der Vermögensstücke, die sich nicht in seinem Besitz befinden. Wenn der Schuldner bei der Beitreibungspfändung Vermögen verheimlicht, so kann der Gläubiger die sofortige Konkurseröffnung ohne vorherige Betreibung verlangen (Art. 190 Ziff. 1 SchKG). Außerdem können insoweit Straftatbestände eingreifen. Vgl. dazu *Favre*, aaO, S. 154/155; *Fritsche*, aaO, S. 3.

letzten Reform des Offenbarungseidsverfahrens auf Grund des Gesetzes vom 27. 6. 1970[3] der Offenbarungseid in eine eidesstattliche Versicherung umgewandelt wurde, das Verfahren aber im übrigen unverändert blieb[4]. Die sehr vordergründige Diskussion um den Eid als Mittel der Wahrheitsbekräftigung und der technokratische Standpunkt der Entlastung der Richter durch Übertragung des Verfahrens auf den Rechtspfleger haben eine Grundsatzdiskussion über die Beibehaltung des bisherigen Verfahrens und seiner Ausgestaltung erst gar nicht aufkommen lassen[5].
Nach der gegenwärtigen Rechtslage muß daher festgestellt werden, daß die Einsicht in das Grundbuch nur demjenigen gestattet ist, der ein berechtigtes Interesse nachzuweisen vermag (vgl. § 12 I, 1 GBO). Die Einsicht ist also zu versagen, wenn sie lediglich aus Neugier oder zu unbefugten Zwecken erfolgt[6]. Auch kaufmännischen Auskunfteien ist ein allgemeines Recht auf Grundbucheinsicht versagt[7]. Das allgemeine Einsichtsrecht in das Schuldnerverzeichnis ist im Hinblick auf Art. 1 Abs. 1, Art. 2 GG im tradierten Verständnis fragwürdig. Menschen können – es ist traurig, daran erinnern zu müssen -- völlig unverschuldet in solche wirtschaftliche Not geraten, daß sie zur eidesstattlichen Versicherung getrieben werden. Diese eidesstattliche Versicherung unterliegt zwar insoweit der Publizität, als berechtigte Interessen anderer in Betracht kommen. Dies dürften jedoch nur andere Gläubiger sein, nicht aber Unternehmungen, die mit den Schuldnerverzeichnissen handeln und bei denen die Löschung im Rahmen von § 915 Abs. 2 ZPO nicht gesichert ist. Wenn insoweit ein Interesse an Auskünften besteht, muß der Staat die Funktion der gegenwärtigen Dedekteien organisatorisch übernehmen. Der uneingeschränkte Zugang zu den Schuldnerverzeichnissen erscheint rechtlich fragwürdig.

b) Bankgeheimnis und allgemeines Persönlichkeitsrecht

Gegenüber der unbeschränkten Publizität des Schuldnerverzeichnisses fällt auf, mit welcher Intensität im Rahmen des Bankgeheimnisses das allgemeine

---

Das österreichische Recht kennt zwar den Offenbarungseid. Über die abgelegten Eide können sich jedoch nur diejenigen Personen informieren, die ein rechtliches Interesse daran glaubhaft machen. Vgl. dazu *Heller-Stix*, aaO, § 49, S. 45 Fn. 1.

3 BGBl I, S. 911.

4 Vgl. dazu *Habscheid*, NJW 1970, S. 1669 ff., S. 1671 l. Sp.

5 *Habscheid* (NJW 1970, S. 1669 ff., S. 1670 r. Sp.) konnte unwidersprochen behaupten, daß irgendwelche Mißstände insoweit nicht zu beseitigen seien.

6 KGJ 20, S. 177.

7 Vgl. dazu *Horber*, aaO, § 12 Anm. 2A b.

Persönlichkeitsrecht gepflegt wird. Als Teil des Persönlichkeitsrechts ist sicherlich auch die Geheimsphäre der einzelnen Person anzusehen[8].

Wie sehr jedoch die Kommunikation zwischen Theorie und Praxis in der Gegenwart gestört ist, zeigt die Stellungnahme von *Sichtermann* zum Bankgeheimnis:

„Der Anspruch Schutz der Geheimsphäre ist also als Teilrecht des allgemeinen Persönlichkeitsrechts ein verfassungsrechtlich und durch die Literatur und Rechtsprechung anerkanntes Grundrecht jeder Person. Grundrechte sind nach Art. 1 Abs. 3 GG unmittelbar geltendes Recht. Sie sind subjektive öffentliche und private Rechte. Sie schützen nicht nur vor Eingriffen des Staates, sondern auch vor Eingriffen jedes Dritten“[9] [10].

Dieser abenteuerliche Rekurs zum Verfassungsrecht wurde schon oben gebrandmarkt. Ganze Verfassungsrechtsdiskussionen um die Drittwirkung der Grundrechte werden vergessen.

Innerhalb des Bankgeheimnisses stehen nur die Rechtsbeziehungen des Bankkunden zur Bank in Frage. Danach ist die Bank verpflichtet, die unter das Bankgeheimnis fallenden Tatsachen geheimzuhalten. Dabei handelt es sich um eine vertragliche Nebenpflicht im Rahmen des Bankvertrages, bei dessen Ausgestaltung das allgemeine Persönlichkeitsrecht eine gewisse Rolle spielen kann[11]. Der BGH hat die Verschwiegenheitspflicht wiederholt als „selbstverständlichen Bestandteil des Bankvertrages“, bzw. als „selbstverständliche Nebenpflicht“ gekennzeichnet[12]. Soweit Dritte sich etwa durch Einbruch die Bankakten verschaffen und publizieren, ist nicht das Bankgeheimnis, sondern unter Umständen allein das allgemeine Persönlichkeitsrecht oder das Recht am eingerichteten und ausgeübten Gewerbebetrieb verletzt. Dies wird häufig verkannt. So definiert *Sichtermann*[13] das Bankgeheimnis wie folgt:

„Der Geheimnisherr (Bankkunde) hat einen aus dem Grundgesetz herzuleitenden Anspruch darauf, daß die Bank, der er unter das Bankgeheimnis fallende Tatsachen anvertraut hat, ihre Verschwiegenheitspflicht nicht verletzt und daß kein Dritter in die Bankgeheimnissphäre eingreift“[14].

Im vorliegenden Zusammenhang gilt es allein festzuhalten, daß bei dem privatrechtlichen Bankgeheimnis, abgesehen von den öffentlichrechtlichen Beschränkungen[15], das allgemeine Persönlichkeitsrecht hochgehalten wird, das

---

8 Vgl. dazu *Hubmann*, JZ 1957, S. 521 ff., S. 524.

9 *Sichtermann*, aaO, S. 36/37; vgl. auch *Sichtermann*, MDR 1965, S. 697 ff.

10 Vgl. auch *Schönle*, aaO, § 5 I 1, S. 35 m. w. N.

11 Vgl. aber auch *Schönle*, aaO, § 5 I, S. 36.

12 Vgl. dazu BGH DB 1953, S. 1031; vgl. auch BGH NJW 1958, S. 1232.

13 *Sichtermann*, aaO, S. 37.

14 Vgl. auch *Kreutzer*, aaO, S. 14 ff.; *Ruppelt*, aaO, S. 98, S. 124.

15 Vgl. dazu *Schönle*, aaO, § 5 II, S. 37 ff., m. w. N.; *Sichtermann*, aaO S. 39 ff.

im Rahmen der §§ 900ff. ohne Not negiert wird. Eine Neubesinnung tut insoweit not[16].

2. Die Ehestörungsklage

Im Schrifttum[17] und in der Rechtsprechung[18] ist äußerst umstritten, ob Schadensersatz- und Unterlassungsansprüche wegen Ehestörung gegen den störenden Ehegatten oder gegen den störenden Dritten erhoben werden können.

Obwohl im deutschen Recht die Ehestörungsklage nur selten auf das allgemeine Persönlichkeitsrecht des einzelnen Ehegatten gestützt wurde, gehen die Befürworter von Schadenersatz- und Unterlassungsansprüchen von einer individualistischen Sicht, d. h. von einer Verletzung von Individualrechten aus.

In diesem Zusammenhang soll allein geklärt werden, inwieweit unter persönlichkeitsrechtlichen Gesichtspunkten ein Eheschutz anerkannt werden kann[18a]. Als verletztes Rechtsgut kann sowohl ein Gruppenpersönlichkeitsrecht der Ehepartner als auch das allgemeine Persönlichkeitsrecht des einzelnen Ehepartners in Betracht kommen.

a) Meinungsstand

In der Literatur wird die Diskussion um die Ehestörungsklage nicht selten mit Argumenten geführt, die nur schwer nachzuvollziehen sind. So ist *Beitzke*[19] der Meinung, die Ausschaltung von Schadensersatzansprüchen bei Ehebruch führe zu der unhaltbaren Folgerung, daß auch die einem Notzuchtverbrechen zum Opfer gefallene Ehefrau wegen der Ansteckung mit einer Geschlechtskrankheit keinen Schadensersatz erhalten dürfte. Es unterliegt aber doch wohl kaum einem Zweifel, daß die Ehefrau als Individualanspruch

---

16 Daß auch das Bankgeheimnis erheblichen Einschränkungen unterliegt, soll nicht geleugnet werden. Entscheidend und für den Wertungswiderspruch signifikant ist allein der Umstand, daß in Bezug auf das Schuldnerverzeichnis im Rahmen der Zwangsvollstreckung das Persönlichkeitsrecht des Schuldners überhaupt nicht artikuliert wird. Eine Rückbesinnung auf dieses könnte auch dazu führen, daß sich das Armenrechtsverfahren in Zukunft nicht mehr als kleiner „Offenbarungseid" ereignet.

17 Vgl. dazu *Gernhuber*, aaO, § 17 I, S. 140 ff. m. w. N.

18 BGHZ 6, S. 360 ff.; BGH NJW 1956, S. 1149 ff.; BGHZ 23, S. 215 ff.; BGHZ 23, S. 279 ff.; BGHZ 26, S. 217 ff.; vgl. dazu auch die weiteren Nachweise bei *Gernhuber*, aaO, § 17 II, S. 143 ff.

18a Vgl. zum Angriff auf ein Familienmitglied auch BGH GRUR 1969, S. 426 ff., S. 428.

19 *Beitzke*, aaO, § 12 III, c, S. 59.

einen Schadensersatzanspruch gemäß § 823 Abs. 1, § 823 Abs. 2 BGB zusteht. Der durch ehebrecherisches Verhalten herbeigeführte Gesundheitsschaden kann nicht mit den Folgen eines Notzuchtverbrechens parallelisiert werden[20].

Bekanntlich wird behauptet, daß die sittliche Natur der Ehepflichten einen Ausgleich bei Ehestörungen verbiete[21]. Weiter, so wird ausgeführt, komme die Ersatzpflicht einer Scheidungsstrafe gleich[22]. Verstöße gegen eheliche Pflichten seien im Familienrecht abschließend geregelt[23]. Im übrigen handle der verletzte Ehegatte meist aus niedrigen Beweggründen und in Bereicherungsabsicht[24].

Der Argumentationshaushalt im Rahmen des Problems der Ehestörungsklage zeigt am besten, wie stark sich hinter diesen Aussagen (unausgesprochen) Wertungsfragen verbergen. Ist für den einen der Hinweis auf die sittliche Natur der Ehepflichten hinreichender Grund zum Ausschluß von Ersatzansprüchen bei Störung der Ehe, so ist für den anderen der Ausschluß von Ersatzansprüchen wegen der Gefährdung der Existenz der Ehe als einer totalen (wirtschaftlichen) Lebensgemeinschaft sittlich geradezu anstößig[25].

Moderne familiensoziologische Gemeinplätze werden in diesem Zusammenhang, sieht man einmal von *Gernhuber*[25a] ab, nicht einmal zur Kenntnis genommen.

Für die Familiensoziologen steht fest, daß die moderne Familie mehr Möglichkeiten kennt, dem Autonomiebedürfnis ihrer Mitglieder durch Individualisierung der jeweiligen Beziehungen nachzukommen, als die traditionelle Familie, in der Herkommen und Sitte die Beziehungen zwischen den Ehegatten und zwischen Eltern und Kindern schematisierten[26]. Die Familie als mythische Einheit ist dahin[26a].

Der BGH hat bislang Schadensersatzansprüche gegen den Ehebrecher und gegen den störenden Dritten abgelehnt[27]. Er hat jedoch frühzeitig entschie-

---

20 *Beitzke*, aaO, § 12 III, c, S. 59.

21 RG Gruch Bd. 50, S. 664 (außer bei Vorliegen des § 826 BGB); LG Frankenthal, FamRZ 1957, S. 136; OGH DDR NJ 1960, S. 480; vgl. auch *Krüger-Breetzke-Nowack*, aaO, Einleitung Rdnr. 256, 257.

22 Vgl. dazu BGH FamRZ 1957, S. 133 ff., S. 134 l. Sp.

23 Vgl. dazu z. B. *Berg*, JuS 1961, S. 137 ff., S. 140.

24 Vgl. z. B. OLG München, JR 1956, S. 61.

25 Vgl. dazu insbes. *G. Boehmer*, AcP Bd. 155 (1956), S. 181 ff., S. 191; ders., FamRZ 1957, S. 196 ff.

25a *Gernhuber* aaO.

26 Vgl. dazu *Behrendt*, aaO, S. 81.

26a Vgl. dazu auch *Struck*, ARSP 1975, S. 67 ff., S. 73 f.

27 Vgl. dazu BGH NJW 1956, S. 1149 ff.; BGHZ 23, S. 215 ff.; BGHZ 23, S. 279 ff.; BGHZ 26, S. 217 ff.

den[28], daß die Ehefrau durch Art. 6 Abs. 1 GG gegen das Eindringen oder die Aufnahme der Geliebten des Ehemannes in den gegenständlich-räumlichen Bereich der Ehe, insbesondere in die Ehe- und Familienwohnung derart zu schützen sei, daß sie einen solchen Eingriff in ihr Recht auf diesen Bereich mit einer Klage gegen den Ehemann und die Ehebrecherin auf Beseitigung der dadurch bewirkten Störung und auf Unterlassung künftiger Störungen abwehren kann. Die entscheidende Stelle der Urteilsbegründung lautet:

„. . . Das Zusammenleben der Beklagten mit dem Ehemann der Klägerin in deren Wohnung ist deshalb ein Angriff auf die Ehre der Klägerin, weil es ihr und einem größeren nicht abgegrenzten Kreis weiterer Personen immer wieder die für die Klägerin kränkende und demütigende Tatsache zum Bewußtsein bringt, daß sie der Verwirklichung der ehelichen Gemeinschaft mit ihrem Ehemann, die zum wesentlichen Inhalt ihrer seelischen, sozialen und wirtschaftlichen Existenz geworden und es zu bleiben bestimmt war, beraubt ist . . . Neben diesem rein persönlichen Bereich der Ehe oder richtiger aus diesem Bereich heraus bildet sich jedoch in der Ehe regelmäßig ein anderer räumlich-gegenständlich bestimmter Bereich, der die äußere sachliche Grundlage für das gemeinsame Ehe- und Familienleben abgibt und zugleich den einzelnen Familienmitgliedern die Entfaltung ihrer Persönlichkeit ermöglichen soll. Die Entfaltung ihrer Persönlichkeit ist der wesentliche Inhalt und Zweck der Familiengemeinschaft. Zu dem äußeren Bereich, in dem sie sich vollzieht, gehört vor allem – ohne daß er sich immer darauf beschränken muß –, die Ehe- und Familienwohnung. Sie ist insbesondere der natürliche Wirkungskreis der Ehefrau, auf den sie in ihrem eigenen Interesse wie im Interesse der Familie zur Entfaltung und Verwirklichung ihrer Persönlichkeit in dem Maße angewiesen ist, wie sie in der Ehe und Familie ihre eigentliche Lebensaufgabe gefunden hat (vgl. § 1356 BGB). Das Recht des Ehegatten auf diesen Bereich, in welchem die Ehe- und Familiengemeinschaft sich gegenständlich verkörpert, genießt, soweit es auf andere Weise nicht verwirklicht werden kann, den uneingeschränkten Schutz der staatlichen Ordnung, der der Ehe und Familie in Art. 6 Abs. 1 GG zugesichert ist . . .“[29].

b) Eigene Stellungnahme

Die bisherige Diskussion um die Ehestörungsklage ist von einem individualistischen Grundzug bestimmt, die auch das gegenwärtige sonstige Familienrecht beherrscht. Die Frage, ob ein Ehegatte bei bewußtem und gewolltem Fehlverhalten Schadensersatz- oder Unterlassungsansprüche gegen den anderen Partner und gegen den störenden Dritten hat oder ob sich der Ehepartner nicht als Gruppenmitglied das Verhalten des anderen Ehepartners mit der Folge zurechnen lassen muß, daß allein die Möglichkeit der Ehescheidung eröffnet wird, wird nicht gestellt. Die individualistische Sicht von Ehe und Familie läßt sich leicht an anderen Beispielen aufzeigen:

---

[28] BGHZ 6, S. 360 ff.
[29] BGHZ 6, S. 360 ff., S. 364/365.

aa) Verletzung der elterlichen Aufsichtspflicht

Nach § 832 Abs. 1 BGB sind die Eltern zur Führung der Aufsicht über ihre minderjährigen Kinder verpflichtet. Die Verpflichtung zum Ersatz des Schadens, den eine derartige Person einem Dritten widerrechtlich zufügt, tritt nach § 832 Abs. 1 S. 2 BGB nicht ein, wenn die aufsichtspflichtige Person ihre Überwachungspflicht erfüllt hat oder wenn der Schaden auch bei gehöriger Aufsichtsführung entstanden sein würde.
Sieht man in dem Familienverband eine Gruppe, so würde es naheliegen, die Familie für Schädigungen ihrer Kinder einstehen zu lassen und nicht die Lösung über die Verletzung von Individualpflichten zu suchen. Zumindest soweit das Kind nicht deliktsfähig ist, ist nicht einzusehen, warum nicht die Familie, die sich von vornherein versichern kann, dieses Risiko zu tragen hat. Leider hat der Referentenentwurf eines Gesetzes zur Änderung und Ergänzung schadensersatzrechtlicher Vorschriften[30] keine Änderung des § 832 BGB ins Auge gefaßt.

bb) Gefährdung des Wohl des Kindes (§ 1666 BGB)

Ein weiteres Beispiel für diese individualistische Sicht im Familienrecht ist die Auslegung, die § 1666 BGB in Lehre und Rechtsprechung gefunden hat. Nach § 1666 Abs. 1 S. 1 hat das Vormundschaftsgericht die zur Abwendung der Gefahr erforderlichen Maßregeln zu treffen, wenn das geistige oder leibliche Wohl des Kindes dadurch gefährdet wird, daß der Vater oder die Mutter das Recht der Sorge für die Person des Kindes mißbraucht, das Kind vernachlässigt oder sich eines ehrlosen oder unsittlichen Verhaltens schuldig macht.
Die herrschende Lehre und die Rechtsprechung verlangen, daß ein Verschulden des Sorgeberechtigten an der Kindesgefährdung erforderlich und im einzelnen festzustellen ist, wobei das Vormundschaftsgericht vom Jugendamt zu untersützen ist[31]. Es kann im vorliegenden Zusammenhang dahingestellt bleiben, ob sich aus dem Erfordernis des Verschuldens praktisch wesentliche Unterschiede ergeben[32]. Typisch für das Familienrechtsverständnis ist es

---

30 Vgl. dazu Referentenentwurf eines Gesetzes zur Änderung und Ergänzung schadensersatzrechtlicher Vorschriften, Karlsruhe 1967.

31 Vgl. dazu *RGRK-Scheffler*, aaO, § 1666 Anm. 3; *Dölle*, aaO, § 96 II, 2b, S. 259; *Palandt-Lauterbach*, aaO, § 1666 Anm. 3; KG FamRZ 1965, S. 158 ff.; BVerfGE 10, S. 59 ff., S. 77; a. A. *Staudinger-Göppinger*, § 1666 Rdnr. 194 ff.; *Gernhuber*, aaO, § 49 VIII, 3, S. 548 f.; vgl. auch *Müller-Freienfels*, aaO, S. 293 Anm. 3.

32 Dies leugnen *Palandt-Lauterbach*, aaO, § 1666 Anm. 2; vgl. dazu auch Regierungsentwurf eines Gesetzes zur Neuregelung des Rechts der elterlichen Sorge, Bundes-

jedoch, daß im Rahmen des §1666 BGB aufgrund des Verschuldenserfordernisses, das sich nicht einmal zwingend aus dem Wortlaut der Bestimmung ergibt, nicht primär auf die Gefährdung des Kindeswohls, sondern auf den damit unter Umständen verbundenen Verlust des Sorgerechts abgestellt wird. Dieses soll nach allgemeinen Grundsätzen offenbar nur dann verlorengehen können, wenn ein Verschulden festgestellt wird.
Die Diskussion um die Ehestörungsklage muß am geschützten Rechtsgut ansetzen[33] [34]. *Loewisch*[35] hält es nicht für zutreffend, daß der Charakter der Ehe als einer persönlichen Rechtsbeziehung von vornherein ausschließen soll, ihr gleichzeitig Deliktsschutz gegenüber Dritten zuzuerkennen. Wie für jedes subjektive Recht sei vielmehr auch für sie selbständig zu beurteilen, in welchem Umfang ein Deliktsschutz in Betracht komme, wobei nur noch zur Überprüfung anstehe, ob alle gegen ein Recht gerichtete Handlungen als Delikte im Sinne des § 823 Abs. 1 BGB aufzufassen seien. *Stoll*[36] ist m. E. nicht zu folgen, wenn er meint, die Diskussion um die Ehestörungsklage dürfte nicht durch den Begriff des allgemeinen Persönlichkeitsrechts beeinflußt werden. Hier ist der allein richtige Ansatzpunkt zu suchen. Auch *Jayme*[37] ist der Auffassung, daß der Schutz des einzelnen Ehegatten im Hinblick auf seine Ehe dem allgemeinen Persönlichkeitsrecht so nahe stehe, daß die Außenwirkung der Ehe sich nicht mehr verneinen lasse, wenn man ein allgemeines Persönlichkeitsrecht anerkenne[38]. Er nimmt damit wiederum einen Gedanken auf, der bereits früher in der Literatur vertreten wurde[39]. In diesem Zusammenhang kommt es aber auch entscheidend darauf

---

ratsdr. 690/73 vom 8. 11. 1973; vgl. dazu *Gernhuber*, FamRZ 1973, S. 229 ff.; vgl. auch *Giesen*, NJW 1972, S. 225 ff. In der Tat pflegt man bei der Feststellung des Verschuldens stets großzügig zu verfahren. Vgl. dazu z. B. *Gernhuber*, aaO, § 49 VIII, 3, S. 549 m. w. N.

33 Vgl. dazu auch *Loewisch*, aaO, S. 180 ff.

34 Dies übersieht m.E. *Fabricius* (AcP Bd. 160 (1961), S. 273 ff., S. 316 f.), der als Rechtsgut ganz allgemein das rechtlich geschützte Interesse des einen Ehegatten an der Lebensgemeinschaft mit dem anderen betrachtet und das Problem sofort auf die Frage der sozialtypischen Offenkundigkeit beschränkt.

35 *Loewisch*, aaO, S. 181.

36 *Stoll*, aaO, S. 34.

37 *Jayme*, S. 255.

38 Dabei wird jedoch nicht immer klar, ob es sich um das Persönlichkeitsrecht des einzelnen Ehegatten oder um das Ehegattenpersönlichkeitsrecht handelt. Vgl. dazu *Werner Nikolaus*, Ehestörung und Gattenrecht, Diss. Bonn 1968, S. 67 f., S. 141, der vom Ehegattenpersönlichkeitsrecht spricht.

39 Vgl. dazu *G. Boehmer*, AcP Bd. 155 (1956), S. 181 ff., S. 201; *Coing*, JZ 1952, S. 689 ff., S. 690 l. Sp.

an, wessen Persönlichkeitsrecht verletzt ist. Verletzt ein Ehegatte bewußt und gewollt eheliche Pflichten, so muß der andere Ehegatte die Störung der Gruppenfunktion – „Recht auf Fortbestand der Ehe“ – tragen. Er ist auf die Sanktionen des Ehescheidungsrechts verwiesen. Es ist *Ramm*[40] zu folgen, der die Zulassung der Ehestörungsklage für unvereinbar mit der freiheitlichen Eheauffassung des Grundgesetzes hält. Die Situation ändert sich erst dann, wenn über die Ehe hinaus noch Individualrechte eines Ehegatten verletzt werden. Eine solche Verletzung von Individualrechten kommt gerade bei den Ehestörungen zum Tragen, die sich im räumlich-gegenständlichen Bereich ereignen. Gerade in der Wahl dieses Ortes für die Eheverletzung liegt eine Persönlichkeitsrechtsverletzung des anderen Ehegatten als Individuum, nicht als Gruppenmitglied. Die Rechtsprechung des BGH leidet darunter, daß sie den anderen Ehepartner stets nur als Gruppenmitglied sieht und vorrangig nur von Persönlichkeitsbeeinträchtigungen im Hinblick auf Ehe und Familie spricht. Die Ehepartner gehen jedoch in Ehe und Familie nicht auf, sondern bewahren sich einen Individualbereich, dessen Verwirklichung auch der räumlich-gegenständliche Bereich ermöglicht. Indem sich Ehestörungen in diesem Bereich ereignen, ist der andere Ehegatte in seinem individuellen Persönlichkeitsrecht, in seiner Ehre verletzt[41]. Insoweit kann m. E. von einem Widerspruch zwischen der Persönlichkeitsrechtsprechung und der Rechtsprechung zu den Schadensersatzansprüchen bei Ehestörungen nicht gesprochen werden[42]. Insoweit ist dann u. U. auch ein Ersatz des immateriellen Schadens zu gewähren, freilich nicht in ausdehnender Auslegung des § 847 BGB auf das Recht auf Ehe, sondern in Übernahme der zum Individualpersönlichkeitsrecht entwickelten Grundsätze[43]. Wenn *Wiethölter*[44] darauf aufmerksam macht, daß der deliktisch am räumlich-gegenständlichen Bereich der Ehe orientierte Eheschutz ebenso auf Eigentumsdenken hinweise wie der Schutz des gegenständlich-räumlichen Geschäftsbereichs, so übersieht er, daß sich eben auch in diesem Bereich die Persönlichkeit und Freiheit des einzelnen Ehegatten aktualisiert.

Soweit ein Dritter ohne Willen des anderen Ehepartners gewaltsam die Ehe stört, reicht der Individualschutz des verletzten Ehepartners gemäß § 823 Abs. 1, Abs. 2 BGB aus.

---

40 *Ramm*, Einführung, § 54 V, 4, G, S. 651, vgl. auch BSH JZ 1973, S. 668 ff.

41 Der Ehegatte ist insoweit nicht in der Entfaltung seiner Persönlichkeit, sondern in seiner Ehre verletzt, vgl. dazu aber auch *Coing*, JZ 1952, S. 689 ff., S. 690 l.Sp.

42 Vgl. dazu aber auch *Jayme*, aaO, S. 22.

43 Vgl. dazu auch *Jayme*, aaO, S. 260.

44 *Wiethölter*, Kritische Justiz 1970, S. 121 ff., S. 124.

Die Individualbezogenheit dieses Schutzes zeigt sich auch bei der Verlagerung der Abwicklungsschäden, unter die folgende Posten fallen: a) Unterhaltskosten des Ehebruchskindes bis zur Anfechtung b) Entbindungskosten c) Kosten des Anfechtungsprozesses.

Nach Auffassung des BGH soll der Unterhaltsanspruch des Kindes gegen den Erzeuger aus § 1708 BGB (jetzt §§ 1615a, 1601 ff. BGB), soweit der Scheinvater den Unterhalt geleistet hat, analog § 1709 Abs. 2 BGB auf den Scheinvater übergehen und von ihm nach Anfechtung der Ehelichkeit geltend gemacht werden können[45]. Dies ist nunmehr in § 1615b BGB mit dem Gesetz über die rechtliche Stellung der nichtehelichen Kinder vom 19. 8. 1969[46] ausdrücklich anerkannt. Hinsichtlich der Entbindungskosten hat der BGH[47] dem Scheinvater die Rückgriffskondiktion gegen den Erzeuger zuerkannt, soweit dieser für die Kosten nach § 1715 BGB (jetzt § 1615k BGB) aufkommen muß. Die dagegen vorgebrachten Bedenken, daß der Scheinvater regelmäßig nicht die Verbindlichkeit des Erzeugers tilgen wolle und diesen daher nicht nach § 267 BGB befreie[48], vermögen nicht zu überzeugen. § 267 BGB setzt voraus, daß im Zeitpunkt der Erfüllung eine Drittschuld besteht, auf die geleistet werden kann. Das ist jedoch im vorliegenden Zusammenhang trotz der rückwirkenden Kraft der Ehelichkeitsanfechtung nicht der Fall. Diese Rückwirkung ändert nichts daran, daß der Scheinvater immer die Zahlung einer eigenen Verbindlichkeit im Auge hat. In diesen Fällen muß es für § 267 BGB ausreichen, daß nach der Ehelichkeitsanfechtung der Scheinvater die Leistung als Leistung des Erzeugers bestimmt. Hinsichtlich der Kosten des Anfechtungsprozesses hat der BGH[49] eine Ausgleichung abgelehnt. Dagegen soll § 1709 Abs. 2 BGB analog für den Betrag gelten, den der Scheinvater dem klagenden Kind als Prozeßkostenvorschuß als Teil des Unterhalts geleistet hat[49a]. Der Anspruchsübergang folgt jetzt aus § 1615b BGB, soweit die Kosten lebenswichtiger Prozesse zum Unterhalt gehören[50].

Diese Rechtsprechung[51] des BGH ist in der Literatur nicht unwidersprochen geblieben. Mit der hier vertretenen Auffassung zur Ehestörungsklage ist die-

---

45 BGHZ 24, S. 9 ff.

46 BGBl I, S. 1243.

47 BGHZ 26, S. 217 ff.

48 Vgl. dazu auch *Gernhuber*, aaO, § 45 VIII, 7, S. 503/504; *Medicus*, aaO, § 24 II aa, S. 253.

49 Vgl. dazu BGH NJW 1964, S. 2151 ff.

49a Vgl. dazu BGH JZ 1960, S. 105 ff.

50 Vgl. zur Analogie zu § 1360a Abs. 4 *Hermann Lange*, NJW 1970, S. 830/831.

51 Vgl. dazu z. B. *Medicus*, aaO., § 24 II, S. 274 ff., RdNr. 616 ff.

se Rechtsprechung vereinbar. Die oben aufgezeigten Ausgleichsleistungen werden unabhängig vom Verschulden zugebilligt[52].
Als Ergebnis kann daher festgestellt werden, daß das Recht auf Ehe ebensowenig absoluten Schutz genießt wie „die Verbindung der Ehegatten zu geschlechtlicher Treue“[53]. In diesem Bereich ereignet sich nur dann auf das Persönlichkeitsrecht gestützter Schutz des einzelnen Ehegatten, wenn sich die Ehestörung im räumlich-gegenständlichen Bereich der Ehe ereignet[53a].
In diesem Sinne hat nunmehr auch der BGH in seinem Urteil vom 22. 2. 1973[53b] bestätigt, daß dem hintergangenen Ehegatten ein Anspruch auf Entschädigung in Geld für Nichtvermögenschäden gegen den am Ehebruch des anderen Ehegatten beteiligten Dritten nicht zusteht. Der BGH hat insoweit unter grundsätzlicher Aufrechterhaltung seine Rechtsprechung[53c] einen derartigen Anspruch mit der Begründung abgelehnt, daß ein Ersatz des Nichtvermögensschadens bei Eingriffen in die eheliche Lebens- und Geschlechtsgemeinschaft immer dann entfalle, wenn diese sich unter notwendiger Beteiligung des anderen Ehegatten ereigneten. Dieser Auffassung ist vorbehaltslos zuzustimmen. Ob das gleiche auch dann gilt, wenn ein Ehegatte durch Drohung, List oder Gewalt angegriffen wird[53d], erscheint zweifelhaft. Insoweit ist ein Nichtvermögensschaden, der über § 847 BGB abzuwickeln ist, nicht auszuschließen[53e]. Festzuhalten gilt es jedoch, daß insoweit allein ein Individualrecht und kein Gruppenrecht des Ehegatten verletzt ist. Beschränkt man den Eheschutz auf den räumlich-gegenständlichen Bereich, so kann der verletzte Ehegatte allein eine Verletzung seines Persönlichkeitsrechts i. S. des Achtungsanspruchs geltend machen. Die Gewährung weitergehender Ansprüche beruht auf einem verfehlten Eigentumsdenken am Ehegatten. Die Ehefrau wird z. B. als Sache behandelt und dem Ehemann als Eigentum zugeordnet, bei dessen Verletzung ihm Schadensersatzansprüche erwachsen sollen. Eine derartige Sicht ist bereits mit dem Ehebild des BGB- und ZPO-Gesetzgebers unvereinbar.

---

52 Vgl. *Gernhuber* aaO, § 17, III, 2, 3.

53 Vgl. dazu aber *Gernhuber*, aaO., § 17 I, 2, S. 141; *Medicus*, aaO., § 14 II e, cc, S. 254.

53a Insoweit geht es nicht mehr um den Schutz der Ehe als solche, sondern um den Schutz des einzelnen Ehegatten als Einzelperson. Die Ehe kann überhaupt durch Gewährung von Ersatz- und Unterlassungsansprüchen aus unerlaubter Handlung nicht sinnvoll geschützt werden (vgl. dazu *Esser*, aaO., Schuldrecht, Bd. II, § 107 II n, S. 405).

53b BGH NJW 1973, S. 991 f. = JZ 1973, S. 668 ff mit Anm. v. *Löwisch*.

53c Vgl. dazu zuletzt BGHZ 57, S. 229 ff = NJW 1972, S. 199 f.

53d Offengelassen in BGH NJW 1973, S. 991 ff, S. 992 l. Sp.

53e Vgl. dazu unten S. 249 ff; vgl. dazu auch § 847 Abs. 2 BGB.

3. Ton-, Fernseh- und Filmaufnahmen im Gerichtssaal

Nach § 169 S. 2 GVG sind Ton-, Fernseh- und Filmaufnahmen von der Verhandlung vor dem erkennenden Gericht einschließlich der Verkündung der Urteile und Beschlüsse ebenso *unzulässig* wie Ton- und Filmaufnahmen zum Zwecke der öffentlichen Vorführung oder Veröffentlichung ihres Inhalts. Nach Auffassung des BGH[54] gilt das Verbot des § 169 S. 2 GVG nicht für Ton-, Fernseh- und Filmaufnahmen, die während einer Verhandlungspause in Abwesenheit des Angeklagten gemacht werden.

Dahs[55] ist demgegenüber der Auffassung, die Würde des Gerichts werde durch Film- und Fernsehaufnahmen auf eine Bildebene degradiert: „Der Tempel der Justitia wird geschändet.“ Auch *E. Schmidt*[56] ist der Meinung, daß § 169 S. 2 GVG nicht nur den Schutz des Persönlichkeitsrechts der Prozeßbeteiligten bezwecke, sondern, weil darüber hinausgehend, wichtigsten justitiellen, also staatlichen Interessen, in erster Linie der gerichtlichen Wahrheitsfindung, dazu aber auch dem Schutze der justitiellen Atmosphäre im Gerichtssaal, der Würde des Gerichts, dem Ernst der Strafrechtspflege diene.

Diese tönenden Formulierungen rufen Widerspruch hervor. Ob ein Gerichtssaal ein Tempel der Justitia zu sein hat, ist gerade eine Frage, die in jüngster Zeit heftig diskutiert wird und zwar gerade mit dem Ziel, der Wahrheitsfindung zu dienen. Wer den Ernst der Strafrechtspflege beschwört, müßte zunächst einmal (empirisch) nachweisen, wie es damit bestellt ist. Er dokumentiert sich nicht in Äußerlichkeiten, sondern in dem Ernst des Ringens um die Feststellung von Schuld. Im übrigen sollte man sich keiner Täuschung hingeben, daß die Würde des Gerichts und der Verwalter des Rechts nicht unwesentlich durch das Ansehen des Rechts mitbestimmt wird. In dem Maße, wie Gesetze einer starken Veränderung unterliegen, schwindet die Achtung vor dem Gesetz und seiner Wahrer. Das Gericht und das Recht war in vergangenen Zeiten von dem Hauch des Magischen umgeben. Heute ist der Justizapparat ein Instrument zur Sicherung der Rechtsordnung. Allein zur Sicherung dieser Funktion sind einschränkende Maßnahmen berechtigt[57].

---

54 BGH JZ 1970, S. 108/109; vgl. dazu auch BGHSt 22, S. 83 ff., S. 84.

55 *Dahs*, AnwBL 1959, S. 181.

56 *E. Schmidt*, JZ 1970, S. 109 r. Sp.

57 Vgl. dazu *Ogburn*, Kultur und sozialer Wandel, Ausgewählte Schriften, hrsg. und eingeleitet von Otis, Dudley Duncan, Neuwied-Berlin 1969, S. 88/89.

Aus § 169 S. 2 GVG muß jedoch entnommen werden, daß der Angeklagte oder die Partei im Zivilprozeß weder in der Verhandlung[58] noch vor oder nach der Verhandlung im Gerichtssaal fotografiert werden darf.
E. Schmidt[59], der engagierteste Vertreter einer Einschränkung der mittelbaren Öffentlichkeit, vertritt die Auffassung, daß die Vorschrift des § 169 S. 2 GVG ihrem Sinne nach auch auf die Zeit vor Beginn des Aufrufs der Sache anzuwenden und daß auch das schlichte Fotografieren daher verboten sei. Er beruft sich insoweit[60] zunächst auf § 81b StPO. Danach dürfen Lichtbilder und Fingerabdrücke des Beschuldigten auch gegen seinen Willen aufgenommen, Messungen und ähnliche Maßnahmen an ihm vorgenommen werden, soweit es für die Zwecke der Durchführung des Strafverfahrens oder für die Zwecke des Erkennungsdienstes notwendig ist. *E. Schmidt* schließt daraus im Wege des argumentum e contrario, daß kein Beschuldigter gegen seinen Willen außerhalb dieser Zwecke, also insbesondere vor oder nach der Hauptverhandlung, fotografiert werden dürfe. Dieser Schluß ist angesichts der Stellung des § 81b StPo im Ermittlungsverfahren unhaltbar.
Es kommt in diesem Zusammenhang allein § 23 KUG in Betracht. Entgegen der herrschenden Lehre und Rechtsprechung[61] wird niemand dadurch zu einer Person der Zeitgeschichte, daß ihm eine strafbare Handlung vorgeworfen wird, auch dann nicht, wenn die Straftat wegen des Gegenstandes oder der Person des Täters über das Alltägliche hinausgeht und daher das Interesse der Allgemeinheit erweckt[62]. Bezeichnend dürftig ist die Begründung des Informationsinteresses in diesen Fällen:

„Voraussetzung ist, daß ihre Tat oder der gegen sie erhobene Vorwurf ungewöhnlich ist, Aufsehen erregt – sagen wir ruhig: berechtigtes Aufsehen erregt –, ich meine berechtigt, insoweit als Interesse verständlich ist . . . Die Frage ist die, ob jemand, der sich gegenüber einer Strafklage zu verantworten hat, und darum geht es ja hauptsächlich, sich vielleicht in einer Situation befindet, bei dem das berechtigte Interesse Rücksichtnahme, Zurückhaltung erfordert. Die Frage ist gar nicht leicht zu beantworten. Man könnte vielleicht sagen: Na ja, das ist sein persönliches Pech, daß er nun gerade ausnahmsweise in diese Situation gekommen ist. Man möge ihn schonen. Man möge davon absehen, ihn an den Pranger zu stellen. Das wäre ein unangemessener Eingriff in seinen Privatbereich. Aber die überwiegende Ansicht sagt: Nein; das Verfahren ist grundsätzlich öffentlich, wer sich in den Verdacht begeben hat, muß es nach dem Gesetz über sich ergehen lassen, und dazu gehört eben auch, daß Fotografieren erlaubt ist, weil die Sphäre des

58 Vgl. dazu auch *E. Schmidt*, aaO, S. 15 ff.
59 *E. Schmidt*, aaO, S. 15 ff.
60 *E. Schmidt*, aaO, S. 15 ff.
61 Vgl. dazu z. B. *Hubmann*, aaO, S. 300 Fn. 17; OLGMünchen,GRUR1964, S. 42; KG *Schulze*, KGZ 14.
62 Vgl. dazu S. 214 ff.

Angeklagten keine schonungswürdige Privatsphäre ist, keine Intimsphäre. Man muß es ihm zumuten, sich abbilden zu lassen. Ich vermute, daß diese Auffassung richtig ist. Ich kann mir nicht recht vorstellen, daß man mit Erfolg etwa dem Journalismus, dem gediegenen Journalismus, der ja Gott sei Dank überwiegt, hier in den Arm fallen kann. Dann fehlt es – so scheint es wirklich – an einer Möglichkeit, die schlichte Abbildung im Gerichtssaal und außerhalb des Gerichtsgebäudes zu unterbinden."[63]

Diese Ausführungen von einem Senatspräsidenten a. D. beim BGH fordern zu schärfstem Widerspruch heraus. Ganz abgesehen davon, daß sie eine bezeichnende und dekuvrierende Sicht der Mentalität auch höchster Richter eröffnen, sind sie von einer zynischen Grundhaltung.

In der Sache sind die Feststellungen *Rotbergs* wenig überzeugend. Aus der Öffentlichkeit des Verfahrens kann nicht auf das Recht der Fotografie geschlossen werden. *Rotberg* räumt die Parallele zum mittelalterlichen Pranger selbst ein. Dies soll aber mit Rücksicht auf den Journalismus nicht unzulässig sein. Eine Rechtsstaatlichkeit (Vermutung der Unschuld), die so stolz artikuliert wird, erweist sich dort als eine bloße verbale Artikulierung, wo sie mit einem nicht weiter problematisierten Öffentlichkeitsauftrag des Journalismus einfach beiseite geschoben wird. Die bescheidene Frage, ob eine Bildveröffentlichung einem öffentlichen Interesse dient, wird gar nicht gestellt. Vielmehr wird ausgeführt, daß viele Zeitungen von diesen Dingen lebten, und daß sich die Öffentlichkeit nun mal in zunehmendem Maße daran gewöhnt habe – an was hat sich die Öffentlichkeit nicht alles gewöhnt! –, auch mit den Augen aufzunehmen[64].

Nach der hier vertretenen Auffassung sind alle Bildaufnahmen des Betroffenen vor und nach der Verhandlung, vor und im Gebäude dann unzulässig, wenn dieser nicht eingewilligt hat oder zu den absoluten Personen der Zeitgeschichte zählt (§ 23 Abs. 1 Ziff. 1 KUG). Im übrigen schließt jedoch § 169 S. 2 GVG Ton-, Fernseh- und Filmaufnahmen im Gerichtsgebäude während einer Verhandlungspause in Abwesenheit des Angeklagten oder der Parteien nicht aus.

4. Beschränkungen der Öffentlichkeit von Gerichtsverhandlungen

Nach § 169 S. 1 GVG ist die Verhandlung vor dem erkennenden Gericht einschließlich der Verkündung der Urteile und Beschlüsse öffentlich. Die Öffentlichkeit ist in Entmündigungssachen (§ 171 GVG) und in Unterbringungssachen (§ 171a GVG) eingeschränkt. Die Verhandlung in Ehe- und Kindschaftssachen ist stets nicht öffentlich (§ 170 GVG). Nach dem früheren

---

[63] *Rotberg*, Studium Generale 1970, S. 752 ff., S. 758.
[64] Vgl. dazu *Rotberg*, Studium Generale 1970, S. 752 ff., S. 760.

§ 172 GVG konnte in allen Sachen durch das Gericht für die Verhandlung oder für einen Teil davon die Öffentlichkeit nur ausgeschlossen werden, wenn sie eine Gefährdung der öffentlichen Ordnung, insbesondere der Staatssicherheit, eine Gefährdung der Sittlichkeit oder die Gefährdung eines wichtigen Geschäfts- oder Betriebsgeheimnisses besorgen läßt.[65] Inzwischen ist § 172 GVG erweitert worden.

Interessant ist in diesem Zusammenhang, daß im Zivilprozeß ursprünglich als schützenswertes Parteiinteresse allein die Wahrung eines wichtigen Betriebsgeheimnisses galt. Das Interesse, Angelegenheiten der Privatsphäre nicht einer unmittelbaren Öffentlichkeit preiszugeben, war grundsätzlich unbeachtlich. Selbst in Entmündigungssachen kann ohne Antrag ausschließlich nur die Vernehmung des Entmündigten nicht öffentlich gestaltet werden[66]. Nach Art. 6 I, 2 der Europäischen Menschenrechtskonvention muß das Urteil öffentlich verkündet werden. Die Presse und die Öffentlichkeit kann jedoch während der gesamten Verhandlung oder eines Teiles derselben im Interesse der Sittlichkeit, der öffentlichen Ordnung oder der nationalen Sicherheit in einem demokratischen Staat ausgeschlossen werden. Das Gleiche gilt dann, wenn die Interessen von Jugendlichen[67] oder der Schutz des Privatlebens der Parteien es verlangt.

Die Öffentlichkeit des Verfahrens ist ein „Leitgedanke der Prozeßgesetze"[68]. Die Öffentlichkeit der Verhandlung bezweckte ursprünglich den Schutz des Bürgers vor einer Geheimjustiz, die der Kontrolle der Allgemeinheit entzogen ist[69]. Bei der Schaffung des Gerichtsverfassungsgesetzes ist in der Auseinandersetzung zwischen *Bähr* und *Lasker* über den Ausschluß der Öffentlichkeit durch übereinstimmende Parteianträge zugunsten *Laskers*, d. h. zugunsten der Interessen der Allgemeinheit entschieden worden[70]. Die Schutzwürdigkeit der Interessen der Allgemeinheit ist jedoch zu problematisieren[71].

---

65 Vgl. jedoch auch § 48 JGG, § 61 Abs. 1 S. 2 SGO. Nach der letzteren Bestimmung ist ein Ausschluß der Öffentlichkeit auch dann zulässig, wenn die Offenlegung der gesundheitlichen oder familiären Verhältnisse für einen Beteiligten von erheblichem Nachteil sein könnte. Vgl. zum Strafverfahren *Kohlhaas*, ZRP 1972, S. 52 ff.

66 Vgl. dazu auch *Jauernig*, aaO, S. 219 ff., S. 231, der sich zu Recht gegen die Eingliederung der Entmündigung in die streitige Gerichtsbarkeit wendet.

67 Vgl. dazu auch § 48 Abs. 1 JGG.

68 *Baumbach-Lauterbach*, aaO, Übersicht 2 vor § 169 GVG; vgl. dazu auch BGH DRiZ 1969, S. 123 = NJW 1969, S. 756; vgl. zum Strafprozeßrecht *Alber*, Die Geschichte der Öffentlichkeit im deutschen Strafverfahren, München-Berlin 1974

69 *A.Blomeyer*, aaO, § 22, S. 92.

70 Vgl. dazu *Hahn*, Gesammte Materialien zum GVG, 1. Abt., Berlin 1879, S. 330–336; vgl. dazu auch *Schiffer*, Die deutsche Justiz, 2. Aufl., 1949, S. 163 ff.

71 Dies unterläßt *Jauernig*, aaO, S. 219 ff., S. 230/231.

Der zweite Pfeiler liberaler Prägung im Rahmen des Gerichtsverfassungsrechtes – das Laienrichtertum – ist bereits ins Wanken geraten[72]. *Kübler*[73] diagnostiziert eine grundlegende Wandlung der Öffentlichkeitsmaxime: Neben die Kontrollfunktion trete heute die Informationsfunktion, die einer breiten Öffentlichkeit Einblick in soziale Zusammenhänge gewähre. Der Informationsanspruch der Allgemeinheit ist sicherlich legitim; andererseits ist aber den Beteiligten ein Recht auf ein menschenwürdiges Verfahren zu gewähren. Das bedeutet, daß Schauprozesse nicht zulässig sind, daß öffentliche Neugier dort zurückstehen muß, wo privateste Dinge zur Sprache kommen, an deren Kenntnis ein berechtigtes öffentliches Interesse nicht besteht. In einer Zeit, in der man dem Grundsatz der Unantastbarkeit der Menschenwürde (Art. 1 I GG) eine derartige Bedeutung zumißt, ist es nicht angängig, festzustellen, daß in § 169 GVG dem Allgemeininteresse an Öffentlichkeit der Individualschutz „geopfert" werde[74]. Es kommt hinzu, daß die Mächtigen in dieser Gesellschaft sich in weitem Rahmen durch die Schiedsgerichtsbarkeit dieser Öffentlichkeit entziehen können[74a]. Man wird die gegenwärtige Regelung des § 169 S. 1 § 172 GVG kaum als verfassungswidrig qualifizieren können. Es bleibt jedoch rechtspolitisch zu erwägen, ob die Öffentlichkeit nicht auf Antrag bei privaten Angelegenheiten zu begrenzen ist. Die Öffentlichkeitsmaxime von Prozessen ist der Kontrollfunktion weitgehend entwachsen. Kontrolle durch die unmittelbare Öffentlichkeit dürfte angesichts der hohen Technizität des Rechts mehr als zweifelhaft geworden sein, insbesondere wenn man berücksichtigt, wie sich diese Öffentlichkeit in Normalprozessen rekrutiert. Es erscheint äußerst fragwürdig, ob die Öffentlichkeitsmaxime geeignet ist, „über den Kreis der Beteiligten hinaus in die Rechtsgemeinschaft der Bürger hineinzuwirken und das Recht lebendig zu erhalten"[75].

Leider hat der BGH die Möglichkeiten, die Art. 6 I, 2 der Europäischen Menschenrechtskonvention eröffnete, nicht genutzt. Der BGH hat in seinem Urteil vom 2. 7. 1969[76] darüber zu befinden, ob in einer Strafverhandlung die Öffentlichkeit während der Vernehmung des Sachverständigen über die Zurechnungsfähigkeit des Angeklagten zum Schutz seiner Privatsphäre aus-

---

72 Vgl. dazu *Baur*, Tübinger Festschrift für Eduard Kern, S. 49 ff.

73 *Kübler*, DriZ 1969, S. 379 ff., S. 382 l. Sp.; vgl. dazu auch *Häberle*, Öffentlichkeit und Gemeinwohl, S. 36 ff., S. 52 Fn. 59.

74 So aber *Jauernig*, aaO, S. 219 ff., S. 230/231. Vgl. dazu zutreffend *Hertel*, aaO, S. 25

74a Vgl. dazu auch *Köbl*, Festschr. f. Schnorr von Carolsfeld, S. 235 ff, S. 236.

75 *Schwarz-Kleinknecht*, aaO, § 169 GVG Anm. 1; vgl. dazu kritische auch *Weidemann*, DRiZ 1970, S. 114 ff., S. 115 l. Sp.

76 BGH NJW 1969, S. 2107 ff.

geschlossen werden muß und ob der unterlassene Ausschluß eine Revision gemäß § 338 Nr. 6 StPO begründet[77].
Der BGH ist der Auffassung, daß ein nur teilweiser Ausschluß der Öffentlichkeit etwa bei der Vernehmung eines Gutachters sinnlos sei, weil dadurch nicht verhindert werden könnte, daß in anderen Verfahrensabschnitten über diese Ergebnisse gesprochen werde. Nur ein fast durchgängiger Ausschluß der Öffentlichkeit könne echten Schutz für die Intimsphäre des Angeklagten schaffen. Das aber hätte faktisch eine Aufhebung des Öffentlichkeitsprinzips in Strafsachen zur Folge, die dem eindeutigen Willen des Gesetzgebers widerspreche. Im übrigen hat sich der BGH darauf zurückgezogen, daß Art. 6 I, 2 der Europäischen Menschenrechtskonvention lediglich eine Kannvorschrift darstellt[78].
Bereits *H.-H. Kühne*[79] [80] hat darauf aufmerksam gemacht, daß diese Argumentationsreihe des BGH nicht stichhaltig ist. Im weiteren Verfahren steht das Ergebnis, nicht aber das Detail zur Diskussion. Im übrigen sehen die §§ 171, 171a, 172 GVG selbst einen Teilausschluß vor. Es kommt hinzu, daß der BGH das Öffentlichkeitsprinzip nicht weiter problematisiert und dem allgemeinen Persönlichkeitsrecht, das im materiellen Recht als Achtungsanspruch uneingeschränkt anerkannt ist, im Rahmen der Gerichtsverfassung keinen Raum gibt. Eine Relativierung der Öffentlichkeitsmaxime ist um so erwägenswerter, als § 169 GVG lediglich eine objektive Verfahrensnorm ist, die dem einzelnen kein subjektives Recht auf Zutritt zu einem Verfahren gewährt[81]. Das gegenwärtige Sitzungsrecht ist gerade rein technokratisch ausgestaltet. Wenn die Gefährdung der öffentlichen Ordnung den Ausschluß der Öffentlichkeit gestattet, so stellt man sich betroffen die Frage, warum dies nicht bei einer Tangierung der Intimsphäre eines der Beteiligten der Fall sein sollte[82].
Leider hat auch die Kommission zur Vorbereitung einer Reform der Zivilgerichtsbarkeit[83], die die Relativierung der Bedeutung der Öffentlichkeit insbesondere in Zivilsachen und die Bedeutung des allgemeinen Persönlichkeits-

---

77 Vgl. dazu auch *H.-H. Kühne*, NJW 1971, S. 224 ff.; *E. Schmidt*, JZ 1970, S. 35/36.
78 Vgl. dazu auch *Herbst*, NJW 1969, S. 546 ff.; BGH NJW 1969, S. 2007 ff., S. 2007 r. Sp.
79 *H.-H. Kühne*, NJW 1971, S. 224 ff., S. 224 r. Sp.
80 Vgl. dazu auch *Herbst*, NJW 1969, S. 546 ff.
81 Vgl. dazu BayVerfGH VerwRspr 4, 173; *Weidemann*, DRiZ 1970, S. 114 ff., S. 115 r. Sp.
82 Auch insoweit kommt wiederum die Unterbewertung des Persönlichkeitsrechts in unserer Rechtsordnung zum Ausdruck.
83 Kommission zur Vorbereitung einer Reform der Zivilgerichtsbarkeit, S. 179 ff., S. 179/180.

rechts gesehen hat[84], den Ausschluß nur dann zulassen wollen, wenn beide Parteien dies übereinstimmend beantragen und ein öffentliches Interesse an der Öffentlichkeit der Verhandlung nicht vorliegt. Ein derartiger übereinstimmender Antrag ist jedoch angesichts der häufigen Konfliktssituation zwischen den Parteien kein hinreichender Schutz für die Intimsphäre eines einzelnen Beteiligten. Vielmehr sollte immer dann, wenn der Schutz des Privatlebens der Prozeßparteien es verlangt, die Öffentlichkeit ausgeschlossen werden. Im Zivilprozeß kann diese Einschränkung der Öffentlichkeit um so eher rechtspolitisch verwirklicht werden, als die Parteien sich über die Schiedsgerichtsbarkeit der öffentlichen Kontrolle entziehen können. Diese rechtspolitische Forderung nach einer Beschränkung der Öffentlichkeit bei Gerichtsverhandlungen bedeutet keineswegs, daß schon allein die Kreditgefährdung oder Ansehensgefährdung den Ausschluß der Öffentlichkeit rechtfertigt[85] [85a].

---

84 Kommission zur Vorbereitung einer Reform der Zivilgerichtsbarkeit, S. 179 ff., S. 180. Vgl. dazu auch *Köbl*, Festschr. f. Schnorr v. Carolsfeld, S. 235 ff, S. 238.

85 Dies verkennt *Rotberg*, Studium Generale 1970, S. 752 ff., S. 762.

85a Leider kann man in der bisherigen Rechtsentwicklung feststellen, daß die Öffentlichkeit des Verfahrens eher intensiviert wird. Dies gilt z. B. auch für die sogenannte Betriebsjustiz (vgl. dazu zuletzt *Zöllner*, ZZP Bd. 83 (1970), S. 365 ff. mit umfassenden Nachweisen und dazu *Baumann*, ZZP Bd. 84 (1971), S. 297 ff.). Gegen diese Betriebsgerichtsbarkeit bestehen bereits prinzipielle rechtsstaatliche Bedenken (vgl. dazu auch *v. Gelder-Leinemann*, aaO, S. 131 ff. m. w. N.). Diese Diskussion ist jedoch leider fast durchgängig zum Stillstand gekommen. So konnten *Loewisch-Th. Würtenberger*, JuS 1970, S. 261 ff., S. 261 unwidersprochen folgendes ausführen: „Bei der Androhung und Verhängung einer Betriebsstrafe steht dagegen die erzieherische Funktion . . . ganz im Vordergrund: Dem Arbeitnehmer soll, kurz gesagt, ein Denkzettel verpaßt werden." Es ist *Baumann* (ZZP Bd. 84 (1971), S. 297 ff., S. 300/301) zu danken, erneut auf die Zweifelhaftigkeit der Betriebsjustiz hingewiesen zu haben. *Baumann* (aaO, S. 300/301) sieht die Gefahr einer divergierenden Entwicklung in der offiziellen Strafrechtspflege und der Betriebsjustiz. Die gleiche Gefahr diagnostiziert er auf dem Gebiete der Verfahrensprinzipien und der Beweislastregelungen. Außerdem ist seiner Auffassung nach die Betriebsjustiz ungeeignet, Kriminalpolitik zu betreiben. Diese Argumente sind gewichtig und es ist zu hoffen, daß sie eine erneute Diskussion um die Zulässigkeit der Betriebsjustiz entfachen. Es kann nicht angehen, daß schwer errungene Vorteile eines rechtsstaatlichen Straf- und Strafverfahrensrechtes in den Niederungen einer Privatgerichtsbarkeit untergehen. Es kommt jedoch hinzu, daß die Gerichtsferne, die Herauslösung der Rechtsprechung aus der engeren gesellschaftlichen Gruppe, in der man wirkt, eine echte Rechtswohltat ist, mag auch dem einzelnen – nicht ohne Verschulden der Justiz – die Betriebsjustiz angenehm erscheinen. Es ist interessant zu beobachten, wie neuerdings im deutschen Rechtskreis unter krasser Abweichung früher vertretener Auffassungen unter rein technokratischen Gesichtspunkten – Entlastung der eigentlichen Gerichtsbarkeit – Gesellschaftsgerichte gutgeheißen werden (vgl.

Durch Gesetz vom 1. 1. 1975[85b] ist nunmehr diesem rechtspolitischen Anliegen teilweise genüge getan. Nach der Neufassung von § 172 Nr. 2 GVG kann das Gericht für die Verhandlung oder für einen Teil der Verhandlung die Öffentlichkeit ausschließen, wenn Umstände aus dem persönlichen Lebensbereich einen Prozeßbeteiligten oder Zeugen oder wenn ein wichtiges Geschäfts-, Betriebs-, Erfindungs- oder Steuergeheimnis zur Sprache kommen, durch deren öffentliche Erörterung überwiegende schutzwürdige Interessen verletzt würden. Gleiches gilt nach § 172 Nr. 3 GVG auch dann, wenn ein privates Geheimnis erörtert wird, dessen unbefugte Offenlegung durch den Zeugen oder Sachverständigen mit Strafe bedroht ist. Unter den Voraussetzungen des § 172 GVG kann durch einen besonderen Beschluß des Gerichts auch für die Verkündung der Urteilsgründe oder eines Teils der Urteilsgründe die Öffentlichkeit ausgeschlossen werden. Es bleibt zu hoffen, daß die Gerichte die in § 172 GVG angeordnete Interessenabwägung i. S. des inzwischen gesteigerten Persönlichkeitsschutzes vornehmen und die gewandelte Funktion der Öffentlichkeit von Gerichtsverhandlungen zur Kenntnis nehmen. Gerade in Unterhalts- und Erbrechtsstreitigkeiten, in Prozessen um die Höhe des Zugewinnausgleichs usw. können intimste Umstände zur Sprache

---

dazu *Eser*, Gesellschaftsgerichte in der Strafrechtspflege, Tübingen 1970). Es ist zuzugeben, daß die Betriebsjustiz keine Gesellschaftsgerichtsbarkeit i. S. der Konfliktskommission der DDR darstellt (vgl. dazu zutreffend *Zöllner*, ZZP Bd. 83 (1970), S. 365 ff., S. 368). Es kann keinem Zweifel unterliegen, daß die Kommunikationsoffenheit der Betriebsjustiz den betroffenen einzelnen Arbeitnehmer in die gesellschaftliche Ächtung stoßen kann. Es ist keinem Menschen zumutbar, seine Verfehlungen im Rahmen der Beziehungsgruppe zu offenbaren, in der er leben muß. Insoweit ist die staatliche Rechtspflege in der Tat ein Monopol, das zum Nutzen des Einzelnen besteht. Es sollte zu denken geben, daß z. Zt. des Inkrafttretens des Gerichtsverfassungsgesetzes die standesherrliche, städtische oder ritterschaftliche Privatgerichtsbarkeit abgeschafft wurde (vgl. dazu *Kern*, Geschichte des Gerichtsverfassungsrechts, München-Berlin 1954), S. 98). Eine neue standesherrliche Gerichtsbarkeit sollte aus rechtsstaatlichen Gesichtpunkten nicht akzeptiert werden.

Auch dort, wo die Öffentlichkeit in Gerichtsverfahren ausgeschlossen ist, wird die Nichtöffentlichkeit z. T. wiederum unterlaufen (vgl. zur Ausgabe von Ehescheidungsakten an Außenstehende BVerfG Beschluß v. 15. 1. 1970 = BVerfGE 27, S. 344 ff, S. 351 = Ufita Bd. 59 (1971), S. 316 ff.). *Stein-Jonas-Schumann-Leipold*, (aaO, § 299 Anm. III, 4) stellen für den Zivilprozeß zutreffend fest, daß auch Behörden nur Dritte i S. von § 299 ZPO sind und daher ebenfalls ein rechtliches Interesse an der Aktenausgabe glaubhaft machen müssen, sofern nicht gesetzliche Bestimmungen etwas anderes anordnen. Das Gebot der Amtshilfe, wozu Gerichte gegenüber Behörden nach Art. 35 GG verpflichtet sind, dispensiert die Behörden nicht von den Voraussetzungen des § 299 ZPO.

[85b] BGBl I, (1974), S. 469 ff, S. 521.

kommen. Der Hinweis auf die geringe Öffentlichkeit in Zivilprozessen ist für den konkret Betroffenen in der Tat kein Trost[85c].

5. Die namentliche Nennung von Prozeßbeteiligten in veröffentlichten Zivilentscheidungen

Die Praxis der Veröffentlichung höchstrichterlicher Entscheidungen ist in der Tat höchst verschiedenartig. So konnte *Jauernig*[86] die verblüffende Feststellung machen, daß die gleiche Zeitschrift das nicht rechtskräftige Urteil des LG Berlin NJW 1969, S. 1119 betreffend Haftung für anläßlich einer Demonstration entstandene Schäden als Fall *Mahler* kennzeichnete, während bei der *Blinkfuer*-Entscheidung die Beklagte nur als „Herausgeber von Zeitungen und Zeitschriften" bezeichnet wurde.
Jauernig[87] stellt zu Recht fest, daß § 299 II ZPO für die Beantwortung der hier diskutierten Frage nicht weiterhilft. Danach kann der Vorstand des Gerichts ohne Einwilligung der Parteien die Einsicht in die Akten nur gestatten, wenn ein rechtliches Interesse glaubhaft gemacht wird. M. E. ist es nicht eine großzügige Handhabung des § 299 II ZPO, wenn den Redaktionen juristischer Zeitschriften Urteilsabschriften überlassen werden. Diese Überlassung ist keine Akteneinsicht im Sinne von § 299 II ZPO[88].
§ 299 ZPO spricht von „Akten". Für jeden Rechtsstreit sind bei dem Prozeßgericht besondere Akten anzulegen (vgl. § 80 I, § 133, § 213, § 544 I, § 566, § 706 I ZPO). Zu diesen Akten gehören insbesondere die bei Gericht niedergelegten vorbereitenden Schriftsätze (§ 133 ZPO), die Gesuche (§ 128 V, 1 ZPO), die Protokolle nebst den Anlagen (§§ 159, 160, 297, 298 ZPO), die Urschriften der Urteile, Beschlüsse und Verfügungen, ferner sonstige amtliche Schriftstücke[89]. Aus § 299 II ZPO lassen sich daher keine Schlüsse für die Zulässigkeit der namentlichen Nennung von Prozeßbeteiligten in Zivilentscheidungen ziehen. § 299 II ZPO gibt jedoch zu erkennen, daß die Parteien vor der Neugierde unbeteiligter Dritter geschützt werden sollen[90] [91].

85c So zutreffend *Köbl*, Festschr. f. Schnorr v. Carolsfeld, S. 235 ff, S. 238.

86 Vgl. dazu *Jauernig*, aaO, S. 219 ff., S. 220 Fn. 2, S. 223.

87 *Jauernig*, aaO, S. 219 ff., S. 228.

88 Die Frage, ob ein Gericht überhaupt verpflichtet ist, Urteile an Dritte herauszugeben, ist positivrechtlich m.E. nicht geregelt. Aus § 5 I UrhG, wonach Entscheidungen keinen Urheberrechtsschutz genießen, kann auf kein Recht auf Zugang zu den Urteilen geschlossen werden; vgl. dazu auch *Wieczorek*, aaO, Bd. II, Teil 1, § 299 Anm. C III.

89 Vgl. dazu *Stein-Jonas-Schumann-Leipold*, aaO, § 299 Anm. 1.

90 So zutreffend *Jauernig*, aaO, S. 219 ff., S. 228.

Sucht man nach Kriterien für die Bestimmung der Berechtigung des Geheimhaltungsinteresses, so ist es naheliegend, auf die Ausgestaltung der Öffentlichkeit im Zivilverfahren abzustellen. Daß auch nach nichtöffentlicher Verhandlung das Urteil öffentlich zu verkünden ist (§ 173 I GVG, Art. 6 I, 2 Europäische Menschenrechtskonvention), widerspricht dieser Auffassung nicht, da das Urteil im Zivilprozeß schon durch die Verlesung der Urteilsformel verkündet ist (vgl. § 311 II, 1 ZPO, vgl. aber auch § 268 II StPO)[92]. Fraglich ist weiter, ob die Veröffentlichung von Gründen unter namentlicher Nennung der Prozeßbeteiligten qualitativ das gleiche ist wie die unmittelbare Gerichtsöffentlichkeit[93]. Man wird daher zunächst nur feststellen können, daß die Ausgestaltung der Öffentlichkeit des Verfahrens zunächst nur eine äußerste Grenze markiert. Soweit Verfahren nichtöffentlich verhandelt werden, dürfen in veröffentlichten Entscheidungen keine Namen enthalten sein. So ist auch *Jauernig*[94] der Meinung, daß Urteile über Regreßprozesse gegen Anwälte, Notare, Steuerberater oder Steuerbevollmächtigte nicht mit namentlicher Nennung der Beteiligten veröffentlicht werden dürfen, da die berufs- und ehrengerichtlichen Verfahren nichtöffentlich ausgestaltet sind (vgl. §§ 135 I, 143 IV, 146 III BRAO, § 96 BNotO, § 64 LDO Baden-Württemberg, § 109 BNotO mit §§ 87 I, 83, 105 II BDO, § 79 I StBeratG), und ansonsten diese dem Individualschutz dienenden Bestimmungen unterlaufen würden. *Jauernig*[95] stellt seinen Ausgangspunkt, die Ausgestaltung der Öffentlichkeit der Verhandlung als Kriterium, zu Recht in Frage, wenn er in Strafverfahren dies nicht gelten lassen will. Nach *Jauernig* verlangt der Schutz des Angeklagten stets eine Verdeckung seines Namens in publizierten Entscheidungen.

Bei Persönlichkeitsrechtsverletzungen geht *Jauernig*[96] davon aus, daß angesichts der Erfolglosigkeit der Verschlüsselung in den vorhandenen Urteilen der Name des Beteiligten genannt werden dürfe, soweit die Verletzung innerhalb der Öffentlichkeit der Massenmedien geschehen ist.

Es stellt sich aber doch die Frage, warum derjenige, der in Massenmedien bloßgestellt wurde, seinen Namen auch immer zur Kennzeichnung der Entscheidung hergeben muß. Die Urteile müssen vielmehr sogar in diesen Fällen auf sonstige Identitätsnachweise verzichten. „Wer öffentlich angreift oder

---

91 Diesen Gesichtspunkt hat das Bundesverfassungsgericht in seinem Beschluß v. 15. 1. 1970 = Ufita Bd. 59 (1971), S. 316 ff. nicht hinreichend gewürdigt.

92 So zutreffend *Jauernig*, aaO, S. 219 ff., S. 229.

93 Vgl. dazu aber auch *Jauernig*, aaO, S. 219 ff., S. 230.

94 *Jauernig*, aaO, S. 219 ff., S. 233 f.

95 *Jauernig*, aaO, S. 219 ff., S. 234.

96 *Jauernig*, aaO, S. 219 ff., S. 238/239.

angegriffen wird, bleibt auch im Urteil in der Öffentlichkeit."[97] Diese schneidige Feststellung *Jauernigs* ist in der Tat nicht zu akzeptieren. Vielmehr bleiben über die nichtöffentlich verhandelten Sachen hinaus Urteile stets dann ohne namentliche Nennung, wenn die Urteilsgründe Fragen berühren, die unter den Schutz der Intimsphäre fallen, bzw. wenn der Urteilsgegenstand eine Persönlichkeitsrechtsverletzung war. Gerade für den letzten Fall sollte nicht übersehen werden, daß die Wiederholung eine erneute Anprangerung darstellen kann. Die Öffentlichkeit hat kein berechtigtes Interesse daran, daß die Fernsehansagerin „B" in der Illustrierten „St." in übler Weise kritisiert wurde[98]. Ihr Interesse geht allein auf Information über derartige Fälle. Die gegenteilige Meinung von *Jauernig* geht von einer Sachlichkeit der Öffentlichkeit aus, die es nicht gibt.

6. Verbrechensaufklärung durch Unterhaltungssendungen des Fernsehens

a) Der Tatbestand

Zu den publikumswirksamsten Fernsehsendungen gehört Eduard Zimmermanns Fahndungsserie „Aktenzeichen XY . . . ungelöst". Diese Sendereihe ist seit ihrem Beginn umstritten. In ihr werden in Zusammenarbeit mit den Verfolgungsbehörden ungelöste Straffälle rekonstruiert und Zuschauer zur Mitarbeit aufgefordert. Außerdem werden Personalfahndungen durchgegeben. Das Publikumsinteresse wird insoweit durch Unterhaltungselemente geweckt[98a].

Die Sendung verfolgt zwei Ziele: Einerseits soll sie bewirken, daß unbekannte Täter solcher Straftaten gefaßt werden, die den Polizeibehörden bekannt geworden sind. Zum andern intendiert die Fahndung die Festnahme von Tatverdächtigen, deren Namen die Behörden bereits kennen. Zu diesem Zweck werden für jede Sendung drei etwa 8–10 Minuten lange Filme hergestellt, in denen der Hergang bestimmter Straftaten mit Hilfe von Schauspielern rekonstruiert wird. Im Anschluß an diese filmische Darstellung wenden sich die Kriminalpolizei und Zimmermann mit bestimmten Fragen an das Publikum. Es ist unmittelbar einsichtig, daß insbesondere die Rekonstruktion von Straftaten bekannter Täter unter Namensnennung fragwürdig ist.

Die Kritik ist bekannt: Die Sendung benutze schwerwiegende Kriminalfälle als Unterhaltungswert, sie fördere den Jagdinstinkt der Zuschauermassen,

---

97 *Jauernig*, aaO, S. 219 ff., S. 239.

98 Vgl. aber *Jauernig*, aaO, S. 219 ff., S. 239.

98a *Schima*, Kriminologische Aspekte der Fahndung im Fernsehen, Forschungsauftrag ORF, S. 375.

sie denunziere Menschen, die vorerst nur der Tat verdächtig sind, sie spiele selbst Betrugsaffären zu Kardinalsverbrechen einfach dadurch hoch, daß sich das Massenmedium dieses Falles annimmt[99]. Nach *Heinrich Böll*[99a] handelt es sich bei der Sendung um ein „mieses Grusical für Spießer", bestehend aus einer „undurchsichtigen Mischung aus fact and fiction". Zur Berechtigung der Sendung wird auf den technokratischen Gesichtspunkt der Erfolge in der Aufklärung verwiesen.

b) Rechtliche Würdigung der Sendung

Selbst das Justitiariat des ZDF hatte Schwierigkeiten, die Sendung zu rechtfertigen:

„In einer Zeit, in der auch dem Gesetzesbrecher die Mittel der modernen Technik zur Verfügung stehen . . . kann auch die Fahndung mit ihren Methoden nicht auf dem Stand der Litfaßsäule stehenbleiben. Fahndungsdurchsagen werden deshalb seit Jahrzehnten im Hörfunk und Fernsehen unbeanstandet und mit Erfolg praktiziert. Die Sendereihe „Aktenzeichen XY. . . ungelöst" stellt die der Schwere des jeweiligen Verbrechens angemessene Fortentwicklung dieser Steckbriefdurchgabe dar. Sie wird in enger Zusammenarbeit mit Polizeibehörden und Staatsanwaltschaften gestaltet . . . Schließlich ist darauf hinzuweisen, daß die Sendereihe nicht nur in ihren einzelnen Bestandteilen rechtlich gedeckt ist, sie unterfällt auch in ihrer Gesamtkonzeption der im Grundgesetz gewährten Rundfunkfreiheit."[100]

Bereits *Netenjakob*[101] hat dargetan, daß eine Sendung entweder eine legitime Fortentwicklung des Steckbriefs ist oder in das Gebiet der von der Rundfunkfreiheit gedeckten freien Meinungsäußerung fällt. Einmal wird eine Amtsperson, zum anderen ein freier Redakteur tätig. Die Entscheidungsparameter für die rechtliche Zulässigkeit des Handelns sind beide Male grundverschieden.

Die rechtliche Erfassung dieser Sendung ist den Gerichten bislang nicht gelungen[102]. So führt das OLG München in seinem Urteil vom 14. 5. 1970[103] folgendes aus:

---

99 Vgl. dazu FAZ v. 10. 9. 1970 Nr. 209, S. 22.

99a *H. Böll* in: Die Baader-Meinhoff-Gruppe, Aktuelle Dokumente, Berlin/New York, 1973, S. 216.

100 *Ernst W. Fuhr*, Presseerklärungen des ZDF – Informations- und Presseabteilung v. 21. November 1969.

101 *Netenjacob*, Frankfurter Hefte 1970, S. 808 ff., S. 809.

102 OLG München, NJW 1970, S. 1745 ff; OLG Frankfurt, NJW 1971, S. 47 ff; VG Neustadt, Film und Recht, 1971, S. 271; vgl. zum ganzen auch *Kern/Roxin*, Strafverfahrensrecht, 12. Aufl., München, 1974, § 32 C, S. 165; *Stümper*, Kriminalistik, 1971, S. 57; *Neumann-Duesberg*, JZ 1971, S. 305; *Benke*, JuS 1972, S. 257; *Deutsch*, GRUR Int. 1973, S. 463.

103 OLG München, NJW 1970, S. 1745 ff, S. 1745 r. Sp.

„... Im vorliegenden Fall diente die Sendung „Aktenzeichen XY... ungelöst" unstreitig der Ermittlungstätigkeit zur Aufklärung der in Lebach geschehenen Verbrechen. Unstreitig wurde die Sendung auf Wunsch der Sonderkommission des Bundeskriminalamts durchgeführt und inhaltlich in enger Zusammenarbeit mit dieser Kommission gestaltet. Die Sendung diente demgemäß Zwecken der Strafverfolgung und der Fahndung. Ihre Aufgabe war es, die Bevölkerung um sachdienliche Hinweise zur Ermittlung der Täter zu bitten und ihr zugleich die hierzu erforderliche Aufklärung zu vermitteln. Demgemäß handelte es sich um eine hoheitliche Tätigkeit der Beklagten. Wenn der Kläger meint, die Sendung der Beklagten habe vorwiegend Zwekken der Unterhaltung des Publikums gedient, so kann dem nach dem unstreitigen Inhalt und Zweck der Sendung nicht gefolgt werden. Für die Abgrenzung hoheitlicher und privatwirtschaftlicher Tätigkeit kann es nicht darauf ankommen, ob solche Nebenzwecke verfolgt werden und ob die Zuschauer eine solche Sendung in ihrer Mehrzahl nur zum Zwecke ihrer Unterhaltung oder mit der Bereitschaft verfolgen u. U. bei der Erreichung des kriminalpolizeilichen Zwecks behilflich zu sein. Wegen der Art ihrer Gestaltung und ihrem aktuellen Inhalt und Zweck handelte es sich um eine Sendung, die vorwiegend den Zwecken der Strafverfolgung diente. Hierfür ist es ohne Bedeutung, ob diese Aufgabe im Rahmen der normalen Betätigung der Beklagten lag oder ob sich die Beklagte diese Aufgabe durch die Strafverfolgungsbehörden übertragen ließ ...".

Das Oberlandesgericht München ist daher der Auffassung, daß das Fernsehen insoweit öffentliche Gewalt ausübt. Bislang war es jedoch fast unbestritten, daß nur die Veranstaltung des Rundfunks und des Fernsehens als solche Wahrnehmung einer staatlichen Aufgabe ist, während die Programmgestaltung sich als Erfüllung einer gerade nicht staatlichen Aufgabe darstellt[104]. Es ist auch unhaltbar, aus dem Zweck der Sendung und ihren Veranlassern auf eine „hoheitliche Tätigkeit" zu schließen. Ohne gesetzliche Grundlagen können sich keine Neben-Strafverfolgungsbehörden auftun. Die Strafverfolgung ist mit gutem Grund in einem Rechtsstaat monopolisiert. Die Sendung „Aktenzeichen XY ... ungelöst" ist daher keine Ausübung öffentlicher Gewalt[105]. Sie muß sich an der Privatrechtsordnung messen lassen.

---

104 So zutreffend *Lorenz*, BayVBl 1971, S. 52 ff, S. 72 l. Sp.; *Benke*, JuS 1972, S. 257 ff, S. 258; vgl. aber auch *Buri*, NJW 1971, S. 468; ders., NJW 1972, S. 705 ff; *Erichsen*, VerwArch 1971, S. 183 ff; vgl. zum ganzen auch BGH NJW 1963, S. 484; BGH NJW 1966, S. 2010; BGH NJW 1970, S. 187; OLG Koblenz, Ufita 54, S. 313; KG Ufita 54, S. 291 ff. *Fette*, NJW 1971, S. 2210 ff., S. 2211; vgl. dazu auch BVerfGE 7, S. 99 ff., S. 104; BVerfGE 12, S. 205 ff., S. 244 f.; BVerfGE 14, S. 121 ff., S. 129 f. Vgl. dazu zutreffend *Deutsch*, GRUR Int. 1973, S. 463 ff, S. 464.

105 Deshalb ist auch insoweit der Rechtsweg zu den ordentlichen Gerichten gegeben, so zutreffend OLG Frankfurt, NJW 1971, S. 47 ff.; *E. Schmidt*, NJW 1970, S. 2026; *Fette*, NJW 1971, S. 2210 ff., S. 2211 r. Sp.; a. A. OLG München, NJW 1970, S. 1745 ff.; *Buri*, NJW 1971, S. 468; vgl. zum Rechtsweg auch BGH NJW 1963, S. 484 ff. = GRUR 1963, S. 277 ff. Maris; BGH NJW 1966, S. 2010 ff.

Insoweit hat das OLG Frankfurt in seinem Urteil vom 24. 9. 1970[106] auf eine Interessenabwägung abgestellt:

„Es ist allgemein anerkannt und bedarf keiner näheren Darlegung, daß Presse, Rundfunk und Fernsehen öffentliche Interessen wahrnehmen und, wenn im Zusammenhang mit Veröffentlichungen oder Sendungen Nachteiliges über Dritte verbreitet wird, dieses Verhalten gerechtfertigt sein kann, wenn eine Abwägung der im Widerstreit stehenden Interessen der Allgemeinheit und des betroffenen Einzelnen ein Überwiegen der öffentlichen Interessen ergibt ... Der vorliegende Fall unterscheidet sich von den Fällen der dargelegten Art nicht in dem Punkte, daß eine Interessenabwägung stattzufinden hat, wohl aber in dem Punkt, daß auf Seiten der Allgemeinheit ganz anders geartete Interessen im Spiele stehen. Denn nicht das Bedürfnis nach Belehrung, Aufklärung oder Unterhaltung ist mit dem Persönlichkeitsrecht abzuwägen, sondern das Interesse der Allgemeinheit an der Aufklärung von Verbrechen und – damit verbunden – das Interesse der Öffentlichkeit an der Verhinderung künftiger Verbrechen. Dieses Interesse der Allgemeinheit wiegt ungleich schwerer als das Interesse an der Darstellung der historischen Wahrheit oder der Unterhaltung der Fernsehzuschauer. Hat die Rechtsprechung die Grenzen dessen, was eine in der Zeitgeschichte irgendwie hervorgetretene Person zu ertragen hat, wenn es um die Aufklärung oder Belehrung der Öffentlichkeit geht, an sich schon weit gezogen, so muß dies umso mehr gelten, wenn das besonders schutzwürdige Interesse der Allgemeinheit an der Aufklärung und Verhinderung von Verbrechen betroffen ist."

Die berühmt-berüchtigte Interessenabwägung ist kein Schlüsselwort, sondern die Umschreibung eines Zielkonfliktes. Hierbei kommt es entscheidend darauf an, was in die Interessenabwägung miteinbezogen wird[107]. Mißt man die Ausführungen des OLG Frankfurt daran, so ist zweierlei beachtlich: Einmal die Selbstverständlichkeit, wie die bisherige Rechtsprechung übernommen wird, und zum anderen wie die Menschenwürde des Tatverdächtigen eliminiert und der Sendung eine Öffentlichkeitsfunktion zugewiesen wird. „Zimmermann setzt bewußt neben die – im übrigen unbestrittene – Menschenwürde des Straftäters die oft vergessene Menschenwürde des Opfers."[108] Derartige Abwägungen sind bei der behördlichen Ermittlungstätigkeit angemessen und im gesetzlich ausgewiesenen Rahmen zulässig, nicht jedoch im Rahmen von Unterhaltungssendungen.

Teppichkehrmaschine; BGH NJW 1966, S. 2353 ff. Vor unserer eigenen Tür; BGH LM Nr. 35a zu § 823 (Ai) BGB Kredithaie.; vgl. zum ganzen eingehend *Benke*, JuS 1972, S. 257 ff, S. 258 f. BSH DB 1976, S. 1099 ff.

106 OLG Frankfurt, NJW 1971, S. 47 ff., S. 48 r. Sp.

107 Vgl. dazu auch *Merz*, SJZ 1971, S. 65 ff., S. 68 r. Sp.

108 ZDF-journal vom 19. 9. 1969; vgl. auch *Hohl*, ZDF-Journal vom 23. 3. 1970: „Viele Kritiker der XY-Sendung ... machen sich die Denkweise und die Interessen des kleinen kriminellen Teils unserer Gesellschaft zu eigen. Die Not der Millionen Geschädigten rührt sie nicht. An ihnen ist natürlich kaum etwas zu verdienen."

Auch der Versuch von *Neumann-Duesberg*[109], die Sendung zu rechtfertigen, muß als mißlungen angesehen werden. *Neumann-Duesberg* untersucht in diesem Zusammenhang die Bild- und Namensanonymität, wobei schon fraglich ist, ob er damit der Qualität der Sendung gerecht wird, da sie eben mehr – und darin liegt gerade ihre Problematik – als eine Kombination von Bild- und Namensveröffentlichung ist.

Im Rahmen der Bildanonymität sieht *Neumann-Duesberg*[110] die Bildveröffentlichung nicht durch § 23 I Ziff. 1 KUG gedeckt an, da die Sendung Verbrechensaufklärung statt Information bezwecke. Bei erheblichem Tatverdacht, Schwere der Straftat, einschlägigen Vorstrafen, Wiederholungsgefahr, Erschöpfung konventioneller Aufklärungsmittel hält er jedoch unter einer erweiternden Auslegung des § 24 KUG eine Bildveröffentlichung und Namensnennung für gerechtfertigt, wobei er für die Namensanonymität die §§ 22ff. KUG analog anwendet[111]. § 24 KUG sieht jedoch ausschließlich vor, daß für Zwecke der Rechtsverfolgung und der öffentlichen Sicherheit von den Behörden Bildnisse ohne Einwilligung des Berechtigten sowie des Abgebildeten oder seiner Angehörigen vervielfältigt, verbreitet und öffentlich zur Schau gestellt werden dürfen. Die Fernsehsendung ist nicht eine Fortsetzung der Verfolgung mit anderen Mitteln. Sie ist vielmehr qualitativ etwas anders, ein aliud[111a]. Hinsichtlich der Verantwortung trennt *Neumann-Duesberg* scharf zwischen dem „Ob" und dem „Wie" der Sendung, wobei in

---

109 *Neumann-Duesberg*, JZ 1971, S. 305 ff.

110 *Neumann-Duesberg*, JZ 1971, S. 305 ff., S. 307.

111 *Neumann-Duesberg*, JZ 1971, S. 305 ff., S. 311 l. Sp.; vgl. dazu auch *Neumann-Duesberg*, Juristenjahrbuch Bd. 7 (1966/1967), S. 161 ff.; *Neumann-Duesberg*, Anm. zu LG Bielefeld bei *Schulze*, LGZ Nr. 111 BL 25, II, 1.

111a „Die nach Indizien zurechtdramatisierten Spielfilmrekonstruktionen, die Herr Zimmermann als Illustrationen zeigt, sind doch nichts weiter als miese Grusicals für den Spießer, der in Pantoffeln dasitzt, Bier trinkt und glaubt, er würde zum Augenzeugen, wo er doch nur einer undurchsichtigen Mischung von fact und fiction zuschaut, gelegentlich solchen, in denen Leichenteile die Hauptrolle spielen." (So *Heinrich Böll*, Der Spiegel v. 10. 1. 1972 Nr. 3, S. 54 ff., S. 55 r. Sp); selbst wenn man diese Charakterisierung der Sendung für eine Überziehung hält, kann nicht zweifelhaft sein, daß es zwischen einer Inanspruchnahme des § 24 KUG durch die Strafverfolgungsbehörden und der Sendung Akten-Zeichen X-Y ungelöst Welten liegen. Dies ergibt sich bereits aus den Unterhaltungselementen dieser Sendung. Einer erweiternden Auslegung des § 24 KUG in dem Sinne, daß die Behörde ihr Zugriffsrecht auf das Fernsehen überträgt, kommt schon deshalb nicht in Betracht, weil § 24 KUG eine Ausnahmevorschrift ist und auch der Gesetzgeber bei der Reform des Urheberrechts durch das Urheberrechtsgesetz von 1966 keine Veranlassung gesehen hat, § 24 KUG zu erweitern. Vgl. dazu zutreffend *Benke*, JuS 1972, S. 257 ff, S. 261 l. Sp.

den Verantwortungsbereich der Behörde die Interessenabwägung gehören soll, ob sie dem Fernsehen die Erlaubnis der Persönlichkeitsbeeinträchtigung zwecks Fahndungsaufforderung geben durfte, d. h. ob die Öffentlichkeitsinteressen das Übergewicht über den Anonymitätsinteressen hätten. Die Frage ist jedoch, ob die Fernsehanstalt überhaupt noch eine Entscheidung über das „Wie" hat, m. a. W., ob sie über das hinausgehen darf, was nach der Strafprozeßordnung (vgl. § 131 I, II StPO, § 457 II, III StPO) gestattet ist. Diese Frage ist bereits aus rechtsstaatlichen Gründen zu verneinen. Eine öffentliche Fahndung mag nicht nur im Rahmen der Veröffentlichung des Steckbriefes gemäß § 131 StPO möglich sein[112]. Es muß sich jedoch stets um eine öffentliche Fahndung durch die zuständigen Behörden handeln. Die Erlaubnis des § 24 KUG darf die Behörde nicht dem Fernsehen erteilen[112a]. Die zu erwartende Aufklärungschance rechtfertigt die Analogie nicht. § 131 StPO läßt zwar eine Fahndung der Staatsanwaltschaft über das Medium des Fernsehens zu, wegen des rechtsstaatlichen Funktionsvorbehalts in bezug auf die Strafverfolgung aber keine Fahndung des Fernsehens mit oder ohne Unterstützung der Staatsanwaltschaft[112b].

Eine Verletzung des Namens gem. § 12 BGB liegt insoweit freilich nicht vor. § 12 BGB schützt nämlich den Namensträger nicht davor, mit dem richtigen Namen genannt zu werden[112c]. Verletzt ist insoweit allein das Recht auf Namensanonymität als Teil des allgemeinen Persönlichkeitsrechts. Da die Verletzung der Namensanonymität sogar weniger intensiv ist als die Verletzung der Bildanonymität, können die Grenzen dieser Rechtsposition analog §§ 22, 23 KUG bestimmt werden.

Es darf auch nicht verkannt werden, daß der durch die Sendung beeinträchtigte Bürger praktisch rechtsschutzlos gestellt ist. So führt das OLG München in seinem Urteil vom 14. 5. 1970[113] aus:

„Es ist auch nicht zu verkennen, daß jede – auch die polizeiliche – Fahndung von vorläufigen und manchmal auch irrigen Informationen ausgehen muß, was damit zusammenhängt, daß die Fahndung vielfach eingeleitet werden muß, bevor eine Tat endgültig aufgeklärt ist. In der Verwertung solcher pflichtgemäß geprüfter, aber notwendig unvollständiger Daten und Informationen kann keine Amtspflichtverletzung gesehen werden."

---

112 Vgl. dazu z. B. *Dünnebier* in : *Löwe-Rosenberg*, aaO., § 131 StPO, Rdnr. 7, 7d m. w. N.

112a So aber *Deutsch*, GRUR Int., 1973, S. 463 ff, S. 465 r. Sp.; a. A. *Benke*, JuS 1972, S. 257 ff, S. 260; vgl. dazu auch *Neumann-Duesberg*, JZ 1971, S. 309 ff.

112b So zutreffend *Benke*, JuS 1972, S. 257 ff, S. 260 l. Sp.

112c Zutreffend *Benke*, JuS 1972, S. 257 ff, S. 260.

113 OLG München, NJW 1970, S. 1745 ff, S. 1746 l. Sp.

Wer Millionen Menschen zur Menschenjagd aufruft, muß mit der Verwendung vorläufiger und manchmal auch irriger Informationen vorsichtiger umgehen als die polizeiliche Fahndung. Daß das die Sendung u. U. verunmöglichen kann, ist zuzugeben. Nur ergibt sich daraus nicht ihre Rechtmäßigkeit, sondern ihre Rechtswidrigkeit. Die Feststellung, daß die Möglichkeit der Festnahme Schuldloser jeder Art von Fahndung immanent sei, wird der Sendung nicht gerecht[113a].

Die Fernsehserie „Aktenzeichen XY ... ungelöst" ist daher weder mit den Persönlichkeitsrechten des einzelnen noch mit rechtsstaatlichen Grundsätzen zu vereinbaren. Die Unterbindung derartiger Sendungen ist kein Übermaß von Persönlichkeitsschutz. Insbesondere vermögen die Erfolge der Aufklärung und die hohe Einschaltquote sie nicht zu rechtfertigen.

7. Schutz vor Werbezusendungen

Es kann keinem Zweifel unterliegen, daß der einzelne Bürger dem modernen Phänomen der unerwünschten Zusendung von Werbematerial sich mit dem herkömmlichen zivilrechtlichen Instrumentarium der vorbeugenden Unterlassungsklage, bzw. dem Beseitigungsanspruch nicht erwehren kann[114]. Der Einzelne kann sich mit diesen zivilrechtlichen Ansprüchen jenem Massenphänomen nicht stellen. Um so wichtiger ist es, bereits im Vorfeld dieser Werbemethode Grenzen zu errichten[115]. Der bisher von der Rechtsprechung[115a] gewährte Schutz ist höchst unvollkommen. Bekanntlich gibt z. B.

113a So aber *Schima*, aaO., S. 369 ff, S. 388.

114 Vgl. zur Telefonwerbung BGHZ 54, S. 188 ff = NJW 1970, S. 1738 ff = GRUR 1970, S. 523 ff = WRP 1970, S. 305 ff. Telefon-Werbung und dazu *Schulze zur Wische*, NJW 1971, S. 1965 ff, S. 1967; vgl. zum Zusammenhang von Immissionsschutz und Persönlichkeitsrecht *Forkel*, Immissionsschutz und Persönlichkeitsrecht, Köln-Berlin-Bonn-München 1968. Vgl. dazu auch *Kimminich*, Der Staat 1964, S. 61 ff; *Faber*, aaO., S. 62 ff; *Püttner*, Archiv für Kommunalwissenschaften 1967, S. 110 ff, S. 114 f.

115 Die Gefahren der Werbung werden in großem Umfang unterschätzt; so ist z. B. *Bülow* (GRUR 1971, S. 74 ff.) der Auffassung, daß Preisausschreiben als solche keinen psychologischen Kaufzwang bewirkten, weil der umworbene Durchschnittsverbraucher seiner Spielleidenschaft nicht unbedingt nachgehen müsse. Ob dieser Durchschnittsverbraucher nicht ein homunculus ist, wird nicht weiter untersucht. Im übrigen hat die Werbung auch gesamtgesellschaftlich eine stabilisierende Funktion. Die moderne Werbung suggeriert dem Durchschnittsverbraucher über die Zigarette den Duft der großen weiten Welt. Daß eine derartige Werbung bar jeglichen Bezuges zur ökonomischen Durchschnittsbasis Erfolg hat, zeigt wie es mit jenem Durchschnittsverbraucher bestellt ist.

115a Vgl. BGH NJW 1973, S. 42; BGH NJW 1973, S. 1119.

die Deutsche Bundespost Anschriften der Postbenutzer an Werbeunternehmen weiter. Das Bundesverfassungsgericht[116] hat anerkannt, daß Art. 2 I GG dem einzelnen Bürger eine Sphäre privater Lebenshaltung garantiert, daß also ein letzter unantastbarer Bereich menschlicher Freiheit besteht, der der Einwirkung der gesamten öffentlichen Gewalt entzogen ist.
Hans Schneider[117] hält die Weitergabe von postalischen Anschriften für eine mit Art. 2 I GG vereinbare Tätigkeit der Postbehörden. Bezeichnend ist in diesem Zusammenhang bereits der Argumentationshaushalt:

„Einmal ist zu berücksichtigen, daß die ganz überwiegende Mehrzahl der Empfänger von Werbesendungen darin keine ernstliche Beeinträchtigung ihrer Sphäre privater Lebensgestaltung zu erblicken pflegt. Eine Massenverkehrsanstalt, wie sie die Deutsche Bundespost darstellt, wird ihre Praxis nicht auf besonders empfindsame Individuen abstellen müssen, sondern sich an die allgemeine Verkehrsauffassung des Durchschnittsbürgers halten dürfen.“

H. Schneider zieht sich also auf eine schwer verifizierbare allgemeine Verkehrsanschauung zurück. Es wäre auch zu untersuchen gewesen, ob nicht die Post auf die besonders empfindsamen Individuen Rücksicht zu nehmen hat. Zum Funktionsvollzug einer (hoheitlichen) Aufgabe gehört die Weitergabe postalischer Anschriften an Werbeunternehmen nicht. *Hans Schneider*[118] bringt für die Zulässigkeit dieses Verhaltens weiter vor, daß sich jedermann der Werbesendungen etwa durch Rücksendung entledigen könnte. Damit wird demjenigen, der in seinem Privatbereich gestört wird, die Beseitigung der Störung zugemutet. Es ist auch nicht zutreffend, daß aus der Unzulässigkeit der Weitergabe von Anschriften die Unzulässigkeit der postalischen Verteilungstätigkeit von Druckschriften, Postwurfsendungen usw. folge[119]. Diese Verteilungstätigkeit liegt unbestritten im Funktionsbereich der Post. Die Frage geht allein dahin, ob die Post über die Verletzung des Privatbereichs des einzelnen in Form der Weitergabe der postalischen Anschriften an Wirtschaftsunternehmen Geschäfte machen darf[120].
Dies ist dann, wenn man tatsächlich dem einzelnen Bürger eine Sphäre privater Lebenshaltung garantieren will, zweifelsfrei unzulässig[121].

---

116 BVerfGE 6, S. 32 ff., S. 41.
117 *Hans Schneider*, aaO, S. 822 ff., S. 839.
118 *Hans Schneider*, aaO, S. 822 ff., S. 839.
119 So aber *Hans Schneider*, aaO, S. 822 ff., S. 839.
120 Es kommt hinzu, daß die Post zu ihren eigenen Gebührenrechnungen umfangreiche Werbung betreibt.
121 Vgl. dazu auch BGHZ 54, S. 188 ff.

8. Die Weiterleitung beruflicher Werdegangsdaten an Dritte

Nach der „Sphärentheorie" *Hubmanns*[122] erfährt der persönlichkeitsrechtliche Schutz von der Intimsphäre bis zur Öffentlichkeit eine stufenartige Aufteilung[123]. Freilich räumt auch *Hubmann*[124] ein, daß der einzelne, auch soweit er sich in der Öffentlichkeit bewegt, nicht jeder Indiskretion schutzlos ausgesetzt ist. Die Sphärentheorie ist daher als solche kein Hindernis zu einem weiteren Ausbau des Schutzes beruflicher Werdegangsdaten. M. E. muß der Schutz der Weiterleitung dieser Daten zwischen Unternehmen jedoch unter Interessengesichtspunkten vorgenommen werden. Der Arbeitgeber hat ein Recht darauf, bei dem einzelnen Bewerber diejenigen beruflichen Daten zu erfragen, an deren Kenntnis er ein berechtigtes Interesse hat[125]. Auf Grund dieses Interesses des Arbeitgebers, den geeigneten Bewerber ausfindig zu machen, ist dieser zu wahrheitsgemäßen Angaben verpflichtet. Es ist jedoch kein Interesse des Arbeitgebers ersichtlich, während oder nach Beendigung des Arbeitsverhältnisses von sich aus derartige Daten Dritten zugänglich zu machen. Allein in der Weitergabe dieser Daten an Dritte liegt eine Persönlichkeitsrechtsverletzung. Diese Praxis entspricht der heute teilweise geübten Konfliktsstrategie: Die Zeugnisse werden „frisiert", unter der Hand dagegen uneingeschränkt Auskünfte ausgetauscht. Durch diese anonymen Mitteilungen werden die Zeugnisbestimmungen[126] z. T. obsolet gemacht. Die Vollständigkeit und Richtigkeit hat insoweit nämlich der Arbeitgeber zu beweisen. Im Zweifelsfalle hat der Arbeitnehmer einen Berichtigungsanspruch[127].

Interessant sind insoweit die Begründungen für die rechtliche Zulässigkeit von Auskunftserteilungen gegenüber Dritten:

„Ein Verbot von Auskünften außerhalb des Zeugnisses, wie es früher in Angestelltenkreisen vielfach gefordert wurde, besteht nicht. Vielmehr ist der Arbeitgeber zu einer der Wahrheit entsprechenden Auskunft auch dann berechtigt, wenn dem Arbeitnehmer dadurch Schaden verursacht wird. Es läßt sich nicht verkennen, daß ein Dritter, der einen Arbeitnehmer neu einstellen will, ein berechtigtes Interesse an einer vertraulichen Auskunft durch den früheren Arbeitgeber hat, insbesondere, wenn es sich um eine Vertrauensstellung handelt. Auch eine Pflicht, von einer solchen vertraulichen Auskunft

---

122 *Hubmann*, aaO, S. 286 ff.

123 Vgl. dazu auch *Wenzel*, aaO, S. 65 ff.

124 *Hubmann*, aaO, S. 270 Fn. 5; vgl. dazu auch *Seidel*, NJW 1970, S. 1581 ff., S. 1582 l. Sp.; *Maas*, aaO, S. 26.

125 Vgl. dazu neuerdings *Leipold*, AuR 1971, S. 161 ff.

126 Vgl. z. B. § 73 HGB.

127 Vgl. dazu *Baumbach-Duden*, aaO. § 73 Anm. 1 D; BAGE 9, S. 289 ff., S. 324.

den Arbeitnehmer wenigstens zu unterrichten, läßt sich aus der Treue- und Fürsorgepflicht des Arbeitgebers nicht ableiten."[128]

Demgegenüber hat der BGH[129] den Arbeitgeber verpflichtet, dem Arbeitnehmer auf Verlangen von der erteilten Auskunft Kenntnis zu geben und ihm bei schriftlich erteilter Auskunft Einsicht in den Durchschlag zu gestatten. Dies setzt aber wiederum voraus, daß der Arbeitnehmer von dieser Auskunft an einen Dritten Kenntnis erlangt. *A. Hueck*[130] ist der Auffassung, daß die Aufstellung von Pflichten, die in der Praxis nicht durchgeführt werden, stets bedenklich sei. Noch bedenklicher dürfte es jedoch sein, eine rechtswidrige Praxis allein auf Grund der schwierigen Kontrolle die Rechtmäßigkeit zu attestieren. Die Rechtswidrigkeit der Auskunftserteilung an Dritte ergibt sich eindeutig aus den gesetzlichen Regeln über die Zeugniserteilung. Der neue Arbeitgeber hat die Möglichkeit, von dem Bewerber die Vorlegung eines Zeugnisses zu verlangen, zu dessen Ausstellung der frühere Arbeitgeber verpflichtet ist. Die Einschaltung des Arbeitnehmers hat seinen guten Grund. Mitteilungen an Dritte ohne Anzeige gegenüber dem Arbeitnehmer machen dessen Rechtsschutz illusorisch. Es ist absolut widersinnig, dem Arbeitnehmer einen Anspruch auf ein richtiges Zeugnis einzuräumen, wenn der Arbeitgeber Dritten gegenüber unkontrolliert Mitteilungen machen darf. Dadurch wird die Verärgerung anonym ausgetragen, das mitgeteilte Zeugnis ist, worauf bereits hingewiesen wurde, wohlwollend oder nichtssagend, die nichtmitgeteilte Meldung dagegen deutlich.

Der Arbeitnehmer hat als Persönlichkeit ein Recht darauf, daß seine Qualifikation in einem Verfahren beurteilt wird, das transparent ist und das nach geltendem Recht transparent sein muß.

Zusammenfassung

Neben diesen Einzelfällen sind für den Achtungsanspruch auch der Schutz der Privat- und Intimsphäre von größter Bedeutung. „Kann eine Gesellschaft, die außerstande ist, das private Dasein des Individuums auch nur in den eigenen vier Wänden zu schützen, rechtmäßig behaupten, daß sie das Individuum achtet und eine freie Gesellschaft ist?"[131] Diese Feststellung eines so unverdächtigen Autors wie *Herbert Marcuse* sollte zu denken geben:

---

128 So *A. Hueck-Nipperdey*, aaO, § 51 II, 1, S. 471.

129 BGH AP Nr. 2 zu § 630 BGB. Vgl dazu auch *Schröder*, DB 1959, S. 1371 ff., S. 1373; *Trinkhaus*, RdA 1961, S. 221 ff., S. 223; BAG NJW 1958, S. 1061; BAG NJW 1959, S. 2011.

130 *A. Hueck-Nipperdey*, aaO. § 51 II, 1, S. 471.

131 *Herbert Marcuse*, Der eindimensionale Mensch, S. 256.

„Sicher ist eine freie Gesellschaft durch mehr und grundlegendere Errungenschaften gekennzeichnet als durch private Autonomie. Und doch beeinträchtigt deren Fehlen selbst die augenfälligsten Institutionen der ökonomischen und politischen Freiheit – dadurch, daß in ihren verborgenen Wurzeln keine Freiheit anerkannt wird.“[132]

Dieser Schutz vor Neugier ist in bestimmtem Rahmen selbst im Rahmen des Völkerrechts anerkannt[133]. Freiheit hat, in welchen Grenzen auch immer, auch Freiheit von der Gesellschaft zu sein. Auch das Bundesverfassungsgericht[134] hat zu Recht anerkannt, daß es mit der Menschenwürde unvereinbar ist, wenn der Staat das Recht für sich in Anspruch nimmt, den Menschen zwangsweise in seiner ganzen Persönlichkeit zu registrieren und zu katalogesieren und ihn damit wie eine Sache zu behandeln.

---

132 *Herbert Marcuse*, Der eindimensionale Mensch, S. 256.

133 Vgl. dazu Art. 27 Abs. 1 des IV. Genfer Rotkreuz-Abkommens zum Schutz von Zivilpersonen in Kriegszeiten vom 12. 8. 1949, in: *Berber*, aaO, Bd. II, S. 2069 ff., S. 2080.

134 BVerfGE 27, S. 6; vgl. dazu auch *Struck*, ARSP 1975, S. 67 ff, S. 89.

Teil F

Die speziellen Persönlichkeitsrechte – dargestellt am Recht am eigenen Bild

Bereits oben wurde herausgestellt, daß es im Rahmen des Persönlichkeitsschutzes neben dem allgemeinen Persönlichkeitsrecht noch spezielle Persönlichkeitsrechte gibt. Ein derartiges spezielles Persönlichkeitsrecht stellt auch das Recht am eigenen Bilde dar.[1]

I. Normative Ausgangslage

Nach § 22 I KUG, der gemäß § 141 Nr. 5 UrhG fortgilt, dürfen Bildnisse nur mit Einwilligung des Abgebildeten verbreitet oder öffentlich zur Schau gestellt werden. Hierbei handelt es sich um den Fall des Schutzes eines speziellen Persönlichkeitsrechts, der nur des Zusammenhangs wegen im KUG geregelt ist[2]. Die Einwilligung des Abgebildeten gilt nach § 22 S. 2 KUG im Zweifel als erteilt, wenn der Abgebildete für die Gestattung eine Entlohnung erhielt. Ohne die nach § 22 KUG an sich erforderliche Einwilligung dürfen nach § 23 KUG nur folgende Bildnisse verbreitet und zur Schau gestellt werden:

1. Bildnisse aus dem Bereich der Zeitgeschichte;
2. Bildnisse, auf denen die Personen nur als Beiwerk neben einer Landschaft oder sonstigen Örtlichkeit erscheinen;
3. Bilder von Versammlungen, Aufzügen und ähnlichen Vorgängen, an denen die dargestellten Personen teilgenommen haben;
4. Bildnisse, die nicht auf Bestellung angefertigt sind, sofern die Verbreitung oder Schaustellung einem höheren Interesse der Kunst dient.

Nach § 23 II KUG erstreckt sich diese Befugnis jedoch nicht auf eine Verbreitung und Schaustellung, durch die ein berechtigtes Interesse des Abgebildeten oder, falls dieser verstorben ist, seiner Angehörigen verletzt wird. Außerdem dürfen die Behörden für Zwecke der Rechtspflege und der öffentlichen Sicherheit Bildnisse ohne Einwilligung des Berechtigten sowie des Abgebildeten oder seiner Angehörigen vervielfältigen, verbreiten und öffentlich zur Schau stellen (§ 24 KUG).

---

1 Vgl. zum Bildnisschutz vor Erlaß des KUG RGZ 45, S. 170.

2 Vgl. dazu z. B. *Arzt*, aaO, S. 22; vgl. zum Bildnisschutz im öffentlichen Recht *Evers*, Festschr. f. Reinhardt, Köln 1972, S. 373 ff.

Eine ähnliche, wenn auch konzisere Regelung sieht § 17 des Entwurfs eines Gesetzes zur Neuordnung des zivilrechtlichen Persönlichkeits- und Ehrenschutzes vor[3].

II. Verbot der Aufnahme

Es überrascht zunächst, daß nach dem KUG nicht bereits die Aufnahme, sondern erst ihre Verbreitung untersagt ist. *Hubmann*[4] ist der Auffassung, daß diese gesetzgeberische Absicht nicht mit der Wertung übereinstimme, die nach Art. 1 I und Art. 2 I GG der Persönlichkeit und ihrem Selbstbestimmungsrecht zukomme. Aus dem allgemeinen Persönlichkeitsrecht, daß insoweit dem § 22 KUG vorgehe, müsse gefolgert werden, daß es grundsätzlich unzulässig sei, ein Bild von einem anderen anzufertigen[5].
Es ist hier die Frage, ob in diesem Zusammenhang Art. 1 I und Art. 2 II GG bemüht werden sollten, um ein Verbot der Bildaufnahme zu begründen. Das KUG wird mangels einer entsprechenden Regelung hinsichtlich der Aufnahme durch das allgemeine Persönlichkeitsrecht nicht verdrängt, sondern ergänzt[6]. Mit der Anerkennung des allgemeinen Persönlichkeitsrechts versteht es sich jedoch von selbst, daß nicht nur die Verbreitung, sondern bereits die Aufnahme als solche untersagt ist. Eine Rechtsordnung muß stets die Mittel zur Verfügung stellen, die den Schutz des entsprechenden Rechtes effektiv gestalten. Ein effektiver Bildnisschutz ist aber erst gegeben, wenn der Schutz bereits bei der Aufnahme einsetzt[7]. § 17 III des Entwurfes eines Gesetzes zur Neuordnung des zivilrechtlichen Persönlichkeits- und Ehrenschutzes kann daher nicht zugestimmt werden[8]. Nach dieser Bestimmung soll eine widerrechtliche Verletzung des Rechts am eigenen Bilde nur dann gegeben sein, wenn jemand ein Bild eines anderen gegen dessen erkennbaren Willen anfertigt oder durch die Anfertigung eines Bildes ein berechtigtes Interesse des Abgebildeten verletzt. *Es ist offenkundig, daß damit nach einem pathetischen Bekenntnis zum allgemeinen Persönlichkeitsrecht dieses praktisch*

---

3 Bundestagsdrucksache III Nr. 1237 v. 18. 8. 1959.
4 *Hubmann*, aaO, S. 298.
5 Vgl. dazu auch *Bussmann-Pietzcker-Kleine*, aaO, § 33 A, S. 467; *E. Ulmer*, aaO, § 7 III, 3d, S. 40; BGH NJW 1966, S. 2353 ff., S. 2354 Vor unserer eigenen Tür; BGHZ 24, S. 200 ff., S. 208 f. Spätheimkehrer = JZ 1957, S. 753 ff. mit Anm. von *Hubmann;* OLG Frankfurt, GRUR 1958, S. 508 f. Verbrecherbraut.
6 So *E. Ulmer*, aaO, § 7 III, 3d, S. 40.
7 Vgl. zur Vorverlegung des Schutzes allgemein auch § 53 UrhG.
8 Bundestagsdrucksache III, Nr. 1237 v. 18. 8. 1959.

aufgegeben wird. Gerade die moderne Technik erlaubt das lautlose Eindringen in die Privatsphäre. Erkennbarer Widerspruch setzt, wie überhaupt jede Verfolgung eigener Ansprüche in Drittbereichen, eine Informationspflicht des Abbildenden über sein Vorhaben voraus[9]. Auch ist nicht einzusehen, warum der Abgebildete die Verletzung eines berechtigten Interesses geltend machen muß. Eine derartige Verschiebung der Beweislast reduziert das Recht am eigenen Bilde in nicht zu unterschätzender Weise. Die Ausdehnung des Bildnisschutzes auf die bloße Anfertigung des Bildes erscheint manchen wirklichkeitsfremd:

„Will man die Fälle erfassen, in denen für den Abgebildeten ein bekundetes Interesse an der Herausgabe des eigenen, in fremdem Besitz befindlichen Bildes besteht, (Entlobung, Schnappschuß in peinlicher Situation), so empfiehlt es sich, hier einen besonderen Herausgabeanspruch zu normieren."[10]

Die Wirkungslosigkeit eines derartigen Herausgabeanspruchs liegt wohl in der Intention seiner Befürworter. Die Argumentation *Löfflers* liegt jenseits aller Diskutierbarkeit. Sie stellt sich nicht einmal als eine gequälte Interessenabwägung dar, sondern als ein offenes Plädoyer für die Hintanstellung von Persönlichkeitsrechten vor dem Publicityrummel der modernen Massenmedien. Derartige Verirrungen sind gerade in der Geschichte des Rechts am eigenen Bilde nicht selten. So war für die Bildberichterstattung bei Gerichtsverhandlungen zunächst vorgesehen, dem Vorsitzenden die Möglichkeit zu geben, Rundfunk und Fernsehen für die Urteilsverkündung zuzulassen. Nicht zuletzt das Plädoyer von *E. Schmidt*[11] hat die Gefahr abgewandt, daß ausgerechnet für die Urteilsverkündung, also dem Augenblick höchster seelischer Erregung, ja eines völligen Zusammenbruchs, Rundfunk und Fernsehen eingeschaltet werden dürfen.

Es ist daher festzuhalten, daß bereits die Aufnahme eines Bildnisses im Rahmen des § 22 KUG untersagt ist. Die Rechtsprechung ist der Erschleichung der Bildnisherstellung, m. a. W. der heimlichen Aufnahme, selbst zu Zwecken der öffentlichen Bildberichterstattung, stets entgegengetreten und hat nur bei überwiegenden öffentlichen Interessen Aufnahmen zugelassen[12]. In diesem Zusammenhang hätte jedoch stets geprüft werden müssen, ob die öffentliche Meinungsbildung eine Bildveröffentlichung überhaupt vor-

---

9 Vgl. zur Auskunftspflicht beim Urheberfolgerecht (§ 26 UrhG) BGH Urteil v. 7. 6. 1971 = NJW 1971, S. 1971, S. 2021 ff.

10 So *Löffler*, NJW 1959, S. 1 ff., S. 4 r. Sp.

11 *E. Schmidt*, Die Sache der Justiz, S. 28.

12 Vgl. dazu z. B. BGH NJW 1966, S. 2353 ff. = GRUR 1967, S. 205 ff. Vor unserer eigenen Tür; BGHZ 24, S. 108 ff. Spätheimkehrer.

aussetzt[13]. Der Verleger ist auch verpflichtet, nachzuprüfen, ob die Einwilligung des Betroffenen vorliegt[13a].

III. Fälle zulässiger Aufnahme und Verbreitung

Viel problematischer ist jedoch die Beantwortung der Frage, wann eine Person nur als Beiwerk neben einer Landschaft oder sonstigen Örtlichkeit (§ 23 I Ziff. 2 KUG) und wann Bilder von Versammlungen, Aufzügen und ähnlichen Vorgängen, an denen die dargestellten Personen teilgenommen haben, gegeben sind. In diesem Zusammenhang wird ausgeführt, maßgebend sei die Unterordnung der Personenabbildung in der Gesamtdarstellung in solchem Ausmaß, daß erste auch entfallen könnte, ohne Gegenstand und Charakter der konkreten Gesamtdarstellung zu verändern, das Schwergewicht müsse auf der Darstellung des Geschehens, nicht auf der Darstellung der Personen liegen[14]. Diese Abgrenzungskriterien sind äußerst unsicher. Angesichts des Stellenwerts des Rechts am eigenen Bilde sind sie restriktiv auszulegen.
Nachdem das Fernsehen die Wochenschau und zum Teil die Presse als Informationsträger verdrängt hat, füllen diese in zunehmendem Maße ihre Berichterstattung in feuilletonistischer Weise auf. Großaufnahmen lust- oder schmerzverzerrter Gesichter sind Musterbeispiele ungeahndeter Persönlichkeitsrechtsverletzungen. Die Sanktionslosigkeit beruht nicht zuletzt darauf, daß gutvertretene Interessengruppen Meinungsbildung betreiben. Das, was einem unbefangenen Betrachter menschlich als taktlos, rechtlich als Persönlichkeitsverletzung erscheint, stellt sich für diesen Personenkreis wie folgt dar:

„Der Entwurf schränkt die für die Bildberichterstattung besonders wichtigen Fälle ... durch das zusätzliche Erfordernis ein, daß die abgebildeten Personen nur als Nebenfiguren erscheinen dürfen. Dadurch müßte die mo-

---

13 Vgl. dazu *Müslang*, aaO, S. 103.

13a Vgl. dazu OLG München, NJW 1975, S. 1129 ff.

14 Vgl. *v. Gamm*, Persönlichkeits- und Ehrverletzungen, Rdnr. 57; die Rechtsprechung steht zu Recht auf dem Standpunkt, daß für die Frage, ob eine auf einem Bildnis dargestellte Person erkennbar sei, nicht schlechthin auf den flüchtigen Betrachter abzustellen ist. Außerhalb der abgebildeten Person liegende Bildeinzelheiten seien bei deren Identifizierung mit in Betracht zu ziehen (vgl. OLG Düsseldorf, GRUR 1970, S. 618 ff. Schleppjagd). § 22 KUG, der ohne nähere Einschränkung von einem Bildnis spricht, stellt weder eine Rangfolge der Erkennbarkeitsmerkmale auf noch schließt diese Bestimmung irgendeine Gruppe von Identifizierungshilfen überhaupt von der Berücksichtigung aus (so zutreffend OLG Düsseldorf, GRUR 1970, S. 618 ff., S. 619 l. Sp. Schleppjagd; vgl. auch BGH NJW 1965, S. 2148 ff. = GRUR 1966, S. 102 r. Sp. Spielgefährtin).

derne Bildberichterstattung in kaum vorstellbarer Weise verarmen, weil die große Masse des heute so beliebten Bildmaterials sich aus Schnappschüssen von öffentlichen Versammlungen zusammensetzt, wo die gezeigten Privatpersonen nicht als Nebenfigur, wohl aber im Mittelpunkt, und zwar in einer menschlich reizvollen Manier (verdrehte Köpfe beim Fußballspiel, aufgeregte Gesichter beim Boxkampf, briefschreibende Abgeordnete usw.) gezeigt werden. Man nehme eine gute, moderne Illustrierte zur Hand und stelle fest, was hier an beliebtem Bilderstoff entfiele. Einerseits werden gähnende Schalterbeamte oder schlafende Schöffen kaum die erforderliche Zustimmung zur Veröffentlichung eines wohlgelungenen Schnappschusses geben, während es auf der anderen Seite die Potenz auch eines großen Verlages überschreiten würde, sich die notwendige Zustimmung der Abgebildeten durch entsprechende finanzielle Vergütung zu sichern, was alsbald Schule machen würde . . ."[15]

Wer von „reizvollem Bildmaterial" spricht, der verrät, daß er das Bild als bloßes Objekt betrachtet, obwohl sich für den Betroffenen der Vorgang als ein Eingriff in sein Persönlichkeitsrecht darstellt[16].

Es hat nie an Versuchen gefehlt, die Wiedergabe von Einzelpersonengroßaufnahmen zu „retten".

1. Die Lehre von der Einwilligung

Zunächst wurde ausgeführt, daß derjenige, der selbst die Öffentlichkeit aufsuche, mit einer Aufnahme rechnen müsse und deshalb in diese einwillige[17]. Der fiktive Charakter dieses Einverständnisses verrät sich von selbst. Einmal kann wohl bei Katastrophenfällen kaum von einem Einverständnis der Betroffenen gesprochen werden, fehlt es doch insoweit bereits an einem freiwilligen Aufsuchen von Öffentlichkeit. Zum anderen ist die Situation eben gerade derart, daß auch derjenige, der sich in die Öffentlichkeit begibt, nach der Rechtslage nur mit einer Aufnahme als Teil der Öffentlichkeit, niemals aber mit einer Aufnahme seiner Person rechnen muß. Die fotografische Schußgefahr gar zum „Wagnis der Freiheit" hochzustilisieren[18] ist abwegig. *Jäggi*[19] hat zutreffend darauf aufmerksam gemacht, daß auch da, wo der Mensch sich in der Öffentlichkeit zeige und daher von jedermann gesehen

---

15 So *Löffler*, NJW 1959, S. 1 ff., S. 4 r. Sp.

16 Vgl. dazu auch *Gombrovicz*, Tagebücher, Kultura Heft Juli/August 1969, abgedr. in FAZ v. 29. 7. 1969 Nr. 172, S. 20 r. Sp.

17 Vgl. dazu zutreffend *Werhahn*, Ufita Bd. 37 (1962), S. 22 f., S. 37; vgl. aber auch *Lang*, aaO, S. 38–40; vgl. zum Ganzen auch *Bussmann*, JR 1955, S. 202 ff., S. 203 r. Sp.

18 So aber *Haensel*, Tübinger Festschrift für Eduard Kern, S. 243 ff., S. 243 unter unzutreffender Berufung auf *A. Arndt*, NJW 1964, S. 1612.

19 *Jäggi*, aaO, S. 230 a.

werden könne, ihm noch ein Bereich zuzubilligen sei, in welchem er nicht von jedermann fotografiert werden dürfe, und zwar auch dann nicht, wenn die Fotografie als solche nicht geeignet sei, ihn in seiner Ehre herabzusetzen. Gerade weil niemand in der Wolkenhülle der Pallas Athene über die Erde schreiten kann[20], dem Menschen Öffentlichkeit aufgezwungen wird, kann aus dem Aufsuchen der Öffentlichkeit kein Einverständnis mit einer Einzelaufnahme geschlossen werden. Die Existenz anderer Menschen und die Kommunikation untereinander ist nun einmal eine höchst offensichtlich greifbare Wirklichkeit.

Daraus folgt, daß auch im Rahmen von § 23 Ziff. 2, 3 KUG die Wiedergabe einer Einzelperson in Großaufnahme nicht gedeckt ist[21]. Dies gilt unabhängig davon, ob es sich um heitere oder neutrale Veranstaltungen oder um tragische Ereignisse handelt. „Situationen und Stimmungen höchst freud- oder leidvoller Erregung sind physiologisch wie juristisch unter allen Umständen zur Privatsphäre zu rechnen und müssen deshalb sowohl der bildlichen Fixierung als auch der öffentlichen Schaustellung entzogen sein . . .“[22] Man muß sich darüber im klaren sein, daß gerade das Pressefoto nie das Urteilsvermögen, sondern immer zuerst das Gemüt anspricht. Der Journalist kann „mit nichts anderem Aufmerksamkeit, Interesse und guten Willen so leicht und sicher für alles wecken, was er zu sagen hat“[23]. Gerade dieser Bereich der emotionalen Ansprechbarkeit ist jedoch eine Grenzzone, die dem Grundrecht der Presse- und Meinungsfreiheit schon entrückt ist.

Besondere Probleme stellen sich in bezug auf die Bildveröffentlichung von Minderjährigen. Der BGH hat mit Urteil vom 2. 7. 1974[23a] festgestellt, daß der Minderjährige insoweit ohne Zustimmung seiner gesetzlichen Vertreter in die Veröffentlichung des Bildes einwilligen kann. Soweit dagegen der Schutz von vermögensrechtlichen Belangen im Rahmen der kommerziellen Verwertung des Bildes infrage stehe, genüge die Einwilligung des gesetzlichen Vertreters. Geht man davon aus, daß es insoweit um die Veröffentlichung eines Aktfotos eines 16jährigen Mädchens ging, so muß außer Frage stehen, daß die Minderjährige, wie immer man zum Problem der Grund-

---

20 *Kohler*, aaO, S. 158.

21 So auch *Hubmann*, aaO, S. 310; *Gerstenberg*, Ufita Bd. 20 (1955), S. 295 ff., S. 299; *Riedel*, aaO, S. 127; *Berthold v. Hartlieb*, aaO, S. 154; *Siegert*, NJW 1963, S. 1953 ff., S. 1955; *Werhahn*, Ufita Bd. 37 (1962), S. 22 ff., S. 37 f.; a. A. zum Teil *Bussmann*, JR 1955, S. 202 ff., S. 203 f.; *Koebel*, in: Aktuelles Filmrecht V (1962), Schriftenreihe der Ufita, Heft 24, S. 35 ff., S. 44; *Löffler*, NJW 1959, S. 1 ff., S. 4.

22 So zutreffend *Werhahn*, Ufita Bd. 37 (1962), S. 22 ff., S. 38.

23 So *Müslang*, aaO, S. 103.

23a BGH DB 1974, S. 1860.

rechtsmündigkeit steht, wegen der Bedeutung die Verbreitung eines derartigen Bildes billigen muß[23b].
Auf Grund dieser Grenzziehung ergeben sich folgende Fallgruppen:

a) Zuschauer und Passanten

Ist ein Zuschauer oder Passant nicht Staffage, Beiwerk eines Bildes, sondern dessen Hauptgegenstand, so ist eine Aufnahme und Verbreitung nach § 22 KUG nur mit Einwilligung des Abgebildeten zulässig. Das Interesse an Unterhaltung hat schlechthin hinter dem Persönlichkeitsrecht zurückzutreten. Auch ein künstlerisches Interesse vermag das Persönlichkeitsrecht nicht auszuschalten[24]. Nach § 23 I Ziff. 4 KUG ist zwar das Recht am eigenen Bilde für Bildnisse eingeschränkt, die nicht auf Bestellung angefertigt sind, sofern die Verbreitung oder Schaustellung einem höheren Interesse der Kunst dient. Diese Bestimmung war zunächst für künstlerische Bildstudien gedacht[25]. Die herrschende Lehre[26] hat diese Bestimmung in der Folgezeit jedoch auch auf Fotografien ausgedehnt. Wenn *v. Gamm*[27] diese Entwicklung damit zu rechtfertigen versucht, daß nach § 2 I Ziff. 5 UrhG Lichtbildwerke Urheberrechtsschutz genießen, so ist dieser Hinweis nicht stichhaltig. Mit der Zuordnung der Lichtbilder zu den geschützten Werken des Urheberrechtsgesetzes ist noch nichts darüber gesagt, wann ein solches Lichtbildwerk sich über spezielle Persönlichkeitsrechte hinwegsetzen darf. Es kommt hinzu, daß es äußerst schwierig, wenn nicht gar unmöglich ist, die Kunstqualität eines Lichtbildes zu erfassen[28]. Diese Gefahr der Einschränkung des Rechtes am eigenen Bilde hat insbesondere *Hubmann*[29] erkannt. Er weist zutreffend darauf hin, daß nicht jedes künstlerische Interesse den beliebigen Eingriff in die Persönlichkeit rechtfertigt:

„Vielmehr sind persönliches und künstlerisches Interesse nach den auch sonst im Gesetz geübten und aus ihm zu entnehmenden Grundsätzen der Interessenabwägung miteinander zu vergleichen, wobei es hier besonders auf die Intensität der Persönlichkeitsbeeinträchtigung und die Möglichkeit des Künstlers oder Schriftstellers, dem Interessenkonflikt auszuweichen, ankommt. Zulässig erscheint danach die Fixierung des Erscheinungsbildes und dessen Veröffentlichung durch einen Maler oder Bildhauer . . . Dagegen er-

---

23b Vgl. dazu auch BGHZ 29, S. 33; BGHSt 14, S. 159; BGHSt 21, S. 303.
24 Vgl. dazu *Hubmann*, JZ 1957, S. 521 ff., S. 526/527.
25 Vgl. dazu v. *Gamm*, aaO, Einführung, Rdnr. 123.
26 Vgl. dazu z. B. *Voigtländer-Elster-Kleine*, aaO, Anm. 5d zu § 23 KUG.
27 v. *Gamm*, aaO, Einführung, Rdnr. 123.
28 Vgl. dazu RGZ 169, S. 109 ff., S. 115 Adolf-Hitler-Bild; BGH NJW 1967, S. 223/224 Skai-Cobana.
29 *Hubmann*, JZ 1957, S. 521 ff.

scheint die fotografische Aufnahme nicht zulässig. Die Gefahr einer erheblichen Persönlichkeitsbeeinträchtigung ist hier größer . . ."[30]
Dahinter steht die zutreffende Einsicht, daß einmal bei Fotografien typischerweise die Gefahr einer größeren Verbreitung besteht und daß es zum anderen schier unmöglich ist, das höhere Interesse der Kunst zu bestimmen[31]. Das Recht muß, um praktikabel zu sein, verkürzen.

b) Opfer eines Unfalls oder Verbrechens

Zu den berechtigten Presseaufgaben mag die Mitteilung zählen, wer einem Unfall oder Verbrechen zum Opfer gefallen ist. Wie das Opfer nach der Tat aussieht, braucht niemand zu wissen. Die Presse darf daher nicht ohne Einwilligung des Opfers bzw. (bei tödlichem Ausgang) seiner Angehörigen ein Porträtfoto oder sonst eine Abbildung veröffentlichen[32]. Das Recht am eigenen Bild wird auch mit dem Tode nicht frei (§ 22 S. 3 KUG).
Es ist das Verdienst von *Rausch*[33] klargestellt zu haben, daß auch Sachbilder anläßlich der Berichterstattung über schwere Unfälle und Verbrechen das Persönlichkeitsrecht schwer beeinträchtigen können. Was sich für die Polizei als nützliches Instrument darstellen kann, ist der Presse noch nicht unbedingt gestattet[34].

2. Relative Personen der Zeitgeschichte

Die nach § 22 S. 1 KUG erforderliche Einwilligung zur Aufnahme und Verbreitung eines Bildnisses wird von der herrschenden Lehre[35] und der Rechtsprechung[36] auch dadurch umgangen, daß der Begriff der Person der Zeitgeschichte extensiv interpretiert wird. Nach § 23 I Ziff. 1 dürfen Bildnisse

---

30 *Hubmann*, JZ 1957 ff., S. 526/527.

31 Man kann sich nur wundern, mit welcher Selbstsicherheit die Gerichte glauben, Kunst bestimmen zu können: „Der Richter kann sich selbst oder unter Hinzuziehung von Sachverständigern von einer Qualität eines Filmes ein Bild machen und erforderlichenfalls durch Vergleich mit anderen Filmen sich darüber klarwerden, welche künstlerischen Maßstäbe bei der Verleihung von Prädikaten angelegt werden dürfen . . ." (BVerwGE 23, S. 194 ff., S. 200/201; vgl. zum Kunstbegriff auch *Erbel*, aaO; *Knies*, aaO).

32 So zutreffend *Rausch*, aaO, S. 71; *Landwehr*, aaO, S. 66; a. A. unter Vorbehalt anderer Interessen im Einzelfall *Neumann-Duesberg*, JZ 1960, S. 114 ff., S. 116; *Specker*, aaO, S. 265.

33 *Rausch*, aaO, S. 71.

34 Vgl. dazu zutreffend *Rausch*, aaO, S. 72.

35 Vgl. dazu *Hubmann*, aaO, S. 299 f. m. w. N.

36 Vgl. dazu die Nachweise bei *Hubmann*, aaO, S. 299/300.

aus dem Bereich der Zeitgeschichte ohne Einwilligung verbreitet und zur Schau gestellt werden. Diese „Ausnahmeregelung" hat nun eine Auslegung erfahren, die kaum mit dem ursprünglichen Gesetzeszweck vereinbar sein dürfte und die mit dem Schlagwort „relative Person der Zeitgeschichte" gekennzeichnet werden kann. Eine lediglich relative Person der Zeitgeschichte soll derjenige sein, der allein wegen des Zusammenhanges mit einem informationswürdigen Ereignis in den zeitgeschichtlichen Bereich gerät[36a]. Ob jemand eine relative Person der Zeitgeschichte ist, soll durch eine Abwägung zwischen dem Anonymitätsinteresse des betroffenen Einzelnen und dem Informationsinteresse der Öffentlichkeit ermittelt werden[37]. Überwiege das Öffentlichkeitsinteresse, so folge daraus die rechtliche Charakterisierung als (relative) Person der Zeitgeschichte. Von diesem Ausgangspunkt aus verwundert es nicht mehr, daß Straftäter, ja nur Tatverdächtige, zur relativen Person der Zeitgeschichte avancieren, ja Mörder von kriminalhistorischen Ausmaß den absoluten Personen der Zeitgeschichte zugeordnet werden[38]. Daß dem einer Straftat Verdächtigen ein allgemeines Persönlichkeitsrecht zuerkannt wird[38a], erscheint allein wie eine Geste. Orientiert man sich dagegen an den Gesetzesmaterialien zum KUG, so wird ersichtlich, wie weit man sich vom gesetzgeberischen Zweck des § 23 I Ziff. 1 KUG mit dieser Auslegung entfernt hat:

„Es erscheint nicht angängig, die Verwertung des Bildnisses von Personen, die dem öffentlichen Leben angehören, schlechthin an die Genehmigung des Abgebildeten zu knüpfen, vielmehr wird der Allgemeinheit ein gewisses publizistisches Anrecht an der freien Darstellung solcher Personen einzuräumen sein. Dies entspricht den natürlichen Bedingungen sozialen und geschichtlichen Lebens und wird auch in jenen Ländern ohne weiteres anerkannt, in denen Rechtswissenschaft und Rechtsprechung zugunsten des Abgebildeten ein Recht des Widerspruchs gegen eine Veröffentlichung des Bildnisses entwickelt haben. Der Entwurf hat deshalb, unter Wahrung des berechtigten Interesses des Abgebildeten durch eine entsprechende Ausnahmebestimmung vorgeschrieben, daß es der Einwilligung des Abgebildeten oder seiner Angehörigen nicht bedarf, wenn es sich um die Verbreitung oder Schaustellung von Bildnissen handelt, die dem Bereiche der Zeitgeschichte

---

36a Vgl. *Neumann-Duesberg*, JZ 1971, S. 305 ff., S. 306 l. Sp.; vgl. auch *Neumann-Duesberg*, JZ 1970, S. 564 ff., S. 566; *Neumann-Duesberg* bei *Schulze* LGZ Nr. 91, Bl. 17.

37 So *Neumann-Duesberg*, JZ 1971, S. 305 ff., S. 306 l. Sp.

38 Vgl. dazu auch *Arzt*, aaO, S. 25; vgl. dazu auch *Neumann-Duesberg*, JZ 1971, S. 305 ff., S. 306 l. Sp.; *Neumann-Duesberg*, Juristenjahrbuch Bd. 7 (1966/67), S. 138 ff., S. 150/151; eine ähnliche Problematik stellt sich in Bezug auf die Namensanonymität, vgl. dazu *Neumann-Duesberg*, JZ 1971, S. 305 ff., S. 311; *Arzt*, aaO, S. 119 f.

38a Vgl. dazu BGHZ 24, S. 81; BGH NJW 1954, S. 649.

angehören. Hierbei ist der letztere Ausdruck im weitesten Sinne zu verstehen, er umfaßt nicht nur das eigentliche politische, sondern auch das soziale, wirtschaftliche und Kulturleben des Volkes. Die Veröffentlichung der Bildnisse von Personen, die im öffentlichen Leben stehen oder in Kunst und Wissenschaft ein allgemeines Interesse wachrufen, wird daher auch künftig nicht verwehrt sein"[39].

Daraus folgt, daß es einer Interessenanalyse in dem von *Neumann-Duesberg*[40] beschriebenen Sinne nicht bedarf. *Neumann-Duesberg* geht ohne weiteres von einem Bildinformationsinteresse aus. Zum anderen folgt aus den Materialien, daß es nur *die Person der Zeitgeschichte* gibt. Für die im öffentlichen Leben stehende Person ist der Verlust der Bildanonymität der Preis ihrer frei gewählten gesellschaftlichen Stellung. Dem öffentlichen Leben gehören jedoch Straftäter und Tatverdächtige nicht an. Gerade bei diesem Personenkreis kann ein billigenswertes allgemeines Interesse der Öffentlichkeit an Bildinformation nicht bejaht werden[41] und zwar unabhängig davon, ob die Berichterstattung vor oder nach der Verurteilung erfolgt[41a]. Das Abstellen auf die Abwägung zwischen dem Anonymitätsinteresse des Betroffenen und dem Informationsinteresse der Öffentlichkeit hat erhebliche Einbrüche in das Recht am eigenen Bild ermöglicht[42]. Zum Teil wird ein öffentliches Informationsinteresse und damit eine relative Person der Zeitgeschichte bereits bei Straftaten von nicht ganz untergeordneter Bedeutung generell bejaht[43]. Teilweise wird es nur bei schweren Straftaten, zum Teil bei Vorliegen besonderer Kriterien wie Umfang, Hintergrund oder Ungewöhnlichkeit des Geschehens bejaht[44]. Wenn ein Straftäter als Person der Zeitgeschichte zu gelten hat, so ist jede weitere Differenzierung nach dem Motiv der publizistischen Verbreitung (Sensation, finanzielle Motive) ausgeschlossen. Das Publikationsorgan ist irrelevant. Es gibt insoweit im Rechtssinne keine gute

---

[39] Verhandlungen des Deutschen Reichstages, XI. Legislaturperiode, 2. Session, 1905/1906, Stenographische Berichte 220 Anl. 5/68, Ant. NR 30, S. 1530 ff., S. 1540/1541.

[40] Vgl. dazu *Neumann-Duesberg*, JZ 1971, S. 305 ff., S. 306 r. Sp.

[41] Vgl. aber *Neumann-Duesberg*, JZ 1971, S. 305 ff., S. 306 r. Sp.

[41a] Vgl. dazu einerseits OLG Koblenz NJW 1973, S. 251 ff., andererseits *Neumann-Duesberg*, JZ 1960, S. 114 ff., S. 118; *Siegert*, NJW 1963, S. 1953 ff., S. 1957; *Runge*, Anm. S. 17 bei *Schulze* Rspr. des Urheberrechtes LGZ 38.

[42] Vgl. dazu Öst. OGH Ufita Bd. 21 (1956), S. 380; Ufita Bd. 42 (1964), S. 218 ff., S. 220; vgl. dazu auch *Dittrich*, Ufita Bd. 43 (1964), S. 104 ff.

[43] Vgl. dazu auch *Neumann-Duesberg*, JZ 1971, S. 305 ff., S. 306 l. Sp.; vgl. dazu auch *Deutsch* GRUR Int., 1973, S. 463 ff., S. 465 r. Sp.

[44] OLG Frankfurt, *Schulze* OLGZ 55; OLG Nürnberg, MDR 1963, S. 412; OLG Dresden, DRiZ 1928, S. 44; KG JW 1934, S. 421; OLG München, NJW 1963, S. 658 f.; OLG Stuttgart, JZ 1960, S. 126 ff. Brutaler Übereifer.

und schlechte Presse[45]. Welche Selbstberauschung bei der Bestimmung der relativen Person der Zeitgeschichte möglich ist, beweist am besten die Entscheidungspraxis: So wird z. B. festgestellt, „solche Schwerverbrecher müssen es in Kauf nehmen, durch die Veröffentlichung ihrer Bilder an eine Art moderner Pranger gestellt zu werden, zumal sie das Interesse der Öffentlichkeit selbst veranlaßt haben"[46]. In diesem Zusammenhang wird die Zulässigkeit der Anprangerung auch davon abhängig gemacht, daß sie von der Öffentlichkeit nicht allein aus Sensationslust gewünscht werde, fürwahr ein für die Rechtssicherheit abträglicher Maßstab[47]. *Neumann-Duesberg*[48] hat allen Ernstes die Veröffentlichung des Bildes eines als übereifrig geltenden Polizeibeamten mit der Begründung gerechtfertigt, daß hier Neugier und Sensationslust nicht im Spiele seien. Manche Leser könnten einen ihnen schon früher aufgefallenen Polizeibeamten wiedererkennen und das Bild z. B. wegen der brutalen Gesichtszüge aufschlußreich finden[49].

In bezug auf Tatverdächtige ist diese Ausweitung des Begriffs der Person der Zeitgeschichte bereits mit § 24 KG unvereinbar. Sieht man nämlich in diesem Personenkreis relative Personen der Zeitgeschichte, so wären die Strafverfolgungsbehörden bereits nach § 23 Abs. 1 Ziff. 1 KUG von dem Erfordernis der Einwilligung befreit, es sei denn, man beschränkt diese Ausnahmebestimmung auf Veröffentlichungen im publizistischen Interesse[50][51]. Schwererwiegend ist der Einwand, daß § 23 Abs. 1 Ziff. 1 KUG eine Person voraussetzt, die bereits dem Bereich der Zeitgeschichte angehört. Diese Personen „verlieren" ihren Anspruch auf Bildanonymität aufgrund ihrer gesellschaftlichen Stellung. Dieser Verlust ist in seinen Auswirkungen neutral. In bezug auf Tatverdächtige oder Straftäter ist festzustellen, daß sie allein aufgrund der Berichterstattung über den Tatverdacht oder die erwiesene Straftat zu Personen der Zeitgeschichte *gemacht werden.* Selbst wenn man eine derartige Berichterstattung für zulässig erachtet, ist der Verlust der Bild- oder Namensanonymität nicht neutral. Vielmehr stellt der Angriff in die Bild- und Namensanonymität zugleich einen Eingriff in das Persönlichkeitsrecht dar, der vom publizistischen Interesse her nicht gerechtfertigt ist. Wenn aber regelmäßig ein berechtigtes Interesse des abgebildeten Tatver-

---

45 Vgl. dazu auch OLG Nürnberg, MDR 1963, S. 412.

46 So OLG Frankfurt, *Schulze*, OLGZ 55.

47 Vgl. dazu auch *Arzt*, aaO, S. 61/62.

48 *Neumann-Duesberg*, JZ 1960, S. 114 ff., S. 117.

49 Vgl. dazu auch *Arzt*, aaO, S. 36.

50 Vgl. dazu BGHZ 20, S. 345 ff., S. 350 Paul Dahlke.

51 Das Reichsgericht behandelte diese Probleme noch unter § 23 Abs. 2 KUG. Vgl. dazu RGZ 125, S. 80 ff.

dächtigen oder Straftätern der Verbreitung des Bildes entgegensteht (vgl. § 23 Abs. 2 KUG), so ist es nur folgerichtig, diesen Personenkreis von vornherein aus dem Bereich des § 23 Abs. 1 Ziff. 1 KUG herauszunehmen. Es kann nicht ernsthaft behauptet werden, daß die Pressefreiheit dadurch beeinträchtigt wird, daß bei der Berichterstattung über Straftaten das Bild und der Name des Betroffenen weggelassen werden müssen. Das Begriffspaar absolute und relative Personen der Zeitgeschichte ist entgegen *Kohl*[51a] weder griffig noch hilfreich. Es ist vielmehr gänzlich abzulehnen.

3. Das Recht am Lebensbild, Berichterstattung über Straftaten

Obwohl sich die Vorschriften der §§ 22, 23 KUG nach ihrem Wortlaut und nach ihrem ursprünglichen Sinn nur auf das Recht am eigenen Bild beziehen, sind sie seit langem in Rechtsprechung und Schrifttum dahin ausgelegt worden, daß sie sowohl für die Abbildung mit und ohne Namensnennung wie für die Darstellung einer Person durch einen Schauspieler auf der Bühne, im Film und im Fernsehen gelten. Der Umstand, daß das Recht am eigenen Bild als ein Ausschnitt, als eine besondere Ausprägung des allgemeinen Persönlichkeitsrechts verstanden wird[51b], hat offenbar die Tendenz verstärkt, auch

---

[51a] So aber *Kohl* in: *Hoffmann-Riem-Lüscher*, aaO., S. 61 FN 9.

[51b] Vgl. dazu KG JW 1928, S. 363; BGHZ 26, S. 52 ff., S. 67. Sherlock Holms; BVerfGE 35, S. 202 ff., S. 224; *Hubmann*, aaO., S. 298; *Rehm*, Juristische Blätter 1962, S. 1 ff., S. 65 ff., S. 67; vgl. zum Recht am eigenen Bild als einer besonderen Ausprägung des allgemeinen Persönlichkeitsrechts BGHZ 20, S. 345 ff., S. 347 Paul Dahlke; BGH NJW 1962, S. 1004 ff., S. 1005 Doppelmörder; BGH NJW 1971, S. 885 ff., S. 886 Petite Jacqueline; daß eine Lebensbilddarstellung auch dann vorliegt, wenn die interessierten Kreise auch ohne Namensnennung die Feststellung der Identifikation treffen können, ist selbstverständlich (vgl. BVerfGE 30, S. 173 ff Mephisto = NJW 1971, S. 1645 ff., S. 1648; BGH NJW 1963, S. 904 Drahtzieher; BGH NJW 1962, S. 1004 Doppelmörder; *Helle*, aaO., S. 175). Zu krasse Einbrüche in die Persönlichkeitssphäre verhindert jedoch auch die Rechtsprechung, die davon ausgeht, daß insoweit Vorgänge aus den intimen ehelichen Beziehungen nicht geschildert werden dürfen (vgl. dazu BVerfGE 35, S. 202 ff., S. 232; BGHZ 24, S. 201 = NJW 1957, S. 1315 Spätheimkehrer). Daß die aktuelle Berichterstattung über Strafverfahren den Vorrang vor dem Persönlichkeitsrecht haben soll, überrascht um so mehr, als die Rechtsprechung bislang stets gesehen hat, daß die Berichterstattung über die Einleitung von Ermittlungsverfahren bereits eine gewisse Prangerwirkung hat und daß die ganz überwiegend rechtlich nicht bewanderte Öffentlichkeit allzuleicht geneigt ist, die Einleitung eines derartigen Verfahrens mit dem Nachweis der zur Last gelegten Tat nahezu gleichzusetzen (vgl. dazu z. B. BGHZ 27, S. 338 ff., S. 342 = NJW 1959, S. 35; OLG Braunschweig, NJW 1975, S. 651 ff., S. 651 ff., S. 651 r. Sp.). Vgl. zur Lebensbilddarstellung weiter LG München, GRUR 1956, S. 231 von Witzleben; *Leinveber*, GRUR 1967, S. 236 ff., S. 238; *Lampe*, NJW 1973, S. 217 ff.; *Reinhardt* in: Festschr.f. Schwinge, Köln, 1973, S. 127 ff.

Persönlichkeitsrechtsbeeinträchtigungen jenseits der Bildanonymität in diesen Bestimmungen zu verorten.

Dieses Problem ist in jüngster Zeit verstärkt aktuell geworden. Es gibt Anzeichen, daß Rundfunk- und Fernsehanstalten nicht abgeneigt sind, Strafakten zu Dokumentarspielzwecken i. S. v. Lebensbilddarstellungen von Straffälligen „auszuschlachten". Über einen derartigen Sachverhalt hatte das Bundesverfassungsgericht in seinem Beschluß vom 13. März 1973 zu befinden:

Der Betroffene war wegen Beihilfe zu einem aufsehenerregenden Gewaltverbrechen zu einer mehrjährigen Freiheitsstrafe verurteilt worden. Das Zweite Deutsche Fernsehen hatte über die Tat ein Dokumentar-Fernsehspiel fertiggestellt, in dem der Betroffene eingangs im Bilde gezeigt, sodann unter wiederholter Nennung seines Namens von einem Schauspieler dargestellt wurde.

Das Bundesverfassungsgericht hat im Wege einer einstweiligen Anordnung dem Zweiten Deutschen Fernsehen zunächst bis zur Entscheidung über die Verfassungsbeschwerde des Beschwerdeführers gegen das Urteil des OLG Koblenz vom 18. 9. 1972[51c] die Ausstrahlung untersagt, soweit darin die Person des Beschwerdeführers namentlich erwähnt oder dargestellt wird.

Daß es zu dieser einstweiligen Anordnung kommen mußte, zeigt die Fehleinschätzung des Persönlichkeitsschutzes in der Gegenwart. In bezug auf das Urteil des OLG Koblenz vom 18. 9. 1972 überrascht zunächst die Selbstverständlichkeit, mit der das Gericht die an dem Überfall auf das Munitionsdepot in Lebach Beteiligten zu relativen Personen der Zeitgeschichte hochstilisiert:

„Das Verbrechen von Lebach mit seinen furchtbaren Folgen hat, wie kaum ein anderes, Aufsehen und Abscheu in der Bevölkerung erregt. Die ausführenden Täter ... sind deshalb Personen der Zeitgeschichte geworden".

Die Qualität als relative Person der Zeitgeschichte endet nach Auffassung des OLG Koblenz nicht mit der Bestrafung[51d]. Die Aktualität eines Ereignisses, das Gegenstand eines Strafverfahrens gewesen sei, gehe nicht schlagartig mit Abschluß des Verfahrens verloren, wenn sie sich auch mit dem zeitlichen Abstand vermindere. Die Qualifikation eines Verurteilten als „negativer Bestandteil" der Zeitgeschichte[51e] muß angesichts des immer wieder betonten Resozialisierungsgedankens verwundern. Noch mehr verblüfft, daß das OLG Koblenz den §§ 22, 23 KUG nicht nur die Fälle von Bildveröffentlichungen oder die Fälle der Namensnennung, sondern auch die Lebensbilddarstellung unterwirft, ohne überhaupt zu sehen, daß zwischen einer Namensnennung, einer Bilddarstellung, einer Bilddarstellung mit Namen und einer Lebensbilddarstellung erhebliche Unterschiede hinsichtlich der Intensi-

---

[51c] OLG Koblenz, NJW 1973, S. 251 ff.

[51d] OLG Koblenz, NJW 1973, S. 251, S. 253 l. Sp.;

[51e] So *Runge*, Anm. S. 17 bei *Schulze* Rechtsprechung des Urheberrechts, LGZ 38.

tät des Eingriffs in die Persönlichkeit bestehen. Selbst wenn man Straftäter als relative Personen der Zeitgeschichte ansieht, kann die Bildveröffentlichung i. S. v. §§ 22, 23 KUG nicht mit der Lebensbilddarstellung parallelisiert werden. Letztere ist gegenüber der bloßen Bilddarstellung nicht nur ein Mehr, sondern ein aliud[51f]. Demgegenüber erblickt das OLG Koblenz zunächst allein in den §§ 5, 24 Abs. 1 Landespressegesetz Rheinland-Pfalz eine Grenze der Berichterstattung. Danach ist es der Presse untersagt, Anklageschriften oder andere amtliche Schriftstücke eines Strafverfahrens vor ihrer Erörterung in öffentlicher Verhandlung oder vor Abschluß des Verfahrens ohne Genehmigung der zuständigen Behörde zu veröffentlichen. Aus diesen Vorschriften schließt das OLG Koblenz auf einen sehr weit gesteckten Rahmen für die Berichterstattung über laufende Strafverfahren. Hinsichtlich bereits abgeschlossener Strafverfahren sollen die Publikationsorgane noch großzügiger verfahren dürfen. Berechtigte Interessen des Betroffenen, die der Lebensbilddarstellung entgegenstehen (vgl. § 23 Abs. 2 KUG), hat das OLG Koblenz verneint:

„Daß durch die Sendung des fraglichen Dokumentarspiels die Resozialisierung des Antragstellers erleichtert werde, wie die Antragsgegnerin meint, hält der Senat für ausgeschlossen. Vielmehr ist es möglich, wenn nicht sogar wahrscheinlich, daß die Resozialisierung erschwert wird. Mit absoluter Sicherheit sind indessen irgendwelche Vorausnahmen nicht zu treffen. So wie keine absolute Garantie für die Resozialisierung des Antragstellers besteht, wenn die Antragsgegnerin von ihrem Vorhaben absieht, ist umgekehrt die Resozialisierung nicht von vornherein ausgeschlossen und unmöglich.

Das Interesse weiter Bevölkerungskreise, möglichst umfassend und zusammenhängend über das Geschehen von Lebach informiert zu werden, besteht noch. In voller Erkenntnis der Bedeutung der Resozialisierung der Straftäter für unsere Rechtsordnung und Gesellschaft im allgemeinen und für den Antragsteller im besonderen erscheint ... im Streitfall das Recht der freien Meinungsäußerung zur Unterrichtung in Angelegenheiten öffentlichen Interesses vorrangig ... Der Antragsteller muß eine mögliche Erschwerung seiner Resozialisierung in Kauf nehmen und damit etwaige Nachteile ertragen, die in unserem freiheitlich-demokratischen Rechtsstaat angesichts des Art. 5 GG insbesondere denen zugemutet werden, die im öffentlichen Interesse stehen, und sei dieses Interesse auch durch ein Verbrechen veranlaßt worden[51g]".

Insoweit stellen sich nur Fragen ein: Inwieweit ist für die Beurteilung der Resozialisierungsmöglichkeit überhaupt mehr als eine Prognose möglich? In welcher Hinsicht besteht ein Informationsinteresse „weiter Bevölkerungs-

---

[51f] Insoweit unzutreffend auch *Lampe*, NJW 1973, S. 217 ff., S. 217 l. Sp.; vgl. dazu auch OLG Kiel, Ufita 2 (1929), S. 559 = JW 1930, S. 78 ff. m. Anm. v. *Adler* Fall Donner und insbes. OLG Stuttgart GRUR 1956, S. 519

[51g] OLG Koblenz, NJW 1973, S. 251 ff., S. 254 r. Sp.; vgl. dazu bereits RG JW 1928, S. 1211 Nr. 11; RGZ 115, S. 416.

kreise“? Das OLG Koblenz hat an anderer Stelle[51h] nicht allzuviel Vertrauen in die Bevölkerung investiert. Die „schwerwiegende menschliche Schuld“, die das OLG Koblenz dem Antragsteller anlastet, ist zumindest mit der Strafverbüßung gesühnt. Ihrer Perpetuierung über die Haftdauer hinaus schlägt allen Versuchen einer Resozialisierung ins Gesicht.

Leider hat auch das Bundesverfassungsgericht in seinem Urteil vom 5. Juni 1973[51i] die Grenzen der Zulässigkeit der Lebensbilddarstellung nach §§ 22, 23 KUG bestimmt. In der Sache hat es freilich die Sendung des fraglichen Dokumentarspiels untersagt. Das Informationsinteresse der Öffentlichkeit hat es m. E. jedoch zu unkritisch gesehen:

„Auch Straftaten gehören zunächst zum Zeitgeschehen, dessen Vermittlung Aufgabe der Medien überhaupt ist. Weiter begründen die Verletzung der allgemeinen Rechtsordnung, die Beeinträchtigung von Rechtsgütern der betroffenen Bürger oder der Gemeinschaft, die Sympathie mit den Opfern und ihren Angehörigen, die Furcht vor Wiederholungen solcher Straftaten und das Bestreben, dem vorzubeugen, ein durchaus anzuerkennendes Interesse an näherer Information über Tat und Täter. Dieses wird um so stärker sein, je mehr die Straftat sich durch die Besonderheit des Angriffsobjektes, die Art der Begehung oder die Schwere der Folgen über die gewöhnliche Kriminalität heraushebt. Bei schweren Gewaltverbrechen . . . gibt es daher neben allgemeiner Neugier und Sensationslust ernst zu nehmende Gründe für das Interesse an Informationen darüber, wer die Täter waren, welche Motive sie hatten, was geschehen ist, um sie zu ermitteln und zu bestrafen und um gleichartige Delikte zu verhüten. Dabei wird zunächst der Wunsch nach Kenntnis der reinen Tatsachen im Vordergrund stehen, während mit zunehmendem zeitlichen Abstand das Interesse an einer tiefer greifenden Interpretation der Tat, ihrer Hintergründe und gesellschaftsbedingten Voraussetzungen Bedeutung gewinnt. Nicht zuletzt fällt das legitime demokratische Bedürfnis nach Kontrolle der für die Sicherheit und Ordnung zuständigen Staatsorgane und Behörden, der Strafverfolgungsbehörden und der Strafgerichte maßgebend ins Gewicht . . .“[51j]).

Bei der Interessenabwägung zwischen dem Informationsinteresse und dem zwangsläufig damit verbundenen Einbruch in den Persönlichkeitsbereich des Täters räumt das Bundesverfassungsgericht für die aktuelle Berichterstattung über Straftaten dem Informationsinteresse im allgemeinen den Vorrang ein. Wer den Rechtsfrieden breche, durch eine Tat und ihre Folgen Mitmenschen oder Rechtsgüter der Gemeinschaft angreife oder verletze, müsse nicht nur die hierfür von der Rechtsordnung vorgesehenen strafrechtlichen Sanktionen in Kauf nehmen. Er müsse vielmehr auch dulden, daß das von ihm durch seine Tat erregte Informationsinteresse der Öffentlichkeit in einer nach dem

---

[51h] OLG Koblenz, NJW 1973, S. 251 ff., S. 253 r. Sp.

[51i] BVerfGE 35, S. 202 ff., S. 224 f.; vgl. dazu *Neumann-Duesberg*, JZ 1973, S. 261 ff.

[51j] BVerfGE 35, S. 202 ff., S. 230/31; vgl. dazu kritisch auch *Hoffmann-Riem* in: *Hoffmann-Riem/Kohl/Lüscher*, aaO., S. 27, S. 35.

Prinzip freier Kommunikation lebenden Gemeinschaft auf den dafür üblichen Wegen befriedigt wird. Diese aktuelle Berichterstattung über eine schwere Straftat rechtfertige nicht allein die Namensnennung und die Abbildung des Täters. Sie schließe grundsätzlich auch sein persönliches Leben ein, soweit es in unmittelbarer Beziehung zur Tat steht, Aufschlüsse über die Motive oder andere Tatvoraussetzungen gibt und für die Bewertung der Schuld des Täters aus der Sicht des modernen Strafrechts als wesentlich erscheint. Nach Befriedigung des aktuellen Informationsinteresses soll jedoch der Straftäter ein Recht darauf haben, „allein gelassen zu werden". Als maßgeblichen Orientierungspunkt für die nähere Bestimmung der zeitlichen Grenze der zulässigen Berichterstattung kommt nach Auffassung des Bundesverfassungsgerichts das Interesse an der Wiedereingliederung des Straftäters in die Gesellschaft, an seiner Resozialisierung, in Betracht. Warum eine Information der Öffentlichkeit die Bildveröffentlichung oder die Lebensbilddarstellung oder die Namensnennung verlangt, wird vom Bundesverfassungsgericht nicht näher dargelegt. Wird tatsächlich der Meinungsbildungsprozeß der Öffentlichkeit durch eine Bildveröffentlichung oder durch die Namensnennung gefördert? Steht nicht die auch vom Bundesverfassungsgericht nicht bestrittene Neugier und Sensationslust im Vordergrund bei derartigen Dokumentarspielen? Weit gravierender sind jedoch die Bedenken gegen die Heranziehung von §§ 22, 23 KUG. Es ist einzuräumen, daß die durch § 23 Abs. 2 KUG gebotene Interessenabwägung die Persönlichkeitssphäre des Betroffenen zu wahren vermag. Weitet man jedoch §§ 22, 23 KUG über das Recht am eigenen Bilde aus, so ist unleugbar, daß Personen der Zeitgeschichte zunächst einmal dem öffentlichen Zugriff unterliegen und daß allein ein berechtigtes Interesse dieser Personen die Berichterstattung verhindern kann. Nach der hier vertretenen Auffassung stellt die Lebensbilddarstellung gegenüber der bloßen Bildveröffentlichung ein aliud dar. Der Regel-Ausnahmetatbestand des § 23 KUG kann auf das Recht am Lebensbild nicht angewandt werden. Vielmehr sind in jedem Einzelfall das Informationsinteresse der Öffentlichkeit und das Persönlichkeitsrecht des Betroffenen gegeneinander abzuwägen, wobei auch Bezugspunkt für diese Interessenabwägung die Haltung der Bevölkerung ist, mit der derartige Veröffentlichungen aufgenommen werden. Das Urteil des Bundesverfassungsgerichts vom 5. Juni 1973[51k] hat nicht zuletzt bewirkt, daß die Instanzgerichte Berichterstattungen in der Presse oder Fernsehbeiträgen in bezug auf Straftaten weiterhin an §§ 22, 23 KUG messen. So hat das OLG Hamburg in seinem Urteil vom

---

[51k] BVerfGE 35, S. 202 ff.

24. 10. 1974[51l] dem Opfer eines Mordversuchs zwar grundsätzlich einen Anspruch darauf zuerkannt, daß das an ihm begangene Verbrechen nach Abschluß des gerichtlichen Verfahrens nicht zum Gegenstand der Berichterstattung in der Presse und nicht zum Gegenstand eines Fernsehfilms gemacht wird. Ein derartiger Anspruch resultiere aus §§ 823 Abs. 1, 1004 BGB i. V. m. § 22 KUG. Hilfsweise weist das OLG Hamburg aber auch darauf hin, daß insoweit eine aktuelle Berichterstattung in einem gewissen Umfange hingenommen werden müsse, weil anders ein faires Verfahren nicht gewährleistet sei. Wenn es insoweit auf § 169 GVG hinweist, so wird damit übersehen, daß sich die Funktion der Öffentlichkeit von Gerichtsverhandlungen mittlerweile gewandelt hat und daß der Gesetzgeber durch die Neufassung von § 172 GVG dem Persönlichkeitsrecht im gewissen Umfange den Vorrang vor dem Informationsinteresse eingeräumt hat. Interessanterweise gelangt auch das OLG Hamburg in bezug auf den Täter zu der Feststellung, daß dieser eine Beeinträchtigung seines Persönlichkeitsrechts im weiteren Umfange hinnehmen muß als das Opfer. Der Straftäter habe nämlich durch seine Tat das Interesse der Öffentlichkeit selbst auf seine Person gelenkt. Auch das OLG Braunschweig geht in seinem Urteil vom 24. 10. 1974[51m] davon aus, daß Straftaten zum Zeitgeschehen gehören und daß es deshalb eine Funktion der Presse ist, die Öffentlichkeit über vorgefallene Straftaten und die zu ihrer Entstehung führenden Vorgänge vollständig zu informieren. Obwohl der Gesetzgeber das strafrechtliche Ermittlungsverfahren als nichtöffentliches Verfahren ausgestaltet hat, will das OLG Braunschweig einen Eingriff in das Anonymitätsinteresse des Betroffenen dann zulassen, wenn das Informationsinteresse nicht ohne Namensnennung oder sonstige Identifikation befriedigt werden kann, also nicht nur die Mitteilung über den Tatverdacht als solche sowie über die Tätigkeit der Strafverfolgungsbehörden, sondern auch die Mitteilung der Person einen starken Öffentlichkeitswert besitzt. Einen derartigen Öffentlichkeitswert bestimmt das OLG Braunschweig im Anschluß an die Rechtsprechung des OLG Frankfurt[51n] nach folgenden Gesichtspunkten:

a) Es muß sich um eine Straftat von erheblicher Bedeutung handeln.
b) Die Mitteilungen über die Person des Tatverdächtigen müssen geeignet sein, zur Verbrechensaufklärung beizutragen.
c) Entscheidend soll auch sein, in welchem Ausmaß der Täter bereits verdächtigt ist, insbesondere ob gegen ihn wesentliche, einen erheblichen

---

51l OLG Hamburg, NJW 1975, S. 649 ff.; vgl. zum Schutz des Opfers auch *Deutsch*, GRUR Int., 1973, S. 463 ff., S. 467.

51m OLG Braunschweig, NJW 1975, S. 651 ff.

51n OLG Frankfurt, NJW 1971, S. 47 ff., S. 48.

Tatverdacht begründende Umstände sprechen.
Auch insoweit bleiben viele Fragen offen. Gerade bei Straftaten von erheblicher Bedeutung besteht die auch vom OLG Braunschweig beschworene Gefahr der Prangerwirkung für den Betroffenen. Soweit die Presse als Erfüllungsgehilfe der Verbrechensaufklärung angesprochen wird, wird ein völlig neuer Gesichtspunkt in die Diskussion eingeführt. Bislang hat man die Presse noch nicht als Strafverfolgungsorgan verstanden. Die Position des Tatverdächtigen wird insoweit noch verschlechtert, als die Rechtsprechung auf dem Standpunkt steht, daß sich ein Journalist grundsätzlich auf amtliche Pressemitteilungen verlassen kann. Eine entsprechende Berichterstattung soll sich niemals als schuldhafte Verletzung der journalistischen Sorgfaltspflicht darstellen.
Entgegen der ganz herrschenden Lehre und der Rechtsprechung wird hier die Auffassung vertreten, daß die Veröffentlichung von Bildern von Straftätern und Lebensbilddarstellungen einschließlich der Namensnennung nur mit Einwilligung des Betroffenen zulässig sind. Dieser Personenkreis gehört nicht zu den Personen der Zeitgeschichte. Dies gilt sowohl für die aktuelle als auch für die Berichterstattung nach Abschluß des Strafverfahrens. Bis heute hat die h. L. und die Rechtsprechung nicht den Nachweis erbracht, daß diese Eingriffe in die Persönlichkeitssphäre unabdingbar zur Erfüllung des publizistischen Auftrags der Massenmedien notwendig sind. Wenn die Vorführung eines Personenbildes im Fernsehen oder in der Presse unter gleichzeitiger Namensnennung eine soziale Prangerwirkung hat[51o], so ist es sachwidrig, hinsichtlich der Namensnennung, der Abbildung oder der Lebensbilddarstellung zwischen den Fällen der sog. kleinen Kriminalität bzw. der Kriminalität von Jugendlichen und der Schwerstkriminalität zu differenzieren[51p]. Die soziale Prangerwirkung ist gerade in den Fällen der Schwerstkriminalität besonders intensiv. Indem das Bundesverfassungsgericht in seinem Urteil vom 5. Juni 1973[51q] in bezug auf die Zulässigkeit der Lebensbilddarstellung von Straftätern, die bereits abgeurteilt sind, entscheidend auf den Resozialisierungsgedanken abgestellt hat, hat es im Grundsatz die h. L. und Rechtsprechung zur Zulässigkeit von Lebensbilddarstellungen bestä-

---

51o OLG Braunschweig, NHW 1975, S. 651 ff., S. 651/52.

51p Vgl. dazu BVerfGE 35, S. 202 ff., S. 232; vgl. auch die Empfehlung des Deutschen Presserats vom 16.2.1967 zur Abbildung und Namensnennung Jugendlicher, Tätigkeitsbericht 1971, S. 89.

51q BVerfGE 35, S. 202 ff.

51r Vgl. zur Namensnennung bei Strafverfahren auch *Helle*, aaO., S. 166 ff.; *Lampe*, NJW 1973, S. 217 ff.; *Koebel*, JZ 1966, S. 389 ff.; vgl. zum ganzen auch *Roeber*, Film und Recht, 1973, S. 563; *Neumann-Duesberg*, JZ, 1973, S. 261 ff.

tigt,[51r] ohne den qualitativen Unterschied zwischen der bloßen Bildveröffentlichung und der Lebensbilddarstellung herauszuarbeiten. Daß die Behörden die öffentliche Bildfahndung bei schwerer Tat und erheblichem Verfolgungsinteresse eröffnen dürfen (vgl. § 24 KUG), rechtfertigt so lange Bild- und Lebensbilddarstellungen durch die Massenmedien nicht, wie diese nicht als Strafverfolgungsorgane, sondern als Informationsträger verstanden werden[51s]. Erblickt man in dem Recht am Lebensbild ein aliud gegenüber dem eigentlichen Recht am Bild gem. §§ 22, 23 KUG, so versteht es sich von selbst, daß die Strafvorschrift des § 33 KUG auf unzulässige Lebensbilddarstellungen nicht anwendbar ist. Insoweit gilt es den strafrechtlichen Persönlichkeitsschutz auszubauen. Diese Restriktion der Zulässigkeit von Lebensbilddarstellungen dürfte gezeigt haben, daß die häufig beschworene Interessenabwägung immer auf erwünschte Folgen hin zugeschnitten werden kann, wenn man sich einer genaueren Analyse der beteiligten Interessen entzieht. Dem Straftäter wird zwar großzügig ein allgemeines Persönlichkeitsrecht zuerkannt, dem Recht auf Information der Allgemeinheit jedoch der Vorrang eingeräumt. Demgegenüber wurde in der Piscator-Entscheidung[51t] Kaiser Wilhelm II kurzerhand ein berechtigtes Interesse an der Verhinderung der Darstellung eingeräumt, obwohl insoweit zweifelsfrei eine Person der Zeitgeschichte angesprochen war.

IV. Rechtsfolgen der Verletzung des Rechts am eigenen Bild

Wird das Bild einer Person ohne deren Einwilligung aufgenommen und verbreitet, so stellt sich die Frage, welche Rechtsfolgen die Verletzung dieses speziellen Persönlichkeitsrechts nach sich zieht. Das Recht am eigenen Bilde genießt als absolutes Recht den Schutz des § 823 I BGB. Bei rechtswidriger und schuldhafter Verletzung dieses speziellen Persönlichkeitsrechts ist daher ein Anspruch auf Schadenersatz gegeben. Dieser geht prinzipiell auf Naturalrestitution. Dies gilt zunächst „für jeden Vermögensschaden, gleichgültig, ob er durch die Verletzung körperlicher oder geistiger Güter herbeigeführt wurde. Die Verpflichtung zur Naturalherstellung besteht aber auch für den immateriellen, für den Nichtvermögensschaden einschließlich dem Affektionsinteresse“[52]. Bei unbefugten Bild- und Tonbandaufnahmen ist das Bild herauszugeben bzw. zu vernichten, das Tonband zu löschen[53]. Bei ehrver-

---

51s Vgl. dazu aber auch *Deutsch*, GRUR Int., 1973, S. 463 ff., S. 465 r. Sp.
51t KG JW 1928, S. 363 Piscator.
52 *Hubmann*, aaO, S. 349.
53 Vgl. *Hubmann*, aaO, S. 349/350.

letzenden Behauptungen ist die Tatsachenfeststellung u. U. zu widerrufen[54] usw. Stattdessen kann auch Geldersatz verlangt werden (§ 249 S. 2 BGB) und soweit die Wiederherstellung des früheren Zustandes nicht möglich oder nicht genügend ist, hat der Ersatzpflichtige nach § 251 BGB für einen Vermögensschaden eine Entschädigung in Geld zu leisten[55]. Daneben ist in besonderen Fällen auch ein Ersatz des immateriellen Schadens möglich[56], soweit mit der Verletzung des speziellen Persönlichkeitsrechts zugleich das allgemeine Persönlichkeitsrecht verletzt ist.

1. Ansprüche aus unerlaubter Handlung gemäß § 823 I BGB

Bei der Verletzung spezieller Persönlichkeitsrechte ist es häufig schwierig, eine materielle Schädigung konkret anzugeben und nachzuweisen[57]. Der Entwurf eines Gesetzes zur Neuordnung des zivilrechtlichen Persönlichkeits- und Ehrenschutzes[58] sieht insoweit eine Vermutung dafür vor, daß die Beeinträchtigung einen Vermögensschaden zur Folge gehabt hat, wenn dies nach dem gewöhnlichen Lauf der Dinge oder nach den besonderen Umständen mit Wahrscheinlichkeit anzunehmen ist. Ob damit die trotz § 287 ZPO gegebenen Schwierigkeiten aus dem Wege geräumt sind, erscheint mehr als zweifelhaft[59].

Diesen Schwierigkeiten wäre man enthoben, wenn man die im gewerblichen Rechtsschutz [60] entwickelte Form der Schadensberechnung nach der entgangenen Lizenzgebühr auf Verletzungstatbestände bei speziellen Persönlichkeitsrechten anwenden könnte. Dies lehnt die Rechtsprechung des BGH[61]

---

54 Vgl. dazu oben S. 264 ff.

55 Vgl. dazu *Hubmann*, aaO, S. 350; *Neumann-Duesberg*, Das gesprochenen Wort, S. 194; *Wiese, aaO. S. 8.*

56 Vgl. dazu *Stoll*, aaO, S. 1 ff.

57 Vgl. dazu z. B. BGHZ 30, S. 7 ff., S. 15 f. Catarina Valente ; OLG Karlsruhe, *Schulze* OLGZ 45, S. 6 ff. Catarina Valente: BGHZ 26, S. 353 ff., S. 356 Herrenreiter; BAG Ufita Bd. 33 (1961), S. 232 ff.; LG Stuttgart, *Schulze* LGZ 57, S. 10 ff.; LG München I, Ufita Bd. 26 (1958), S. 253 ff.

58 Bundestagsdrucksache III, Nr. 1237 v. 18. 8. 1959.

59 Vgl. dazu Begründung in Ufita Bd. 29 (1959), S. 87 ff.; *Staudinger-Werner*, aaO, Anh. zu §252 BGB Rdnr. 8; *Schüle/Huber*, Persönlichkeitsschutz, S. 48, S. 133; *Weitnauer*, NJW 1959, S. 313 ff., S. 317; *Weitnauer*, GRUR 1960, S. 122; vgl. zu dieser Problematik auch *Stoll*, aaO. S. 1 ff., S. 12 f.; ablehnend *Leinveber*, GRUR 1960. S. 17 ff., S. 25; *Löffler*, NJW 1959, S. 1 ff., S. 5; *Löffler*, Ufita Bd. 30 (1960), S. 69 ff., S. 80.

60 Vgl. dazu zuletzt BGHZ 44, S. 372 ff. Messmer-Tee II.

61 Vgl. BGHZ 26, S. 349 ff., S. 352 f. Herrenreiter; BGHZ 30, S. 7 ff., S. 17 Catarina Valente; BGHZ 35, S. 363 ff., S. 366 Ginseng; vgl. dazu auch BGHZ 20, S. 345 ff., S. 353 Paul Dahlke; BGH GRUR 1961, S. 114 Familie Schölermann.

zumindest verbal in den Fällen ab, in denen die Rechtsverletzung üblicherweise auch gegen Entgelt nicht gestattet oder hingenommen wird. Auf der anderen Seite hat der BGH in der Paul-DAHLKE-Entscheidung[62] bei unbefugter Verwendung des Bildnisses eines Schauspielers zu Reklamezwecken einen Anspruch auf die übliche Lizenzgebühr gemäß § 812 I, 1 2. Alt. BGB gewährt[63].

Stellt aber nicht der Deliktanspruch ein Mehr gegenüber dem Bereicherungsanspruch dar, ist der Bereicherungsanspruch nicht eine kupierte Deliktsnorm, mit der Folge, daß der Inhaber eines deliktischen Anspruchs zumindest die gleichen Rechte wie der Kondiktionsgläubiger haben müßte? Nach *Däubler*[64] lehrt bereits ein Blick ins Gesetz, daß dem nicht so ist: Nach § 852 II BGB verjährten Deliktsansprüche in drei Jahren; Bereicherungsansprüche unterlägen demgegenüber der 30-jährigen Verjährungsfrist des § 195 BGB. Der Deliktsanspruch mindere sich bei mitwirkendem Verschulden des Geschädigten. Der Bereicherungsanspruch sei von jeglicher Form des Verschuldens unabhängig. Beide Ansprüche seien daher qualitativ verschieden. Hinzu trete noch folgende Erwägung: Wer schuldhaft handele, handele auch rechtswidrig. Der Schädiger erfülle damit die Voraussetzung eines Bereicherungsanspruchs, der Geschädigte komme also jederzeit mit Hilfe des § 812 BGB zu seinem Recht. Es wäre unnötig, ja unverständlich, wollte man ihm mit Hilfe eines Deliktsanspruchs dasselbe noch einmal gewähren.

Diese Aussage ist in fast jedem Punkte angreifbar. Aus ihr spricht eine positivistische Grundhaltung, die man im Zeichen der Wertungs- und Interessenjurisprudenz gründlich in Verruf geraten zu sein wähnte. Ferner beruht sie auf einem gründlichen Fehlverständnis der zivilrechtlichen Konkurrenzlehre[65]. *Däubler* bricht seinen Vergleich zwischen Delikts- und Kondiktionsansprüchen auch willkürlich ab, indem er zwar die ohnehin nicht unbestrittene Unanwendbarkeit des § 254 BGB auf § 812 BGB[66] hervorkehrt, § 818 III BGB – eine dem Schadensrecht unbekannte Norm – jedoch außer acht läßt.

Wenn der BGH im Rahmen der Verletzung spezieller Persönlichkeitsrechte eine entsprechende Anwendbarkeit der Grundsätze der Schadensberechnung bei Immaterialgüterrechten ablehnt, so beruht dies auf einer falschen Sicht der speziellen Persönlichkeitsrechte:

62 BGHZ 20, S. 345 ff. Paul Dahlke.
63 Vgl. zum ganzen auch *Schmidt-Salzer*, JR 1969, S. 81 ff.
64 *Däubler*, JuS 1969, S. 49 ff., S. 50 r. Sp.
65 Vgl. zum Verhältnis von Bereicherungs- und Deliktansprüchen *Georgiades*, aaO, S. 197 ff.
66 *Däubler*, JuS 1969, S. 49 ff., S. 50 r. Sp.

„In Wahrheit verlangt der Kläger nicht Ersatz eines gar nicht vorhandenen Vermögensschadens, sondern begehrt eine fühlbare Genugtuung für einen widerrechtlichen Eingriff in seine durch § 22 KUG, Art. 1 und 2 GG geschützte Persönlichkeitssphäre. Er begehrt Genugtuung dafür, daß ihn das weitverbreitete Plakat, in dem es ihn ohne sein Wissen in der Pose des Herrenreiters für das – auch sexuelle Kräftigungsmittel – der Beklagten werben, man könnte fast sagen: reiten ließ, in eine weithin demütigende und lächerliche Lage gebracht hat. Bei einer solchen Fallgestaltung ist es aber in der Tat sinnwidrig, einen Schadensersatzanspruch auf Grund der Fiktion eines abgeschlossenen Lizenzvertrages zuzubilligen. Diese Art der Schadensberechnung kommt nur in Betracht, wenn davon ausgegangen werden kann, daß ein Vermögensschaden irgendwelcher Art zugefügt worden ist und nur der oftmals schwierige Nachweis der Höhe dieses Schadens erleichtert werden soll. Sie versagt, da eine Beeinträchtigung vermögensrechtlicher Belange überhaupt nicht in Frage steht. Sie versagt im vorliegenden Fall auch um deswillen, weil sie dem Kläger ein Verhalten unterstellen müßte, das er – und nicht nur er, sondern auch alle anderen in der gleichen beruflichen und gesellschaftlichen Stellung befindlichen Personen – als kränkend und als erneute Persönlichkeitsminderung empfinden müßten. Sie müßte unterstellen, daß der Kläger sich für viel Geld doch freiwillig in die unwürdige Lage gebracht hätte, gegen die er sich nun wehrt.“[67]

Insoweit rächt es sich, daß die Rechtsprechung zwischen den verschiedenen Persönlichkeitsrechten nicht unterscheidet. *Gerade bei den Fällen des Eingriffs in das Recht am eigenen Bilde muß immer unterschieden werden zwischen dem Eingriff in diese Rechtszuständigkeit (Zahlung der üblichen Lizenzgebühr) und der die Bildveröffentlichung begleitenden Rufschädigung als Verletzung des Rechtsgutes der Persönlichkeit im Sinne des Achtungsanspruchs (Ersatz des immateriellen Schadens).*[67a]

Auch im Rahmen des Warenzeichenrechts hat der BGH[67b] anerkannt, daß der Verletzte Zeicheninhaber als Mindestschaden die angemessene Lizenzgebühr fordern und ein etwa entstandenen weitergehenden Diskreditierungsschaden zusätzlich geltend machen kann.

In diesem Zusammenhang wird die Schadensberechnung bei Immaterialgüterrechtsverletzungen in bezug auf Persönlichkeitsrechtsverletzungen zu einem privilegium odiosum. Die Betrachtung unter dem objektiven Gesichts-

---

67 So BGHZ 26, S. 349 ff., S. 353, Herrenreiter; im Ergebnis zustimmend *Wiese*, aaO, S. 40 f.; *v. Caemmerer*, Wandlungen, S. 49 ff., S. 108, S. 125; *Staudinger-Weber*, aaO, § 253 Rdnr. 7; *Steindorff*, AcP Bd. 158 (1959/1960), S. 431 ff., S. 454; a. A. *Bötticher*, AcP Bd. 158 (1959/1960), S. 385 ff., S. 404, S. 408 f., *Bötticher*, MDR 1953, S. 353 ff.; *Mertens*, JuS 1962, S. 201 ff., S. 268; *Nörr*, AcP Bd. 158 (1959/1960), S. 1 ff., S. 8 f.; *Reinhardt* in *Schulze* BGHZ 43, S. 16 f.; *Wilburg*, AcP Bd. 163 (1964), S. 346 ff., S. 357; *Pecher*, AcP Bd. 171 (1971), S. 44 ff., S. 73 Fn. 113; wohl auch *Stoll*, aaO, S. 17.

67a Vgl. zutreffend HansOLG Ufita Bd. 60 (1971), S. 337 ff.

67b BGHZ 44, S. 372 ff, S. 379/380 *Messmer* im Nu.

punkt des Quasi-Kontraktes soll gerade keinerlei Konnex zu dem subjektiven Parteiwillen herstellen. Diese Berechnungsmodalität darf nicht in einen fiktiven Vertrag mit Willenselementen umgedeutet werden. Es wäre in der Tat merkwürdig, wenn gerade bei schweren Verstößen die übliche Lizenzgebühr als Schaden nicht geschuldet würde. Insoweit gilt nicht einmal die Grenze des § 138 BGB. Wenn *Wiese*[68] ausführt, daß die Schadensberechnung in Form der üblichen Lizenzgebühr auf jeden Fall bei den Persönlichkeitsrechten versage, die – wie die Ehre – der Hingabe gegen eine Lizenzgebühr nicht fähig seien, so übersieht er, daß diese Schadensberechnung überhaupt nur bei speziellen Persönlichkeitsrechten eingreifen kann.
Ein fingierter Lizenzvertrag kann nicht gegen § 138 BGB verstoßen[69]. Nur die freiwillige Preisgabe persönlicher Güter kann sittlich beanstandet werden. „Sind sie aber gegen den Willen des Berechtigten verletzt worden, so hat die Entgegennahme einer Entschädigung nicht die Bedeutung einer Disposition über diese Güter."[70] Den fiktiven Charakter des Lizenzvertrages verkennt auch *Neumann-Duesberg*[71], wenn er ausführt, daß die Fiktion eines Lizenzvertrages im Rahmen der Schadensberechnung und der Ersatz des immateriellen Schadens nicht nebeneinander geltend gemacht werden könnten. Mit der üblichen Lizenzgebühr wird nur die Verletzung des speziellen Persönlichkeitsrechts ausgeglichen. Ist daneben noch das allgemeine Persönlichkeitsrecht im Sinne des Achtungsanspruchs verletzt, so kann der Betroffene daneben grundsätzlich auch den Ersatz des dadurch entstandenen immateriellen Schadens fordern.
Im übrigen ist es eine Unterstellung, im Verlangen der üblichen Lizenzgebühr eine Genehmigung des Eingriffs zu sehen. Man sollte es zumindest dem Geschädigten überlassen, ob er sich diesen Mutmaßungen aussetzen will oder nicht. Die Lizenzgebühr kommt daher sowohl bei gewerblichen Schutzrechten als auch bei speziellen Persönlichkeitsrechten als Maßstab für die Schadensberechnung auch dann in Betracht, wenn eine Lizenzierung überhaupt nicht erfolgt wäre[72]. Verlangt man für diese Schadensberechnungsart den

---

68 *Wiese*, aaO., S. 40;

69 Vgl. dazu *Stoll*, aaO, S. 143.

70 *Bydlinski*, JBl 1965, S. 237 ff., S. 253 l. Sp.

71 *Neumann-Duesberg*, NJW 1971, S. 1640 ff., S. 1641 Fn. 11; daß der eigenmächtige Eingreifer neben der üblichen Lizenzgebühr u. U. auch noch wegen Verletzung des allgemeinen Persönlichkeitsrechts den immateriellen Schaden zu ersetzen hat, ergibt sich aus der Eigenmächtigkeit seines Vorgehens, vgl. dazu auch *Wilburg*, AcP Bd. 163 (1964), S. 346 ff., S. 357.

72 Vgl. dazu zutreffend *Stoll*, aaO, S. 17; vgl. dazu auch *Troller*, aaO, Bd. II, S. 769; *Th. Fischer*, aaO, S. 11.

Nachweis, daß der Eingreifende andernfalls die Einwilligung erlangt haben würde, so ist damit der Wert dieser Schadensberechnungsform aufgegeben. Der Verletzer könnte sich darauf zurückziehen, zu behaupten, daß der Abschluß eines Lizenzvertrages für ihn nicht in Betracht gekommen wäre[73]. Kann der Inhaber spezieller Persönlichkeitsrechte wegen deren unkörperlicher Natur keine wirksamen Schutzvorkehrungen treffen, sind daher diese Rechte in vielfältiger Weise verletzbar und ist der konkrete Schadensnachweis äußerst schwierig, so ist es angemessen in diesem Bereich die Schadensberechnung wie bei Immaterialgüterrechten vorzunehmen[74]. Die versteckte Berücksichtigung der Lizenzgebühr bei der Bemessung des Schmerzensgeldes ist abzulehnen[75]. Demgegenüber ist *Steindorff*[76] der Auffasung, daß die Schadensberechnung nach der üblichen Lizenzgebühr bei Persönlichkeitsrechten und Sachenrechten völlig zu versagen sei. *Steindorff* räumt zwar ein, daß die Begründung des BGH in der Caterina-Valente-Entscheidung[77] und im Herrenreiter-Fall[78] wenig Überzeugungskraft hat. Der Eingriff in Immaterialgüterrechte führe auch dann zum Anspruch auf die Lizenzgebühr, wenn kein Vermögensschaden eingetreten oder nachzuweisen sei. Hier werde durch die abstrakte Schadensberechnung auch die Feststellung des Schadenseintritts ersetzt. Bei Persönlichkeitsrechten soll jedoch allein eine konkrete Schadensberechnung zulässig sein. Im Anschluß an *Neuner*[79] hält *Steindorff* die abstrakte Schadensberechnung für ein Mittel der Rechtsverfolgung. Die Durchsetzung des verletzten Rechts, nicht das Bedürfnis nach Reparatur eines Schadens, wäre demnach die Grundlage der Rechtsprechung. Bei Persönlichkeitsrechten werde derselbe Sanktionszweck durch Geldersatzansprüche wegen Verletzung ideeller Interessen erfüllt. Die abstrakte Schadensberechnung als Mittel zum gleichen Zweck werde daher überflüssig[80]. *Steindorff* müßte, wollte er seine These durchhalten, auch bei der Verletzung von Urheberrechten eine Berechnung nach der üblichen Li-

---

73 Vgl. zu dieser Schadensberechnungsart zutreffend *Steindorff*, AcP Bd. 158 (1959/1960), S. 431 ff., S. 454.

74 So zutreffend *Däubler*, JuS 1969, S. 49 ff., S. 51 r.Sp.

75 Dies gilt in ganz besonderem Maße dann, wenn man wie in Rechtsprechung und Lehre beim immateriellen Ersatz bei Persönlichkeitsrechtsverletzungen weitgehend den Ausgleichsgedanken außer acht läßt.

76 *Steindorff*, AcP Bd. 158 (1959/1960), S. 431 ff., S. 454.

77 BGHZ 30, S. 7 ff.

78 BGHZ 26, S. 349 ff.

79 *Neuner*, AcP Bd. 133 (1931), S. 277 ff., S. 291 f.

80 Vgl. dazu auch *Neumann*, Jher. Jahrb. Bd. 86, 1936/37, S. 277 ff., S. 332; *Nipperdey*, Ufita Bd. 30 (1960), S. 1 ff., S. 24 m.w.N.

zenzgebühr ablehnen, da § 97 II, 1 UrhG auch einen Ersatz des immateriellen Schadens vorsieht. Im übrigen erscheint es wenig glücklich, den dogmatisch weithin ungeklärten Schmerzensgeldanspruch mit derartigen Funktionen zu belasten[81].

Auch *Stoll*[82] hält die Gewährung einer Lizenzgebühr in der Herrenreiter-Entscheidung nicht für statthaft:

„Während dort der Rechtsverletzer die in der Publizität des Klägers beschlossenen Erwerbschancen sich rechtswidrig zunutze machte, hatte im Herrenreiter-Fall der Betroffene keine entsprechenden Erwerbschancen. Hier erschöpfte sich das vom Täter begangene Unrecht darin, fremde ideelle Interessen zum eigenen Vorteil verletzt zu haben. Das reicht zur Annahme eines Vermögensschadens des Verletzten aber nicht aus. Die Schadensberechnung nach Maßgabe einer Lizenzgebühr kommt im Bereich des Persönlichkeitsschutzes m.E. nur bei eng umgrenzten Fallgestaltungen in Betracht, bei welchen die Tat nicht nur für den Täter vermögensmäßige Bedeutung hat, sondern zugleich auch Vermögensinteressen des Opfers verletzt."

Dies vermag nicht zu überzeugen. Der Kläger in der Herrenreiter-Entscheidung war Mitinhaber einer Brauerei in K[83]. Er betätigte sich als Herrenreiter auf Turnieren. Sein Bild hatte Vermögenswert. Dieser Auffassung war auch der Kläger, der DM 15.000.– als Lizenzgebühr verlangte. Eine ganz andere Frage ist es, ob sein Bild tatsächlich so viel wert war[83a].

In Wirklichkeit steht hinter der Rechtsprechung des BGH und der wohl herrschenden Lehre die Auffassung, daß Persönlichkeitsrechten nur ausnahmsweise vermögensrechtliche Wirkungen zukommen könnten[84]. *Wiedemann*[85] hat zutreffend darauf aufmerksam gemacht, daß der gelegentliche Hinweis, die Anerkennung derartiger Rechte würde auf eine Kommerzialisierung der Persönlichkeit hinauslaufen, vernachlässige, daß es im Rahmen von Gesetz und Sitte dem Individuum freistehe, wie weit es die mit seiner Person verbundenen wirtschaftlichen Werte ausnutzen wolle:

„Nicht jedermann veröffentlicht Tagebücher. Derartige Publikationen beruhen u. U. ebenso auf einer Ausnützung der Intimsphäre, wie die Über-

---

81 Voraussetzungen und Rechtsnatur des materiellen und des immateriellen Schadensersatzanspruches sind wesensverschieden; vgl. zu Ansprüchen gem. § 687 bs. 2 BGB insbesondere *Mertens*, JuS 1962, S. 261 ff, S. 268.

82 *Stoll*, aaO, S. 16/17.

83 BGHZ 26, S. 349 ff., S. 349/350 Herrenreiter.

83a Vgl. dazu zutreffend *Horst-Heinrich Jakobs*, aaO, S. 134.

84 Vgl. dazu oben S. 206.

85 *Wiedemann*, aaO, S. 14; Tatsache ist, daß Persönlichkeitsgüter allenthalben kommerzialisiert werden. Die Frage geht allein dahin, ob das Recht diesem „Moralverfall" Vorschub leisten soll, indem es dem Recht einen wirtschaftlichen Zuweisungsgehalt zuspricht oder ob es sich dazu hergibt, diesen zu versagen, vgl. in anderem Zusammenhang auch *Padrutt*, aaO, S. 32.

lassung des Rechts am eigenen Bild. Alle Äußerungen der Person, res externae, stehen ihr virtuell als Vermögensrecht zur Verfügung, soweit sie vergegenständlicht vom Willen abgelöst werden können und ihre Übertragung nicht zu einer Verdingung der Person führt – deshalb nicht die eigene Arbeitskraft."

Das Vermögensrecht ist durch die Elemente der Rechtsausübung und Wertzuordnung zu erfassen:

„In dem zweiten Merkmal unterscheidet es sich von den Persönlichkeitsrechten. Auch sie sind der Ausübung fähig, verkörpern aber – wie immer ihre Struktur beschaffen sein mag – keinen wirtschaftlichen Wert. Zuordnungsfunktionen, die daran anknüpfen, entfallen. Inhalt des Persönlichkeitsrechts ist nicht die ausschließliche Berechtigung an einem nutzbaren Herrschaftsgegenstand, sondern der Anspruch auf Achtung, d. h. Nichtverletzung der Person . . . ."[86]

Daraus folgt, daß Sachenrechte lediglich Vermögensrechte sind, wohingegen das allgemeine Persönlichkeitsrecht im Sinne des Achtungsanspruchs ein reines Persönlichkeitsrecht ist[87]. Dies gilt jedoch nicht für die speziellen Persönlichkeitsrechte. Diese begründen für den Rechtsinhaber eine von seiner Person losgelöste Zuständigkeit, die hinreichend konkretisiert ist[88].

Eine Verbrämung des wirtschaftlichen Gehaltes der speziellen Persönlichkeitsrechte kann sowohl in der Rechtsprechung des Reichsgerichtes als auch in der Rechtsprechung des Bundesgerichtshofs festgestellt werden.

Ausgangspunkt ist die Graf-Zeppelin-Entscheidung vom 28. Okt. 1910[89].

Dieser Entscheidung lag folgender Sachverhalt zugrunde:

„In die Zeichenrolle des Patentamts sind für die Beklagte für Tabakfabrikate aller Art, nämlich Rauch-, Kau- und Schnupftabak, Zigarren und Zigaretten, folgende Warenzeichen eingetragen:

1. Unter Nr. 93499 das Wortzeichen Graf Zeppelin auf Anmeldung vom 19. Okt. 1906;
2. unter Nr. 106972 das aus den Worten Graf Zeppelin und dem Brustbilde des Klägers kombinierte Warenzeichen auf Anmeldung vom 1. November 1907.

Beide Anmeldungen sind erfolgt, ohne daß die Beklagte zuvor die Erlaubnis des Klägers hierzu eingeholt oder seine nachträgliche Genehmigung nach-

---

86 *Wiedemann*, aaO, S. 14/15.

87 *Wiedemann*, aaO, S. 14/15.

88 Deshalb kann *Lukes* (vgl. AcP Bd. 160 (1961), S. 144) nicht gefolgt werden, der den Versuch unternommen hat, § 22 KUG insoweit einen weiteren Anwendungsbereich zu erschließen, als dieser neben dem Bildnisschutz auch das Lebens- und Charakterbild, die Vergegenständlichung der Person in Briefen und persönlichen Aufzeichnungen sowie die Verobjektivierung der Person in ihren persönlich wahrnehmbaren Äußerungen zu schützen hat.

89 RGZ 74, S. 308 ff. Graf Zeppelin; vgl. dazu auch *Struck*, ARSP 1975, S. 64 ff, S. 71.

gesucht hätte. Dagegen hat der Generalbevollmächtigte des Klägers ... mit Brief vom 18. Oktober 1907 der Firma Z.A. & Sohn in Mannheim auf deren Ansuchen die Erlaubnis erteilt, den Namen und das Bild des Klägers für eines ihrer Zigarettenfabrikate zu benutzen. Diese Firma hat daraufhin das Wortzeichen Graf Zeppelin am 1. Dezember 1908 zur Eintragung in die Zeichenrolle angemeldet. Der Kläger hat Klage erhoben mit dem Antrage, Beklagte zu verurteilen, in die Löschung ihrer bezeichneten Warenzeichen zu willigen und die weitere Führung des Namens und Bildnisses des Klägers zur Bezeichnung von Waren und Warenpackungen bei Vermeidung von Strafe zu unterlassen. Er hat u. a. behauptet, der Gebrauch des Namens und des Bildes sei unbefugt. Er habe ein Interesse daran, daß sein Name und Bild nicht ohne seine Einwilligung zur Reklame benutzt werde. Es könne ihm nicht gleichgültig sein, mit welchen Waren sein Name in Verbindung gebracht werde ....“[90]

Das Reichsgericht deutete das Verlangen des Klägers sehr idealistisch:

„Hiervon abgesehen, ist es bei der engen Verbindung des Namens mit der Persönlichkeit seines Trägers als ein natürliches und berechtigtes Interesse eines jeden Menschen anzuerkennen, darauf zu bestehen, daß sein Name nicht oder doch nur insoweit von anderen zu Reklamezwecken benutzt wird, als er es gestattet. Ob, wieweit, unter welchen Voraussetzungen und Bedingungen er eine solche Erlaubnis erteilen will, dies alles muß seinem freien Ermessen überlassen bleiben.“[91]

Gleiches hat nach Auffassung des Reichsgerichtes auf Grund von § 22 KUG auch für das Bild zu gelten, „denn es entspricht gewiß nicht dem Geschmack eines jeden, sein Bildnis auf den Waren eines beliebigen Händlers prangen zu sehen“[92]. Es wirkt in der Tat sehr gekünstelt, wenn das Reichsgericht die Verletzung eines idealen Interesses unterstellt. In Wahrheit ging es um handfeste materielle Interessen, den Schutz des „ersten“ Fabrikanten in seinen Rechten[93] [94]. Auch in der Tull-Harder-Entscheidung des Reichsgerichts vom 26. 6. 1929 wird das Recht am eigenen Bilde verkannt:

Das Bild des damals populären Fußballspielers Tull Harder war ohne sein Einverständnis in eine größere Sammelreihe aufgenommen und Zigarettenschachteln beigegeben worden. Der erläuternde Text auf der Rückseite handelte von den persönlichen, insbesondere den sportlichen Vorzügen des Abgebildeten und schloß mit dem Namen der werbenden Firma sowie einer Preisangabe für zwei Zigarettensorten. Im Gegensatz zur Zeppelin-Entscheidung führt das Reichsgericht nunmehr aus, daß das Bild nur Teil einer bunten, auf Unterhaltung abzielenden Serie sei. Es werde also nicht mit der glei-

---

90 RGZ 74, S. 308 ff., S. 308/309 Graf Zeppelin.

91 RGZ 74, S. 308 ff., S. 311 Graf Zeppelin; vgl. dazu *Kohl* in: *Hoffmann-Riem/Kohl/Lüscher*, aaO., S. 66.

92 RGZ 74, S. 308 ff., S. 313 Graf Zeppelin.

93 So zutreffend *Stoll*, aaO, S. 17.

94 Vgl. dazu auch *Will*, aaO, S. 75/76.

chen Ausschließlichkeit wie in der Zeppelin-Entscheidung zur Kundenwerbung benutzt. Geschäftliche Kundenwerbung aber lasse sich auf so mannigfaltige Weise betreiben, daß sie nicht in Bausch und Bogen als Tätigkeit niederen Ranges betrachtet werden könne:

„Auch die Bilderauswahl im Ganzen bedeutet keineswegs . . . einen Rahmen, dem schon um absonderlicher Buntheit willen der Kläger sich nicht einfügen zu lassen brauche. Dieses bunte Vielerlei kann nach Gegenständen und Plan der Zusammenfügung nicht als unwürdige Umgebung betrachtet werden. Ebensowenig ist aus der technischen Art der Vervielfältigung und Ausstattung nach dem Gesamteindruck ein Bedenken in dem Sinne zu entnehmen, daß dem Persönlichkeitsrecht des Klägers zu nahe getreten sei.“[95]

Diese Entscheidung ist zu Recht fast allgemein auf Ablehnung gestoßen[96]. Es kam in dieser Entscheidung allein darauf an, ob die Veröffentlichung durch § 23 I Ziff. 1 KUG gedeckt war. Davon konnte angesichts der kommerziellen Verwertung des Bildes nicht die Rede sein. In Wirklichkeit konnte sich Tull Harder eben auf die „feinen“ Gefühle des Grafen Zeppelin nicht berufen[96a], noch nicht berufen.

Es ist deshalb zu begrüßen, daß der BGH in der Paul-Dahlke-Entscheidung vom 8. 5. 1956[97] der Rechtsprechung des Reichsgerichts nicht gefolgt ist:

„Das geschützte Rechtsgut, in das mit derartigen ungenehmigten Veröffentlichungen von Bildnissen zu Werbungszwecken für Waren oder gewerbliche Leistungen eingegriffen wird, ist die allein dem Abgebildeten – als natürliche Folge seines Persönlichkeitsrechts – zustehende freie Entscheidung darüber, ob und in welcher Weise er sein Bild den Geschäftsinteressen Dritter dienstbar machen will. Es wäre nicht einzusehen, warum ein solcher Schutz der Persönlichkeitssphäre nicht gerade auch Personen der Zeitgeschichte zugebilligt werden sollte, die in besonderem Maße der Kritik und der Beachtung der Öffentlichkeit ausgesetzt sind. Aus der Ausnahmebestimmung des § 23 I Nr. 1 KUG kann jedenfalls nichts Gegenteiliges entnommen werden; diese Einschränkung des Bildnisschutzes erschien dem Gesetzgeber . . . lediglich im Interesse der Allgemeinheit an sachgerechten Bildberichten über bekannte Persönlichkeiten geboten. Ein schutzwürdiges Interesse der Allgemeinheit aber, solchen Bildnissen auch als Blickfang in Werbeanzeigen zu begegnen, kann nicht anerkannt werden.“[98]

Auch in der Hochzeitsbildentscheidung des BGH vom 10. November 1961[99] wurden ausschließlich kommerzielle Interessen verfolgt:

---

95 RGZ 125, S. 80 ff., S. 84/85 Tull Harder.

96 Vgl. dazu *Möhring*, JW 1929, S. 3078; *Neumann-Duesberg Schulze*, RGZ 11, S. 7; *Will*, aaO, S. 76/77; vgl. auch *Runge* in *Schulze*, BGHZ 25, S. 16/17.

96a *Kohl* in: *Hoffmann-Riem/Kohl/Lüscher*, aaO., S. 66.

97 BGHZ 20, S. 345 ff. Paul Dahlke.

98 BGHZ 20, S. 345 ff., S. 350/351 Paul Dahlke; vgl. dazu auch BGH GRUR 1961, S. 138 = *Schulze* BGHZ 82 mit Anm. von *Neumann-Duesberg* Familie Schölermann; BGHZ 26, S. 349 ff., S. 355/356 Herrenreiter.

99 BGH GRUR 1962, S. 211 ff. mit Anm. von *Bussmann* = Uifta Bd. 37 (1962), S. 110 ff. Hochzeitsbild.

Von der Hochzeit des Klägers, die im Sommer 1957 stattfand, machte die Presse mit Einwilligung des Klägers Bildaufnahmen. Bilder mit Textberichten von dieser Hochzeit wurden unter anderem Anfang September in der ‚Rhein-Neckar-Zeitung' und in der „Südhessischen Post' veröffentlicht. Die Beklagte kaufte von der Deutschen Presseagentur in Frankfurt als Pressefoto ein Hochzeitsbild der Kläger. Dieses Bild veröffentlichte sie ohne Namensnennung der Kläger in einem vergrößerten Ausschnitt im Dezember 1957 in der von ihr mit einer Auflage von etwa 320.000 verlegten illustrierten Zeitschrift auf einer Seite, auf der unter den Überschriften ‚Weihnachtswunsch nach Zweisamkeit' und ‚Dr. B. schlägt eine Brücke von Mensch zu Mensch' Eheanbahnungswünsche von Frauen und Männern abgedruckt waren.

Der BGH hat zutreffend hingewiesen, daß die Zulassung der Presse zu den Hochzeitsfeierlichkeiten nicht die Verwendung eines Hochzeitbildes ohne Namensnennung der Kläger als Illustrationsfoto für eine glückliche Braut rechtfertige. Selbst wenn die Abgebildeten zu den Personen der Zeitgeschichte zu rechnen seien, handele es sich bei der Abbildung überhaupt nicht um ein „Bildnis aus dem Bereich der Zeitgeschichte" i. S. von § 23 I Ziff. 1 KUG[100]. Auf jeden Fall seien berechtigte Interessen der Kläger gemäß § 23 II KUG verletzt[101].
Gleichwohl vermag auch in diesem Zusammenhang das alleinige Abstellen auf den Ersatz des immateriellen Schadens nicht zu überzeugen. Warum sollten nicht die Abgebildeten zunächst einen Anspruch auf die Summe haben, die der Beklagte an die Deutsche Presseagentur zum Erwerb des Pressefotos zahlen mußte. Der Ersatz des immateriellen Schadens käme dann nur noch insoweit in Betracht, als die Veröffentlichung das Ansehen der Abgebildeten beeinträchtigte[102].
Noch evidenter war die ausschließliche Verfolgung von Geschäftsinteressen in der Fußballbild-Entscheidung des BGH vom 20. 2. 1968[103], der folgender Sachverhalt zugrunde lag:

„Die Parteien, die miteinander im Wettbewerb stehen, geben Bilder von Fußballspielern und Sammelalben heraus, in die Bilder der Fußballspieler eingeklebt werden können. Zu den abgebildeten Fußballspielern zählen vor allem Bundesligaspieler. Diesen war es nach dem ursprünglichen Bundesliga-Statut nicht erlaubt, selbst ihre Namen und Bilder für gewerbliche und Werbezwecke zu verwenden. Sie hatten vielmehr ihre Bildschutzrechte auf den Deutschen Fußballbund übertragen, der die Rechte wahrnahm. Der Deutsche Fußballbund erteilte beiden Parteien für die Saison 1964/65 gegen Zahlung einer Gebühr die Erlaubnis, Bilder der Bundesligaspieler zu vertreiben, der Klägerin jedoch mit der Einschränkung, daß sie ihre Bilder nur in der Zeit vom 1. Januar 1965 bis zum 30. Juni 1965 vertreiben dürfe.

---

100 BGH Ufita Bd. 37 (1962), S. 110 ff, S. 113 Hochzeitsbild
101 BGH Ufita Bd. 37 (1962), S. 110 ff, S. 113 Hochzeitsbild
102 Vgl. dazu oben S. 88 f.
103 BGHZ 49, S. 288 ff, Fußballbilder

Im Sommer 1964 wurde die Bestimmung des Bundesliga-Statuts, wonach die Schutzrechte an den Bildern der Bundesligaspieler dem DFB zustehen sollten, außer Kraft gesetzt. Die Beklagte schloß daraufhin mit zahlreichen Bundesligaspielern Verträge ab, in denen ihr die Spieler das ausschließliche Recht einräumten, von ihnen gemachte fotografische Aufnahmen zu vertreiben und gewerblich zu verbreiten. Die Spieler erteilten der Beklagten die Vollmacht, gegen jeden anderen Hersteller oder Vertrieb von Bildern des Spielers einzuschreiten, um den Vertrieb zu unterbinden. Die Beklagte verpflichtete sich, den Spielern als Gegenleistung ein Honorar in Höhe von 5 % des Einzelverkaufspreises zu zahlen.
Die Klägerin setzte sich auch nach dem 30. Juni 1965 über diese Verträge hinweg."[104]

Bemerkenswert ist bereits, daß dieser Fall überhaupt bis in die Revisionsinstanz gelangte. Das OLG Stuttgart hatte als Berufungsinstanz allen Ernstes gemeint, die Klägerin dürfte auch ohne Einwilligung der Bundesligaspieler deren Bildnisse in der geschehenen Form verbreiten, da es sich um Bildnisse aus dem Bereich der Zeitgeschichte handle und berechtigte Interessen der Abgebildeten nicht entgegenständen. Demgegenüber hat der BGH[105] zutreffend darauf aufmerksam gemacht, daß berechtigte Interessen der Spieler dann verletzt seien, wenn ihre Bildnisse ohne ihre Einwilligung zur Werbung für Waren oder gewerbliche Leistungen ausgenutzt würden. Er hat im vorliegenden Zusammenhang ausdrücklich eine Gleichstellung dieser Bildberichterstattung mit der Bildberichterstattung der Presse und des Fernsehens abgelehnt. Freilich spricht er noch von einem Grenzfall[106]. Der BGH führt aus, daß nicht einzusehen sei, daß die Klägerin einseitig den Ruhm der Spieler in Geld ummünze[107]. Man kann in diesem Zusammenhang kaum von einem Grenzfall sprechen. Der Verkauf der Bildnisse ist nicht mehr durch § 23 I Ziff. 1 KUG gedeckt.
Diese Rechtsprechung zeigt am besten, in welchem Umfange heute bereits spezielle Persönlichkeitsrechte kommerzialisiert werden. Auch die marxistische Kritik macht ausdrücklich darauf aufmerksam, daß Name, Ehre und Urheberschaft von den Gesetzmäßigkeiten der kapitalistischen Produktionsweise miterfaßt seien, d. h. in Warenzirkulation und das Streben nach Höchstprofit miteinbezogen würden. Das Namensrecht habe für das Recht eines kapitalistischen Unternehmens vor allem die Bedeutung gehabt, unter einem bestimmten Namen auftreten und seine Waren absetzen zu können[108]. Auch die Geschichte des Urheberrechts ist in Wirklichkeit eine Geschichte

104 BGHZ 49, S. 288 ff, S. 289/290, Fußballbilder
105 BGHZ 49, S. 288 ff, S. 293, Fußballbilder
106 BGHZ 49, S. 288 ff, S. 293, Fußballbilder
107 BGHZ 49, S. 288 ff, S. 294, Fußballbilder
108 Vgl. dazu *Dornberger-Kleine-Klinger-Posch,* aaO., S. 239

des Kampfes um wirtschaftliche Vorteile[109]. Die Reaktion der Autoren gegen das Protokoll betreffend die Entwicklungsländer im Stockholmer Vertragswerk zum Internationalen Urheberrecht[110] hat dies wiederum verraten. Es wäre an der Zeit, daß man auch im Urheberrecht den materiellen Verwertungsinteressen den Stellenwert einräumt, der ihnen tatsächlich zukommt. Man vermißt in der Rechtswissenschaft ein Zugestehen der Existenz von materiellen Interessen. Es ist überhaupt kennzeichnend für unsere Zeit, daß es offiziell als schick empfunden wird, keine und schon gar keine wirtschaftlichen Interessen zu haben. Der Urheber dient der Menschheit[111], die Wirtschaft „der freien und selbstverantwortlichen Entfaltung der Persönlichkeit innerhalb der menschlichen Gemeinschaft“[112].

Wo die persönlichkeitsrechtliche Komponente des Namensrechts nach § 12 BGB die Übertragung zu verbieten scheint, wird diese zur Gestattung umfirmiert und der inhaltlichen Gleichheit zum Trotz wegen der ökonomischen Interessen für zulässig gehalten.

Die Möglichkeit, den Vermögensschaden nach der üblichen Lizenzgebühr zu berechnen, versagt nach *Medicus*[112a] dann, wenn Anhaltspunkte für die Höhe eines solchen üblichen Entgelts fehlen. Die Werbung eines bestimmten Brauereibesitzers für ein Sexualmittel kennt in der Tat kein exakt bestimmbares übliches Entgelt[112b]. Dabei wird jedoch verkannt, daß sich auch im Patentrecht keine allgemeinen Regeln dafür aufstellen lassen, welche Lizenzgebühr angemessen ist. Auch insoweit müssen Anhaltspunkte wie die Höhe der Lizenz bei vergleichbaren Lizenzverträgen in der Branche, die Gewinnchancen und die Marktverhältnisse berücksichtigt werden[112c]. Das diskretionäre Ermessen des Richters ist insoweit auf jeden Fall eingeschränkter als bei der Flucht in den Schmerzensgeldanspruch. Der Anspruch auf die übliche Lizenzgebühr ist auch dann nicht zu versagen, wenn das allgemeine Persönlichkeitsrecht von seinem Inhaber nicht „verwertet“ wird und auch nicht „verwertet“ werden soll. Der Rechtsinhaber nimmt vielmehr mit dem Verlangen der üblichen Lizenzgebühr eine Verwertungshandlung vor[112d].

---

109 Vgl. dazu *Gieseke*, aaO.

110 Vgl. dazu das Protokoll betreffend die Entwicklungsländer, Stockholmer Vertragswerk im Internationalen Urheberrecht, hrsg. v. Dr. Georg Roeber, München 1969.

111 Vgl. dazu auch *Schwerdtner*, aaO., S. 141

112 *Gehlen*, aaO., S. 157

112a *Medicus*, aaO., § 33 III 4, S. 368 RdNr. 833

112b Vgl. BGHZ 26, S. 349 ff

112c *Benkard*, aaO., § 9 Rdnr. 57 m.w.N.

112d Vgl. aber *Benkard*, aaO., § 47 Rdnr. 48 m.w.N.

Eine Vermögensberechtigung wird jedoch allein in den Fällen der speziellen Persönlichkeitsrechte begründet[113]. Zu diesen zählen das Recht am eigenen Bilde (§ 22 KUG), das Urheberrecht, das Namensrecht (§ 12 BGB), das Firmenrecht (§ 17 HGB, § 16 UWG) und das Warenzeichenrecht[114]. Insoweit hat die Rechtsordnung dem einzelnen ein Gut zugewiesen, daß er auf andere übertragen kann, ohne daß insoweit sein allgemeines Persönlichkeitsrecht als Mensch beeinträchtigt würde.

Das Reichsgericht hat in der Tull-Harder-Enscheidung[115] und der BGH in der Paul-Dahlke-Entscheidung[116] nicht dazu Stellung genommen, inwieweit die Verwertung eines fremden Namens Schadensersatzansprüche auslöst. Bei der Verwendung eines fremden Namens für Werbungszwecke handelt es sich nicht um einen unbefugten Namensgebrauch i.S. des § 12 BGB. Wer eine bestimmte Person mit einer Werbung für ein bestimmtes Produkt in Zusammenhang bringt, benützt dessen Namen nicht unbefugt i.S. von § 12 BGB. Ein unbefugter Namensgebrauch i.S. von § 12 BGB liegt nur vor, wenn der Name des berechtigten Namensträgers von einem anderen, dem der Name nicht zukommt, als ein Unterscheidungsmerkmal benutzt wird. Im Gegensatz zu der Zeppelin-Entscheidung[117], wo ein Warenzeichen in Frage stand, wird in der Tull-Harder-Entscheidung und in der Paul-Dahlke-Entscheidung nicht eine individualisierende Kennzeichnung vorgenommen, weil die Art des Hinweises auf die Person die Annahme ausschließt, die angepriesenen Erzeugnisse seien dem Genannten zuzurechnen und sollten unter seinem Namen in Erscheinung treten[118]. Dies hindert jedoch nicht, diese Verletzungsfälle analog der Verletzung des Rechts am eigenen Bilde zu handeln[119]. Diese Meinung ist nicht unbestritten. Nach einem Teil der Lehre soll es nirgends verboten und folglich erlaubt sein, den Namen eines anderen schriftlich oder mündlich zu erwähnen[120]. Auch *Bussmanns* Argumentation läuft inso-

---

113 Vgl. dazu *Hubmann*, Ehrengabe *E. Ulmer*, S. 108 ff, S. 116

114 Vgl. zum Recht am eigenen Bild auch *Kleinheyer*, JZ 1961, S. 473 ff, S. 477 Fn. 35

115 RGZ 125, S. 80 ff, Tull Harder

116 BGHZ 20, S. 345 ff, Paul Dahlke

117 RGZ 74, S. 308 ff, Graf Zeppelin

118 So zutreffend *Erman-Böhle-Stamschräder*, aaO., Bd. I, § 12 Anm. 10 unter Hinweis auf BGHZ 30, S. 7 ff, Catarina Valente; unrichtig insoweit *Will*, aaO., S. 79; *Rötelmann*, AcP Bd. 160 (1961), S. 366 ff, S. 396/397; *Mertens*, JuS 1962, S. 261 ff, S. 266.

119 Vgl. *Will*, aaO., S. 79

120 So *Werner*, Anm. zur Catarina-Valente-Entscheidung in: JR 1959, S. 382; vgl. auch *Landwehr*, aaO., S. 12

weit ins Leere, als seine Belege nur zufällige Namensübereinstimmungen betreffen, nicht aber gezielte Hinweise auf die Person des Namensträgers[121]. Auch in der Rechtsprechung des BGH ist diese Frage noch nicht endgültig geklärt:

„Eine Verletzung der Interessen des Berechtigten durch den unbefugten Gebrauch seines Namens, die außer bei dem vorliegend nicht in Betracht kommenden Bestreiten des Namensrechts Ansprüche nach § 12 BGB begründet, liegt in erster Linie vor, wenn der Name von einem anderen, dem er nicht zukommt, als ein Kennzeichen oder Unterscheidungsmerkmal benutzt wird .... Die Rechtsprechung hat den Namensschutz des § 12 BGB darüber hinaus ausgedehnt auf weitere Fälle, in denen der Namensträger durch den Gebrauch seines Namens in Beziehung zu bestimmten Einrichtungen, Gütern oder Erzeugnissen, mit denen er nichts zu tun hat, gebracht wird. In den Protokollen der Kommission für die Zweite Lesung des Entwurfs des Bürgerlichen Gesetzbuches (Bd. IV, 113) findet sich die Bemerkung, der Namensschutz solle auch dann gewährt werden, wenn der Name nicht zur Kennzeichnung einer anderen Person, sondern zu Reklamezwecken oder zur Bezeichnung von Namen oder auf Schildern gebraucht wird. Im Anschluß daran hat das Reichsgericht ausgesprochen, daß niemand das Recht habe, den Namen eines anderen ohne dessen Wissen und Willen als Warenzeichen eintragen zu lassen ...., und es ist ständige Rechtsprechung, daß § 12 BGB anzuwenden ist, wenn jemand unberechtigt einen fremden Namen mit sich in Verbindung bringt, insbesondere ihn zur Bezeichnung seines Geschäfts oder seiner Waren benutzt ... Ferner ist vereinzelt ganz allgemein die Verwendung eines fremden Namens zu Zwecken des Wettbewerbs als unbefugter Gebrauch i.S. des § 12 BGB bezeichnet worden (RG DR 1939, 438, 439).
Es geht jedoch zu weit, den eigenmächtigen namentlichen Hinweis auf eine Person, wenn er im Zusammenhang mit einer Werbung erfolgt, ausnahmslos als einen Namensmißbrauch zu bezeichnen ..... Schließt die Art dieses Hinweises die Annahme aus, daß die angepriesenen Leistungen oder Erzeugnisse dem Genannten irgendwie zuzurechnen seien oder unter seinem Namen in Erscheinung treten sollen, so kann eine solche Erwähnung seiner Person zwar aus anderen Gründen eine Rechtsverletzung sein; sie ist aber kein unbefugter Gebrauch des Namens, da sich der Werbende in einem solchen Fall den durch den Namen repräsentierten Eigenwert der Person des Anderen weder für sich noch für seine Erzeugnisse oder Leistungen oder für einen Dritten aneignet. Die Bemerkung der Protokolle kann nicht dahin verstanden werden, daß auch in derartigen Fällen § 12 BGB eingreife. Die Erwähnung einer bestimmten Persönlichkeit in einer Anzeige oder sonstigen Veröffentlichung liegt auch wesentlich anders als die das Namensrecht verletzende Benennung einer erdichteten Figur in einem Roman mit dem Namen eines wirklich lebenden Menschen, durch die der Eindruck entstehen kann, der wirkliche Namensträger habe der erdichteten Figur zum Vorbild gedient ....
Ob eine über ihren eigentlichen Anwendungsbereich hinausgehende Auslegung der Vorschrift des § 12 BGB geboten wäre, wenn das Recht sonst keinen ausreichenden Schutz gegen derartige Eingriffe in den persönlichen Bereich gäbe, mag dahinstehen, da die Rechtsordnung jetzt in derartigen Fällen

---

121 *Bussmann*, GRUR 1959, S. 434; vgl. dazu zutreffend bereits *Will*, aaO., S. 84

ausreichende Rechtsbehelfe gewährt. Ein Namensmißbrauch liegt nach den getroffenen Feststellungen nicht vor . . . ."[122]

Demgegenüber hat *Neumann-Duesberg*[123] zutreffend darauf aufmerksam gemacht, daß niemand seinen Namen ungewollt für Werbungen irgendwelcher Art herzugeben braucht[124]. Es kommt in diesem Zusammenhang auch nicht darauf an, ob die Werbung oder sonstige Verwendung des fremden Namens für den Namensträger schmeichelhaft ist[125]. Der Namensträger kann zwar sein Namensrecht nicht übertragen. Er kann jedoch die Befugnis zur Benutzung des Namens vertraglich einräumen[126]. Ob man insoweit von einer Verletzung des Namensrechtes oder von einer Verletzung eines sogenannten Persönlichkeitsnutzungsrechts[127] spricht, ist eine sekundäre terminologische Frage. Unbestreitbar ist, daß die Rechtsordnung dem Namensträger insoweit ein vermögenswertes Gut zugewiesen hat. Die persönlichkeitstrechtliche Komponente des Namensrechtes sollte jedoch nicht dazu mißbraucht werden, ökonomische Interessen zu verdecken[127a]. Zusammenfassend kann daher festgestellt werden, daß bei der Verletzung eines speziellen Persönlichkeitsrechtes der Betroffene einen Schadensersatzanspruch in Höhe der üblichen Lizenzgebühr geltend machen kann. Durch diesen Schadensersatzanspruch wird nur die Beeinträchtigung der Vermögensberechtigung ausgeglichen. Ist durch die unbefugte Bildveröffentlichung oder durch den unbefugten Namensgebrauch gleichzeitig der Verletzte in seinem Ansehen beeinträchtigt, so kann er den daraus entstandenen Schaden wegen Verletzung des allgemeinen Persönlichkeitsrechts i.S. des Achtungsanspruches geltend machen. *Eine Verletzung eines speziellen Persönlichkeitsrechtes ist daher insoweit neutral.* Deshalb kann in diesem Zusammenhang ein Ersatz des immateriellen Schadens nie aktuell werden. Die Rechtsprechung des BGH leidet nicht zuletzt darunter, daß diese beiden Verletzungstatbestände nicht exakt auseinandergehalten werden[128].

---

122 BGHZ 30, S. 7 ff., S. 9/10 Catarina Valente.

123 *Neumann-Duesberg,* in: *Schulze,* BGHZ 70, S. 19.

124 Vgl. auch *Will,* aaO., S. 84 m.w.N.

125 So zutreffend *Will,* aaO, S. 85; *Bussmann,* GRUR 1961, S. 107 ff., S. 108 l. Sp.

126 Vgl. dazu *Erman-Böhle-Stamschräder,* aaO, Bd. I, § 12 Anm. 14; RG JW 1927, S. 117.

127 Vgl. dazu etwas *Heitmann,* Der Schutz der materiellen Interessen an der eigenen Persönlichkeitssphäre durch subjektiv-private Rechte, Diss. Hamburg 1963; *Will,* aaO, S. 69.

127a Vgl. dazu zutreffend *Struck,* ARSP 1975, S. 67 ff, S. 70.

128 Die Abgrenzung zwischen materiellem und immateriellem Schaden ist schwer genug. In der Rechtsprechung werden mögliche Abgrenzungskriterien ohne Not nicht aufgenommen.

2. Ansprüche aus Eingriffskondiktion gemäß § 812 I, 1 2. Alt. BGB

Bei der Verletzung des speziellen Persönlichkeitsrechts steht dem Beeinträchtigten auch ein Anspruch gemäß § 812 I, 1 2. Alt. BGB zu. Die in sonstiger Weise eingetretene Bereicherung ist unrechtmäßig, wenn sie im Widerspruch zum Zuweisungsgehalt eines Rechtes steht und der Bereicherte – unabhängig von der Art ihres Erlangens – keinen Anspruch gegen den Rechtsinhaber auf gerade diesen Vermögensvorteil hat[129]. Angesichts des Umstandes, daß es in diesem Zusammenhang entscheidend auf die Frage ankommt, ob die beeinträchtigte Rechtsposition einen Zuweisungsgehalt besitzt[130], überrascht es nicht, daß insoweit in der Literatur[131] im Rahmen der Persönlichkeitsrechte vieles streitig ist. So haben nach *Wilburg*[132] die Rechte am Namen, an der Firma, am eigenen Bilde, an „allen Gütern der Persönlichkeit mit vermögensrechtlicher Tragweite" einen Zuweisungsgehalt[133]. Demgegenüber hat *Mestmäcker*[134] dem allgemeinen Persönlichkeitsrecht, dem Namensrecht, der Firma, dem Recht am eingerichteten und ausgeübten Gewerbebetrieb den Zuweisungsgehalt abgesprochen[135]. *Horst-Heinrich Jakobs*[136] hat zu Recht darauf hingewiesen, daß bei der Ablehnung eines Zuweisungsgehaltes bei Persönlichkeitsrechten durch *Mestmäcker* im Grunde das Bestreben mitzuspielen scheine, dieses Recht nicht mit vermögensrechtlichen Geschäften zu verquicken, es nicht zu kommerzialisieren. Inhalt des Persönlichkeitsrechts soll nach *Mestmäcker* „der Anspruch auf Achtung gegen Dritte und zwar auf Achtung der Würde des Menschen als sittlicher Person sein". Bereits oben wurde aufgezeigt, daß die speziellen Persönlichkeitsrechte ihrem Inhaber eine Vermögensberechtigung zuweisen. Wird in sie eingegriffen, so kann der Verletzte zumindest die übliche Lizenzgebühr für diesen Eingriff geltend machen[136]. Sieht man in den speziellen Persönlichkeitsrechten Benutzungs- und Verwertungsverbote[137], so ist ein Bereicherungsanspruch allein durch die rechtswidrige Ausnutzung eines konkreten

129 Vgl. dazu z. B. *Esser*, Schuldrecht Bd. II, § 104, 3, S. 365.

130 Vgl. dazu z. B. *Mestmäcker*, JZ 1958, S. 521 ff.

131 *Esser*, Schuldrecht Bd. II, § 104 I, 3b, S. 365; *v. Caemmerer*, Festschrift für Rabel, S. 333 ff., S. 398 f.; *Larenz*, Schuldrecht Bd. II, § 68 II, S. 410/411; *Enneccerus-Nipperdey*, aaO, § 72 I, S. 435 Fn. 18; *Kleinheyer*, JZ 1961, S. 473, S. 477 Fn. 35.

132 *Wilburg*, aaO, S. 43 ff.

133 Vgl. dazu auch *v. Caemmerer*, Festschrift für Rabel, S. 330 ff., S. 398 f.

134 *Mestmäcker*, JZ 1958, S. 521 ff.

135 Vgl. dazu zutreffend *Stoll*, aaO, S. 17.

136 *Horst Heinrich Jakobs*, aaO, S. 104. Vgl. dazu bereits *Orth*, aaO, S. 88.

137 Vgl. dazu *Kellmann*, aaO, S. 92.

fremden Rechtsobjekts gegeben[138]. Damit ist klargestellt, daß es insoweit nicht darauf ankommt, ob derjenige, in dessen Rechte eingegriffen wurde, über dieses Recht überhaupt verfügt und ob der Eingreifende in Kenntnis der Bereicherungsansprüche eingegriffen hätte. Diese Gesichtspunkte werden jedoch gerade bei der Verletzung spezieller Persönlichkeitsrechte im Rahmen der Ansprüche aus unerlaubter Handlung und ungerechtfertigter Bereicherung immer wieder angeführt[139]. Wenn *Esser*[140] die Kondizierbarkeit des Gewinns in den Fällen der Persönlichkeitsverletzung für dogmatisch sauberer hält, so übersieht er m. E., daß gerade bei der Verletzung spezieller Persönlichkeitsrechte der dadurch erzielte Gewinn sehr schwer zu ermitteln ist.[141]

Zusammenfassend ist daher festzustellen, daß dem Verletzten bei der Beeinträchtigung eines speziellen Persönlichkeitsrechts auch unter dem Gesichtspunkt der Eingriffskondiktion ein Anspruch auf die übliche Lizenzgebühr zusteht. Soweit eine derartige Lizenzgebühr auch nicht nach § 287 ZPO[141a] ermittelt werden kann, entfallen Bereicherungsansprüche und Ansprüche aus unerlaubter Handlung. Dies gilt insbesondere für die Fälle, in denen ein Durchschnittsbürger in seinem Recht am eigenen Bild verletzt wird. Nicht jede Geschmacklosigkeit löst einen Schadensersatz- oder Bereicherungsanspruch aus. Der Verletzte war in diesen Fällen auf den Schutz des § 35 KUG verwiesen. Danach konnte auf Verlangen des Verletzten neben der Strafe nach § 33 KUG auf eine an ihn zu erbringende Buße bis zum Betrage von 6000 DM erkannt werden. Nach § 35 Abs. 2 KUG schloß eine erkannte Buße die Geltendmachung eines weiteren Anspruchs auf Schadensersatz aus. Das Urheberrechtsgesetz sieht eine solche Bußregelung nicht vor. Ihre Funktion hat § 97 Abs. 2 S. 1 UrhG übernommen, der einen Ersatz des immateriellen Schadens vorsieht. Da die Buße des § 35 KUG keine Strafe, sondern eine Entschädigung des Verletzten darstellte[142], war bei ihrer Bemessung auch der ideelle Schaden mit zu berücksichtigen. Um die Parallelität beider Regelungen zu gewährleisten, setzte auch die Berücksichtigung

---

138 Vgl. dazu *Wilburg*, AcP Bd. 163 (1964), S. 346 ff., S. 357.

139 Vgl. dazu oben S. 226 ff.

140 *Esser*, Schuldrecht Bd. II, § 104 II, 1b, S. 370 f.

141 Vgl. dazu *Möhring-Nicolini*, aaO, § 97 Anm. 10b, bb.

141a Vgl. zu den Ansprüchen gemäß § 687 Abs. 2 BGB insbesondere *Mertens*, JuS 1962, S. 261 ff., S. 268 l. Sp.; vgl. dazu auch *v. Caemmerer*, Festschrift für Rabel, S. 333 ff., S. 354; *Staudinger-Nipperdey*, aaO, § 687 Rdnr. 10 f.; vgl. zur Berechnung der Gewinnherausgabe *Horst-Heinrich Jakobs*, aaO, S. 128 f.

142 Vgl. dazu *Hubmann*, Urheber- und Verlagsrecht, § 58 I 4, S. 259; *E. Ulmer*, aaO, § 92 III, 1, S. 410/411.

eines immateriellen Schadens im Rahmen von § 35 KUG voraus, daß dem Verletzten durch die Bildveröffentlichung ein potentieller Vermögensschaden entstanden ist[143].

Demgegenüber vertreten *Kellmann*[144], *Horst-Heinrich Jakobs*[145] und *Kleinheyer*[146] die Auffassung, daß auch die Verletzung der Ehre, der privaten Geheimnisse, kurz aller Schutzpositionen des allgemeinen Persönlichkeitsrechts bereicherungsrechtlich einen Anspruch auf Gewinnherausgabe rechtfertigten:

„Der eigene Name (nicht der Firmenname!), private Geheimnisse, die Ehre das eigene Bild etc. sind, soweit (noch) nicht kommerzialisiert, nach Ansicht der Rechtsprechung keine geeigneten Rechte, deren Verletzung die Gewinnherausgabe rechtfertigen könnte. Im Hintergrund steht dabei eine (in Deutschland von der Zuweisungstheorie repräsentierte) Vorstellung, wonach die Gewinnhaftung ein Recht des Verletzten auf Vornahme des vom Eingreifer vorgenommenen Eingriffs voraussetzt, und daß es an diesem Rechte fehle, wenn der Eingriff – selbst vom Verletzten vorgenommen – unüblich oder gar anstößig wäre, wie z. B. bei der kommerziellen Verwertung von Persönlichkeitsrechten."[147]

Nach *Kellmann*[148] ist die Frage nach dem Recht auf Vornahme einer bestimmten Tätigkeit falsch gestellt. Sie wurzele in einem unangebrachten dinglichen Rechtsdenken. Im Umgang mit Rechtsobjekten gelte die Freiheitsvermutung. Jeder könne mit den Vermögenswerten jeder Art nach Belieben verfahren. Für die Gewinnhaftung komme es folglich nicht auf die Erlaubtheit, sondern nur auf das Nicht-Verbotensein des betreffenden Eingriffs an, „die Gewinnhaftung hat erst da ihre Grenze, wo der Eingriff nicht nur gegenüber dem Verletzten, sondern absolut rechtswidrig ist, d. h. auch vom Rechtsinhaber selbst in dieser Form nicht vorgenommen werden dürfte."[149] [150] In diesem Zusammenhang ist der Anspruch auf das angemessene Entgelt (ortsübliche Vergütung, Lizenzgebühr) mit der Gewinnherausgabe wesensgleich[151]. Nach *Kellmann* ist die Gewinnhaftung in vielen Fällen eine schärfere und adäquatere Waffe gegen Persönlichkeitsrechtsverletzungen als

---

143 Vgl. dazu oben S. 226 ff.

144 *Kellmann*, aaO, S. 53 f.

145 *Horst-Heinrich Jakobs*, aaO, S. 104 ff.

146 *Kleinheyer*, JZ 1970, S. 471 ff.

147 *Kellmann*, aaO, S. 53 f.

148 *Kellmann*, aaO, S. 54.

149 *Kellmann*, aaO, S. 54.

150 Diese Grenze sieht *Kleinheyer* (JZ 1970, S. 471 ff., S. 476 r. Sp.) in BGHZ 35, S. 363 ff. – Ginseng – als erreicht an, da sich der Kläger hier zum Gehilfen einer verbotenen Wettbewerbshandlung und damit wohl auch dem Vorwurf des sittenwidrigen Handelns ausgesetzt hätte.

151 *Kellmann*, aaO, S. 142; *Bötticher*, SC 25.

Schadensersatz und Schmerzensgeld[152]. Auch *Horst-Heinrich Jakobs*[153], der, der Eingriffstheorie folgend, nicht mehr auf die Widerrechtlichkeit des Eingriffs, sondern auf die der Verwendung, d. h. auf den Eingriff in fremde Befugnisse, abstellt, läßt keinen Zweifel daran, daß man bei Anerkennung eines allgemeinen Persönlichkeitsrechts auch der Idee des Rechts auf den Eingriffserwerb gemäß die Bereicherungshaftung auf jeden kausal durch die Verletzung des Persönlichkeitsrechts erzielten Gewinn anerkennen müsse. Dies gelte unabhängig davon, ob man im allgemeinen Persönlichkeitsrecht ein absolutes Recht oder nur eine Generalklausel für eine Schadensersatzhaftung aus der Verletzung bloßer Verhaltensnormen sehe[154]. Mit der Ehre eines anderen, mit fremden Persönlichkeitsgütern werde Geld verdient. Deshalb gelte es auf die Analogie zu § 847 BGB zu verzichten und dem Verletzer das verdiente Geld abzunehmen:

„Die Würde des Menschen ist ja nicht vom Grundgesetz entdeckt worden, sondern war dem 19. Jahrhundert mindestens ebenso bekannt wie uns, so daß die Beschränkung des Ersatzes immaterieller Schäden durch das BGB in der Tat nur so verstanden werden darf, daß es – nach der Wertung des Gesetzes – der Würde des Menschen gerade nicht entspricht, sich immaterielle Interessen durch Geld ersetzen zu lassen. Damit verbietet sich aber die Annahme einer ‚Gesetzeslücke', die durch eine Analogie zu § 847 BGB ausgefüllt werden könnte und müßte. Was die Verfasser des BGB dagegen nicht berücksichtigt haben, das ist der neue, wegen seiner Häufigkeit jedenfalls hinsichtlich einer rechtlichen Sanktion dringlich gewordene Tatbestand, daß mit der Ehre eines anderen, mit fremden Persönlichkeitsgütern Geld verdient wird. Deswegen scheint uns der gegenüber der Lösung des BGH bessere Weg der zu sein, dem Verletzer das verdiente Geld abzunehmen, also eben der Anspruch auf den durch das verbotswidrige Handeln erlangten Gewinn. Dies ferner und vor allem auch deswegen, weil das Bedürfnis, dem mit der Anerkennung des Anspruchs auf Schmerzensgeld bei Verletzung des allgemeinen Persönlichkeitsrechts Rechnung getragen werden soll, ja keineswegs nur bei Verletzung dieses Rechts oder seiner Konkretisierungen besteht und auch keineswegs für diese Fälle typisch ist. Das gleiche Bedürfnis besteht vielmehr überall da, wo die Verletzung von Verboten und Geboten, die im Interesse oder zum Schutze einer bestimmten Person bestehen, entweder überhaupt keine Schädigung des Berechtigten oder eine nur schwer meßbare zur Folge haben; es besteht also bei der Verletzung des Eigentums durch Gebrauch der Sache, bei Verletzung des Urheber- und Patentrechts, des Rechts am Warenzeichen und der Ausstattung, bei sittenwidrigen Wettbewerbshandlungen ebenso wie bei der Verletzung des Namens, Firma und des Rechts am eigenen Bilde, des sog. allgemeinen Persönlichkeitsrechts."[155]

152 *Kellmann*, aaO, S. 55.
153 *Horst-Heinrich Jakobs*, aaO, S. 104.
154 *Horst-Heinrich Jakobs*, aaO, S. 104.
155 *Horst-Heinrich Jakobs*, aaO, S. 108 f.

Dieser letzte Hinweis von *Horst-Heinrich Jakobs* ist, wie sich aus den Materialien ergibt[156], nicht haltbar. Auch ist äußerst zweifelhaft, ob die Würde des Menschen dem 19. Jahrhundert mindestens ebenso bekannt war wie uns[157]. Der Gesetzgeber hat eine unterschiedliche schadensrechtliche Behandlung der Rechtsgüter und sonstigen Rechte im Sinne des § 823 Abs. 1 BGB bewußt angeordnet[158]. Im übrigen sind die Gewährung von Schmerzensgeld und der Anspruch auf Gewinnherausgabe keine sich ausschließenden Alternativen[159]. Freilich ist einzuräumen, daß der Gewinnherausgabeanspruch im Sinne von *Kellmann, Horst-Heinrich Jakobs* und *Kleinheyer* bei Persönlichkeitsrechtsverletzungen rechtspolitisch zu begrüßen ist.

Zweifelhaft ist aber, ob diese bereicherungsrechtliche Folge jenseits der Eingriffs- oder Zuweisungstheorie[160] durch den gegenwärtig richterrechtlich ausgeformten Persönlichkeitsschutz gedeckt ist. An diesen Persönlichkeitsschutz hat das Bereicherungsrecht anzuknüpfen. Mit dem Ausbau des allgemeinen Persönlichkeitsrechts im Sinne des Achtungsanspruchs wollte die Rechtsprechung nicht umfassende Persönlichkeitsrechte im Sinne eines Aktivitätsschutzes schaffen, sondern dem einzelnen einen Integritätsschutz zukommen lassen, weshalb das allgemeine Persönlichkeitsrecht auch den Rechtsgütern im Sinne des § 823 Abs. 1 BGB zuzuordnen ist. Es ging in der Rechtsprechung des BGH nicht um die Schaffung von Persönlichkeitsnutzungsrechten, sondern um die Abwehr von Eingriffen in das Substrat der freien Entfaltungsmöglichkeit. Die Nichtgewährung von Persönlichkeitsnutzungsrechten ist auch eine Folge der gegenwärtig von der Rechtsprechung und der herrschenden Lehre gepflegten Verinnerlichung dieses Rechtes. Daß die Rechtsprechung keine Verwertungsrechte schaffen wollte, ergibt sich auch daraus, daß sie einen Bereicherungs- oder Schadensausgleich in Form der üblichen Lizenzgebühr selbst dann ablehnt, wenn der Kläger ohnehin den Einsatz seines Bildes, Namens usw. zu diesen Zwecken nicht gestattet hätte[161]. Im Rahmen der speziellen Persönlichkeitsrechte ist dieser Hinweis unbeachtlich, da diese Rechte bereits vor Schaffung des

---

156 Vgl. dazu oben S. 94/95

157 Es sei hier nur an die Verirrungen des Frühkapitalismus erinnert.

158 Vgl. dazu oben S. 94/95

159 So aber offenbar *Horst-Heinrich Jakobs*, aaO, S. 108; vgl. dazu aber zutreffend *Kleinheyer*, JZ 1970, S. 471 ff., S. 477 r. Sp.

160 Vgl. zur Eingriffstheorie *Fritz Schulz*, AcP Bd. 105 (1909), S. 1 ff.; vgl. zur Zuweisungstheorie *Wilburg*, aaO.

161 Vgl. z. B. BGHZ 35, S. 363 ff. – Ginseng.

allgemeinen Persönlichkeitsrechtes positiv-rechtlich im Sinne eines Aktivitätsschutzes anerkannt waren. Demgegenüber hat die Rechtsprechung des BGH das allgemeine Persönlichkeitsrecht im Sinne eines Integritätsschutzes limitiert, wenn auch die Rechtsprechung insoweit von einem sonstigen Recht im Sinne von § 823 Abs. 1 BGB spricht[162]:

„Die Art. 1 und 2 des Grundgesetzes schützen, und zwar mit bindender Wirkung auch für die Rechtsprechung, das, was man die menschliche Personhaftigkeit nennt; ja sie erkennen in ihr einen der übergesetzlichen Grundwerte der Rechtsordnung an. Sie schützen damit unmittelbar jenen inneren Persönlichkeitsbereich, der grundsätzlich nur der freien und eigenverantwortlichen Selbstbestimmung des Einzelnen untersteht und dessen Verletzung rechtlich dadurch gekennzeichnet ist, daß sie in erster Linie sog. immaterielle Schäden, Schäden, die sich in einer Persönlichkeitsminderung ausdrücken, erzeugt. Diesen Bereich zu achten und nicht unbefugt in ihn einzudringen, ist ein rechtliches Gebot, das sich aus dem Grundgesetz selbst ergibt. Ebenso folgt aus dem Grundgesetz die Notwendigkeit, bei Verletzung dieses Bereiches Schutz gegen die der Verletzung wesenseigentümlichen Schäden zu gewähren."[163]

Aus dieser Sicht des allgemeinen Persönlichkeitsrechtes durch den BGH ergibt sich, daß man in bezug auf das allgemeine Persönlichkeitsrecht nur von bloßen Ausschlußrechten im Sinne *L. Raiser*'s[164] sprechen kann, d. h. der Inhaber des allgemeinen Persönlichkeitsrechtes darf nur alle anderen von einer bestimmten Tätigkeit ausschließen. Man kann aber nicht davon sprechen, daß der Inhaber des allgemeinen Persönlichkeitsrechts ein ausschließliches Recht auf diese Tätigkeit hat. Etwas anderes gilt nur in bezug auf die speziellen Persönlichkeitsrechte (Name, Firma, Warenzeichenrecht, Recht am eigenen Bilde)[165], obwohl der BGH diesen Unterschied in seiner Rechtsprechung nicht deutlich genug herausarbeitet[166]. Der verfassungsrechtliche Bezug auf Art. 1 und 2 GG, der ohnehin schon zweifelhaft ist[167], deckt auf jeden Fall nur den Integritätsschutz ab.

Wenn aber das allgemeine Persönlichkeitsrecht mit seinen verschiedenen Schutzpositionen nur als Ergänzung der Rechtsgüter des § 823 Abs. 1 BGB zu verstehen ist, so kann nicht zweifelhaft sein, daß ein Bereicherungsanspruch auf Gewinnherausgabe nicht in Betracht kommt. Diese Rechtsgüter schienen dem Gesetzgeber in besonderem Maße schutzbedürftig. Ihre Unter-

162 Dies übersieht *Horst-Heinrich Jakobs,* aaO, S. 105 f.
163 BGHZ 26, S. 349 ff., S. 354 f. – Herrenreiter.
164 *L. Raiser,* JZ 1961, S. 465 ff., S. 468.
165 So auch *Horst-Heinrich Jakobs,* aaO, S. 105.
166 So unterscheidet der BGH in BGHZ 26, S. 349 ff., S. 354 f. nicht zwischen dem allgemeinen Persönlichkeitsrecht und den speziellen Persönlichkeitsrechten. In der Sache beurteilt er freilich beide Rechtspositionen verschiedenartig.
167 Vgl. dazu oben S. 72 ff.

stellung unter den Deliktsschutz diente allein dem Zweck der Ausgleichung des Schadens im Verletzungsfalle[168]. Über sie sollte der Inhaber nicht beliebig verfügen können[169]. Diese Trennung von speziellen Persönlichkeitsrechten und dem allgemeinen Persönlichkeitsrecht als Rechtsgut hat also auch schadens- und kondiktionsrechtliche Konsequenzen, die bislang zu wenig beachtet wurden[170]. *Steindorff*[171] hat insoweit zu Recht festgestellt, daß die Schadensberechnung nach der üblichen Lizenzgebühr bei Persönlichkeitsrechten versage, wenn die Rechtsverfolgung statt im Wege der abstrakten Schadensberechnung auf anderem Wege, d. h. im vorliegenden Zusammenhang im Wege des Ersatzes des immateriellen Schadens möglich ist. In bezug auf das allgemeine Persönlichkeitsrecht ist diese Meinung von *Steindorff* zutreffend[172].

Zusammenfassend ist festzustellen, daß ein Bereicherungsanspruch auf Gewinnherausgabe bei Eingriffen in das allgemeine Persönlichkeitsrecht nicht gegeben ist. Die richterliche Rechtsfortbildung auf dem Gebiete des allgemeinen Persönlichkeitsrechts zielte nicht auf die Schaffung eines derartigen Aktivitätsschutzes ab. Rechtspolitisch sind derartige Bereicherungsansprüche anzustreben, da sie von falschen Sentimentalitäten und falschem Pathos wegführen und den zu sehr von Gefühlsmomenten besetzten Schmerzensgeldanspruch entlasten[173]. Über diesen Schmerzensgeldanspruch wird gegenwärtig in vornehmerer Form die Lizenzgebühr mit liquidiert. Die Gewährung von Bereicherungsansprüchen bei Eingriffen in das allgemeine Persönlichkeitsrecht würde daher in der Sache nur geringfügige Änderungen bringen. Es würde jedoch der Wertungswiderspruch aufgehoben, der darin besteht, daß beim allgemeinen Persönlichkeitsrecht ein Zuweisungsgehalt geleugnet wird, obwohl er über den Schmerzensgeldanspruch verdeckt eingeräumt wird.

---

168 Vgl. dazu z. B. *Esser*, Schuldrecht, Bd. II, § 107 II 1, S. 397.
169 Vgl. z. B. §§ 216, 226 a StGB.
170 Vgl. dazu oben S. 94 ff.
171 *Steindorff*, AcP Bd. 158 (1959/1960), S. 431 ff., S. 454.
172 Vgl. dazu auch *Neumann*, Iherings Jahrbücher Bd. 86 (1936/1937), S. 277 ff., S. 332; *Nipperdey*, Ufita Bd. 30 (1960), S. 1 ff., S. 24.
173 Vgl. dazu zutreffend *Kleinheyer*, JZ 1970, S. 471 ff., S. 477 r. Sp.

Teil G

Rechtsfolgen bei der Verletzung des Achtungsanspruchs

I. Der Ersatz des immateriellen Schadens bei Persönlichkeitsrechtsverletzungen

Die Rechtsprechung[1] und die überwiegende Lehre[2] gewähren dem Betroffenen bei Verletzung des allgemeinen Persönlichkeitsrechts unter bestimmten Voraussetzungen einen Ersatz des immateriellen Schadens in Geld. In diesem Zusammenhang sind sowohl die Voraussetzungen als auch die Qualität dieses Anspruchs äußerst umstritten.

Schaden im Rechtssinne ist jede Beeinträchtigung eines menschlichen Interesses[3]. Ist das verletzte Interesse höchstpersönlich, so daß eine durch Geldleistung vermittelte Ersatzbeschaffung ausscheidet, so liegt ein immaterieller oder ideeller Schaden vor[4]. Dieser Schaden wird in der Literatur und Rechtsprechung häufig als Schmerzensgeld bezeichnet. Obwohl diese Kennzeichnung, wie noch zu zeigen sein wird, mehr als mißverständlich ist, soll sie wegen ihres durchgängigen Gebrauches auch hier verwandt werden.

---

1 Vgl. dazu BGHZ 26, S. 354 ff., Herrenreiter; BGH LM Nr. 5 zu § 23 KUG Hochzeitsbild; BGHZ 35, S. 353 ff, Ginseng; BGHZ 36, S. 84 ff, Waffenhandel; BGH NJW 1962, S. 152 ff.; BGH NJW 1962, S. 1004 ff, Doppelmörder; BGHZ 39, S. 124 ff, Fernsehansagerin; BGH LM Nr. 25 zu § 847 BGB; BGH JZ 1965, S. 413 ff, Gretna Green; BGH NJW 1966, S. 2355 Vor unserer eigenen Tür; BGH NJW 1965, S. 1375 ff, Satter Deutscher; BFH NJW 1964, S. 744 ff.; KG Ufita Bd. 48 (1966), S. 265 f.; OLG Frankfurt, Ufita Bd. 44 (1965), S. 368; OLG Hamburg, Ufita Bd. 38 (1962), S. 365 f.; HansOLG Hamburg, Ufita Bd. 60 (1971), S. 322 ff.; a. A. OLG München, AfP 82, 1970, S. 966 ff.; OLG Karlsruhe, BB 1962, S. 139 f.; LG München I, Ufita Bd. 41 (1964), S. 333.

2 Vgl. dazu *Wiese*, aaO., S. 37 Anm. 125, S. 42 Anm. 137; *Rötelmann*, NJW 1964, S. 1458 ff.; *Hubmann*, aaO., S. 353 f.; *Stoll*, aaO.; *v. Caemmerer*, aaO., S. 27 ff., S. 36 f.; soweit in der Literatur Bedenken gegen diese Rechtsprechung artikuliert worden sind, hat die Kritik in den letzen Jahren nachgelassen: So spricht *Esser* (Schuldrecht, II, § 113 I, 1, b, S. 463) nur noch von erheblichen Bedenken; vgl. auch *Medicus*, aaO., § 24 II, 2, d, S. 252, S. 253; *Fikentscher*, aaO., § 103 II, 2, f, S. 629; vgl. aber auch *Flume*, 46 DJT Bd. II, K 6 ff.; *Ramm*, Einführung, Bd. III, L 772; *Giesen*, NJW 1971, S. 801/802; ob der Schmerzensgeldanspruch aus § 823 Abs. 1 allein oder aus § 847 BGB analog folgt, ist umstritten. Vgl. dazu *Mertens*, JuS 1962, S. 162 ff., S. 266 l. Sp.

3 *Stoll*, aaO., S. 127.

4 Vgl. dazu *Stoll*, aaO., S. 127.

Der ideelle Ersatz ist vom materiellen Ersatz grundsätzlich zu unterscheiden, wenn auch eine Abgrenzung häufig kaum möglich ist. Nach *Mertens*[5] liegt ein Vermögensschaden immer dann vor, wenn das Schadensereignis die gegenständliche und nicht ausschließlich die personale Sphäre betrifft. *Mertens* betont weiter, daß der Vermögensschaden eine in Geld meßbare Beeinträchtigung voraussetze. Wie problematisch diese Unterscheidung ist, hat bereits *Koziol*[6] dargetan. Nach *Koziol* kommt es für die Abgrenzung des ideellen vom materiellen Schaden nicht darauf an, ob das betroffene Recht im Verkehr als ein veräußerungsfähiges selbständiges Gut angesehen wird, dem ein Vermögenswert zukommt[7]. Diese Abgrenzung kann hier jedoch dahingestellt bleiben, da der Gesetzgeber auf eine exakte Trennung zwischen materiellem und immateriellem Schaden verzichtet hat. Der Begriff des immateriellen Schadensersatzes ist, geht er doch auf Geldleistung, unscharf, hat sich jedoch durchgesetzt[7a]

Während die Rechtsprechung ursprünglich den Ersatz des Nichtvermögensschadens bei Persönlichkeitsrechtsverletzungen auf eine Analogie zu § 847 BGB stützte[7b], hat sie in der Folgezeit den Schmerzensgeldanspruch nicht mehr aus einer entsprechenden Anwendung des § 847 BGB hergeleitet. Die Entscheidungen stellen vielmehr darauf ab, daß die unter dem Einfluß der Wertentscheidung des Grundgesetzes erfolgte Ausbildung des zivilrechtlichen Persönlichkeitsschutzes lückenhaft und unzulänglich wäre, wenn eine Verletzung des Persönlichkeitsrechts keine der ideellen Beeinträchtigung adäquate Sanktion auslösen würde. Ebenso wie sich die Beschränkung des deliktsrechtlichen Schutzes auf bestimmte einzelne Rechtsgüter des Menschen als zu eng erwiesen habe, um den vom Grundgesetz geforderten Persönlichkeitsschutz zu gewährleisten, werde eine Beschränkung des ideellen Schadensersatzes auf Verletzungen einzeln aufgeführter Rechtsgüter dem Wertsystem des Grundgesetzes nicht mehr gerecht[7c]. Der Schmerzensgeld-

---

5 *Mertens*, aaO., S. 151 f.

6 *Koziol*, Zeitschrift für Rechtsvergleichung 1969, S. 22 ff., S. 31.

7 Vgl. zum Problem der Urlaubs- und sonstigen Freizeitbeeinträchtigung OLG Frankfurt, NJW 1967, S. 1372 ff.; OLG Bremen, VersR 1969, S. 929; KG NJW 1970, S. 474 ff.; LG Köln, MDR 1966, S. 758; LG Hamburg, VersR 1968, S. 1197; *Mammey*, NJW 1969, S. 1150 ff.; *Grunsky*, aaO., S. 73 ff.; *Heldrich*, NJW 1967, S. 1737 ff.; *Landwehrmann*, NJW 1970, S. 1867 ff.; vgl. dazu auch BGH NJW 1956, S. 1234 ff.

7a Vgl. dazu aber auch *Stoll*, Begriff und Grenzen des Vermögensschadens, Karlsruhe, 1973; *Wiese* DB 1975, S. 2309 f.

7b Vgl. dazu BGHZ 26, S. 349.

7c BGHZ 35, S. 363.

anspruch wird daher bei Persönlichkeitsrechtsverletzungen in Durchbrechung des § 253 BGB unmittelbar auf § 823 Abs. 1 BGB gestützt. Nach der hier vertretenen Auffassung gehört das allgemeine Persönlichkeitsrecht i. S. des Achtungsanspruchs zu den Lebensgütern i. S. v. § 823 Abs. 1 BGB (Leben, Gesundheit, Körper, Freiheit). Soweit man dieser Auffassung folgt, ist es naheliegend, eine Analogie zu § 847 BGB zu ziehen[7d]. Diese dogmatische Verortung des Ersatzes des Nichtvermögensschadens bei Persönlichkeitsrechtsverletzungen ist jedoch nur von sekundärer Bedeutung. Angesichts des Ausbaus des Systems der Leistungsstörungen ist es auch fragwürdig geworden, ob der Ausschluß des Schmerzensgeldes im Rahmen von positiven Forderungsverletzungen überhaupt noch zu rechtfertigen ist, ob das Enumerationsprinzip des § 253 BGB insoweit nicht Durchbrechungen erfahren muß.[7e]

1. Der normative Befund

Nach § 847 I BGB kann der Verletzte im Falle der Verletzung des Körpers oder der Gesundheit und im Falle der Freiheitsentziehung auch wegen des Schadens, der nicht Vermögensschaden ist, *eine billige Entschädigung in Geld* verlangen. Ein gleicher Anspruch steht nach § 847 II BGB einer Frauensperson zu, gegen die ein Verbrechen oder Vergehen wider die Sittlichkeit begangen oder die durch Hinterlist, durch Drohung oder unter Mißachtung eines Abhängigkeitsverhältnisses zur Gestattung der außerehelichen Beiwohnung bestimmt wird. Hat eine unbescholtene Verlobte ihrem Verlobten die Beiwohnung gestattet, so kann sie, wenn die Voraussetzungen des § 1298 oder des § 1299 vorliegen, auch wegen des Schadens, der nicht Vermögensschaden ist, eine billige Entschädigung in Geld verlangen (§ 1300 I BGB). Im übrigen ist eine Geltendmachung des Nichtvermögensschadens im Rahmen des Bürgerlichen Rechts an sich ausgeschlossen. § 253 BGB bestimmt ausdrücklich, daß wegen eines Schadens, der nicht Vermögensschaden ist, eine Entschädigung in Geld nur in den durch Gesetz bestimmten Fällen gefordert werden kann. Da das Persönlichkeitsrecht in § 847 nicht genannt ist, ist nach der gesetzlichen Regelung ein Ersatz des immateriellen Schadens bei Persönlichkeitsrechtsverletzungen an sich ausgeschlossen. In bezug auf die Rechtsentwicklung muß jedoch berücksichtigt werden, daß das Urheberrechtsgesetz vom 9. September 1965 in § 97 II dem Urheber, Verfasser wissenschaftlicher Ausgaben, Lichtbildner und ausübendem Künstler einen An-

---

7d So bereits zutreffend *Krasser*, aaO., S. 207; vgl. dazu neuerdings BGH GRUR 1972, S. 383 Bundesbahn-Amtmann.

7e Vgl. Beschluß des 45. DJT, Bd. II/C 127; *Wiese* DB 1975; S. 2309 m.w.N.

spruch auf Ersatz des ideellen Schadens gewährt, wenn dem Verletzer Vorsatz oder Fahrlässigkeit zur Last fällt. Nach § 35 I, 2, § 27 I GWB kann ein Unternehmen sogar dann eine billige Entschädigung in Geld verlangen, wenn sich eine Wirtschafts- und Berufsvereinigung entgegen einer Anordnung der Kartellbehörde weigert, ein Unternehmen in seinen Verband aufzunehmen. Auch insoweit ist es wiederum überraschend, daß zwar die Unternehmerpersönlichkeit und die Urheberpersönlichkeit einen Anspruch auf Ersatz des immateriellen Schadens geltend machen können, während dies bei Persönlichkeitsrechtsverletzungen im übrigen gesetzlich nicht vorgesehen ist.
Um die Bedeutung des Ersatzes des immateriellen Schadens in den Fällen der Persönlichkeitsrechtsverletzung bestimmen zu können, empfiehlt es sich zunächst, sich die Sachverhalte vor Augen zu führen, die den Anlaßfällen zugrunde lagen:

BGHZ 26, S. 349 ff.: Herrenreiter.

Der Kläger ist Mitinhaber einer Brauerei in K. Er betätigt sich als Herrenreiter auf Turnieren. Die Beklagte ist Herstellerin eines pharmazeutischen Präparats, das nach der Vorstellung weiter Bevölkerungskreise auch der Hebung der sexuellen Potenz dient. Sie hat zur Werbung für dieses Mittel in der Bundesrepublik, u. a. auch in K., ein Plakat mit der Abbildung eines Turnierreiters verbreitet. Dem Plakat lag ein Originalphoto des Klägers zugrunde, das von dem Presseverlag S. auf einem Reitturnier aufgenommen worden war. Eine Einwilligung zur Verwendung seines Bildes hatte der Kläger nicht erteilt.
Der Kläger nimmt die Beklagte für den Schaden in Anspruch, der ihm durch die Verbreitung des Werbeplakats entstanden ist. Er macht geltend, daß ihm bei der gegebenen Sachlage nur der Weg bleibe, Ersatz dessen zu fordern, was er erlangt haben würde, wenn er der Beklagten die Benutzung seines Bildes gestattet hätte. Da seine geschäftliche und gesellschaftliche Stellung es ihm nicht gestatteten und seine Vermögensverhältnisse ihn auch in keiner Weise dazu nötigten, sein Bild für Werbezwecke, insbesondere für das Präparat der Beklagten, zur Verfügung zu stellen, würde er dies, wenn überhaupt, nur für ein angemessenes Entgelt getan haben. Dieses sei schätzungsweise auf mindestens 15.000,– DM zu bemessen.
Der Kläger hat beantragt, die Beklagte zu verurteilen, einen angemessenen, vom Gericht festzusetzenden Betrag als Schadensersatz zu zahlen.

BGHZ 30, S. 7 ff: Caterina Valente.

Die Beklagte vertreibt Präparate, die zum Reinigen und Befestigen von Zahnprothesen dienen. In einer Zeitschrift ließ sie eine Werbeanzeige veröffentlichen, in der die angeblichen Erlebnisse einer nicht genannten Sängerin geschildert und gleichzeitig die Erzeugnisse der Beklagten angepriesen werden. Die beiden ersten Absätze des Werbe-Textes lauten:
„Wenn ich auch nicht so berühmt wurde wie meine große Kollegin X, so war doch die Bühne meine Welt.
Ich sage, war, denn eines Abends geschah etwas Furchtbares: Ich stand auf der Bühne eines bekannten süddeutschen Hauses und sang gerade mein Erfolgslied ... Dabei löste sich plötzlich die Oberplatte meines künstlichen Gebisses vom Gaumen, und nur ein blitzschneller Griff bewahrte sie vor dem

Herausfallen ... Mein Auftritt war eine schreckliche Blamage, die meine Karriere und Existenz zerstörte."

Die Klägerin ist unter dem Namen X in weiten Kreisen als Künstlerin bekannt geworden. Sie ist von der Beklagten nicht gefragt worden, ob sie die Erlaubnis zur Erwähnung in dem Werbetext erteile. In der Werbemaßnahme sieht sie eine unerlaubte und schuldhafte Verletzung ihres Namens – und ihres Persönlichkeitsrechts. Sie behauptet, durch diese Rechtsverletzung sei ihr ein erheblicher Schaden entstanden.

BGHZ 35, S. 363 ff.: Ginseng.

Der Kläger ist außerordentlicher Professor der Juristischen Fakultät der Universität G., an der er einen Lehrstuhl für Völker- und Kirchenrecht innehat. Von einem Aufenthalt in Korea hatte er einige Ginseng-Wurzeln mitgebracht, die er dem ihm befreundeten Professor H. in J., einem Pharmakologen, für Forschungszwecke zur Verfügung stellte. Dieser erwähnte in einem wissenschaftlichen Aufsatz über Ginseng-Wurzeln die Tatsache, daß er durch die liebenswürdige Unterstützung des Klägers in den Besitz echter koreanischer Ginseng-Wurzeln gekommen sei. Dies führte dazu, daß der Kläger in einem populär-wissenschaftlichen Aufsatz „Wunderwurzel neu entdeckt", der im Jahre 1957 in der Zeitschrift „H. und W." erschien, neben Professor H. und anderen Wissenschaftlern als einer der bekanntesten Ginseng-Forscher Europas bezeichnet wurde.

Die Beklagte vertreibt ein Kräftigungsmittel, das Ginseng enthält. In ihrem Werbeprospekt für dieses Mittel wird der Kläger in folgendem Zusammenhang erwähnt:

„Aber auch die westliche Wissenschaft erkennt den hohen Wert dieser kostbaren Droge an. Nach Ansicht bedeutender Wissenschaftler wie Professor H. (J.), Professor B. (... Name des Klägers) wirkt Ginseng als reines Naturprodukt auf den gesunden Organismus erneuernd (ohne jedoch aufzuputschen), kreislauffördernd, aufbauend bei Drüsen- und Potenzschwäche und körperlich-seelischer Zerschlagenheit, also insbesondere bei Zuständen, die mit dem Zentralnervensystem zusammenhängen."

Fast wörtlich gleichlautend finden sich diese Angaben ferner im Februar-Heft 1958 der Zeitschrift M. in einer redaktionellen Notiz, die in unmittelbarem räumlichen Zusammenhang mit einer Werbeanzeige der Beklagten abgedruckt ist. In der Zeitschrift M. heißt es:

„Als Heilpflanze ist Ginseng in ganz Asien bekannt. Besonders schätzt man sie als Kräftigungsmittel. Sie ist Hauptbestandteil der asiatischen Liebestränke und soll von den Frauen allabendlich genommen werden ..."

In der Zeit vom September 1957 bis August 1958 sind etwa 250.000 Exemplare der Werbeprospekte verteilt worden, davon ca. 50.000 nach Verwarnung der Beklagten durch den Kläger im Mai 1958. Die Zeitschrift M. erschien in einer Gesamtauflage von 27.500 Exemplaren.

Der Kläger hat in der Anspielung auf seine Person einen unbefugten Eingriff in sein Persönlichkeitsrecht erblickt. Die Werbung erwecke, so führt er aus, den Eindruck, als habe er sich auf einem fremden Fachgebiet ein Urteil in einer umstrittenen Frage angemaßt oder als habe er entgeltlich und standeswidrig seinen Namen der Werbung für ein zweifelhaftes Produkt zur Verfügung gestellt. Gerade im Zusammenhang mit der von der Werbung in Anspruch genommenen Wirkung des Präparats als sexuelles Kräftigungsmittel führe die Berufung auf seine wissenschaftliche Autorität dazu, daß er in seinem Ruf als Gelehrter Einbuße erleide und in der Öffentlichkeit, vor allem bei den Studenten, lächerlich gemacht werde. Der Kläger hat unter Berufung auf die in dem Urteil BGHZ 26, 349 (Herrenreiter) aufgestellten Rechtsgrundsätze einen Betrag von 10.000 DM als Genugtuung für erlittene Kränkung gefordert.

BGHZ 39, S. 124 ff.: Fernsehansagerin.

Die Klägerin war Fernsehansagerin beim Sender Freies Berlin (SFB). Im Juni 1960 reiste sie in die USA; sie wurde dort und während einer Zwischenstation in Paris als Berliner Fernsehansagerin vorgestellt. Zwei Redakteure der Erstbeklagten hielten in den USA mit ihr Verbindung. Nach ihrer Rückkehr wurde die Klägerin von dem Reporter R. für einen Artikel in der von dem Erstbeklagten herausgegebenen illustrierten Wochenzeitschrift „St.“ interviewt. Dem Reporter wurden dabei Aufnahmen der Klägerin übergeben.
In einer Fortsetzungsserie mit dem Titel „Lächeln auf allen Kanälen“, die in den Nummern 29–31 vom 16., 23. und 30. Juni 1960 erschienen, nahm der „St.“ kritisch zu den Fernsehansagerinnen des SFB und ihren Leistungen Stellung. Dabei wurde im besonderen die Klägerin abfällig kritisiert. Der Autor dieser Reportagen ist der Zweitbeklagte. Eine von der Klägerin erwirkte einstweilige Verfügung konnte die Verbreitung der Artikel nicht mehr verhindern, weil die Auflage der Zeitschrift bereits ausgeliefert war. Am 28. Juli 1960 erhielt die Klägerin einen Brief des SFB, in dem Verhandlungen über die Auflösung des Arbeitsverhältnisses angekündigt wurden. Am 9. September 1960 kündigte der SFB das Arbeitsverhältnis.
Die Klägerin sieht in der Reportage des „St.“ eine schwerwiegende Verletzung ihrer Ehre. Das dem Reporter vorliegende Informationsmaterial sei einseitig ausgewertet und entstellt wiedergegeben worden. Der Artikel gehe in beleidigender Weise auf ihr Privatleben ein und enthalte eine Reihe unrichtiger Angaben. Er erwecke bei den Lesern den Eindruck, sie sei abartig veranlagt, und enthalte auch in seinem übrigen Inhalt eine diffamierende Tendenz. In Verbindung mit der Wiedergabe ungünstiger Lichtbilder sei der Leserschaft ein verzerrtes Bild ihrer Person vermittelt worden. Die Beeinträchtigung ihres Persönlichkeitsrechts habe sich deshalb besonders nachhaltig ausgewirkt, weil sie durch das Fernsehen weithin bekannt sei und der „St.“ eine Auflagenhöhe von 1 Million habe. Die Reportage habe im In- und Ausland große Beachtung gefunden und zur Kündigung ihres Arbeitsverhältnisses geführt. Darüber hinaus habe sie seelische Schmerzen erleiden müssen, die mindestens ebenso schwer wögen wie körperliche Schmerzen. Seitdem sei sie in Fachkreisen und bei ihren Kollegen mit einem Makel behaftet, da die ausgesprochenen Verdächtigungen an ihr hängen geblieben seien. Sie sei auch in ihrer inneren Sicherheit erheblich gestört, zumal sie immer wieder auf die Verdächtigungen hin angesprochen werde.
Die Klägerin hat beantragt, die Beklagten zu verurteilen, ihr Bedauern auszudrücken, die im einzelnen näher bezeichneten Äußerungen veröffentlicht zu haben, und den erkennenden Teil des Urteils im „St.“ bekannt zu geben. Ferner hat die Klägerin um die Zubilligung eines Schmerzensgeldes von 20.000 DM und die Feststellung gebeten, daß die Beklagten ihr allen aus der Reportage entstandenen und noch entstehenden materiellen Schaden zu ersetzen haben.

BGH NJW 1971, S. 698: Helga.

Die Klägerin, eine Schauspielerin, wirkte an einem 1968 hergestellten Aufklärungsfilm mit. In dem Programmheft für diesen Film wurde sie auf der rückwärtigen Umschlagseite in einer Großaufnahme in enger Umarmung mit ihrem Partner abgebildet. Die Beklagte vertreibt Mittel zur sexuellen Anre-

gung. In den Nummern 10, 11 und 23/1969 der Zeitschrift „Stern" erschienen Anzeigen der Beklagten, die einen 12 x 50 mm großen Bildteil und neben Preisangabe (24, 80 DM) und Anschrift der Beklagten folgenden Text enthielten:
„Pariser Liebestropfen. Das intime Mittel für Mann und Frau. Ein moderner Lockstoff der Liebe. Betörend – verführerisch – unwiderstehlich. Wenige Tropfen genügen für rasche Wirkung."
Eine Zustimmung zum Abdruck ihres Bildes für Zwecke der Beklagten hatte die Klägerin nicht gegeben.
Die Klägerin fühlt sich durch das Inserat verletzt. Die Anzeige habe sowohl in ihrer Familie als auch in ihrem beruflichen Wirkungskreis einen erheblichen Wirbel verursacht. Sie werde von allen Seiten auf dieses Inserat angesprochen. Sie sei bei der Oldenburger Bühne engagiert gewesen, nachdem sie vorher eine klassische Bühnenausbildung absolviert habe. Sie spiele in Oldenburg nahezu nur klassische Stücke. Z. Z. sei sie hauptsächlich beim Film beschäftigt, spiele aber daneben noch Gastrollen an verschiedenen Bühnen, insbesondere auch in klassischen Stücken. Durch die diskriminierende Veröffentlichung seien ihre Gastrollen gefährdet. Aber auch die Aussichten für weitere Filmangebote hätten sich hierdurch verschlechtert.

Diese repräsentativen Urteile zeigen, daß die Verletzten bei Persönlichkeitsrechtsverletzungen über den sog. Schmerzensgeldanspruch vorrangig potentielle Vermögensschäden verfolgen, ein Gesichtspunkt, der in der allgemeinen Diskussion um den Ersatz des immateriellen Schadens zu sehr in den Hintergrund getreten ist. Für die Verletzten stand die Ausgleichs- und nicht eine irgendwie geartete Genugtuungsfunktion im Vordergrund.

2. § 253 BGB und Verfassungsrecht

Schon früh hat sich das Schrifttum unter Berufung auf Art. 1 I und Art. 2 I GG über die Norm des § 253 BGB hinweggesetzt. Während im Schrifttum zunächst nur an eine Revision des § 253 BGB gedacht wurde[8], hat sich mittlerweile die Auffassung durchgesetzt, daß der einzig wirksame Schutz der Persönlichkeit die Entschädigung in Geld ist[9]. Dem Grundgesetz wurde deshalb ein für den Richter verbindlicher „Schutzauftrag" im Sinne der Gewährung eines Ersatzes des immateriellen Schadens entnommen[10]. Es wurde sogar vertreten, daß Art. 1 I und Art. 2 I GG Anwendungsfälle der in § 253 BGB erwähnten besonderen gesetzlichen Fälle seien[11]. Bezeichnend ist insoweit die Stellungnahme von *Helle*[12]:

---

8 Vgl. dazu *E. Kaufmann*, AcP Bd. 162 (1963), S. 421 ff.; *Hubmann*, aaO., 1. Aufl., S. 250; *Neumann-Duesberg*, Das gesprochene Wort im Urheber- und Persönlichkeitsrecht, S. 194 ff.

9 Vgl. dazu z. B. *Wiese*, aaO., S. 40.

10 So *H. Kaufmann*, JuS 1963, S. 273 ff.

11 Vgl. dazu auch *Kaduk*, JR 1964, S. 326 ff.; *H. Kaufmann*, JuS 1963, S. 373 ff., S. 383.

12 *Helle*, aaO., S. 86; vgl. dazu aber auch *Scholler*, aaO., S. 416 ff.

„Das allgemeine Persönlichkeitsrecht wurde erst durch das Grundgesetz anerkannt. Es stellt die Würde des Menschen (Art. 1 I) und die freie Entfaltung seiner Persönlichkeit (Art. 2 I) an die Spitze aller durch Grundrechte geschützten Werte. Zugleich bestimmt es (Art. 1 III), daß die Grundrechte Gesetzgebung und Rechtsprechung als unmittelbar geltendes Recht binden. Damit wäre es unvereinbar, die Persönlichkeit ohne zivilrechtlichen Schutz zu lassen. Das wäre aber der Fall, wenn für den ideellen Schaden, den ihre Beeinträchtigung zur Folge hat, keine Entschädigung in Geld verlangt werden könnte, obwohl seine Heilung durch Wiederherstellung des früheren Zustandes unmöglich ist. § 253 BGB ist daher insofern mit Art. 1 und 2 GG unvereinbar ... Diese Rechtslage ist m. E. so klar, daß ein einschlägiges Gesetz nur deklarative, aber keine konstitutive Bedeutung haben würde. Es mag wünschenswert sein, notwendig ist es jedoch nicht."

Bereits *Bydlinski*[13] hat mit der nötigen Deutlichkeit zum Ausdruck gebracht, daß selbst die blühendste juristische Phantasie davor zurückschrecken sollte, aus den Art. 1 I und 2 I GG unmittelbar die Anordnung einer bestimmten privatrechtlichen Sanktion, hier die des Ersatzes für immateriellen Schaden, herauszupressen. Insoweit zeigt sich auch, daß die juristische Hermeneutik, dieses System von Kunstregeln, weitgehend ein literarisches Eigenleben führt. Bereits oben[14] wurde aufgezeigt, daß dem Verfassungsrecht eine bestimmte Ausgestaltung des Persönlichkeitsschutzes nicht entnommen werden kann. Dies ergibt sich bereits aus dem praktischen Gesichtspunkt, daß derjenige, der dem gegenwärtigen zivilrechtlichen Persönlichkeitsschutz Verfassungsrang zubilligt, eine Änderung nur im Wege der Verfassungsänderung erreichen könnte, wobei noch völlig ungeklärt ist, wo diese Verfassungsänderung ansetzen müßte. Im Gegensatz zu der Literatur hat sich der BGH[15] einfach über § 253 BGB hinweggesetzt, ohne dieser Bestimmung Verfassungswidrigkeit zu attestieren.

Mittlerweile hat das Bundesverfassungsgericht in seinem Beschluß vom 14. 2. 1973[15a] darauf erkannt, daß die Rechtsprechung der Zivilgerichte zum Ersatz des Nichtvermögensschadens bei Persönlichkeitsrechtsverletzungen mit dem Grundgesetz vereinbar ist. Nach Auffassung des Bundesverfassungsgerichts kann die Gewährung des Ersatzes von Nichtvermögensschaden, die „auf einem zivilrechtlich zumindest diskutablen, jedenfalls den Regeln zivilrechtlicher Hermeneutik nicht offensichtlich widersprechenden Wege gewonnen wurde" von der Verfassung dann nicht beanstandet werden, wenn es um die Durchsetzung und den wirksamen Schutz eines Rechtsgutes geht,

---

13 *Bydlinski*, JBl 1965, S. 173 ff., S. 177 r. Sp.

14 Vgl. dazu oben S. 72 ff.

15 So findet sich z. B. in BGHZ 26, S. 349 ff, Herrenreiter kein Hinweis auf § 253 BGB. Vgl. aber auch BGHZ 35, S. 363 ff., S. 367 Ginseng.

15a BVerfGE 34, S. 269 ff.; vgl. dazu z. B. *Kübler*, JZ 1973, S. 668 ff.; *Schwabe*, DVBl 1973, S. 784 ff.

das die Verfassung selbst als Mittelpunkt ihres Wertsystems ansieht. Diese Rechtsprechung sei Recht i. S. v. Art. 20 Abs. 3 GG, nicht im Gegensatz, sondern als Ergänzung und Weiterführung des geschriebenen Gesetzes. Sieht man einmal von dem irritierenden Hinweis auf die zivilrechtliche Hermeneutik ab, so ist dem Beschluß des Bundesverfassungsgerichts uneingeschränkt zu folgen. Er war bitter notwendig. Festzuhalten gilt es jedoch, daß dieser Persönlichkeitsschutz verfassungsrechtlich nicht zwingend geboten ist. Art. 1 Abs. 1 und Art. 2 Abs. 1 GG können nicht unmittelbar als Anspruchsgrundlage und damit als Gesetz i. S. v. § 253 BGB angesehen werden[15b]. *Derartige Ableitungen führen zu einer Zementierung des Zivilrechts, ganz abgesehen davon, daß sie methodologisch unhaltbar sind. Die Fragestellung geht allein dahin, ob ein Ersatz des Nichtvermögensschadens bei Persönlichkeitsrechtsverletzungen mit dem Grundgesetz vereinbar ist und nicht darum, ob das Grundgesetz einen derartigen zivilrechtlichen Persönlichkeitsschutz unabweisbar gebietet.* Dementsprechend hat das Bundesverfassungsgericht in seinem Beschluß vom 14.2.1973[15c] allein darüber zu befinden gehabt, ob die Rechtsprechung zum BGH zum Ersatz des Nichtvermögensschadens bei Persönlichkeitsrechtsverletzungen dem Votum der Verfassungswidrigkeit verfällt. Ob dem Schmerzensgeld eine Genugtuungsfunktion zukommt, konnte es offenlassen. Das Bundesverfassungsgericht hat m. E. in seinem Urteil vom 5. Juni 1973[15d] auch nicht einen Teilbereich des gegenwärtigen Persönlichkeitsschutzes als grundgesetzlich verbürgt angesehen[15e].

Von dem hier vertretenen Standpunkt aus ist der gegenwärtige zivilrechtliche Persönlichkeitsschutz verfassungsrechtlich nicht verbürgt. Er steht insoweit zur Disposition des einfachen Gesetzgebers. Ob dieser den Persönlichkeitsschutz zivilrechtlich oder strafrechtlich organisiert, ist allein eine Frage der rechtspolitischen Zweckmäßigkeit[15f].

3. § 253 – ein Verbot der Rechtsfortbildung?

Ordnet man das allgemeine Persönlichkeitsrecht als Achtungsanspruch den Rechtsgütern i. S. des § 823 I BGB zu, so stellt sich die Frage, ob die Recht-

15b So z. B. *H. Kaufmann*, JuS 1963, S. 373 ff., S. 383 l. Sp.

15c BVerfGE 34, S. 269 ff., S. 281.

15d BVerfGE 35, S. 202 ff.

15e *Kohl* in: *Hoffmann-Riem/Kohl/Lüscher*, aaO., S. 63 vertritt demgegenüber die Auffassung, daß insoweit der Persönlichkeitsschutz vom Bundesverfassungsgericht als grundgesetzlich verbürgt angesehen worden sei, mithin der Verfügung des einfachen Gesetzgebers entzogen sei.

15f Vgl. zum strafrechtlichen Persönlichkeitsschutz *Arzt*, aaO.; *Schwalm*, Festschr. f. G. Küchenhoff, Berlin, 1972, Bd. 2, S. 681 ff.; *Otto*, Festschr. f. Schwinge, Köln, 1973, S. 71 ff.

sprechung befugt war, im Wege der Rechtsfortbildung auch bei Persönlichkeitsrechtsverletzungen unter bestimmten Voraussetzungen eine billige Entschädigung in Geld zu gewähren[16]. *Franz-Jürgen Säcker*[17] hält eine richterliche Regelbildung nur für statthaft, soweit nicht durch eine vorhandene, der Gesamtrechtsordnung zu entnehmende rechtliche Regelung eine autonome richterliche Bewertung eines Problems abgeschnitten und nicht durch ein legislatives Rechtsfortbildungsverbot für einen Bereich eine richterliche Rechtsschöpfung total oder partiell ausgeschlossen ist. Warum § 253 BGB ein legislatives Rechtsfortbildungsverbot enthalten soll, bleibt unklar. Genauso könnte man dies für andere Bereiche – etwa für § 831 BGB – behaupten, bei dem man aber nicht zögert, ihn permanent zu unterlaufen. Auch *Stoll*[18] weist darauf hin, daß die Möglichkeit abändernder Rechtsfindung durch den Richter in bestimmtem Rahmen seit jeher anerkannt sei[19]. Freilich will die Kritik an dieser Rechtsprechung nicht enden. So hat *Giesen*[20] jüngst dieser Rechtsprechung des BGH und der meisten Untergerichte wiederum die Verfassungswidrigkeit bescheinigt, ohne freilich den Argumentationshaushalt anzureichern, ja ihn erschöpfend wiederzugeben. Was in diesem Zusammenhang in der allgemeinen Diskussion stört, ist der Umstand, daß eine lange Rechtsprechungstradition sich den Vorwurf der Konturenlosigkeit einhandelt, der Bereich des Schutzes der „Unternehmerpersönlichkeit“ qua Recht am eingerichteten ausgeübten Gewerbebetrieb davon ausgenommen wird. Bemerkenswert ist in diesem Zusammenhang auch die Vorstellung, Rechtsdogmatik und Rechtspolitik auseinanderdividieren zu können:

„Wir verwehren der Rechtsprechung selbstverständlich nicht das Recht, das geltende Recht im Wege der Interpretation und Ergänzung fortzubilden; wir betrachten die richterliche Rechtsfortbildung im Gegenteil als eine unverzichtbare Aufgabe verantwortungsbewußter Rechtsprechung. Aber diese Rechtsfortbildung hat auf der Grundlage des positiven Rechts – nicht etwa von der sehr hohen Warte naturrechtlicher Vorstellungen – zu erfolgen. Es ist auch nicht Aufgabe des Rechtes contra legem neue gesellschaftspolitische Zielvorstellungen durchzusetzen und so mit einem das System des bürgerlichen Rechts sprengenden Richterrecht die eigene Auffassung an die Stelle des Gesetzes zu setzen.“

---

16 Vgl. dazu auch *Krasser*, aaO., S. 207.

17 *Franz-Jürgen Säcker*, Grundprobleme der kollektiven Koalitionsfreiheit, S. 123. Vgl. auch *J. Brüggemann*, aaO., S. 89 f.

18 Vgl. dazu auch *Stoll*, aaO., S. 50.

19 Leider hat *R. Fischer* (Die Weiterbildung des Rechts durch die Rechtsprechung, Karlsruhe 1971, S. 7 Fn. 3) den wichtigen Komplex des Persönlichkeitsschutzes keiner Erörterung unterzogen, obwohl gerade dieser Bereich stets als Grenzsituation für die richterliche Rechtsfortbildung verstanden wurde.

20 *Giesen*, NJW 1971, S. 801/802.

Es bleibt unklar, was *Giesen*[20a] unter Rechtsfortbildung auf der Grundlage des positiven Rechts versteht. Ebenso unklar bleibt, warum sich diese Autoren immer wieder auf § 847 BGB kaprizieren, ohne sehen zu wollen, wie allenthalben Recht fortgebildet wird. Was der Ersatz des immateriellen Schadens bei Persönlichkeitsrechtsverletzungen mit Naturrecht und gesellschaftspolitischen Zielvorstellungen zu tun hat, kann nicht einmal erahnt werden. Bislang war man sich fast einig, daß die primitive Art, mit der das BGB allen Schwierigkeiten auf diesem Gebiet Herr wird, Kritik herausfordert[21]. Im übrigen: Es steht der Rechtswissenschaft schlecht an, mit pädagogisch erhobenem Zeigefinger der Rechtsprechung ihren Tätigkeitsbereich abzustekken.

Auch *Leinemann*[22] verkennt das Verhältnis von Rechtsanwendung und Rechtspolitik. Nach *Leinemann* darf der Richter das Recht, das er erkennt, nicht selber herstellen, „einmal, weil urteilen Erkennen ist und etwas, das nicht Erkenntnis ist, nur durch praktisches Handeln hervorgebracht werden kann, zum anderen, weil jede Rechtserkenntnis, und damit jedes Urteil und jeder Beschluß notwendig sich auf einen individuellen Fall bezieht". M. E. sind die Bemühungen, Rechtsanwendung und Rechtsfortbildung zu trennen, sehr akademisch. Die Gerichte bilden nun einmal das Recht fort und es geht vorrangig um die Frage, ob die Gründe, die dazu führen, stichhaltig sind.[22a]

Man sollte daher weder in zu raschem Zugriff auf das Verfassungsrecht den Ersatz des immateriellen Schadens bei Persönlichkeitsrechtsverletzungen aus dem Grundgesetz ableiten noch sich bei letztlich unfruchtbaren Erörterungen über die Grenzen der Befugnis zur richterlichen Rechtsfortbildung aufhalten. Vielmehr gilt es, die Sachgesichtspunkte herauszuarbeiten, die für einen Ersatz des immateriellen Schadens bei Persönlichkeitsrechtsverletzungen sprechen könnten. Hätte man insoweit bereits zu Beginn der Diskussion die Materialien zum BGB ins Auge gefaßt, so wäre m. E. manche Fehlentwicklung verhindert worden. Es ist nur zu begrüßen, daß das Bundesverfassungsgericht mit seinem Beschluß vom 14. Februar 1973[22b] der Diskussion über die Zulässigkeit der Gewährung von Schmerzensgeld ein Ende gesetzt hat.

20a *Giesen*, NJW 1971, S. 801/802, S. 802 r. Sp.
21 Vgl. dazu zutreffend *Stoll*, aaO., S. 46.
22 *Leinemann*, aaO., S. 16.
22a Vgl. dazu zutreffend *Ossenbühl*, DöV 1972, S. 25 ff., S. 33 r. Sp.
22b BVerfGE 34, S. 269 ff.

4. Der Ersatz des immateriellen Schadens und die Materialien zum BGB

Zu § 253 BGB wird in den Motiven zum Bürgerlichen Gesetzbuch folgendes ausgeführt:

„Aus der Anerkennung des Prinzips, wonach ein vermögensrechtliches Interesse zum Wesen oder zur Gültigkeit und Wirksamkeit eines Schuldverhältnisses nicht gehört, folgt keineswegs, daß bei Verletzung eines nichtvermögensrechtlichen Interesses durch Zuwiderhandeln gegen eine obligatorische Verpflichtung oder durch Delikt der Anspruch auf eine Ausgleichung durch Leistung eines Ersatzes in Geld zulässig sein soll. Der § 221 lehnt diese Konsequenz ausdrücklich ab. Die Vorschrift gilt ausnahmslos für alle Fälle, in welchen Schadensersatz wegen Nichterfüllung bestehender obligatorischer Verpflichtungen in Frage steht, insbesondere ist hierdurch ausgesprochen, daß das sogenannte Affektionsinteresse oder der Werth der besonderen Vorliebe, welchen das preuß. Recht aus ethischen oder strafrechtlichen Gesichtspunkten bei vorsätzlicher Verletzung dem Verletzten zuspricht ... bei dem zu leistenden Schadensersatze nicht berücksichtigt werden darf. Bei Leistung des vollen Interesses ... kommt nur das vermögensrechtliche Interesse in Betracht. – Der in § 221 ausgesprochene Grundsatz gilt als Regel auch für den durch unerlaubte Handlung begründeten Schadensersatzanspruch. Jedoch bleiben diesfalls nicht nur die Bestimmungen der Reichsgesetze über die Buße unberührt ..., sondern es gewährt auch der Entw. selbst aus besonderen Gründen bei einigen bestimmten Delikten dem Verletzten einen übrigens dem freien Ermessen des Gerichts unterstellten Anspruch auf eine Geldentschädigung wegen durch das Delikt entstandenen anderen, nicht das Vermögen betreffenden Schadens. ... Durch allgemeine Anerkennung eines Entschädigungsanspruchs wegen Verletzung eines nichtvermögensrechtlichen Interesses würde den Richter jene dem deutschen Recht fremde Souveränität seiner Stellung gegenüber dem Streitverhältnisse beigelegt, welche erst bei der Beratung der CPO, nach reiflicher Prüfung als bedenklich befunden und deshalb verworfen wurde; insbesondere ließen sich Schranken für das Ermessen des Richters kaum aufstellen, wäre der Revisionsrichter im konkreten Fall häufig nicht in der Lage, eine umfassende Ausübung der diskretionären Gewalt des Richters zu korrigieren. Wo die Verletzung einer obligatorischen Verpflichtung in Frage steht, ist das Interesse des Gläubigers im wesentlichen dadurch gedeckt, daß er die Erfüllung der Verbindlichkeit, soweit sie auf Vertrag beruht, nicht durch Ausbedingung einer Strafe zu sichern vermag. Anlagend aber den Fall deliktischer Zufügung eines anderen als eines Vermögensschadens, müssen freilich an sich auch die idealen Rechte gegen widerrechtliche Verletzung gesichert, und es kann dieser Schutz nicht ausschließlich in das Strafrecht verlegt werden ...“[23].

Bereits diese Begründung zu § 253 BGB[24] zeigt, daß in der Gegenwart auch bei Persönlichkeitsrechtsverletzungen innerhalb eines Vertragsverhältnisses ein Schadensersatzanspruch auf Ersatz des immateriellen Schadens nicht ausgeschlossen ist. Einmal wollte der Gesetzgeber vorrangig das sogenannte

---

23 *Mudgan*, aaO, Bd. II, Motive, § 221 S. 12.

24 Vgl. dazu auch *Stoll*, aaO, S. 59.

„Affektionsinteresse oder den Wert der besonderen Vorliebe" von der Ersatzfähigkeit ausschließen. Zum anderen konnte der BGB-Gesetzgeber das Problem der Verletzung eines Rechtsgutes i. S. von § 823 I BGB im Rahmen des Rechts der Leistungsstörungen noch nicht voll erkennen. Als mögliche Formen der Leistungsstörungen waren prinzipiell nur Unmöglichkeit der Leistung und Verzug vorgesehen. Mit der Anerkennung der positiven Forderungsverletzung bestehen für den Schuldner auch innerhalb eines Vertrages hinsichtlich dieser Rechtsgüter besondere Verhaltenspflichten. Dann ist es aber nur konsequent, im Rahmen der positiven Forderungsverletzung insoweit einen Ersatz des immateriellen Schadens zu gewähren, als er nach § 847 BGB geltend gemacht werden kann[25]. *Die Statuierung dieser Ersatzpflicht ist lediglich eine Konsequenz der Anerkennung der positiven Forderungsverletzung*[26].

Das zweite tragende Argument, daß den Gesetzgeber zur Schaffung des § 253 BGB bewogen hat, ist die Abwehr der „diskretionären Gewalt des Richters". Diese diskretionäre Gewalt wird dem Richter jedoch heute im Rahmen des Rechts der unerlaubten Handlung weitestgehend eingeräumt, ganz abgesehen davon, daß die Zivilprozeßordnung dem Prozeßrichter in § 287 ZPO eine derartige Gewalt ausdrücklich eingeräumt hat[27]. Die Verschiedenheit der Zurechnungsnormen der §§ 278, 831 BGB erklären selbst die Motive für nicht ausschlaggebend.

Daraus folgt, daß die Regelung des § 253 BGB in dieser Ausschließlichkeit heute nicht mehr zu überzeugen vermag[28].

Der BGB-Gesetzgeber hat das Problem des Ersatzes des immateriellen Schadens bei Persönlichkeitsrechtsverletzungen gesehen:

„An die Verletzung der Ehre auch in den Fällen, in welchen durch die Ehrverletzung ein Vermögensschaden nicht entstanden, eine Schadensersatzpflicht in dem Sinne zu knüpfen, daß in solchen Fällen unter dem Scheine einer Schadensersatzleistung auf eine an den Beleidigten zu leistende Geldstrafe erkannt werden soll, bedeute die Rückkehr zum längst überwundenen Rechte der Privatstrafklagen wegen Beleidigung, der entschieden widersprochen werden müßte. Nach der allgemeinen Volksansicht sei es nicht ehrenvoll, sich Beleidigungen durch Geld abkaufen zu lassen, und derjenige habe wenig Ehre zu verlieren, der die Verletzung derselben durch eine Klage auf Geld reparieren suche" [29].

---

25 Vgl. dazu auch *Stoll*, aaO, S. 38, S. 148 f.; RGZ 65, S. 17 ff., S. 21; *Bötticher*, SC 10.

26 Vgl. dazu auch *Schwerdtner*, aaO, S. 122 ff.

27 Vgl. dazu zutreffend *Stoll*, aaO, S. 60.

28 Vgl. dazu *Stoll*, aaO, S. 38 m. w. N.

29 *Mugdan*, aaO, Bd. II, Kommissionsbericht, S. 1297.

Wie *Flume*[30] zu der Feststellung gelangen kann, der BGB-Gesetzgeber habe das Problem „richtig" erfaßt, bleibt unklar. *Krüger-Nieland*[31] stellt zu Recht fest, die Verfasser des BGB hätten verkannt, daß es hier nicht um den Verkauf der Ehre usw., sondern um den Schadensersatz für die Verletzung der Ehre gehe. Nach *Flume*[32] können die Verfasser des BGB nicht so töricht gewesen sein, diese Selbstverständlichkeit nicht erkannt zu haben, eine Feststellung, die nach dem Kommissionsbericht, auf den *Flume* selbst verweist, unrichtig ist[33].

Schon von den Verfassern des Dresdner Entwurfs ist die Ansicht vertreten worden, daß „die Ehre ein Gut sei, welches in Geld sich nicht ausschlagen lassen und für deren Verletzung der Empfang einer Geldsumme daher überhaupt keine Genugtuung bilden könne, wie es denn auch dem wahren Ehrgefühl widerstreiten müsse, aus einer Beleidigung pekuniäre Vorteile zu ziehen"[34].

Warum diese „Wertentscheidung" des BGB-Gesetzgebers immer und ewig binden soll, bleibt unklar. *Flume* unterläßt jegliche Analyse, welcher Personenkreis diese Wertentscheidung getroffen hat:

„Der nüchterne Geschäftsgeist der Zeit mochte moralische Funktionen des Schadensersatzes, etwa als Genugtuung oder Privatstrafe nicht gelten lassen und andererseits galt es jedenfalls in den die Gesetzgebung beherrschenden gesellschaftlichen Kreisen als unfein, sich persönliche Kränkungen in Geld abkaufen zu lassen. Dem Lebensgefühl des gehobenen Bürgerstandes erschienen moralische Werte nicht in den Formen des Geschäftsverkehrs kompensierbar. Der Eigenwert der Person galt als höchstpersönlich und über die Maßstäbe privatrechtlichen Interessenausgleichs erhaben, und das Ausbleiben ideeller Lebenserfüllung war in innerer Unabhängigkeit als Schicksal zu tragen."[35]

Es fragt sich aber, ob nicht die Gründe, die den Gesetzgeber bei der Gesundheitsverletzung zur Gewährung eines Ersatzes des immateriellen Schadens

---

30 *Flume*, Verhandlungen des 46. DJT, Bd. II, K7.

31 *Krüger-Nieland*, aaO, C34.

32 *Flume*, Verhandlungen des 46 DJT, Bd. II, K7.

33 Vgl. zu damaligen abweichenden Standpunkten *O. v. Gierke*, Entwurf eines bürgerlichen Gesetzbuches, 1889, S. 33; *Kohler*, Archiv für bürgerliches Recht, Bd. 5 (1891), S. 257 ff.; v. *Liszt*, Die Grenzgebiete zwischen Privatrecht und Strafrecht, 1889, S. 33.

34 Prot. zum Dresdner Entwurf S. 3621, 3622 zit. nach Kom. zur Ausarbeitung des Entwurfes eines bürgerlichen Gesetzbuches, Material zu den Bestim. des Dresdner Entwurfes, Artt 1007–1030, S. 95.

35 *Pecher*, AcP Bd. 171 (1971), S. 40 ff., S. 45 unter Hinweis auf *Hermann Lange*, Schadensersatz und Privatstrafe in der mittelalterlichen Rechtstheorie 1955, S. 156; vgl. auch *Rohmann*, aaO, S. 31 ff. m. w. N.

bewogen haben, auch auf die Verletzung des Persönlichkeitsrechts in bestimmten Grenzen zutreffen.

Dogmatische Fragestellungen erleben in ihrer Fortentwicklung häufig denkwürdige Metamorphosen. Erst eine Aufdeckung der gesetzgeberischen Motive stellt häufig erst die Klarheit wieder her. Dies gilt auch für den Problembereich des Ersatzes des immateriellen Schadens. *Das Bürgerliche Gesetzbuch spricht an keiner Stelle von Schmerzensgeld, sondern stets nur von einer billigen Entschädigung in Geld für den Schaden, der nicht Vermögensschaden ist.* Auch wird nirgends in den Gesetzesmaterialien von einer Ausgleichs- und Genugtuungsfunktion gesprochen. Vielmehr werden diesem Entschädigungsanspruch Funktionen zugewiesen, die heute die Rechtsprechung unausgesprochen mit ihm wahrnimmt:

„Ausschlaggebend für die Aufnahme des Abs. 1 sind die Bestimmungen des StGB § 231 über die Buße bei Körperverletzungen. Sie enthalten die Anerkennung, daß besonders für diese Fälle ein Bedürfniß vorliegt, von dem strengen Grundsatz, daß wegen eines anderen als eines Vermögensschadens Entschädigung nicht gefordert werden kann, abzuweichen und ausnahmsweise eine vom Gerichte nach den Umständen des Falles zu bestimmende Geldentschädigung zuzulassen. Wenn, wie nach der Fassung des § 231 StGB mit der herrschenden Meinung angenommen werden muß, der Strafrechtler befugt ist, auch wegen eines anderen als eines Vermögensschadens dem Verletzten auf dessen Verlangen eine Buße zuzuerkennen . . . , so muß die gleiche Befugniß auch dem Civilrechtler zustehen. Nur dann, wenn auch dem Letzteren nach Maßgabe des Abs. 1 die Befugniß beigelegt wird, nach seinem freien Ermessen dem Verletzten wegen eines anderen als eines Vermögensschadens eine billige Geldentschädigung zuzusprechen, wird die erforderliche Harmonie in der Gesetzgebung gewonnen und zugleich ein fühlbar gewordenes Bedürfnisse, sowie den Anforderungen der Rechtsordnung genügt. *Von praktischer Bedeutung ist Abs. 1 namentlich auch für solche Fälle, in welchen die Beschädigung einen vermögensrechtlichen Nachtheil zur Folge hat, ohne daß dieser als solcher mit der zu seiner Bemessung erforderlichen Deutlichkeit hervortritt.* Dahin gehören die Fälle, wenn eine Verunstaltung das bessere Fortkommen erschwert oder von der bisherigen Lebensweise abzuweichen nötigt, wenn eine Verletzung zu neuen Bedürfnissen anregt usw. Zwar hat bereits der § 260 CPO. dem Richter die Befugniß beigelegt, nach freier Überzeugung zu entscheiden, ob ein Schaden entstanden ist und wie hoch der Schaden oder ein zu ersetzendes Interesse sich beläuft. Mit Rücksicht darauf könnte gerade für die bezeichneten Fälle das Bedürfniß einer Bestimmung, wie die des Abs. 1 in Zweifel gezogen werden. *Allein jene Bestimmung gewährt jedoch auch für Fälle der hier fraglichen Art dem Richter insofern eine erheblich freiere Stellung bei der Zuerkennung einer Entschädigung, als er nicht die Überzeugung zu gewinnen braucht, daß und inwieweit der Verletzte gerade einen Vermögensschaden erlitten hat, sondern als er auch einen nichtvermögensrechtlichen Schaden berücksichtigen darf.* Durch den Abs. 1 sind insbesondere auch spezielle Vorschriften über eine Entschädigung des Verletzten wegen der erlittenen Schmerzen entbehrlich. Die schon erwähnten, darauf bezüglichen Vorschriften des bestehenden Rechtes sind in neuerer Zeit vielfach bekämpft worden . . . In der That läßt sich auch ihre Unangemessenheit in ihrer Isolierung nicht verkennen. Es will nicht einleuchten, weshalb nur das Erdulden eines körperlichen Schmerzes durch Zahlung einer Geldsumme auszugleichen sei, wenn eine ähnliche Ausgleichung in alle anderen nichtvermögensrechtlichen Schäden für unstatthaft erachtet wird. Dazu kommt die Schwierigkeit der Ermittlung, ob und welcher körperliche Schmerz erduldet ist, sowie die Unzuträglichkeit, daß gerade die schwersten Verletzungen auch schmerzlos verlaufen können und alsdann zu einem Schmerzensgelde niemals berechtigen würden"[36].

Interessant ist insoweit, daß bereits der Gesetzgeber eine klare Grenzziehung zwischen materiellem und immateriellem Schaden für unmöglich hielt und den Ersatz des immateriellen Schadens auch angeordnet hat, um über diesen Anspruch potentiellen materiellen Schaden, der nicht hinreichend nachgewiesen werden kann, aber wahrscheinlich ist, mit abzuwickeln. Von einer Genugtuungsfunktion des Ersatzes des immateriellen Schadens spricht der Gesetzgeber nur im Rahmen der Vererblichkeit, ohne dort die Streitfrage – Strafe oder Entschädigung – zu entscheiden[37]. Dieser hochinteressante Hinweis ist in der Rechtsprechung und Lehre völlig verlorengegangen[37a]. Gerade er müßte jedoch Veranlassung dazu geben, zu überdenken, ob nicht auch bei Persönlichkeitsrechtsverletzungen wirtschaftliche Schädigungen eintreten können, die nicht exakt nachgewiesen werden können. Im Rahmen des Ersatzes des immateriellen Schadens, im Rahmen von Gesundheitsverletzungen hat der Gesetzgeber das Schmerzensgeld auf jeden Fall auch *als Fortsetzung des Vermögensschadensrechts mit anderen Mitteln (freies richterliches Ermessen) verstanden!* Von diesem Ausgangspunkt könnten sich neue Tendenzen für den Ersatz des immateriellen Schadens im Rahmen von Persönlichkeitsrechtsverletzungen ergeben.

---

36 *Mugdan*, aaO, Bd. II Motive zu § 729, S. 447, 448.

37 Nach *Stoll*, aaO, S. 12 f., ist § 842 BGB in diesem Zusammenhang heranzuziehen. „§ 842 BGB ist die einzige Vorschrift des Gesetzes, in welcher der Gedanke eines allgemeinen Persönlichkeitsschutzes anklingt; wenngleich natürlich die Vorschrift nicht als selbständiger Deliktstatbestand gemeint ist, sondern nur die Deliktsfolgen regelt. Nach Anerkennung des allgemeinen Persönlichkeitsrechts sollte es aber nicht zweifelhaft sein, daß diese Vorschrift auch auf innominate Verletzungen dieses Rechts anzuwenden ist." *Stoll* berücksichtigt m.E. zu wenig, daß § 842 BGB im Gegensatz zu § 847 BGB dem Richter kein über § 287 ZPO hinausgehendes richterliches Ermessen einräumt. Dies übersieht auch *Bötticher*, SC 12.

37a Vgl. aber auch *E. Ulmer (GRUR* 1963, S. 493 ff., S. 494), der einen Einsatz immateriellen Schadens nur befürwortet, wo „noch eine gewisse Nähe zum vermögensrechtlichen Bereich vorliegt"; a. A. *Bötticher*, SC 9.

5. Rechtspolitische Gründe für und gegen einen Ersatz des immateriellen Schadens im Rahmen von Persönlichkeitsrechtsverletzungen

a) Kampf gegen die Kommerzialisierung menschlicher Werte

> *„Diejenigen, die wissen was das Geld gilt, und dahero solches für ihren Gott halten, haben dessen nicht geringe Ursachen; denn ist jemand in der Welt, der dessen Kräfte und beinahe göttlichen Tugenden erfahren hat, so bin ichs: Ich weiß, wie einem zumut ist, der dessen einen ziemlichen Vorrat hat, so hat ich auch nicht nur einmal erfahren, wie derjenige gesinnet sei, der keinen einzigen Heller vermag. Ja ich dürfte mich vermessen, zu erweisen, daß es alle Tugend und Wirkungen viel kräftiger hat und vermag als alle edel Gestein . . .“*
> *Grimmelshausen*[38]

> *„Es ist dem tieferen deutschen Sinn widerstrebend, die heiligsten Gefühle in schnödem Mammon abzumessen und jede schuldhafte Kränkung derselben durch eine Geldleistung aufwägen zu lassen.“*
> *Hartmann*[39]

Wenn in den Fällen der Persönlichkeitsrechtsverletzung der Ersatz des immateriellen, ja des materiellen Schadens gefordert wird, taucht jenseits aller Lager der Vorwurf der Kommerzialisierung menschlicher Würde auf[40]. Was

---

[38] *Grimmelshausen*, Der abenteuerliche Simplizissimus, Stuttgart-Hamburg, S. 254/255.

[39] *Hartmann*, AcP Bd. 73 (1888), S. 309 ff., S. 364.

[40] Vgl. dazu *Horst Reinecke*, aaO, S. 131; *Mertens*, JuS 1962, S. 261 ff., S. 268 1. Sp.; *Ramm*, Einführung, Bd. III, § 54 VI, 1 G S. 652; BGHZ 35, S. 363 ff., S. 368 Ginseng; vgl. dagegen zutreffend *Kellmann*, aaO, S. 114; *Stoll*, aaO, S. 58 ff.; S. 153; bemerkenswert großzügig auch BGHZ 49, S. 288 ff., S. 294; vgl. zu diesen Fragen bereits *v. Jhering*, Rechtsgutachten betr. der Gäubahn Jherings Jahrbücher Bd. 18 (1880), S. 1 ff.; *Kohler*, Ideale im Recht, Archiv für Bürgerliches Recht Bd. 5 (1891), S. 161 ff., S. 250 ff.

die Kommerzialisierung der menschlichen Würde etwa in Form des Verlangens einer Lizenzgebühr für eine unberechtigte Bildveröffentlichung und eines Schmerzensgeldes für die dadurch unter Umständen verursachte Ehrenkränkung anbelangt, wird merkwürdigerweise mit einem bestimmten moralischen Unterton gerade demjenigen Kommerzialisierung vorgeworfen, der ein Opfer eines Kommerzialisierungsvorganges geworden ist: Wenn eine Illustrierte Zeitung oder Magazin jemanden in seinem allgemeinen Persönlichkeitsrecht i.S. des Achtungsanspruchs verletzt, so geschieht dies zunächst ausschließlich in kommerzieller Absicht und nicht in Erfüllung der „öffentlichen Aufgabe der Presse". Der Verletzte leitet den Prozeß der Kommerzialisierung daher nicht ein, sondern stellt nur in Anpassung an diesen Prozeß die wohl nicht ganz unberechtigte Forderung auf eine Beteiligung am Ergebnis dieser Kommerzialisierung. Es geht in diesem Zusammenhang nicht um die Kommerzialisierung ideeller Werte, sondern um einen Abbau idealistischer Sichtweisen. Man ist in diesem Zusammenhang versucht, mit *Schopenhauer*[41] festzustellen, daß es leicht ist, Moral zu predigen, schwer dagegen, Moral zu begründen. Real gedacht ist ein Schutz der Persönlichkeit, in welchen Grenzen auch immer, in der Tat nur dann möglich, wenn die privatwirtschaftlich betriebenen Massenmedien dort gepackt werden, wo ein privatwirtschaftliches Unternehmen zu packen ist, nämlich am Gelde[42]. Kommerzielles Denken bedeutet insoweit Freiheitsverbürgung, nichtkom-

---

Überraschenderweise erleben wir in diesem Zusammenhang Konvergenzen, die verblüffen müssen: Das deutsche Recht steht mit seiner (nach der hier vertretenen Auffassung derogierten) positiv-rechtlichen Regelung des Ersatzes des immateriellen Schadens in der Welt fast allein. Außer in Österreich wird nur noch in den sozialistischen Ländern die Auffassung vertreten, daß bei Persönlichkeitsrechtsverletzungen niemals eine Geldentschädigung in Betracht kommen dürfe. Bemerkenswerterweise wird dies auch dort damit begründet, daß die Zuerkennung einer Entschädigung in Geld letztlich auf eine Ökonomisierung persönlichkeitsrechtlicher Verhältnisse hinauslaufe und damit an dem Grundgedanken des allgemeinen Persönlichkeitsschutzes im sozialistischen Recht vorbeigehe (vgl. dazu *Püschel*, Persönlichkeitsrechte unter dem Schutz des künftigen Zivilrechts, NJ 1967, S. 726, S. 758, S. 760; vgl. zum ganzen auch *Zweigert-Kötz*, aaO, S. 414; *Stoll*, aaO, S. 117 ff.). Die zumindest offiziell vertretene Verachtung des Geldes ist keineswegs immer existent gewesen. So bezeichnet *Garre* (Christian, Versuche über verschiedene Gegenstände aus der Moral, der Literatur und dem gesellschaftlichen Leben, 5 Teile, Breslau 1792–1802, 1. Teil, S. 244) die Wende des 18. zum 19. Jahrhundert als die Zeit, in der man anfing, „das Geld als das vornehmste Mittel der Glückseligkeit und als die solideste Basis der Ehre anzusehen." Vgl. dazu auch *Koselleck*, aaO, S. 100.
Vgl. zur Kommerzialisierung auch *Bydlinski*, JBl 1965, S. 173 ff., S. 174/175.

41 *Schopenhauer*, aaO, S. 128.

42 *Herzog* in: *Maunz-Dürig-Herzog*, aaO, Art. 5 Rdnr. 151, vgl. zur Verantwortlichkeit des Fernsehens und seiner Mitarbeiter BSH DB 1976, S. 1099 ff.

merzielles Denken ideales Denken ohne realen Schutz, Illusion! Das instrumentale Handeln des Rechts muß dem Zwang des äußeren Geschehens korrespondieren oder anders ausgedrückt: Das Recht ist durch die soziale Wirklichkeit konditioniert. In dem Maße, wie es sich von der Wirklichkeit entfernt, verliert es an Ordnungseffizienz, d. h. es gibt seine Primärfunktion auf[43]. Interessanterweise haben die Kläger einer Vielzahl von Urteilen des BGH zum Ersatz des immateriellen Schadens bei Persönlichkeitsverletzungen jenes Idealmaß „innerer Unabhängigkeit"[44], das die Gegner einer Kommerzialisierung von dem einzelnen Menschen verlangen, nicht verraten. So heißt es in dem Tatbestand des Herrenreiter-Urteils des BGH vom 14. 2. 1958[45]:

„Der Kläger nimmt die Beklagte für den Schaden in Anspruch, der ihm durch die Verbreitung des Werbeplakats entstanden ist. Er macht geltend, daß ihm bei der gegebenen Sachlage nur der Weg bleibe, Ersatz dessen zu fordern, was er erlangt haben würde, wenn er der Beklagten die Benutzung seines Bildes gestattet hätte. Da seine geschäftliche und gesellschaftliche Stellung es ihm nicht gestatteten, seine Vermögensverhältnisse ihn auch in keiner Weise dazu nötigten, sein Bild für Werbezwecke, insbesondere für das Präparat der Beklagten, zur Verfügung zu stellen, würde er dies, wenn überhaupt, nur für ein angemessenes Entgelt getan haben. Dieses sei schätzungsweise auf mindestens DM 15.000.– zu bemessen."[46]

Ob dem Betroffenen häufig an einer Entschädigung gelegen ist[46a], ist gleichgültig. *Kreuzer*[46b] sieht insoweit die Gefahr, daß der Verletzte in den Ruf eines gold diggers gerät. Ob dies sozialpsychologisch wirklich zutrifft, erscheint mehr als zweifelhaft. Auf jeden Fall sollte die Entscheidung hierüber dem Verletzten eingeräumt werden. Soweit *Knieper*[46c] darauf verweist, daß die Leute in den Gefängnissen Zeitungen lesen, um vielleicht negative Berichterstattung über sich zu finden und um daraus Geld zu machen, so ist hierin nichts Anstößiges zu erblicken. Der Kommerziellisierungsvorgang wird auch insoweit von der Presse eingeleitet. Gerade wenn man auch den Straftäter vor Eingriffen in sein Persönlichkeitsrecht schützen will, müssen auch ihm grundsätzlich im Verletzungsfalle Ersatzansprüche wegen des Nichtvermögensschadens zustehen. Dem unlauteren Gewinnstreben der Presse kann nur wirksam entgegengetreten werden, wenn es mit dem Ri-

---

43 Vgl. dazu auch *H. Westermann*, BGB, Allgemeiner Teil, § 4 II, 2, S. 16.

44 *Stoll*, aaO, S. 143.

45 BGHZ 26, S. 349 ff., S. 350 Herrenreiter.

46 Vgl. dazu auch *Pecher*, AcP Bd 171 (1971), S. 44 ff., S. 58/59; *Arzt*, aaO., S. 33.

46a Vgl. dazu z. B. *Kreuzer*, Festschr. für Geiger, S. 61 ff., S. 97.

46b *Kreuzer*, Festschr. für Geiger, S. 61 ff, S. 97.

46c *Knieper*, ZRP 1974, S. 137 ff., S. 139 FN 17.

siko eines fühlbaren materiellen Verlustes belastet wird[46d]. Es bleibt zu hoffen, daß die Rechtsprechung gerade in bezug auf Straftäter über den Ersatz von Nichtvermögensschaden die Presse diszipliniert. Dem Straftäter aus übergeordneten Gründen pauschal die freie Verfügungsmacht über die Darstellung seines Lebensbildes zu entziehen, erscheint unangemessen[46e]. Solange sonstige Personen mit einem bestimmten Bekanntheitsgrad ihr Leben publizistisch auszuwerten berechtigt sind, kann eine derartige Befugnis anderen Personen aus übergeordneten Gründen nicht verwehrt werden.

Nicht zu folgen ist insoweit den Ausführungen von *Helle*[47]:

„Noch stärker scheint mir ein anderer Gesichtspunkt gegen die Zulässigkeit des Anspruchs auf Ersatz solcher ideller Schäden in Geld zu sprechen, die auf einer Verletzung der Ehre beruhen. Die hohe Bedeutung dieses Wertes für die Integration des Einzelnen in die Gesellschaft liegt darin, daß die Besorgnis, seine Ehre einzubüßen, ihn zu gesellschaftsförderlichem Verhalten veranlaßt. Er wird oft genötigt sein, gegen seinen eigenen wirtschaftlichen Vorteil zu handeln, um dafür seine Ehre zu wahren. Dann sind beide Zwecke miteinander schlechthin unvereinbar, kurz ausgedrückt: ‚Ehre und Geld gehen nicht in denselben Sack'. Die neuere Rechtsprechung trägt diesem Grundsatz auch insofern Rechnung, als sie die Verletzung ideeller Werte besonders scharf verurteilt, wenn sie nur um des eigenen wirtschaftlichen Vorteils, also um des Geldes willen geschieht.

Für den Schutz des wirtschaftlichen Rufes haben diese Erwägungen engere Bedeutung, weil die Folgen seiner Verletzung meist im wirtschaftlichen Bereich liegen, ohne den ideellen zu berühren.

Bei der Beeinträchtigung der Persönlichkeit kommen aber andere Gesichtspunkte in Betracht. Die Würde des Menschen und die freie Entfaltung seiner Persönlichkeit bilden die Grundlagen seiner Existenz in der Gesellschaft. Sie finden ihre Grenzen in den Anforderungen der Integration, sind aber nicht – wie die Ehre – geeignet und bestimmt, diese zu fördern. Überdies ist es, wenn sie verletzt sind, oft gar nicht möglich, den früheren Zustand wiederherzustellen. Deshalb ist zum Schutz der Persönlichkeit ein Anspruch auf Genugtuung in Geld u. U. angebracht und notwendig."

Diese Ausführungen verblüffen insoweit, als die Ehre bislang als ein Teil des Persönlichkeitsrechts verstanden wurde[48]. *Helle* geht in diesem Zusammenhang von einem Trennungsdenken aus, das fehl am Platze ist: Der Schutz der Persönlichkeit soll die Grundlagen für die Stellung des Einzelnen in der Gesellschaft sichern, die Ehre und der wirtschaftliche Ruf dagegen sollen ihm lediglich den Rang zuweisen, der ihm innerhalb derselben zukommt[49], ganz abgesehen davon, daß es völlig unhaltbar ist, zu behaupten, daß der hohe Wert der Ehre darin liege, daß die Besorgnis, die Ehre einzubüßen, den

---

[46d] Vgl. dazu BGHZ 35, S. 363 ff., S. 369.

[46e] Vgl. aber *Kohl* in: *Hoffmann-Riem/Kohl/Lüscher*, aaO., S. 77.

[47] *Helle*, aaO., S. 48/49.

[48] Vgl. z. B. *Hubmann*, aaO., S. 288 ff.

[49] *Helle*, aaO., S. 10.

einzelnen zu einem gesellschaftsfördernden Verhalten veranlasse. Ein Blick in die soziale Wirklichkeit könnte hier manche Illusionen zerstören.
Wie wenig nachvollziehbar die Unterscheidung von *Helle* ist, läßt sich leicht an einem praktischen Fall aufzeigen:

Der Unternehmer X aus O wird bei Demonstrationen beschuldigt, Ausbeutung im Rahmen von Lehrverträgen zu betreiben. Er verlangt DM 2.000.– Schmerzensgeld[50].

Sollte sich herausstellen, daß der Unternehmer Jugendschutz-, Arbeitsschutz-, Berufsbildungsvorschriften musterhaft verwirklicht, so erhebt sich die Frage, ob die Anprangerung als Ausbeuter die Ehre oder die Persönlichkeit des Unternehmers berührt.
Bereits hieraus ergibt sich, daß der Unterscheidung zwischen Persönlichkeitsschutz und Ehre nicht gefolgt werden kann.

b) Beeinträchtigung der Meinungs- und Pressefreiheit

Im Rahmen der Diskussion um den Ersatz des immateriellen Schadens bei Persönlichkeitsrechtsverletzungen werden diejenigen, die für einen solchen Schutz eintreten, häufig zu Totengräbern der Pressefreiheit abgestempelt[51]. Demgegenüber darf daran erinnert werden, daß das Recht der freien Meinungsäußerung und die Pressefreiheit ihre Schranken in dem Recht der persönlichen Ehre finden. (Vgl. Art. 5 Abs. 2 GG).
Es ist das Verdienst von *Martens*[52], neuerdings wieder darauf hingewiesen zu haben, daß die deutschen Landesgesetzgeber nicht unbeeindruckt von entsprechenden Forderungen der Zeitungsverleger der Presse mit unterschiedlicher Formulierung bescheinigt haben, daß sie eine öffentliche Aufgabe erfüllt. Allen gegenteiligen Behauptungen zum Trotz ist bis heute die gegenteilige Feststellung von *Martens*[53] noch nicht widerlegt:

„Der faktische Besitz gesellschaftlicher Macht vermittelt noch keinen rechtlich öffentlichen Status, und die Ansiedlung der Presse im Bereich des Öffentlichen setzt keinen unmittelbare Rechtsfolgen auslösenden Tatbestand."

---

50 Vgl. dazu die Zeit v. 30.1.1970, S. 9 Ungeliebter Meister – In Essen wurden abermals Mißstände in der Lehrlingsausbildung aufgedeckt – Doch die Lehrherren klagen.

51 Vgl. z. B. *Ramm*, 2. Aufl. Einführung, Bd. III, L774; *Wiethölter*, aaO., S. 198; der Vorwurf Ramms berührt um so merkwürdiger, als Ramm an anderer Stelle die Regelung in Art. 49 Schw. OR, die der BGH seiner Rechtsfortbildung zugrunde gelegt hat (vgl. z. B. BGHZ 35, S. 363 ff., S. 369), für angemessen hält. Gerade an dieser merkwürdigen Rezeption ausländischen Rechtes durch den BGH hätte die Kritik ansetzen müssen. Vgl. dazu zutreffend *Esser*, Schuldrecht, Bd. II, § 113 I, 1 b, S. 463.

52 *Martens*, aaO, S. 124/125. Vgl. dazu auch *Schmitt Glaeser*, aaO, S. 110 f.

53 *Martens*, aaO, S. 125/126; vgl. auch BGHZ 31, S. 308 ff.; BGH JZ 1965, S. 444 f. Glanzlose Existenz; BGHZ 36, S. 77 ff.

Mit dem Prädikat der öffentlichen Aufgabe erhält die Presse einen Stellenwert, der es nahelegt den Persönlichkeitsschutz zurückzustellen. Interessant ist nunmehr, daß diese öffentliche Aufgabe völlig verschieden gehandhabt wird, je nachdem, ob es um die Rechte oder um die Pflichten eines Presseunternehmens geht. So ist *Löffler*[54] der Auffassung, daß Eingriffe in die wirtschaftlichen Grundlagen eines Presseunternehmens unter den Schutz des § 823 I BGB (Recht am eingerichteten und ausgeübten Gewerbebetrieb) fallen. Wenn die Presse eine „öffentliche" Aufgabe wahrnimmt, so könnten sich aber z. B. in bezug auf Demonstrationsschäden andere Grenzziehungen ergeben als bei einem rein privatrechtlichen Verständnis[55]. Auch in bezug auf den Kontrahierungszwang[56] versteht sich die Presse ausschließlich als privatwirtschaftliches Unternehmen.
Die Frage nach dem Stellenwert der Pressefreiheit kann und braucht hier nicht ausdiskutiert zu werden. Wer sich einmal die Sachverhalte vor Augen führt, die heute unter dem Gesichtspunkt der Rechtfertigung der Interessenwahrung fallen oder fallen sollen, der kann sich nur wundern, warum die Pressefreiheit nicht abgewogener beurteilt wird. So mußte es eine Fernsehansagerin über sich ergehen lassen, daß von einer großen Illustrierten behauptet wurde, sie passe „in ein zweitklassiges Tingeltangel auf der Reeperbahn", sie sehe aus wie eine „ausgemolkene Ziege" und bei ihrem Anblick werde dem Zuschauer „die Milch sauer"[57]. Bezeichnenderweise hatten die Vertreter der Illustrierten selbst in der Revisionsinstanz noch die Stirn, sich auf den Gesichtspunkt berechtigter Interessenwahrung zu berufen. Die Beklagten waren außerdem der Auffassung, die soziale Stellung der Klägerin sei nicht beeinträchtigt, zumal der Artikel ausdrücklich hervorgehoben habe, daß die Klägerin gut sprechen könne. Dieser Schutz des allgemeinen Persönlichkeitsrechts als Achtungsanspruch hat nichts mit Bereichen zu tun, „in denen sich auch die aufgeklärte Gesellschaft augenzwinkernd vorläufig Rücksicht auf die Zurückgebliebenen und Unverbesserlichen zugesteht und sich selbst Irrationalitäten erlaubt"[57a].

---

54 *Löffler*, aaO, Bd. II, § 1 LPG Rdnr. 46.

55 Vgl. dazu auch *Franz-Jürgen Säcker*, ZRP 1969, S. 60 ff.; *Diederichsen-Marburger*, NJW 1970, S. 777 ff.; *Heinz*, DVBl 1970, S. 716 ff.; *Wiethölter*, Kritische Justiz 1970, S. 121 ff., S. 136.

56 Vgl. dazu AG Göppingen, Die Justiz, Amtsblatt des Justizministeriums Baden-Württemberg 1969, S. 327 f. und dazu *Häberle-Scheuing*, JuS 1970, S. 524 ff.; LG Braunschweig, NJW 1975, S. 1418 ff. mit Anm. von Jauernig.

57 BGHZ 39, S. 124 ff., S. 127 Fernsehansagerin.

57a *Struck*, ARSP 1975, S. 57 ff., S. 89.

Hinsichtlich der Schadensersatzbeträge muß freilich beachtet werden, daß es das Ende der Presse wäre, wenn sie für jede Ungenauigkeit oder objektiv unrichtige Informationen haften würde. Bereits das Bundesverfassungsgericht hat jedoch in seinem Beschluß vom 14. Februar 1973[57b] darauf hingewiesen, daß das den Schadensersatzanspruch begründende Verhalten des Presseorgans seinerseits in aller Regel von wirtschaftlichen Interessen bestimmt wird. Daß die gegenwärtige Rechtsprechung zum Ersatz des Nichtvermögensschadens bei Persönlichkeitsrechtsverletzungen das der Presse zumutbare Maß überschritten hat, kann ernsthaft nicht behauptet werden[57c]. Wer erfundene Interviews publiziert, wer Protokolle abgehörter Telefongespräche veröffentlich, wer ohne Einwilligung des Betroffenen dessen Bild in ehrenrühriger Weise verbreitet, wer ehrabschneiderische Kritik äußert, hat den Rahmen des Grundrechts der Pressefreiheit verlassen. Durch diese Verletzungshandlungen sichert sich die Presse oder Teile der Presse Auflagenerfolge, die es rechtfertigen, den Verletzten daran partizipieren zu lassen. Die gegenwärtigen Betragshöhen des Schmerzensgeldes bei Persönlichkeitsrechtsverletzungen von 10–50.000 DM gefährden ernsthaft nicht den Bestand der Presse. Es ist vielmehr zu befürchten, daß trotz aller Interessenten-Literatur diese Beträge die Massenmedien weitgehend überhaupt nicht beeindrucken. Die ausländischen Rechtsordnungen anerkennen die Möglichkeit eines Geldersatzes auch für immaterielle Schäden auf jeden Fall in weit höherem Maße als die deutsche Zivilrechtsordnung an[57d], ohne daß bislang ein dadurch bedingtes Pressesterben behauptet worden wäre.

Es ist selbstverständlich einzuräumen, daß sich bei der Abgrenzung zwischen dem Persönlichkeitsrecht des einzelnen und der Pressefreiheit schwerwiegende Probleme ergeben können. Nur sollte man nicht ohne Analyse der Entscheidungsfälle des BGH zum Ersatz des immateriellen Schadens bei Persönlichkeitsrechtsverletzungen vorschnell von Totengräbern der Pressefreiheit sprechen.[58]

57b BVerfGE 34, S. 269 ff., S. 286.

57c BVerfGE 34, S. 269 ff., S. 286.

57d Vgl. dazu Gutachten des Max-Planck-Instituts für ausländisches und internationales Privatrecht vom 15. Mai 1959, abgedruckt als Anl. 5 zu BT-Drucksache III/1237, S. 63 ff.; *Zweigert-Kötz*, aaO, Bd. 2, S. 407 ff.; vgl. hierzu auch *Casper*, aaO; *Kohl* in: *Hoffmann-Riem/Kohl/Lüscher*, aaO, S. 62 Anm. 11; vgl. zur deutschen Rechtsentwicklung Urteil des OLG München im Fall von Finck/NDR bei *Gerhardt*, AfP 1974, S. 629 ff.

58 Vgl. aber *Wiethölter*, Rechtswissenschaft, S. 198.

6. Das Wesen des Anspruchs auf Ersatz des immateriellen Schadens

Der Umstand, daß immaterielle Schäden in Geld nur höchst unvollkommen ausgeglichen werden können, hat zu vielfältigen Spekulationen über die Funktion des Schmerzensgeldanspruchs (Ausgleich, Genugtuung, Privatstrafe) und das Verhältnis der verschiedenen Strukturelemente zueinander geführt[59].

a) Verselbständigung des Prinzips der Generalprävention

Vorweg gilt es festzustellen, daß der Gedanke der Generalprävention nicht dazu führen darf, den Entschädigungsgedanken völlig in den Hintergrund treten zu lassen[60]. Deshalb ist *Wiese*[61] nicht zu folgen, der in den Fällen der Persönlichkeitsrechtsverletzung selbst eine „existenzgefährdende Entschädigungspflicht" befürwortet, da durch sie die „seriöse Presse" nicht betroffen sei. Wendet man § 847 BGB auf Persönlichkeitsrechtsverletzungen entsprechend an, so ist damit klargestellt, daß im Falle der Persönlichkeitsverletzung dem Verletzten eine billige Entschädigung in Geld zu zahlen ist. Daraus ergibt sich eindeutig, daß Beziehungspunkt für die Entschädigungsleistung der Verletzte und nicht der Verletzer ist. Für generalpräventive Erwägungen in Zusammenhang mit dem Kampf gegen eine bestimmte Presse ist insoweit kein Raum. Dem Zivilrecht kommt keine vom Persönlichkeitsschutz losgelöste Aufsichtsfunktion über die Presse zu. Diese Funktion fällt nicht mehr in die Realisierung mittelbar präventiver und rechtsverfolgender Zwecke des Schadensersatzes[61a].

b) Die Struktur des Schmerzensgeldanspruches in der Rechtsprechung des BGH

Der Große Senat für Zivilsachen hat in seinem Beschluß vom 6. 7. 1955[62] die Funktion des Schmerzensgeldanspruches wie folgt umschrieben:

„. . . Das Schmerzensgeld hat rechtlich eine doppelte Funktion. Es soll dem Geschädigten einen angemessenen Ausgleich bieten für diejenigen Schäden, für diejenige Lebenshemmung, die nicht vermögensrechtlicher Art sind. Es soll aber zugleich dem Gedanken Rechnung tragen, daß der Schädiger dem

---

59 Vgl. dazu *Stoll*, aaO, S. 138 und passim.

60 So zutreffend *Stoll*, aaO, S. 138. Vgl. zur Kritik der Deutung der Schadenersatzpflichten als Mittel der Sanktion und Generalprävention Weyers, Unfallschäden, Frankfurt a. M., 1971, S. 446 ff.

61 *Wiese*, aaO, S. 48. Ähnlich auch *H. Kaufmann*, JuS 1963, S. 373 ff.

61a Vgl. dazu zutreffend *Mertens*, aaO, S. 109.

62 BGHZ 18, S. 149 ff., S. 154 f.; vgl. dagegen noch BGHZ 7, S. 223 ff., S. 225.

Geschädigten für das, was er ihm angetan hat, Genugtuung schuldet. Dabei steht der Entschädigungs- oder Ausgleichsgedanke im Vordergrund. Der Zweck des Anspruchs ist der Ausgleich für die erlittene Beeinträchtigung. Diese läßt sich jedoch nicht streng rechnerisch ermitteln. Den zugrunde liegenden Gedanken könnte man etwa dahin formulieren, daß der Schädiger, der dem Geschädigten über den Vermögensschaden hinaus das Leben schwergemacht hat, nun durch seine Leistung dazu helfen soll, es ihm im Rahmen des Möglichen wieder leichter zu machen. Im Hinblick auf diese Zweckbestimmung des Schmerzensgeldes bildet zwar die Rücksicht auf Größe, Heftigkeit und Dauer der Schmerzen, Leiden und Entstellungen die wesentlichste Grundlage bei der Ausmessung der billigen Entschädigung. Der für den Ausgleich erforderliche Geldbetrag hängt daher in erster Linie von dem Umfang dieser Schäden ab . . . Wenn auch in Schadensersatzansprüchen aus unerlaubter Handlung, auch denen auf Entschädigung wegen immaterieller Schäden, kein unmittelbarer Strafcharakter mehr innewohnt, so schwingt doch in dem Ausgleichsgedanken auch heute noch etwas vom Charakter der Buße oder, um mit dem treffenden Ausdruck der entsprechenden schweizer Rechtseinrichtung zu reden, der Genugtuung mit. Die Rechtsgeschichte zeigt, daß sich das Schmerzensgeld aus dem Strafrecht entwickelt hat . . . Der Schmerzensgeldanspruch des § 847 ist zwar formal vom Gesetzgeber als bürgerlichrechtlicher Schadensersatzanspruch konstruiert. Seinem Inhalt nach ist er aber jedenfalls nicht ein solcher der üblichen, d. h. der auf Ersatz von Vermögensschäden zugeschnittenen Art. Die Wiederherstellungsfunktion läßt sich hier nicht wie bei der Naturalherstellung von Vermögensschäden durchführen. Es gibt insoweit keine wirkliche Wiedergutmachung. Es soll gewiß ein Ausgleich vorgenommen werden; dieser ist aber rechnerisch nicht streng festlegbar. Das alleinige Abstellen auf den Ausgleichsgedanken ist unmöglich, weil immaterielle Schäden sich nie in Ausgleichsmöglichkeiten und nur beschränkt in Geld ausdrücken lassen. Immaterielle Schäden betreffen entgegen einer gelegentlich vertretenen Ansicht nicht in Geld meßbare Güter. Der zu ihrem Ausgleich zu gewährende Geldbetrag läßt sich nicht dadurch ermitteln, daß man sozusagen die Schmerzen mit den Freuden saldiert, durch die der Verletzte die Erinnerung an die Schmerzen tilgen soll. Auch da, wo die Möglichkeit besteht, körperliche und seelische Leiden durch Annehmlichkeiten und Bequemlichkeiten etwas auszugleichen, bleiben fast immer sehr verschiedene Möglichkeiten, wie ein Ausgleich gewährt werden kann, ohne daß aus dem Ausgleichszweck der Entschädigung allein ein ausreichender Anhalt für die Bemessung gefunden werden kann. Der Ausgleichszweck allein gibt, je größer der immaterielle Schaden ist, für die Bemessung der Entschädigung nur einen recht groben Anhalt . . .“

Diese Kennzeichnung des Schmerzensgeldanspruches bei Gesundheitsverletzungen hat der BGH in den Grundzügen auf Schmerzensgeldansprüche bei Persönlichkeitsrechtsverletzungen mit der Maßgabe übertragen, daß in diesem Bereich dann Schmerzensgeld gewährt wird, wenn „den Schädiger der Vorwurf einer schweren Schuld trifft oder wenn es sich um eine objektiv erheblich ins Gewicht fallende Beeinträchtigung des Persönlichkeitsrechts handelt“[63]. Dabei rückt der BGH[64] die Genugtuungsfunktion des Schmerzens-

---

63 BGHZ 35, S. 363 ff., S. 369 Ginseng.

64 Vgl. dazu BGHZ 35, S. 363 ff., S. 369 Ginseng.

geldes bei Persönlichkeitsrechtsverletzungen durchaus in den Vordergrund:

„Bei Verletzungen des allgemeinen Persönlichkeitsrechts rückt die Genugtuungsfunktion des Schmerzensgeldes gegenüber der Entschädigungsfunktion in den Vordergrund . . .“[65].

Dabei überrascht, daß der BGH offenbar den Wortlaut des § 847 I, 1 BGB nicht mehr zur Kenntnis nimmt. *Dort wird von einer billigen Entschädigung gesprochen, während der vom BGH in Bezug genommene Art. 49 I des Schweizerischen Obligationenrechts ausschließlich von einer Genugtuung spricht*[66 66a]. Art. 49 OR differenziert exakt zwischen dem Anspruch auf Ersatz des Schadens und dem Anspruch auf Leistung einer Geldsumme als Genugtuung.

Dieser Rückgriff auf Art. 49 I des Schweizerischen Obligationenrechts überrascht um so mehr, als der BGH in seinem Beschluß vom 6. 7. 1955[66b] nur Gedankengänge aufgenommen hat, die im älteren Schrifttum[66c] und in der Rechtsprechung des Reichsgerichtes bereits angedeutet waren.

So führt das Reichsgericht in seiner Entscheidung vom 7. April 1932[66d] zur Bemessung des Schmerzensgeldes bei Körperverletzungen folgendes aus:

„Die Revision des Beklagten. . . bemängelt, daß das Berufungsgericht das Schmerzensgeld mit Rücksicht auf den hohen Grad der Fahrlässigkeit dieses Beklagten erhöht hat. Diese Erwägung ist jedoch rechtlich nicht zu beanstanden. Zwar hat bei der Feststellung der Höhe des Vermögensschadens der Grad des Verschuldens des Ersatzpflichtigen außer Betracht zu bleiben. . . Aber für den Schaden, der nicht Vermögensschaden ist, kann nach § 847 BGB der Geschädigte eine billige Entschädigung in Geld verlangen. Bei einer Entschädigung nach Billigkeit sind grundsätzlich alle Umstände des Falles zu würdigen. . . , und es ist nicht einzusehen, warum nicht auch ein besonders grobes Verschulden des Schädigers dabei berücksichtigt werden sollte, *zumal da es auf den Geschädigten verbitternd wirken kann*“.

Die Genugtuungsfunktion ist also nur eine Wiederentdeckung einer Rechtsfigur, die bereits in der früheren Rechtsprechung bekannt war[66e].

---

65 BGHZ 35, S. 363 ff., S. 369 Ginseng.

66 BGHZ 35, S. 363 ff., S. 369; es kommt nicht von ungefähr, daß *Larenz* (Schuldrecht, Bd. II, § 72 III, 7, S. 478) der billigen Entschädigung in Geld bei Persönlichkeitsverletzungen nur noch eine Genugtuungsfunktion zumißt.

66a Vgl. zur Genugtuungsfunktion rechtsvergleichend *Kübler* in: Die Haftung der Massenmedien, S. 130; vgl. zum schweizerischen Recht *Frank*, AcP Bd. 172 (1972), S. 56 ff.

66b BGHZ 18, S. 149 ff.

66c *Heinrich Stoll*, Vertrag und Unrecht II, 1936, S. 202; *Heinrich Lange*, Vom alten zum neuen Schuldrecht, 1934, S. 64.

66d RGZ 136, S. 60 ff., S. 61/62.

66e So zutreffend *Meyer*, JuS 1975, S. 87 ff., S. 87 r. Sp.

c) Bedeutung des Schmerzensgeldes in der Literatur

In der Literatur wird ernsthaft vertreten, daß die durch das Schmerzensgeld erzeugte Befriedigung und das Bewußtsein, daß diese Geldsumme dem Schuldigen abgenommen wird, zur Besänftigung eines Rachegefühls dient, welches auch beim modernen Menschen trotz Christentum und Zivilisation nicht erloschen sei[67].
Mit der Sanktion des § 847 sollen auch „ethische oder legalistische Schmerzen" mitabgegolten werden[68]. Der Schmerzensgeldanspruch enthalte „Elemente der Prävention sowie der Bewährung des Rechts"[68a]. *Strasser*[69] ist der Auffassung, daß der Ersatz für immaterielle Güter diese zu Rechtsobjekten stempeln würde und daher bekenntnismäßig nicht zu bejahen sei. Deshalb dürfe nur die Sühne oder Genugtuung in Betracht kommen, die die erlittene Einbuße nicht ausgleichen, sondern aufwiegen soll[70]. Gegen diese Auffassung hat bereits *Bydlinski*[71] zutreffend eingewandt, daß sich *Strasser* mit dieser Qualifikation des Schmerzensgeldanspruches in einem substantiellen Sinne vom Ausgleichsgedanken, einem konstitutiven Gedanken des Schadensrechts, entfernt habe. Nach *Stoll*[72] handelt es sich bei der Genugtuung als ergänzendes Wiedergutmachungsprinzip um eine Sühnung der Tat zwecks Besänftigung des Rechtsgefühls des Verletzten[73]. *Wiese*[74] meint, die Entschädigung in Geld bringe dem Geschädigten nicht nur eine Kompensation für die beeinträchtigte Lebensfreude, sondern nehme ihm als Genugtuung das Gefühl der Verletzung, die „damit das gestörte Gleichgewicht in seiner Person wiederherstelle". Daher sei die Genugtuung nicht etwas Drittes neben Schadensersatz und Strafe. Vielmehr erscheine sie als eine besondere Funktion des Ausgleichsgedankens für ideelle Schäden[75]. Nach *Grossfeld* steht

---

67 So *v. Tuhr-Siegwart*, aaO, S. 117; hierauf nimmt *Deutsch*, JuS 1969, S. 197 ff., S. 201 r.Sp. Bezug.

68 Vgl. dazu *Deutsch*, JuS 1969, S. 197 ff., S. 202 l.Sp.

68a *Deutsch*, JuS 1969, S. 197 ff., S. 202 l.Sp.

69 *Strasser*, aaO, S. 17.

70 Vgl. *Strasser*, aaO, S. 19.

71 *Bydlinski*, JBl 1965, S. 237 ff., S. 253 l.Sp.

72 *Stoll*, aaO, S. 151 f.

73 Abwegig erscheint es, wenn *Stoll* den Geldersatz für immateriellen Schaden als gesetzlich zugelassene Leistung an Erfüllungs Statt qualifiziert (so *Stoll*, aaO, S. 139), wird doch von vornherein nur immaterieller Ersatz gefordert (vgl. dazu § 364 BGB!). Auch jegliche Parallele zur Vertragsstrafe ist fehl am Platz; vgl. aber *Deutsch*, JZ 1971, S. 244 ff., S. 246.

74 *Wiese*, aaO, S. 55; vgl. dazu auch *Bydlinski*, JBl 1965, S. 237 ff., S. 254 r. Sp.

75 *Wiese*, aaO, S. 55.

bei dem Schmerzensgeldanspruch der Charakter der Privatstrafe im Vordergrund. Zunächst weist er richtig daraufhin, daß die Genugtuungstheorie ebenso wie die Entschädigungstheorie im Rahmen von Persönlichkeitsrechtsverletzungen nur auf den Verletzten und die ihm zu verschaffende Wohltat abstellen kann:

„Die Abgrenzung zwischen beiden ist . . . in der Praxis nicht einfach. Die gleiche Blickrichtung kann leicht dazu führen, das materielle Mittel, das Geld, überzubewerten. Es kommt dies wohl auch daher, daß die Genugtuung auf sehr subtilen theoretischen Grundlagen ruht, die leicht und häufig übersehen werden. Zudem ist schwer festzustellen, wie hoch eine Summe sein muß, um das Rechtsgefühl zu besänftigen. Alle diese Schwierigkeiten hängen letztlich wohl damit zusammen, daß die Genugtuungstheorie auf halbem Wege stehenbleibt; sie berücksichtigt das verletzte Rechtsgefühl nur insoweit, als es die Anerkennung der Persönlichkeit des Verletzten fordert, aber nicht in seinem Verlangen nach Sühne durch den Täter. Auch das Erfordernis der Wiederherstellung des objektiven Rechts durch die Sühne wird nicht beachtet. Dennoch müßte man die Akzentuierung, wie sie durch die Genugtuungstheorie erfolgt, bejahen, wenn der noch verbleibende Schritt nur von untergeordneter Bedeutung ist.“[76]

Grossfeld legt damit im Rahmen des Schmerzensgeldes das Schwergewicht auf den Charakter der Privatstrafe:

„Je weniger aber eine Wiederherstellung des verletzten Rechtsgutes somit des objektiven Rechts möglich ist, um so mehr muß das Recht bestrebt sein, mit anderen Mitteln die gestörte Ordnung wiederherzustellen. Daher tritt insbesondere der Sühnegedanke in den Vordergrund. Es entspricht dies also nicht nur einer Rücksichtnahme auf das Rechtsgefühl des Verletzten, sondern zugleich einer Forderung des objektiven Rechts. Daneben steht in gleicher Stärke der Gedanke der Abschreckung.“[77]

d) Eigene Stellungnahme

So geistreich im einzelnen die minuziöse Aufspaltung des Schmerzensgeldanspruches sein mag, für das Recht als eines praxisbezogenen Geschäfts ist sie unbrauchbar. Sie erscheinen wie vorgeprägte Formeln. Zu diesen hat *Hofstätter*[78] in anderem Zusammenhang ausgeführt, daß sich bei der Flucht vor der Ungewißheit vorgeprägte Formeln wie rettende Asyle anbieten. „Da die Übernahme einer geprägten Formel dem Zwecke dient, das Erlebnis des spannungsvollen ‚Ich weiß nicht' zu ersparen, ist es nur konsequent, wenn auch die Tatsache der Übernahme so weitgehend als möglich aus dem Be-

76 *Grossfeld*, aaO, S. 102.

77 *Grossfeld*, aaO, S. 106; vgl. kritisch zur Privatstrafe auch *Stoll*, aaO, S. 149 ff., S. 156; *H. Kaufmann*, JuS 1963, S. 373 ff.; *Hans-Joachim Hirsch*, Festschrift für Karl Engisch, S. 304 ff., S. 309 f.

78 *Hofstätter*, aaO, S. 3.

wußtsein verbannt wird."[79] Auch die verschiedenen Theorien zum Ersatz des ideellen Schadens erwecken den Eindruck, als würden sie als rettende Asyle verwandt. Die in ihnen aufgezeigten Motivationsgründe sind auf der Rechtsebene, die immer nur ein Erlebniskürzel darstellen kann, nicht nachvollziehbar.

Richtig dürfte sein, auf diese Kategorisierungen zu verzichten. Genugtuung ist zunächst einmal das Gefühl, mit dem wir die Erfüllung der Rache umschreiben[79a]. Wer also dem Genugtuungsdenken Raum gibt, muß Wahrnehmungen und Verhaltensweisen auf Denk- und Aktionsmuster zurückführen, die als zeitloser Ideen- und Formenschatz der menschlichen Kollektivseele zugrunde liegen sollen. Der einzelnen Erscheinung wird insoweit ihre Flüchtigkeit und Zufälligkeit genommen. *Struck*[79b] hat völlig zu Recht darauf hingewiesen, daß Emotionen bei Beleidigungen nur rational sind bei konkreten Rufschäden, die gewöhnlich in ökonomischen Schäden gemessen werden. Indem dies verkannt wurde, mußte im Rahmen des Ersatzes des Nichtvermögensschadens bei Persönlichkeitsrechtsverletzungen das archaische Instrument der Buße wieder aufleben. Daß einzelne Menschen diese Genugtuung noch erleben, soll nicht bestritten werden. Fraglich ist allein, ob die Rechtsordnung der Perpetuierung derartiger irrationaler Vorstellungen Vorschub leisten sollte. Dies ist nach der hier vertretenen Meinung uneingeschränkt zu verneinen. Ein Ersatz des Nichtvermögensschadens kommt bei Verletzung des allgemeinen Persönlichkeitsrechts nur in Betracht, wenn die Verletzungshandlung „einen vermögensrechtlichen Nachteil zur Folge hat, ohne daß dieser als solcher mit der zu seiner Bemessung erforderlichen Deutlichkeit hervortritt"[79c].

Der Ersatz immaterieller Schäden in Geld ist innerhalb weitester Grenzen „glatte Willkür" oder, wenn man es vornehmer formulieren will, reine richterliche Ermessensfrage, die freilich unvermeidlich ist[80]. Innerhalb dieses Ermessensrahmens kann man endlos über Genugtuungs- und Ausgleichsfunktionen spekulieren. Sicher ist nur, daß der Ansatzpunkt der gesetzgeberischen Entscheidung billige Entschädigung für einen Nichtvermögensschaden war, also eine Verselbständigung generalpräventiver Gesichtspunkte nicht in Betracht kommt. Die Rechtsprechung des BGH und die Lehre ist insoweit zu sehr gefühlsorientiert. „Wer für einen reinen Gefühlsschaden Ersatz zuspricht, kann kaum je mit wirklicher Sicherheit sagen, ob überhaupt, also schon dem

---

79 *Hofstätter*, aaO, S. 7.

79a Vgl. *Lersch*, Aufbau der Person, 11. Aufl., München 1970, S. 249.

79b *Struck*, ARSP 1975, S. 67 ff., S. 77.

79c *Mugdan*, aaO, Bd. II, S. 447/448.

80 So zutreffend *Bydlinski*, JBl 1965, S. 237 ff., S. 243 l. Sp.

Grunde nach, ein Schaden wirklich vorliegt."[81] Erst recht kann er nicht sagen, wie diese Schadensleistung auf den Verletzten wirkt. Insoweit läßt die Literatur auch bemerkenswerterweise offen, ob der Schmerzensgeldanspruch immer eine Genugtuungskomponente hat (konkrete Betrachtung) oder ob der Genugtuungsgedanke lediglich in eine generalisierende Betrachtung eingeführt wird[82]. *Man kann im Grunde nur sagen, daß der Schmerzensgeldanspruch immer eine Frage des Ausgleichs für erlittenen ideellen und, wie die Motive zeigen, potentiellen materiellen Schaden darstellt*[83].

Diese Sicht beruht auf einer Erkenntnis, die seit den Anfängen der Psychoanalyse hinlänglich bekannt sind:

„Das Verblassen oder Affektloswerden einer Erinnerung hängt von mehreren Faktoren ab. Vor allem ist hierfür von Wichtigkeit, ob auf das affizierende Ereignis energisch reagiert wurde oder nicht. Wir verstehen hier unter Reaktion die ganze Reihe willkürlicher und unwillkürlicher Reflexe, in denen sich erfahrungsgemäß die Affekte entladen: vom Weinen bis zum Racheakt. Erfolgt diese Reaktion in genügendem Ausmaße, so schwindet dadurch ein großer Teil des Affektes; unsere Sprache bezeugt diese Tatsache der täglichen Beobachtung durch die Ausdrücke sich austoben, ausweinen u. dgl. Wird die Reaktion unterdrückt, so bleibt der Affekt mit der Erinnerung verbunden. Eine Beleidigung, die vergolten ist, wenn auch nur durch Worte, wird anders erinnert, als eine, die hingenommen werden mußte. Die Sprache anerkennt auch diesen Unterschied in den psychischen und körperlichen Folgen und bezeichnet höchst charakteristischerweise eben das schweigend erduldete Leiden als Kränkung. – Die Reaktion des Geschädigten auf das Trauma hat eigentlich nur dann eine völlig kathartische Wirkung, wenn sie eine adäquate Reaktion ist, wie die Rache. Aber in der Sprache findet der Mensch ein Surrogat für die Tat, mit dessen Hilfe der Affekt nahezu abreagiert werden kann. In anderen Fällen ist das Reden eben selbst der adäquate Reflex, als Klage und als Aussprache für die Pein eines Geheimnisses (Beichte!). Wenn solche Reaktion durch Tat, Worte, in leichtesten Fällen durch Weinen nicht erfolgt, so behält die Erinnerung an den Vorfall zunächst die affektive Betonung."[84]

Die Zivilgerichte können die subtile Differenzierung innerhalb eines Schmerzensgeldanspruches in Ausgleichs- und Genugtuungsfunktion nicht durchhalten, wollen sie nicht jeden, der einen derartigen Schmerzensgeldanspruch geltend macht, einer psychoanalytischen Exploration unterziehen.

---

[81] *Bydlinski*, JBl 1965, S. 237 ff., S. 237 r. Sp.; vgl. auch *Stoll*, aaO, S. 143.

[82] Vgl. dazu z. B. *Stoll*, aaO, S. 143; vgl. aber auch *Stoll*, aaO, S. 144. Die dortigen Ausführungen *Stolls* deuten auf eine generalisierende Betrachtung hin.

[83] Vgl. dazu auch *Bydlinski*, JBl 1965, S. 237 ff., S. 244 l. Sp., S. 254 l. Sp.; vgl. auch *Stoll*, aaO, S. 151 ff., der m. E. zu Unrecht de lege ferenda für eine Verselbständigung des Genugtuungsprinzips plädiert; auf diese ist gänzlich zu verzichten.

[84] So *Freud-Breuer*, aaO, S. 11; vgl. auch M. Mitscherlich, Müssen wir hassen?, München 1972, S. 134.

Die Genugtuung gehört eben zu der Kategorie der sogenannten latenten Variablen, mit denen es die Psychologie häufig zu tun hat[85].
Nach *Stoll*[86] ist es ebenfalls ein vergebliches Bemühen, in jedem Einzelfall zwischen Gefühlsschaden und sonstigem immateriellen Schaden unterscheiden zu wollen und beide Schadensarten nach den jeweils verschiedenen Prinzipien zu liquidieren. „Ein solcher Versuch scheitert an der Einheit des immateriellen Schadens und würde im übrigen zu Rechtsnormen führen, die viel zu subtil sind, um praktikabel zu sein." Der einheitliche Anspruch kann aber wiederum nur dann beurteilt werden, wenn die Strukturelemente bekannt sind. Gerade wenn man einräumt, daß Genugtuung durch Ausgleich und Strafe erreicht werden kann, Genugtuung also nur ein Ziel, nicht die Wahl der Mittel bestimmt, sollte auf sie generell verzichtet werden. Wenn *Stoll*[87] die von *Eickhoff*[87a] vermißte Richtlinie in der Sühne als Mittel der Besänftigung des Verletzten sieht, so zieht er sich damit auf etwas zurück, was sich der Feststellung entzieht. Ein Genugtuungsbedürfnis[88] kann der Richter im echten Sinne nicht feststellen.
Einer Anerkennung des Genugtuungsprinzips oder gar einer Verselbständigung dieses Prinzips kann nicht zugestimmt werden[89].
Auch *Pecher*[90] macht darauf aufmerksam, daß offenbar niemand verständlich zu machen vermag, was Genugtuung als haftungsausfüllende, im übrigen aber nur unselbständige Funktion[91] [92] im Rahmen einer einheitlichen Schadensersatzleistung bedeutet. *Pecher*[93] will im Rahmen des immateriellen Schadensersatzes bei Körperverletzungen allein das Ausgleichsprinzip anwenden. Daß immaterieller Schaden insoweit nicht in gleicher Weise exakt feststellbar sei wie ein nach Marktwert zu berechnender Vermögensschaden,

---

85 Vgl. dazu *Güttwald*, aaO, S. 475 ff., S. 475.
86 *Stoll*, aaO, S. 144.
87 *Stoll*, aaO, S. 152.
87a *Eickhoff*, Die Bemessung des Schmerzensgeldanspruches als Sonderform des Anspruchs auf Wiedergutmachung, Diss. Hamburg 1957, S. 83 ff.
88 Vgl. dazu *Stoll*, aaO, S. 153.
89 Vgl. aber *Stoll*, aaO, S. 144, S. 155.
90 *Pecher*, AcP Bd. 171 (1971), S. 44 ff., S. 60.
91 Vgl. dazu BGHZ 18, S. 149 ff., S. 154.
92 Diese Fehlentwicklung hätte vermieden werden können, wenn man nur den Wortlaut des § 847 BGB beachtet hätte. Dort ist im Gegensatz zu Art. 49 Abs. 1 SchwOR nicht von Genugtuung, sondern von Schaden und Entschädigung die Rede. Im schweizerischen Recht ist der Anspruch auf Genugtuung reduziert, weil die immaterielle Beeinträchtigung ihrer Art nach weder meßbar noch reparabel sein soll. Vgl. dazu *Winter*, SJZ 1971, S. 33 ff., S. 34.
93 *Pecher*, AcP Bd. 171 (1971), S. 44 ff., S. 64 f.

begründe keinen Unterschied für die Anwendbarkeit des Ausgleichsprinzips. So überzeugend *Pechers* Ablehnung der Genugtuungsfunktion bei Schmerzensgeldansprüchen wegen Körperverletzung ausgefallen ist, so zweifelhaft erscheint die glatte Einordnung dieses Ersatzes in die Ausgleichsfunktion:

„Der Zweck des Schmerzensgeldes ist es, dem Verletzten die gestörte Lebensfreude wiederzugeben .... Die Höhe des Schmerzensgeldes bemißt sich an dem auszugleichenden Schaden, mithin nicht nach einem vom subjektiven Schadensgefühl des Verletzten bestimmten Maß, sondern nach einem objektiven Maßstab. Es kann nicht darauf ankommen, ob der Betroffene selbst glaubt, die ihm zugefügte Lebenshemmung überwinden zu können; es ist ihm zuzumuten, seine Person einer für alle geltenden Regel unterzuordnen. Ein normatives Menschenbild stellt die erforderliche Stabilität des Zumessungsmaßstabs her. Die Würde des Menschenbildes verbietet es wiederum auch, einen Schaden zu leugnen, wenn eine Zerstörung der psychischen Persönlichkeit den Verletzten hindert, eine Lebenshemmung zu empfinden."[94]

Kompensations- und Überwindungsgedanke lassen sich in dieser Sicht sicherlich nicht trennen.[94a] Sie kennzeichnen insoweit in der Tat Maß und Zweck des dem Ausgleich zugrunde liegenden Interessebegriffs.

Die entscheidende Frage ist jedoch, wie ein solcher objektiver Maßstab gefunden werden kann. Als zu berücksichtigende Kriterien nennt *Pecher*[95] den medizinischen Tatbestand des Leidens, das Maß des Verschuldens und die Leistungsfähigkeit des Schädigers. Diese Berücksichtigung der Leistungsfähigkeit des Schädigers ist bereits jedoch mit dem Ausgleichsprinzip nicht mehr vereinbar[96]. Es kommt hinzu, daß all diese Kriterien so lange nicht geeignet sind, objektive Maßstäbe zu bilden, als der Rahmen nicht feststeht.

Die Willkürlichkeit dieses Ausgleichs läßt sich leicht an den Beispielen aus der Kommentarliteratur aufzeigen:

„So muß einem leidenschaftlichen Jäger, Bergsteiger oder Sportler durch das Schmerzensgeld ein Ausgleich dafür geschaffen werden, daß ihm seine Lieblingsbeschäftigung infolge des Unfalls unmöglich geworden ist; ihm sind im Rahmen des Schmerzensgeldes die Mittel zur Verfügung zu stellen, sich einer anderen Freizeitbeschäftigung (Filmen, Kraftwagenfahren, Reisen,

---

94 *Pecher*, AcP Bd. 171 (1971), S. 44 ff., S. 68/69; vgl. ähnlich *Henke*, Die Schmerzensgeldtabelle, S. 7 ff., S. 13.

94a *Esser*, Schuldrecht, II, § 113 I, 3b, S. 465.

95 *Pecher*, AcP Bd. 171 (1971), S. 44 ff., S. 69.

96 a.A. *Stoll*, Festschrift für Reinstein, Bd. II, S. 569 ff., S. 571; *Stoll*, aaO, S. 152; *Pecher*, AcP Bd. 171 (1971), S. 44 ff., S. 69; BGHZ 18, S. 149 ff., S. 159 f.; auch für eine Berücksichtigung der Vermögensverhältnisse des Geschädigten ist kein Raum, vgl. dazu auch *Pecher*, AcP Bd. 171 (1971), S. 44 ff., S. 69; vgl. dazu auch *Henke*, aaO, S. 11 f.; BGHZ 18, S. 149 ff., S. 159; vgl. zum Schweizer. Recht *Druey*, aaO, S. 132 ff.

Schallplatten sammeln) zuzuwenden, die ihm einen Ausgleich für den Verlust an Lebensfreude schafft ....“[97]
Diese Beispiele zeigen, wie willkürlich hier verfahren werden muß, wenn etwas abgegolten werden soll, was konkret nicht ausgeglichen werden kann. Wie soll ermittelt werden, wie stark der Verlust an Lebensfreude ist, welcher Ausgleich angemessen erscheint? Schallplattensammeln statt Bergsteigen, Filmen statt Jagen? Es kommt noch hinzu, daß der Schmerzensgeldanspruch, wie die Motive zeigen[98], darüber hinaus auch mögliche, aber schwer nachweisbare wirtschaftliche Schäden ausgleichen soll.
Die Ablehnung einer Genugtuungsfunktion hat unabweisbare Vorteile: Wenn der Verletzte unfähig ist, eine Lebenshemmung zu empfinden[99], müßte die an der Gefühlssphäre orientierte Genugtuungsfunktion versagen. Trotzdem soll es dem Schädiger nicht zugute kommen, wenn er die Wiedergutmachung soweit hinauszögert, daß der in der Vergangenheit erlittene Schmerz nicht mehr gelindert werden kann[100].
Dieser Verzicht auf die Genugtuungsfunktion muß jedoch auch bei Persönlichkeitsrechtsverletzungen vollzogen werden. In der Rechtsprechung werden, worauf bereits aufmerksam gemacht wurde[101], unter dem Etikett Schmerzensgeld häufig Beträge gewährt, die an sich über den Eingriffserwerb zu liquidieren wären. *Pecher*[102] ist der Auffassung, daß bei Persönlichkeitsrechtsverletzungen der Ausgleich des Vermögensschaden allein nicht befriedigt. Das Mittel zum Schutze ideeller Interessen sei nur die Vergeltung durch Auferlegung eines Übels, wobei *Pecher* in diesem Zusammenhang trotz der scharfen Grenzziehung zur Ausgleichsregelung bei Angriffen auf die körperliche Integrität auch noch in diesem Zusammenhang von einem Ausgleich spricht:

„Die Maßregelung des Übeltäters durch Vergeltung ist daher für den Verletzten auch nicht Ausdruck einer im geschützten Gegenstand konkretisierten Interessenfrage, sondern eine Charakterfrage, die ihn veranlaßt, um seiner moralischen Selbstbehauptung willen, wie auch zum Schutz der von ihm mitgetragenen Ordnung des Gemeinwesens, dem Unrecht keinen Raum zu geben. Für das Genugtuungsbedürfnis, das, wenn es echt ist, nicht auf mate-

---

97 *Müller*, aaO, § 11 StVG, Rdnr. 33.

98 Vgl. dazu *Mugdan*, aaO, Bd. II, Motive zu § 729, S. 447/448.

99 Vgl. dazu *Bötticher*, AcP Bd. 158 (1959/1960), S. 385 ff., S. 395 f.; ders., Verhandlungen des 46. DJT, SC23 f.; *Pecher*, AcP Bd. 171 (1971), S. 44 ff., S. 69; vgl. dazu aber auch BGHZ 18, S. 149 ff., S. 156 f, BSH NJW 1976, S. 1147 ff.

100 Vgl. dazu *Pecher*, AcP Bd. 171 (1971), S. 44 ff., S. 70.

101 Vgl. dazu auch *Pecher*, AcP Bd. 171 (1971), S. 44 ff., S. 75; *Esser*, Schuldrecht, Bd. II, § 104 II, 1, S. 391; *Bötticher*, Verhandlungen des 45. DJT, Bd. II, SC21 f.

102 *Pecher*, AcP Bd. 171 (1971), S. 44 ff., S. 75.

rielle Bereicherung aus sein kann, sollte auf die dogmatische Zuordnung zum Begriff des Schadens überhaupt verzichtet werden."[103]

Pecher, der ansonsten sich vom falschen Pathos freihält, steht hier im Banne *Rudolf v. Iherings,* dessen Kampf ums Recht freilich problematisiert werden muß. „Der Mensch verteidigt mit dem Recht seine moralische Daseinsberechtigung."[104] Diese Feststellung *Iherings* ist nicht mehr zeitadäquat. Wer Persönlichkeitsrechtverletzungen geltend macht, handelt nicht als moralische Person und zum Schutze der Rechtsordnung, sondern in seiner Sozialexistenz, die eine Sicherung seines Ansehens voraussetzt. Jegliche Hinwendungen zu einer Deutung des immateriellen Ersatzes der Persönlichkeitsrechtsverletzungen als Privatstrafe sind bereits mit dem Wortlaut des § 847 I BGB unvereinbar[105]. Ebenso unangemessen ist unserem heutigen Zeitverständnis die Meinung von *Wiese*[106], der in allen unbedeutenden Persönlichkeitsrechtsverletzungen einen „niedrigen symbolischen Betrag" einsetzen will. Unsere heutige Rechtskultur hält von derartigen sinnlosen Symbolhandlungen und Ritualisierungen nichts[107]. Die Gefahr solcher six-cent verdicts, die den Betroffenen erst recht der Lächerlichkeit preisgeben, sollte ebenfalls nicht unterschätzt werden.[107a] Zusammenfassend kann daher festgestellt werden, daß auch bei Persönlichkeitsrechtsverletzungen allein eine Ausgleichsfunktion des immateriellen Ersatzes anerkannt werden kann. Privatstrafe- und Genugtuungsfunktion sind ein rechtstechnischer Rückfall in die frühere Formenwelt, ein „juristischer und kultureller Atavismus"[108].

---

103 *Pecher*, AcP Bd. 171 (1971), S. 44 ff., S. 75.

104 *v. Jhering*, Kampf ums Recht, S. 27; vgl. dazu auch *Helfer*, aaO, S. 79 ff., S. 81; vgl. dazu aber Pecher, AcP Bd. 171 (1971), S. 44 ff., S. 77; *Bötticher*, MDR 1963, S. 353 ff., S. 359; *E. Kaufmann*, AcP Bd. 162 (1963), S. 421 ff., S. 437; vgl. auch *Hans-Joachim Hirsch*, Festschrift für Karl Engisch, S. 304 ff., S. 310, S. 313.

105 § 847 BGB spricht ausdrücklich von einer billigen *Entschädigung* in Geld.

106 *Wiese*, aaO, S. 51.

107 „Das in einer Rechtsnorm als gesollt statuierte Verhalten ist nicht ein Sollen für sich, sondern stets ein Sollen von Etwas. Die durch die Rechtsregeln sprachlich vermittelten, gewöhnlich in Schriftform gefaßten Norminhalte ... haben die Funktion, das tatsächliche Verhalten von Menschen i. S. der gesollten Verhaltensweisen zu beeinflussen und insofern praktische Wirkungen herbeizuführen. Diese Wirkungen treten tatsächlich ein, sofern die Normadressaten die in der Rechtsnorm enthaltenen Handlungsmuster in das Gefüge ihrer Motive aufnehmen und damit zum Bestimmungsgrund ihres Handelns machen." So *Krawietz*, aaO, S. 71; vgl. dazu auch *Pecher*, AcP Bd. 171 (1971), S. 44 ff., S. 66.

107a Vgl. dazu *Kreuzer*, Festschr. f. Geiger, S. 61 ff., S. 97.

108 So zutreffend *Hans-Joachim Hirsch*, Festschrift für Karl Engisch, S. 304 ff., S. 317.

Damit ist jedoch noch nichts darüber gesagt, in welchem Umfang bei Persönlichkeitsrechtsverletzungen ein Ersatz des immateriellen Schadens in Betracht kommen kann. Hierbei ist insbesondere zu beachten, daß bei der Körperverletzung sich eine Verletzung der „Außenseite" der Person ereignet, die sich in einem bestimmten Krankheitsbild niederschlägt. Mit der dadurch ausgelösten Beeinträchtigung der Person kann und muß der Betroffene allein fertig werden. Die Folgen der Körperverletzung treffen allein seine Person. Insoweit ist es berechtigt, bei der Körperverletzung über den sogenannten immateriellen Schadensersatz sowohl nichtwirtschaftliche als auch potentielle wirtschaftliche Nachteile abzugelten. Ganz anders stellt sich die Situation bei Persönlichkeitsrechtsverletzungen dar. Der Verletzungserfolg hat hier regelmäßig im Gegensatz zur Körperverletzung eine dritte Dimension. Das Ansehen des Verletzten ist nicht nur in der Beziehung Verletzer – Verletzter, sondern vor allem in Beziehung auf die Öffentlichkeit geschmälert. Zwischen dem Verletzten und dem Verletzer ereignet sich allein ein nicht objektivierbarer Gefühlsschaden. Dieser entzieht sich mangels eines äußeren Erscheinungsbildes jeglicher Regulierung. Dagegen können die möglichen wirtschaftlichen Nachteile aus einer Persönlichkeitsrechtsverletzung über den Ersatz des immateriellen Schadens liquidiert werden. *Diese Funktion, die im Schmerzensgeld nach dem Willen des Gesetzgebers*[109] *auch zukommen sollte, trifft auch für Persönlichkeitsrechtsverletzungen zu.* Mit dieser Erfassung der Grenzen der Gewährung eines immateriellen Ersatzes für Persönlichkeitsrechtsverletzungen gleicht sich der allgemeine Persönlichkeitsschutz den Regelungen in § 97 II UrhG und in § 35 I, 2, § 27 GWB an. Das, was dort in bezug auf die Urheberpersönlichkeit und die Unternehmerpersönlichkeit in der erklärten Absicht, schwer nachweisbare wirtschaftliche Schäden abzugelten, angeordnet ist,[109a] muß auch für die übrigen Angehörigen der Rechtsgemeinschaft gelten. Insoweit ist auch die bloße Kontrastierung von § 847 BGB und § 253 BGB nicht mehr angemessen. Die Rechtsentwicklung ist über diese exklusive Alternative hinweggegangen. Diese Aspekte gehen in der allgemeinen Diskussion durch einen zu forschen Zugriff auf Verfassungsgrundsätze nur zu leicht verloren. Nach der hier vertretenen Auffassung stellt sich das Problem des Ersatzes des Schmerzensgeldes bei

---

109 *Mugdan*, aaO, Bd. II, Motive zu § 729, S. 447/448.

109a Vgl. dazu die amtliche Begründung zu § 35 Abs. 1 S. 2 GWB, Bundestagsdrucksache, 2. Wahlperiode, Nr. 1158, S. 44 zu § 28 des Entwurfs, vgl. zu § 97 Abs. 2 UrhG *Fromm-Nordemann*, aaO, § 97 Anm. 11; diese Bestimmungen sind in dieser Sicht nicht mehr erstaunlich; vgl. aber *Bydlinski*, JBl 1965, S. 173 ff., S. 176 r. Sp.; *Gerstenberg*, aaO, § 97 UrhG Anm. 6.

Persönlichkeitsrechtsverletzungen allein als ein Problem der Schadensberechnung dar. Die Verfassungsgrundsätze des Art. 1 I und Art. 2 I GG haben hierfür keinerlei Aussagewert. Es wurde bereits darauf hingewiesen, daß in vielen Entscheidungen des BGH die Kläger aus Persönlichkeitsverletzungen ausschließlich derartige wirtschaftliche Nachteile auszugleichen suchten:

„Die Klägerin fühlt sich durch das Inserat verletzt. Die Anzeige habe sowohl in ihrer Familie als auch in ihrem beruflichen Wirkungskreis einen erheblichen Wirbel verursacht. Sie werde von allen Seiten auf dieses Inserat angesprochen. Sie sei bei der Oldenburger Bühne engagiert gewesen, nachdem sie vorher eine klassische Bühnenausbildung absolviert habe. Sie spiele in Oldenburg nahezu nur klassische Stücke. Z. Z. sei sie hauptsächlich beim Film beschäftigt, spiele aber daneben noch Gastrollen an verschiedenen Bühnen, insbesondere auch in klassischen Stücken. Durch die inkriminierende Veröffentlichung seien ihre Gastrollen gefährdet. Aber auch die Aussichten für weitere Filmangebote hätten sich hierdurch verschlechtert. Nach der ersten Veröffentlichung habe sie die Beklagte durch Schreiben vom 14. März 1969 verwarnt.“[110]

Der Ersatz des immateriellen Schadens gleicht daher insoweit Unzulänglichkeiten des materiellen Schadensrechts aus. Dieses verlangt von dem Geschädigten den Nachweis, einer bereits eingetretenen konkreten Vermögensminderung[111]. Dieser Nachweis ist auch unter Hinzuziehung von § 287 ZPO nur selten zu führen, bringt doch diese Norm „nichts als eine Erleichterung der Darlegungslast, deren Anfangs- und Endpunkte durch typische Überlegungsrisiken überbrückt werden sollten, nicht dagegen die Freigabe einer Berücksichtigung von Tatsachenstoff ....“[112]. Diese häufig nicht zu erfüllende Darlegungslast in bezug auf einen eingetretenen materiellen Schaden kompensiert die Rechtsprechung in der Sache über § 847 BGB. Sie verfälscht den Sachverhalt aber insoweit, als sie den Schmerzensgeldanspruch zu sehr gefühlsorientiert interpretiert.

In dieser Funktion des Schmerzensgeldanspruches bei Persönlichkeitsrechtsverletzungen kommt ein Kardinalproblem des Schadensrechtes zum Ausdruck. Die Rechtsordnung sieht sich zunehmend mit Sachverhalten konfrontiert, bei denen ein materieller Schaden konkret nicht nachgewiesen werden kann. Dies zeigt sich z. B. auch bei der arbeitsrechtlichen Beschäftigungspflicht. Welcher Schaden ist einem Arbeitnehmer entstanden, der von seinem Arbeitgeber monatelang nicht beschäftigt wird? Der Österreichische Entwurf einer Kodifikation des Arbeitsrechts[113] sieht in § 27 III, 2 vor, daß

---

110 BGH NJW 1971, S. 698.

111 Vgl. z. B. zu § 824 BGB *Erman-Drees*, aaO, Bd. I, § 824 Anm.

112 *Brüggemann*, aaO, S. 443; vgl. aber auch *Helle*, aaO, S. 46 unter Hinweis auf BGHZ 42, S. 211 ff. Gewerkschaftsrivalität.

113 DRdA 1961, S. 49 ff., S. 55.

bei der Bemessung des Schadens auch die ideelle Beeinträchtigung angemessen zu berücksichtigen sei, über die dann der schwer bezifferbare materielle Schaden realisiert wird[114]. Diese Schwierigkeiten werden sich in dem Maße mehren, wie der Persönlichkeitsschutz ausgebaut wird. Das an Sachgütern orientierte Schadensrecht kann bei Persönlichkeitsrechtsverletzungen nicht voll befriedigen.

Es mag sein, daß eine befriedigende Regelung des Geldersatzes für immaterielle Schäden voraussetzt, daß die maßgeblichen Vorschriften von der Aufgabe entlastet werden, Nachteile mitzuvergütern, die sich für den Betroffenen allein oder hauptsächlich als Vermögensbelastung darstellen[115]. Ob dieses Ziel jedoch erreichbar ist, erscheint äußerst zweifelhaft. Auf keinen Fall kann man bereits de lege lata von einer exakten Trennung beider Schadensformen sprechen[116].

Von dem hier vertretenen Standpunkt aus erledigen sich auch alle Einwände, die von strafrechtlicher Seite gegen den Ersatz des immateriellen Schadens bei Persönlichkeitsrechtsverletzungen erhoben wurden[117]. Selbst wenn man eine strenge Funktionsteilung zwischen Strafrecht und Zivilrecht verlangt, ist unbestreitbar, daß der hier vertretene Schadensausgleich dem Zivilrecht zuzuweisen ist[118]. Dies scheint auch *Hans-Joachim Hirsch*[119] einzuräumen. Im übrigen zeigt sich in der kriminologischen Literatur zunehmend die Tendenz, den Persönlichkeitsschutz dem Zivilrecht zu überlassen[120].

---

114 *Stoll*, aaO, S. 132 tritt deshalb für folgende Generalnorm ein:
„Ist durch die zum Schadensersatz verpflichtende Handlung der Kredit oder das geschäftliche Ansehen des Verletzten geschmälert oder sind ihm andere Nachteile zugefügt worden, die den Eintritt des Vermögensschadens wahrscheinlich machen, erstreckt sich die Ersatzpflicht auf diese Nachteile. Das Gericht hat Bestand und Umfang des Vermögensschadens nach § 287 ZPO frei zu schätzen."
Ob dies freilich nach § 287 ZPO in vollem Umfang möglich ist, scheint mehr als zweifelhaft.

115 So *Stoll*, aaO, S. 131.

116 Dies heißt jedoch nicht, daß die Bedeutung der Abgrenzung zwischen immateriellem Schaden gänzlich weggefallen wäre, vgl. dazu aber *Arzt*, aaO., S. 312.

117 Vgl. dazu insbesondere *Hans-Joachim Hirsch*, Festschrift für Karl Engisch, S. 304 ff.

118 Vgl. dazu auch *Hans-Joachim Hirsch*, Festschrift für Karl Engisch, S. 304 ff., S. 317.

119 Vgl. dazu auch *Hans-Joachim Hirsch*, Festschrift für Karl Engisch, S. 304 ff., S. 317.

120 *Doering*, S. 115, S. 123; *Hellmer*, Festschrift für Hellmut Mayer, S. 665 ff.; vgl. auch *Naucke*, Festschrift für Hellmut Mayer, S. 565 ff.; *Pecher*, AcP Bd. 171 (1971), S. 44 ff., S. 67.

Dies kann aber nicht soweit gehen, daß auch bei leichten Beleidigungen in jedem Fall zum Schutz vor Ehrverletzungen eine Geldentschädigung gewährt wird[121].

Die h. L. und Rechtsprechung, die dem Schmerzensgeld auch eine Genugtuungsfunktion beimessen, ist in sich selbst unstimmig. Soweit eine derartige Genugtuungsfunktion bejaht wird, ist es inkonsequent das Schmerzensgeld durch den Haftpflichtversicherer übernehmen zu lassen[121a]. Mit dem Genugtuungsgedanken ist es auch schlechterdings unvereinbar, daß der Anspruch auch dann rechtshängig i.S.v. § 847 Abs. 1 S. 2 BGB werden soll, wenn die Klage im Namen des Verletzten ohne Vertretungsmacht erhoben und die Prozeßführung später von den Erben genehmigt wird[121b]. Sieht man einmal von diesen Unstimmigkeiten innerhalb der h.L. ab, so hat die Anerkennung der Genugtuungsfunktion im Rahmen des Schmerzensgeldanspruches das Ausgleichsprinzip, das das gegenwärtige Schadensrecht beherrscht aus den Angeln gehoben: Nicht der tatsächlich eingetretene oder wahrscheinliche Vermögensschaden des Verletzten, sondern sein „Rachebedürfnis" ist Anknüpfungspunkt des Schadensersatzanspruchs. Deshalb soll es im Rahmen des Schmerzensgeldanspruchs auf die Vermögensverhältnisse des Verletzten oder des Verletzers oder beider, auf den Verschuldensgrad und auf die Schwere des Eingriffs ankommen. Damit sind typische Strafzumessungsgründe angesprochen (vgl. § 46 Abs. 2 S. 2 StGB). Darüber hinaus neigt die Rechtsprechung dazu, in den Fällen, in denen das Schmerzensgeld vom Versicherer nicht rechtzeitig bezahlt wird, die Schmerzensgeldhöhe zu verändern[121c]. So hat zuletzt das OLG Karlsruhe unter Berufung auf das Sozialstaatsprinzip des Art. 20 Abs. 1 GG darauf erkannt, daß dem Geschädigten als Genugtuung ein um ca. DM 10.000.– erhöhtes Schmerzensgeld zuzusprechen sei, wenn der Haftpflichtversicherer während einer Dauer von mehr als einem Jahr die Zahlung des Schmerzensgeldes verweigert, weil er einen Strafprozeß abwarten will und weil zudem ein zweiter Schädiger bzw. dessen Versicherer als alleiniger Ersatzpflichtiger in Betracht kommt.

---

121 Vgl. dazu aber *Doering*, aaO, S. 123.

121a Vgl. aber auch *Pecher*, AcP Bd. 171 (1971), S. 44 ff., S. 76; vgl. aber zutreffend *Medicus* in: *Beuthien/Hadding/Lüderitz/Medicus/Wolf*, Studienkommentar zum BGB, Frankfurt/M., 1975, § 847 Anm. 3.

121b Vgl. dazu z. B. BGH NJW 1967, S. 2304; a.A. *Pecher*, AcP Bd. 171 (1971), S. 44 ff.

121c Vgl. dazu z. B. OLG Karlsruhe, NJW 1973, S. 851; BGH VersR 1960, S. 401; BGHVersR 1961, S. 703; vgl. aber auch KG VersR 1970, S. 379.

Diese Rechtsprechung hat *Honsell*[121d] scharf kritisiert. Nach *Honsell* ist damit ein elementarer Grundsatz des Prozeßrechts, nämlich der der Waffengleichheit, beseitigt. Von dem hier vertretenen Standpunkt aus, daß das Schmerzensgeld ausschließlich dem Ausgleich von potentiellen Vermögensschäden dient, ergibt sich die Unhaltbarkeit dieser Rechtsprechung zwangsläufig. Niemand käme auf die Idee, eine Kaufpreisforderung über die Verzugsfolgen hinaus bei Nichtleistung durch den Schuldner zu erhöhen. Nichts anderes kann für sonstige Ansprüche einschließlich der Schmerzensgeldansprüche gelten. Soweit die Versicherer verzögerlich handeln und Eilbedürftigkeit gegeben ist, steht ausschließlich das Mittel der einstweiligen Verfügung zur Diskussion[121e]. Kann insoweit *Honsell* gefolgt werden, so gilt dies nicht für seine Bestimmung der Funktion des Schmerzensgeldes. Auch *Honsell* erblickt im Gedanken der Genugtuung zunächst einen Rückfall in einer Rechtsauffassung, wie sie den meisten Rechtsordnungen auf einer archaischen Entwicklungsstufe eigentümlich gewesen sei: Die Rache werde dem Verletzten durch eine Bußzahlung abgekauft[121f]. Nach *Honsell* können aber der Verschuldensgrad und die Vermögensverhältnisse im Rahmen einer Billigkeitsentscheidung, wie sie § 847 BGB vorsehe, immer berücksichtigt werden. Deren Berücksichtigung sei sogar geboten. Die Genugtuungsfunktion könne dagegen in der Ausgleichsfunktion insofern aufgehen, als jede Ersatzpflicht dem Geschädigten eine Genugtuung verschaffen könne. Umgekehrt wirke für den Schädiger die Schadensersatzpflicht wie eine Strafe.

Es ist zu bedauern, daß *Honsell* insoweit nicht die letzte Konsequenz gezogen hat. Läßt man nämlich die Genugtuungsfunktion generell in der Ausgleichsfunktion aufgehen, so bleibt ungeklärt, ob sich nicht u. U. die Genugtuungsfunktion im Rahmen des Ersatzes von Nichtvermögensschäden anders bestimmt als beim Ersatz von Vermögensschäden. Auch die Begründung zur Relevanz der Vermögensverhältnisse und des Verschuldensgrades im Rahmen von § 847 BGB vermag nicht zu überzeugen. § 829 BGB und § 847 BGB sind insoweit nicht parallelisierbar. Die Haftung aus § 829 BGB setzt nämlich zunächst voraus, daß in einem der Fälle der §§ 823 bis 826 BGB der Schädiger aufgrund der §§ 827, 828 BGB für den von ihm verursachten Schaden deliktsrechtlich nicht verantwortlich ist. Die Ersatzpflicht ist insoweit sowohl hinsichtlich des Grundes als auch hinsichtlich der

---

121d *Honsell*, VersR 1974, S. 205 ff., S. 207 l. Sp.

121e *Honsell*, VersR 1974, S. 205 ff., S. 207 r. Sp.

121f So zutreffend *Honsell*, VersR 1974, S. 205 ff., S. 205 l. Sp.

Art und des Umfangs davon abhängig, daß die Billigkeit nach den gesamten Umständen des Falles eine Schadloshaltung erfordert[121g]. § 847 BGB ordnet demgegenüber im Falle der Verletzung eines der dort aufgeführten Rechtsgüter eine billige Entschädigung in Geld an. Ein Haftungsgrund ist insoweit gegeben. Lediglich die Höhe des erforderlichen Ausgleichs ist nur schwer bestimmbar. Die Funktionen von § 829 BGB und von § 847 BGB sind m.E. grundverschieden.

Auch das Bundesverfassungsgericht[121h] scheint in seinem Beschluß vom 7. 11. 1972 die Genugtuungsfunktion aufgegeben zu haben. Mit diesem Beschluß hat das Bundesverfassungsgericht entschieden, daß der Ausschluß des Ersatzes des Nichtvermögensschadens in § 636 Abs. 1 S. 1 und in § 637 Abs. 1 RVO nicht gegen das Grundgesetz (Art. 3 Abs. 1, Art. 2 Abs. 1 und Art. 20 Abs. 1 GG) verstößt. Nach Auffassung des Bundesverfassungsgerichts darf § 636 Abs. 1 S. 1 RVO nicht isoliert gesehen werden. Die Ausschlußregelung müsse vielmehr im Zusammenhang mit dem Leistungssystem der Unfallversicherung gewürdigt werden, das an die Stelle der ausgeschlossenen zivilrechtlichen Ersatzansprüche gegen Personenschäden getreten sei. Entscheidend ist insoweit der Umstand, daß das Bundesverfassungsgericht einen Verstoß gegen das Willkürverbot auch mit der Begründung verneint, daß für die Beurteilung das Gesamtsystem der Unfallversicherung ins Auge zu fassen sei: Die Renten aus der Unfallversicherung sollen unter den gegenwärtigen Verhältnissen bei leichten und mittelschweren Unfällen ein entgangenes Schmerzensgeld aufwiegen. Damit ist im Prinzip eingeräumt, daß es sich bei dem Ersatz des Nichtvermögensschadens i. S. v. § 847 BGB und bei dem Ersatz des eigentlichen Vermögensschadens nicht um inkommensurable Größen handelt. Käme nämlich dem Ersatz des Nichtvermögensschadens eine Genugtuungsfunktion zu, so wäre ein Gesamtvergleich zwischen dem zivilrechtlichen Haftungssystem und dem System der Unfallversicherung sachwidrig. Im übrigen ist der Ausschluß des Schmerzensgeldes im Rahmen der Unfallversicherung höchst fragwürdig. Es ist unangemessen, daß sich der Anspruchsberechtigte bei einer konkreten Verletzung den Ausschluß des Schmerzensgeldes mit der Begründung entgegenhalten lassen muß, daß die Ausgestaltung der Unfallversicherung insgesamt für ihn günstiger ist als das zivilrechtliche Haftungssystem. Zu billig ist es freilich, den Beschluß des Bundesverfassungsgerichts vom 7. 11. 1972 als ein Stück Klassenjustiz abstempeln zu wollen[121i].

121g Dies übersieht m. E. *Honsell*, VersR 1974, S. 205 ff., S. 205 r. Sp.

121h BVerfGE 34, S. 118 ff.

121i So aber wohl *Knieper*, ZRP 1974, S. 137 ff.

Sieht man in dem Ersatz des Nichtvermögensschadens bei Persönlichkeitsrechtsverletzungen eine Fortsetzung des Ersatzes des Vermögensschadens mit anderen Mitteln, so versteht es sich von selbst, daß dort hinsichtlich des Schadensersatzes Lücken entstehen, wo eine Beeinträchtigung von Vermögensverhältnissen ausgeschlossen ist. Diese Lücke muß jedoch durch einen kräftigen Ausbau des strafrechtlichen Persönlichkeitsschutzes (vgl. §§ 201 ff StGB) geschlossen werden. Die Rechtsprechung hat ein Schmerzensgeld bislang meist in den Fällen von Ehrverletzung zugebilligt. Fälle der Verletzung der Intimsphäre, in denen ein Schmerzensgeld gewährt wurde, sind selten[121j]. Im Rahmen des gegenwärtigen zivilrechtlichen Haftungssystems ist es unhaltbar, den Entschädigungsgedanken völlig in den Hintergrund treten zu lassen. Die Rechtsfigur des „exemplarischen" Schadensersatzes (exemplary damages/punitive damages) ist dem deutschen Recht unbekannt. Soweit die Rechtsprechung des BGH bei Persönlichkeitsrechtsverletzungen auf die Schwere des Eingriffs, die Vermögensverhältnisse des Verletzers oder des Verletzten abgestellt, werden Entwicklungstendenzen zum Strafschadensersatz angedeutet[121k]. Diese Entwicklungstendenzen verdienen keine Zustimmung. Vielmehr ist insoweit in rechtspolitischer Hinsicht eine Verstärkung des strafrechtlichen Persönlichkeitsschutzes zu fordern. Soweit die Rechtsprechung des BGH die Rechtsfigur des exemplarischen Schadensersatzes anstreben sollte, wäre es wünschenswert, wenn sie diese Rechtsfortbildung offen ausweisen würde. Der Zivilrechtsschutz würde insoweit den strafrechtlichen Persönlichkeitsschutz verstärken. Von einer Genugtuungsfunktion könnte jedoch auch insoweit nicht gesprochen werden. Der einzelne würde vielmehr mit der Geltendmachung eines derartigen Strafschadensersatzes das Interesse der Allgemeinheit am Schutz der Privatsphäre wahrnehmen. Das generalpräventive Moment würde sich insoweit verselbständigen.

Sieht man in dem Ersatz des Nichtvermögensschadens eine Fortsetzung des Ausgleichs des Vermögensschadens mit anderen Mitteln, so steht fest, daß hiermit die Grenzen zwischen Straf- und Zivilrecht nicht verwischt werden[121l]. Die Frage, ob Genugtuung und Strafe nur gemeinsame Funktionen

---

121j Dies diagnostiziert *Medicus* in: *Beuthien/Hadding/Lüderitz/Medicus/Wolf*, aaO, § 823 Anm. II 1 C zutreffend.

121k Vgl. zum Strafschadensersatz *Parker*, Das Privatrecht der Vereinigten Staaten von Amerika, Wien, 1960, S. 189.

121l Vgl. dazu z. B. *Hirsch*, Festschrift für Engisch, S. 305 ff., S. 326 f.; *Hellmer*, Festschrift für H. Mayer, S. 665 ff.; *Bötticher*, MDR 1963, S. 359 ff.; *Pecher*, AcP Bd. 171 (1971), S. 44 ff., S. 77 f.

und Berührungspunkte haben, gleichwohl aber nicht identisch sind[121m], stellt sich nicht. Mit dieser Sicht des Schmerzensgeldes wird weder der Grundsatz des Verbots der Doppelbestrafung („ne bis in idem") gefährdet[121n] noch das Prinzip „nulla poena sine lege" infrage gestellt[121o]. Hätte die Rechtsprechung sich bereits frühzeitig zum Schadensersatz in Form der üblichen Lizenzgebühr bekannt, so hätte sich der Schmerzensgeldanspruch bei Persönlichkeitsrechtsverletzungen nicht zum Sprengsatz des zivilrechtlichen Haftungssystems entwickeln können. Läßt man nämlich die einschlägigen Entscheidungen Revue passieren, so kam ein Schmerzensgeldanspruch nur in Ausnahmefällen in Betracht. Diese Ausnahmefälle sind dadurch gekennzeichnet, daß ein Vermögensschaden nicht eindeutig ausmachbar ist. Für eine Reaktivierung des Genugtuungsgedankens boten sie keinen Anlaß. Wer einem von einem Raubüberfall betroffenen Geschäftsmann der Wahrheit zuwider unterstellt, daß die Komplicin des Räubers seine Geliebte gewesen sei[121p] oder wer von einer Arbeitnehmerin mit einem beschränkten Tätigkeitsbereich behauptet, sie passe in ein zweitklassiges Tingeltangel auf der Reeperbahn, muß den wahrscheinlichen Vermögensschaden ersetzen.

Zusammenfassend ist daher festzustellen, daß von dem hier vertretenen Standpunkt aus eine Berücksichtigung der Schwere des Eingriffs, einer besonderen Form des Verschuldens und der Vermögensverhältnisse des Verletzten und des Verletzers bei der Bemessung des Nichtvermögensschadens bei Persönlichkeitsrechtsverletzungen nicht in Betracht kommt. Die Schwere des Eingriffs bestimmt, sieht man in dem Ersatz des Nichtvermögensschadens einen Ausgleich des potentiellen Vermögensschadens, allein den Schadensumfang und nicht den Grund des Anspruchs. Wer die Relevanz des ökonomischen Bezuges von Persönlichkeitsrechtsverletzungen anerkennt, vermag dies nicht zu leugnen.

7. Folgerungen aus dieser Bestimmung des Schmerzensgeldes bei Persönlichkeitsrechtsverletzungen

a) Versicherungsfähigkeit

Eine Versicherung gegen das Risiko der Inanspruchnahme zur Ersatzleistung bei Persönlichkeitsrechtsverletzungen ist nicht ausgeschlossen. Es mag zwar

---

121m Vgl. dazu *Deutsch*, JZ 1971, S. 247; *Kramer*, ZRP 1974, S. 62 ff., S. 64 FN 14; vgl. auch *Bokelmann*, ZRP 1972, S. 283 ff.

121n Vgl. dazu insbesondere *Hellmer*, Festschrift für H. Mayer, S. 665 ff., S. 666; *Hirsch*, Festschrift für Engisch, S. 305 ff., S. 325.

121o Vgl. dazu *Bötticher*, MDR 1963, S. 369 ff.; *Hirsch*, Festschrift für Engisch, S. 305 ff., S. 326; *Hellmer*, Festschrift für H. Mayer, S. 665 ff., S. 666; *Pecher*, AcP Bd. 171 (1971), S. 44 ff., S. 77 f.; vgl. z. B. auch *Meyer*, JuS. 1975, S. 87 ff.

121p Vgl. OLG Köln, NJW 1973, S. 850 f.

sein, daß derjenige, der eine Versicherungsgesellschaft hinter sich weiß, die einen allfälligen Schaden decken muß, zu leichtsinnigem und unaufmerksamem Verhalten verleitet wird[122]. Begrenzt man jedoch die Ersatzfähigkeit des immateriellen Schadens bei Persönlichkeitsrechtsverletzungen auf die Fälle, in denen ein wirtschaftlicher Schaden nicht ausgeschlossen werden kann, so muß eine Versicherungsfähigkeit insoweit anerkannt werden. Anders könnte man sich nur entscheiden, wenn man dem Schmerzensgeldanspruch eine Genugtuungsfunktion zuweist, die hier jedoch sowohl bei Körperverletzungen als auch bei Persönlichkeitsrechtsverletzungen verneint wurde. Damit ist auch der Weg zur Gewährung von Schmerzensgeld in Fällen der Gefährdungshaftung rechtspolitisch geöffnet[122a].

b) Möglichkeit von Rentenleistungen

Die Persönlichkeitsrechtsverletzung ist ein punktueller Eingriff, während die Körperverletzung häufig eine Dimension von Zukunft in sich trägt. Das Schmerzensgeld für Körperverletzungen kann wegen des Entschädigungszwecks auch als Rente zu zahlen sein. Dies gilt jedoch nicht für den Ersatz des immateriellen Schadens bei Persönlichkeitsrechtsverletzungen in den hier vertretenen Grenzen. Soweit der billigen Entschädigung in Geld gemäß § 847 BGB die Funktion eines „pauschalierten" Schadensersatzanspruches zukommt, ist wie beim sonstigen Vermögensschaden nur eine einmalige Sanktion anzuerkennen[123].

c) Abtretbarkeit und Vererblichkeit des Schmerzensgeldanspruches

Wendet man § 847 BGB auf Persönlichkeitsrechtsverletzungen entsprechend an, so ist die Vererblichkeit und Abtretbarkeit de lege lata dahingehend geregelt, daß der Anspruch nur übertragbar und vererblich ist, wenn er durch Vertrag anerkannt oder rechtshängig geworden ist. Anerkennt man beim Schmerzensgeldanspruch eine Genugtuungsfunktion, so ist in rechtspolitischer Hinsicht zu überlegen, ob man bei der Bemessung des Schmerzensgeldes der dem Erblasser nicht mehr zu beschaffenden Genugtuung dadurch Rechnung trägt, daß dem Erben ein geringerer Betrag zugesprochen wird, als dem Erblasser zugestanden hätte[124]. Von der hier vertretenen Position sollte der Schmerzensgeldanspruch bei Persönlichkeitsrechtsverletzun-

---

122 *Merz*, aaO, S. 13

122a Vgl. dazu *Dürr/Schubert* ZRP 1975, S. 225 m. w. N.

123 Vgl. dazu auch *Pecher*, AcP Bd. 171 (1971), S. 44 ff., S. 76 m. w. N.

124 Vgl. dazu *Rohmann*, aaO, S. 138 ff. und passim.

gen uneingeschränkt vererblich und abtretbar sein. *Pecher*[125] will dagegen den Ersatz des immateriellen Schadens bei Körperverletzungen de lege ferenda vererblich gestalten, bei Persönlichkeitsrechtsverletzungen dagegen wegen des Genugtuungscharakters des Anspruchs Vererblichkeit und Abtretbarkeit generell ausschließen. Dies ist dann nicht gerechtfertigt, wenn durch Persönlichkeitsrechtsverletzungen nur wahrscheinliche wirtschaftliche Schäden ausgeglichen werden, wie es hier vertreten wird.
Bei der Bemessung des Schmerzensgeldes ist freilich in diesen Fällen zu berücksichtigen, welche wahrscheinlichen Vermögensschäden sich bis zum Tode des Verletzten ereignet haben. Soweit bei Gesundheitsschädigungen auch ideelle Schäden mitabgegolten werden, ist eine Vererblichkeit bereits de lege lata zu verneinen. Demgegenüber steht die Rechtsprechung auf dem Standpunkt, daß der Schmerzensgeldanspruch weder voraussetzt, daß der Verletzte die Schmerzen gespürt hat, noch daß die Ausgleichsfunktion der Schmerzensgeldzahlung erreicht wird[125a]. Der tödliche Unfallausgang soll für sich allein nicht anspruchserhöhend wirken. Andererseits soll auch keine Ermäßigung eintreten, wenn der Verletzte den Ausgang des Rechtsstreits nicht mehr erlebt[125b]. Es ist nicht ersichtlich, mit welcher sachlichen Berechtigung den Erben das Liquidationsrecht für ideelle Beeinträchtigungen zugesprochen wird, die allein der Erblasser erlitten hat. Sieht man wie hier den Ersatz des Nichtvermögensschadens auch als eine Fortsetzung des Ersatzes des Vermögensschadens mit anderen Mitteln, so können die Erben nur die wahrscheinlichen Vermögensschäden geltend machen, die sich bis zum Todeszeitpunkt ereignet haben können. Es versteht sich von selbst, daß sich der Schmerzensgeldanspruch in dieser Sicht nicht selten auf Null reduziert. Damit wird nicht die Vererblichkeit eines Anspruchs nach Umständen in der Person des Erben bestimmt. Vielmehr wird gerade die Person des Verletzten zur Bestimmung der Höhe des Schmerzensgeldes herangezogen.

d) Schmerzensgeldtabellen

Die Grundkonzeption des BGH, der mit dem Schadensausgleich und der Genugtuung verschiedenartige Zurechnungsprinzipien zu vereinen sucht, kann zu verallgemeinerungsfähigen normativen Maßstäben und daher auch zu

---

125 *Pecher*, AcP Bd. 171 (1971), S. 44 ff., S. 76; vgl. auch *Stoll*, aaO, S. 155.
125a Vgl. *Geigel*, aaO, 7, Rdnr. 10.
125b Vgl. OLG Karlsruhe, VersR 1961, S. 287; OLG Schleswig, MDR 1966, S. 926; vgl. auch *Eylmann*, MDR 1961, S. 727 f. m. w. N., insoweit besteht wenig Hoffnung auf eine Änderung der Rspr. Vgl. zuletzt etwa BSH NJW 1976, S. 1147 ff.

nachvollziehbaren Entscheidungsgründen nicht führen[126]. Deshalb lehnt der BGH auch taxmäßige Zumessungsmaßstäbe ab[127]. Interessant ist insoweit, daß der Gesetzgeber in dem Gesetz über die Entschädigung für Strafverfolgungsmaßnahmen vom 8. März 1971[128] in § 7 III eine solche taxmäßige Zumessung anerkannt hat. Für den Schaden, der nicht Vermögensschaden ist, beträgt die Entschädigung zehn Deutsche Mark für jeden angefangenen Tag der Freiheitsentziehung. Die Rechtsunsicherheit auf dem Gebiete der Schmerzensgeldgewährung ist nicht zu leugnen. Zwar prävaliert jeder Mensch seine Gesundheit und sein Persönlichkeitsrecht in gleichem Maße. Die Auswirkungen einer Körperverletzung oder einer Persönlichkeitsrechtsverletzung können sich jedoch gerade in Bezug auf die nicht auszuschließenden wirtschaftlichen Nachteile völlig verschieden darstellen. Schmerzensgeldtabellen sind daher nur als Ausgangspunkt der Zumessung berechtigt[128a]. Eine Berücksichtigung des Einzelfalls darf dadurch nicht ausgeschlossen werden, will man nicht die Funktion des Ersatzes des Nichtvermögensschadens bei Persönlichkeitsverletzungen verfehlen.

e) Abstellen auf „echtes" Verschulden bei § 847 I BGB – schwerer Eingriff

Wird bei Persönlichkeitsrechtsverletzungen unter dem Etikett Schmerzensgeld potentieller Vermögensschaden abgegolten, so kann allein der gewöhnliche deliktsrechtliche Sorgfaltsmaßstab angemessen sein[128b]. Es kommt hinzu, daß es der BGH mit dem Erfordernis des echten Verschuldens nicht ernst meint[129]. Ebensowenig kommt es für den Haftungsgrund auf die Schwere des Angriffs oder gar auf die Voraussetzung einer Vielzahl von Übergriffen an[128c].

---

126 Dies liegt nicht zuletzt darin, daß der Bundesgerichtshof in seiner Rechtsprechung von einem Idealmenschentyp ausgeht und den wirklichen Menschen nicht berücksichtigt.

127 Vgl. z. B. BGHZ 18, S. 149 ff., S. 168; vgl. dazu auch *Henke*, aaO; *Bötticher*, NJW 1970, S. 418 r. Sp.

128 BGBl I, S. 157 ff.; in diesem Zusammenhang hat der Gesetzgeber, um eine einheitliche Bemessung zu gewährleisten, einen Pauschalsatz vorgesehen (vgl. dazu Bundestagsdrucksache VI/460, S. 8 l. Sp.). Freilich regelt das Gesetz nicht Schadensersatzansprüche aus Verschulden (vgl. Bundestagsdrucksache VI/450, S. 6 r. Sp.).

128a Diese Tabellen müssen jedoch richtig gefüttert werden, um wenigstens diese beschränkte Funktion erfüllen zu können. Vgl. dazu zutreffend *Bötticher*, NJW 1970, S. 418 r. Sp.

128b Vgl. dazu *Pecher*, AcP Bd. 171 (1971), S. 44 ff., S. 80, FN 140; *Schramm*, GRUR 1972, S. 348 ff., S. 352.

128c Vgl. aber z. B. *Erman/Drees*, BGB, 6. Aufl., Münster 1975, § 847 Rdnr. 5.

f) Berücksichtigung der Vermögensverhältnisse des Verletzers

Sieht man im Ersatz des immateriellen Schadens für Persönlichkeitsrechtsverletzungen allein einen Ausgleich potentieller Vermögensschäden, so kann eine Berücksichtigung der Vermögensverhältnisse des Verletzers nicht in Betracht kommen[130]. Auch für eine Berücksichtigung der Vermögensverhältnisse des Geschädigten lassen sich keine Gründe beibringen[131].

8. Reformbestrebungen

Eine selbständige Regelung der Genugtuung als Sühne sollte nicht getroffen werden[132]. Die Genugtuungsfunktion stellt eine nicht zeitadäquate Erscheinung dar. Die Mehrheit der Betroffenen empfindet den immateriellen Ersatz nicht als Genugtuung, sondern als Ausgleich. Auch wären die Gerichte, wie bereits ausgeführt wurde[133], ansonsten völlig überfordert. Insoweit bei Persönlichkeitsrechtsverletzungen nicht potentielle Vermögensschäden in Frage stehen, muß der Verletzte auf die strafrechtlichen Sanktionen verwiesen werden[134].

Nach dem Referentenentwurf eines Gesetzes zur Änderung und Ergänzung schadensersatzrechtlicher Vorschriften[135] soll § 847 BGB wie folgt geändert werden:

„Im Falle der Verletzung des Körpers oder der Gesundheit sowie im Falle der Freiheitsentziehung kann der Verletzte wegen eines Schadens, der nicht Vermögensschaden ist, eine angemessene Entschädigung in Geld einschließlich einer Genugtuung für das ihm zugefügte Unrecht verlangen. Wer in anderer Weise in seiner Persönlichkeit verletzt wird, kann eine Entschädigung nur verlangen, wenn die Verletzung nach den Umständen als schwer anzusehen ist.

Eine Entschädigung kann nicht verlangt werden, soweit eine Herstellung im Sinne des § 249 möglich und zur Entschädigung des Verletzten genügend oder soweit dem Verletzten Genugtuung in anderer Weise als durch Geld geleistet ist.“

---

129 Vgl. dazu BGHZ 35, S. 363 ff., S. 366 Ginseng. Vgl. kritisch dazu auch OLG Köln, Urt. v. 25. 11. 1966, Film und Recht v. 15. 1. 1967.

130 Vgl. dazu oben S. 244; vgl. auch *Knöpfel*, AcP Bd. 155, (1956), S. 135 ff, S. 149

131 Vgl. dazu oben S. 244.

132 Vgl. dazu aber auch *Pecher*, AcP Bd. 171 (1971), S. 44 ff., S. 81; *Stoll*, aaO, S. 154 f., S. 163 f.; vgl. dazu auch *Bötticher*, Verhandlungen des 45. DJT, SC16 f.; *Henke*, aaO, S. 122 f.

133 Vgl. dazu oben S. 240 ff.

134 Vgl. dazu *Hans-Joachim Hirsch*, Festschrift für Karl Engisch, S. 304 ff., S. 320, S. 323.

135 Referentenentwurf eines Gesetzes zur Änderung und Ergänzung schadensersatzrechtlicher Vorschriften, I, Wortlaut, Karlsruhe 1967, S. 7.

Hinsichtlich der Übertragbarkeit und Vererblichkeit des Anspruchs ist die vorgesehene Regelung mit § 847 I, 2 BGB der geltenden Fassung identisch. Einer derartigen Neufassung des § 847 kann schon deshalb nicht zugestimmt werden, weil sie wiederum auf die Genugtuungsfunktion abstellt. Auch der sogenannten Subsidiaritätsklausel stehen ernste Bedenken entgegen[136]. Der Hinweis von *Kübler*[137], daß dieser Reformvorschlag der Judikatur entspreche, ist nicht ganz exakt. Der BGH[138] hat zwar festgestellt, daß der ideelle Schadensersatz erst dann eingreift, wenn die Beeinträchtigung nicht auf andere Weise angemessen wiedergutgemacht werden kann. Es berührt aber merkwürdig, mit welcher Leichtfertigkeit auf Persönlichkeitsrechtsverletzungen Kategorien der Verletzung von Sachen und Gegenständen angewandt werden. Es ist undenkbar und unmöglich, daß die durch die Persönlichkeitsrechtsverletzung hervorgerufene Beeinträchtigung im Sinne einer restitutio in integrum rückgängig gemacht werden kann[139]. Zur Diskussion steht allein, in welchem Umfang ein Schmerzensgeld bei Persönlichkeitsrechtsverletzungen zu gewähren ist.

Im übrigen beweist dieser Referentenentwurf wiederum einmal, daß der Gesetzgeber, soweit er überhaupt zu einer gesetzgeberischen Arbeit fähig ist, im wesentlichen nur eine ständige Rechtsprechung oberster Bundesgerichte kodifiziert.

9. Die Schmerzensgeldrechtsprechung bei Persönlichkeitsrechtsverletzungen – ein Stück Klassenjustiz?

Im Rahmen der rechtswissenschaftlichen Diskussion sollte man sich jeder Form vordergrundiger Erfolgsshascherei enthalten, die dann gefährlich werden kann, wenn der Verdacht der Klassenjustiz vorschnell ausgesprochen wird. So behauptet *Xaver Berra*[140], es handle sich bei der Schmerzensgeldbemessung um eine Rechtsauffassung, welche die sozial bessergestellten und wirtschaftlich führenden Kräfte bevorzuge, „denn jede Beeinträchtigung der Skandalpresse durch ein Schmerzensgeld für Millionäre treffe den an ihr interessierten kleinen Mann“. Der „einfache“ Bevölkerungsteil habe also die Last dieser Rechtsprechung zu tragen, ohne von ihr Nutzen zu haben. Es würde sich lohnen, diese kurze Passage eines „kritischen“ Juristen zu analy-

---

136 Vgl. aber auch *Kübler*, JZ 1968, S. 542 ff., S. 545 r. Sp.; *Wenzel*, aaO, S. 318; BGHZ 39, S. 124 ff., S. 134 Fernsehansagerin.

137 *Kübler*, JZ 1968, S. 542 ff., S. 545 r. Sp.

138 BGHZ 39, S. 124 ff., S. 134 Fernsehansagerin.

139 Vgl. dazu zutreffend *Strasser*, Anm. 15.

140 *Xaver Berra*, aaO, S. 98 f.

sieren, um aufzuzeigen, mit welchem Konglomerat von Sentimentalitäten, Halbwahrheiten, Übertreibungen Stimmung gemacht wird, um ein vorgefaßtes Urteil – Klassen-Justiz – glücklich zu verifizieren, ohne jedoch in der Sache weiterzukommen. Die einfache Bevölkerung wäre auf jeden Fall glücklich zu schätzen, wenn sie nur diese Form der Ausbeutung zu erleiden hätte[141]. Warum trifft den kleinen Mann diese Rechtsprechung? Seit wann haben Schadensersatzansprüche Dritten „zu nutzen"? Sollen Menschen, welcher sozialen Stellung auch immer, ihr Persönlichkeitsrecht sanktionslos freigeben, um so einen wohl nur von *Berra* nachvollziehbaren sozialen Ausgleich herbeizuführen?

Die Rechtsprechung und die Lehre haben sich diesen groben Vorwurf der Klassenjustiz freilich nicht ganz unberechtigt eingehandelt, indem sie dem Denken überkommener Standeskategorien im Rahmen der Bemessung der Höhe des Schmerzensgeldes einen Stellenwert eingeräumt haben, der ihm nicht zukommt. Es muß auch festgestellt werden, daß die Anlaßfälle zur Gewährung des Schmerzensgeldes bei Persönlichkeitsrechtsverletzungen zu denken geben. Nur Künstler, Wissenschaftler, Politiker kamen in den Genuß der Zahlung. *Wiese*[142] diagnostiziert zu Recht die Singularität dieser Anlaßfälle, die allzu leicht Munition dazu geben, in dieser Rechtsprechung ein Stück Klassenjustiz zu sehen[143]. So schlachtet *Rasehorn*[144] die Herrenreiter-Entscheidung des BGH[145] als „lustigen" Fall geradezu aus. Es muß zu denken geben, daß nur zwei veröffentlichte Entscheidungen von Arbeitsgerichten[146] sich mit Schmerzensgeldproblemen bei Arbeitnehmern beschäftigen[147]. Der Anspruch auf Entschädigung für immaterielle Schäden in Geld darf nicht faktisch zu einem Privileg der mehr oder weniger im öffentlichen Leben stehenden Persönlichkeiten werden[148].

---

141 Vgl. dazu *Bebel*, Das BGB und die Sozialdemokratie in: Politik als Theorie und Praxis, Ausgewählte Texte, aus Reden und Schriften eingeleitet und hrsg. von Albrecht Langner, Köln 1967, S. 93, S. 105.

142 *Wiese*, ZfA 1971, S. 273 ff., S. 314.

143 Vgl. dazu auch *Rasehorn*, Rechtspflege im sozialen Spannungsfeld, in: Der Bürger und sein Recht, Loccumer Protokolle 4/1970, S. 50 ff.

144 *Rasehorn*, aaO, S. 50 ff., S. 50.

145 BGHZ 26, S. 349 ff. Herrenreiter.

146 BAG AP Nr. 1 zu § 252 BGB (Bl. 3) mit zustimmender Anm. von *Weitnauer* = AR-Blattei Ehrenschutz im Arbeitsverhältnis, Entscheidungen 2) mit kritischer Anm. von *Galperin*; ArbG Düsseldorf, AP Nr. 3 zu § 823 BGB = AR-Blattei Ehrenschutz im Arbeitsverhältnis, Entscheidungen 1) mit Anm. von *Galperin*; vgl. dazu auch *Isele*, Festschr. f. Schwinge, Köln, 1973, S. 143 ff; *Wiese*, ZfA 1971, S. 273 ff.

147 Vgl. dazu zutreffend *Wiese*, ZfA 1971, S. 273 ff., S. 314; ders. DB 1975, S. 2309 ff.

148 So zutreffend *Wiese*, ZfA 1971, S. 273 ff., S. 315.

Welche Fehlentwicklungen insoweit möglich sind, zeigen folgende Sachverhalte:

Das Oberlandesgericht München hatte mit Urteil vom 6. 2. 1963[149] folgenden Tatbestand zu beurteilen:

Die von den Beklagten herausgegebene Wochenschrift „X" veröffentlichte in einer 1961 erschienenen Ausgabe unter der Überschrift „Tips für große Angeber mit kleinem Portemonnaie" eine gesellschaftskritische Bildreportage mit folgendem Begleittext:

„In unserem Zeitalter, in dem fast jeder nicht nur über seine materiellen, sondern auch über seine geistigen Verhältnisse lebt, regiert wieder einmal mit Macht die Angabe."

In der Bildreportage war auch ein Bild des Klägers enthalten, das ohne dessen Einwilligung aufgenommen wurde.."

Das OLG München führte in den Urteilsgründen folgendes aus:

„Wenn ein Bekannter des Klägers zufällig die Bildreportage las, den Kläger auf dem einen Bild erkannte, dann konnte er höchstens zu dem Schluß gelangen, daß der Vollbart und die Sonnenbrille des Klägers dem Zweck dienten, auf jede mögliche und meist unmögliche Art aufzufallen, daß der Kläger ein Angeber sei, der sich als Intelligenzbestie trimme. Jüngere Leute, die einen Vollbart und ohne Rücksicht auf die Lichtverhältnisse dicke Sonnenbrillen tragen, werden seit langem – ob zu Recht oder mitunter zu Unrecht kann dahingestellt bleiben – von weiten Kreisen als Angeber mit intellektuellen Ambitionen angesehen und bespöttelt. Der Ausdruck Intelligenzbestie wird in der Regel scherzhaft gebraucht und stellt als solcher keine Beleidigung dar. Die Bildreportage der Beklagten konnte diese Beurteilung kaum nennenswert verstärken. Der Gefahr als Angeber angesehen zu werden, hat sich der Kläger durch seine Aufmachung in erster Linie selbst ausgesetzt. Die Beklagten mußten nicht damit rechnen, daß dem Kläger die Veröffentlichung besonders unangenehm sein würde und daß sie nicht vielleicht dem vermuteten Wunsche aufzufallen entgegenkam. Da die Zeitschrift nur einen kleinen Leserkreis hatte, da außerdem der Kläger als Ausländer im Verbreitungsgebiet der Zeitschrift einen wesentlich kleineren Bekanntenkreis gehabt haben wird als im Durchschnitt die Inländer, kann auch der Umfang der Beeinträchtigung des Klägers nicht allzu hoch gewesen sein. Es ist auch zu berücksichtigen, daß die Bildreportage scherzhaft und anspruchslos ein allgemeines Zeitproblem behandelte, ohne sich mit den dargestellten Personen selbst befassen zu wollen. Man konnte auch den Eindruck haben, daß es sich um gestellte Bilder handele.

Die Voraussetzung, unter denen der BGH in seiner Ginsenge-Entscheidung einen Anspruch auf Ersatz immateriellen Schadens bejaht, sind demnach hier nicht gegeben. . . ."

Diese Entscheidung ist ein Musterbeispiel der Mißachtung des Persönlichkeitsrechts. Die Urteilsbegründung mit ihrem locker absichtsvollen Auseinanderreißen zusammenhängender Sachverhaltsteile spricht für sich. Nicht ohne Recht kann man sich fragen, ob das Urteil nicht eine erneute Persönlichkeitsrechtsverletzung darstellt. Es zeigt aber auch, daß das kunstvolle

---

149 OLG München VersR 1963, S. 1086/1087.

Nebeneinander von Ausgleichs- und Genugtuungsfunktion beim Schmerzensgeldanspruch von den Untergerichten nicht nachvollzogen werden kann[150]. Eine ganz andere Frage ist es, ob dem Kläger nach den hier entwickelten Kriterien ein Schmerzensgeldanspruch zugestanden hätte[150a]. Einer derartigen Verirrung kann selbst ein oberstes Bundesgericht anheimfallen. In seinem Urteil vom 14. 9. 1967[151] führt das Bundesarbeitsgericht aus, daß Schmerzensgeldansprüche wegen Persönlichkeitsrechtsverletzungen des Arbeitnehmers nur statthaft seien, wenn die Schwere der Verletzung oder des Verschuldens eine Genugtuung erforderten, und daß eine solche Schwere der Verletzung oder des Verschuldens dann nicht vorliege, wenn ein Arbeitgeber im Glauben, in Wahrnehmung berechtigter Interessen zu handeln, an seine Kunden ein Rundschreiben versende, das beleidigende Äußerungen gegen den Angestellten enthält und eine üble Nachrede im Sinne von § 186 StGB darstellt. Bereits an anderer Stelle[152] ist dargelegt worden, daß dieses Urteil in fataler Weise an die gesinderechtliche Regelung erinnert, daß Ausdrücke und Handlungen, die zwischen anderen Personen als Zeichen der Geringschätzung anerkannt waren, gegen die Herrschaft noch nicht die Vermutung begründen, daß sie die Ehre des Gesindes dadurch habe kränken wollen[153].

Abgesehen von derartigen Verirrungen kann dem BGH in seiner Rechtsprechung jedoch nicht Klassenjustiz unterstellt werden. Wenn immer wieder auf die Diskrepanz zwischen den Schmerzensgeldbeträgen bei Persönlichkeitsrechtsverletzungen und bei Körperverletzungen hingewiesen wird,[154] ja die

---

150 Vgl. in diesem Zusammenhang auch OLG Hamburg, NJW 1962, S. 1062; LG Mannheim, BB 1962, S. 1139. Vgl. dazu auch *Kübler*, JZ 1972, S. 93.

150a Derartige Fälle werfen jedoch die Frage auf, ob nicht auch gegen die Art der Begründung gerichtlicher Entscheidungen eine Verfassungsbeschwerde zulässig ist. Vgl. dazu *O. W. Jakobs*, JZ 1971, S. 279 ff.

151 BAG BB 1967, S. 1378, S. 1379.

152 Vgl. dazu bereits *Schwerdtner*, aaO, S. 96/97 Fn. 434; vgl. auch *Schwenk*, NJW 1968, S. 822 ff., S. 822 r. Sp.

153 § 78 der Gesindeordnung für sämmtliche Provinzen der preußischen Monarchie v. 8. 11. 1810.

154 Vgl. *Hans-Joachim Hirsch*, Festschrift für Karl Engisch, S. 304 ff., S. 322 Fn. 67; *Wiese*, aaO, S. 57 f.; *Kübler*, JZ 1968, S. 542 ff., S. 545 r. Sp.; LG Frankfurt a. M., NJW 1969, S. 2286 ff., S. 2288 l. Sp.:

„In der Rechtsprechung des BGH und der Instanzgerichte sind bei der Verletzung des allgemeinen Persönlichkeitsrechts Schmerzensgeldbeträge zwischen DM 3.000,– und DM 30.000,– zugesprochen worden, bei denen die erlittenen Rechtsverletzungen lediglich zu vorübergehender Unmutserregung geführt haben können. Bei der Bemessung des echten Schmerzensgeldes, das dem Ausgleich von körperlichem und seelischem Leid von ungleich größerer Schwere dient, dürfen daher

Rechtsprechung zu Persönlichkeitsrechtsverletzungen Anlaß gibt, Schmerzensgeldbeträge bei Körperverletzungen hochzusetzen, so wird folgender Umstand übersehen: Da der BGH in weiten Bereichen eine Abwicklung über den Eingriffserwerb ablehnt[155], gelangt er zu den in der Tat erheblichen Schmerzensgeldbeträgen. Ein Foto eines Künstlers ist jedoch in der Werbebranche nun einmal DM 10.000.– bis 50.000.– wert. Es wäre ehrlicher, wenn man diesen Betrag über Bereicherungsrecht oder das Recht der unerlaubten Handlung abwickelte und nur die in der Ehrverletzung liegende Beeinträchtigung dem Schmerzensgeldanspruch zuführen würde. Daneben muß jedoch berücksichtigt werden, daß über den Schmerzensgeldanspruch bei Persönlichkeitsrechtsverletzungen auch potentielle Vermögensschäden mit abgegolten werden.

Aus diesem Grunde versagt auch der Gleichheitssatz im Rahmen der Schmerzensgeldrechtsprechung. Zwar sind sicher alle Menschen unter dem Gesichtspunkt der Würde gleich[156]. Bei der Bemessung des Schmerzensgeldes bei Persönlichkeitsrechtsverletzungen wird deshalb auch nicht an den sozialen Status als solchen angeknüpft. Die potentiellen Vermögensschäden, die über das Schmerzensgeld liquidiert werden, sind dagegen von diesem Status abhängig. Daß nicht noch die Arbeiter gezwungen werden, zur Steigerung ihrer Freiheit ihren Namen zu Markte zu tragen, liegt allein an dessen Wertlosigkeit[156a]. Daß der Bekanntheitsgrad einer Person keinen tauglichen Anknüpfungspunkt für den Ehrenschutz bildet, erhellt die historische Parallele zum ALR. Der höhere Bürgerstand, also die Kantonsfreien und Eximierten, Adel und Offiziere genossen einen besonderen Schutz des Staates. Tätliche Beleidigungen solcher Personen war der Richter auf Staatskosten zu verfolgen verpflichtet (§§ 653 f., II, 20), während die niederen Stände auf die Privat-

keineswegs Beträge zugesprochen werden, die man nur als Bagatellbeträge bezeichnen kann."

Vgl. auch LG Tübingen NJW 1968, S. 1187.

Diese Bewertung von Persönlichkeitsrechtsverletzungen und Körperverletzungen vermag schon deshalb nicht zu überzeugen, weil wir uns von der Vorstellung freimachen müssen, daß sich eine Gesundheitsverletzung nur über einen Knochenbruch ereignen kann. Es ist sicher nicht haltbar, in jeder Zufügung seelischer Schmerzen eine Gesundheitsverletzung i. S. des § 847 BGB zu sehen (so aber *Nörr*, AcP Bd. 158 (1959/1960), S. 1 ff., S. 12). Es ist aber unbestreitbar, daß auch Persönlichkeitsrechtsverletzungen Gesundheitsverletzungen sein können. Vgl. dazu *Stoll*, aaO, S. 19/20 m. w. N.

155 Vgl. z. B. BGHZ 26, S. 349 ff. Herrenreiter.

156 *Marcic*, aaO, S. 270.

156a *Struck*, ARSP, 1975, S. 67 ff., S. 82.

klage angewiesen waren[157]. Der Versuch des ALR, durch abgestufte Ehrenstrafen die Ständeschranken zu festigen, erwies sich alsbald als gescheitert:

„Die Rechtsprechung geriet alsbald in große Schwierigkeiten, die staatlich sanktionierten Klassifikationen zu berücksichtigen. Das Berliner Stadtgericht verurteilte biedere Handwerksmeister wegen Schimpfereien und Keilereien so, als seien sie höheren und nicht – wie das Gesetz vorschrieb – niederen Bürgerstandes. Das hatte die kuriose Folge, daß sie wegen leichter Beleidigungen für 14 statt für 3 Tage ins Gefängnis wanderten. Das Kammergericht sah sich gezwungen, dauernd die Strafen zu ermäßigen, was wiederum den Protest der in ihrer bürgerlichen Ehre angegriffenen Berliner Stadtrichter hervorrief: In der Residenz seien die Handwerksmeister durch Kultur und Vermögen so ausgezeichnet, daß sie nicht mit Dienstboten, Tagelöhnern, Arbeitsleuten, gemeinen Bauern und Handwerksgesellen, im Gleichen gemeinen Soldaten gleichgesetzt werden dürften. Das Kammergericht stimmte dem Einwand zu und berichtete 1799 an den König: ‚Jeder, der sich nur etwas mit diesen Teilen der gerichtlichen Praxis beschäftigt, werden die Inkonvenienzen einleuchten, die uns bei den eng bestimmten Schranken der Bürgerklassen in dieser Hinsicht täglich aufstoßen.' Die Gliederung der Bürger in niedere, höhere und solche, die den Ratscharakter besitzen, reiche nicht aus. Nach dem Gesetzbuch gehöre der reiche Kaufmann, der durch seinen über halb Europa ausgebreiteten Handel den Staat bereichert und hundert Händen ernährt mit dem armseligen Krämer, dessen ganzer Wirkungskreis darin besteht, eine kleine Stadt mit Häringen oder Schwefelhölzern zu versehen, zum gleichen Stand. Der kultivierte Handwerker stünde unter dem armen Trödeljuden, der civilisierte und der uncivilisierte Handwerker müßten mit dem gleichen Maß gemessen werden und sofort. Aber es sei überhaupt schwer, einen gerechten Maßstab zu finden. Soweit es sich nicht um staatlich verliehene Ränge handle, gebe es kein sicheres Kennzeichen, den niederen vom höheren Bürgerstand zu scheiden. Das Stadtgericht berechne Kultur und Vermögen, aber das erstere sei bei den schriftlichen Verfahren unmöglich und zweitens würde dadurch auch von Seiten der Gerichte der Aristokratismus des Geldes autorisiert, welcher ohnedies schon genug herrscht, und der Verdacht der Parteilichkeit würde bei dem gemeinen Haufen gegen die Richter vermehrt."[158]

Der Vorwurf der Klassenjustiz ist also uralt. Im übrigen hat jedoch auch unsere Rechtsordnung nicht den „Aristokratismus des Geldes" zu autorisieren und Standesschranken zu festigen. Die Öffentlichkeit einer Person kommt ja auch nicht von ungefähr. Seine Stellung in der Gesellschaft erlangt die absolute Person der Zeitgeschichte willentlich in und durch die Gesellschaft. Das Persönlichkeitsrecht als Achtungsanspruch steht daher allen Menschen gleichermaßen zu. Nur darf nicht übersehen werden, daß im Falle der Verletzung die Auswirkungen wegen der verschiedenen sozialen Stellung der Mensch höchst verschiedenartig sein können:

„. . . ich glaube, wir alle hier stimmen darin überein, daß die Tage des Unglücks vorüber sind, weil niemand gezwungen wird, sich mit seinem Näch-

[157] *Koselleck*, aaO, S. 98 f.

[158] *Koselleck*, aaO, S. 100.

sten zu befassen. Für uns gibt es keinen Nächsten und das ist die gesicherte Voraussetzung zum Glück."[159]

Diese Position ist jedoch dem Durchschnittsmenschen nicht zugänglich. Die verschiedenen sozialen Gruppen prävalieren auch heute die verschiedenen Rechtsgüter entsprechend der Lebenswichtigkeit dieser Güter für den einzelnen in seiner sozialen Position[160]. Der Mensch ist eben von der Bedeutung der Ansichten und Meinungen der Umwelt abhängig[161]. Es kann einem relativ gleichgültig sein, wenn der Nachbar abfällige Urteile über einen fällt. Diese philosophische Haltung kann sich jedoch ein Geschäftsmann bei der Rufbeeinträchtigung nicht leisten[162]. *Die Folgewirkungen sind in beiden Fällen grundverschieden.* Es sollte nicht in Vergessenheit geraten, daß die Unähnlichkeit und Ungleichheit unter den Menschen die Ehre geschaffen hat[162a]. Diese ist nicht allein ein Strukturprinzip der bürgerlichen Gesellschaft.

10. Schmerzensgeld und strafgerichtliche Verurteilung des Verletzers

Die strafgerichtliche Verurteilung wegen vorsätzlicher Körperverletzung ist nach der Rechtsprechung auf das Schmerzensgeld bei der Genugtuungsfunktion anzurechnen:

„Bei der Bemessung des Schmerzensgeldes hat das LG neben den sonstigen zu berücksichtigenden Umständen auch die Genugtuungsfunktion des Schmerzensgeldes erwähnt und mit besonderem Gewicht berücksichtigt. Es hat jedoch ersichtlich außer Betracht gelassen, daß der Beklagte wegen dieses Vorfalles strafgerichtlich belangt und mit einer Gefängnisstrafe von 2 Monaten belegt ist. Mag auch mit dieser Bestrafung in erster Linie dem staatlichen Strafanspruch genügt worden sein, so kann doch nicht unberücksichtigt bleiben, daß eine derartige Bestrafung auch dem Genugtuungsbedürfnis des Verletzten Rechnung trägt. Den Schädiger gerichtlicher Bestrafung ausgesetzt zu sehen, verschafft dem Opfer eines vorsätzlich rechtswidrigen Angriffs ganz allgemein das befriedigende Gefühl, der Gerechtigkeit sei nun genüge getan, der Angreifer müsse seine Tat verdientermaßen büßen, ihm geschehe damit recht. Die Genugtuungsfunktion des Schmerzensgeldes darf daneben nicht mehr besonders hoch bewertet werden. Unter diesen

---

159 *Siegfried Lenz*, Der Spielverderber, in: Gesammelte Erzählungen, Hamburg 1970, S. 461 ff., S. 463.

160 Vgl. dazu auch *Helfer*, aaO, S. 79 ff., S. 81.

161 Vgl. dazu zutreffend *Merz*, SJZ 1971, S. 65 ff., S. 67 r. Sp.; vgl. dazu auch *Weitnauer*, SC 95.

162 Vgl. dazu auch HansOLG Hamburg, Ufita Bd. 60 (1971), S. 322 ff., S. 331, Prinz der Niederlande, Irene, Prinzessin von Bourbon-Parma.

162a *de Tocqueville*, aaO, S. 171/172.

Umständen hält es der Senat angesichts der nicht besonders schweren Verletzung des Klägers für billig, die Entschädigung für den nichtvermögensrechtlichen Schaden deutlich herabzusetzen, weil ein für ihre Bemessung wesentlicher Umstand offenbar außer Ansatz geblieben war"[163].

Deutsch[164] hat diesem Urteil zugestimmt. Von dem hier vertretenen Standpunkt aus ist es überraschend, daß eine Rechtsprechung, die immer wieder betont, Ausgleichs- und Genugtuungsfunktion könnten nicht exakt voneinander getrennt werden, im Falle vorausgegangener strafgerichtlicher Verurteilung die Genugtuungsfunktion genau quantifiziert, nämlich im vorliegender Fall mit DM 600,–. Außerdem ist die vom OLG Celle artikulierte Genugtuungswirkung dieser Verurteilung mehr als zweifelhaft. Bislang hat man wenigstens „das befriedigende Gefühl" darin erblickt, daß das Opfer an den Verletzten selbst leisten muß. Ganz abgesehen davon unterstellen die Urteilsgründe dem jeweiligen Verletzten einen alttestamentarischen Gerechtigkeitssinn, deren Verifizierung in der Gegenwart mehr als zweifelhaft ist.

Die entgegenstehende Auffassung von *Meyer*[164a] vermag nicht zu überzeugen. *Meyer* räumt ein, daß das Genugtuungs- und Sühneverlangen des Verletzten individuell – vor allem subjektiv bedingt – verschieden ist. Solche individuellen Verschiedenheiten lassen sich seiner Auffassung nach im Schmerzensgeldprozeß feiner berücksichtigen als bei der Strafzumessung, wo das Sühneverlangen nur einer von unzähligen weiteren Strafzumessungsgesichtspunkten sein könne. Seiner Meinung nach muß deshalb im Strafverfahren stets ermittelt werden, ob der Verletzte die feste Absicht hat, Genugtuung auf zivilrechtlichem Wege zu erlangen. Ist der Täter bereits strafgerichtlich rechtskräfig verurteilt, bevor das Zivilverfahren angängig wurde, so müsse der Zivilrichter unterscheiden, ob die strafrechtliche Verurteilung mit oder ohne Zutun bzw. Beteiligung des Verletzten zustande gekommen sei. Bei Antragsdelikten und Nebenklageverfahren soll die Genugtuungsfunktion beim Schmerzensgeld völlig entfallen. Bei reinen Offizialdelikten entfalle dagegen die Genugtuungsfunktion nicht völlig. Seien Zivil- und Strafverfahren gleichzeitig anhängig, so müsse in bezug auf den Zivilprozeß das Strafverfahren abgewartet, bzw. der Schmerzensgeldprozeß analog § 148 ZPO ausgesetzt werden.

Dieser Auffassung ist schon vom Standpunkt der h. L. und Rechtsprechung unhaltbar. Diese stehen nämlich auf dem Standpunkt, daß die Genugtuung- und die Ausgleichsfunktion quantitativ nicht auseinanderdividiert werden

---

163 OLG Celle, JZ 1970, S. 548 l. Sp.; vgl. dazu auch AG Flensburg, MDR 1973, S. 948; OLG Düsseldorf, NJW 1974, S. 1289; OLG Hamm, MDR 1974, S. 1018.

164 *Deutsch*, JZ 1970, S. 548.

164a *Meyer*, JuS 1975, S. 87 ff.

können. Von dem hier vertretenen Standpunkt aus kommt eine Berücksichtigung der strafgerichtlichen Verurteilung des Verletzers schon deshalb nicht in Betracht, weil dem Schmerzensgeldanspruch keine Genugtuungsfunktion zukommt.

11. Die Betragshöhen des Schmerzensgeldes bei Körperverletzungen und Persönlichkeitsrechtsverletzungen

Obwohl bei Persönlichkeitsrechtsverletzungen nach der hier vertretenen Auffassung nur potentielle Vermögensschäden ausgeglichen werden, gilt es in diesem Zusammenhang noch auf einen wesentlichen Unterschied zwischen Körperverletzungen und Persönlichkeitsrechtsverletzungen hinzuweisen, der m. E. in der Rechtsprechung nicht hinlänglich berücksichtigt wird[164b]. Der Mensch kann vergessen. Wer in seinem Persönlichkeitsrecht verletzt wird, vermag die Verletzung zu verarbeiten. Anders stellt sich die Situation bei einem Menschen dar, der aus der Verletzung seiner körperlichen Integrität einen Dauerschaden erlitten hat. Er wird täglich an seine Beeinträchtigung erinnert und erlebt die darauf resultierende Beeinträchtigung des Lebensgenusses fortwährend. Daraus folgt nicht, daß die Schadenssummen bei Persönlichkeitsrechtsverletzungen herabgesetzt werden müssen, sondern vielmehr müssen die Schmerzensgelder bei Körperverletzungen kräftig heraufgesetzt werden. Dies setzt freilich voraus, daß man auch im Bereich der Körperverletzungen sogenannte Bagatellfälle eliminiert. Dem steht die Rechtsprechung entgegen, die auf dem Standpunkt steht, daß es für die Entscheidung über den Grund des Anspruchs, abgesehen von der vorausgesetzten Verletzung des Betroffenen, einer besonderen Feststellung eines immateriellen Schadens nicht bedarf[165]. Mit Urteil vom 3. 12. 1974 hat der BGH[165a] festgestellt, daß § 251 Abs. 2 BGB eine Konkretisierung des allgemeinen Grundsatzes von Treu und Glauben ist, der auch in solchen Fällen gilt, bei denen es primär um den Ausgleich immaterieller Schäden (Beeinträchtigung des Aussehens) geht[165b]. Nach § 251 Abs. 2 BGB hat der Ersatzpflichtige den Gläubigern in Geld zu entschädigen, wenn die Herstellung nur mit unverhältnismäßigen Aufwendungen möglich ist. Nach Auffassung des BGH kann bei der in dem Rahmen von § 251 Abs. 2 BGB anzustellenden

---

164b Dies übersieht m. E. *Bötticher*, SC 23; vgl. aber auch *Krüger-Nieland*, SC 44.

165 Vgl. dazu RG JW 1913, S. 543; RG JW 1915, S. 89/90; RG JW 1907, S. 202; RG WarnRspr. 1914, Nr. 18; *Soergel/Siebert/Zeuner*, aaO, § 847 Rdnr. 19; *Knöpfel*, AcP Bd. 155 (1956), S. 135 ff., S. 143 FN 54; *Gelhaar*, DAR 1954, S. 2 ff.

165a BGH NJW 1975, S. 640.

165b Vgl. dazu *Medicus*, JuS 1969, S. 449 ff., S. 453.

Güter- und Interessenabwägung das Schmerzensgeld nicht einbezogen werden. Nach Meinung des BGH geht es bei dem Schmerzensgeld um die Kompensation eines nicht zu beseitigenden immateriellen Schadens, bei der Ermittlung der Unzumutbarkeitsgrenze im Rahmen von § 251 Abs. 2 BGB dagegen darum, ob auf eine an sich mögliche Beseitigung verzichtet werden muß. Ist eine Verletzung wie eine Narbe unbedeutend und kaum sichtbar, so ist nach Auffassung des BGH ein Herstellungsverlangen u. U. rechtsmißbräuchlich. Dieser Rechtsprechung ist uneingeschränkt zu folgen. Leider hat der BGH offengelassen, ob insoweit nicht auch ein Schmerzensgeld zu entfallen hat. Wenn schon die mögliche Kompensation des Körperschadens nach § 251 Abs. 2 BGB unzumutbar erscheint, so muß dies erst recht für das Schmerzensgeldverlangen gelten. Was sich gegenwärtig an Schmerzensgeldneurosen ereignet, ist alarmierend. Bei Bagatellverletzungen sollte in Zukunft jegliches Schmerzensgeld versagt werden. Derartige mit der Sozialexistenz des Menschen verbundenen Beeinträchtigungen hat jeder einzelne ersatzlos hinzunehmen. Die Eliminierung dieser Bagatellfälle würde mit Sicherheit die Haftpflichtversicherer in einem Maße entlasten, das es erlauben würde, bei schweren Beeinträchtigungen der Gesundheit die Schmerzensgeldbeträge aufzustocken.[165c] Es ist einzuräumen, daß der Begriff des Bagatellschadens noch konkretisierungsbedürftig ist. Ein Blick in die Schmerzensgeldtabellen zeigt jedoch, was hiermit gemeint ist. Prellungen des Armes oder des Kniegelenks, Nackenmuskelzerrungen, leichte Schnittwunden usw., die gegenwärtig mit 50 bis 200 DM abgegolten werden, fallen hierunter mit Sicherheit.

Um Bagatelltatbestände ausschließen zu können, ist eine – wenn auch der Natur des immateriellen Ersatzes angepaßte – Schadensfeststellung jedoch nicht zu umgehen[166]. Gerade auf dem Gebiet der Körperverletzungen erleben wir „rentenneurotische" Tendenzen. Wohl kaum ein Rechtsbegriff dürfte der Allgemeinheit so bekannt sein wie der des Schmerzensgeldes. Leichte Körperverletzungen werden nicht nur in Kauf genommen, sondern häufig wegen des sich eröffnenden Schmerzensgeldanspruches sogar begrüßt. Derartigen Entwicklungen gilt es zu wehren. Immaterieller Ersatz sollte daher bei Körperverletzungen nur gewährt werden, wenn die Beeinträchtigung eine gewisse Dauerwirkung hat. Bei Bagatelltatbeständen kommt regelmäßig ein Ausgleich von potentiellen Vermögensschäden, d. h. die zweite Funktion des Ersatzes immateriellen Schadens, nicht zum Tragen[167].

165c Vgl. dazu OLG Saarbrücken, NJW 1975, S. 1467.

166 Nicht ganz folgerichtig insoweit *Stoll*, aaO, S. 128.

167 Derartige geringfügige Beinträchtigungen müssen in einer Gemeinschaft sanktionslos hingenommen werden. Vgl. dazu *Hacks* NJW 1975, S. 1451.

Auch *Dammann*[168] hat zu einer kritischen Würdigung der Schmerzensgeldbemessung bei Körperverletzungen aufgerufen. Die von ihm vorgetragenen Thesen vermögen jedoch nicht zu überzeugen.

Dammann stellt zunächst zutreffend heraus, daß zwischen der Schmerzensgeldrechtsprechung und dem jeweiligen Entwicklungsstand der Wirtschaft ein enger Zusammenhang bestehe. Unhaltbar, ja geradezu absurd ist jedoch seine These über das Verhältnis zwischen Wirtschaftsmodell und gesellschaftlicher Moral.

„In der ersten Phase des industriellen Zeitalters war das zentrale Wirtschaftsproblem, das Kapital aufzubringen, das zur Verbesserung der Unternehmergewinne und damit zum wirtschaftlichen Wachstum erforderlich war. Daher war es objektiv ungünstig, wenn dem Wirtschaftsprozeß zugunsten des privaten Konsums Kapital entzogen wurde. Die diesem Stadium adäquate Wirtschaftsmoral bestand vor allem in Sparsamkeit und Konsumaskese. Die Tugenden wurden zugleich allgemein gesellschaftlichen Tugenden und als solche vom Richter angewendet. Da die Zuerkennung von Schmerzensgeld primär zu zusätzlichen Konsum und zwar Luxuskonsum führt, hätte eine großzügige Bemessung im Widerspruch zur Moral gestanden. ... In der heutigen Konsumgesellschaft hat sich das zentrale Wirtschaftsproblem von der Produktion zum Absatz verlagert. . ."[169]

Dammann[170] muß selbst einräumen, daß die Schmerzensgeldzumessung kaum zur Stabilisierung oder Schmälerung von Unternehmergewinnen beiträgt. Es ist zwar zuzugeben, daß die Höhe des Schmerzensgeldes vom Entwicklungsstand der Wirtschaft abhängt. Ebenso unleugbar ist jedoch, daß auch der Schmerzensgeldanspruch sich noch in das Schadensrecht des Zivilrechts einordnen lassen muß und von hier seine wesentlichen Konturen erfährt. *Dammann* ist jedoch Recht zu geben, daß zwischen der Schmerzensgeldbemessung und bestimmten Weltanschauungen unterschiedlicher historischer und gesellschaftlicher Provenienz ein Zusammenhang besteht[171]. Daraus folgert *Dammann*[172], daß die bisherige Schmerzensgelddiskussion solange fruchtlos bleiben muß, wie „unter dem der positivistischen Rechtstradition verpflichteten Leitbild der unpolitischen Rechtsanwendung eine Auseinandersetzung mit den wichtigsten Bemessungsgrundlagen nicht möglich" ist. Das Verhältnis von Recht und Politik ist trotz der in letzter Zeit verstärkten Diskussion kaum klarer geworden. Was heißt es schon, wenn gefordert wird, daß die Stellungnahme offen politisch erfolgen soll. *Dammann*[173] versteht

---

168 *Dammann*, ZRP 1970, S. 76 ff.
169 *Dammann*, ZRP 1970, S. 76 ff., S. 77.
170 *Dammann*, ZRP 1970, S. 76 ff., S. 77 l. Sp. FN 8.
171 *Dammann*, ZRP 1970, S. 76 ff., S. 78 l. Sp.
172 *Dammann*, ZRP 1970, S. 76 ff., S. 78.
173 *Dammann*, ZRP 1970, S. 76 ff., S. 78 r. Sp.

darunter die argumentative Auseinandersetzung „mit den unserer Rechts- und Gesellschaftsordnung zugrunde liegenden und sich ständig fortentwickelnden Theorien!" Um welche Art von Theorien es sich dabei handeln soll, wird nicht klar. Fest steht nur, daß die Argumente, die zu § 847 BGB führten – Einschränkung des diskretionären Ermessens des Richters und gänzliche Ablehnung von Geldersatz für Persönlichkeitsgüter im traditionellen Sinne –, heute nicht mehr realitätsbezogen sind. Die Schwierigkeit der Festlegung des Schadensumfanges liegt in der Natur der Sache. Allein eine Überwindung des Rechtspositivismus – man beachte die Vagheit dieses Begriffes – und eine politische Diskussion vermögen uns nicht zu sagen, was der Verlust eines Auges für einen einzelnen Menschen bedeutet.

II. Zusammenfassung

Zusammenfassend kann daher festgestellt werden, daß bei Persönlichkeitsrechtsverletzungen der Schmerzensgeldanspruch allein die Funktion hat, potentielle Vermögensschäden auszugleichen. Im Gegensatz zu Körperverletzungen haben Persönlichkeitsrechtsverletzungen häufig eine „Drittwirkung": Sie beeinträchtigen den Ruf und das Ansehen des einzelnen in der Gemeinschaft. Diese Beeinträchtigung ist durch eine Zahlung von Geld an den Verletzten nicht auszugleichen. Ausgleichbar sind lediglich die tatsächlichen oder wahrscheinlichen Vermögensnachteile, die der Verletzte durch die Persönlichkeitsrechtsverletzung erleidet. Eine Genugtuungsfunktion des Schmerzensgeldes kann weder bei Körperverletzungen noch bei Persönlichkeitsrechtsverletzungen anerkannt werden. Einmal ist mehr als zweifelhaft, ob die bei der Genugtuung beschworenen Regungen und Gefühle in unserer Zeit noch nachempfunden werden. Gewichtiger ist jedoch der Umstand, daß die Gerichte nicht feststellen können, welche Genugtuung im Einzelfall angemessen ist. Darüber täuscht auch die Entscheidungspraxis nicht hinweg. Die Rechtsprechung der Zivilgerichte ist zur Regulierung von reinen Gefühlsschäden weder berufen noch befähigt.[173a]

An dem Ersatz dieses „immateriellen" Schadens sollte festgehalten werden. Gehört das allgemeine Persönlichkeitsrecht im Sinne des Achtungsanspruchs mit seinen verschiedenartigen Schutzpositionen neben Leben, Gesundheit und Freiheit zu dem Substrat der freien Entfaltung der Persönlichkeit, so ist unleugbar, daß die Folgen der Beeinträchtigung dieses Substrats nicht exakt dargelegt werden können. Wird ein sonstiges Recht im Sinne des

---

173a Vgl. dazu auch *Bötticher*, SC 20 ff.

§ 823 Abs. 1 BGB verletzt, so ist der Schaden aktuell zumindest in Form der üblichen Lizenzgebühr unschwer zu bestimmen. Demgegenüber ist häufig nur ein Wahrscheinlichkeitsurteil darüber möglich, wie sich ein Mensch ohne Beeinträchtigung eines der Rechtsgüter des § 823 Abs. 1 BGB entwikkelt hätte. Der potentielle Vermögensschaden aus einer Verletzung des Substrats kann sachgerecht nur im Wege des § 847 BGB liquidiert werden, so mißverständlich auch die Kennzeichnung dieses Schadens als Schmerzensgeld sein mag. Skrupel hinsichtlich einer zu großen diskretionären Gewalt des Richters sind insoweit unangemessen:

„Die Höhe des Schmerzensgeldes ist in das freie verwaltungsmäßige Ermessen des Richters gestellt. Ähnlich ist es bei Abschätzung des Schadens nach § 287 ZPO. Diese und ähnliche Fälle leiden in Deutschland jedenfalls erheblich darunter, daß Richter sie entscheiden, weil sie gewohnt und beherrscht sind von dem Gedanken, es handele sich bei ihnen auch um eine rechtsprechende Tätigkeit mit den ihr auferlegten gesetzlichen Bindungen. Würde der rein verwaltungsmäßige Charakter solcher ziffernmäßiger Festsetzungen und Schätzungen erkannt und erlebt, dann würden, wie in dem englisch-amerikanischen Rechtsgebiet, andere erheblich höhere Ergebnisse herauskommen als wir sie kennen. Die Zaghaftigkeit des hier und bei Festsetzung der Buße kleinbürgerlich eingestellten deutschen Zivil- und Strafrichters würde alsdann ihr erwünschtes Ende erreichen."[174]

Diese bereits von *Ludwig Bendix* getroffene Feststellung gilt heute noch mehr als zum Zeitpunkt ihrer Aufstellung. Dem Richter kommt in der Gegenwart auf weiten Gebieten ein verwaltungsmäßiges Ermessen zu.

Deshalb ist es auch zu begrüßen, daß der Referentenentwurf eines Gesetzes zur Änderung und Ergänzung schadensersatzrechtlicher Vorschriften[175] für weite Bereiche der industriellen Produktion eine Gefährdungshaftung des Unternehmers mit Einschluß des Ersatzes des immateriellen Schadens vorsieht[176]. In diesem Rahmen kann von einer Genugtuungsfunktion nicht mehr die Rede sein. Trotzdem kann nicht geleugnet werden, daß eine Versagung des Ersatzes des immateriellen Schadens in diesen Unfall- und Unglücksfällen nicht gerechtfertigt ist[177]. Es kommt hinzu, daß die Möglichkeit der Zubilligung eines Schmerzensgeldes ohne Rücksicht auf Verschulden für die Praxis eine wesentliche Erleichterung bringt. Langwierige und die Gerichte

---

174 *Bendix*, aaO, S. 359.

175 Referentenentwurf eines Gesetzes zur Änderung schadensersatzrechtlicher Vorschriften, Karlsruhe 1967, Begründung S. 158.

176 Schmerzensgeldansprüche bei Gefährdungshaftung enthalten schon jetzt §§ 833 BGB, 53 Abs. 3 LVG.

177 Referentenentwurf eines Gesetzes zur Änderung schadensersatzrechtlicher Vorschriften, S. 158; kritisch dazu *Esser*, Schuldrecht Bd. II, § 113 I 6, S. 468.

belastende Prozesse um das Vorliegen des Verschuldens allein im Hinblick auf das Schmerzensgeld werden überflüssig.[178].
Angesichts dieser Entwicklung gilt es um so mehr, im Rahmen der Gewährung von Schmerzensgeld bei Verschuldenshaftung auf eine Genugtuungsfunktion gänzlich zu verzichten. Ansonsten würde der Ersatz des immateriellen Schadens in Zukunft in zwei Kategorien erscheinen. Während bei den Gefährdungshaftungstatbeständen nur eine Ausgleichsfunktion in Betracht käme, wäre das Schmerzensgeld im Rahmen der Verschuldenshaftung durch eine Ausgleichs- und Genugtuungsfunktion gekennzeichnet. Nach der hier vertretenen Auffassung kommt in beiden Problemfeldern nur der Ausgleichsgedanke zum Tragen. Daraus folgt, daß ein Anspruch auf Ersatz des immateriellen Schadens nicht nur bei einer besonderen Schwere der Verletzung oder des Verschuldens in Betracht kommt[179]. Ganz abgesehen davon, daß es mehr als zweifelhaft ist, ob diese Kriterien praktikable Grenzziehungen darstellen, ist eine derartige Einschränkung mit dem gegenwärtigen Schadensrecht nicht zu vereinbaren. Auch diese Eingrenzung ist wiederum eine Folge der zu wenig überdachten Rezeption des Art. 49 Schweizer. OR. Sieht man in dem Schmerzensgeldanspruch bei Persönlichkeitsrechtsverletzungen dagegen die Funktion des Ausgleichs potentieller Vermögensschäden, so wird der Anspruch auf Ersatz dieses immateriellen Schadens häufig nur dann eingreifen, wenn eine schwerwiegende Verletzung vorliegt. Mit dieser Sicht des Schmerzensgeldanspruches bei Persönlichkeitsrechtsverletzungen erledigt sich auch ein Teil der gegen die Rechtsprechung vorgebrachten verfassungsrechtlichen Bedenken, d. h. ein so gearteter Ersatz des immateriellen Schadens bei Persönlichkeitsrechtsverletzungen stellt eine nicht systemsprengende Fortentwicklung des Privatrechts dar. In diesem Zusammenhang sollte man sich auch von der primitiven Vorstellung freimachen, daß sich Körperverletzungen nur über Knochenbrüche ereignen können, also stets eine physische Einwirkung auf den Körper Voraussetzung einer Körperverletzung ist[180]. Freilich kann nicht jede Zufügung seelischer Schmerzen als Gesundheitsverletzung im Sinne von § 847 BGB verstanden

---

178 Vgl. dazu Referentenentwurf eines Gesetzes zur Änderung schadensersatzrechtlicher Vorschriften, S. 158. *Dürr/Schubert* ZRP 1975, S. 225 ff.

179 So aber die Rechtsprechung des BGH; vgl. z. B. BGHZ 35, S. 363 ff. – Ginseng; es ist daher wieder zu dem Zustand zurückzukehren, der in § 847 BGB einen echten Schadensersatzanspruch sah; vgl. z. B. BGHZ 7, S. 223 ff., S. 225. Vgl. dazu zutreffend *Bötticher*, SC 10/11.

180 Vgl. dazu aber *Stoll*, aao, S. 19.

werden[181]. Insoweit ist das Recht von der medizinischen Forschung abhängig. Soweit sich jedoch eine Persönlichkeitsrechtsverletzung ereignet, kann nicht schlechthin eine Gesundheitsverletzung geleugnet werden[182]. Die Feststellung des Reichsgerichts in seinem Urteil vom 22. 10. 1933[182a], daß bei Persönlichkeitsrechtsverletzungen ein Ersatz des Gesundheitsschadens nur in Betracht kommt, wenn sich der Vorsatz des Täters auf die Verletzung des Körpers oder der Gesundheit richtete, ist unhaltbar. Jeder Verletzer des allgemeinen Persönlichkeitsrechts muß zumindest damit rechnen, daß durch seine Handlung der Körper oder die Gesundheit des Verletzten beeinträchtigt werden. Auch dieser Sicht hat sich das Reichsgericht versperrt.

Die hier vertretene Sicht des Ersatzes des immateriellen Schadens bei Persönlichkeitsrechtsverletzungen wahrt in einem weiteren Sinne auch die Einheit der Rechtsordnung. Die Buße nach dem inzwischen aufgehobenen § 188 StGB knüpfte gerade nicht an die persönlichkeitsrechtlichen Momente der Ehrenkränkung an. Vielmehr war sie an der Beeinträchtigung des Erwerbs und des Fortkommens des Beleidigten zu orientieren[183].

---

181 So aber *Nörr*, AcP Bd. 158 (1959/1960), S. 1 ff., S. 12; vgl. auch *Deutsch*, JuS 1969, S. 197 ff.

182 Vgl. zu den Schockschäden auch BGHZ 56, S. 163 ff.

182a RGZ 142, S. 116 ff., S. 123.

183 Vgl. dazu *Stoll*, aaO, S. 8.

Teil H

Weitere Rechtsfolgen bei Persönlichkeitsrechtsverletzungen

I. Widerruf, Unterlassungsanspruch, Ersatz des immateriellen Schadens

Der BGH[1] hat mehrfach ausgesprochen, daß jemand, dessen Persönlichkeitsrecht in schwerer Weise schuldhaft verletzt worden ist, vom Schädiger einen Ausgleich in Geld für seinen immateriellen Schaden nur verlangen kann, wenn sich die erlittene Beeinträchtigung nicht in anderer Weise befriedigend ausgleichen läßt:

„Die Gewährung des Anspruchs auf eine Geldentschädigung findet ihre Rechtfertigung in dem Gedanken, daß das Persönlichkeitsrecht gegenüber erheblichen Beeinträchtigungen anderenfalls ohne rechtlichen Schutz bliebe. Nach diesem Sinngehalt hat der Anspruch zurückzutreten, wenn die Verletzung auf andere Weise hinreichend ausgeglichen werden kann, wozu je nach der Sachlage insbesondere der Widerruf ein angemessenes und geeignetes Mittel darstellen kann. Insbesondere insofern . . . neben einem Unterlassungstitel ein Widerruf vorliegt, muß gefragt werden, ob der Betroffene, jedenfalls unter Berücksichtigung der übrigen Umstände, dadurch in diesem Sinne hinreichenden Ausgleich erhalten hat. Sollte der Widerruf im vorliegenden Sachverhalt deshalb weniger wirksam gewesen sein, weil der Ruf des Klägers schon durch die weithin bekanntgewordene Erörterung der Vorgänge im Zusammenhang mit seiner politischen Tätigkeit und seinem Rücktritt als Minister beeinträchtigt war, so würde dieser Umstand allein im Verhältnis des Klägers zu den hier Beklagten keine andere Beurteilung rechtfertigen.

Für die so gebotene zusätzliche Wertung ist unter dem jetzt erörterten Gesichtspunkt von Belang, daß der Kläger ein Urteil auf Unterlassung erwirkt hatte, gegen das die Beklagten kein Rechtsmittel einlegten. Insbesondere wurde schon bald ein Widerruf an entsprechender Stelle der Zeitschrift veröffentlicht, in der die beanstandeten Äußerungen enthalten waren, und zwar ohne beeinträchtigende, insbesondere herabsetzende Zusätze und in der vom Kläger begehrten Fassung . . .

Soweit der Senat einen hinreichenden Ausgleich durch Widerruf verneint hat, lag der Grund im wesentlichen in einer besonderen Gestaltung. Entweder hatte der Verletzer den begehrten Widerruf verweigert, so daß dieser erst sehr spät aufgrund gerichtlicher Entscheidung zustande kommen konnte (vgl. BGH Urt. v. 29. 10. 1968 – VI ZR 180/66 = GRUR 1969, 147 zu B II 2) oder er war zu anderweitigem Ausgleich wegen der Art und Weise der Persönlichkeitsverletzung oder aus anderen Gründen nicht geeignet (Verletzung

---

1 Vgl. BGH LM Nr. 9 zu § 23 KUG = NJW 1966, S. 2353 ff., S. 2355 r. Sp.; vgl. auch BGHZ 35, S. 363 ff., S. 369 = NJW 1961, S. 2059 ff., S. 2060; BGHZ 39, S. 124 ff., S. 133 = NJW 1963, S. 902 ff.; BGH LM Nr. 16 zu § 823 (Ah) BGB = NJW 1962, S. 1004 ff.; BGH LM Nr. 25 zu § 847 BGB; vgl. dazu auch BVerfGE 34, S. 269 ff., S. 286; BSH DB 1976, S. 1099 ff, S. 1102.

durch nichtperiodische Publikationen vgl. BGH Urt. v. 12. 10.1967 – VI ZR 95/64 = NJW 1965, 2395 = LM Nr. 20 zu Art. 5 GG „Mörder unter uns") oder die Beeinträchtigung war einem Widerruf nicht zugänglich (vgl. BGH Urt. v. 26. 1. 1967 – VI ZR 204/63 = LM Nr. 16 zu Art. 5 GG – „Gretna Green")."[2]

Diese *Subsidiaritätsthese* in bezug auf den Ersatz des immateriellen Schadens ist freilich in der bisherigen Rechtsprechung des BGH ohne nennenswerte Auswirkungen geblieben[3]. Der BGH verrät mit seiner Subsidiaritätsthese nur die Unsicherheit, die die Rechtsprechung hinsichtlich der Qualifikation des Ersatzes des Nichtvermögensschadens auszeichnet. Wenn der deliktische Widerrufsanspruch keine Genugtuungsfunktion hat[3a], sondern sich in seiner Zielsetzung weitgehend mit dem negatorischen Widerrufsanspruch deckt, so ist unklar, wie angesichts der behaupteten unterschiedlichen Qualität von Schmerzensgdld- und Widerrufsanspruch ein Subsidiaritätsverhältnis in Betracht kommen kann. Demgegenüber hat *Neumann-Duesberg*[3b] diese Subsidiaritätsthese geleugnet:

„Auf keinen Fall darf m. E. aber Genugtuung (in Geld) deshalb versagt werden, weil der Kläger seine Behauptungen bereits widerrufen hat. Damit kommt er zu billig davon.
Die Errungenschaft des zivilrechtlichen Ehrenschutzes muß erhalten bleiben. Der Ehrenschutz darf im Zivilrecht nicht allmählich zu derselben Bedeutungslosigkeit herabsinken wie im Strafrecht . . . Gewiß sind die Gesamtumstände zu werten. Aber Genugtuung in Geld und Widerruf sind m. E. verschieden. Der pönale Charakter des Schmerzensgeldes als Genugtuung steht seiner Subsidiaritätsherabsetzung entgegen und die Durchsetzungskraft des zivilrechtlichen Ehrenschutzes erfordert vollen Rechtsschutz auf der Dreierlinie: Unterlassung, Widerruf und Genugtuung (in Geld)."

Diese Wiederbelebung des Vergeltungsgedankens zerstört, worauf bereits hingewiesen wurde, Grundwertungen des zivilrechtlichen Schadensrechtes. Der Stellenwert der Subsidiaritätsthese kann daher erst dann beurteilt werden, wenn feststeht, was der Widerruf zu leisten vermag. Es gilt daher den Funktionswert des Widerrufs zu bestimmen. Bereits hier sei jedoch festgestellt, daß der Widerruf wenig zu leisten vermag. Der Widerrufsanspruch kann daher den Schmerzensgeldanspruch nicht ausschließen. Dies gilt um so mehr, als auch die Rechtsprechung[3c] auf dem Standpunkt steht, daß der Er-

---

2 BGH NJW 1970, S. 1077/1078 = Ufita Bd. 58 (1970), S. 282; BGH GRUR 1969, S. 302; BGH MDR 1970, S. 579.

3 Vgl. dazu BGH VersR 1963, S. 534 ff., S. 536; BGH DB 1964, S. 31; *Stoll*, aaO, S. 9.

3a Vgl. dazu BGHZ 10, S. 104; vgl. auch BGH NJW 1965, S. 35.

3b *Neumann-Duesberg*, Festschrift für Roeber, S. 403 ff., S. 409; vgl. auch *Kreuzer*, Festschrift für Geiger, S. 61 ff., S. 97.

3c BGHZ 35, S. 363 ff., S. 368

satz des Nichtvermögensschadens das wirksamste Mittel ist, die Respektierung des Personenwerts des einzelnen zu sichern. Das wirksamste Mittel kann jedoch kaum durch ein weniger wirksames Mittel verdrängt werden.

1. Voraussetzungen und Grenzen des Widerrufsanspruchs

Ist eine Persönlichkeitsrechtsverletzung durch Aufstellung und Verbreitung von Behauptungen, z. B. durch ehrverletzende und unrichtige Berichterstattung, begangen worden, so kann der Verletzte Beseitigung der fortwirkenden Störungen in Form des Widerrufs verlangen. Das Verlangen auf Widerruf ehrverletzender oder unrichtiger Behauptungen ist sowohl aus dem Gesichtspunkt des Ersatzes für einen durch unerlaubte Handlung eingetretenen Schaden (§§ 823 I, 823 II BGB i.V.m. §§ 186, 187 StGB, § 249 BGB) als auch aus dem Gesichtspunkt der Beseitigung eines durch bloße objektive Rechtsverletzung eingetretenen Zustandes fortdauernder störender Beeinträchtigung gerechtfertigt (§ 823 I, §§ 12, 862, 1004 BGB analog)[4 5 6].

a) Die Beschränkung des Widerrufs auf Tatsachenbehauptungen

Zum Widerruf ist der Beleidiger freilich nur verpflichtet, sofern die beanstandete Behauptung eine Tatsache darstellt[6a]. Der Widerruf eines Werturteils darf ihm dagegen nach der herrschenden Lehre und Rechtsprechung nicht zugemutet werden. In der Zumutung eines Widerrufs eines Werturteils wird ein Verstoß gegen das Grundrecht auf freie Meinungsäußerung (Art. 5 I, 1 GG) gesehen[7]. Während das RG[8] zunächst den Widerruf als Strafe deutete und deshalb ablehnte, wurde er alsbald in bestimmten Grenzen von der

---

4 Vgl. dazu BGHZ 10, S. 104 ff., S. 105 = NJW 1963, S. 1386/1387.

5 Die praktische Wirkung ist in beiden Fällen fast gleich. So zutreffend *Ritter*, ZZP Bd. 84 (1971), S. 163 ff, S. 164.

6 Die Verjährung richtet sich nach § 852 BGB. Vgl. dazu BGH Urteil v. 3. 12. 1968 (IV ZR 140/67) = Ufita Bd. 59 (1971), S. 236 ff.

6a Vgl. dazu BGHZ 10, S. 104 ff; BGH LM Nr. 54, 58 zu § 1004 BGB; BGH LM Nr. 7 zu Art. 5 GG; *Helle*, DRiZ 1970, S. 157 ff, S. 157 l. Sp.; a. A. *Reinhardt*, aaO., S. 195 ff, S. 197/198, der meint, daß der Betroffene bei Ehrenkränkungen durch Meinungsäußerungen einen Anspruch auf „Abgabe einer Ehrenerklärung" habe oder eine „Entschuldigung" verlangen könne; die von ihm angegebenen Entscheidungen (aaO., S. 198 FN 3) decken diese Ansicht jedoch nicht. Vgl. dazu auch *Stoll* in: Die Haftung der Massenmedien, S. 151.

7 Vgl. z. B. *Helle*, DRiZ 1970, S. 157 ff, S. 157 r. Sp.

8 RGZ 60, S. 12 ff, S. 17 f.

Rechtsprechung anerkannt[9]. Diese Grenzen sind vor allem dadurch gekennzeichnet, daß der Widerruf nicht die Form einer Demütigung für den Verpflichteten, etwa in Form einer Abbitte, annehmen darf[10] [11].
Die Begründung der Ablehnung eines Widerrufs von Werturteilen mit Art. 5 I, 1 GG vermag nicht zu überzeugen. Diese Auffassung übersieht, daß das Grundrecht der freien Meinungsäußerung „in dem Recht der persönlichen Ehre" (Art. 5 II GG) seine Grenze findet, die auch bei Werturteilen überschritten sein kann. Die Begrenzung des Widerrufs auf Tatsachenbehauptungen scheint darin begründet zu liegen, daß – so fragwürdig die Abgrenzung im Einzelfall sein mag – die Äußerung einer Tatsache noch nicht als Meinung angesehen wird[12], Tatsachenbehauptung und Werturteil also als verschieden strukturiert angesehen werden. Bei Überinformation zählt allein die Tatsachenbehauptung viel[12a]. Gegen den Widerruf von Werturteilen sprechen m. E. jedoch vor allem *sozialpsychologische Bedenken,* die bereits *Rudolf Quanter* vor 70 Jahren formuliert hat:

„Unendlich oft finden wir in den Zeitungen eine vollständige Ehrenerklärung, durch welche irgendjemand die gegen einen anderen ausgesprochenen Beleidigungen zurücknimmt und den früher Beleidigten für einen Ehrenmann erklärt. Ja, da muß sich der Unbefangene gewiß wundern über den Wechsel in der Gesinnung des Beleidigers. Daß jemand von einem Menschen, über den er bisher nur lauter Schlechtigkeiten verbreitet hat, plötzlich nur Gutes zu sagen weiß, das ist in der That eine auffallende Erscheinung, man muß sich dabei doch sagen, daß der Mann jedenfalls besser gethan hätte, sich vorher etwas genauer zu informieren. So harmlos ist die Sache aber keineswegs. Der plötzliche Gesinnungsumschwung ist sicherlich nicht niemals eine so ganz freiwillige Leistung des Nachdenkens, in der Regel hat vielmehr der Beleidigte den ihm angethanen Schimpf nicht auf sich sitzen lassen wollen, sondern die Hilfe des Gerichtes in Anspruch genommen und letzteres hat gerade so, wie dies im Mittelalter auch der Fall war, vor allen Dingen die verletzte Ehre des Beleidigten zu reparieren. Dem Beleidiger wird aufgegeben, die Beleidigung zurückzunehmen und den Beleidigten eine öffentliche Ehrenerklärung zu geben. Der Kanossagang aus dem Gerichtssaal in die Zeitungsexpedition kommt meist dem Angeklagten genauso bitter an, wie im Mittelalter der öffentliche Widerruf den dazu Verurteilten geschmerzt hat, denn der Widerruf ist im Prinzip nichts anderes als die heutige öffentliche Ehrenerklärung, durch welche der Beleidiger genauso erklärt, daß

---

9 RGZ 88, S. 129 ff, S. 133; RGZ 148, S. 114 ff, S. 124; OGHZ 1, S. 182 ff, S. 191; BGH NJW 1952, S. 418; BGHZ 14, S. 163 ff, S. 176; BGH LM Nr. 54a zu § 1004 BGB.

10 RGZ 163, S. 210 ff, S. 215; OGHZ 1, S. 182 ff, S. 191; BGHZ 10, S. 104 ff; BGHZ 31, S. 308 ff, S. 320/321; BVerfG NJW 1970, S. 651/652 = Ufita Bd. 59 (1971), S. 324 ff.

11 a. A. wohl *Reinhardt,* aaO., S. 195 ff, S. 197/198.

12 Vgl. dazu zutreffend *Reinhardt,* aaO., S. 195 ff, S. 198/199.

12a Vgl. dazu zutreffend *Deutsch,* GRUR Int., 1973, S. 464.

er ein Lästermaul sei, dem man beileibe nicht glauben dürfe, was er über seine Mitmenschen erzählt. Ist der Widerruf aber eine Schandstrafe gewesen, so ist es die öffentliche Ehrenerklärung auch, denn auch durch diese stellt sich der Erklärende öffentlich als ein Mensch bloß, der gewissenlos mit der Ehre seiner Mitmenschen umgeht."[13]

Auch unserem modernen Rechtsverständnis widerstrebt eine derartige „Schlagung des eigenen Mauls". Deshalb sind Widerrufe in bezug auf Werturteile unzulässig.

Es kommt hinzu, daß für die Öffentlichkeit der Widerruf als erzwungen erscheint. Im übrigen hat das Werturteil im Vergleich zu den Tatsachenbehauptungen nicht die gleiche meinungsbildende Kraft in der Öffentlichkeit[14]. Die Tatsachenbehauptungen bilden dagegen wesentliche Elemente der Überzeugungsbildung bei anderen. Die Eliminierung einer unrichtigen Tatsache durch den Behauptenden erscheint nicht als Willensbeugung, sondern als eine durch die Bedeutung der öffentlichen Meinung gebotene Korrektur.

b) Der uneingeschränkte und der eingeschränkte Widerruf

Innerhalb des Widerrufs wird wiederum zwischen dem *unbeschränkten* und dem *eingeschränkten* Widerruf unterschieden. Zum unbeschränkten Widerruf soll der Beleidiger nur verpflichtet sein, wenn die Unwahrheit seiner Behauptung feststeht. Ist diese nur deshalb unzulässig, weil ihre Wahrheit nicht zu beweisen ist, so soll er nur zu einer Erklärung gehalten sein, daß er seine Behauptung nicht aufrechterhalte[15]. Der Beleidiger könne unter Umständen auch zum Ausdruck bringen, daß er die Behauptung zunächst für wahr gehalten habe und erst nachträglich über ihre ungenügenden Grundlagen unterrichtet worden sei[16]. Bei nicht unwahren, aber schiefen, unvollständigen

---

13 *Quanter*, aaO., S. 199.

14 Vgl. dazu auch oben S. 266. Es berührt merkwürdig, daß die herrschende Lehre und Rechtsprechung beim Widerrufsanspruch von Sentimentalitäten gequält werden, die sie innerhalb der behaupteten Genugtuungsfunktion des Schmerzensgeldanspruches vergessen. Vgl. dazu auch *Eike von Hippel*, RabelsZ Bd. 33 (1969), S. 276 ff, S. 277. Vgl. zum Widerruf auch *Kübler*, Die Haftung der Massenmedien, S. 128/129.

15 Vgl. RG JW 1939, S. 234 ff., S. 238; BGH LM Nr. 49 zu § 1004 BGB = NJW 1960, S. 672 = JZ 1960, S. 701 ff., S. 703 l. Sp.; BGH LM Nr. 4 zu § 14 UWG; BGHZ 37, S. 187 ff., S. 190; BGH NJW 1966, S. 647 ff., S. 649; BGH MDR 1970, S. 580; OLG Karlsruhe, Justiz 1963, S. 203 ff., S. 205; *Hubmann*, JZ 1963, S. 131; *Reinecke*, MDR 1962, S. 978 l. Sp.; *Helle*, NJW 1964, S. 841 ff., S. 844; *Helle*, DRiZ 1970, S. 157 ff., S. 157 l. Sp.; *Erdsiek*, NJW 1963, S. 1965/1966; *Erdsiek*, NJW 1966, S. 1385 ff., S. 1386; *Esser*, aaO, § 113 II 3, c, S. 473.

16 Vgl. BGH LM Nr. 49 zu § 1004 BGB = JZ 1960, S. 701 ff., S. 703 l. Sp.; BGHZ 31, S. 308 ff., S. 318 f., S. 320 f.; OLG Karlsruhe, Justiz 1963, S. 203 ff., S. 205.

oder sonstwie irreführenden Behauptungen soll ein Richtigstellungsanspruch bestehen[17].

Diese Unterscheidung zwischen dem uneingeschränkten und beschränkten Widerruf vermag nicht zu überzeugen. Mit dem Widerruf räumt der Erklärende lediglich ein, die Tatsache nicht beweisen zu können[18]. *Ritter*[19] hat jüngst zu Recht darauf hingewiesen, daß der Widerruf nur die Rückgängigmachung der Behauptung als solcher ohne Stellungnahme zum Inhalt der Behauptung bedeutet.

Widerrufe wirken ebenso wie Dementis gegen ihre erklärte Absicht häufig eher bestätigend[20]. Gerade hierin liegt die Fragwürdigkeit dieses Rechtsinsti-

---

[17] Vgl. BGHZ 31, S. 308 ff., S. 318; BGH NJW 1961, S. 913; OLG Bremen, MDR 1958, S. 516/517.

[18] Vgl. dazu *Ritter*, ZZP Bd. 84 (1971), S. 163 ff., S. 164 f.; vgl. dazu auch *v. Gamm*, aaO, Rdnr. 71; *Schlosser*, JZ 1963, S. 309 ff., S. 312; *H. Säcker*, MDR 1970, S. 893 ff., S. 894; *Baumbach*, JW 1933, S. 1398/1399; *Johannes*, JZ 1964, S. 317 ff., S. 321.

[19] *Ritter*, ZZP Bd. 84 (1971), S. 163 ff., S. 166.

[20] Vgl. dazu Urteil des LG Essen (veröffentl. in der FAZ vom 30. Juli 1970). In dem Rechtsstreit der Firma Gerstner & Marquardt oHG, Radiotechnische Werkstätten, Essen, Münchener Str. 48 (Klägerin) – Prozeßbevollmächtigter: Rechtsanwalt Hagenbrock, Essen, – gegen den Religionslehrer Rolf Freitag, Essen-Rellinghausen, Kuckucksrain 9 (Beklagten) – Prozeßbevollmächtigter: Rechtsanwalt Dr. Matzner, Essen – hat die 3. Zivilkammer des Landgerichts Essen auf die mündliche Verhandlung vom 5. Juni 1970 durch den Landgerichtsdirektor Niclas, den Landgerichtsrat Fritzen und den Gerichtsassessor Henze für Recht erkannt:

I. Der Beklagte wird verurteilt, folgende Behauptungen öffentlich zu widerrufen und sie bei Meidung einer Geld- oder Haftstrafe in Zukunft nicht mehr aufzustellen oder zu verbreiten:
   1. Die Lehrlinge der Klägerin seien sich bei der Ausbildung selbst überlassen;
   2. Zwei Lehrlinge führen allein ohne Gesellen bis zu zwei Jahren Antennenbau;
   3. Beim Autoradio-Einbau verdiene die Klägerin durch einen Lehrling am Tage bis zu 100.– DM. Etwa derselbe Verdienst komme durch den Antennenbau herein.

II. Der angeordnete Widerruf erfolgt in der Weise, daß die Klägerin ermächtigt wird, auf Kosten des Beklagten binnen eines Monats nach Rechtskraft dieses Urteils die vollständige Urteilsformel mit voller Parteibezeichnung durch einmaliges Einrücken in der Größe von höchstens 1/6 einer Einzelseite in folgenden Zeitungen zu veröffentlichen:
   a) Westdeutsche Allgemeine Zeitung in Essen,
   b) Neue Ruhr-Zeitung in Essen,
   c) Ruhr Nachrichten in Essen,
   d) Frankfurter Allgemeine Zeitung.

III. Im übrigen wird die Klage abgewiesen.

IV. Die Kosten des Rechtsstreits werden gegeneinander aufgehoben.

tuts begründet. Deshalb sollte mit ihm auch nur zum Ausdruck gebracht werden, daß die aufgestellte Behauptung nicht bewiesen werden kann. Dies sollte auch Tenor des Widerrufs sein: „Die Behauptung, daß die Organisation vom Osten ausgehalten wird, kann aus Beweisgründen nicht aufrechterhalten werden.“ Damit ist auch den sentimentalen Anwandlungen bei der Ablehnung des Widerrufsanspruchs ein Ende gesetzt: Der Widerruf verletzt weder das Recht auf freie Meinungsäußerung, auf Gewissensfreiheit, auf Achtung der Gefühle usw. Vielmehr soll mit ihm nur erreicht werden, daß eine unrichtige Tatsache aus dem Meinungsbildungsprozeß ausgeschieden wird, ohne daß eine innere Wandlung des Verletzers verlangt wird[21]. Der Beklagte muß seine Behauptung nicht als unwahr bezeichnen[22].

Man muß sich freilich darüber im klaren sein, daß insoweit eine Beseitigung der Störung im Sinne der eigentlichen negatorischen Beseitigungsklage häufig nicht möglich ist[23]. Der Verbreitungsstand[24] kann nicht mehr rückgängig gemacht werden.

Es bleibt auch weiterhin fraglich, ob ein Widerruf überhaupt sinnvoll ist. Die Effektivität des Rechtsinstituts des Widerrufs hängt letztlich nämlich davon ab, ob die Öffentlichkeit dessen Inhalt intellektuell verarbeitet. Ist sie dazu nicht willig und aufgrund einer Vorurteilssituation nicht in der Lage, so kann sich der Widerruf für den Begünstigten sehr leicht als ein Bumerang erweisen.

V. Das Urteil ist vorläufig vollstreckbar.

Niclas Fritzen Henze

Ausgefertigt
Essen, den 20. Juli 1970
Kirkskothen
Justizamtsinspektor
als Urkundsbeamter der Geschäftsstelle

In diesem Zusammenhang kommt es ganz auf die politische Atmosphäre an, in dem sich der Widerruf ereignet. Vgl. dazu den Rechtsstreit Nannen – ZDF (Löwenthal) (Der Stern v. 31. 10. 1971 Nr. 45, S. 40/41). Dieser Sachverhalt zeigt, daß der Widerruf auch auf den Widerrufenden zurückwirken kann, sich also zugunsten des Angegriffenen auswirkt. Generelle Aussagen sind insoweit kaum möglich. Vgl. dazu auch *Kübler*, JZ 1972, S. 93.

21 Vgl. dazu aber *Hubmann*, aaO, S. 358: „Beim Widerrufsanspruch stehen dem Persönlichkeitsrecht des Verletzten Persönlichkeitsrechte des anderen Teils, nämlich das Recht auf freie Meinungsäußerung, auf Gewissensfreiheit, auf Achtung der Gefühle, gegenüber.“

22 So aber wiederum jüngst *Leipold*, ZZP Bd. 84 (1971), S. 150 ff., S. 153.

23 Vgl. dazu *Leipold*, ZZP Bd. 84 (1971), S. 150 ff., S. 154. *Leipold* geht jedoch m. E. zu Unrecht davon aus, daß auf Grund der beschränkten Wirkung des Widerrufs von einer Störungsbeseitigung generell nicht mehr gesprochen werden kann.

24 *Ulmer*, ZAkDR 1936, S. 535 ff., S. 539.

Der Inhalt des Widerrufs wirkt dann lediglich als letzte rechtlich zulässige Wiederholung und damit als Verstärkung der ursprünglich rechtswidrigen Äußerung[25]. Im politischen Meinungskampf stellt sich weiterhin die Frage, ob insoweit überhaupt privatrechtsfähige Streitigkeiten vorliegen, ob insoweit nicht die Justiz überfordert wird. Der Widerruf von ehrverletzenden Behauptungen im politischen Meinungskampf vermag durch die lange Prozeßdauer häufig auf die politische Meinungsbildung nicht mehr einzuwirken.[25a] Der Ausschluß von Widerrufsansprüchen in diesem Bereich mag zur Verwilderung des politischen Lebens führen; ob diese Verwilderung durch die Gewährung von Widerrufsansprüchen vermieden wird, erscheint mehr als fraglich.

Diese Bedenken gegen die Zweckmäßigkeit des Widerrufs bestehen freilich im Bereich der Berichtigungswerbung nicht. Es ist rechtspolitisch sinnvoll, einen Warenhersteller zur Berichtigung fehlerhafter Angaben zu verpflichten.

c) Der Widerruf bei ehrverletzenden Behauptungen unter vier Augen

Der Widerruf muß grundsätzlich so erfolgen, daß von ihm eine ebenso dimensionierte Öffentlichkeit Kenntnis nimmt oder ohne Schwierigkeiten Kenntnis nehmen kann, wie dies bei der Aufstellung der Behauptung der Fall war[26]. Nach fast allgemeiner Auffassung ist jedoch ein Widerrufsanspruch bei Beleidigungen „unter vier Augen" nicht gegeben:

„Es geht über die Aufgabe des Zivilrichters hinaus, Beleidigungen unter vier Augen durch Verurteilung zum Widerruf zu beseitigen, da es sich insoweit nicht mehr um Schadenswiedergutmachung (§ 249 BGB) und Beseitigung rechtswidriger und gefahrdrohender Zustände (§ 1004 BGB) handelt, sondern um Genugtuung und Sühne, also um Aufgaben, die dem Strafverfahren wesenseigen sind. Wenn auch im übrigen bei Ehrverletzung und Kreditschädigung strafrechtliche Sühne und zivilrechtlicher Schutz nebeneinander beste-

---

25 Vgl. zu dieser Dementi-Politik, Der Spiegel v. 15. 6. 1970 Nr. 25, Hausmitteilung S. 5.

25a Hierin zeigt sich ein entscheidender Mangel des Verfahrensrechtes: Viele moderne Sachverhalte verlangen ein beschleunigtes Verfahren. Dies gilt z. B. für die Abgrenzung der Kompetenzen zwischen Verleger und Redakteuren im Rahmen von Redaktionsstatuten (vgl. dazu *Schwerdtner,* BB 1971, S. 833 ff. m. w. N.), für die Beschlagnahme von Presseerzeugnissen, für Kündigungsschutzprozesse im Arbeitsrecht und für den Widerruf von Tatsachenbehauptungen im Wahlkampf.

26 Vgl. dazu *Helle,* aaO, S. 32, S. 51; *Ulmer,* ZAkDR 1936, S. 535 ff., S. 539; *Ritter,* ZZP Bd. 84 (1971), S. 163 ff., S. 167; BGH NJW 1964, S. 1132 ff., S. 1134; vgl. auch zur Möglichkeit einer Stufenklage (Auskunftsverlangen über den Personenkreis) *Helle,* aaO, S. 107.

hen, so ist doch hier für einen zivilrechtlichen Widerrufsanspruch ein Rechtsschutzbedürfnis zu verneinen."[27]

Diese Begründung vermag meines Erachtens nicht zu überzeugen. Der Widerruf bei ehrverletzenden Behauptungen unter vier Augen ist allein deshalb ausgeschlossen, weil die inkriminierte Tatsache nicht in den öffentlichen Meinungsbildungsprozeß eingegangen ist. Der Widerruf hat jedoch gerade zum Ziele, die Tatsachen, die in diesen Prozeß eingegangen sind, im Falle ihrer Unrichtigkeit zu eliminieren.

d) Die vermögensrechtliche Natur des Widerrufsanspruchs

Auch beim Widerrufs- und Unterlassungsanspruch kann man wiederum ersehen, wie die vermögensrechtliche Natur dieser Ansprüche in der Rechtsprechung verbrämt wird. Nach Auffasssung des BGH[28] sind Unterlassungsansprüche und Widerrufsansprüche, welche die persönliche Ehre schützen sollen, grundsätzlich nicht vermögensrechtlicher Natur. Die vermögensrechtliche Natur dieser Ansprüche sei nur dann zu bejahen, wenn sich aus dem Klagevorbringen oder offenkundigen Umständen ergebe, daß das Rechtsschutzbegehren des Verletzten in wesentlicher Weise der Wahrung wirtschaftlicher Belange diene[29]. Der BGH geht in dieser Rechtsprechung von einem unhaltbaren atomisierenden Denken aus: Der Mensch wird parzelliert in eine Privatperson auf der einen Seite und in eine wirtschaftsorientierte Person auf der anderen Seite[30]. Solange der BGH an diesen Umstand so weitreichende Konsequenzen knüpft wie die Versagung der Revision[31], bedürfte eine derartige Sicht des Versuchs einer Rationalisierung. Dies gilt um so mehr, als gerade in dem Tatbestand, der dem Urteil des BGH vom 30. Mai 1969[32] zugrunde lag, der Kläger geltend machte, seine Aufträge seien zurückgegangen und seitens der deutschen Kulturanstalten werde ein stillschweigender Druck gegen ihn ausgeübt[33]. Die Art und Weise, wie sich der BGH dieses Einwandes entzog, ist nicht mehr als eine bloße formale Distinktion

„. . . Der Kl. hat in der Klageschrift vorgetragen, der Bekl. habe sein Ansehen, seinen Ruf als Mensch und als Künstler untergraben. Nur Ersatz für

---

27 BGHZ 10, S. 104 ff., S. 105 = NJW 1953, S. 1386 ff., S. 1386 r. Sp.

28 BGH VersR 1962, S. 1088 = GRUR 1962, S. 537 Veritas Vincit; BGH VersR 1964, S. 324; vgl. aber auch BGH VersR 1974, S. 1024 ff.

29 Vgl. dazu BGHZ 35, S. 302 ff., S. 304 f.; BGH GRUR 1962, S. 537 Veritas Vincit; BGH VersR 1968, S. 370/371; BGH GRUR 1969, S. 147 Korruptionsvorwurf.

30 Vgl. dazu auch *Helle*, aaO, S. 104.

31 Vgl. dazu BGH GRUR 1969, S. 622 f. Steuerflucht.

32 BGH GRUR 1969, S. 622 ff.Steuerflucht.

33 vgl. dazu auch *Runge*, GRUR 1969, S. 623 r. Sp.

immateriellen Nachteil hat er begehrt. Über die Schwere des Eingriffs, den Umfang der Verbreitung der Sendung und das Verschulden des Bekl. hat er lediglich unter dem Gesichtspunkt Ausführungen gemacht, ob ihm wegen der erlittenen Unbill ein Ersatz immateriellen Schadens zusteht und in welcher Höhe. Dagegen hat der Kl. keinerlei Ansprüche auf Ersatz von Vermögensschäden geltendgemacht. Er hat nicht einmal die Feststellung begehrt, daß der Bekl. für eingetretene oder noch zu erwartende wirtschaftliche Auswirkungen der beanstandeten Sendung einzustehen habe. Das wäre aber zu erwarten gewesen, wenn es dem Kl. mit der Klage entscheidend auch darum gegangen wäre, für ihn im Vordergrund gestanden hätte . . . nachteiligen Beeinträchtigungen in seinem wirtschaftlichen Wirkungskreis entgegenzutreten. Die Verbindung des Unterlassungsbegehrens mit einem Anspruch auf immateriellen Schadensersatz . . . läßt zusammen mit dem Klagevorbringen vielmehr erkennen, daß für den Kl. die Wahrung seines Ansehens und der persönlichen Geltung im Vordergrund standen.
. . . . Dieser Beurteilung steht nicht entgegen, daß der Kl. auch vorgetragen hat, durch die Sendung des Bekl. sei ihm durch Rückgang seiner Aufträge ein wirtschaftlicher Schaden entstanden . . ."[34] [35]

2. Die Befugnis zur Urteilsveröffentlichung beim Widerruf

Die Rechtsprechung[36] gibt dem Verletzten unter bestimmten Voraussetzungen auch die Befugnis, das zivilgerichtliche Widerrufsurteil auf Kosten des Beklagten veröffentlichen zu lassen[37] [38]. Gegen diese Befugnis zur Urteilsveröffentlichung gemäß §249 BGB oder § 1004 BGB hat jüngst *Ritter* erhebliche Bedenken erhoben[39].

Ritter weist darauf hin, daß zwar einerseits die Veröffentlichungsbefugnis bei den häufig renitenten Vollstreckungsschuldnern den Widerruf erleichtere, daß aber andererseits der Verurteilte auf das Urteil hin vielleicht freiwillig widerrufen wolle, ohne noch einem zweiten Anspruch auf Erstattung der Veröffentlichungskosten ausgesetzt zu sein. Das Interesse des Verletzers, sich notfalls auch ohne Mitwirkung des Angreifers rehabilitieren zu können, würde ausreichend durch § 283 BGB gewahrt. Der Verletzte könne dem

---

34 BGH GRUR 1969, S. 622 ff., S. 622/623.

35 Vgl. dazu auch *Stein-Jonas-Pohle*, aaO, § 1 II, 1 a. E.; die gleiche Fehlentwicklung ist auch auf dem Gebiete des Gegendarstellungsrechtes zu beobachten, auf dem dem Anspruch auf Gegendarstellung auch dann ein vermögensrechtlicher Charakter abgesprochen wird, wenn wirtschaftliche Beweggründe vorliegen (vgl. dazu BGH NJW 1963, S. 151/152).

36 RG HRR 1931, Nr. 1307; RG HRR 1932, Nr. 1128; RG SeuffArch 93, 90; OLG Freiburg, JZ 1951, S. 751; vgl. dazu auch *Helle*, aaO, S. 35, S. 51 m. w. N.

37 Vgl. dazu zustimmend *Ulmer*, ZAkDR 1936, S. 535 ff., S. 540.

38 Vgl. zur strafrechtlichen Sanktion des § 200 StGB *Ritter*, ZZP Bd. 84 (1971), S. 163 ff., S. 170/171.

39 *Ritter*, ZZP Bd. 84 (1971), S. 163 ff., S. 170 f.

Schuldner schon im Urteil eine Frist setzen lassen und nach deren Ablauf Schadensersatz wegen Nichterfüllung verlangen. Einer der Schadensposten sei dann in den Aufwendungen zu sehen, die dafür gemacht wurden, daß er wenigstens die Verpflichtung des Verletzers zum Widerruf zu seiner Rehabilitierung bekannt gemacht habe, also in den Kosten für die Veröffentlichung[40].

Zunächst übersieht *Ritter,* daß der freiwillige Widerruf die Veröffentlichungskosten nicht erspart, da der Widerruf, wie auch *Ritter*[41] einräumt, vor einer ebenso dimensionierten Öffentlichkeit wie bei der Aufstellung der Behauptung erfolgen muß. Es ist gerade bei der Veröffentlichungsbefugnis auf diesen Gesichtspunkt zu achten. Zum anderen besteht jedoch für den Verletzten ein erhebliches Interesse daran, daß der Widerruf eben von dem Verletzer vorgenommen wird[42]. Insoweit verbietet sich auch von vornherein eine Analogie zu §§ 200, 165 StGB, § 23 I, 2 UWG, § 103 UrhG[43]. Es kommt hinzu, daß die Befugnis zur Urteilsveröffentlichung eine selbständige Befugnis neben den Vollstreckungsmöglichkeiten ist. Sie mutet wie eine vorweggenommene Vollstreckung an: Wird jedoch dort die Unvertretbarkeit des Widerrufs zu Recht artikuliert[44], so wird sie bei der Befugnis zur Urteilsveröffentlichung vergessen.

Eine Befugnis zur Urteilsveröffentlichung ist daher abzulehnen.

3. Widerrufsanspruch und Beweislast

Im Rahmen der Unterlassungs- und Schadensersatzansprüche bei übler Nachrede muß gemäß § 823 II BGB, § 186 StGB, § 14 UWG der Verletzer den Wahrheitsbeweis führen[45]. Für den Widerrufsanspruch soll aufgrund des mit dem Widerruf möglicherweise verbundenen Gewissenszwanges dem Verletzten die Beweislast obliegen, „denn ein Widerruf kann dem Behauptenden nicht schon zugemutet werden, wenn seine Erklärung lediglich nicht erweislich ist, sondern nur, wenn ihre Unwahrheit feststeht“[46]. Die Erzwingung

---

40 So *Ritter,* ZZP Bd. 84 (1971), S. 163 ff., S. 171/172.

41 *Ritter,* ZZP Bd. 84 (1971), S. 163 ff., S. 167.

42 Vgl. dazu *Ritter,* ZZP Bd. 84 (1971), S. 163 ff., S. 173.

43 Vgl. dazu *Ritter,* ZZP Bd. 84 (1971), S. 163 ff., S. 172.

44 Vgl. dazu *Ritter,* ZZP Bd. 84 (1971), S. 163 ff., S. 173 f.

45 Vgl. dazu *Schlosser,* JZ 1963, S. 309 ff. m. w. N.; *Hubmann,* aaO, S. 359.

46 *Hubmann,* aaO, S. 359/360 m. w. N.; vgl. dazu auch RG JW 1939, S. 238; BGHZ 37, S. 189 ff., S. 191.

des Widerrufs, so wird ausgeführt, würde sonst zu einem dem Persönlichkeitsrecht des Behauptenden widersprechenden Gewissenszwang führen[47]. Ehe man den Gewissenszwang für solche Sachverhalte mobilisiert, sollte man sich überlegen, was der Widerruf inhaltlich bedeutet. Hierzu hat der BGH in seinem Urteil vom 5. Juni 1962 grundsätzlich Stellung genommen:

„. . . Der Widerruf einer Tatsachenbehauptung wird dahin verstanden und soll nach der Absicht des Klägers dahin verstanden werden, daß die beklagte Partei die aufgestellte Behauptung als unrichtig erklärt. Das Recht kann es aber nicht zulassen, daß jemand durch Richterspruch verpflichtet wird, etwas als unrichtig zu bezeichnen, was möglicherweise wahr ist. Würde sich ein Beklagter nicht freiwillig dem vom Kläger verlangten gerichtlichen Gebot fügen, so müßte er, da die abzugebende Erklärung eine unvertretbare Handlung i.S. des § 888 ZPO (OGHZ 1, 182, 194) Geld oder Haft zu einer Erklärung angehalten werden, deren Inhalt sowohl der objektiven Wahrheit wie der subjektiven Überzeugung des Erklärenden widersprechen kann. Ein solcher Rechtszwang, der schon aus der Sicht der Art. 1 und 2 GG zu beanstanden sein würde, zeigt aber, daß der Anspruch auf Widerruf einer Behauptung die Unwahrheit der Behauptung voraussetzt. Die besondere Eigenart des Widerrufsanspruchs wirkt sich somit in der Beweislastverteilung aus und läßt eine Übernahme der für den Unterlassungsanspruch und auf Geldentschädigung wirkenden Beweisregeln nicht zu.“[48] [49]

Es ist sehr die Frage, ob der BGH den Inhalt und die Wirkung eines Widerrufs zutreffend deutet. Der Widerruf bedeutet nicht, worauf bereits hingewiesen wurde[50], daß dem dazu Verpflichteten eine innere Wandlung aufgezwungen wird. Ihm wird nur die Verpflichtung auferlegt, Behauptungen, deren Wahrheit nicht zu beweisen ist, zu widerrufen. Er erklärt damit ausschließlich, daß die aufgestellte Behauptung mangels Beweises nicht aufrechterhalten werden kann. *H. Säcker*[51] setzt bei seiner Ablehnung der Beweislastverteilung nach der Rechtsprechung auch am Rechtscharakter des Widerrufs an, übersieht jedoch m.E., daß von einer Selbstbezichtigung der Lüge immer nur dann die Rede sein kann, wenn dem Inhalt des Widerrufs ein Hinweis auf die mangelnde Beweisbarkeit fehlt[52]. In diesem Hinweis sieht *Säcker* eine Entwertung des Widerrufs. Seine Bezugnahme auf § 467 V

47 Vgl. dazu *Hubmann*, aaO, S. 359/360.

48 BGHZ 37, S. 187 ff., S. 189/190.

49 Vgl. dazu auch BGH VersR 1970, S. 670 = MDR 1970, S. 579; der BGH führt diese Rechtsprechung fort, ohne auf die vorgetragene Kritik überhaupt einzugehen. Vgl. dazu *H. Säcker*, MDR 1970, S. 893 ff., S. 894 l. Sp.; *Schlosser*, JZ 1963, S. 309 ff.; *M. Rehbinder*, JZ 1963, S. 314 ff.; *Johannes*, JZ 1964, S. 317 ff.; für den politischen Bereich *Hoffmann*, NJW 1966, S. 1200 ff.

50 Vgl. dazu oben S. 316.

51 *H. Säcker*, MDR 1970, S. 893 ff., S 894 l. Sp.

52 Vgl. dazu auch *Schlosser*, JZ 1963, S. 309 ff., S. 312; *Baumbach*, JW 1933, S. 1397/1398; *Hubmann*, JZ 1963, S. 131.

StPO, also auf die Nichtexistenz eines Freispruchs zweiter Klasse, vermag nicht zu überzeugen. Der Widerrufsanspruch kann nicht mit einem Strafurteil parallelisiert werden[53]. Geht man davon aus, daß der Widerruf im Sinne der herrschenden Terminologie immer nur ein beschränkter Widerruf ist, so erledigt sich auch der Einwand von *Schlosser*[54].

Schlosser sieht in der Rechtsprechung zum beschränkten Widerruf eine Anomalie in bezug auf die Auswirkungen des non liquet. Trage der Kläger die Beweislast, so werde die begehrte Rechtsfolge nicht – auch nicht eingeschränkt – gewährt, wenn die Anspruchsvoraussetzungen nicht nachgewiesen seien. Trage der Beklagte die Beweislast, so trete die Rechtsfolge uneingeschränkt ein, wenn nicht das Gegenteil einer der Anspruchsvoraussetzungen feststehe. Warum in der Verurteilung zu einem Widerruf mit dem hier festgelegten Inhalt ein Verstoß gegen Art. 1 I und Art. 2 I GG zu erblicken sein soll, ist nicht ersichtlich, es sei denn, die Kritik richte sich generell gegen die Vollstreckungsmöglichkeit im Rahmen von § 888 ZPO.

Auch *Baumbach*[55] und *Schlosser*[56] haben gegen die herrschende Lehre und Rechtsprechung eingewandt, daß der Widerruf nicht bedeute, daß die Behauptung für unrichtig erklärt werde, sondern nur, daß sie wieder aus der Welt geschafft werde, so daß der frühere Zustand wieder eintrete. Durch den Widerruf wird nur eine Behauptung, die als Tatsache meinungsbildend gewirkt hat, partiell aus dem Meinungsbildungsprozeß eliminiert.

Es kommt hinzu, daß die von der Rechtsprechung und herrschenden Lehre vorgenommene Beweislastverteilung den Verletzten zum Beweis vom Negativen zwingt. Die Rechtsprechung artikuliert nur den Gewissenszwang des Widerrufsverpflichteten, nicht aber die peinliche Situation, in die der ausschließlich Reagierende gezwungen wird. Soll denn tatsächlich ein Unternehmen zur Aufdeckung seiner gesamten Geschäftsunterlagen genötigt sein, wenn die Presse öffentlich Tatsachen berichtet, die die Annahme der Konkursreife des Unternehmens nahelegen? Eine Organisation, der der Vorwurf gemacht wird, sie werde vom Osten „ausgehalten", könnte nur durch Aufdeckung ihrer anderweitigen Geldquellen diesen Vorwurf widerlegen und einen Widerruf erreichen[57].

Diese Ausgestaltung der Beweislastverteilung beim Widerruf macht das Widerrufsverlangen entweder zu einer Waffe, auf die der Betroffene trotz der

---

53 *H. Säcker*, MDR 1970, S. 893 ff., S. 894, Fn. 23.

54 *Schlosser*, JZ 1963, S. 309 ff., S. 311.

55 *Baumbach*, JW 1933, S. 1397–1399.

56 *Schlosser*, JZ 1963, S. 309 ff., S. 312.

57 Vgl. dazu LG Köln, NJW 1959, S. 389 Stammtischgespräch; vgl. dazu auch *Helle*, aaO, S. 60.

Beweisbarkeit der Unwahrheit der Behauptung gerne verzichten wird oder zu einem Instrument, das dem Behauptenden, also regelmäßig der Presse, Informationen zuführt, da der Betroffene Daten seiner privaten oder ökonomischen Existenz offenlegen muß, um Rechtsschutz zu erlangen. Diese Ausgestaltung der Beweislastverteilung kommt in der Tat einer *probatio diabolica* gleich[58].

Die Literatur und Rechtsprechung haben freilich diese Gefahr gesehen und dem Behauptenden auferlegt, des Näheren darzulegen, aus welchen Umständen er die Behauptung herleitet[59] und bei Nichterfüllung der Darlegungslast dem Widerrufsanspruch stattgegeben. Dieser Grundsatz wird für den Fall jedoch sofort wieder eingeschränkt, daß der Betroffene offenbar in der Lage ist, die Unwahrheit der Behauptung durch den Beweis einer positiven Tatsache darzutun, die mit jener unvereinbar ist. Gerade dadurch wird jedoch das Widerrufsverlangen zu einem *Ausforschungsinstrument* für den Behauptenden. Darin ändert auch der Umstand nichts, daß es ausreichen soll, wenn der Betroffene die Behauptung des Angreifers „in hohem Maße unwahrscheinlich macht."[60]

Dieses verwirrende Regel-Ausnahme-Denken – ausgelöst durch einen zu raschen Zugriff auf die Verletzung der Menschenwürde – ist so aufzulösen, daß der Beleidiger die volle Beweislast für seine Behauptungen zu tragen hat. Allein damit wird der in § 186 StGB zum Ausdruck gekommene Grundsatz gewahrt, daß der Beleidiger das Risiko der Beweisbarkeit seiner Äußerungen trägt, und der Beleidigte möglichst nachhaltig vor dem aliquid haeret geschützt wird[61].

Auch bei der Wahrnehmung berechtigter Interessen (§ 193 StGB) soll der Beleidiger nur nachzuweisen haben, daß gewisse, für die Richtigkeit der Behauptung ausreichende Anhaltspunkte vorlagen[62]. Auch hier ist wiederum darauf hinzuweisen, daß derartige Substantiierungen beliebig gefunden werden können[63]. *H. Säcker*[64] hat zutreffend darauf aufmerksam gemacht, daß man dieser Beweiskraftverteilung nur insoweit beipflichten kann, als ein un-

---

58 Vgl. dazu *M. Rehbinder,* JZ 1963, S. 314 ff., S. 316.

59 Vgl. dazu *Helle,* aaO, S. 59 f. m. w. N.

60 Vgl. dazu *Helle,* aaO, S. 60; BGH NJW 1966, S. 647 Reichstagsbrand.

61 Vgl. dazu *Schlosser,* JZ 1963, S. 309 ff., S. 312; vgl. dazu auch *Erdsiek,* NJW 1963, S. 1966; *H. Säcker,* MDR 1970, S. 893 ff., S. 893 r. Sp.; *Uhlitz,* NJW 1967, S. 129 ff., S. 134.

62 Vgl. dazu *Schlosser,* JZ 1963, S. 309 ff., S. 313; BGH NJW 1959, S. 2011 ff., S. 2013.

63 Vgl. dazu auch *Erdsiek,* NJW 1963, S. 1966.

64 *H. Säcker,* MDR 1970, S. 893 ff., S. 895.

eingeschränkter Widerruf infrage steht, da ansonsten die Verfolgung an sich billigenswerter und erlaubter Ziele unverhältnismäßig eingeschränkt wird. Ein Widerruf nach dem Ergebnis der Beweisaufnahme, wie er hier vertreten wird, muß jedoch immer möglich sein.

4. Form des Widerrufs

Das Bundesverfassungsgericht hat im sogenannten Augstein-Beschluß[65] dem Widerruf die letzte Effektivität genommen. Der Entscheidung lag folgender Sachverhalt zugrunde:

Am 1. April 1964 hatte Augstein alias Moritz Pfeil wiederholt, was verschiedene Zeitungen über Strauß geschrieben hatten, von Revue bis Stern, von der ZEIT bis zum eigenen Spiegel. Die Summe der Anschuldigungen ergab, was Augstein sich zu eigen machte, den Vorwurf der Korruption. Den „Ruch der Korruption", fast ausschließlich durch Zitate untermauert, konnte Augstein nicht beweisen, ja Strauß konnte vier Punkte ganz und einen Punkt teilweise entkräften. Deshalb verurteilte das LG München I Augstein zum Widerruf und zur Zahlung von Schmerzensgeld mit Urteil vom 15. Juli 1965, wobei Augstein zur eigenhändigen Unterzeichnung der Widerrufserklärung verurteilt wurde.

Das Bundesverfassungsgericht entschied, obwohl die Verfassungsbeschwerde verspätet eingelegt worden war, daß in der Erklärung Augsteins zum Ausdruck gebracht werden könne, „daß er sie in Erfüllung des gegen ihn ergangenen rechtskräftigen Urteils abgebe. Wenn der Beschwerdeführer (Augstein) in dieser Weise dem Gebot eines im staatlichen Verfahren ergangenen Urteils nachkommt, bekundet er lediglich seine Achtung vor dem geltenden Recht. Eine Verletzung der Menschenwürde kann hierin nicht liegen."[66] [67]

Es kann wohl kaum einem Zweifel unterliegen, daß diese ungewöhnliche Formulierungshilfe des Bundesverfassungsgerichts jenem dilatorischen Formelkompromiß entspricht, der den Persönlichkeitsschutz ganz allgemein kennzeichnet[68]. Es wäre ehrlicher, wenn man sich den echten Alternativen stellen würde: Entweder hält man beleidigende Äußerungen dann für gerechtfertigt, wenn sie zur Meinungsbildung beitragen[69] oder man hält sie mit der Folge für nicht gerechtfertigt, daß bei übler Nachrede ein Widerrufsanspruch

---

65 BVerfG NJW 1970, S. 651/652 = Ufita Bd. 59 (1971), S. 324 ff.

66 BVerfG NJW 1970, S. 651 ff., S. 652 r. Sp.

67 Vgl. dazu auch LG München I, Urteil v. 15. 7. 1965 – 18 0 680/64 (unveröffentlicht); OLG München, Urteil v. 28. 7. 1966 – 1 U 684/66 (unveröffentlicht); Beschluß des OLG München v. 16. 5. 1969 – 1 W 745/69 (unveröffentlicht).

68 Vgl. dazu auch *Leipold*, ZZP Bd. 84 (1971), S. 150 ff., S. 153.

69 Vgl. dazu *L. Scheu*, aaO, S. 49.

geltend gemacht werden kann. Diese Erwägung steht auch hinter der folgenden, wenn auch überspitzten Feststellung *Ramms:*

„Augsteins Verurteilung, den Widerruf seiner Äußerungen über Strauß eigenhändig zu unterschreiben, ist rechtlich unzulässig. Das Urteil entbehrt der gesetzlichen Grundlage und stellt einen so groben und eklatanten Verstoß gegen die freiheitliche Ordnung des Grundgesetzes dar, daß es bei rechtzeitigem Einlegen der Verfassungsbeschwerde wieder aufgehoben werden müßte. Allerdings ist es ein trauriges Zeichen für die Fehlentwicklung des Zivilrechts und für das mangelnde Freiheitsbewußtsein der deutschen Juristen, daß es überhaupt zu ihm gekommen ist ... Es geht in dieser Sache weder um Augstein noch um den Ehrenschutz von Strauß, dem bereits eine Urteilsveröffentlichung hinreichend Rechnung trägt. Es geht für den freiheitlichen Juristen darum, nicht solange zu warten, bis wir wieder Zustände haben, die uns historisch aus der institutionalisierten Selbstkritik des Stalinismus und der mittelalterlichen Inquisition bekannt sind."[70]

Das Bundesverfassungsgericht hat auf jeden Fall dem Widerrufsanspruch einen Inhalt gegeben, mit dem ein gewitzter Journalist sehr leicht kokettieren kann. Diese Möglichkeit ließ sich selbstverständlich ein Mann wie Rudolf Augstein nicht entgehen:

Im Heft 19/1970 des Spiegels (S. 240) führte Augstein zunächst aus, daß ihn das Gericht verurteilt habe, bestimmte, im einzelnen aufgeführte Behauptungen zu widerrufen. Augstein fuhr fort, daß er diese Erklärung abgebe, was er hiermit tue, geschehe nicht etwa aufgrund einer Änderung seinerzeit von ihm vertretenen Überzeugung. Er hob weiter hervor, daß ihm die Abgabe dieser Erklärung erst durch die Ausführungen des Bundesverfassungsgerichts ermöglicht worden sei und betonte: „Das Bundesverfassungsgericht hat gesprochen, daß mir nicht angesonnen wird, meine Überzeugung zu ändern und daß derartige Erklärungen in keiner Weise bedeuten, einen nichtvorhandenen Überzeugungswandel nach außen zu bekennen." Neben die Widerrufserklärung setzte er eine gut lesbare Faksimile-Wiedergabe des inkriminierten Artikels, nicht zur erneuten Verbreitung freilich, sondern zum Verständnis seiner nebenstehenden Erklärung.

Das OLG München[71] erachtete diesen Widerruf als ausreichend. Es kann kein Zweifel bestehen, daß dieses Vorgehen nur eine versteckte Bekräftigung der ursprünglichen Behauptung darstellt, die auch nach dem Beschluß des Bundesverfassungsgerichts nicht als Erfüllung des Widerrufsanspruchs angesehen werden kann[72]. Wäre dies wirklich das unausweichliche Ergebnis

---

[70] *Ramm,* Leserbrief in FAZ v. 4. 3. 1970 Nr. 53, S. 9. vgl. hiergegen *Erdsiek,* FAZ v. 17. 3. 1970 Nr. 64 u. v. 6. 4. 1970 Nr. 79.

[71] Vgl. dazu die Notiz im Spiegel 1970, Heft 19, S. 240.

[72] So wohl auch *Ritter,* ZZP Bd. 84 (1971), S. 163 ff., S. 170; a. A. *Leipold,* ZZP Bd. 84 (1971), S. 150 ff., S. 153; die eigenhändige Unterschrift gehört freilich zum Inhalt des Widerrufsanspruchs vgl. dazu *Ritter,* ZZP Bd. 84 (1971), S. 163 ff., S. 168; *Helle,* aaO, S. 32; *H. Säcker,* MDR 1970, S. 893 ff., S. 894 r. Sp.; vgl. aber auch noch BGH LM Nr. 13 zu § 824 BGB.

des Beschlusses des Bundesverfassungsgerichts, so wäre damit dem Widerrufsanspruch ein Ende gesetzt. Dieser erweist sich in diesen Zusammenhängen als *Prämie für den Verletzer.* Ein schon ohnehin fragwürdiges Rechtsinstitut befindet sich in der Agonie. Sein Hinscheiden ist zu erwarten.
Man sollte auch nicht die Menschenwürde immer wieder bemühen, die auch in unserer Rechtsordnung in anderen Bezügen mit Füßen getreten wird. Dem gekündigten älteren Arbeitnehmer mit seiner ganzen existentiellen Not, dem aus dem Mietvertrag entlassenen alten Sozialrentner bescheinigen wir unser Mitleid. Die Würde hat jedoch in diesen Bereichen nur selten zur rechtlichen Relevanz gelangen können[73].
Zusammenfassend ist daher festzustellen, daß der (eingeschränkte) Widerruf klar und unmißverständlich erklärt werden muß. Er darf keine Einschränkungen und Vorbehalte – auch nicht den Hinweis auf die durch das Urteil auferlegte Pflicht – enthalten, die dem Leser den Gedanken nahelegen sollen, daß die ehrenrührige Behauptung doch zutreffend ist[74].

5. Widerrufsanspruch und Wahrnehmung berechtigter Interessen

War die Aufstellung der ehrverletzenden Behauptung aufgrund der Wahrnehmung berechtigter Interessen (§ 193 StGB) gerechtfertigt, so ist im Prozeß, wenn die Unwahrheit der Behauptung erwiesen wird, die Zubilligung eines Widerrufsanspruchs möglich. Der Eingriff war zwar rechtmäßig. Die Beeinträchtigung wirkt jedoch fort[75].
Es ist *Leipold*[76] einzuräumen, daß von einem Wegfall eines Rechtfertigungsgrundes kaum gesprochen werden kann. Es kann in diesen Fällen auch von der Aufstellung einer ehrverletzenden Behauptung in der Gegenwart sicherlich nicht mehr gesprochen werden. Mündliche und schriftliche Behauptungen haben jedoch eine Dauerwirkung. Nicht die Behauptung als Handlung ist entscheidend, sondern die vom Behauptenden unter Umständen gewollte Beeinflussung des Meinungsbildungsprozesses. Diese Beeinflussung des

---

73 Vgl. dazu zutreffend *Kühnert*, Muß Rudolf Augstein persönlich unterschreiben? Das Bundesverfassungsgericht baut eine Brücke, FAZ v. 26. 2. 1970 Nr. 48, S. 2.

74 Vgl. dazu auch HansOLG Hamburg, Urteil v. 10. 6. 1965 – 3 U 226/65 = MDR 1966, S. 674/675.

75 Vgl. dazu RGZ 163, S. 210 ff., S. 214 f.; BGHZ 14, S. 222 ff.; S. 225; *Helle*, aaO, S. 30; *Larenz*, Schuldrecht, Bd. II, § 76 S. 530/531; *Esser*, Schuldrecht II, § 113 II 3c, S. 473; a. A. *Münzberg*, S. 381 ff.; *Helle*, aaO., S. 29 ff; BGH JZ 1960, S. 701.

76 *Leipold*, ZZP Bd. 84 (1971), S. 150 ff., S. 155.

Meinungsbildungsprozesses wirkt jedoch fort. Deshalb ist auch in diesen Fällen ein Widerruf zulässig[77].

6. Widerrufsanspruch und Vorbringen im schwebenden Zivilprozeß

Nach der Rechtsprechung[78] und der herrschenden Lehre[79] kann derjenige, der durch das Vorbringen einer Partei oder ihres Rechtsanwalts, das der Rechtsverfolgung oder Rechtsverteidigung in einem Zivilprozeß dient, in seiner Ehre getroffen ist, grundsätzlich während der Dauer dieses Prozesses nicht Widerruf oder Unterlassung fordern:

„Es wäre ... mit der rechtsstaatlichen Ordnung unvereinbar, wenn die Beklagten im jetzigen Rechtsstreit verurteilt werden könnten, die Erklärungen zu widerrufen oder zu unterlassen, die sie in dem anhängigen Verfahren (Erstprozeß) abgegeben haben. Es muß grundsätzlich sichergestellt sein, daß sie die im Ausgangsverfahren aufgestellten Behauptungen dort aufrechterhalten können, wenn sie das zur Wahrnehmung ihrer dortigen prozessualen Stellung für zweckmäßig halten. Die Partei soll nicht gehindert sein, das ihr für erheblich Gehaltene demjenigen Richter vorzutragen, der nach der Gerichtsverfassung für diesen Rechtsstreit zuständig ist. Erst recht gilt das für den Prozeßbevollmächtigten, der sogar verpflichtet ist, über die von ihm vertretene Partei das geltend zu machen, was er nach seinem pflichtgemäßen Ermessen für notwendig hält. Ließe man es zu, daß wegen der Vorwürfe, die Gegenstand des Erstprozesses sind, eine Verurteilung zum Widerruf durch ein anderes Gericht erstritten wird, so müßten dieselben Tatsachen, die dort möglicherweise von Bedeutung sind, bereits im jetzigen Verfahren unter dem Gesichtspunkt negatorischer Ansprüche geprüft werden. Damit würde dem anderen Rechtsstreit insoweit vorgegriffen und die Führung des anderen Rechtsstreits in unerträglicher Weise erschwert."[80]

Das sachgerechte Funktionieren der Rechtspflege hat nach Auffassung des BGH den Vorrang vor dem Ehrenschutz[81]. Auf diesem funktionellen Gesichtspunkt beruht es auch, daß negatorische Ansprüche gegenüber solchen Äußerungen ausgeschlossen sind, die jemand als Zeuge oder sonstwie im

---

77 Die Handlungspflicht aus vorangegangenem Tun setzt ganz allgemein nicht voraus, daß die vorgängige Schaffung der Gefahrenlagen rechtswidrig gewesen sein müßte. So zutreffend *Esser*, Schuldrecht, Bd. II, § 113 II 3c, S. 473.

78 BGH LM Nr. 58 zu § 1004 BGB = NJW 1962, S. 243 ff. = JZ 1962, S. 486 ff. mit Anm. von *Weitnauer*; vgl. auch BGH LM Nr. 83 zu § 1004 BGB = NJW 1965, S. 1803; BGH LM Nr. 38 zu § 852 BGB = NJW 1969, S. 463=GRUR 1969, S. 236 mit Anm. von *Falck;* BGH NJW 1971, S. 284/285; OLG Köln, MDR 1968, S. 921/922; OLG Hamburg, MDR 1969, S. 142/143.

79 *Helle*, aaO, S. 124 ff., S. 135; *Helle*, NJW 1958, S. 1524 ff.; *Helle*, NJW 1961, S. 1896 ff.; vgl. auch *Hubmann*, aaO, S. 359; *Michel*, MDR 1959, S. 709 ff.; *Baumgärtel*, aaO, S. 41 ff., S. 54 f.

80 BGH NJW 1971, S. 284/285, S. 284 r. Sp.

81 So BGH NJW 1971, S. 284/285, S. 285 r. Sp.

Verfahren vor Verwaltungsbehörden gemacht hat[82]. Auch die Lehre spricht von einem Eingriff in die Zuständigkeit des Gerichts[83], der einem Entzug des gesetzlichen Richters gleichkomme[84] oder von einem unerträglichen Eingriff in die Rechtsprechung jenes anderen Gerichts[85] oder von einem Vorgriff, der die Führung des anderen Prozesses in einer Weise erschwert, die nicht verantwortet werden könnte[86].

Baumgärtel[87] hat sich hiergegen kritisch gewandt. Er geht zunächst zutreffend davon aus, daß die ehrverletzende Erklärung nicht im „innerprozessualen Bereich" bliebe, sondern außerhalb des Prozesses fortwirke. Der Verletzte habe auch schon während des noch anhängigen Prozesses ein Interesse an der Beseitigung der außergerichtlichen Wirkungen der Ehrenkränkung[88]. Wollte man die Klagbarkeit des Anspruchs auf Widerruf verneinen, so geriete man nach *Baumgärtel* dann in Schwierigkeiten, wenn der Gegner die im Prozeß aufgestellte Behauptung außerhalb des Prozesses wiederhole. *Baumgärtel* sieht einen Vorgriff nicht als gegeben an:

„Die Auffassung, daß durch die Wahrheitsprüfung im Parallelprozeß der Entscheidung des ersten Gerichts vorgegriffen werde, geht davon aus, daß in jedem Fall in einer Widerrufsklage zuerst die Wahrheit der aufgestellten Behauptung geprüft werden müsse. Wird aber schon vom Widerrufskläger selbst vorgetragen, daß die Behauptung in einem schwebenden Prozeß aufgestellt worden ist, so hat der Richter vor der Wahrheitsprüfung im Rahmen der Schlüssigkeitsprüfung zu klären, ob die im ersten Prozeß streitige Behauptung der Wahrnehmung berechtigter Interessen des Gegners im ersten Prozeß dient. Wird dies bejaht, braucht der Richter des Parallelprozesses nicht zu prüfen, ob die Behauptung wahr ist. Die Klage ist, ihre Zulässigkeit vorausgesetzt, unbegründet. Da die Wahrnehmung berechtigter Interessen im Hinblick auf die bei Prozeßbehauptungen recht großzügige Einstellung der Rechtsprechung zumeist bejaht werden wird, erweisen sich solche Klagen in der Regel schon nach dem Sachvortrag des Klägers als unbegründet."[89]

Aufgrund dieser Erwägung kommen *Baumgärtel* und *W. Weitnauer*[90] zu dem Schluß, daß eine Beeinträchtigung des Erstprozesses nur selten zu befürchten sei. Der BGH[91] hat m. E. jedoch zu Recht darauf aufmerksam gemacht,

---

82 BGH LM Nr. 83 zu § 1004 BGB = NJW 1965, S. 1803; vgl. auch *Helle*, aaO, S. 109 ff.; *Helle*, NJW 1961, S. 1896 ff.
83 So *Helle*, NJW 1961, S. 1896 ff., S. 1899.
84 So *Michel*, MDR 1959, S. 709 ff.
85 OLG Köln, MDR 1968, S. 921/922.
86 So BGH NJW 1962, S. 243 ff.
87 *Baumgärtel*, aaO, S. 41 ff., S. 55 f.
88 *Baumgärtel*, aaO, S. 41 ff., S. 55.
89 *Baumgärtel*, aaO, S. 41 ff., S. 56.
90 *Weitnauer*, JZ 1962, S. 489 ff.
91 BGH NJW 1971, S. 284/285, S. 285 l. Sp.

daß dem Widerrufsbegehren häufig nicht mit der Feststellung begegnet werden kann, die streitige Behauptung sei jedenfalls durch die Wahrnehmung berechtigter Interessen gedeckt, denn dem Verletzten steht immer der Beweis offen, daß die Behauptung unwahr sei oder daß so gut wie nichts für sie spreche. Es kommt hinzu, daß *Baumgürtel* das Problem nur verschiebt. Ob die großzügige Handhabung der Wahrnehmung berechtigter Interessen berechtigt ist, wird nicht infrage gestellt. Eine im Erstprozeß aufgestellte Behauptung soll regelmäßig durch die Wahrnehmung berechtigter Interessen gedeckt sein.

Baumgürtel[92] will in den Fällen der „evident bewußt unwahren" Behauptungen und bei der in erheblicher Weise über den Erstprozeß hinauswirkenden Ehrverletzung eine Prüfung unter dem Gesichtspunkt der Wahrnehmung berechtigter Interessen nicht zulassen. Der Schutz der Ehre gehe in diesen Fällen vor. Dem BGH stünde nach seiner Rechtsprechung eine solche Ausnahmeregelung auch offen[93]. Dem BGH ist jedoch zuzugeben, daß Ausnahmen nur in deutlichen Gestaltungen möglich sind:

„Nicht nur die Frage, ob eine Prozeßbehauptung wahr oder unwahr ist, sondern auch die Entscheidung darüber, ob der beanstandete Parteivortrag in dem Ausgangsprozeß erheblich ist oder nicht, kann von verschiedenen Gerichten durchaus unterschiedlich beurteilt werden und soll aus den gegebenen Gründen – jedenfalls während des Anhängigseins – im Ausgangsprozeß entschieden werden. Das gebietet, eine Ausnahme nur bei deutlicher Gestaltung zuzulassen."[94]

Baumgürtel[95] ist freilich insoweit zu folgen, als er ausführt, daß hinsichtlich des Ehrenschutzes an Schriftsätze eines Zivilprozesses keine anderen Maßstäbe anzulegen sind als an sonstige Schriften[96]. Im übrigen stellt sich auch hier die klare Alternative des aut-aut. Gerade im Bereich des Ehrenschutzes verdeckt der Hinweis auf die Umstände des Einzelfalls – eine neuerdings en vogue stehende „Methode" – zu leicht „die Bedeutung der Folgerichtigkeit und der Klarheit im Grundsatz. Alle Kunst der Fallgruppenbildung ist nicht davor gefeit, in Inkonsequenz zu enden, wenn sie sich prinzipieller Thematik entschlägt."[97]

---

92 *Baumgärtel,* aaO, S. 41 ff., S. 56.

93 Offengelassen in BGH JZ 1962, S. 482 ff.; BGH NJW 1971, S. 284/285, S. 285; vgl. auch RGZ 140, S. 392 ff., S. 398; *Helle,* aaO, S. 135.

94 BGH NJW 1971, S. 284/285, S. 285 l. Sp.

95 *Baumgärtel,* aaO, S. 41 ff., S. 57.

96 Vgl. dazu aber auch BGH JZ 1962, S. 486 ff., S. 487; OLG Köln, MDR 1968, S. 921/922; RGZ 140, S. 398; *Henckel,* aaO, S. 305 Fn. 213.

97 *Mayer-Maly,* Gedenkschrift für Gschnitzer, S. 265 ff., S. 266.

Ein Widerrufsanspruch ist daher während des anhängigen Prozesses entweder regelmäßig ausgeschlossen oder er kann regelmäßig im Zweitprozeß geltend gemacht werden. In der Rechtsprechung des BGH bleibt unklar, unter welcher dogmatischen Kategorie die Klagbarkeit des Widerrufsanspruchs ausgeschlossen sein soll. Bei *Baumgärtel* erfolgt der prinzipielle Ausschluß unter einem „pauschalierten" Rechtswidrigkeitsurteil. *Baumgärtel*[98] läßt ausdrücklich die Fragen offen, die sich dann ergeben, wenn während der anhängigen Widerrufsklage der Erstprozeß beendet wird oder die Widerrufsklage überhaupt erst nach rechtskräftiger Beendigung des Erstprozesses erhoben wird. Das klagabweisende Urteil im Zweitprozeß würde eine erneute Klage auf Widerruf dann nicht ausschließen, wenn die Beeinträchtigung fortdauert. Nach Auffassung des BGH ist die fortdauernde Beeinträchtigung durch eine ehrenkränkende Behauptung von dem Beleidiger auch dann im Rahmen des Notwendigen und Zumutbaren zu beseitigen, wenn er in Wahrnehmung berechtigter Interessen gehandelt hat, dieser Rechtfertigungsgrund aber später entfallen ist[99] [100].
Es überrascht, daß im Rahmen der vorliegenden Problematik die Möglichkeit der Aussetzung der Widerrufsklage nicht gesehen wird. Nach § 148 ZPO kann das Gericht, wenn die Entscheidung des Rechtsstreits ganz oder zum Teil von dem Bestehen oder dem Nichtbestehen eines Rechtsverhältnisses abhängt, das den Gegenstand eines anderen anhängigen Rechtsstreits bildet oder von einer Verwaltungsbehörde festzustellen ist, anordnen, daß die Verhandlung bis zur Erledigung des anderen Rechtsstreits oder bis zur Entscheidung der Verwaltungsbehörde ausgesetzt wird.
Voraussetzung der Aussetzung nach § 148 ZPO ist Vorgreiflichkeit der fremden Entscheidung, d. h. die Entscheidung der ausgesetzten Sache muß mindestens teilweise vom Bestehen oder Nichtbestehen eines Rechtsverhältnisses abhängen, über das ein anderer Prozeß vor einem Gericht schwebt.
Unnötig ist, daß die Entscheidung in dem anderen Verfahren Rechtskraft für den auszusetzenden Prozeß erlangt; es genügt jeder rechtliche Einfluß, auch ein solcher als bloßer Beweisgrund[101].
Im vorliegenden Zusammenhang hängt der Widerrufsanspruch nicht von der Entscheidung über das Rechtsverhältnis ab, das den Gegenstand eines anderen anhängigen Rechtsstreits bildet. Eine solche Abhängigkeit (Präjudiziabili-

98 *Baumgärtel*, aaO, S. 41 ff., S. 58.
99 Vgl. dazu oben S. 327 f.
100 Von einem Wegfall des Rechtfertigungsgrundes kann freilich in einem strengen Sinne nicht gesprochen werden.
101 Vgl. dazu *Baumbach-Lauterbach*, § 148 Anm. 1 A.

tät) liegt nur vor, wenn das Rechtsverhältnis als Vorfrage für die Entscheidung über den Klagegrund, insbesondere die Sachbefugnis, oder für die Entscheidung über eine hier erhobene Einrede, Replik usw. oder eine Prozeßvoraussetzung in dem auszusetzenden Prozeß in Betracht kommt[102]. Eine solche Abhängigkeit ist im vorliegenden Zusammenhang nicht gegeben. Es soll nur der Eingriff in die Rechtsverteidigung im Erstprozeß verhindert werden. Es stellt sich daher nur die Frage, ob § 148 ZPO im vorliegenden Problemzusammenhang analog angewandt werden kann. Wenn die Aussetzung den Sinn hat, die Sachentscheidung zu verbessern, den Parteien und dem Gericht die Mühen einer doppelten gerichtlichen Prüfung zu ersparen[103], so ist eine analoge Anwendung zu bejahen. Sie dient nicht dazu, die Partei um eine möglichst rasche Durchführung des Verfahrens zu bringen[104]. Eine Sachentscheidung ist aus den oben angegebenen Gründen vielmehr gar nicht möglich. Deshalb besteht insoweit auch ein Aussetzungszwang.

Daraus folgt, daß bei ehrverletzenden Behauptungen, die in einem sachlichen Zusammenhang mit dem Streitgegenstand stehen, der Widerrufsanspruch bis zur Beendigung des Vorprozesses nicht geltend gemacht werden kann. Wird er trotzdem geltend gemacht, so muß das Zweitgericht bis zur Beendigung des Erstprozesses das Verfahren aussetzen. Eine Ausnahme gilt nur insoweit, als persönliche ehrverletzende Angriffe bei Gelegenheit eines Prozesses gemacht werden[105].

7. Die Vollstreckung des Widerrufsurteils

Gegen die Verpflichtung des Beleidigers zum Widerruf und gegen die Erzwingung des Widerrufs durch Beugestrafen[106] sind verschiedentlich Bedenken erhoben worden.

Nach *G. Böhmer*[107] widerspricht ein durch Beugestrafen erzwungener Widerruf „unserem heutigen Ehrgefühl und entbehrt jedes sittlichen Wertes". Überdies sei eine solche Willensbeugung bei hartnäckiger Renitenz des Täters ein Schlag ins Wasser und würde dem Gekränkten nie die begehrte „Genugtuung" verschaffen. Da *Böhmer* seine Bedenken vorrangig aus der Form der Zwangsvollstreckung ableitet, sind kurz die Vollstreckungsmöglichkeiten des Widerrufsurteils zu erörtern.

---

102 Vgl. *Stein-Jonas-Pohle,* aaO, § 148 II, 1, a.
103 Vgl. *Stein-Jonas-Pohle,* aaO, § 148 I, 2.
104 Vgl. *Stein-Jonas-Pohle,* aaO, § 148 I, 3, c m. w. N.
105 So *Baumgärtel,* aaO, S. 41 ff., S. 55; RGZ 140, S. 398.
106 Vgl. z. B. *Boehmer,* aaO, S81/82.
107 *Boehmer,* aaO, S. 81/82.

Ganz überwiegend wird auf die Vollstreckung eines Widerrufsurteils § 888 ZPO angewandt[108]. Eine Vollstreckung analog § 894 ZPO, die zum Teil in der Lehre vertreten wird[109], hätte nicht den angestrebten Erfolg. Nach § 894 I ZPO gilt für den Fall, daß der Schuldner zur Abgabe einer Willenserklärung verurteilt ist, die Erklärung als abgegeben, sobald das Urteil Rechtskraft erlangt hat. Einer analogen Anwendung dieser Bestimmung – der Widerruf ist keine Willenserklärung – stünde nichts entgegen, wenn der mit dem Widerruf bezweckte Erfolg dadurch erreicht würde[110]. Die Rechtskraft eines lediglich im Gerichtssaal verkündeten und dem Beklagten zugestellten Urteils hat jedoch in aller Regel nicht die Wirkung, die ehrverletzenden Folgen in der öffentlichen Meinung zu beseitigen[111]. In § 894 ZPO geht es nicht um das, was der Schuldner tun müßte (die Abgabe einer Willenserklärung), sondern um die an die Abgabe der Willenserklärung geknüpften Rechtsfolgen[112]. Mittels einer analogen Anwendung des § 894 ZPO wird zudem erreicht, daß der Eindruck entsteht, der Verletzer habe revoziert, obwohl er es gar nicht getan hat[113].

Böhmer[114] schlägt demgegenüber eine analoge Anwendung des § 887 ZPO vor: Den Kläger zur Veröffentlichung eines Widerrufs des Beklagten auf dessen Kosten zu ermächtigen, sei zwar ein Unding. Wohl aber sei es möglich, daß das Gericht ihm die Befugnis zur Veröffentlichung des Widerrufsurteils erteile, aus dessen Tenor sich im Falle der §§ 186, 187, 189 StGB und §§ 824, 826 BGB zugleich die Unwahrheit der Behauptungen des Täters ergebe[115].

Die entscheidende Frage ist freilich, ob eine derartige Drittveröffentlichung psychologisch die gleiche Wirkung hat wie ein Widerruf des Verletzers, ob

---

108 *Baumbach-Lauterbach*, § 894 Anm. 1 C, § 888 Anm. 1 B; *Stein-Jonas-Schönke-Pohle*, aaO, § 894 Anm. 1; *Johannes*, JZ 1964, S. 317 ff.; *Burhenne*, MDR 1956, S. 515 ff., S. 518; *Wendt*, DRiZ 1960, S. 556; *Ulmer*, ZAkDR 1936, S. 535 ff., S. 540; *Hauss*, Anm. zu BGH LM Nr. 62 zu § 1004 BGB; OGHZ 1, S. 182 ff., S. 194; OLG Freiburg, JZ 1951, S. 751; *J. Baumann*, Zwangsvollstreckungsrecht, 1975, S. 387.

109 So *Helle*, aaO, S. 36; *Helle*, NJW 1963, S. 129 ff., S. 131 f.; *Schönke-Baur*, aaO, § 39 II, 1, S. 169.

110 Vgl. dazu *Boehmer*, aaO, S. 81; vgl. aber auch *Baumbach-Lauterbach*, aaO, § 894 Anm. 1 C.

111 Vgl. dazu auch *Ritter*, ZZP Bd. 84 (1971), S. 163 ff., S. 173.

112 So zutreffend *Ritter*, ZZP Bd. 84 (1971), S. 163 ff., S. 173; vgl. dazu auch *H. Dilcher*, ZZP Bd. 67 (1954), S. 210 ff.; *Stein/Jonas/Pohle/Münzberg*, ZPO, 19. Aufl., Tübingen, § 888 Anm. 1.

113 So zutreffend *Stoll*, aaO, S. 142.

114 *Boehmer*, aaO, S. 82.

115 Vgl. auch § 23 Abs. 4 UWG.

nicht bei der bloßen Mitteilung einer gerichtlichen Verurteilung die öffentliche Annahme der Richtigkeit der Tatsachenbehauptung sich länger hält als bei einem Widerruf des Verletzers. Daß der Widerruf als nicht vertretbare, d. h. höchstpersönliche Handlung angesehen wird, ist eben gerade darin begründet, daß die Wirkung einer Behauptung nur von demjenigen rückgängig gemacht werden kann, der sie aufstellt. *Es ist nicht nur entscheidend, daß eine Tatsache behauptet wurde, sondern auch, von wem die Behauptung aufgestellt worden ist.* Dies hat nichts mit einer irgendwie gearteten Genugtuungsfunktion zu tun. Deshalb muß der Behauptende persönlich widerrufen.

Es bleibt also für die Vollstreckung des Widerrufsurteils allein der Weg über § 888 ZPO. Den hiergegen vorgebrachten verfassungsrechtlichen Bedenken, diese Art der Vollstreckung des Widerrufs tangiere die Grundrechte aus Art. 1 I und Art. 2 I GG, kann nicht gefolgt werden[116]. *Ritter*[117] hat jüngst diese Bedenken erneut zu Recht zurückgewiesen: „Die Würde dessen, der die verletzende Behauptung aufgestellt hat, ist. . . nicht schutzwürdiger als die des Angegriffenen."[118] Dies gilt erst recht, wenn man, wie hier, im Widerruf ein schlichtes Sich-Distanzieren von der aufgestellten Behauptung ohne jede Stellungnahme sieht[119]. In einer Zwangsvollstreckungsordnung, die für einen Schuldner vermögensrechtliche Ansprüche sogar noch Haft vorsieht, kann in der Erzwingung der Verpflichtung zum Widerruf durch Beugestrafen ein Verstoß gegen Art. 1 I und Art. 2 II GG nicht erblickt werden.

Dieser Auffassung ist jüngst das OLG Frankfurt mit seinem Urteil vom 12. 5. 1972[119a] wiederum entgegengetreten. Seiner Auffassung nach verlangt eine verfassungskonforme Betrachtungsweise hinsichtlich der Vollstreckung des Widerrufsanspruchs die Anwendung des § 894 ZPO. Nach Auffassung des OLG Frankfurt darf der Widerruf nicht in einer Weise erfolgen, die noch zusätzliche belastende Nebenwirkungen strafrechtlicher Art

116 Vgl. dazu z. B. BGHZ 37, S. 187 ff., S. 190; *Hubmann*, JZ 1953, S. 131; *Esser* (Schuldrecht, II, § 113 II, 3, c, S. 473) will diese Kollision durch eine Differenzierung zwischen uneingeschränktem und eingeschränktem Widerruf vermeiden. Diese Differenzierung ist jedoch, wie bereits oben aufgezeigt wurde, nicht haltbar.

117 *Ritter*, ZZP Bd. 84 (1971), S. 163 ff., S. 175.

118 Vgl. dazu auch *Erdsiek*, NJW 1966, S. 1385 ff., S. 1386; *Schlosser*, JZ 1963, S. 309 ff., S. 312; *Johannes*, JZ 1964, S. 317 ff.; *H. Säcker*, MDR 1970, S. 893 ff., S. 894.

119 Vgl. dazu zutreffend *Ritter*, ZZP Bd. 84 (1971), S. 163 ff., S. 175/176; insoweit kommt dem Widerruf auch keine Genugtuungsfunktion zu; vgl. dazu aber *Stoll*, aaO, S. 141.

119a OLG Frankfurt, JZ 1974, S. 62 ff mit Anm. von *Leipold;* vgl. dazu bereits *Helle*, NJW 1963, S. 129.

für den Verletzer umfasse. Die „Reparatur" eines Persönlichkeitsrechtes dürfe nicht ohne zwingenden Grund zur Persönlichkeitsrechtsverletzung des Verletzers führen[119b]. Deshalb sei in aller Regel das Widerrufsurteil als solches von genügendem Gewicht, um im Bewußtsein des Empfängers der ehrverletzenden Äußerung die Nachwirkung des verletzenden Angriffs zu beseitigen[119c]. Darüber hinaus hat das OLG Frankfurt die Meinung vertreten, daß bezüglich ehrverletzender Tatsachenbehauptungen ein persönlicher Widerruf gänzlich auszuscheiden habe. Es hat in seinem Urteilsausspruch den Zusatz aufgenommen, daß der Widerruf als abgegeben gilt, sobald das Urteil Rechtskraft erlangt. § 308 ZPO soll dieser Urteilsformel nicht entgegenstehen[119d].
Es ist dem OLG Frankfurt darin zu folgen, daß die Wirkung eines gerichtlichen Urteils durch eine persönliche Erklärung des Verletzers kaum verstärkt werden kann, wenn dieser in der Widerrufserklärung zum Ausdruck bringen darf, daß er diese Erklärung in Erfüllung eines gegen ihn ergangenen Urteils abgibt[119e]. Fraglich ist aber, ob man die einmal begonnene Demontage eines Rechtsinstituts ad infinitum fortsetzen sollte oder ob nicht irgendwann ein Punkt erreicht ist, wo das Rechtsinstitut des Widerrufs seinen Sinn verliert.
Die Entscheidung des OLG Frankfurt berührt auch aus einem anderen Grunde merkwürdig: Das prozessuale erzwungene Verhalten des Verletzers hat eine andere Qualität als die freiwillige Leistung von Schadensersatz in Form des Widerrufs. Auch *Leipold*[119f] hat darauf aufmerksam gemacht, daß das Vorgehen des OLG Frankfurt das Gewicht noch stärker auf die reproduzierte Unwahrheitsaussage des Gerichts legt. Dies sollte aber nicht die Demontage des Widerrufs aufhalten. In Zukunft sollte dieses Rechtsinstitut „verabschiedet" werden.
Problematisch ist freilich, ob auch aus einem noch nicht rechtskräftigen, aber für vorläufig vollstreckbar erklärten Urteil auf dem Wege des § 888 ZPO mit der Konsequenz vollstreckt werden kann, daß der Verletzer zur Vermeidung weiterer Beugestrafen eine Behauptung widerruft, zu deren Widerruf er nach dem späteren Urteil des Rechtsmittelgerichts gar nicht verpflichtet war.
Ein Ausgleich über § 717 II ZPO ist in diesen Fällen regelmäßig nicht möglich, da der durch den Widerruf entstehende immaterielle Schaden „seiner

---

119b OLG Frankfurt, JZ 1974, S. 62 ff, S. 63 r. Sp. im Anschluß an *Rötelmann*, NJW 1971, S. 1636.

119c Vgl. dazu auch *Helle*, NJW 1963, S. 129.

119d So auch *Helle*, DRiZ 1970, S. 157; a. A. *Ritter*, ZZP Bd. 84 (1971), S. 163 ff.

119e Vgl. dazu BVerfG NJW 1970, S. 651.

119f *Leipold*, JZ 1974, S. 63 ff, S. 64 l. Sp.

Natur nach" einem späteren Ausgleich nicht zugänglich ist[120]. Es bliebe also nur der Weg über §§ 712, 719, 707 ZPO: Die durch den erzwungenen Widerruf entstehende Situation stellt einen „nicht zu ersetzenden Nachteil" im Sinne dieser Bestimmungen dar[121]. Naheliegender dürfte es jedoch sein, bereits bei § 710 ZPO anzusetzen. Schafft die vorläufige Vollstreckung einen irreparabelen Zustand, so kann das Urteil trotz der Fassung des § 710 nicht für vorläufig vollstreckbar erklärt werden[122]. Die vorläufige Vollstreckbarkeit eines Urteils wird von dem Gedanken getragen, daß die Folgen der vorläufigen Vollstreckung bei nachträglicher Aufhebung oder Abänderung des Urteils reparabel sind. Dies ist beim Widerrufsurteil generell nicht der Fall. *Ein Widerrufsurteil ist daher nicht vorläufig vollstreckbar*[123]. Ebensowenig ist der Widerruf im Wege der einstweiligen Verfügung durchsetzbar[123a].

8. Abschied vom Widerrufsanspruch?

Leipold[124] hat neuerdings in klarer Erkenntnis der Unzulänglichkeiten des Widerrufsanspruchs die Frage aufgeworfen, ob nicht ein anderer Weg gangbar sei, um das Ziel des Klägers, die gerichtliche Feststellung der Unwahrheit der ehrverletzenden Behauptung, zu erreichen[125]. Anstelle der Leistungsklage auf Widerruf erwägt *Leipold* eine Klage auf unmittelbare Feststellung der Unwahrheit[126]. Im Falle des non-liquet käme nach *Leipold* die Feststellung der Nichterweislichkeit in Betracht. Dieses Feststellungsurteil soll nach seiner Auffassung entsprechend den Vorbildern der §§ 23 UWG, 200 StGB auf Kosten des Beklagten der Öffentlichkeit oder einem bestimmten Personenkreis gegenüber bekannt zu machen sein. Es ist zu bezweifeln, ob damit der Beklagte weniger gedemütigt wird als beim richtig verstandenen Widerrufsanspruch[127]. Unbezweifelbar ist jedoch, daß dieser Weg eine Fülle von Pro-

---

120 So zutreffend *Ritter*, ZZP Bd. 84 (1971), S. 163 ff, S. 177.

121 So *Ritter*, ZZP Bd. 84 (1971), S. 163 ff., S. 177.

122 Vgl. zur einstweiligen Verfügung über den Widerruf ehrenrühriger Behauptungen *Helle*, aaO, S. 34, S. 37 m. w. N.

123 Vgl. dazu auch *Runge*, GRUR 1965, S. 553 ff., S. 555.

123a Vgl. OLG Celle, NJW 1964, S. 190; Baur, BB 1964, S. 609.

124 *Leipold*, ZZP Bd. 84 (1971), S. 150 ff., S. 155 f; vgl. auch *Pärn*, Die Beseitigungsklage des Individuums.

125 *Leipold*, ZZP Bd. 84 (1971), S. 150 ff., S. 155/156; so bereits auch *Stoll*, aaO, S. 141/142 und für das schweizerische Recht *Jäggi*, ZSR Bd. 79, 2 (1960), S. 191a f.

126 *Leipold*, ZZP Bd. 84 (1971), S. 150 ff., S. 156; vgl. auch *A. Blomeyer*, Zivilprozeßrecht, Vollstreckungsverfahren, Berlin, Heidelberg, New York 1975, § 93 I, S. 449.

127 a. A. *Leipold*, ZZP Bd. 84 (1971), S. 150 ff., S. 156.

blemen im Rahmen des Widerrufsanspruchs schlagartig erledigen würde (Inhalt, Form des Widerrufs, Vollstreckbarkeit usw.). Es ist deshalb ein großes Verdienst von *Leipold*, dieses bereits in einem Gesetzesentwurf aus dem Jahre 1942 vorgesehene Feststellungsverfahren[128] wiederum in die Diskussion eingeführt zu haben[129]. Freilich sollte nach dem Vorschlag des Volksgesetzbuches das Feststellungsverfahren den Widerruf offenbar nicht vollständig verdrängen[130].

Leipold[131] weist zu Recht darauf hin, daß in der strafrechtlichen Literatur der Ruf nach einem Feststellungsurteil zum Schutz der Ehre nie verstummt ist[132]. Auch *Ramm*[132a] plädiert in Richtung auf ein Informativurteil, ohne freilich auf die Feststellungsklage näher einzugehen.

Hinsichtlich des Feststellungsverfahrens erscheint es in der Tat von untergeordneter Bedeutung, ob es die Aufgabe des Richters ist, ein Urteil über das Vorliegen oder Nichtvorliegen von Tatsachen – das tut der Richter ohnehin – zu fällen[133] oder ob jede Rechtsschutzform einen parallellaufenden materiell-rechtlichen Anspruch verlangt[134].

Leipold[135] hält insoweit eine Feststellungsklage bereits nach geltendem Recht analog § 256 ZPO für zulässig. Löst man freilich die Rechtsschutzform vom Anspruch, so ergeben sich erhebliche Schwierigkeiten. Können z. B. zur Zeit nur ehrverletzende Tatsachen zum Gegenstand eines Widerrufs gemacht werden, so müßte in Zukunft auch das Vorliegen oder Nichtvorliegen einer sonstigen, nicht ehrverletzenden Tatsache zum Gegenstand eines Feststellungsverfahrens gemacht werden können. *Stoll*[136] will sogar das Feststellungsverfahren auf ehrverletzende Werturteile ausdehnen.

---

128 Volksgesetzbuch, Grundregeln und Buch I, Entwurf und Erläuterungen, vorgelegt von *Hedemann/Lehmann/Siebert*, 1942, § 6 II, § 7 I, S. 52.

129 Erstaunlicherweise hat der im Jahre 1959 vorgelegte Entwurf eines Gesetzes zur Neuordnung des zivilrechtlichen Persönlichkeits- und Ehrenschutzes (Bundestagsdrucksache 217/59) diesen Gesetzgebungsvorschlag nicht berücksichtigt.

130 Vgl. dazu *Hedemann/Lehmann/Siebert*, aaO, S. 52/53.

131 *Leipold*, ZZP Bd. 84 (1971), S. 150 ff., S. 157.

132 Vgl. dazu *Hans-Joachim Hirsch*, aaO, S. 182; *Beling*, Festschrift für die juristische Fakultät in Gießen, 1907, S. 313 ff.; *Jescheck*, GoldArch 1957, S. 354 ff.

132a *Ramm*, Einführung, 3. Aufl., L 934.

133 Vgl. dazu zutreffend *Leipold*, ZZP Bd. 84 (1971), S. 150 ff., S. 158 f.

134 Vgl. dazu *Leipold*, ZZP Bd. 84 (1971), S. 150 ff., S. 158 f.

135 *Leipold*, ZZP Bd. 84 (1971), S. 150 ff., S. 160.

136 *Stoll*, aaO, S. 142, will das Feststellungsverfahren sogar auf ehrverletzende Werturteile ausdehnen. Damit wird einmal der Unterschied zwischen Tatsachenbehauptungen und Werturteilen verkannt. Zum anderen würden die Gerichte mit derartigen Feststellungsverfahren überfordert.

Viel entscheidender ist die Frage, ob ein derartiges Feststellungsverfahren einschließlich der Veröffentlichung des Urteils wirklich den bereits oben[137] geschilderten kommunikationspsychologischen Gefahren entgeht. *Beling*[138] hat insoweit von einem *Informationsprozeß* gesprochen. Wird aber die Veröffentlichung eines derartigen Feststellungsurteils wirklich nur als Information gewertet? In diesem Zusammenhang erweist sich auch die Zweifelhaftigkeit der Bestimmung der subjektiven Grenzen der Rechtskraft und die daraus vielleicht abzuleitende Forderung nach der Untersuchungsmaxime. *Leipold* will die Wirkung des Feststellungsverfahrens auf die Prozeßparteien beschränken[139]. Wenn man aber berücksichtigt, daß das Urteil die Feststellung von Tatsachen betrifft, die – als Ergebnis eines Informationsprozesses – durch die Veröffentlichung eine Dimension von Kommunikationsoffenheit in sich tragen, so fragt es sich in der Tat, ob hier nicht die Untersuchungsmaxime angemessen ist[140].

Das Feststellungsverfahren hat ferner auch den Nachteil, daß es nur auf die Feststellung der Richtigkeit einer Tatsache abstellt. Kommunikationspsychologisch ist, wie bereits ausgeführt wurde, jedoch nicht zu leugnen, daß es auch von Bedeutung ist, wer eine Tatsachenbehauptung aufgestellt hat. Es kommt nicht nur darauf an, was gesagt wird, sondern auch, wer was sagt[141]. Der Widerrufsanspruch hat insbesondere in der Ausgestaltung, die er durch das Bundesverfassungsgericht gefunden hat[142], seinen ohnehin nur sehr bedingten Wert eingebüßt.[142a] Auch das Feststellungsverfahren bringt erhebliche Nachteile mit sich. Mit Sicherheit kann daraus abgeleitet werden, daß der Schutz der Ehre nicht über die Sanktionen des Widerrufs oder über ein Feststellungsverfahren erreicht werden kann. Vielmehr berücksichtigt gerade die Verpflichtung zum Ersatz des immateriellen Schadens die Lebenswirklichkeit, in der ein Widerruf nicht durchgängig zur Eliminierung der ehrverlet-

---

137 Vgl. dazu oben S. 317 ff.

138 *Beling*, Festschrift für die juristische Fakultät in Gießen, 1907, S. 313 ff.

139 *Leipold*, ZZP Bd. 84 (1971), S. 150 ff., S. 161/162. Für den Zwang zum Abdruck von Gegenmeinungen hat sich insbesondere *A. Arndt* in: *Löffler/Arndt/Noelle-Neumann/Haacke*, Die öffentliche Meinung, 1962, S. 17 eingesetzt; vgl. dazu auch *Kübler* in: Die Haftung der Massenmedien, S. 129.

140 Vgl. dazu *Beling*, Festschrift für die juristische Fakultät in Gießen, 1907, S. 313 ff, S. 345; *Helle*, aaO., S. 28; *Helle*, NJW 1963, S. 130 f.

141 Dies verkennt auch *Stoll*, S. 142.

142 BVerfG NJW 1971, S. 651/652.

142a Vgl. dazu insbesondere *Helfritz*, Der geschichtliche Bestand und die legislative Verwertbarkeit von Widerruf, Abbitte und Ehrenerklärung, Diss. Greifswald 1905, S. 127 ff, S. 143; vgl. dazu grundlegend *Reumann*, aaO.; *Haase/Becker*, aaO.; *Kreuzer*, Festschr. f. Geiger, S. 61 ff.

zenden Behauptung und damit auch zur Abwendung wirtschaftlicher Nachteile führt. Auf den Ersatz des immateriellen Schadens der Persönlichkeitsrechtsverletzung zu verzichten, ist daher rechtspolitisch ein Irrweg, in welchem Rahmen man auch immer den „Nichtvermögensschaden" als ersatzfähig ansieht.
Auf den Widerruf könnte freilich verzichtet werden. Wurde früher bei Abbitten und Ehrenerklärungen zu Recht Strafcharakter angenommen, so ist der heute *purgierte Widerruf* praktisch wirkungslos. Als Instrument zur Revision eines Meinungsbildungsprozesses ist er mehr als fragwürdig. Die „Taktiken", die die Rechtsprechung der Presse eröffnet hat, zwingen zur Aufgabe des Rechtsinstituts des Widerrufsanspruchs[142b].

II.Gegendarstellungsrecht

a) Voraussetzungen und rechtspolitische Würdigung des Gegendarstellungsrechts

Nach den Landespressegesetzen[143] sind der verantwortliche Redakteur und der Verleger einer Zeitung oder Zeitschrift verpflichtet, zu Tatsachen, die darin mitgeteilt wurden, auf Verlangen einer unmittelbar betroffenen Person oder Behörde deren Gegendarstellung abzudrucken. Sie muß die beanstandeten Stellen bezeichnen, sich auf tatsächliche Angaben beschränken und vom Einsender unterzeichnet sein. Außerdem wird in Literatur[144] und Rechtsprechung[145] verlangt, daß die Gegendarstellung in gedanklichem Zusammenhang mit der beanstandeten Veröffentlichung steht, „denn das Privileg des öffentlichen Gehörs auf Kosten der Presse steht dem Betroffenen nicht schlechthin mit allen beliebigen Äußerungen tatsächlicher Natur zu, sondern nur insoweit, als diese Äußerungen eine Gegendarstellung zu den beanstandeten Tatsachen der Veröffentlichung darstellen."[146]
Überraschend ist insoweit bereits, daß der Gegendarstellungsanspruch, der heute in allen Landespressegesetzen niedergelegt ist, als „Privileg" gekenn-

142b Vgl. dazu auch *A. Blomeyer,* aaO., § 93 I 1, S. 449.

143 Vgl. § 11 LPG Baden-Württemberg, § 10 LPG Bayern, 10 LPG Hessen; vgl. im übrigen *Löffler,* aaO., Bd. II, § 11 LPG, S. 204 ff.

144 Vgl. *Löffler,* aaO., Bd. II, § 11 Rdnr. 111.

145 OLG Frankfurt, NJW 1950, S. 271; OLG Celle, Niedersächsiche Rechtspflege 1969, S. 132 ff, S. 134 r. Sp.

146 OLG Celle, Niedersächsische Rechtspflege 1969, S. 132 ff, S. 134 r. Sp.; vgl. auch HansOLG Hamburg, Ufita Bd. 60 (1971), S. 334 ff, S. 337; vgl. zur geschichtlichen Entwicklung *Kreuzer,* Festschr. f. Geiger, S. 61 ff, S. 75 f.

zeichnet wird. Der gedankliche Zusammenhang zwischen der Gegendarstellung und der Veröffentlichung muß sicherlich bestehen. Fragwürdig bleibt jedoch, ob die Grenzen, die die Rechtsprechung insoweit errichtet hat, dem Wesen der Gegendarstellung gerecht werden.
Kreuzer[146a] hat zu Recht darauf aufmerksam gemacht, daß die Wurzel des Entgegnungsanspruchs heute im Persönlichkeitsrecht, nämlich im Recht auf Identität, zu suchen ist. Die Gegendarstellung bezweckt den Schutz des Persönlichkeitsbildes vor Verfälschungen. Wenn dem aber so ist, so ist die Beschränkung der Gegenäußerung auf das Prinzip „Tatsache gegenüber Tatsachen" in der Tat nicht einzusehen[146b]. Dies bedeutet aber nicht, daß das gegenwärtige presserechtliche Gegendarstellungsrecht wegen eines Verstoßes gegen Art. 1 Abs. 1 und Art. 2 Abs. 1 GG verfassungswidrig ist. Vielmehr ist seine gegenwärtige Ausgestaltung mit den Grundwertungen des gegenwärtigen Persönlichkeitsschutzes, der als solcher keinen Verfassungsrang genießt, unvereinbar. Der Begriff der Tatsachenbehauptung ist auf jeden Fall bei der Bestimmung des zulässigen Inhalts der Entgegnung weit auszulegen[146c]. Das gegenwärtige Gegendarstellungsrecht ist mehr als reformbedürftig. Die Begrenzung des Gegendarstellungsrechts auf Tatsachen steht in einem eklatanten Widerspruch zu der ansonsten in der Rechtsordnung vorzufindende Rechtslage, die dem Verteidiger häufig sogar eine stärkere Position einräumt als dem Angreifer[147]. Diese Begrenzung auf Tatsachen wird erst recht unerträglich, wenn eine Gegendarstellung zu Fernsehsendungen infrage steht.

146a *Kreuzer*, Festschr. f. Geiger, S. 61 ff, S. 98; so auch bereits *Löffler*, Presserecht, Bd. 2, § 11 Rdnr. 32, BGH DB 1976, S. 1099 ff., S. 1101.

146b Vgl. dazu zutreffend *Kreuzer*, Festschr. f. Geiger, S. 61 ff, S. 98; *Reumann*, aaO., S. 32 ff.

146c Vgl. dazu *Kreuzer*, Festschr. f. Geiger, S. 61 ff, S. 102; *Helle*, aaO., S. 191; *Kübler*, AcP Bd. 172 (1972), S. 177 ff, S. 199; vgl. auch BGH NJW 1963, S. 1155 Geisterreigen; OLG Köln AfP 1972, S. 231; OLG München, AfP 1973, S. 483 ff, S. 484; OLG Hamburg, AfP 1973, S. 387 ff, S. 388.

147 Vgl. z. B. zu § 1 UWG BGH NJW 1971, S 804 ff. Auch im Rahmen der vergleichenden Werbung ist anerkannt, daß ein Abwehrvergleich erlaubt ist, wenn er der Form nach sachlich, dem Inhalt nach wahr ist und der Vergleich als Abwehrmittel geeignet und notwendig erscheint, um eine rechtswidrige Angriffshandlung eines Mitbewerbers zu bekämpfen. Vgl. dazu BGH DB 1952, S. 759; BGH BB 1954, S. 361; vgl. dazu auch *Rosenthal*, aaO, § 1 Rdnr. 65, 68. Auch im Rahmen des allgemeinen Persönlichkeitsschutzes ist dies anerkannt. Vgl. dazu BGH Urteil vom 25. 5. 1971 (6 ZR 26/70 – unveröffentlicht –).

Wer auf eine Bild-Wort-Kombination nur mit Tatsachenfeststellungen kontern kann, ist von vornherein in einer unterlegenen Position[147a]. Es kommt hinzu, daß sich bei vielen Verlagen der Brauch eingebürgert hat, das Presserecht, das eine unverzügliche Veröffentlichung der Gegendarstellung anordnet, zu vergessen. Gegendarstellungen werden im Vertrauen auf die Nachgiebigkeit des Betroffenen auf die lange Bank geschoben[148]. Außerdem werden die Gegendarstellungen häufig mit einer Wiederholung der ursprünglichen Behauptung verbunden:

„Nach dem Berliner Pressegesetz sind wir verpflichtet, jede uns zugegangene Gegendarstellung, die formal in Ordnung ist, zu drucken, egal, ob ihr Inhalt zutrifft oder nicht. An unserer Auffassung über die Fragwürdigkeit bestimmter Werbemethoden in dieser Branche ändert das allerdings nichts“[149].

Ein kräftiger Ausbau des Gegendarstellungsrechts tut not[150]. Bei diesem Ausbau sollte insbesondere die Beschränkung auf Tatsachen fallen[151]. Bei der gegenwärtigen Rechtslage sieht sich die Rechtsprechung immer wieder vor die Schwierigkeit gestellt, Tatsachenfeststellungen und Werturteile unterscheiden zu müssen. Die Rechtsprechung neigt zu Recht dazu, Beiträge auf dem Gebiete der politischen Auseinandersetzung im Zweifelsfall als Meinungsäußerung und nicht als Tatsachenbehauptung aufzufassen. Bei Urteilen über gewerbliche Leistungen, die mit Tatsachen überzeugen müssen, neigt die Rechtsprechung mehr zur Annahme von Tatsachenbehauptungen[152].

Auch wenn man das Persönlichkeitsrecht als inneren Rechtsgrund der Gegendarstellung ansieht, so wird man hieraus kein allgemeines Erwiderungsrecht auf Meinungsäußerungen, die eine bestimmte Person betreffen, ableiten können. Die Gefahr der Persönlichkeitsverfälschung besteht, faßt man den Meinungsbildungsprozeß ins Auge, nur bei ehrenrührigen Tatsachenbehauptungen. Durch einen derartigen Ausbau des Gegendarstellungsanspruchs,

---

147a Vgl. zum Gegendarstellungsrecht im Fernsehen *Haensel*, Tübinger Festschrift für Eduard Kern, S. 243 ff.

148 Vgl. z. B. die Regelung in § 11 Abs. 3 LPG Baden-Württemberg.

149 So Test, die Zeitschrift für den Verbraucher, Februar 1970, S. 95; eine derartige Erklärung wird im Presserecht für zulässig erachtet. Vgl. dazu z. B. *Löffler*, aaO, Bd. II, § 11 LPG Rdnr. 135, 136.

150 Vgl. dazu *Lerche*, Pressekonzentration und Grundgesetz, These 12, S. 9.

151 Berechtigt ist insoweit nur eine räumliche Beschränkung in der Gegendarstellung. Das Französische Recht kennt eine derartige Beschränkung auf Tatsachen nicht. Vgl. dazu *Biolley*, aaO, S. 32 ff. Vgl. dazu unkritisch *Koebel*, aaO, S. 63. Vgl. dazu auch *Fuhrmann*, JuS 1970, S. 70 ff., S. 70 r. Sp.

152 Vgl. dazu neuerdings OLG Frankfurt, NJW 1971, S. 471 ff, S. 472 l. Sp.

wie er insbesondere von *Kreuzer*[152a] gefordert wird, wird die Presse auch nicht überfordert. Der Betroffene hat sich räumlich und inhaltlich auf das zur Verteidigung Erforderliche zu beschränken. Maßstab hat insoweit die Zeilenzahl des angegriffenen Artikels zu sein[152b].

b) Das Verhältnis von Widerrufs- und Gegendarstellungsanspruch

Das OLG München hat mit Beschluß vom 16. 12. 1968[153] entschieden, daß nach erfolgtem Widerruf einer unrichtigen Meldung in einer Zeitschrift für eine Klage auf Gegendarstellung kein Rechtsschutzbedürfnis mehr bestehe. Die Gegendarstellung, so führt das OLG München aus, gebe der durch die Tatsachenmitteilung in einer Zeitung oder Zeitschrift unmittelbar betroffenen Person oder Behörde das Recht, ihre Tatsachenschilderung den Lesern zu unterbreiten. Sie stelle das Anhören des Betroffenen in der Presse dar, ohne daß mit dem Abdruck einer Gegendarstellung irgendetwas von der ursprünglichen Meldung seitens der Redaktion des Publikationsorgans zurückgenommen oder berichtigt werde[154]. Da es auf die Beweisführung über die Wahrheitsfrage bei der Gegendarstellung nicht ankommt[155], schließt eine bereits veröffentlichte Gegendarstellung den Widerrufsanspruch eines Verletzten nach ständiger Rechtsprechung zutreffenderweise nicht aus[156]. Auf die Widerrufsklage hin werde dagegen der Wahrheitsgehalt einer Veröffentlichung überprüft. Eine Verurteilung zum Widerruf gehe daher über das hinaus, was durch das Recht auf Gegendarstellung einem Betroffenen zugestanden werde[157]. Daraus schließt das OLG München, daß nach erfolgtem Widerruf ein Gegendarstellungsanspruch nicht mehr bestehe. Mit dem Widerruf einer Veröffentlichung werde die Leserschaft von der Redaktion davon unterrichtet, daß eine gebrachte Meldung unrichtig war. Damit gehe die Information der Leser weit über das hinaus, was durch eine Gegendarstellung erreicht werde. Die Gegendarstellung habe die Funktion, einem von einer Pressemitteilung Betroffenen eine Genugtuung zu verschaffen,

---

152a *Kreuzer*, Festschr. f. Geiger, S. 61 ff; vgl. aber auch *Löffler*, BB 1956, S. 356 ff, S. 358; *Wenzel*, AfP 1971, S. 161 ff; *Gerhardt*, AfP 1971, S. 65 ff; *Greif*, NJW 1963, S. 1137/1138; vgl. auch die Stellungnahme des Bundesministers des Inneren, BT-Drucksache V/4247, S. 2.

152b Vgl. dazu zutreffend *Kreuzer*, Festschr. f. Geiger, S. 61 ff, S. 107.

153 OLG München OLGZ 1969, S. 438 ff.

154 OLG München OLGZ 1969, S. 438 ff., S. 439.

155 OLG München OLGZ 1969, S. 438 ff., S. 439.

156 Vgl. dazu auch OLG Koblenz in: Archiv für Presserecht VI/1961, S. 33.

157 OLG München OLGZ 1969, S. 438 ff., S. 439.

für die nach erfolgtem Widerruf kein Rechtsschutzbedürfnis mehr bestehe[158].

Auch in diesem Zusammenhang zeigt es sich wieder, welche verhängnisvolle Wirkung die verschwommene Formel der Genugtuung hat. Es berührt auch merkwürdig, daß das OLG München bei einem Leistungsanspruch – dem Gegendarstellungsanspruch – generell ein Rechtsschutzbedürfnis verneint[159]. In Wirklichkeit geht das OLG München von einer alternativen Konkurrenz aus: mit der Erfüllung des Widerrufsanspruchs ist die Geltendmachung des Gegendarstellungsanspruchs ausgeschlossen.

Diese Auffassung ist nicht bedenkenfrei. Es kann nicht übersehen werden, daß es auch im Meinungsbildungsprozeß durchaus noch von Bedeutung ist, wenn sich nicht nur die Presse, die nach der Rechtsauffassung des Bundesverfassungsgerichts sogar eine Mentalreservation hinsichtlich des Inhalts des Widerrufs artikulieren darf, sondern auch der Betroffene in tatsächlicher Hinsicht zu einer Meldung äußert. Hierin liegt *kommunikationspsychologisch* ein erheblicher Unterschied[160].

Daraus folgt, daß sich Gegendarstellungs- und Widerrufsanspruch in keiner Situation ausschließen.

c) Das Verhältnis von Gegendarstellungsanspruch und Ersatz von Nichtvermögensschäden

Bereits oben wurde herausgestellt, daß ein Widerrufsanspruch den Anspruch auf Ersatz des Nichtvermögensschadens nicht ausschließen kann. Erweitert man den Gegendarstellungsanspruch auf Meinungsäußerungen, so will *Kreuzer*[160a] unter dem Gesichtspunkt der Schadensminderungspflicht (vgl. § 254 Abs. 2 BGB) dem Betroffenen auferlegen, die Veröffentlichung einer Gegendarstellung zu verlangen. Diese Auffassung vermag nicht zu überzeugen. Berücksichtigt man die gegenwärtige Gegendarstellungspraxis, so muß leider festgestellt werden, daß die Presse teilweise derartige Gegendarstellungen gerade mit Begeisterung abdruckt. So hat der Stern in seiner Nr. vom 24. April 1975 eine Gegendarstellung von Franz Josef Strauß zum Abdruck gebracht. Ganz abgesehen davon, daß die Gegendarstellung mit einem Bild dieses Politikers versehen wurde, das in das Klischee gewisser Bevölkerungsgruppen paßt, hat es der Chefredakteur dieses Publikationsorgans für notwendig empfunden, in der gleichen Nummer zu dieser Gegendarstellung in einem

158 OLG München OLGZ 1969, S. 438 ff., S. 440.

159 Vgl. dazu *Rosenberg-Schwab*, aaO, § 93 IV, S. 442.

160 Vgl. dazu auch *Ritter*, ZZP Bd. 84 (1971), S. 163 ff., S. 166 Fn. 2a.

160a *Kreuzer*, Festschr. f. Geiger, S. 61 ff, S. 97; vgl. auch BSH DB 1976, S. 1099 ff, S. 1102.

Brief an seine „lieben Sternleser“ inhaltlich Stellung zu nehmen. Selbst wenn solche Verirrungen in einem zukünftigen Presserechtsrahmengesetz verhindert werden sollten, kann nicht außer Acht gelassen werden, daß das Publikum geneigt ist, aus dem Kommunikationsangebot unbewußt nur die den eigenen Auffassungen oder Voreingenommenheiten entsprechenden Aussagen auszuwählen und wahrzunehmen. Im Klartext heißt dies: Der Leser der Frankfurter Rundschau wird sich im Regelfall durch eine Gegendarstellung von Franz Josef Strauß ebensowenig in seinem Meinungsbildungsprozeß beeinflussen lassen wie ein Leser von der Deutsche Zeitung durch eine Gegendarstellung von Jochen Steffen. Bereits dieser kommunikationssoziologische Tatbestand zeigt, daß der Verletzte durch die Nichtgeltendmachung eines Gegendarstellungsanspruchs auch dann nicht gegen seine Schadensminderungspflicht verstößt, wenn sich der Gegendarstellungsanspruch zukünftig nicht auf Tatsachen beschränken sollte.
Zusammenfassend ist also festzustellen, daß der Anspruch auf Unterlassung und Widerruf und der Anspruch auf Gegendarstellung keinen ausreichenden Persönlichkeitsschutz gewährleistet.

III. Aufopferungsanspruch

a) Meinungsstand

Soweit eine Veröffentlichung durch Wahrnehmung berechtigter Interessen gerechtfertigt ist, wird eine Schadensersatzpflicht des Verletzers von der ganz herrschenden Lehre und Rechtsprechung abgelehnt[161].
M. Rehbinder[162] hat sich dagegen nachdrücklich für einen Aufopferungsanspruch eingesetzt. Gerade für die Fälle, in denen ein Interesse des Betroffenen wegen des öffentlichen Interesses an der Tätigkeit der Presse zurücktreten müsse, sei das Institut des bürgerlich-rechtlichen Aufopferungsanspruchs entwickelt worden. In diesem Zusammenhang beruft sich *M. Rehbinder* auf das Urteil des BGH vom 12. 1. 1960[163]. Danach ist die fort-

---

161 Vgl. z. B. *Hans Huber*, Persönlichkeitsschutz und Pressefreiheit, aaO, S. 29; *Reinhardt*, Persönlichkeitsschutz und Meinungsfreiheit, S. 22; *Helle*, NJW 1961, S. 1896 ff.; *Reinhardt*, aaO, S. 195 ff., S. 207; a. A. *M. Rehbinder*, aaO, S. 130 ff.; vgl. aber auch *Hubmann*, JZ 1958, S. 489; *Hubmann*, aaO., S. 369; Deutsch, GRUR Int. 1973, S. 466 BGH NJW 1972, S. 724.

162 *M. Rehbinder*, aaO, S. 130 ff.

dauernde Beeinträchtigung durch eine ehrenkränkende Behauptung von dem Beleidiger auch dann im Rahmen des Notwendigen und Zumutbaren zu beseitigen, wenn er in Wahrnehmung berechtigter Interessen gehandelt hat, dieser Rechtfertigungsgrund aber entfallen ist, weil sich die Unwahrheit der Behauptung herausgestellt hat. Der BGH sieht in diesem Zusammenhang eine nicht zutreffende Parallele zu §§ 904, 962 BGB, § 12 LuftVG, § 26 GewO, nach denen der durch einen rechtmäßig vorgenommenen und von ihm zu duldenden Eingriff betroffene Eigentümer oder Inhaber eines nichtvermögensrechtlichen Rechtsgutes[164] gegebenenfalls Schadensersatz oder einen billigen Ausgleich des ihm durch die gesetzliche Duldungspflicht auferlegten Sonderopfers fordern kann.

M. Rehbinder unterschlägt in diesem Zusammenhang zunächst den Umstand, daß der BGH nur eine Beseitigungspflicht ab dem Zeitpunkt bejaht, zu dem sich die ehrverletzende Äußerung tatsächlicher Art, die in Wahrnehmung berechtigter Interessen getan wurde, als unrichtig herausstellt und nunmehr eine fortwirkende Quelle gegenwärtiger Ehr- und Rufschädigung darstellt[165].

Er unterschlägt weiter, daß der BGH den Anspruch davon abhängig macht, daß dem Beleidiger die Erklärung, die beleidigende Behauptung werde nicht aufrechterhalten, zumutbar ist.

Von diesem stark eingegrenzten Schutz des Beleidigten aus schließt *Rehbinder* auf einen generellen Aufopferungsanspruch. *Deutsch*[165a] will in bestimmtem Rahmen sogar ein Aufopferungsschmerzensgeld gewähren.

b) Kritik der Auffassung von M. Rehbinder

Gegen die Auffassung des BGH sprechen erhebliche Bedenken, die bereits *H. Westermann*[166] zutreffend formuliert hat.

aa) Einmal sind die erwähnten Tatbestände der §§ 904, 962 BGB, § 26 GewO durch die schlechthinige Rechtmäßigkeit des Handelns und des Erfolges gekennzeichnet. Ein Umschlag in einen rechtswidrigen Zustand ist ihnen unbekannt[167].

---

163 BGH JZ 1960, S. 701 ff.
164 Vgl. dazu auch BGHZ 9, S. 83 ff. = JZ 1953, S. 463 m. Anm. von *Jellinek.*
165 Vgl. dazu auch oben S. 278 f.
165a *Deutsch,* GRUR Int., 1973, S. 463 ff, S. 466 l. Sp.
166 *H. Westermann,* JZ 1960, S. 692 ff.
167 So zutreffend *H. Westermann,* JZ 1960, S. 692 ff., S. 694 r. Sp.

bb) Zum anderen gehen echte Aufopferungsansprüche auf Ersatz, und zwar auf vollen Ersatz der eingetretenen Beeinträchtigung vermögenswerter Güter in Geld. Naturalherstellung und Beseitigungsansprüche sind ihnen fremd[168].
cc) Die Beseitigung der fortwirkenden Beeinträchtigung ist auch begrifflich kein Ausgleich für das aufgeopferte Recht[169].
Vielmehr läßt sich die Rechtsprechung des BGH nur so halten, daß in § 193 StGB ein zeitlich begrenzter und situationsgebundener Rechtfertigungsgrund gesehen wird. Analog § 1004 BGB hat der Beleidiger dann, wenn sich die Unrichtigkeit der Feststellung herausstellt, die Fortwirkung zu beseitigen, und zwar unabhängig davon, ob es ihm zumutbar ist oder nicht. Zumutbarkeitserwägungen liegen jenseits des § 1004 BGB[170].
Man hatte nicht selten den Eindruck, daß der Rückgriff auf den allgemeinen (nicht kodifizierten) bürgerlich-rechtlichen Aufopferungsanspruch immer dann erfolgt, wenn man klaren Wertentscheidungen ausweichen will. So hat *Reuss*[171] neuerdings entgegen der herrschenden Lehre und Rechtsprechung den politischen Arbeitskampf für rechtmäßig erklärt, dem Arbeitgeber jedoch einen Aufopferungsanspruch zugesprochen, da er nicht Adressat des Kampfes sei[172].
Mit seinem dilatorischen Formelkompromiß sprengt *M. Rehbinder*[173] das zivilrechtliche Haftungssystem. Anspruchsverpflichteter soll der jeweils Begünstigte, also bei der Presse der Verleger, sein. Das gegenwärtige deutsche Recht kennt jedoch eine Einstandspflicht des Verlegers für rechtmäßiges Verhalten seiner Redakteure nicht[174]. Es kommt hinzu, daß *M. Rehbinder* Aufopferungs- und Gefährdungshaftung nicht scharf genug trennt. Die Presse ist für *M. Rehbinder*[175] ein gefährlicher Gewerbebetrieb, der ein erlaubtes Risiko eingeht.
Das Prinzip der Gefährdungshaftung erblickt die Grundlage der Haftung in der Gefährlichkeit eines Handelns; wer eine Gefahr schafft, soll auch die

168 Vgl. *H. Westermann*, JZ 1960, S. 692 ff., S. 694 r. Sp.
169 Vgl. dazu *H. Westermann*, JZ 1960, S. 692 ff., S. 694 r. Sp.; *Hemsen*, aaO, S. 159.
170 So zutreffend *H. Westermann*, JZ 1960, S. 692 ff., S. 695; vgl. auch *Hemsen*, aaO, S. 179.
171 *Reuß*, AuR 1969, S. 353 ff.; *Larenz* (Schuldrecht, Bd. II, § 78, 7, S. 564) weist zu Recht darauf hin, daß der allgemeine bürgerlichrechtliche Aufopferungsanspruch zu einer weitgehenden Rechtsunsicherheit führt. Vgl. zum Ganzen auch *Hubmann*, JZ 1958, S. 489 ff.; *Konzen*, aaO,; *Hemsen*, aaO.
172 Vgl. zum Stellenwert des Aufopferungsanspruchs im Rahmen der Produzentenhaftung auch *Giesen*, NJW 1968, S. 1401 ff.
173 *M. Rehbinder*, aaO, S. 135.
174 Vgl. dazu *Schwerdtner*, ZRP 1970, S. 220 ff., S. 224 f. m. w. N.
175 *M. Rehbinder*, aaO, S. 132.

Verantwortung für deren Realisierung tragen[176]. Die Aufopferungshaftung soll dagegen auf dem Gedanken basieren, daß derjenige, der zur Durchsetzung seiner Interessen in fremde Rechtsgüter eingreifen darf, den Betroffenen angemessen zu entschädigen hat. „Die Aufopferung ist eine wissentliche und willentliche Verletzung."[177]

M.E. ist die Abgrenzung nach der inneren Einstellung des Handelnden zum eingetretenen Erfolg kein geeignetes Kriterium zur Abgrenzung von Aufopferung und Gefährdungshaftung[178]. M.E. sollte man klar aussprechen, daß der zivilrechtliche Aufopferungsanspruch nur dazu dient, das zivilrechtliche Enumerationsprinzip bei der Gefährdungshaftung zu durchbrechen[179].

IV. Zusammenfassung

Dieser Überblick über die möglichen Sanktionen bei Persönlichkeitsrechtsverletzungen dürfte gezeigt haben, daß auf den Ersatz des immateriellen Schadens nicht verzichtet werden kann. Dies sollte auch bei einer Neuregelung des Persönlichkeitsschutzes nicht übersehen werden. Die sogenannte Subsidiaritätsthese täuscht darüber hinweg, daß bei Persönlichkeitsrechtsverletzungen Unterlassungs- und Beseitigungsansprüche nur wenig bewirken. Insbesondere kommt dem Widerrufsanspruch keine Genugtuungsfunktion für den Verletzten zu[180]. Vielmehr besteht der schwer abweisbare Verdacht, daß die Verurteilung zum Widerruf für den Verletzer nicht selten eine Genugtuung bildet. Dies gilt insbesondere dann, wenn die Ehr- oder Rufschädigung durch ein Presseorgan begangen wurde. Im Zusammenhang mit dem Widerrufsanspruch gilt es auch noch einen Wertungswiderspruch festzu-

---

176 *Hemsen*, aaO, S. 168.

177 *Hemsen*, aaO, S. 168.

178 Vgl. dazu aber auch *Horst*, aaO, S. 36.

179 Nicht anwendbar ist der allgemeine bürgerlich-rechtliche Aufopferungsanspruch „bei hinzunehmender Beeinträchtigung des allgemeinen Persönlichkeitsrechts und des Rechts am Gewerbebetriebe, weil hier nicht ein Eingriff in das Recht ausnahmsweise erlaubt . . . wird, sondern die Grenze des Rechts selbst erst durch die Güter- und Interessenabwägung im Einzelfall festgelegt wird" (so zutreffend *Larenz*, Schuldrecht, Bd. II, § 78, 7, S. 564). Vgl. aber auch *Konzen*, aaO, S. 191 ff. Die Gewährung eines Aufopferungsanspruchs bei Persönlichkeitsrechtsverletzungen verkennt auch, daß bei derartigen Eingriffen eine Entschädigung in Geld nur sehr bedingt möglich ist. Die Gewährung von Aufopferungsansprüchen birgt insoweit die Gefahr in sich, daß Eingriffe in Persönlichkeitsrechte in größerem Umfange als rechtmäßig angesehen werden.

180 Vgl. dazu zutreffend *Helle*, aaO, S. 31; vgl. dazu aber auch *Bötticher*, SC 26.

halten. Während die Rechtsprechung und Lehre beim Schmerzensgeldanspruch auf eine Genugtuungsfunktion abstellen, sind sie beim Widerrufsanspruch verletzerfreundlich eingestellt.[181]

---

181 Vgl. dazu zutreffend *Bötticher*, SC 25.

Teil I

Schlußbetrachtung

Im Rahmen der Diskussion um das Persönlichkeitsrecht gilt es sich gegen die Maskerade einfacher Sachverhalte durch pompöse Drapierung, ja gegen die sich bedeutsam gebärdende Versenkung der wissenschaftlichen Prosa zu wenden. Dieser Sprachstil kommt nicht von ungefähr. Er liegt in der Orientierung des Persönlichkeitsschutzes an der Über-Person begründet. Hiervon gilt es sich zu lösen. Ebenso ist ein zu rasches Zugreifen auf verfassungsrechtliche Normen fehl am Platze. Das geltende Verfassungsrecht sichert den gegenwärtigen Persönlichkeitsschutz nicht ab. Es verlangt nur, daß überhaupt Persönlichkeitsschutz gewährt wird.

Das allgemeine Persönlichkeitsrecht besteht in einem allgemeinen Achtungsanspruch und in einem Teilhabeanspruch. Dieser Achtungsanspruch ist ein Rechtsgut im Sinne von § 823 Abs. 1 BGB. Der Teilhabeanspruch äußert sich in der Privatautonomie. Darüber hinaus bildet das allgemeine Persönlichkeitsrecht ein oberstes Konstitutionsprinzip des Privatrechts, das überall dort, wo Freiheit und Würde des Menschen tangiert sind, korrigierend eingreift.

Träger dieser Rechte sind natürliche und juristische Personen, wenn auch die Grenzen der Rechtszuständigkeit in beiden Fällen verschieden verlaufen. Der Tote genießt keinen zivilrechtlichen Persönlichkeitsschutz. Das geltende Recht kennt keine allgemeine Wahrnehmungsbefugnis der „Rechte" des Verstorbenen durch die Angehörigen.

Innerhalb des Achtungsanspruches gilt es rechtspolitisch weite Teile des öffentlichen Rechts (Prozeßrecht) neu zu überdenken.

Neben dem allgemeinen Persönlichkeitsrecht kennt die gegenwärtige Rechtsordnung spezielle Persönlichkeitsrechte, die ausschließliche Gewährungen beinhalten und daher zu den sonstigen Rechten im Sinne von § 823 Abs. 1 BGB zu rechnen sind. Sie beziehen sich auf außerpersönliche Gegenstände, berühren daher im Gegensatz zu den das allgemeine Persönlichkeitsrecht bildenden Schutzpositionen das Substrat für die freie Entfaltung des Menschen nicht.

Hieraus ergeben sich wesentliche schadensrechtliche Folgen. Wird in ein spezielles Persönlichkeitsrecht eingegriffen, so steht dem Verletzten auf jeden Fall die übliche Lizenzgebühr zu. Der Eingriff in dieses Recht ist insoweit neutral, als er den Achtungsanspruch nicht berührt. Soweit durch einen derartigen Eingriff der Achtungsanspruch verletzt wird, ist gleichzeitig das allgemeine Persönlichkeitsrecht als Rechtsgut im Sinne des § 823 Abs. 1 BGB betroffen. In diesen Fällen ist analog § 847 BGB auch der immaterielle Schaden zu ersetzen, soweit ein Vermögensschaden des Verletzten wahrscheinlich ist.

Diesem Ersatz des immateriellen Schadens kommt keine Genugtuungsfunktion zu. Die Genugtuungsfunktion ist rechtspolitisch überholt. Sie wird der gesetzlichen Regelung des § 847 BGB nicht gerecht. Ein Schmerzensgeld wird bei Persönlichkeitsrechtsverletzungen jedoch nur gewährt, wenn der Verletzte einen potentiellen Vermögensschaden erlitten hat. Es ist nicht die Aufgabe des Zivilrechts, nicht objektivierbare Gefühlsschäden zu regulieren. Die Rechtsprechung des BGH leidet nicht unerheblich darunter, daß sie durch die Ablehnung des Eingriffserwerbs über das Schmerzensgeld verdeckt Lizenzgebühren gewährt. Dieser Etikettenschwindel sollte ein Ende haben. Damit würde auch die Diskussion um die Betragshöhen des Schmerzensgeldes bei Körperverletzungen und Persönlichkeitsrechtsverletzungen in sachlichere Bahnen gelenkt werden. Wird über das Schmerzensgeld bei Persönlichkeitsrechtsverletzungen nur potentieller Vermögensschaden liquidierbar, so ergeben sich hieraus für die rechtliche Behandlung dieses Anspruchs erhebliche Konsequenzen.

Soweit in Literatur und Rechtsprechung in bezug auf die Gewährung des Ersatzes des immateriellen Schadens eine Subsidiaritätsthese vertreten wird, vermag dies nicht zu überzeugen. Beseitigungs- und Unterlassungsansprüche können nicht die Funktion dieses Anspruchs übernehmen. Dies gilt in ganz besonderem Maße bei Ruf- und Ehrverletzungen von dem sogenannten Widerrufsanspruch. Dieser hat in der jüngsten Rechtsentwicklung zudem noch eine Ausgestaltung erfahren, die sein alsbaldiges Hinscheiden erwarten läßt. Auch durch den sogenannten Gegendarstellungsanspruch des Presserechts werden die Interessen des Betroffenen nur unvollkommen gewahrt. Rechtspolitisch ist daher in dem aufgezeigten Umfange an dem Ersatz des immateriellen Schadens festzuhalten.

Innerhalb des Teilhabeanspruchs fällt in der Literatur auf, daß nur eine Freiheit postuliert wird. Dagegen bleibt die Möglichkeit einer freien Entfaltung der Persönlichkeit weitgehend unerörtert. Möglichkeiten und Grenzen einer Inhaltskontrolle von Verträgen setzen jedoch eine umfassende Realdiagnose voraus. In diesem Zusammenhang gilt es sich, den Verwaltungserscheinungen in unserer Gesellschaft zu stellen und den Abschied von traditionell liberalem Gedankengut zu wagen. Auch dies gehört zum Persönlichkeitsschutz. Wenn das Recht der freien Entfaltung der Persönlichkeit ein essentielles menschliches Gut ist, so gehört es auch zum Persönlichkeitsschutz, daß die Rechtsordnung ein Instrumentarium zur freien Entfaltung des Einzelnen zur Verfügung stellt. Diese Korrekturen müssen sich freilich systemimmanent ereignen, d. h. die sich über Eigentum und Vertragsfreiheit ergebenden Regelungsmechanismen können nicht aufgehoben werden. Vielmehr werden sie in ihrem Stellenwert nur relativiert. Ein solches Instrumentarium könnte z. B. im Rahmen der Problematik der Allgemeinen Geschäftsbedingungen ein sogenanntes privatrechtliches Übermaßverbot darstellen.

Von einer Kodifikation des allgemeinen Persönlichkeitsrechts sollte abgesehen werden. Soweit der allgemeine Achtungsanspruch in Frage steht, haben Rechtsprechung und Lehre im Wege der Rechtsfortbildung die Funktion eines Ersatzgesetzgebers angemessen wahrgenommen. Von dem Gesetzgeber könnte man nur erwarten, daß er Rechtsprechung kodifikatorisch übernimmt. Es kommt hinzu, daß sich die Fragen der Rechtswidrigkeit von Persönlichkeitsrechtsverletzungen einer Kodifikation entziehen. Viel wichtiger ist, daß der Persönlichkeitsschutz in unserer Rechtsordnung in Zukunft realistischer diskutiert wird, daß Bezüge auf das abendländische Kulturbewußtsein als Blankette durchschaut werden. Hierzu wollte die vorliegende Arbeit einen kleinen Beitrag leisten. Der Verfasser räumt dankbar ein, daß er aus den seines Erachtens exemplarischen Fehlentwicklungen manches gelernt hat. Fortschritt ist insoweit nur über Irrtümer möglich. Die Gesamtrechtsordnung muß neu überdacht werden. Auch das Privatrecht bedarf der Innovation. Daß die vorliegenden Überlegungen vielleicht nicht ganz ungehört bleiben, mag darin begründet sein, daß der Verfasser entgegen dem von ihm gegebenen Protokoll, dem kritischen Rationalismus, teilweise bewußt provokatorisch und einseitig Position bezog.

Literaturverzeichnis:

Abendroth, Wolfgang: Wie abhängig ist der Arbeitnehmer?, in: Freiheit, die sie meinen, 17 Beispiele, hrsg. von Uwe Schultz, Frankfurt a. M.-Hamburg 1967, S. 132 ff.

– Die Berechtigung gewerkschaftlicher Demonstrationen für die Mitbestimmung der Arbeitnehmer in der Wirtschaft (Rechtsgutachten), in: Wolfgang Abendroth, Antagonistische Gesellschaft und politische Demokratie, Neuwied 1967, S. 203 ff.

Adomeit, Klaus: Unlautere Werbung durch Beauftragte und das Verschuldenserfordernis in § 890 ZPO, NJW 1967, S. 1994 ff.

– Gestaltungsrechte, Rechtsgeschäfte, Ansprüche – Zur Stellung der Privatautonomie im Rechtssystem, Berlin 1969

– Rechtsquellenfragen im Arbeitsrecht, München 1969

– Methodenlehre und Juristenausbildung, ZRP 1970, S. 176 ff.

– Wahrnehmung berechtigter Interessen und Notwehrrecht. Zur Dogmatik zivilrechtlicher Rechtfertigungsgründe, insbesondere bei Eingriffen in Persönlichkeitsrechte und in Unternehmerrechte (Äußerungsdelikte), JZ 1970, S. 495 ff.

– Besprechung von Gerhard Schnorr, Die für das Arbeitsrecht spezifischen Rechtsquellen, Wien 1969, ZAS 1970, S. 36 f.

Adorno, Theodor W.: Sexualtabus und Recht heute, in: Sexualität und Verbrechen, Beiträge zur Strafrechtsreform, hrsg. von Fritz Bauer, Hans Bürger-Prinz, Hans Giese, Herbert Jäger, Frankfurt a. M.-Hamburg 1963, S. 299 ff.

– Minima Moralia, Reflexionen aus dem beschädigten Leben, Frankfurt a. M. 1969

– Sexualtabus und Recht heute, in: Eingriffe, Neun kritische Modelle, 6. Aufl. Frankfurt a. M. 1970, S. 99 ff.

– Meinung, Wahn, Gesellschaft, in: Eingriffe, Neun kritische Modelle, 6. Aufl. Frankfurt a. M. 1970, S. 147 ff.

Adorno, Theodor W./Albert, Hans/ Dahrendorf, Ralf/Habermas, Jürgen/Pilot, Harald/ Popper, Karl R.: Der Positivismusstreit in der deutschen Soziologie, Neuwied-Berlin 1969

Aikin, Charles: Freedom, Privacy and the Supreme Constitutional Court in the USA, JöR NF Bd. 19 (1970), S. 309 ff.

Albert, Hans: Ökonomischer Essentialismus: Der moderne Methodenstreit und die Grenzen des Methodenpluralismus, in: Marktsoziologie und Entscheidungslogik, Ökonomische Probleme in soziologischer Perspektive, Neuwied-Berlin 1967, S. 281 ff.

– Rationalität und Wirtschaftsordnung, Grundlagenprobleme einer rationalen Ordnungspolitik, in: Marktsoziologie und Entscheidungslogik, Ökonomische Probleme in soziologischer Perspektive, Neuwied-Berlin 1967, S. 205 ff.

– Marktsoziologie und Entscheidungslogik, Ökonomische Probleme in soziologischer Perspektive, Neuwied-Berlin 1967

– Wertfreiheit als methodisches Prinzip, in: Logik der Sozialwissenschaften, hrsg. von E. Topitsch, Köln-Opladen 1967, S. 181 ff.

– Traktat über kritische Vernunft, Tübingen 1968

– Besprechung von Jürgen Habermas, Zur Logik der Sozialwissenschaften, Sonderheft der Philosophischen Rundschau, Beiheft 5, Tübingen, in: Kölner Zeitschrift für Soziologie und Sozialpsychologie Bd. 20 (1968), S. 341 ff.

– Im Rücken des Positivismus?, in: Theodor W. Adorno u. a., Der Positivismusstreit in der deutschen Soziologie, Neuwied-Berlin 1969, S. 267 ff.

– Plädoyer für den kritischen Rationalismus, München 1970

Allfeld, Philipp: Gewerblicher Rechtsschutz, Hamburg 1923

Alpmann/Schmidt: Juristische Lehrgänge, Schuldrecht Allgemeiner Teil, Heft 1, Münster 1969

Andre, Achim: Was heißt rechtswissenschaftliche Forschung?, JZ 1970, S. 396 ff.

Apel, K. O.: Kann es ein wissenschaftliches „Weltbild" überhaupt geben?, Zeitschrift für philosophische Forschung Bd. 16 (1962), S. 26 f.

Arendt, Hannah: Vita activa oder vom tätigen Leben, Stuttgart 1960

– Über die Revolution, München 1963

– Macht und Gewalt, München 1970

Arndt, Adolf: Die Verfassungsbeschwerde wegen Verletzung des rechtlichen Gehörs, NJW 1959, S. 6 ff.

– Umwelt und Recht. 1. Fall „Blinkfüer" (Art. 5 GG). – 2. Die Last der Freiheit oder Justiz und Presse, NJW 1964, S. 23 f.

– Umwelt und Recht. – 1. Gefährliche NJW? – 2. Heilsames Recht (die Einsatzgruppen-Prozesse) – 3. Sachlichkeit (Art. 5 GG, § 823 BGB), NJW 1964, S. 1310 ff.

– Die Friedensaufgabe des Richters, NJW 1967, S. 1585 ff.

Arnold, Egon: Zur Neuregelung der Schlüsselgewalt (§ 1357 BGB in der Fassung des GleichberG), FamRZ 1958, S. 193 ff.

Aron, Raymond: Fortschritt ohne Ende?, Gütersloh 1970

Arzt, Gunther: Der strafrechtliche Schutz der Intimsphäre, vom zivilrechtlichen Persönlichkeitsschutz aus betrachtet, Tübingen 1970

– Besprechung von Diethelm Kienapel, Privatsphäre und Strafrecht, Frankfurt a. M. 1969, JZ 1970, S. 111 f.

Auer, Eugen: Die richterliche Kontrolle von Standardverträgen, Karlsruhe 1964

Bachof, Otto: Grundgesetz und Richterrecht, Tübingen 1959

Badura, Peter: Wirtschaftsverfassung und Wirtschaftsverwaltung, Frankfurt a. M. 1971

Bäumlin, Richard: Staat, Recht und Geschichte, Eine Studie zum Wesen des geschichtlichen Rechts, entwickelt an den Grundproblemen von Verfassung und Verwaltung, Zürich 1961

Ballerstedt, Kurt: Wirtschaftsverfassungsrecht, in: Bettermann/Nipperdey/Scheuner, Die Grundrechte, Handbuch der Theorie und Praxis der Grundrechte, 3. Band, 1. Halbbd., Berlin 1958, S. 1 ff.

– Aktienrechtsreform und Unternehmensverfassung, in: Zur großen Aktienrechtsreform, Schriftenreihe der Forschungsstelle der Friedrich-Ebert-Stiftung, Hannover 1962, S. 33 ff.

– Privatrecht und Politik, Zur Frage der politischen Bildung der Juristen, in: Recht und Rechtsleben in der sozialen Demokratie, Festgabe für Otto Kunze zum 65. Geburtstag, hrsg. von Kurt Ballerstedt, Ernst Friesenhahn, Oswald von Nell-Breuning, Berlin 1969, S. 39 ff.

Bartholomeyczik, Horst: Äquivalenzprinzip, Waffengleichheit und Gegengewichtsprinzip in der modernen Rechtsentwicklung, AcP Bd. 166 (1966), S. 30 ff.

Batsch, Karl Ludwig: Vermögensverschiebung und Bereicherungsherausgabe in den Fällen unbefugten Gebrauchens bezw. Nutzens von Gegenständen, Eine Kritik der Lehre von der Eingriffskondiktion, Marburg 1968

Bauer, K. H.: Über Rechtsfragen bei homologer Organtransplantation aus der Sicht des Klinikers (unter besonderer Berücksichtigung der Krebsübertragung), Der Chirurg 1967, S. 245 ff.

Bauermeister, Frigga/Metzner, Herbert: Arbeitsgestaltung im Industriebetrieb und Entwicklung sozialistischer Persönlichkeiten, Arbeit und Arbeitsrecht – Zeitschrift für sozialistische Arbeit und Arbeitsrecht 1969, S. 611 ff.

Baumann, Jürgen: Einführung in die Rechtswissenschaft, München 1967

– Eine Sonderentwicklung des Arbeitsrechts?, ZZP Bd. 84 (1971), S. 297 ff.

Baumbach, Adolf/Duden, Konrad: Handelsgesetzbuch mit Nebengesetzen ohne Seerecht, Kommentar, 21. Aufl., München 1974

Baumbach, Adolf/Hefermehl, Wolfgang: Wettbewerbs- und Warenzeichenrecht, Bd. I: Wettbewerbsrecht, 11. Aufl., München 1974

Baumbach, Adolf/Hueck, Alfred/Hueck, Götz: Aktiengesetz, 13. Aufl. unter Mitwirkung von Joachim Schulze, München 1968

Baumbach, Adolf/Lauterbach, Wolfgang: Zivilprozeßordnung, Kommentar, 34. Aufl. unter Mitarbeit von Jan Albers, München 1975

Baumgärtel, Gottfried: Die Klage auf Vornahme, Widerruf oder Unterlassung einer Prozeßhandlung in einem bereits anhängigen Prozeß, in: Festschrift für Hans Schima zum 75. Geburtstag, hrsg. von Hans. W. Fasching und Winfried Kralik, Wien 1969, S. 41 ff.

Baur, Fritz: Arrest und einstweilige Verfügung in ihrem heutigen Anwendungsbereich, BB 1964, S. 607 ff.

– Betriebsjustiz, JZ 1965, S. 163 ff.

– Laienrichter – heute?, in: Tübinger Festschrift für Eduard Kern, hrsg. von der Rechtswissenschaftlichen Abteilung der Rechts- und Wirtschaftswissenschaftlichen Fakultät der Universität Tübingen, Tübingen 1968, S. 49 ff.

– Besprechung von Paul Jansen, Freiwillige Gerichtsbarkeit, 2. Aufl., Bd. I, Berlin 1969, Bd. II, Berlin 1970, JZ 1971, S. 70 f.

Bebel, August: Das BGB und die Sozialdemokratie, in: Politik als Theorie und Praxis, Ausgewählte Texte, Aus Reden und Schriften, eingeleitet und hrsg. von Albrecht Langner, Köln 1967, S. 93 ff.

Becker, W.: Das soziale Geheimnis und seine Anerkennung im Rechtsleben, MDR 1967, S. 793 ff.

Behrendt, Richard F.: Der Mensch im Licht der Soziologie, Versuch einer Besinnung auf Dauerndes und Wandelbares im gesellschaftlichen Verhalten, 3. Aufl., Stuttgart-Berlin-Köln-Mainz 1966

Beitzke, Günther: Wer schuldet das Arzthonorar für Behandlung einer Ehefrau?, MDR 1951, S. 262 f.

– Familienrecht, 17. Aufl., München 1974

Beling, Ernst: Informationsprozesse, Anregungen zu einer Ergänzung der Prozeßgesetzgebung, in: Festschrift für die juristische Fakultät in Gießen, hrsg. von Reinhard Frank, Gießen 1907, S. 313 ff.

– Vom Positivismus zum Naturrecht und zurück, in: Festgabe für Philipp Heck, Max Rümelin, Arthur Benno Schmidt, hrsg. von Heinrich Stoll, Tübingen 1931, S. 1 ff.

Bellow, Saul: Das Opfer, Köln-Berlin 1966

Bendix, Ludwig: Zur Psychologie der Urteilstätigkeit des Berufsrichters, mit einer biographischen Einleitung von Reinhard Bendix, hrsg. von Manfred Weiss, Neuwied-Berlin 1968

Berber, Friedrich: Völkerrecht, Dokumentensammlung, Bd. II, München-Berlin 1967

Berg, Hans: Ehestörungsklage und Schadensersatzansprüche wegen Ehestörung, JuS 1961, S. 137 ff.

Berger, Peter L./Luckmann, Thomas: Die gesellschaftliche Konstruktion der Wirklichkeit, Eine Theorie der Wissenssoziologie, Mit einer Einleitung zur deutschen Ausgabe von Helmuth Plessner, Frankfurt a. M. 1969

Bernhardt, Rudolf: Entwicklung zum demokratischen Rechts- und Sozialstaat, in: Rudolf Wiethölter, Rechtswissenschaft, Frankfrut a. M.-Hamburg 1968, S. 322 ff.

Berra, Xaver: Im Paragraphenturm, Darmstadt 1966

Bettermann, Karl August: Die Unabhängigkeit der Gerichte und der gesetzliche Richter, in: Bettermann/Nipperdey/Scheuner, Die Grundrechte, Bd. 3, 2. Halbbd., Berlin 1959, S. 523 ff.

– Der Schutz der Grundrechte in der ordentlichen Gerichtsbarkeit, in: Betterman/Nipperdey/Scheuner, Die Grundrechte, Bd. 3, 2. Halbbd., Berlin 1959, S. 779 ff.

– Die allgemeinen Gesetze als Schranken der Pressefreiheit, JZ 1964, S. 601 ff.

– Der Richter als Staatsdiener, Berlin 1969

Betti, Emilio: Allgemeine Auslegungslehre als Methodik der Geisteswissenschaften, Tübingen 1967

Beuthien, Volker: Die richterliche Kontrolle von Vereinsstrafen und Vertragsstrafen, BB 1968, Beilage 12/ 1968 zu Heft 33/1968

Beyme, Klaus von: Parlamentarismus und Rätesystem – eine Scheinalternative, Zeitschrift für Politik 1970, S. 27 ff.

Biedenkopf, Kurt H.: Zum politischen Boykott, JZ 1965, S. 553 ff.

– Über das Verhältnis wirtschaftlicher Macht zum Privatrecht, in: Wirtschaftsordnung und Rechtsordnung, Festschrift zum 70. Geburtstag von Franz Böhm, hrsg. von Helmut Coing, Heinrich Kronstein, Ernst-Joachim Mestmäcker, Karlsruhe 1965, S. 113 ff.

– Koalitionsfreiheit und Tarifautonomie als Probleme der modernen Demokratie, in: Koalitionsfreiheit und Tarifautonomie als Probleme der modernen Demokratie, hrsg. von Helmut Duvernell, Berlin 1968, S. 199 ff.

Binder, Julius: Philosophie des Rechts, Ahlen 1967 (Neudruck der 1. Auflage Berlin 1925)

Biolley, Gerhard: Le droit de repense en matière de presse, Paris 1963

Bloch, Ernst: Christian Thomasius, ein deutscher Gelehrter ohne Misere, Frankfurt a. M. 1961

– Naturrecht und menschliche Würde, Frankfurt a. M. 1961

Blomeyer, Arwed: Zivilprozeßrecht, Erkenntnisverfahren, Berlin 1963

Bobbio, N.: Teoria della scienza giuridica, Turin 1950

Bobrowski, Paul/Gaul, Dieter: Das Arbeitsrecht im Betrieb von der Einstellung bis zur Entlassung, 6. Aufl. Heidelberg 1970

Bockelmann, Paul: Öffentlichkeit und Strafrechtspflege, NJW 1960, S. 217 ff.

– Strafrecht des Arztes, Stuttgart 1968

Böckenförde, Wolfgang: Die Rechtsauffassung im kommunistischen Staat, München 1967

Böhm, Franz: Wettbewerb und Monopolkampf, Eine Untersuchung zur Frage des wirtschaftlichen Kampfrechts und zur Frage der rechtlichen Struktur der geltenden Wirtschaftsordnung, Berlin 1933

Boehm, Walter/Spiertz, Hans: Bundesangestelltentarif (BAT), Die Dienstverhältnisse der Angestellten bei öffentlichen Verwaltungen und Betrieben, Kommentar, Bd. 1 ff. (Loseblattausgabe), Hamburg

Boehmer, Gustav: Grundlagen der Bürgerlichen Rechtsordnung, 1. Buch: Das bürgerliche Recht als Teilgebiet der Gesamtrechtsordnung, Tübingen 1950
– Zur Ehestörungsklage, Ein Rechtsgutachten, AcP Bd. 155 (1956), S. 181 ff.
– Die neueste Rechtsprechung zur Frage der „Ehestörungsklage", FamRZ 1957, S. 196 ff.
– Das Problem der Brautkinder im deutschen und schweizerischen Recht, NJW 1963, S. 1945 ff.

Bökelmann, Erhard: Auf dem Wege zur Reform der freiwilligen Gerichtsbarkeit, JR 1971, S. 359 ff.

Böll, Heinrich: Vorwort zu Anne Moody, Erwachen am Mississippi, Eine Autobiographie, Frankfurt a. M. 1970

Börner, Lothar: Berufssportler als Arbeitnehmer, Darmstadt 1970

Bötticher, Eduard: Zur Ausrichtung der Sanktion nach dem Schutzzweck der verletzten Privatrechtsnorm, AcP Bd. 158 (1959/60), S. 385 ff.
– Die Einschränkung des Ersatzes immateriellen Schadens und der Genugtuungsanspruch wegen Persönlichkeitsminderung, MDR 1963, S. 353 ff.
– Gestaltungsrecht und Unterwerfung im Privatrecht, Berlin 1964
– Die Verpflichtung zum Geldersatz für immateriellen Schaden, 45. Deutscher Juristentag Karlsruhe 1964, Band II (Sitzungsberichte), München-Berlin 1965, SC 7 ff.
– Wesen und Arten der Vertragsstrafen sowie deren Kontrolle, ZfA 1970, S. 3 ff.
– Besprechung von Horst-Eberhard Henke, Die Schmerzensgeldtabelle, Ein Beitrag zur Lehre vom Billigkeitsurteil, München 1969, NJW 1970, S. 418

Bogs, Harald: Die verfassungsrechtliche Gebundenheit der öffentlichen Hand bei Bedarfsdeckungsgeschäften, BB 1963, S. 1269

Bolla-Kotek, Sibylle: Gedanken zum Schadensrecht in der moderenen Industriegesellschaft, Aktualität eines beweglichen Modells, in: Festschrift zum 60. Geburtstag von Walter Wilburg, Graz 1965, S. 31 ff.

Bonnecase: Science du droit et romantisme, 1928

Bosch, Friedrich Wilhelm: Das neue Ehevermögensrecht, insbesondere das Ehegüterrecht – Grundlinien und Hauptprobleme –, FamRZ 1958, S. 289 ff.
– Grundsatzfragen des Beweisrechts, Ein Beitrag zur allgemeinen Prozeßrechtslehre, Bielefeld 1963

Bracher, Karl Dietrich: Die Auflösung der Weimarer Republik, Eine Studie zum Problem des Machtverfalls in der Demokratie, 3. Aufl. Villingen 1960

Brand, Ernst: Die Rechtsprechung des Schweizerischen Bundesgerichts auf dem Gebiete des Privatrechts 1952–1953, RabelsZ Bd. 21 (1956), S. 145 ff.
– Die Rechtsprechung des Schweizerischen Bundesgerichts auf dem Gebiete des Privatrechts 1957–1959, RabelsZ Bd. 26 (1961), S. 64 ff.

Brauer, Manfred: Das Persönlichkeitsrecht der juristischen Person, Diss. Erlangen–Nürnberg

Brecht, Arnold: Politische Theorie, Tübingen 1961

Briefs, Götz: Das Ethos der pluralistischen Gesellschaft von heute, Hochland 51. Jg., 1958, S. 59 ff.

Broch, Adolf/Hindrichs, Wolfgang/Hoffmann, Reinhard u. a.: Die Würde des Menschen in der Arbeitswelt, Theorie und Praxis der Gewerkschaften, Themenkreis Betrieb 4, Frankfurt a. M. 1969

Brox, Hans: Plakatwerbung der Gewerkschaften im Betrieb, BB 1965, S. 1321 ff.

– Allgemeines Schuldrecht, 5. Aufl., München 1976

– Die Einschränkung der Irrtumsanfechtung, Ein Beitrag zur Lehre von der Willenserklärung und deren Auslegung, Karlsruhe 1960

Brox, Hans/Rüthers, Bernd: Arbeitskampfrecht, Ein Handbuch für die Praxis, Stuttgart 1965

Brüggemann, Dieter: Judex statutor und judex investigator, Untersuchungen zur Abgrenzung zwischen Richtermacht und Parteienfreiheit im gegenwärtigen deutschen Zivilprozeß, Bielefeld 1968

Brüggemann, Jürgen: Die richterliche Begründungspflicht, Verfassungsrechtliche Mindestanforderungen an die Begründung gerichtlicher Entscheidungen, Berlin 1971

Bruns, Hans-Jürgen: Zur Frage der passiven Beleidigungsfähigkeit handelsrechtlicher Kapitalgesellschaften im Strafrecht, NJW 1955, S. 689 ff.

Bruns, Rudolf: Zur bevorstehenden Novellierung der Zivilprozeßordnung, JZ 1969, S. 127 ff.

Bubnoff, Eckhart von: Rechtsfragen zur homologen Organtransplantation aus der Sicht des Strafrechts, GA 1968, S. 65 ff.

Bucher, Eugen: Das subjektive Recht als Normsetzungsbefugnis, Tübingen 1965

– Rechtliche Probleme im Zusammenhang mit der Transplantatbeschaffung, in: Felix Largeader (Hrsg.), Organtransplantation, Stuttgart 1966, S. 75 ff.

Buchholz, Edwin: Die Wirtschaftsverbände in der Wirtschaftsgesellschaft, Eine Analyse ihres Ordnungs- und Selbsthilfesystems als Beitrag zu einer Theorie der Wirtschaftsverbände, Tübingen 1969

Buchner, Herbert: Besprechung von Peter Schwerdtner, Fürsorgetheorie und Entgelttheorie im Recht der Arbeitsbedingungen, Heidelberg 1970, RdA 1970, S. 214 ff.

– Die Bedeutung des Rechts am eingerichteten und ausgeübten Gewerbebetrieb für den deliktsrechtlichen Unternehmensschutz, München 1971

Büchner-Uhder, Willi/Poppe, Eberhard/Schünder, Rolf: Grundrechte und Grundpflichten der Bürger der DDR, Zur staatstheoretischen und staatsrechtlichen Grundrechtsforschung, Staat und Recht Bd. 15 (1966), S. 563 ff.

Bühler, Charlotte: Der menschliche Lebenslauf als psychologisches Problem, 2. Aufl. unter Mitarbeit von Herman Harvey und Ella Kube, Göttingen 1959

Bühler, Karl: Sprachtheorie, Die Darstellungsfunktion der Sprache, 2. unveränderte Auflage, Stuttgart 1965

Bullinger, Martin: Öffentliches Recht und Privatrecht, Studien über Sinn und Funktionen der Unterscheidung, Stuttgart 1968

Burck, Gerd: Objektives oder politisches Recht?, JZ 1971, S. 678 ff.

Burhenne, Lothar: Probleme des Widerrufsanspruchs, MDR 1956, S. 515 ff.

Buri, Eugen: Besprechung von Ferdinand Kopp, Verfassungsrecht und Verwaltungsverfahrensrecht, München 1971, NJW 1971, S. 2061

Buschmann, Arno: Zur Fortwirkung des Persönlichkeitsrechts nach dem Tode, NJW 1970, S. 2081 ff.

Bussmann, Kurt: Persönlichkeitsrecht und Berichterstattung in Presse, Film und Funk, JR 1955, S. 202 ff.

– Besprechung von Heinrich Hubmann, Das Persönlichkeitsrecht, 2. veränderte und erweiterte Auflage, Köln-Graz 1967, GRUR 1970, S. 49

– Besprechung von Möhring/Nicolini, Urheberrechtsgesetz, Gesetz über Urheberrecht und verwandte Schutzrechte (Urheberrechtsgesetz) vom 9. September 1965, Berlin–Frankfurt a. M. 1970, GRUR 1970, S. 379

Bussmann, Kurt/Pietzcker, Rolf/Kleine, Heinz: Gewerblicher Rechtsschutz und Urheberrecht, 3. Aufl., Berlin 1962

Bydlinski, Franz: Methodische Gegenwartsprobleme des Privatrechts, Vortrag (Wiener Juristische Gesellschaft, Sitzung vom 11. Dezember 1957), ÖJZ 1958, S. 96 ff.

– Bemerkungen über Grundrechte und Privatrecht, Österr. Zeitschrift für öffentliches Recht Bd. XII (1962/63), S. 423 ff.

– Der Ersatz ideellen Schadens als sachliches und methodisches Problem, JBl Bd. 87 (1965), S. 173 ff., S. 237 ff.

– Privatautonomie und objektive Grundlagen des verpflichtenden Rechtsgeschäfts, Wien–New York 1967

Caemmerer, Ernst von: Bereicherung und unerlaubte Handlung, in: Festschrift für Ernst Rabel, Band I: Rechtsvergleichung und internationales Privatrecht, hrsg. von Hans Dölle, Max Rheinstein, Konrad Zweigert, Tübingen 1954, S. 333 ff.

– Wandlungen des Deliktsrechts, in: Hundert Jahre Deutsches Rechtsleben, Festschrift zum hundertjährigen Bestehen des Deutschen Juristentages (1860–1960), hrsg. von Ernst von Caemmerer, Ernst Friesenhahn und Richard Lange, Bd. II, Karlsruhe 1960, S. 49 ff.

– Der privatrechtliche Persönlichkeitsschutz nach deutschem Recht, in: Festschrift für Fritz von Hippel zum 70. Geburtstag, hrsg. von Josef Esser und Hans Thieme, Tübingen 1967, S. 27 ff.

Callies, Rolf-Peter: Eigentum als Institution – Aspekte zur Theorie der Institution, in: Arthur Kaufmann, Rechtstheorie – Ansätze zu einem kritischen Rechtsverständnis, Karlsruhe 1971, S. 119 ff.

Callmann, Rudolf: Der unlautere Wettbewerb, Kommentar zum Gesetz gegen den unlauteren Wettbewerb und zu den materiellrechtlichen Vorschriften des Gesetzes zum Schutze der Warenbezeichnungen, 2. Aufl., Mannheim 1932

Canaris, Claus-Wilhelm: Notstand und „Selbstaufopferung" im Straßenverkehr, Zugleich ein Beitrag zur allgemeinen Problematik des Notstands im Zivilrecht, JZ 1963, S. 655 ff.

– Die Feststellung von Lücken im Gesetz, Berlin 1964

– Systemdenken und Systembegriff in der Jurisprudenz, entwickelt am Beispiel des deutschen Privatrechts, Berlin 1969

Claussen, Hans Rudolf/Janzen, Werner: Bundesdisziplinarordnung, Köln–Berlin–Bonn–München 1968

Coing, Helmut: Die Entwicklung des zivilrechtlichen Persönlichkeitsschutzes, JZ 1958, S. 558 ff.

– Ehrenschutz und Presserecht, Vortrag, Karlsruhe 1960

– Grundzüge der Rechtsphilosophie, 2. Aufl., Berlin 1969

Coser, Lewis: The Functions of Social Conflict, London 1956

Craushaar, Götz von: Der Einfluß des Vertrauens auf die Privatrechtsbildung, München 1969

Däubler, Wolfgang: Anspruch auf Lizenzgebühr und Herausgabe des Verletzergewinns – atypische Formen des Schadensersatzes, JuS 1969, S. 49 ff.

– Der Streik im öffentlichen Dienst, Tübingen 1970

– Besprechung von Schmidt-Salzer, Allgemeine Geschäftsbedingungen, München 1971, NJW 1971, S. 1736 f.

Dagtoglou, Prodomos: Wesen und Grenzen der Pressefreiheit, Stuttgart 1963

Dahrendorf, Ralf: Gesellschaft und Freiheit, Zur soziologischen Analyse der Gegenwart, München 1965

Dahs, Hans: Der Anwalt im Strafprozeß, AnwBl. Jg. 9 (1959), S. 171 ff.

Dammann, Ulrich: Drei Thesen zur Kritik der Schmerzensgeldbemessung, ZRP 1970, S. 76 ff.

De Cupis, Adriano: I Diritti della personalità, To. II: Diritto all'identità personale, Diritti ai segni distintiri personali, Diritto morale d'autore, Milano 1961

Denninger, Erhard: Rechtsperson und Solidarität, Beitrag zur Phänomenologie des Rechtsstaates unter besonderer Berücksichtigung der Sozialtheorie Max Schelers, Berlin 1967

– Besprechung von F. Müller, Normstruktur und Normativität, Zum Verhältnis von Recht und Wirklichkeit in der juristischen Hermeneutik, entwickelt an Fragen der Verfassungsinterpretation, Tübingen 1966, AöR Bd. 94 (1969), S. 33 ff.

– Die Herausforderung der Technik an das Recht in der technologischen Gesellschaft, Universitas 1970, S. 1135 ff.

Deutsch, Erwin: Fahrlässigkeit und erforderliche Sorgfalt, Eine privatrechtliche Untersuchung, Köln–Berlin–Bonn–München 1963

– Besprechung von Wolfgang Münzberg, Verhalten und Erfolg als Grundlagen der Rechtswidrigkeit und Haftung, Frankfurt a. M. 1966, in: NJW 1966, S. 1257 f.

– Entwicklungstendenzen des Schadensrechts in Rechtsprechung und Wissenschaft, JuS 1967, S. 152 ff.

– Schmerzensgeld und Genugtuung, JuS 1969, S. 197 ff.

– Methode und Konzept der Gefährdungshaftung, VersR 1971, S. 1 ff.

Deutsches Staats-Wörterbuch, In Verbindung mit deutschen Gelehrten, hrsg. von J. C. Bluntschli und K. Brater, 8. Band, Stuttgart–Leipzig 1864

Diederichsen, Uwe: Topisches und systematisches Denken in der Jurisprudenz, NJW 1966, S. 697 ff.

– Die Haftung des Warenherstellers, München–Berlin 1967

– Fälle und Lösungen, Nach höchstrichterlichen Entscheidungen, BGB, Allgemeiner Teil, 3. Aufl., Karlsruhe 1973

Diederichsen, Uwe/Marburger, Peter: Die Haftung für Demonstrationsschäden, NJW 1970, S. 777 ff.

Diehl, Karl: Pierre Joseph Proudhon, Seine Lehre und sein Leben, Neudruck der Ausgabe Jena 1888–1896, Aalen 1968

Dilcher, Hermann: Die Vollstreckung der Abgabe einer Willenserklärung, ZZP Bd. 67 (1954), S. 210 ff.

Dittrich, Robert: Der Schutz der Persönlichkeit nach österreichischem Urheberrecht, Ufita Bd. 43 (1964), S. 104 ff.

Djilas, Milovan: Die unvollkommene Gesellschaft, Hamburg 1971

Dölle, Hans: Familienrecht, Darstellung des deutschen Familienrechts mit rechtsvergleichenden Hinweisen, Bd. 1, Karlsruhe 1964

Doering, Hans-Georg: Beleidigung und Privatklage, Eine kriminologische Untersuchung der Beleidigungskriminalität, dargestellt anhand der Privatklageakten der Amtsgerichte Bremen, Göttingen und Northeim aus den Jahren 1965–1967, Göttingen 1971

Dörinkel, Wolfram: Die Auswirkungen des neuen Kartellrechts auf die wirtschaftliche Praxis, WuW 1957, S. 607 ff.

Dohna, Graf zu: Beleidigung einer Genossenschaft, DJZ 1925, Sp. 1027 ff.

Dornberger, Gerhard/Kleine, Hans/Klinger, Günther/Posch, Martin: Das Zivilrecht der Deutschen Demokratischen Republik, Allgemeiner Teil, Berlin 1956

Dreher, Martin: Die Amtshilfe, Die Problematik der gegenseitigen behördlichen Unterstützungspflicht unter besonderer Berücksichtigung der Situation im Bundesstaat, Göttingen 1959

Drever, James/Fröhlich, W. D.: Wörterbuch zur Psychologie, 3. Aufl., München 1970

Drucker, Peter F.: Die Zukunft bewältigen, Aufgaben und Chancen im Zeitalter der Ungewißheit, Düsseldorf 1970

Druey: Die Forderung auf eine Geldzahlung zum Ausgleich für immaterielle Nachteile im Vergleich mit der Forderung auf Ersatz des Vermögensschadens nach schweizerischem Recht, Diss. Basel 1966

Dürig, Günter: Grundrechte und Zivilrechtsprechung, in: Vom Bonner Grundgesetz zur gesamtdeutschen Verfassung, Festschrift zum 75. Geburtstag von Hans Nawiasky, hrsg. von Theodor Maunz, München 1956, S. 157 ff.

Dütz, Wilhelm: Rechtsstaatlicher Gerichtsschutz im Privatrecht, Zum sachlichen Umfang der Zivilgerichtsbarkeit, Bad Homburg–Berlin–Zürich 1970

Ebel, Wilhelm: Quellen zur Geschichte des deutschen Arbeitsrechts (bis 1849), Göttingen–Berlin–Frankfurt 1964

Echterhölter, Rudolf: Die Europäische Menschenrechtskonvention im Rahmen der verfassungsmäßigen Ordnung, JZ 1955, S. 689 ff.

– Verfassungsrecht und Individualarbeitsrecht, Ein Rechtsprechungsbericht, BB 1970, S. 677 ff.

Ehrenschutz unter Hinblick auf die Massenmedien, Verhandlungen des 3. Österreichischen Juristentages, Wien 1967

Ehrenzweig, Albert A.: Zur Phänomenologie und Psychoanalyse der Rechtswissenschaft, in: Phänomenologie, Rechtsphilosophie, Jurisprudenz, Festschrift für Gerhard Husserl zum 75. Geburtstag, Frankfurt a. M. 1969, S. 65 ff.

Eisser, Georg: Die Anerkennung der Persönlichkeit der Ehefrau im neuen Eherecht, FamRZ 1959, S. 177 ff.

Ekelöf, Per Olof: Topik und Jura, in: Festschrift für Torgnes Segenstedt, Uppsala 1968, S. 207 ff.

El Fasi, Mohammed: Das Recht auf Bildung und Kultur, Journal der Internationalen Juristenkommission, Bd. IX (1968), S. 36 ff.

Emmerich, Volker: Das Wirtschaftsrecht der öffentlichen Unternehmen, Bad Homburg–Berlin–Zürich 1969

Engisch, Karl: Besprechung von Hans Kelsen, Reine Rechtslehre, 2. Aufl., Wien 1960, ZStW Bd. 75 (1963), S. 591 ff.

– Wahrheit und Richtigkeit im juristischen Denken, Vortrag, gehalten beim 491. Stiftungsfest der Ludwig-Maximilians-Universität München am 6. Juli 1963, München o. J.

– Einführung in das juristische Denken, 4. Aufl., Stuttgart 1968

Enneccerus, Ludwig/Lehmann, Heinrich: Lehrbuch des Bürgerlichen Rechts, Bd. 2: Recht der Schuldverhältnisse, 15. Aufl., Tübingen 1958

Enneccerus, Ludwig/Nipperdey, Hans Carl: Lehrbuch des Bürgerlichen Rechts, Bd. 1: Allgemeiner Teil, Teil 1: Allgemeine Lehren, Personen, Rechtsobjekte, 15. Aufl., Tübingen 1959

Enneccerus, Ludwig/Wolff, Martin/Raiser, Ludwig: Lehrbuch des Bürgerlichen Rechts, Bd. 3: Sachenrecht, 10. Aufl., Tübingen 1957

Erbel, Günter: Inhalt und Auswirkungen der verfassungsrechtlichen Kunstfreiheitsgarantie, Berlin–Heidelberg–New York 1966

Erdsiek, Gerhard: Umwelt und Recht, 1. Zur Schweigepflicht des Arztes nach dem Tode des Patienten. 2. Verfassungswidrigkeit des § 142 StGB?, NJW 1963, S. 632 ff.

– Umwelt und Recht. 1. Zur Beweislastlehre des BGH bei der Widerrufsklage – 2. Vom Geist des amerikanischen Strafrechts (Anmerkung zu Richard M. Honig „Das amerikanische Strafrecht"), NJW 1963, S. 1965 ff.

Erdsiek, Gerhard: Unvollkommenheiten des zivilrechtlichen Ehrenschutzes, NJW 1966, S. 1385 ff.

– Besprechung von Heinrich Hubmann, Das Persönlichkeitsrecht, 2. veränderte und erweiterte Auflage, Köln–Graz 1967, RdA 1970, S. 373

Erichsen, Hans-Uwe: Aus der Praxis der Verwaltung und der Verwaltungsgerichtsbarkeit – Höchstrichterliche Rechtsprechung zum Verwaltungsrecht –, VerwArch Bd. 62 (1971), S. 291 ff.

Erman, Walter (Hrsg.): Bürgerliches Gesetzbuch, Handkommentar, bearb. von Karl Arndt, Horst Bartholomeyczik u. a., Bd. 1 und 2, 6. Aufl., Münster 1975

Esser, Josef: Grundsatz und Norm in der richterlichen Fortbildung des Privatrechts, Rechtsvergleichende Beiträge zur Rechtsquellen- und Interpretationslehre, 2. Aufl., Tübingen 1964

– Wertung, Konstruktion und Argument im Zivilurteil, Karlsruhe 1965

– Das Bewußtwerden wissenschaftlichen Arbeitens im Recht, Nachwort in: Roland Dubischar, Grundbegriffe des Rechts, Eine Einführung in die Rechtstheorie, Stuttgart–Berlin–Köln–Mainz 1968, S. 95 ff.

– Besprechung von Claus-Wilhelm Canaris, Systemdenken und Systembegriff in der Jurisprudenz, entwickelt am Beispiel des deutschen Privatrechts, Berlin 1969, RabelsZ Bd. 33 (1969), S. 757 ff.

– Schuldrecht, Bd. 1: Allgemeiner Teil, 4. Aufl., Karlsruhe 1970

– Schuldrecht, Bd. 2: Besonderer Teil, 4. Aufl., Karlsruhe 1971

– § 138 BGB und die Bankpraxis der Globalzession, ZHR Bd. 135 (1971), S. 320 ff.

– Vorverständnis und Methode in der Rechtsfindung, Rationalitätsgarantien richterlicher Entscheidungspraxis, Frankfurt a. M. 1971

Faber, Heiko: Innere Geistesfreiheit und suggestive Beeinflussung, Berlin 1968

Fabricius, Fritz: Zur Dogmatik des sonstigen Rechts gemäß § 823 I, unter Berücksichtigung des sogenannten Rechts am Arbeitsplatz und des sogenannten Rechts auf ungestörten Bestand der ehelichen Lebensgemeinschaft, AcP 160 (1961), S. 273 ff.

Fabricius, Fritz: Mitbestimmung in der Wirtschaft, Ein gesellschafts-, wirtschafts- und rechtspolitisches Problem, Frankfurt a. M. 1970

– Gesellschaftsrechtliche Unternehmensverbindungen und Arbeitgeberbegriff in der betrieblichen Krankenversicherung. Ein Beitrag zum Arbeits-, Konzern- und Sozialversicherungsrecht, Neuwied–Berlin 1971

– Extensive Anwendung des § 12 BGB?, JR 72, S. 15 ff.

Favre, Antoine: Schuldbetreibungs- und Konkursrecht, Freiburg (Schweiz) 1956
Fechner, Erich: Funktionen des Rechts in der menschlichen Gesellschaft, Jahrbuch für Rechtssoziologie und Rechtstheorie I, Bielefeld 1970, S. 91 ff.
Fetscher, Iring: Arbeit, in: Sechs konkrete Utopien, Veränderung der Gesellschaft, hrsg. von Hendrik Bussiek, Frankfurt a. M.–Hamburg 1970, S. 44 ff.
Fette, Gunter: Rechtsweg bei Rechtsverletzungen durch Sendungen öffentlicher Rundfunkanstalten, NJW 1971, S. 2210 ff.
Fikentscher, Wolfgang: Wettbewerb und gewerblicher Rechtsschutz, Die Stellung des Rechts der Wettbewerbsbeschränkungen in der Rechtsordnung, München 1958
– Das Recht am Gewerbebetrieb (Unternehmen) als „sonstiges Recht" im Sinne des § 823 Abs. 1 BGB in der Rechtsprechung des Reichsgerichts und des Bundesgerichtshofs, Eine kritische Übersicht, in: Das Unternehmen in der Rechtsordnung, Festgabe für Heinrich Kronstein aus Anlaß seines 70. Geburtstages am 12. September 1967, hrsg. von Kurt H. Biedenkopf, Helmut Coing, Ernst-Joachim Mestmäcker, Karlsruhe 1967, S. 261 ff.
– Schuldrecht, 4. Aufl., Berlin–New York 1973
– Rechtswissenschaft und Demokratie bei Justice Oliver Wendell Holmes, Eine rechtsvergleichende Kritik der politischen Jurisprudenz, Karlsruhe 1970
Fischer, Robert: Die Weiterbildung des Rechts durch die Rechtsprechung, Karlsruhe 1971
Fischer, Theo: Schadensberechnung im gewerblichen Rechtsschutz, Urheberrecht und unlauteren Wettbewerb, Freiburg/Schw. 1960
Flume, Werner: Richterrecht im Steuerrecht, Steuerberater-Jahrbuch 1964/65, S. 55 ff.
– Allgemeiner Teil des Bürgerlichen Rechts, Bd. 2: Das Rechtsgeschäft, 2. Aufl., Berlin–Heidelberg–New York 1975
– Richter und Recht, Verhandlungen des 46. Deutschen Juristentages, Essen 1966, B II (Sitzungsberichte, Teil K), München–Berlin 1967
– Die Vereinsstrafe, in: Festschrift für Eduard Bötticher zum 70. Geburtstag am 29. 12. 1969, hrsg. von Karl August Bettermann und Albrecht Zeuner, Berlin 1969, S. 101 ff.
Forsthoff, Ernst: Umbildung des Verfassungsgesetzes, in: Festschrift für Carl Schmitt, Berlin 1959, S. 35 ff.
– Zur Problematik der Verfassungsauslegung, Stuttgart 1961
– Der Persönlichkeitsschutz im Verwaltungsrecht, in: Festschrift für den 45. Deutschen Juristentag, überreicht von der juristischen Studiengesellschaft in Karlsruhe, Karlsruhe 1964, S. 41 ff.
– Rechtsstaat im Wandel, Verfassungsrechtliche Abhandlungen 1950–1964, Stuttgart 1964
– Recht und Sprache, Darmstadt 1964 (Neudruck)
– Besprechung von Martin Kriele, Theorie der Rechtsgewinnung, entwickelt am Problem der Verfassungsinterpretation, Berlin 1967, Der Staat, Bd. 8 (1969), S. 523 ff.
Fraenkel, Ernst: Zur Soziologie und Klassenjustiz und Aufsätze zur Verfassungskrise 1931–32, Sonderausgabe, Darmstadt 1968
Freud, Sigmund: Massenpsychologie und Ich-Analyse, Die Zukunft einer Illusion, Frankfurt a. M.–Hamburg 1970
Freud, Sigmund/Breuer, Joseph: Studien über Hysterie, Frankfurt a. M.–Hamburg 1970
Friedmann, Wolfgang: Recht und sozialer Wandel, Frankfurt a. M. 1969

Fritzsche, Hans: Schuldbetreibungen, Konkurs- und Sanierung nach schweizerischem Recht, Halbbd. 1 und 2, Zürich 1954

Fromm, Friedrich Karl/Nordemann, Wilhelm: Urheberrecht, Kommentar zum Urheberrechtsgesetz und zum Wahrnehmungsgesetz, 2. Aufl., Stuttgart–Berlin–Köln–Mainz 1970

Fuhrmann, Hans: Die Wahrnehmung berechtigter Interessen durch die Presse – BGHSt 18, 182, JuS 1970, S. 70 ff.

Gablentz, Otto Heinrich von der: Der Kampf um die rechte Ordnung, Beiträge zur politischen Wissenschaft, Köln-Opladen 1964

Gadamer, Hans-Georg: Wahrheit und Methode, Grundzüge einer philosophischen Hermeneutik, 2. Aufl., Tübingen 1965

Gaedke, Jürgen: Handbuch des Friedhofs- und Bestattungsrechts, Köln-Berlin-Bonn-München, 3. Aufl. 1971

Galbraith: Die moderne Industriegesellschaft, München-Zürich 1968

Gallas, Wilhelm: Der Schutz der Persönlichkeit im Entwurf eines Strafgesetzbuches (E 1962), ZStW Bd. 75 (1963), S. 16 ff.

Galperin, Hans: Ehrenschutz und Arbeitsverhältnis, Düsseldorf 1963

– Der Regierungsentwurf eines neuen Betriebsverfassungsgesetzes. Eine kritische Analyse, Düsseldorf 1971

Gamm, Otto-Friedrich Frhr. von: Zur praktischen Anwendung des allgemeinen Persönlichkeitsrechts, NJW 1955, S. 1826 f.

– Urheberrechtsgesetz, Kommentar, München 1968

– Persönlichkeits- und Ehrverletzungen durch Massenmedien, München 1969

Garve, Christian: Versuche über verschiedene Gegenstände aus der Moral, der Literatur und dem gesellschaftlichen Leben, 5 Teile, Breslau 1792–1802

Gehlen, Arnold: Anthropologische Forschung, Zur Selbstbegegnung und Selbstentdeckung des Menschen, Hamburg 1961

– Moral und Hypermoral, Eine pluralistische Ethik, Frankfurt a.M.-Bonn 1969

– Was ist deutsch? Deutsche Hefte 1971, Heft 1

Geiger, Willi: Die Grundrechte in der Privatrechtsordnung, Stuttgart 1960

Geilen, Gerd: Das Leben des Menschen aus der Sicht des Rechts, FamRZ 1968, S. 121 ff.

– Probleme der Organtransplantation, Zugleich eine Besprechung des Gütgemann-Urteils des LG Bonn, JZ 71, S. 41 ff.

Gelder, Alfons van/Leinemann, Wolfgang: Übungen im Arbeitsrecht, Zivilrechtliche Fälle mit Lösungen für Theorie und Praxis, Berlin-New York 1971

Georgiades, Apostolos: Die Anspruchskonkurrenz im Zivilrecht und Zivilprozeßrecht, München 1968

Germann, Oscar Adolf: Zur Grenze von Recht und Unrecht, in: Festschrift für Fritz von Hippel zum 70. Geburtstag, hrsg. von Josef Esser und Hans Thieme, Tübingen 1967, S. 145 ff.

Gernhuber, Joachim: Lehrbuch des Familienrechts, 2. Aufl., München 1971

Gerstenberg, Ekkehard: Bildberichterstattung und Persönlichkeitsrecht, Ufita Bd. 20 (1955), S. 295 ff.

– Die Urheberrechte an Werken der Kunst, der Architektur und der Photographie, München 1968

Gesell, Michael: Besprechung von Bernd Rüthers, Die unbegrenzte Auslegung, Zum Wandel der Privatrechtsordnung im Nationalsozialismus, Tübingen 1968, Kritische Justiz 1969, S. 314 ff.

Gesetzbuch der Arbeit und eine Auswahl anderer Bestimmungen arbeitsrechtlichen Inhalts, Textausgabe mit Anmerkungen und Sachregister, hrsg. vom Staatlichen Amt für Arbeit und Löhne beim Ministerrat, Berlin 1961

Gierke, Julius von: Handels- und Schiffahrtsrecht, 8. Aufl., Berlin 1958

Gierke, Otto von: Der Entwurf eines bürgerlichen Gesetzbuchs und das deutsche Recht, 2. Aufl. 1889

– Grundzüge des deutschen Privatrechts in: Holtzendorffs Systematischer Enzyklopädie der RW, 7. Aufl., 1. Bd., 1. Hälfte 1813, S. 175 ff.

– Deutsches Privatrecht, Bd. 1–3, Leipzig, Bd. 1: Allgemeiner Teil und Personenrecht, 1936, unveränderter Neudruck der 1. Aufl., Leipzig 1895, Bd. 2: Sachenrecht, 1905, Bd. 3: Schuldrecht, 1917

Gieseke, Ludwig: Die geschichtliche Entwicklung des deutschen Urheberrechts, Göttingen 1957

– Zur Bereicherungshaftung bei Urheberrechtsverletzungen, GRUR 1958, S. 17 ff.

Gieseler, H. Peter: Konsumgüterwerbung und Marktstruktur, Freiburg i. Br. 1971

Giesen, Dieter: Warenherstellerhaftung ohne Verschulden?, Zur Problematik einer Haftpflicht aus Vertrauens-, Gefährdungs- oder Aufopferungstatbestand, NJW 1968, S. 1401 ff.

– Anm. zu BGH Urteil vom 26.1. 1971 (VI Z R 95 170) = NJW 71, 801/802

Girord, François: La réparation du préjudice morale, Diss. Paris 1939

Göldner, Detlef Christoph: Verfassungsprinzip und Privatrechtsnorm in der verfassungskonformen Auslegung und Rechtsfortbildung, Berlin 1969

Goldschmidt, Robert: Die heutigen Strömungen in der Rechtswissenschaft, Internationale Zeitschrift für Theorie des Rechts Bd. 10 (1936), S. 300 ff.

Grimmelshausen: Der abenteuerliche Simplicissimus, Stuttgart-Hamburg (Ausgabe des Winther-Verlages München, 3. Buch)

Gross, Rolf: Marktkonzentration im Pressewesen, DVBl 1970, S. 337 ff.

Grossen, Jacpues-Michel: La protection de la personnalité en droit privé (Quelques problèmes actuels), ZSR NF 79 (1960), S. 1 a ff.

– Das Recht der Einzelperson, Schweizerisches Privatrecht, Bd. II, Bern 1967

Grossfeld, Bernhard: Die Privatstrafe, Ein Beitrag zum Schutz des allgemeinen Persönlichkeitsrechts, Frankfurt a.M.-Berlin 1961

– Aktiengesellschaft, Unternehmenskonzentration und Kleinaktionär, Tübingen1968

Grunsky, Wolfgang: Aktuelle Probleme zum Begriff des Vermögensschadens, Bad Homburg v.d.H.-Zürich 1969

– Allgemeine Geschäftsbedingungen und Wettbewerbswirtschaft, BB 1971, S. 113 ff.

Gschnitzer, Franz: Schafft Gerichtsgebrauch Recht?. in: Festschrift zur Hundertjahrfeier des Österreichischen Obersten Gerichtshofes 1850–1950, Wien 1950, S. 40 ff.

Guradze, Heinz: Die Europäische Menschenrechtskonvention, Konvention zum Schutze der Menschenrechte und Grundfreiheiten nebst Zusatzprotokollen, Berlin-Frankfurt a. M. 1968

Habermas, Jürgen: Zur Logik der Sozialwissenschaften, Philosophische Rundschau, Tübingen 1967, Beiheft 5, S. 76 ff.

– Theorie und Praxis, Sozialphilosophische Studien, Neuwied-Berlin 1967

– Erkenntnis und Interesse, Frankfurt a. M. 1968
– Strukturwandel der Öffentlichkeit, Untersuchungen zu einer Kategorie der bürgerlichen Gesellschaft, 4. Aufl., Neuwied-Berlin 1969
– Gegen einen positivistisch halbierten Rationalismus, in: Theodor W. Adorno u. a., Der Positivismusstreit in der deutschen Soziologie, Neuwied-Berlin 1969, S. 235 ff.
Habscheid, Walter J.: Schiedsgerichtsbarkeit und Staatsaufsicht, KTS 20. Jg. (1959), S. 113 ff.
– Das Persönlichkeitsrecht als Schranke der Wahrheitsfindung im Prozeßrecht, in: Gedächtnisschrift für Hans Peters, hrsg. von H. Conrad, H. Jahrreiß, P. Mikat, H. Mosler, H. C. Nipperdey, J. Salzwedel, Berlin-Heidelberg-New York 1967, S. 840 ff.
– Umwelt und Recht, Das Ende des Offenbarungseides, NJW 1970, S. 1669 ff.
Häberle, Peter: Besprechung von Wolfgang Martens, Öffentlich als Rechtsbegriff, Bad Homburg v.d.H.-Berlin-Zürich 1969, DÖV 1969, S. 653 ff.
– Öffentliches Interesse als juristisches Problem, Eine Analyse von Gesetzgebung und Rechtsprechung, Bad Homburg 1970
Häberle, Peter/Scheuing, Dieter H: Der wählerische Zeitungsverleger, Fall aus dem öffentlichen Recht, JuS 1970, S. 524 ff.
Hacks, Susanne: Schmerzensgeldbeträge, Übersicht über neue Gerichtsentscheidungen, ADAC Schriftenreihe, Bd. 3, 7. Aufl. München 1973
Haensel, Carl: Die Gegendarstellung im Fernsehen; Widersprüche im Landesrecht, Zuständigkeit, in: Tübinger Festschrift für Eduard Kern, hrsg. von der Rechtswissenschaftlichen Abteilung der Rechts- und Wirtschaftswissenschaftlichen Fakultät der Universität Tübingen, Tübingen 1968, S. 242 ff.
Hagelstange, Rudolf: Altherrensommer, Hamburg 1969
Hahn, C.: Die gesammten Materialien zu dem Gerichtsverfassungsgesetz und dem Einführungsgesetz zu demselben vom 27. 1. 1877, Berlin 1879
Hahn, C./Stegmann, Eduard: Die gesammten Materialien zur Civilprozeßordnung und dem Einführungsgesetz zu derselben vom 30. Januar 1877, 1. Abth., 2. Aufl., Berlin 1881
Halbwachs, Maurice: Das Gedächtnis und seine sozialen Bedingungen, Berlin-Neuwied 1966
Hanack, Ernst-Walther: Rechtsprobleme bei Organtransplantationen, Studium Generale Bd. 23 (1970), S. 428 ff.
Hanau, Peter: Ist der Haftungsausschluß bei Arbeitsunfällen (§§ 636, 637 RVO) noch gerechtfertigt? JurA 1970, S. 112 ff.
– Unklarheiten in dem Regierungsentwurf des Betriebsverfassungsgesetzes, BB 1971, S. 485 ff.
Haney, Gerhard: Sozialistisches Recht und Persönlichkeit, Berlin (Ost) 1967
Hannover, Heinrich: Demonstrationsfreiheit als demokratisches Grundrecht, Kritische Justiz 1968, S. 51 ff.
Hartlieb, Berthold von/Hartlieb, Horst von: Filmrecht, München 1957
Hartmann, G.: Der Civilgesetzentwurf, das Aequitätsprinzip und die Richterstellung, AcP Bd. 73 (1888), S. 309 ff.
Hartmann, Nicolai: Das Problem des geistigen Seins, 3. Aufl., Berlin 1962
Hartmann, Peter: Persönlichkeitsrecht und Schmerzensgeld, NJW 1962, S. 12 ff.
– Persönlichkeitsrecht und Schmerzensgeld, NJW 1964, S. 793 ff.

Hartung, Hansrudolf: Haftpflichtversicherung und Schmerzensgeld, NJW 1957, S. 125 ff.

Hattenauer, Hans: Zwischen Hierarchie und Demokratie, Eine Einführung in die geistesgeschichtlichen Grundlagen des geltenden Rechts, Karlsruhe 1971

Haug, Wolfgang Fritz: Der hilflose Antifaschismus, Frankfurt a. M. 1967

Hayakawa, Samuel Ichiye: Semantik. Sprache im Denken und Handeln. Aus dem Amerikanischen übersetzt und hrsg. von Günther Schwarz, Darmstadt 1967

Hayek, Friedrich A.: Die Verfassung der Freiheit, Tübingen 1971

Heck, Philipp: Grundriß des Schuldrechts, Aalen 1958, Neudruck der Ausgabe Tübingen 1929

– Interessenjurisprudenz, Tübingen 1933

Hedemann, Justus Wilhelm: Die Flucht in die Generalklauseln, Eine Gefahr für Recht und Staat, Tübingen 1933

Hedemann, Justus Wilhelm/Lehmann, Heinrich/Siebert, Wolfgang: Volksgesetzbuch, Grundregeln und Buch I, Entwurf und Erläuterungen, München-Berlin 1947

Heesen, Paul: Haftung der Ehefrau für das Arzthonorar, MDR 1948, S. 238 f.

Hegel, Georg Wilhelm Friedrich: Grundlinien der Philosophie des Rechts, Berlin 1821

Heigert, Hans: Deutschlands fahde Träume – oder: Die verführte Nation, Hamburg 1967

Heinze, Christian: Autonome und heteronome Verteilung. Rechtsordnung staatlicher Lenkung von Produktion und Verteilung, Berlin 1970

Heitmann, Lutz: Der Schutz der materiellen Interessen an der eigenen Persönlichkeitssphäre durch subjektiv-private Rechte, Diss. Hamburg 1963

Heldrich, Andreas: Vergeudung von Freizeit als Vermögensschaden? NJW 1967, S. 1737 ff.

– Der Persönlichkeitsschutz Verstorbener, in: Rechtsbewahrung und Rechtsentwicklung, Festschrift für Heinrich Lange zum 70. Geburtstag, 25. März 1970, hrsg. von Kurt Kuchinke, München 1970, S. 163 ff.

Helfer, Christian: Jherings Gesellschaftsanalyse im Urteil der heutigen Sozialwissenschaft, in: Jherings Erbe, Göttinger Symposion zur 150. Wiederkehr des Geburtstags von Rudolph von Jhering, hrsg. von Franz Wieacker und Christian Wollschläger, Göttingen 1970, S. 79 ff.

Helfritz: Der geschichtliche Bestand und die legislative Verwertbarkeit von Widerruf, Abbitte und Ehrenerklärung, Diss. Greifswald 1905

Helle, Ernst: Die Rechtswidrigkeit der ehrenrührigen Behauptung, NJW 1961, S. 1896 ff.

– Die Unwahrheit und die Nichterweislichkeit der ehrenrührigen Behauptung, NJW 1964, S. 841 ff.

– Der Schutz der Persönlichkeit der Ehre und des wirtschaftlichen Rufs im Privatrecht, vornehmlich auf Grund der Rechtsprechung, 2. Aufl., Tübingen 1969

– Muß der Beleidiger den Widerruf seiner ehrenrührigen Behauptung eigenhändig unterzeichnen?, DRiZ 1970, S. 157 ff.

Heller, Hermann: Staatslehre, hrsg. von Gerhart Niemeyer, Leiden 1934

Heller, Ludwig Viktor/Stix, Leopold: Die Exekutionsordnung, 6. Aufl., Wien 1968

Heller, Theodor: Logik und Axiologie der analogen Rechtsanwendung, Berlin 1961

Hellmer, Joachim: Zur Bedeutung der neuen Schmerzensgeldrechtsprechung für das Strafrecht, Beiträge zur gesamten Strafrechtswissenschaft, Festschrift für Helmut

Mayer zum 70. Geburtstag am 1. Mai 1965, hrsg. von Friedrich Geerds und Wolfgang Naucke, Berlin 1955, S. 665 ff.
Hemsen, Vollert: Der allgemeine bürgerlich-rechtliche Aufopferungsanspruch, Diss. Hamburg 1961
Henckel, Wolfram: Prozeßrecht und materielles Recht, Göttingen 1970
Henke, Horst-Eberhard: Die Schmerzensgeldtabelle, Ein Beitrag zur Lehre vom Billigkeitsurteil, München 1969
Henke, Wilhelm: Sozialtechnologie und Rechtswissenschaft, Der Staat 1969, S. 1 ff.
Hennis, Wilhelm: Politik und praktische Philosophie, Neuwied-Berlin 1963
– Die Krisis des Politischen, in: Wirtschaftstag 71, hrsg. vom Wirtschaftsrat der CDU eV, S. 120 ff.
Henrich: in JA 1970, S. 260
Herbst: Die betrieblichen Ordnungsstrafen, BB 1965, S. 419 ff.
Herbst, Leonore: Öffentlichkeit der Hauptverhandlung, Arztgeheimnis und Schutz der Menschenwürde, NJW 1969, S. 546 ff.
Hertel, Günther: Ärztliche Auskunft, Stuttgart 1966
Herzog, Roman: Das Verhältnis der Europäischen Menschenrechtskonvention zu späteren deutschen Gesetzen, DÖV 1959, S. 44 ff.
– Grundrechte und Gesellschaftspolitik, in: Berliner Festschrift für Ernst E. Hirsch, dargebracht von Mitgliedern der Juristischen Fakultät zum 65. Geburtstag, Berlin 1968, S. 63 ff.
– Allgemeine Staatslehre, Frankfurt a. M. 1971
Hesse, Konrad: Grundzüge des Verfassungsrechts der Bundesrepublik Deutschland, 8. Aufl., Karlsruhe 1975
Hesselbach, Walter: Die gemeinwirtschaftlichen Unternehmen, Frankfurt a. M. 1971
Hinderling, Hans: Persönlichkeit und subjektives Recht – Die ärztliche Aufklärungspflicht, Basel 1963
Hippel, Eike von: Persönlichkeitsschutz und Pressefreiheit im amerikanischen und deutschen Recht, BabelsZ Bd. 33 (1969), S. 276 ff.
Hippel, Ernst von: Mensch und Gemeinschaft, Leipzig 1935
– Rechtstheorie und Rechtsdogmatik, Studien zur Rechtsmethode und zur Rechtserkenntnis, Frankfurt a. M. 1964
Hippel, Fritz von: Zur Gesetzmäßigkeit juristischer Systembildung, Berlin 1930
Hirsch, Ernst E.: Das Recht im sozialen Ordnungsgefüge, Beiträge zur Rechtssoziologie, Berlin 1966
– Vorrede in: Helena Papaconstandinou, Schutz des ausübenden Künstlers, Zur Kritik des geltenden Rechts und der Reformvorschläge, Baden-Baden 1960
– Zu einer Methodenlehre der Rechtswissenschaft, JZ 1962, S. 329 ff.
Hirsch, Hans-Joachim: Soziale Adäquanz und Unrechtslehre ZStW Bd. 74 (1962), S. 78 ff.
– Richterrecht und Gesetzesrecht, JR 1966, S. 334 ff.
– Ehre und Beleidigung, Grundfragen des strafrechtlichen Ehrenschutzes, Karlsruhe 1967
– Zur Abgrenzung von Strafrecht und Zivilrecht, in: Festschrift für Karl Engisch zum 70. Geburtstag, hrsg. von Paul Bockelmann, Arthur Kaufmann, Ulrich Klug, Frankfurt a. M. 1969, S. 304 ff.
Hoffmann, Reinhard: Menschwürde und Grundgesetz, Kritische Justiz 1970, S. 48 ff.

Hoffman, Wolfgang: Beweislast und Rechtfertigung bei ehrverletzenden Behauptungen im politischen Bereich, NJW 1966, S. 1200 ff.
– Inhalt und Grenzen der Demonstrationsfreiheit nach dem Grundgesetz, JuS 1967, S. 393 ff.

Hofmann, Werner: Das Elend der Nationalökonomie, in: Unversität, Ideologie, Gesellschaft – Beiträge zur Wissenschaftssoziologie, Frankfurt a. M. 1968, S. 117 ff.

Hofstätter, Peter R.: Die Psychologie der öffentlichen Meinung, 2. Aufl., Wien 1949
– Gruppendynamik, Die Kritik der Massenpsychologie, Hamburg 1957

Hohner, Georg: Subjektive Rechte. – Unter besonderer Berücksichtigung der Blankozession, Bielefeld 1969

Hollerbach, Alexander: Auflösung der rechtsstaatlichen Verfassung? AöR Bd. 85 (1960), S. 241 ff.

Holzschuhber, Ludwig von: Psychologische Grundlagen der Werbung, Essen 1969

Hoppmann, Erich: Zum Schutzobjekt des GWB, in: Wettbewerb als Aufgabe, Nach zehn Jahren Gesetz gegen Wettbewerbsbeschränkungen, Bad Homburg v.d.H.-Berlin-Zürich 1968, S. 61 ff.

Hopt, Klaus: Schadensersatz aus unberechtigter Verfahrenseinleitung, Eine rechtsvergleichende Untersuchung zum Schutz gegen unberechtigte Inanspruchnahme staatlicher Verfahren, München 1968

Horber, Ernst: Grundbuchordnung mit der Ausführungsverordnung, der Grundbuchverfügung und den wichtigsten Nebenbestimmungen, 11. Aufl., München 1970

Horkheimer, Max: Kritische Theorie, Eine Dokumentation, hrsg. von Alfred Schmidt, Bd. 1, Frankfurt a. M. 1968

Horn, Norbert: Zur Bedeutung der Topiklehre Theodor Viehwegs für eine einheitliche Theorie des juristischen Denkens, NJW 1967, S. 601 ff.

Hruschka, Joachim: Die Konstitution des Rechtsfalles, Studien zum Verhältnis von Tatsachenfeststellung und Rechtsanwendung, Berlin 1965

Huber, Ernst R.: Wirtschaftsverwaltungsrecht, Bd. 2, Tübingen 1954

Huber, Hans: Die Bedeutung der Grundrechte für die sozialen Beziehungen unter den Rechtsgenossen, ZSR NF 74 (1955), S. 173 ff.
– Das Recht im technischen Zeitalter, Bern 1960
– Persönlichkeitsschutz und Pressefreiheit, Gutachten im Auftrage des Bundesministers der Justiz, erstattet von Hans Huber und Adolf Schüle, Tübingen 1961
– Der Schutz der Staatsbürgerrechte des Arbeitnehmers, ZSR 1963, S. 131 ff.
– Die verfassungsrechtliche Bedeutung der Vertragsfreiheit heute, Berlin 1966

Huber, Ulrich: Das Öffentliche und das Private in der neueren Entwicklung des Privatrechts, Studium Generale 1970, S. 769 ff.

Hubmann, Heinrich: Der Rechtsschutz der Idee, Ufita Bd. 24 (1957), S. 1 ff.
– Der zivilrechtliche Schutz der Persönlichkeit gegen Indiskretion, JZ 1957, S. 521 ff.
– Pressedarstellung im Film, Ufita Bd. 26 (1958) II, S. 19 ff.
– Der bürgerlichrechtliche Aufopferungsanspruch, JZ 1958, S. 489 ff.
– Der Anspruch auf Widerruf ehrverletzender Pressedarstellung – BGH NJW 1961, 1913, JuS 1963, S. 98 ff.
– Der Bereicherungsanspruch im Persönlichkeitsrecht, in: Der Urheber und seine Rechte, Ehrengabe für Eugen Ulmer, Baden-Baden 1965, S. 108 ff.
– Das Recht auf Identität, in: Aktuelle Fragen aus modernem Recht und Rechtsgeschichte, Gedächtnisschrift für Rudolf Schmidt, im Auftrag der Rechtswissen-

schaftlichen Fakultät der Universität zu Köln, hrsg. von Erwin Seidl, Berlin 1966, S. 161 ff.
– Urheber und Verlagsrecht, 2. Aufl., München-Berlin 1966
– Das Persönlichkeitsrecht, 2. veränderte und erweiterte Auflage, Köln-Graz 1967
– Gewerblicher Rechtsschutz (Patent-, Gebrauchsmuster-, Geschmacksmuster-, Warenzeichen- und Wettbewerbsrecht), Ein Studienbuch, 2. Aufl., München 1969
Hueck, Alfred/Nipperdey, Hans Carl: Lehrbuch des Arbeitsrechts, Bd. 1, 7. Aufl., 1963; Bd. 2, Halbbd. 1, 7. Aufl., 1966; Bd. 2, Halbbd. 2, 7. Aufl., unter Mitarbeit von Franz-Jürgen Säcker, 1970, Berlin-Frankfurt a. M.

Ihering, Rudolf von: Der Kampf ums Recht, 4. Aufl., Wien 1874
– Rechtsgutachten betr. Gäubahn, Iherings-Jahrbücher Bd. 18 (1880), S. 111
– Der Zweck im Recht, 4. Aufl., Bd. I, Leipzig 1904
Ipsen, Knut: Die Richterwahl in Bund und Ländern, DÖV 1971, S. 469 ff.
Isay, Hermann: Rechtsnorm und Entscheidung, Berlin 1929
Isensee, Josef: Subsidiaritätsprinzip und Verfassungsrecht. Eine Studie über das Regulativ des Verhältnisses von Staat und Gesellschaft, Berlin 1968
Italia, Vittorio: Identitâ personale e cronaca fotografica, Riv. dir. ind. 1960, S. 392 ff.

Jäger, Carl Hellmut: Krankheit des Arbeitnehmers, 3. Aufl., Freiburg i. Br. 1968
Jäggi, Peter: Fragen des zivilrechtlichen Schutzes der Persönlichkeit, Basel 1960
– Fragen des privatrechtlichen Schutzes der Persönlichkeit, ZSR NF 79 (1960), S. 133 a ff.
Jakobs, Horst-Heinrich: Eingriffserwerb und Vermögensverschiebung in der Lehre von der ungerechtfertigten Bereicherung, Bonn 1964
Jansen, Paul: Freiwillige Gerichtsbarkeit, 2. Aufl., Berlin 1969–71
– Wandlungen im Verfahren der freiwilligen Gerichtsbarkeit, Tübingen 1964
Jauering, Othmar: Dürfen Prozeßbeteiligte in veröffentlichten Zivilentscheidungen namentlich genannt werden?, in: Festschrift für Eduard Bötticher zum 70. Geburtstag am 29. 12. 1969, hrsg. von Karl August Bettermann und Albrecht Zeuner, Berlin 1969, S. 219 ff.
Jayme, Erik: Die Familie im Recht der unerlaubten Handlungen, Frankfurt a. M.-Berlin 1971
Jerusalem, Franz W.: Die Zersetzung im Rechtsdenken, Stuttgart-Berlin-Köln-Mainz 1968
Jescheck, Hans-Heinrich: Ehreschutz durch das strafrechtliche Feststellungsverfahren, GoldArch Bd. 1957, 364 ff.
Jörgensen, Stig: Vertrag und Recht, Kopenhagen 1968
– Recht und Gesellschaft, Göttingen 1971
Johannes, Hartmut: Zum Widerruf ehrenrühriger Behauptungen, JZ 1964, S. 317 ff.
Jünger, Ernst: Der Arbeiter, Herrschaft und Gestalt, 1932

Kaduk, Hubert: Empfiehlt sich eine Neuregelung der Verpflichtung zum Geldersatz für immateriellen Schaden? JR 1964, S. 322 ff.
Kaestlin, H:. Der Persönlichkeitsschutz nach schweizerischem Recht, NJW 1959, S. 1009 ff.

Kant, Immanuel: Träume eines Geistersehers, Werke hrsg. von E. Cassirer, Bd. 2
– Grundlage des Naturrechts nach den Prinzipien der Wissenschaftslehre, Leipzig-Jena 1796 III, II
– System der Sittenlehre nach den Prinzipien der Wissenschaftslehre, Leipzig-Jena 1798 IV
– Die Metaphysik der guten Sitten, Akademie-Textausgabe 1968 (Nachdruck)
Kaufmann, Arthur: Naturrecht und Geschichtlichkeit, Tübingen 1957
Kaufmann, Ekkehard: Dogmatische und rechtspolitische Grundlagen des § 253 BGB, AcP Bd. 162 (1963), S. 421 ff.
Kaufmann, Horst: Allgemeines Persönlichkeitsrecht und Schmerzensgeld, JuS 1963, S. 373 ff.
Kaupen, Wolfgang: Die Hüter von Recht und Ordnung, Die soziale Herkunft, Erziehung und Ausbildung der deutschen Juristen – Eine soziologische Analyse, Neuwied-Berlin 1969
Kellmann, Christof: Grundsätze der Gewinnhaftung, Rechtsvergleichender Beitrag zum Recht der ungerechtfertigten Bereicherung, Berlin 1969
Kelsen, Hans: The Natural-Law-Doctrine before the Tribunal of Science, in: Natural Law and World Law, Tokyo 1954
– Reine Rechtslehre, Leipzig-Berlin 1934, 2. Aufl., Wien 1960
– Aufsätze zur Ideologiekritik, hrsg. von E. Topitsch, Neuwied-Berlin 1964
Kern, Eduard: Geschichte des Gerichtsverfassungsrechts, München-Berlin 1954
Kessler, Friedrich/Sharp, Malcolm Pitman: Contracts, Cases and Materials, Boston-Toronto 1953
Kienapfel, Diethelm: Privatsphäre und Strafrecht, Frankfurt a. M. 1969
Kiesow, Bernd-Joachim: Die Vereinbarkeit des Schiedsgerichtswesens mit dem Grundgesetz, KTS Bd. 23 (1962), S. 224 ff.
Kimminich, Otto: Die Freiheit, nicht zu hören, Der Staat 1964, S. 61 ff.
Kipp, Theodor/Coing, Helmut: Erbrecht, 12. Aufl., Tübingen 1965
Klein, Friedrich/Fabricius, Fritz: Das Recht auf Bildung und seine Verwirklichung im Ballungsraum, Stuttgart 1969
Kleine, Heinz: Die Urteile des Bundesgerichtshofes zum Leistungsschutz für die ausübenden Künstler, GRUR 1960, S. 577 ff.
Kleinheyer, Gerd: Eingriffsbereicherung durch unbefugte Nutzung und Wertersatz, JZ 1961, S. 473 ff.
Klingsporn: Der zivilrechtliche Persönlichkeitsschutz, Beilage zum BAnz Nr. 1 vom 3. 1. 1963
Kloepfer, Michael: Grundrechte als Entstehungssicherung und Bestandschutz, München 1970
Knieper, Rolf: Technokratische Rationalität in Allgemeinen Geschäftsbedingungen? ZRP 1971, S. 60 ff.
Knies, Wolfgang: Schranken der Grundfreiheit als verfassungsrechtliches Problem, München 1967
Knöpfel, Gottfried: Billigkeit und Schmerzensgeld, AcP Bd. 155 (1956), S. 135 ff.
Knöpfle, Robert: Der Rechtsbegriff „Wettbewerb“ und die Realität des Wirtschaftslebens, Köln-Berlin-Bonn-München 1966
Koebel, Ulrich: Das Fortwirken des Persönlichkeitsrechts nach dem Tode, NJW 1958, S. 936 ff.

– Film und Fernsehen als Mittel und Gegenstand werbender Kritik, in: Aktuelles Filmrecht V (1962), Schriftenreihe der Ufita, Heft 24, S. 35 ff.
– Der presserechtliche Anspruch auf Gegendarstellung, NJW 1963, S. 790 ff.
– Persönlichkeitsschutz gegenüber öffentlichen Informationen, MdR 1972, S. 8 ff.

Köbl, Hans: Das presserechtliche Entgegnungsrecht und seine Verallgemeinerung, Berlin 1966

Koenig, Otto: Kultur und Verhaltensforschung, München 1970

König, René : Studien zur Soziologie, Thema mit Variationen, Frankfurt a. M.-Hamburg 1971

Kofler, Leo: Zur Soziologie des Arbeiters, Schmollers Jahrbuch Bd. 78 (1958), S. 513 ff.

Kofler: Zur Geschichte der bürgerlichen Gesellschaft, 3. Aufl., 1966

Kogon, Eugen: Die Antinomien emanzipatorischer Prozesse, Frankfurter Hefte, 26. Jg. (1971), Heft 4, S. 235 ff.

Kohler, Josef: Deutsches Patentrecht, Mannheim 1878
– Ideale im Recht, Archiv für Bürgerliches Recht, 5 (1891), S. 161, 250 ff.
– Kunstwerkrecht, Gesetz vom 9. Januar 1907, Stuttgart 1908
– Der unlautere Wettbewerb, Darstellung des Wettbewerbsrechts, Berlin-Leipzig 1914

Kohlhaas, Max: Zur Feststellung des Todeszeitpunktes Verstorbener, Deutsche Medizinische Wochenschrift 1968, S. 412 ff.

Konzen, Kurt: Aufopferung im Zivilrecht, Berlin 1969

Kornblum, Udo: Probleme der schiedsrichterlichen Unabhängigkeit, München 1968

Koselleck, Reinhart: Preußen zwischen Reform und Revolution, Allgemeines Landrecht, Verwaltung und soziale Bewegung von 1791–1848, Stuttgart 1967

Koziol, Helmut: Zum Begriff des Vermögensschadens im bürgerlichen Recht, Eine Buchbesprechung, Hans-Joachim Mertens, Der Begriff des Vermögensschadens im bürgerlichen Recht, Stuttgart-Berlin-Köln-Mainz 1967, Zeitschrift für Rechtsvergleichung 1969, S. 22 ff.

Kraft, Alfons: Interessenabwägung und gute Sitten um Wettbewerbsrecht, München-Berlin 1963

Kraft, Victor: Die Grundlagen einer wissenschaftlichen Wertlehre, 2. Aufl., Wien 1951

Kraft, V.: Die Unmöglichkeit der Geisteswissenschaften, 1957

Kramer, Ernst A.: Der Kampf um die Rechtswissenschaft, ZRP 1970, S. 82 ff.

Kraus, Karl: Die Sprache, München 1969

Krawietz, Werner: Das positive Recht und seine Funktion, Kategoriale und methodologische Überlegungen zu einer funktionalen Rechtstheorie, Berlin 1967
– Welche Methode lehrt die juristische Methodenlehre? , JuS 1970, S. 425 ff.

Krent, Dietrich: Nachweis der Arbeitsunfähigkeit durch privatärztliches Attest, Gutachten, BB 1961, S. 99 ff.

Kreutzer, P.: Bankgeheimnis und Auskunftspflicht unter besonderer Berücksichtigung der rechtlichen Grundlagen, Diss. Würzburg 1956

Kriele, Martin: Kriterien der Gerechtigkeit, Zum Problem des rechtsphilosphischen und politischen Relativismus, Berlin 1963
– Theorie der Rechtsgewinnung, entwickelt am Problem der Verfassungsinterpretation, Berlin 1967
– Rechtspositivismus und Naturrecht – politisch beleuchtet, JuS 1969, S. 149 ff.

Kronstein, Heinrich: Recht und wirtschaftliche Macht, Ausgewählte Schriften, Karlsruhe 1962
– Das Recht der internationalen Kartelle, Berlin 1967
– Private Gerichtsbarkeit in Deutschland? ZRP 1970, S. 10 ff.
Krüger, Herbert: Allgemeine Staatslehre, 2. Aufl., Stuttgart 1966
– Der Regierungsentwurf eines Betriebsverfassungsgesetzes vom 29. Januar 1971 und das Grundgesetz, Hamburg 1971
Krüger, Hildegard/Breetzke, Ernst: Gleichberechtigungsgesetz, Kommentar, München 1958
Krüger-Nieland, Gerda: Das Problem der Rechtswidrigkeit bei Beeinträchtigungen der Persönlichkeit, Karlsruher Farom 1961, S. 15 ff.
– Die Verpflichtung zum Ersatz für immateriellen Schaden, 45. Deutscher Juristentag, Karlsruhe 1964, Band II (Sitzungsberichte), München-Berlin 1965, SC 31 ff.
– Persönlichkeitsschutz Verstorbener als Schranke der Freiheit der Kunst, GRUR 1968, S. 523 ff.
– Das Recht der Persönlichkeit und die Freiheit der Kunst, Ufita 53 (1969), S. 181 ff.
Krug, Paul-Eberhard: Ehre und Beleidigungsfähigkeit von Verbänden, Berlin 1965
Kubisch, Hans-Joachim: Überraschungsentscheidungen im Zivilprozeß, NJW 1965, S. 1315 ff.
Kübler, Friedrich: Der deutsche Richter und das demokratische Gesetz, AcP Bd. 162 (1963), S. 104 ff.
– Der Referentenentwurf für ein neues Schadensersatzrecht und die zivilrechtliche Haftung der Presse, JZ 1968, S. 542 ff.
– Amt und Stellung des Richters, DRiZ 1969, S. 379 ff.
– Kodifikation und Demokratie, JZ 1969, S. 645 ff.
Küchenhoff, Günther: Verfassungswidrigkeit des § 626 Abs. 2 BGB n. F., AuR 1971, S. 1 ff.
Kühne, Hans-Heiner: Ausschluß der Öffentlichkeit im Strafverfahren, Anhörung medizinischer und psychologischer Sachverständiger, NJW 1971, S. 224 ff.
Küppers, Hans/Reinartz, Bertold: Das Städtebauförderungsgesetz, Systematik, die wichtigsten Rechtsfragen, wirtschaftliche Auswirkungen, NJW 1971, S. 2041 ff.
Küster, Otto: Poena aut satisfactio, JZ 1954, S. 1 ff.

Lacambra, Luis Legaz Y: Rechtsphilosophie, Neuwied/Rh.-Berlin 1965
Landwehr, Wilfried: Das Recht am eigenen Bild, Diss. Zürich, Winterthur 1955
Landwehrmann, Friedrich: Freizeitbeeinträchtigungen und das allgemeine Persönlichkeitsrecht, NJW 1970, S. 1867 ff.
Lang, Wilhelm: Ton- und Bildträger. Materielle und prozessuale Grundfragen in persönlichkeitsrechtlicher Sicht, Bielefeld 1960
Lange, Heinrich: Lehrbuch des Erbrechts, München 1962
– Vom alten zum neuen Schuldrecht, Hamburg 1934
Lange, Hermann: Schadensersatz und Privatstrafe in der mittelalterlichen Rechtstheorie, Münster 1955
Larenz, Karl: Culpa in contrahendo, Verkehrssicherungspflicht und „sozialer Kontakt“, MDR 1954, S. 515 ff.
– Das „allgemeine Persönlichkeitsrecht“ im Recht der unerlaubten Handlung, NJW 195, S. 521 ff.

– Rechtswidrigkeit und Handlungsbegriff im Zivilrecht, in: Vom deutschen zum europäischen Recht, Festschrift für Hans Dölle, Bd. I: Deutsches Privat- und Zivilprozeßrecht, Rechtsvergleichung, hrsg. von Ernst von Caemmerer, Arthur Nikisch, Konrad Zweigert, Tübingen 1963, S. 169 ff.
– Über das Verhältnis von Interpretation und richterlicher Rechtsfortbildung in: Festschrift für Karl Olivecrona, Stockholm 1964, S. 384 ff.
– Der Vermögensbegriff im Schadensersatzrecht, in: Festschrift für Hans Carl Nipperdey zum 70. Geburtstag, hrsg. von Rolf Dietz und Heinz Hübner, München-Berlin 1965, S. 489 ff.
– Über Fahrlässigkeitsmaßstäbe im Zivilrecht, in: Festschrift zum 60. Geburtstag von Walter Wilburg, Graz 1965, S. 119 ff.
– Über die Unentbehrlichkeit der Jurisprudenz als Wissenschaft, Berlin 1966
– Zur „Institution Ehe", Eine Erwiderung, JZ 1968, S. 96 f.
– Methodenlehre der Rechtswissenschaft, 2. Aufl., Berlin-Göttingen-Heidelberg 1969
– Allgemeiner Teil des deutschen Bürgerlichen Rechts, Ein Lehrbuch, 3. Aufl., München 1975
– Ihering und die heutige Lage der Rechtswissenschaft, Iherings Erbe S. 135 ff.
– Lehrbuch des Schuldrechts, Bd. 1: Allgemeiner Teil, 10. Aufl., München 1970
– Lehrbuch des Schuldrechts, Bd. 2: Besonderer Teil, 10. Aufl., München 1972

Laufke, Franz: Vertragsfreiheit und Grundgesetz, Festschrift für Heinrich Lehmann, Bd. I, Berlin-Tübingen, 1956, S. 145 ff.

Lehmann, Heinrich: Die Unterlassungspflicht im Bürgerlichen Recht, München 1906

Leibholz, Gerhard/Rinck, H. J.: Grundgesetz für die Bundesrepublik Deutschland, Kommentar an Hand der Rechtsprechung des Bundesverfassungsgerichts, 3. Aufl., Köln-Marienburg 1968

Leinemann, Wolfgang: Der Begriff Freiheit nach § 823 Abs. 1 BGB, Marburg 1969

Leinfellner: Einführung in die Erkenntnis- und Wissenschaftstheorie, Mannheim 1965

Leinveber: Grundfragen des zivilrechtlichen Persönlichkeits- und Ehrenschutzes, Eine kritische Stellungnahme zum Referentenentwurf eines Gesetzes zu dessen Neuordnung, GRUR 1960, S. 17 ff.

Leipold, Dieter: Wirksamer Ehrenschutz durch gerichtliche Feststellung von Tatsachen, ZZP Bd. 84 (1971), S. 150 ff.
– Einstellungsfragebogen und das Recht auf Arbeit, AuR 1971, S. 161 ff.

Leisner, Walter: Grundrechte und Privatrecht, München 1960

Lenz, Siegfried: Gesammelte Erzählungen, Hamburg 1970

Lepa, Manfred: Rechtsgespräch im Zivilprozeß, DRiZ 1969, S. 5 ff.

Lerche, Peter: Zum „Anspruch auf rechtliches Gehör", ZZP Bd. 78 (1965), S. 1 ff.
– Werbung und Verfassung, Studie im Auftrag des Zentralausschusses der Werbewirtschaft e. V., München-Berlin 1967
– Zur verfassungsrechtlichen Deutung der Meinungsfreiheit, in: Festschrift für Gebhard Müller, Zum 70. Geburtstag des Präsidenten des Bundesverfassungsgerichts, hrsg. von Theo Ritterspach und Willi Geiger, Tübingen 1970, S. 197 ff.
– Pressekonzentration und Grundgesetz, Ergebnisse zweier Rechtsgutachten, BDZV-Schriftenreihe, Heft 8, Bonn-Bad Godesberg

Lessmann, Herbert: Persönlichkeitsschutz juristischer Personen, AcP Bd. 170 (1970), S. 266 ff.

Leuze, Dieter: Die Entwicklung des Persönlichkeitsrechts im 19. Jahrhundert – Zugleich ein Beitrag zum Verhältnis allgemeines Persönlichkeitsrecht – Rechtsfähig-

keit, Diss. Tübingen 1960
Lieberwirth, Ralf: Das Schmerzensgeld, Systematische Darstellung und Entscheidungssammlung, 3. Aufl., Heidelberg 1965
Liebs, Detlef: Reurecht des Käufers „an der Haustür"? Die Möglichkeiten des geltenden Rechts, die grundsätzliche Problematik eines besonderen Reurechts und seine Ausgestaltung im einzelnen, Göttingen 1970
Liermann, Hans: Persönlichkeitsrecht der Stiftung, Ihr Recht auf Name und Wesensart, Festgabe für Matthias Simon, Zeitschrift für bayerische Kirchengeschichte Bd. 32 (1963), S. 365 ff.
Lipset, Seymour Martin: Soziologie der Demokratie, Neuwied/Rh.-Berlin 1962
Liszt, Franz von: Die Grenzgebiete zwischen Privatrecht und Strafrecht, Kriminalistische Bedenken gegen den Entwurf eines Bürgerlichen Gesetzbuches für das deutsche Reich, Berlin 1889
Liver, Peter: Eigentumsbegriff und Eigentumsordnung, in: Privatrechtliche Beiträge, Gedenkschrift Franz Gschnitzer, hrsg. von Christoph Faistenberger und Heinrich Mayrhofer, Aalen 1969, S. 247 ff.
Lobe, Adolf: Die Bekämpfung des unlauteren Wettbewerbs, Leipzig 1907
Löbsack, Theo: Die manipulierte Seele, Von der Gehirnwäsche zum gesteuerten Gefühl, München 1971
Löffler, Martin: Die Bedenken gegen den Entwurf des Persönlichkeits- und Ehrenschutzgesetzes, Ufita Bd. 30 (1960), S. 69 ff.
– Persönlichkeitsschutz und Meinungsfreiheit, NJW 1959, S. 1 ff.
– Presserecht, Kommentar, 2. Aufl., Band I: Allgemeine Grundlagen, Verfassungs- und Bundesrecht, München 1969, Band II: Die Landespressegesetze der Bundesrepublik Deutschland, München 1968
Löwe, E./Rosenberg, Werner: Die Strafprozeßordnung und das Gerichtsverfassungsgesetz mit Nebengesetzen, Großkommentar, 21. Aufl., hrsg. von Hanns Dünnebier, Friedrich Wilhelm Geier u. a., Bd. 1 und 2, Bd. 1, Berlin 1963; Bd. 2, Berlin 1965, Ergänzungsband, Berlin 1967
Löwisch, Manfred: Probleme der Zulässigkeit von Sympathiestreik und Sympathieaussperrung, RdA 1962, S. 314 ff.
– Der Deliktsschutz relativer Rechte, Berlin 1970
Löwisch/Rödig: Besprechung von Herbert Wiedemann, Das Arbeitsverhältnis als Austausch- und Gemeinschaftsverhältnis, Karlsruhe 1966, RdA 1970, S. 55 ff.
Löwisch, Manfred/Würtenberger, Thomas: Vertragsstrafe und Betriebsstrafe im Arbeitsrecht, JuS 1970, S. 261 ff.
Löwith, Karl: Von Hegel zu Nietzsche, Der revolutionäre Bruch im Denken des 19. Jahrhunderts – Marx und Kierkegaard, 2. Aufl., Zürich 1941
– Weltgeschichte und Heilsgeschehen. Die theologischen Voraussetzungen der Geschichtsphilosophie, Stuttgart 1953
Lorenz, Dieter: Fernsehfahndung und öffentliche Gewalt, Bayr. VerwBl. 1971, S. 52 ff.
Lorenz, Konrad: Vom Weltbild des Verhaltensforschers, Drei Abhandlungen, Psychologie und Stammesgeschichte, 3. Aufl., München 1970
Lorenz, Werner: Fortschritte der Schuldrechtsdogmatik, Gedanken zum Erscheinen der zweiten Auflage von Josef Essers „Schuldrecht", JZ 1961, S. 433 ff.
Lüchert, Heinz-Rolf: Konfliktpsychologie, Einführung und Grundlegung, 4. und 5. Aufl., München-Basel 1965

Luhmann, Niklas: Soziologische Aufklärung, Soziale Welt Bd. 18 (1967), S. 97 ff.
– Zweckbegriff und Systemrationalität, Über die Funktion von Zwecken in sozialen Systemen, Tübingen 1968
– Funktionale Methode und juristische Entscheidung, AöR Bd. 94 (1969), S. 1 ff.
– Legitimation durch Verfahren, Neuwied a. Rh.-Berlin 1969
– Positivität des Rechts als Voraussetzung einer modernen Gesellschaft, Jahrbuch für Rechtssoziologie und Rechtstheorie Bd. 1 (1970), S. 175 ff.
– Rechtssoziologie, Hamburg 1972
Lunz, L. A.: Internationaler Zivilprozeß, Übersetzung aus dem Russischen: Dietrich Maskow, Berlin 1968

Maass, Hans-Heinrich: Information und Geheimnis im Zivilrecht, Eine rechtshistorische und rechtsvergleichende Kritik der privaten und der gewerblichen Geheimsphäre, Stuttgart 1970
Maetzel, Wolf Bogumil: Beweisverbote zwecks Geheimniswahrung. DVBl 1966, S. 665 ff.
Maihofer, Werner: Ideologie und Recht, Frankfurt a. M. 1968
– Demokratie im Sozialismus, Recht und Staat im Denken des jungen Marx, Frankfurt a. M. 1968
Mammey, Gotthold: Schadensersatz für entgangene Urlaubstage, NJW 1969, S. 1150 ff.
Mangoldt, Hermann von/Klein, Friedrich: Das Bonner Grundgesetz, 2. Aufl., 1966
Marcic, René: Vom Gesetzesstaat zum Richterstaat, Recht als Maß der Macht, Gedanken über den demokratischen Recht- und Sozialstaat, Wien 1957
– Pflichten und Grenzen der Rechte, Eine Analyse der Art. 29 und 35 der Allgemeinen Erklärung der Menschenrechte, Journal der Internationalen Juristen-Kommission, Bd. IX (1968), S. 651
– Rechtsphilosophie, Eine Einführung, Freiburg i. Brs. 1969
Marcuse, Herbert: Der eindimensionale Mensch, Studien zur Ideologie der fortgeschrittenen Industriegesellschaft, Neuwied-Berlin 1967
– Kultur und Gesellschaft I, 9. Aufl., Frankfurt a. M. 1970
Marokovits, Inga: Sozialistisches und bürgerliches Zivilrechtsdenken in der DDR, Köln 1969
Martens, Wolfgang: Öffentlich als Rechtsbegriff, Bad Homburg v. d. H.-Berlin-Zürich 1969
Marwitz, Bruno/Möhring, Philipp: Das Urheberrecht an Werken der Literatur und der Tonkunst in Deutschland, Kommentar zum Reichsgesetz vom 19. Juni 1901, 22. Mai 1910 und den internationalen Verträgen Deutschlands, Berlin 1929
Marx, Karl: Friedrich Engels, Ausgewählte Briefe, Berlin 1953
– Selbstentfremdung durch die Arbeitsteilung, Die Deutsche Ideologie (1845/46), in: Frühschriften, hrsg. von Siegfried Landshut, Stuttgart 1953, S. 361 ff.
Marx, Karl/Engels, Friedrich: Werke, Berlin 1958
Marx, Karl: Verhandlungen des 6. Rheinischen Landtags, 3. Artikel, Debatten über das Holzdiebstahlsgesetz, in: Frühschriften, Bd. I, Ausgabe Lieber-Furth, Stuttgart 1962
Marx, Michael: Zur strafrechtlichen Verantwortlichkeit des Spruchrichters gemäß § 336 StGB, JZ 1970, S. 248 ff.
Maunz, Theodor/Dürig, Günter/Herzog, Roman: Grundgesetz, Kommentar, 2. Aufl., München 1963 ff.

Maurach, Reinhart: Deutsches Strafrecht, Lehrbuch, Besonderer Teil, 5. Aufl., Karlsruhe 1969
Maurer, Hans: Das Persönlichkeitsrecht der juristischen Person bei Konzern und Kartell, Aarau 1955
Mauthner, Fritz: Beiträge zu einer Kritik der Sprache, Bd. 3: Zur Grammatik und Logik, 2. Aufl., Stuttgart-Berlin 1913
May, Erich: Zum Schutze der Persönlichkeit nach dem Tode, NJW 1958, S. 2101 ff.
Mayer-Maly, Theo: Rechtskenntnis und Gesetzesflut, Salzburg-München 1969
– Über die Teilnichtigkeit, in: Privatrechtliche Beiträge, Gedenkschrift Franz Gschnitzer, hrsg. von Christoph Faistenberger und Heinrich Mayrhofer, Aalen 1969, S. 265 ff.
– Arbeitsrechtliche Rechtsfortbildung, DB 1970, S. 444 ff.
– Der liberale Gedanke und das Recht, in: Festschrift für Adolf J. Merkl. zum 80. Geburtstag, hrsg. von Max Imboden, Friedrich Koja, René Marcic, Kurt Ringhofer, Robert Walter, Salzburg 1970, S. 247 ff.
Medicus, Dieter: Bürgerliches Recht, Eine nach Anspruchsgrundlage geordnete Darstellung zur Examensvorbereitung, 7. Aufl., Köln 1975
Meier-Hayoz, Arthur: Der Richter und das richterliche Gewohnheitsrecht, Ein Beitrag zur Frage nach der normativen Kraft der Rechtsprechung, ÖJZ 1954, S. 440 ff.
– Der Richter als Gesetzgeber, Eine Besinnung auf die von den Gerichten befolgten Verfahrensgrundsätze im Bereich der freien richterlichen Rechtsfindung gemäß Art. 1 Abs. 2 des schweizerischen Zivilgesetzbuchs, Zürich 1951
Menger, Anton: Das Bürgerliche Recht und die besitzlosen Volksklassen, unveränderter Nachdruck der 4. Aufl., Darmstadt 1968
Mennicken, Axel: Das Ziel der Gesetzesauslegung, Eine Untersuchung zur subjektiven und objektiven Auslegungstheorie, Bad Homburg v. d. H.-Berlin-Zürich 1970
Mertens, Hans-Joachim: Persönlichkeitsrecht und Schadensersatz – BGHZ 35, 363, JuS 1962, S. 261 ff.
– Der Begriff des Vermögensschadens im bürgerlichen Recht, Stuttgart-Berlin-Köln-Mainz 1967
Merz, Hans: Privatautonomie heute – Grundsatz und Rechtswirklichkeit, Karlsruhe 1970
– Der zivilrechtliche Schutz der Persönlichkeit gegen Ehrverletzungen, SJZ 1971, S. 65 ff.
Mestmäcker, Ernst-Joachim: Eingriffserwerb und Rechtsverletzung in der ungerechtfertigten Bereicherung, JZ 1958, S. 521 ff.
– Über die normative Kraft privatrechtlicher Verträge, JZ 1964, S. 441 ff.
Meyer-Cording, Ulrich: Die Vereinsstrafe, Tübingen 1957
– Betriebsstrafe und Vereinsstrafe im Rechtsstaat, NJW 1966, S. 225 ff.
– Die Rechtsnormen, Tübingen 1971
Michaelis, Karl: Der Persönlichkeitsbegriff in seiner Eignung als Rechtsbegriff, in: D. Th. Heckel, Person und Recht, Vorträge, gehalten auf der Tagung evangelischer Juristen 1962, München 1962, S. 40 ff.
Michas, Joachim: Arbeitsrecht der DDR, Autorenkollektiv unter Leitung von Dr. Joachim Michas, Berlin 1968
Mitscherlich, Alexander: Auf dem Weg zur vaterlosen Gesellschaft, Ideen zur Sozialpsychologie, München 1963

– Versuch, die Welt besser zu bestehen, Fünf Plädoyers in Sachen Psychoanalyse, Frankfurt a. M. 1970

Möhring, Philipp: Die Nachprüfung kartellrechtlicher Entscheidungen von Schiedsgerichten durch die ordentlichen Gerichte, NJW 1968, S. 369 ff.

Möhring, Philipp/Nicolini, Käte: Urheberrechtsgesetz, Gesetz über Urheberrecht und verwandte Schutzrechte (Urheberrechtsgesetz) vom 9. September 1965, erl. von Philipp Möhring und Käte Nicolini unter Mitwirkung von Otto Arzt, Hermann Kroitzsch, Wolfgang Spautz, Berlin-Frankfurt a. M. 1970

Mohrbotter, Kurt: Zur strafrechtlichen Verantwortlichkeit des Spruchrichters und Staatsanwalts für den Inhalt der richterlichen Entscheidung, JZ 1969, S. 491 ff.

Mückenberger, Ulrich: Legitimation durch Realitätsverleugnung, Am Beispiel Privatautonomie, Kritische Justiz 1971, S. 248 ff.

– Besprechung von Manfred Wolf, Rechtsgeschäftliche Entscheidungsfreiheit und vertraglicher Interessenausgleich, Tübingen 1970, Kr. Justiz 1971, S. 343 f., s. auch Wolf

Müller: Straßenverkehrsrecht, Bd. 1 und 2, 22. Aufl., bearb. von Wolfgang Möhl, Werner Full und Karl Rüth, Berlin 1969

Müller, Friedrich: Normstruktur und Normativität, Zum Verhältnis von Recht und Wirklichkeit in der juristischen Hermeneutik, entwickelt an Fragen der Verfassungsinterpretation, Tübingen 1966

Müller, Jörg Paul: Die Grundrechte der Verfassung und der Persönlichkeitsschutz des Privatrechts, Bern 1964

Müllereisert, Arthur: Die Ehre im deutschen Privatrecht, Berlin 1931

Müller-Freienfels, Wolfram: Zur Lehre vom sogenannten „Durchgriff" bei juristischen Personen im Privatrecht, AcP Bd. 156 (1957), S. 522 ff.

– Ehe und Recht, Tübingen 1962

– Zur Rechtsprechung beim sog. „Mätressen-Testament", Zugleich eine Besprechung des Urteils der BGH vom 26. 2. 1968 – III ZR 38/65, JZ 1968, S. 441 ff.

Müller-Henneberg, Hans/Schwartz, Gustav: Gesetz gegen Wettbewerbsbeschränkungen und Europäisches Kartellrecht, Gemeinschaftskommentar, 2. Aufl., Köln-Berlin-Bonn-München 1963

Münch, Fritz: Zur Anerkennung der Menschenrechtskonvention in der Bundesrepublik Deutschland, JZ 1961, S. 153 ff.

Münstermann, Jörg: Zur Rechtstheorie Niklas Luhmanns, Kritische Justiz 1969, S. 323 ff.

Münzberg, Wolfgang: Verhalten und Erfolg als Grundlagen der Rechtswidrigkeit und Haftung, Frankfurt a. M. 1966

Müslang, Franz Hugo: Das Foto als publizistisches Mittel, in: Ernst Dovifat, Handbuch der Publizistik, Bd. 2: Praktische Publizistik, 1. Teil, Berlin 1962, S. 90 ff.

Mugdan, B.: Die gesammten Materialien zum BGB für das Deutsche Reich, Bd. II, Recht der Schuldverhältnisse, Berlin 1899

Myrdal, Gunnar: Objektivität in der Sozialforschung, Frankfurt a. M. 1971

– Objectivity in Social Research, New York 1969

Naendrup, Peter-Hubert: Die Teilnichtigkeit im Recht der AGB, Bielefeld 1966

Narr, Wolf-Dieter: Theoriebegriffe und Systemtheorie, Stuttgart-Berlin-Köln-Mainz 1969

Nass, Gustav: Person, Persönlichkeit und juristische Person, Berlin 1964
Naucke, Wolfgang: Mißbrauch des Strafantrags? wie Hellmer, S. 565 ff.
Nawiasky, Hans: Allgemeine Rechtslehre als System der rechtlichen Grundbegriffe, 2. Aufl., Einsiedeln 1948
– Positives und überpositives Recht, JZ 1954, S. 717 ff.
Netenjakob, Egon: Zimmermanns Steckbrief-Show, Öffentliches Unrecht durch eine öffentlich-rechtliche Anstalt, Frankfurter Hefte 1970, Heft 11, S. 808 ff.
Neumann, Franz: Der Funktionswandel des Gesetzes im Recht der bürgerlichen Gesellschaft, in: Demokratischer und autoritärer Staat, Studien zur politischen Theorie, Frankfurt a. M. 1967, S. 31–81
– Zum Begriff der politischen Freiheit, in: Demokratischer und autoritärer Staat, Studien zur politischen Theorie, Frankfurt a. M. 1967, S. 100 ff.
Neumann, Hans-Wolfgang: Inwieweit gilt die Rechtsprechung zum allgemeinen Persönlichkeitsrecht für die Auslegung des § 97 Abs. 2 UrhG? GRUR 1970, S. 544 ff.
Neumann, Horst: Der Zivilrechtsschaden, Iherings Jahrbücher Bd. 86 (1936/1937), S. 277 ff.
Neumann-Duesberg, Horst: Das gesprochene Wort im Urheber- und Persönlichkeitsrecht, Münster 1949
– Bildberichterstattung über absolute und relative Personen der Zeitgeschichte, JZ 1960, S. 114 ff.
– Die verlegerischen Gefahrenabwendungspflichten, insbesondere die betriebliche und körperschaftliche Organisationspflicht, NJW 1966, S. 624 ff.
– Unterlassungsanspruch der Gewerkschaft gegen den Betriebsinhaber bei Behinderung sozialadäquater Plakatwerbung im Betrieb – Kollision zwischen Koalitionsrecht und Eigentumsrecht –, AuR 1966, S. 289 ff.
– Das Recht auf Anonymität in seiner Erscheinungsform als Recht am eigenen Bild, Juristen-Jahrbuch Bd. 7 (1966/1967)
– Ansprüche der Arbeitnehmer gegen den Unternehmer bei dessen Abweichung von der Einigung des § 37 BetrVG über die Betriebsstillegung. Entschädigung nach § 74 BetrVG – Schadensersatz nach § 823 BGB?, DB 1967, S. 1719 ff.
– Zur Rechtswidrigkeit von Presseäußerungen, WM 1967, S. 890 ff.
– Einschränkung des Geltungsbereichs des § 824 BGB durch die Meinungs- und Informationsfreiheit, NJW 1968, S. 81 ff.
– Persönlichkeitsrecht auf Namensanonymität-Namensnennung des Verteidigers im Pressebericht, JZ 1970, S. 564 ff.
– Fersehsendung „Aktenzeichen XY-ungelöst – und Persönlichkeitsrecht, JZ 1971, S. 305 ff.
– Verwechselung von Urheberpersönlichkeitsrecht mit dem allgemeinen Persönlichkeitsrecht, NJW 1971, S. 1640 ff.
Neumeister, Heddy: Klippen des Eigentums, in: Organisierte Menschlichkeit, Grenzen des sozialen Fortschritts, Freiburg 1962, S. 67 ff.
Neuner, Robert: Interesse und Vermögensschaden, AcP Bd. 133 (1931), S. 277 ff.
Nietzsche, Friedrich: Zeitgemäßes und Unzeitgemäßes, ausgewählt und eingeleitet von Karl Löwith, Frankfurt a. M.-Hamburg 1956
Nikisch, Arthur: Arbeitsrecht, Bd. 1: Allgemeine Lehren und Arbeitsvertragsrecht, 3. Aufl., 1961; Bd. 3: Betriebsverfassungsrecht, 2. Aufl., 1966, Tübingen
Nipperdey, Hans Carl: Rechtswidrigkeit, Sozialadäquanz, Fahrlässigkeit, Schuld im Zivilrecht, NJW 1957, S. 1777

– Der Leistungsschutz des ausübenden Künstlers, Berlin 1959
– Das allgemeine Persönlichkeitsrecht, Ufita Bd. 30 (1960), S. 1 ff.
– Grundrechte und Privatrecht, Eine Universitätsrede, in: Festschrift für Erich Molitor zum 75. Geburtstag, hrsg. im Auftrag der Mitarbeiter von Hans Carl Nipperdey, München-Berlin 1962, S. 17 ff.
– Tatbestandsaufbau und Systematik der deliktischen Grundtatbestände, NJW 1967, S. 1994, 1985 ff.
– Die Würde des Menschen, in: Franz L. Neumann/Hans Carl Nipperdey/ Ulrich Scheuner, Die Grundrechte, Handbuch der Theorie und Praxis der Grundrechte, Bd. II, 2. unveränderte Aufl., Berlin 1968, S. 1 ff.

Nipperdey, Hans Carl/Säcker, Franz Jürgen: Tatbestandsaufbau und Systematik der deliktischen Grundtatbestände, Zum „Referentenentwurf eines Gesetzes zur Änderung und Ergänzung schadensersatzrechtlicher Vorschriften", NJW 1967, S. 1985 ff.

Nipperdey, Hans Carl/Wiese, Günther: Freie Entfaltung der Persönlichkeit, in: Bettermann/Nipperdey, Die Grundrechte, Handbuch der Theorie und Praxis der Grundrechte, 4. Band, 2. Halbbd., Berlin 1962, S. 741 ff.

Noelle-Neumann, Elisabeth: Pressekonzentration und Meinungsbildung, Publizistik 1968, S. 107 ff.

Nörr, Dieter: Zum Ersatz des immateriellen Schadens nach geltendem Recht, AcP Bd. 158 (1959/60), S. 1 ff.

Nolte, Ernst: Theorien über den Faschismus, Köln-Opladen 1967

Nowakowski, Friedrich: Lehre und Rechtsprechung in Strafsachen, Zugleich ein Beitrag zur Frage: Schafft Gerichtsgebrauch Recht? ÖJZ 1955, S. 11 ff.

Obermayer, Klaus: Staatskirchenrecht im Wandel, DÖV 1967, S. 9 ff.

Oehler, Dietrich: In welcher Weise empfiehlt es sich, die Ausbildung der Juristen zu reformieren? Gutachten für den 48. Deutschen Juristentag, Verhandlungen des 48. Deutschen Juristentages, Bd. I, Teil E, München 1970

Oetjens, Hermann: Kritischer Rationalismus und Rechtssoziologie, in: Wolfgang Naukke/Paul Trappe (Hrsg.), Rechtssoziologie und Rechtspraxis, Neuwied-Berlin 1970, S. 11 ff.

Ogburn, William F.: Kultur und sozialer Wandel, Ausgewählte Schriften, hrsg. und eingeleitet von Otis Dudley Duncan, Neuwied-Berlin 1969

Olenhusen, Albrecht Götz von: Recht auf geistiges Eigentum und Raubdrucke, Kritische Justiz 1970, S. 36 ff.

Ossenbühl, Fritz: Probleme und Wege der Verfassungsauslegung, DÖV 1965, S. 649 ff.
– Vertrauensschutz im sozialen Rechtsstaat, DÖV 1972, S. 25 ff.

Osterrieth, Albert: Das Urheberrecht an Werken der bildenden Künste und der Photographie, Gesetz vom 9. Januar 1907. Berlin 1907

Oswald, Wilhelm: Topisches und systematisches Denken in der Jurisprudenz, in: Festgabe für Wilhelm Schönenberger zum 70. Geburtstag am 21. September 1968, überreicht von der rechts-, wirtschafts- und sozialwissenschaftlichen Fakultät der Universität Freiburg Schweiz, Freiburg/Schweiz 1968, S. 3 ff.

Padrutt, Willy: Die Ehestörungsklage, Diss. Bern 1954

Palandt, Otto: Bürgerliches Gesetzbuch, bearb. von Gernhard Danckelmann, Diederichsen u. a., 35. Aufl. München 1976

Pawlowski, Hans Martin: Gedanken zur Methode der Gesetzesauslegung, AcP Bd. 160 (1961), S. 209 ff.

– Das Studium der Rechtswissenschaft, Eine Einführung in das Wesen des Rechts, Tübingen 1969

Pecher, Peter: Der Anspruch auf Genugtuung als Vermögenswert, AcP Bd. 171 (1971), S. 44 ff.

Pestalozza, Christian Graf von: Kritische Bemerkungen zu Methoden und Prinzipien der Grundrechtsauslegung in der Bundesrepublik Deutschland, Der Staat Bd.2 (1963), S. 425 ff.

Peter, Hans: Wandlungen der Eigentumsordnung und der Eigentumslehre seit dem 19. Jahrhundert, Diss. Zürich 1949

Peter, W.: Zur Dauer des allgemeinen Persönlichkeitsrechts, Betrachtungen im Anschluß an das Urteil des BGH in Sachen Mephisto, Film und Welt 8/68, S. 215 ff.

Peters, Hans: Die freie Entfaltung der Persönlichkeit als Verfassungsziel, in: Festschrift für Rudolf Laun, Hamburg, 1953, S. 669 ff.

– Das Recht auf freie Entfaltung der Persönlichkeit in der höchstrichterlichen Rechtsprechung, Köln 1963

Plack, Arno: Unsere unfreie Justiz, Zur Kritik des gesetzlichen Unrechts – Besprechung von Ulrich Sonnemann, Wie frei ist unsere Justiz? Vom Systembau der Niedertracht, München 1969, in: Die Zeit vom 22. 5. 1970, Nr. 21, S. 45

Plessner, Helmuth: Einleitung zur deutschen Ausgabe von Peter L. Berger/Thomas Luckmann, Die gesellschaftliche Konstruktion der Wirklichkeit, Eine Theorie der Wissenssoziologie, Frankfurt a. M. 1969, S. IX ff.

Podlech, Adalbert: Logische Anforderungen kybernetischer Systeme an ihre Anwendung auf Rechtssätze, BB 1968, S. 106 ff.

– Wertungen und Werte im Recht, AöR Bd. 95 (1970), S. 185 ff.

Polay, Elemer: Beiträge zu Iherings Besitztheorie, in: Iherings Erbe, Göttinger Symposion zur 150. Wiederkehr des Geburtstags von R. v. Ihering, hrsg. von Franz Wieacker und Christian Wollschläger, Göttingen 1970, S. 192 ff.

Popper, Karl R.: Die offene Gesellschaft und ihre Feinde, Bd. 2, Bern 1958

– Das Elend des Historizismus, 2. Aufl., Tübingen 1969

– Logik der Forschung, 3. Aufl., Tübingen 1969

Preuss, Ulrich: Zum staatsrechtlichen Begriff des Öffentlichen, Stuttgart 1969

Prölss, Jürgen: Beweiserleichterungen im Schadensersatzprozeß, Karlsruhe 1966

Pross, Helge: Manager und Aktionäre in Deutschland. Untersuchungen zum Verhältnis von Eigentum und Verfügungsmacht, Frankfurt 1965

Protokoll betreffend die Entwicklungsländer im Stockholmer Vertragswerk zum internationalen Urheberrecht, hrsg. von Dr. Georg Koeber, München 1969

Püschel, Heinz: Persönlichkeitsrechte unter dem Schutz des künftigen Zivilrechts, NJ 1967, 726, 758

Püttner, Günter: Die öffentlichen Unternehmen, Verfassungsfragen zur wirtschaftlichen Betätigung der öffentlichen Hand, Bad Homburg v.d.H.-Berlin-Zürich 1969

– Reklame an städtischen Verkehrsmitteln, AfK 1967, S. 110 ff.

Quanter, Rudolf: Die Schand- und Ehrenstrafen, Neudruck der Ausgabe Dresden 1901, Aalen 1970

Radbruch, Gustav/Zweigert, Konrad: Einführung in die Rechtswissenschaft, 12. Aufl., Stuttgart 1969

Raiser, Ludwig: Das Recht der Allgemeinen Geschäftsbedingungen, Berlin 1936
- Vertragsfreiheit heute, JZ 1958, S. 1 ff.
- Vertragsfunktion und Vertragsfreiheit, in: Hundert Jahre Deutsches Rechtsleben, Festschrift zum hundertjährigen Bestehen des Deutschen Juristentages 1860–1960, Karlsruhe 1960, Bd. 1, S. 101 ff.
- Der Stand der Lehre vom subjektiven Recht im Deutschen Zivilrecht, JZ 1961, S. 465 ff.
- Grundgesetz und Privatrechtsordnung, Verhandlungen des 46. Deutschen Juristentages, Essen 1966, Bd. II, Teil B, München-Berlin 1967

Rajewski, Xenia: Arbeitskampfrecht in der Bundesrepublik, Frankfurt a. M. 1970

Ramelow, Michael: Der Lebensbildschutz im Rahmen des allgemeinen Persönlichkeitsrechts, Diss. Hamburg 1963

Ramm, Thilo: Die Freiheit der Willensbildung. Zur Lehre von der Drittwirkung der Grundrechte und der Rechtsstruktur der Vereinigung, Stuttgart 1960
- Besprechung von Hans Brox, Die Einschränkung der Irrtumsanfechtung. Ein Beitrag zur Lehre von der Willenserklärung und deren Auslegung, Kalrlsruhe 1960, in: AcP Bd. 160 (1961), S. 74 ff.
- Einführung in das Privatrecht, Allgemeiner Teil des BGB, Bd. I–III, München 1969–1970

Rasehorn, Theo: Ansätze zu einer Justizfuturologie, Futurum 1970, S. 268 ff.
- Rechtspflege im sozialen Spannungsfeld, in: Der Bürger und sein Recht, Loccumer Protokolle 4/1970, S. 50 ff.

Rausch, Heribert: Das Persönlichkeitsrecht und der Schutz des Einzelnen vor verletzenden Pressebildern, Karlsruhe 1969

Rauschert, Horst: Ärztliches Gutachten über bestehende Erkrankung und allgemeinen Gesundheitszustand von Arbeitnehmern, BB 1959, S. 814 f.

Rehbinder, Manfred: Die öffentliche Aufgabe und rechtliche Verantwortlichkeit der Presse, Diss. Berlin 1961
- Die öffentliche Aufgabe und rechtliche Verantwortlichkeit der Presse. Ein Beitrag zur Lehre von der Wahrnehmung berechtigter Interessen, Berlin 1962
- Öffentliche Aufgabe der Presse? Was ist das? NJW 1963, 1387 ff.
- Beweislast für die Unwahrheit der Behauptung und Umfang des Widerrufsanspruchs beim privatrechtlichen Ehrenschutz, JZ 1963, S. 314 ff.
- Besprechung von Martin Löffler, Presserecht, München 1968/1969, NJW 1969, S. 1616

Reichsgerichte und Bundesrichter (Hrsg.): Das Bürgerliche Gesetzbuch mit besonderer Berücksichtigung der Rechtsprechung des Reichsgerichts und des Bundesgerichtshofes, Bd. I, 1. Teil (§§ 1–240), 11. Aufl., 1959, Bd. I, 2. Teil (§§ 241–432), 11. Aufl., 1960, Bd. II, 2. Teil (§§ 705–853), 11. Aufl., 1960, Berlin

Reimers, Walter: Die Bedeutung der Grundrechte für das Privatrecht, Vortrag, Hamburg 1958

Reinecke, Horst: Schaden und Interesseneinbuße, Beiträge zu einer Schaden- und Schadensersatzordnung, Berlin 1968

Reinhardt, Rudolf: Das Persönlichkeitsrecht in der geltenden Rechtsordnung, Mannheim 1931

- Das Problem des allgemeinen Persönlichkeitsrechts, Zugleich eine Besprechung von: Heinrich Hubmann, „Das Persönlichkeitsrecht", AcP Bd. 153 (1954), S. 548 ff.
- Der Streit um den Persönlichkeitsschutz nach dem Referentenentwurf des Bundesjustizministeriums, JZ 1959, S. 41 ff.
- Persönlichkeitsschutz und Meinungsfreiheit, Tübingen 1961
- Zivilrechtlicher Schutz des Ansehens und berechtigte Interessenwahrung, in: Rechtsbewahrung und Rechtsentwicklung, Festschrift für Heinrich Lange zum 70. Geburtstag, 25. März 1970, hrsg. von Kurt Kuchinke, München 1970, S. 195 ff.
- Das subjektive Recht in § 823 I BGB, JZ 1961, S. 713 ff.

Renner, Karl: Die Rechtsinstitute des Privatrechts und ihre soziale Funktion, Ein Beitrag zur Kritik des bürgerlichen Rechts, Mit einer Einleitung und Anmerkungen von Otto Kahn-Freund, Neudruck Stuttgart 1965, Erstausgabe, Pseudonym Karner, Josef in: Marx-Studien, Bd. I, S. 63–192, Wien 1904

Reuss, Wilhelm: Der politische Demonstrationsstreik, AuR 1969, S. 353 ff.

Ricoeur, Paul: Die Interpretation, Ein Versuch über Freud, Frankfurt a. M. 1969

Ridder, Helmut: Zur Verfassungsdoktrin des NS-Staates, Kritische Justiz 1969, S. 221 ff.

Riesman, David: Die einsame Masse, Eine Untersuchung der Wandlungen des amerikanischen Charakters, Hamburg 1958

Riklin, Franz: Der Schutz der Persönlichkeit gegenüber Eingriffen durch Radio und Fernsehen nach schweizerischem Privatrecht, Freiburg/Schw. 1968

Rinck, Gerd: Warenvergleich durch Verbraucherverbände, BB 1960, S. 949

Ritter, Ernst-Hasso: Der Wandel der Wirtschaftspolitik und die verfassungsrechtliche Bedeutung des Gesetzes gegen Wettbewerbsbeschränkungen, BB 1968, S. 1393 ff.

Ritter, Falko L.: Zum Widerruf einer Tatsachenbehauptung, ZZP Bd. 84 (1971), S. 163 ff.

Rittner, Fritz: Verstehen und Auslegen, Freiburger Dies Universitatis Bd. 14 (1967), S. 60 ff.
- Die Funktion des Eigentums im modernen Gesellschaftsrecht – Gestaltungsformen und Probleme, in: Marburger Gespräche über Eigentum – Gesellschaftsrecht – Mitbestimmung, Marburg 1967, S. 50 ff.

Roeber, Georg: Der Bundesgerichtshof und die Probleme des künstlerischen Leistungsschutzes, Baden-Baden 1961

Rödig, Jürgen: Die Denkform der Alternative in der Jurisprudenz, Berlin-Heidelberg-New York 1969

Roellecke, Gerd: Grundfragen der juristischen Methodenlehre und die Spätphilosophie Ludwig Wittgensteins, in: Festschrift für Gebhard Müller, Zum 70. Geburtstag des Präsidenten des Bundesverfassungsgerichts, hrsg. von Theo Ritterspach und Willi Geiger, Tübingen 1970, S. 323 ff.

Rötelmann, Wilhelm: Nichtvermögensschaden und Persönlichkeitsrechte nach schweizerischem Recht, AcP Bd. 160 (1961), S. 366 ff.
- Persönlichkeitsrechte: insbesondere der Widerruf ehrenrühriger Behauptungen, NJW 1971, S. 1636 ff.

Rohmann, Gerhard: Die Vererblichkeit des Schmerzensgeldanspruchs, Frankfurt a. M.-Berlin 1968

Rosenberg, Leo: Die Beweislast auf der Grundlage des Bürgerlichen Gesetzbuches und der Zivilprozeßordnung, 5. durchges. Aufl., München 1965

Rosenberg, Leo/Schwab, Karl-Heinz: Zivilprozeßrecht, 10. Aufl., München 1969

Rosenthal, Alfred: Gesetz gegen den unlauteren Wettbewerb, Kommentar, 9. Aufl., bearbeitet von E. Leffmann, Berlin-Frankfurt a. M. 1969

Rosin, Heinrich: Das Recht der Öffentlichen Genossenschaft, Eine verfassungsrechtliche Monographie, Zugleich ein Beitrag zur allgemeinen Lehre von der Körperschaft, Freiburg i. B. 1886 (Neudruck Aalen 1971)

Ross, Alf: On Law and Justice, London 1958

Rotberg, Eberhard: Öffentlichkeit der Rechtspflege, Studium Generale Bd. 23 (1970), S. 752 ff.

Rudolphi, Hans-Joachim: Unrechtsbewußtsein, Verbotsirrtum und Vermeidbarkeit des Verbotsirrtums, Göttingen 1969

Rüfner, Wolfgang: Formen öffentlicher Verwaltung im Bereich der Wirtschaft, Untersuchungen zum Problem der leistenden Verwaltung, Berlin 1967

Rüthers, Bernd: Das Recht der Gewerkschaften auf Information und Mitgliederwerbung im Betrieb, RdA 1968, S. 161 ff.

– Die unbegrenzte Auslegung, Zum Wandel der Privatrechtsordnung im Nationalsozialismus, Tübingen 1968

– Institutionelles Rechtsdenken im Wandel der Verfassungsepochen, Ein Beitrag zur politisch-kritischen Funktion der Rechtswissenschaft, Bad Homburg v.d.h.-Berlin-Zürich 1970

Runge, Kurt: Das Urheber- und allgemeine Persönlichkeitsrecht, Ufita 54 (1969). S. 1 ff.

Ruppelt, R.: Das Bankgeheimnis, Diss. Köln 1959

Säcker, Franz-Jürgen: Grundprobleme der kollektiven Koalitionsfreiheit, Rechtsquellen- und interpretationstheoretische Bemerkungen zur legislativen und judikativen Konkretisierung des Art. 9 Abs. 3 GG, Düsseldorf 1969

– Wahrnehmung legitimer politischer Interessen und Deliktsrecht, ZRP 1969, S. 60 ff.

– Rechtsgeschäftsauslegung nach Vertrauensprinzip, JurA 3. Jg. (1971), Heft 6, S. 31 ff.

– Zur demokratischen Legitimation des Richter- und Gewohnheitsrechts, ZRP 1971, S. 145 ff.

– Zielkonflikte und Koordinationsprobleme im deutschen und europäischen Kartellrecht, Kritische Bemerkungen zum Regierungsentwurf der Kartellgesetznovelle vom 28. Mai 1971 und zur EWG-Bagatellkartellbekanntmachung vom 2. Juni 1970, Düsseldorf 1971

Säcker, Horst: Der Widerruf ehrkränkender Behauptungen, MDR 1970, S. 893 ff.

Saladin, Peter: Das Recht auf Bildung, ZSR NF Bd. 90 (1971), 1. Halbbd., S. 113 ff.

Salzwedel, Jürgen: Möglichkeiten und Grenzen einer rechtsstaatlichen Kontrolle des Verfassungsschutzes, in: Gedächtnisschrift für Hans Peters, hrsg. von H. Conrad, H. Jahrreiß, P. Mikat, H. Mosler, H. C. Nipperdey, J. Salzwedel, Berlin-Heidelberg New York 1967, S. 756 ff.

Sandrock, Otto: Grundbegriffe des Gesetzes gegen Wettbewerbsbeschränkungen, München 1968

– Gentlemen's agreements, aufeinander abgestimmte Verhaltensweisen und gleichförmiges Verhalten nach dem GWB, WuW 1971, S. 858 ff.

– Die Einheit der Wirtschaftsordnung, Über Macht und Ohnmacht von Gesetzgeber und Richter im Wirtschaftsrecht, Bemerkungen auch aus Anlaß des Farbenhersteller-Beschlusses des BGH vom 17. 12. 1970, Frankfurt a. M. 1971

Sauer, Wilhelm: Die Ehre und ihre Verletzung, Kritische Untersuchungen über Tatbestand und Rechtswidrigkeit der Beleidigung mit besonderer Rücksicht auf die deutsche Strafrechtsreform, Berlin 1915

Sauter, Eugen: Der eingetragene Verein, Eine gemeinverständliche Erläuterung des Vereinsrechts unter besonderer Berücksichtigung der neuesten Rechtsprechung, 7. Aufl. von Gerhard Schweyer, München 1968

Savigny, Friedrich Carl von: Juristische Methodenlehre, hrsg. von Gerhard Wesenberg, Stuttgart 1951

– System des heutigen Römischen Rechts, Bd. 1–8, Berlin 1840–1849

Schäffler, Fritz: Film und Persönlichkeitsschutz, Ufita Bd. 27 (1959), S. 129 ff.

Schaff, Adam: Marxismus und das menschliche Individuum, Hamburg 1969

Scharmann, Theodor: Persönlichkeit und Gesellschaft, Ausgewählte Aufsätze, hrsg. von Heinz Alfred Müller und Erwin Roth, Göttingen 1966

Schaumann, W: Der Auftrag des Gesetzgebers zur Verwirklichung der Freiheitsrechte, JZ 1970, S. 48 ff.

Scheler, Max: Der Formalismus in der Ethik und die materiale Wertethik, 4. Aufl., Bern 1957

Schelp, Günther/Trieschmann, Günther: Das Arbeitsverhältnis im Krankheitsfalle, Köln 1958

Scheu, Lisa: Interessenwahrnehmung durch Rundfunk und Presse, Berlin 1965

Scheuerle, Wilhelm A.: Richterliches Beratungsgeheimnis und richterliche Meinungsfreiheit, ZZP Band 68 (1955), S. 317 ff.

– Juristische Evidenzen, ZZP Bd. 84 (1971), S. 241 ff.

Scheyhing, Robert: Verfahrensrechtliche Fragen zum Vereinsstrafrecht, JZ 1958, S. 343 ff.

– Zur Geschichte des Persönlichkeitsrehts im 19. Jahrhundert, AcP Bd. 158 (1959/60), S. 503 ff.

Schiffer, Eugen: Die deutsche Justiz, Grundzüge einer durchgreifenden Reform, 2. Aufl., München 1949

Schlegelberger, Franz: Handelsgesetzbuch in der seit dem 1. Oktober 1937 geltenden Fassung (ohne Seerecht), 3. Aufl., Bdn 1–4, erläutert von Ernst Geßler, Wolfgang Hefermehl, Wolfgang Hildebrandt, Georg Schröder, Berlin 1955–1957

Schlessmann, Karl: Stichwort: Arbeitsrecht in: Management-Enzyklopädie, Das Managementwissen unserer Zeit in 6 Bd., Bd. 1, München 1969, S. 391 ff.

Schlosser, Peter: Zur Beweislast im System des zivilrechtlichen Ehrenschutzes, JZ 1963, S. 309 ff.

– Prozessuale Fragen um den privatrechtlichen Vereinsverwaltungsakt, Eine Studie unter besonderer Berücksichtigung des Rechts der Sportverbände, MDR 1967, S. 884 ff., S. 961 ff.

Schmelzeisen, Gustaf Klemens: Zur Geschichte des Persönlichkeitsschutzes, in: Entwicklungen im gewerblichen Rechtsschutz, Festschrift für Karl Nastelski, Mitteilungen der Deutschen Patentanwälte 1969, Heft 11/12, S. 216 ff.

Schmidt, Eberhard: Die Sache der Justiz, Göttingen 1961

– Lehrkommentar zur Strafprozeßordnung und zum Gerichtsverfassungsgesetz, Teil I, 2. Aufl., Göttingen 1964, Teil II, Göttingen 1957; Teil III, Göttingen 1960; Nachträge und Ergänzungen zu Teil II (Strafprozeßordnung), Göttingen 1970

Schmidt, Jürgen: Zur Funktion der subjektiven Rechte, Archiv für Rechts- und Sozialphilosophie Bd. LVII (1971), S. 383 ff

Schmidt, Torsten: Anmerkung zu OLG München, Urteil vom 14. 5. 1970 (1 U 721/70), NJW 1970, S. 2026 ff.

Schmidt, Walther Wieland: Grundrechte und Nationalität juristischer Personen, Eine Untersuchung über den Grundrechtsschutz der inländischen und ausländischen juristischen Personen in der Bundesrepublik Deutschland, Heidelberg 1966

Schmidt-Rimpler, Walter: Grundfragen einer Erneuerung des Vertragsrechts, AcP Bd. 147 (1941), S. 130 ff.

Schmidt-Salzer, Joachim: Zur Technik der topischen Rechtsbildung: Lizenzgebühr und Verletzergewinn als Grundlagen der Schadensberechnung, JZ 1969, S. 81 ff.

– Vertragsfreiheit und Verfassungsrecht, NJW 1970, S. 8 ff.

– Grundfragen des Vertragsrechts im Zivil- und Verwaltungsrecht, NJW 1970, S. 5 ff.

– Allgemeine Geschäftsbedingungen, München 1971

Schmitt Glaeser, Walter: Mißbrauch und Verwirkung von Grundrechten im politischen Meinungskampf, Eine Untersuchung über die Verfassungsschutzbestimmung des Art. 18 GG und ihr Verhältnis zum einfachen Recht, insbes. zum politischen Strafrecht, Bad Homburg v. d. H., Berlin-Zürich 1968

Schneider, Egon. Über Fehlbemessungen des Schmerzensgeldes, JZ 1962, S. 277

Schneider, Erich: Volkswirtschaft und Betriebswirtschaft, Ausgewählte Aufsätze, Tübingen 1964

Schneider, Hans: Die Weitergabe von Anschriften der Postbenutzer in: Gedächtnisschrift für Hans Peters, hrsg. von H. Conrad, H. Jahrreiß, P. Mikat, H. Mosler, H. C. Nipperdey, J. Salzwedel, Berlin-Heidelberg-New York 1967, S. 822 ff.

Schneider, Herbert/Schneider, Uwe H.: Die neuere Entwicklung der Rechtsprechung des Bundesgerichtshofes zur Kommanditgesellschaft, Zeitschrift für Unternehmens- und Gesellschaftsrecht 1972, S. 52 ff.

Schneider, Peter/Ehmke, Horst: Prinzipien der Verfassungsinterpretation, VVDStRL Bd. 20 (1963), S. 1 ff.

Schnyder-Brig, Bernhard: Vertragsfreiheit als Privatrechtsbegriff, Diss. Freiburg (Schweiz) 1960

Schöler, Alfred: Vermachtungserscheinungen im tertiären Sektor, Ordo-Jahrbuch 1968, S. 171 ff.

Schönke, Adolf/Baur, Fritz: Zwangsvollstreckungs-, Konkurs- und Vergleichsrecht, 9. Aufl., Karlsruhe 1969

Schönke, Adolf/Schröder, Horst: Strafgesetzbuch, Kommentar, 15. Aufl., nebst Nachtrag, München 1970

Schönle, Herbert: Bank- und Börsenrecht, München 1971

Scholler, Heinrich: Zum Spannungsverhältnis von Pressefreiheit und Persönlichkeitsverletzung, München 1967

Schorn, Hubert: Die Europäische Konvention zum Schutze der Menschenrechte und Grundfreiheiten in strafgerichtlicher Praxis, DRiZ 1963, S. 339 ff.

Schramm, Theodor: Anleitung zum Abfassen von Examensklausuren für die erste juristische Staatsprüfung auf dem Gebiet des Bürgerlichen-, des Straf- und des Öffentlichen Rechts mit Fällen und Lösungen, Köln-Berlin-Bonn-München 1969

Schrauder, G.: Wettbewerbsverstöße als Eingriffe in das Recht am Gewerbebetrieb, Bielefeld 1970

Schreiber, Rupert: Die rechtliche Beurteilung Allgemeiner Geschäftsbedingungen, NJW 1967, S. 1441 ff.

Schröder, Georg: Auskünfte über den ausgeschiedenen Arbeitnehmer, DB 1959, S. 1371 ff.

Schüle, Adolf/Huber, Hans: Persönlichkeitsschutz und Pressefreiheit, Gutachten im Auftrage des Bundesministers der Justiz erstattet von Hans Huber und Adolf Schüle, Tübingen 1961

Schütte, Wolfgang: Besprechung der Juristischen Analysen (JurA) Heft 1 und 2, 1. Jahrgang, November/Dezember 1969, in: Kritische Justiz 1970, S. 114 ff.

Schulz-Schaeffer, Rudolf: Das subjektive Recht im Gebiet der unerlaubten Handlung, Bd. 1, Marburg 1915

Schulze zur Wiesche, Jörg: Die neue Rechtsprechung zum Wettbewerbsrecht, NJW 1971, S. 1964 ff.

Schumacher, Rainer: Die Presseäußerung als Verletzung der persönlichen Verhältnisse, insbesondere ihre Widerrechtlichkeit, Diss. Freiburg (Schweiz) 1960

Schwarz, Otto/Kleinknecht, Theodor: Strafprozeßordnung, Gerichtsverfassungsgesetz, Nebengesetze, Kommentar, 28. Aufl., München 1969

Schwenk, Edmund H.: Das allgemeine Persönlichkeitsrecht des Arbeitnehmers, NJW 1968, S. 822

Schwerdtner, Peter: Besprechung von Klaus Adomeit, Rechtsquellenfragen im Arbeitsrecht, München 1969, BB 1969, S. 1487 ff.

– Wie politisch ist das Recht? – Rudolf Wiethölter und die deutsche Rechtswissenschaft, ZRP 1969, S. 136 ff.

– Fürsorgetheorie und Entgelttheorie im Recht der Arbeitsbedingungen, Ein Beitrag zum Gemeinschafts- und Vertragsdenken im Individualarbeitsrecht und allgemeinem Zivilrecht, Heidelberg 1970

– Gemeinschaft, Treue, Fürsorge – oder: die Himmelfahrt des Wortes, ZRP 1970, S. 62 ff.

– Besprechung von Albrecht Wellmer, Methodologie als Erkenntnistheorie, Zur Wissenschaftslehre Karl R. Poppers, Frankfurt a. M. 1967, Rechtstheorie 1970. S. 223 ff.

Seckel, Emil: Die Gestaltungsrechte des Bürgerlichen Rechts, Festgabe für Richard Koch, Berlin 1903, S. 205 ff.

Seidel, Ulrich: Persönlichkeitsrechtliche Probleme der elektronischen Speicherung privater Daten, NJW 1970, S. 1581 ff.

Seiffert, Helmut: Einführung in die Wissenschaftstheorie, Bd. 1: Sprachanalyse – Deduktion – Induktion in Natur- und Sozialwissenschaften, München 1969

Seiler, Hans Hermann: Die deliktische Gehilfenhaftung in historischer Sicht, JZ 1967, S. 525 ff.

Seiler, Robert: Der strafrechtliche Schutz der Geheimsphäre, Köln-Graz 1960

Serick, Rolf: Rechtsform und Realität juristischer Personen, Berlin 1955

Sichtermann, S.: Das Bankgeheimnis als Teil des allgemeinen Persönlichkeitsrechts, MDR 1965, S. 697 ff.

– Bankgeheimnis und Bankauskunft, Systematische Darstellung mit besonderer Berücksichtigung der Rechtsprechung und unter Heranziehung ausländischen Rechts, 2. vollständig neubearbeitete Aufl., Frankfurt a. M. 1966

Siebel: Traktat über kritische Vernunft, Zu dem gleichnamigen Buch von Hans Albert, Schmoller's Jahrbuch für Wirtschafts- und Sozialwissenschaften 1970, S. 67 ff.

Siebert, Wolfgang: Zur allgemeinen Problematik des Persönlichkeitsrechts, NJW 1958, S. 1369 ff.

Siegert, Karl: Fernsehrecht und Schutz der Einzelperson, NJW 1963, S. 1953 ff.
Simitis, Konstantin: Gute Sitten und ordre public, Ein kritischer Beitrag zur Anwendung des § 138 Abs. 1 BGB, Marburg 1960
Smend, Rudolf: Verfassung und Verfassungsrecht, München-Leipzig 1928 (Nachdruck 1955)
Smith, Adam: Über den Reichtum der Nationen, 1776
Smoschewer, Fritz: Das Persönlichkeitsrecht im allgemeinen und im Urheberrecht, Ufita Bd. 3 (1930), S. 119 ff., 229 ff., 349 ff.
Soergel, Hans Theodor/Siebert, W. (Hrsg.): Bürgerliches Gesetzbuch mit Einführungsgesetz und Nebengesetzen, Bd. 1: §§ 1–240, 10. Aufl., 1967; Bd. 2: Schuldrecht I (§§ 241–610), 10. aufl., 1967; Bd. 3: Schuldrecht II (§§ 611–853), 10. Aufl. 1969, Stuttgart-Berlin-Köln-Mainz
Spendel, Günter: Besprechung von Theodor Viehweg, Topik und Jurisprudenz, München-Berlin, NJW 1955, S. 1351
Sperber, Manès: Alfred Adler oder das Elend der Psychologie, Wien 1970
Spieker, Karl: Die Persönlichkeitsrechte, mit besonderer Berücksichtigung des Rechts auf die Ehre im schweizerischen Privatrecht, Aarau 1911
Stadler, Huber: Voraussetzungen und Grenzen von Betriebsbußen, BB 1968, S. 801 ff.
Staudinger, Julius von: Kommentar zum Bürgerlichen Gesetzbuch und dem Einführungsgesetz, Bd. 1: §§ 1–240, 11. Aufl., 1957; Bd. 2, 1 c: §§ 249–327, 10/11. Aufl., 1967, Bd. 2, 3. Teil: §§ 611–704, 11. Aufl., 1958, Berlin
Stegmüller: Hauptströmungen der Gegenwartsphilosophie, 2. Aufl., 1960
Stein, Ekkehard: Lehrbuch des Staatsrechts, Tübingen 1968
Stein, Friedrich/Jonas, Martin/Schönke, Adolf/Pohle, Rudolf: Kommentar zur Zivilprozeßordnung, 19. Aufl., Tübingen 1964 ff.
Stein, Lorenz von: System der Staatswissenschaft, 2. Band: Die Gesellschaftslehre. Erste Abteilung. Der Begriff der Gesellschaft und die Lehre von den Gesellschaftsklassen, Stuttgart-Augsburg 1856
Steinbuch, Karl: Falsch programmiert, Über das Versagen unserer Gesellschaft in der Gegenwart und vor der Zukunft und was eigentlich geschehen müßte, 3. Aufl., München 1969
– Programm 2000 – Die konstruktive Ergänzung zu „Falsch programmiert" – ein provokativer Aufruf zur Umorientierung, Stuttgart 1970
Steindorff, Ernst: Abstrakte und Konkrete Schadensberechnung, AcP Bd. 158 (1959/60), S. 431 ff.
Stoll, Hans: Unrechtstypen bei Verletzung absoluter Rechte, AcP Bd. 162 (1963), S. 203 ff.
– Empfiehlt sich eine Neuregelung der Verpflichtung zum Geldersatz für immateriellen Schaden?, Gutachten für den 45. Deutschen Juristentag, Bd. I (Gutachten), München-Berlin 1964
– Schadensersatz und Strafe – Eine rechtsvergleichende Skizze, Festschrift für Max Rheinstein, Bd. II, Tübingen 1969, S. 569 ff.
Stoll, Heinrich: Vertrag und Unrecht, 1. Halbbd., 2. Aufl., Tübingen 1937
– Vertrag und Unrecht, 2. Halbbd., Tübingen 1936
Strätz, Hans-Wolfgang: Zivilrechtliche Aspekte der Rechtsstellung des Toten unter besonderer Berücksichtigung der Transplantationen, Paderborn 1971
Strasser, Rudolf: Der immaterielle Schaden im österreichischen Recht, Wien 1964

Stratenwerth, Günter: Das rechtstheoretische Problem der „Natur der Sache", Tübingen 1957

– Zum juristischen Begriff des Todes, in: Festschrift für Karl Engisch zum 70. Geburtstag, hrsg. von Paul Bockelmann, Arthur Kaufmann, Ulrich Klug, Frankfurt a. M. 1969, S. 528 ff.

Streissler, Erich: Zur Anwendbarkeit von Gemeinwahlvorstellungen in richterlichen Entscheidungen, in: Zur Einheit der Rechts- und Staatswissenschaften, Ringvorlesung der Rechts- und Staatswissenschaftlichen Fakultät der Albert-Ludwigs-Universität Freiburg i. Br., Wintersemester 1966/1967, Karlsruhe 1967, S. 1 ff.

Ströcker, Elisabeth: Falsifizierbarkeit als Kennzeichen naturwissenschaftlicher Theorien, Kant-Studien 59/1969 (Heft 4), S. 495 ff.

Süllwold, Fritz: Theorie und Methodik der Einstellung, in: Handbuch der Psychologie, Bd. 7, 1. Halbbd.: Theorien und Methoden, hrsg. von Carl-Friedrich Graumann, Göttingen 1969, S. 475 ff.

Süsskind, W. E.: Dagegen hab' ich was, Sprachschnitzer grober und feiner Art, aufgespießt, untersucht und zurechtgerückt, Stuttgart 1969

Sweezy, Paul: Theorie der kapitalistischen Entwicklung, Frankfurt a. M. 1970

Swoboda, Ernst: Das Allgemeine Bürgerliche Gesetzbuch im Lichte der Lehren Kants, Eine Untersuchung der philosophischen Grundlagen des Österreichischen Bürgerlichen Rechts, ihrer Auswirkung im einzelnen und ihrer Bedeutung für die Rechtsentwicklung Mitteleuropas, Graz 1926

Tammelo, Ilmar: Rechtslogik und materiale Gerechtigkeit, Beiträge zur Rechtsphilosophie und zur Theorie des Völkerrechts, Frankfurt a. M. 1971

Teplitzky, Otto: Umwelt und Recht: Die unzureichende Schmerzensgeldbemessung, Ein bedrückendes Problem und seine mutmaßlichen Gründe, NJW 1966, S. 388 ff.

Thiele, Wolfgang: Die Zustimmungen in der Lehre vom Rechtsgeschäft, Köln-Berlin-Bonn-München 1966

Thomas, Heinz/Putzo, Hans: Zivilprozeßordnung mit Gerichtsverfassungsgesetz und den Einführungsgesetzen, 4. Aufl. und Nachtrag, München 1970

Tipke, Klaus/Kruse, Heinrich Wilhelm: RAO (ohne Steuerstrafrecht), Steueranpassungsgesetz, Finanzverwaltungsgesetz, Steuersäumnisgesetz, Verwaltungszustellungsgesetz, FGO, 2.–4. Aufl., Köln-Marienberg 1965/1969

Tomandl, Theodor: Arbeitsrecht und Sozialrecht im Wohlfahrtsstaat, JBI 1969, S. 577 ff.

Topitsch, E.: Vom Ursprung und Ende der Methaphysik, Wien 1958

– Mythos, Philosophie, Politik – Zur Naturgeschichte der Illusion, Freiburg 1969

Trimarchi, Pietro/Benatti, Francesco: Italienische Rechtsprechung auf dem Gebiet des Zivilrechts 1960–1963, RabelsZ Bd. 29 (1965), S. 573 ff.

Trinkhaus, Hans: Die Auskunft des Arbeitgebers und ihre Grenzen, RdA 1961, S. 221 ff.

Troller, Alois: Immaterialgüterrecht, Patent-, Marken-, Urheber-, Muster- und Modell-, Wettbewerbsrecht, Band II, Basel-Stuttgart 1962

Truman, David: The Governmental Process, New York 1953

Tuhr, Andreas von: Allgemeiner Teil des Schweizerischen Obligationenrechts, 1. Halbbd., Tübingen 1924

Uhlitz, Otto: Politischer Kampf und Ehrenschutz, NJW 1967, S. 129 ff.
Ulmer, Eugen: Die Widerrufsklage im Wettbewerbsrecht, ZAKDR 1936, S. 535 ff.
– Urheber- und Verlagsrecht, 2. Aufl., Berlin-Göttingen-Heidelberg 1960
Ulmer, Eugen (Hrsg.): Das Recht des unlauteren Wettbewerbs in den Mitgliedstaaten der Europäischen Wirtschaftsgemeinschaft, Bd. 1–5, München 1965–1968
Unruh, G. C. von: Richteramt und politisches Mandat, Frankfurt a. M. 1971

Valentin, Karl: Gesammelte Werke, München 1969
Vassalli, Guiliano in: Pressefreiheit und Persönlichkeitsrecht in Deutschland und Italien, hrsg. von de Mattia, Heinitz u. a., Karlsruhe 1968, S. 1 ff.
Veelken, Manfred: Zum Namensrecht der Gebietskörperschaften, DÖV 1971, S. 158 ff.
Verhandlungen des 45. Deutschen Juristentages Karlsruhe 1964, hrsg. von der ständigen Deputation des Deutschen Juristentages, Band II (Sitzungsberichte), München-Berlin 1965
Vetter, Ernst Günter: Ein Hebel der Revolution, FAZ vom 28. Juli 1970, Nr. 171, S. 1
Viehweg, Theodor: Über den Zusammenhang zwischen Rechtsphilosophie, Rechtstheorie und Rechtsdogmatik, in: Festschrift für Luis Legaz y Lacambra, Bd. 1, Santiago de Compostela 1960, S. 203 ff.
– Topik und Jurisprudenz, Ein Beitrag zur rechtswissenschaftlichen Grundlagenforschung, 3. Aufl., München 1965
– Systemprobleme in Rechtsdogmatik und Rechtsforschung, in: Festschrift zum 150jährigen Bestehen des Oberlandesgerichts Zweibrücken, Wiesbaden 1969, S. 327 ff.
– Ideologie und Rechtsdogmatik, in: Ideologie und Recht, hrsg. von Werner Maihofer, Frankfurt a. M. 1969, S. 83 ff.
Vogt, Adolf: Zweierlei Schmerzen, Die Grundzüge des Persönlichkeitsschutzes sollten gesetzlich geregelt werden – Überlegungen de lege numquam ferenda, ZPR 1969, S. 78 ff.
Voigtländer/Elster/Kleine: Die Gesetze, betreffend das Urheberrecht an Werken der Literatur und der Tonkunst sowie an Werken der bildenden Kunst und der Photographie, Kommentar, 4. Aufl., Berlin 1952
Vollmer, Lothar: Satzungsmäßige Schiedsklauseln, Bad Homburg-Berlin-Zürich 1970

Walser, Martin: Über die Neueste Stimmung im Westen, Kursbuch 20 (1970), S. 19 ff.
Walter, Robert: Der gegenwärtige Stand der Reinen Rechtslehre, Rechtstheorie 1970, S. 69 ff.
Waugh, Evelyn: Tod in Hollywood, Basel-Wien 1966
Weber, Max: Wirtschaft und Gesellschaft, Grundriß der verstehenden Soziologie, Studienausgabe, hrsg. von Johannes Winckelmann, 1. und 2. Halbbd., Berlin-Köln 1964
Weber, Wilhelm: Zum Recht der Allgemeinen Geschäftsbedingungen, NJW 1968, S. 1 ff.
Weidemann, Helmut: Öffentlichkeitsgrundsatz und Justizkampagne, DRiZ 1970, S. 114 ff.
Weitnauer, H.: Persönlichkeitsschutz und Meinungsfreiheit, Eine Entgegnung, NJW 1959, S. 313 ff.

Weitnauer: Grundfragen des zivilrechtlichen Persönlichkeits- und Ehrenschutzes, Eine kurze Erwiderung auf den Aufsatz von Leinveber in GRUR 1960, 17, GRUR 1960, S. 122

Wellmer, Albrecht: Methodologie als Erkenntnistheorie, Zur Wissenschaftslehre Karl R. Poppers, Frankfurt a. M. 1967

Welzel, Hans: Fahrlässigkeit und Verkehrsdelikte, Zur Dogmatik der fahrlässigen Delikte, Vortrag, Karlsruhe 1961

– Naturrecht und materiale Gerechtigkeit, 4. Aufl., Göttingen 1962

– Das deutsche Strafrecht, Eine systematische Darstellung, 11. Aufl., Berlin 1969

Wendt, Günther: Einige Bemerkungen zur Rufreparation des Ehrverletzten, ORZ 1950, S. 554 ff.

Wenzel, Karl Egbert: Das Recht der Wort- und Bildberichterstattung, Systematisches Handbuch, Stuttgart 1967

Werhahn, Jürgen W.: Nochmals: Persönlichkeitsrecht und Tonbandproblem, Ufita Bd. 33 (1961), S. 205 ff.

– Persönlichkeitsrecht und Zeitgeschichte, Ein Beitrag zur Lehre vom Recht am eigenen Bild, Ufita Bd. 37 (1962), S. 22 ff.

Werner, Nikolaus: Ehestörung und Gattenrecht, Diss. Bonn 1968

Wertenbruch, Wilhelm: Grundgesetz und Menschenwürde, Ein kritischer Beitrag zur Verfassungswirklichkeit, Köln-Berlin 1958

Wespi, Kaspar: Die Drittwirkung der Freiheitsrechte, Züricher Beiträge zur Rechtswissenschaft NF Heft 273, Zürich 1968

Westermann, Harm-Peter: Das allgemeine Persönlichkeitsrecht nach dem Tode seines Trägers, FamRZ 1969, S. 561 ff.

Westermann, Harry: Steht der Genossenschaft das „Allgemeine Persönlichkeitsrecht" zu?, in: Gegenwartsprobleme genossenschaftlicher Selbsthilfe, Festschrift für Paul König, hrsg. vom Institut für Genossenschaftswesen an der Universität Münster, Hamburg 1960, S. 345 ff.

– Der Anspruch auf Rücknahme ehrenkränkender, in Wahrung berechtigter Interessen aufgestellter Behauptungen, Zugleich eine Besprechung des Urteils BGH I ZR 30/58 vom 12. 1. 1960, JZ 1960, S. 692 ff.

– Bürgerliches Gesetzbuch (BGB), Allgemeiner Teil, Karlsruhe 1975 (Schwerpunkte, Bd. 1)

Wieacker, Franz: Bodenrecht, Hamburg 1938

– Aufstieg, Blüte und Krisis der Kodifikationsidee, in: Festschrift für Gustav Boehmer, dem Siebziger von Freunden und Kollegen dargebracht, Bonn 1954, S. 34 ff.

– Vertragsbruch aus Gewissensnot, JZ 1954, S. 466 ff.

– Gesetzesrecht und richterliche Kunstregel, Zu Essers Buch „Grundsatz und Norm", JZ 1957, S. 701 ff.

– Gesetz und Richterkunst, Zum Problem der außergerichtlichen Rechtsordnung, Vortrag, Karlsruhe 1958

– Privatrechtsgeschichte der Neuzeit, 2. Aufl., Göttingen 1967

– Der Beruf des Juristen in unserer Zeit, in: Festschrift für Franz Gschnitzer, Innsbruck 1969, S. 467 ff.

– Zur praktischen Leistung der Rechtsdogmatik, in: Festschrift für Hans-Georg Gadamer, Bd. 2, Tübingen 1970, S. 311 ff.

– Besprechung von Claus-Wilhelm Canaris, Systemdenken und Systembegriff in der Jurisprudenz, entwickelt am Beispiel des deutschen Privatrechts, Berlin 1969, Rechtstheorie 1970, S. 107 ff.

Wieczorek, Bernhard: Zivilprozeßordnung, Nebengesetze, Bd. II, Teil 1, Berlin 1957

Wiedemann, Herbert: Die Übertragung und Vererbung von Mitgliedschaftsrechten bei Handelsgesellschaften, München-Berlin 1965

– Richterliche Kontrolle privater Vereinsmacht, JZ 1968, S. 219 ff.

Wiese, Günther: Der Ersatz des immateriellen Schadens, Tübingen 1964

– Der Persönlichkeitsschutz des Arbeitnehmers gegenüber dem Arbeitgeber, ZfA 1971, S. 273 ff.

Wiethölter, Rudolf: Der Rechtfertigungsgrund des verkehrsrichtigen Verhaltens, Eine Studie zum zivilrechtlichen Unrecht, Karlsruhe 1960

– Die Position des Wirtschaftsrechts im sozialen Rechtsstaat, in: Festschrift für Franz Böhm, Karlsruhe 1965, S. 41 ff.

– Unternehmensverfassungsrecht, Juristen-Jahrbuch Bd. 7 (1966/1967), S. 162 ff.

– Rechtswissenschaft, Frankfurt a. M.-Hamburg 1968

– Recht und Politik, ZRP 1969, S. 155 ff.

– Recht und Politik, ZRP 1969, S. 155 ff.

– Zur politischen Funktion des Rechts am eingerichteten und ausgeübten Gewerbebetrieb, Kritische Justiz 1970, S. 121 ff.

Wilburg, Walter: Die Lehre von der ungerechtfertigten Bereicherung, Graz 1934

– Zusammenspiel der Kräfte im Aufbau des Schuldrechts, AcP Bd. 163 (1964), S. 346 ff.

Wilhelm, Bernhard: Zur Übersendung von Ehescheidungsakten, Zugleich ein Beitrag zum Schutz des Persönlichkeitsrechts im Beamtenverhältnis, ZBR 1964, S. 209 ff.

Will Michael R.: Warentest und Werbung, Heidelberg 1968

Willoweit, Dietmar: Rechtsgeschäft und einverständliches Verhalten – Rechtsdogmatische Randbemerkungen zum Teerfarbenbeschluß des BGH vom 17. 12. 1970 = NJW 1971, S. 2045 ff.

Wintrich, Josef: Zur Auslegung und Anwendung des Art. 2 Abst. 1 GG, in: Staat und Bürger, Festschrift für Willibald Apelt zum 80. Geburtstag, hrsg. von Theodor Maunz, Hans Nawiaskiy, Johannes Heckel, München-Berlin 1958, S. 1 ff.

Wittgenstein, Ludwig: Über Gewißheit, hrsg. von G. E. M. Ansombre und G. H. von Wright, Frankfurt a. M. 1970

Wörterbuch der marxistisch-leninistischen Soziologie, 2. Aufl., Opladen 1971

Wolf, Georg: Der Normzweck im Deliktrecht, Ein Diskussionsbeitrag, Göttingen 1962

Wolff, Hans J.: Juristische Person und Staatsperson (Kritik, Theorie und Konstruktion), Berlin 1933, (Organschaft und juristische Person. Untersuchungen zur Rechtstheorie und zum öffentlichen Recht, 1. Bd.)

Wolpert, Fritz: Persönlichkeitsrecht und Totenrecht, Ufita Bd. 34 (1961), S. 159 ff.

Zacher, Hans F.: Pluralität der Gesellschaft als rechtsphilosophische Aufgabe, Der Staat Bd. 9 (1970), S. 161 ff.

Zeiller, Franz Edler von: Commentar über das allgemeine bürgerliche Gesetzbuch für die gesammten Deutschen Erbländer der Österreichischen Monarchie, Wien 1811–1813

Zeuner, Albrecht: Der Anspruch auf rechtliches Gehör, in: Festschrift für Hans Carl Nipperdey, hrsg. von Rolf Dietz und Heinz Hülner, Bd. I, München-Berlin 1965, S. 1013 ff.

Zimmermann, Eduard: Das unsichtbare Netz, München 1969

Zippelius, Reinhold: Problemjurisprudenz und Topik, NJW 1957, S. 2229 ff.

– Kollisionen des Rechts mit heterogenen Normen und Pflichten, in: Festschrift für Hans Liermann zum 70. Geburtstag, Erlangen 1964, S. 305 ff.

– Rechtsnorm und richterliche Entscheidungsfreiheit, JZ 1970, S. 241 ff.

– Einführung in die juristische Methodenlehre, München 1971

Zippelius/Büttner: Kommentierung zu Art. 1 GG, in Kommentar zum Bonner Grundgesetz (Bonner Kommentar), Zweitbearbeitung 1966, Hamburg 1950 ff.

Zöller, Richard: Zivilprozeßordnung mit Gerichtsverfassungsgesetz und Nebengesetzen, Kommentar, 10. Aufl., bearbeitet von Max Degenhart, Walter Karch, Franz Scherübl und Dieter Stephan, München 1968

Zöllner, Wolfgang: Arbeitsrecht und Politik, DB 1970, S. 54 ff.

– Betriebsjustiz, ZZP 83 (1970), S. 365 ff.

Zuck, Rüdiger: Subsidiaritätsprinzip und Grundgesetz, München 1968

Zuckmayer, Carl: Als wär's ein Stück von mir, Stuttgart-Berlin 1966

Zweigert, Kurt: Grundsätzliche Betrachtungen zum Rechtsschutz im Kartellrecht, DVBl 1953, S. 225 ff.

– Das neue Kartellgesetz, DVBl 1958, S. 625 ff., 733 ff., 783 ff.

Zweigert, Konrad: Rechtsvergleichung, System und Dogmatik, in: Festschrift für Eduard Bötticher zum 70. Geburtstag am 29. Dezember 1969, hrsg. von Karl August Bettermann und Albrecht Zeuner, Berlin 1969, S. 443 ff.

– Rechtsgeschäft und Vertrag heute, Festschrift für Max Rheinstein, Bd. II, Tübingen 1969, S. 493 ff.

– Iherings Bedeutung für die Entwicklung der rechtsvergleichenden Methode, in: Iherings Erbe, Göttinger Symposion zur 150. Wiederkehr des Geburtstages von Rudolp Ihering, hrsg. von Franz Wieacker und Christian Wollschläger, Göttingen 1970, S. 240 ff.

Zweigert, Konrad/Kötz, Hein: Einführung in die Rechtsvergleichung auf dem Gebiete des Privatrechts, Band II, Institutionen, Tübingen 1969

Ergänzung zum Literaturverzeichnis

Benke, Eike Dieter: „Akten-Zeichen X-Y ungelöst" – OLG München NJW 1970, 1745 und OLG Frankfurt/M. NJW 1971, 47, JuS 1972, S. 257 ff.

Beuthien/Hadding/Lüderitz/Medicus/Wolf: Studienkommentar zum BGB, Frankfurt/M. 1975

Biedenkopf, Kurt H.: Die Betriebsrisikolehre als Beispiel richterlicher Rechtsfortbildung, Tübingen 1970

Bloemertz, Carl Bruno: Die Schmerzensgeldbegutachtung, 3. Aufl., Berlin-New York 1971

Bülow, von: Psychologischer Kaufzwang – Ein Schlagwort?, GRUR 1971, S. 74 ff.

Bussmann, Kurt: Reichen die gesetzlichen Bestimmungen insbes. im Hinblick auf die modernen Nachrichtenmittel aus, um das Privatleben gegen Indiskretion zu schützen?, Gutachten, 42. DJT, Verh. Bd. I, 1, S. 5 ff.

Däubler, Wolfgang: Das Grundrecht auf Mitbestimmung, Frankfurt/M. 1975

Deutsch, Erwin: Die Zwecke des Haftungsrechts, JZ 1971, S. 241 ff.

Deutsch, Erwin: Fernsehfahndung und öffentliche Tatbeschreibung, GRUR Int., 1973, S. 463 ff.

Fabricius, Fritz: Arbeitsverhältnis, Tarifautonomie, Betriebsverfassung und Mitbestimmung im Spannungsfeld von Recht und Politik – Gedanken zur Fortentwicklung des Arbeitsverhältnisses in: Festschrift für Erich Fechner, Tübingen 1973, S. 171 ff.

Galbraith, John Kenneth: American Capitalism, The Concept of Countervailing Power, 2ed 1956

Häberle, Peter: Formen und Grenzen normierender Kraft der Öffentlichkeit in gemeinwohlhaltigen Fragen der Praxis, in: Rechtsphilosophie und Rechtspraxis, hrsg. von Thomas Würtenberger, Frankfurt/M. 1971, S. 36 ff.

Haase/Becher: Der Gegendarstellungsanspruch in rechtsvergleichender Sicht, Diss. Freiburg/Breisgau 1970

Henke, Wilhelm: Kritik des kritischen Rationalismus, Tübingen 1974

Honsell, Heinrich: Die Funktion des Schmerzensgeldes, VersR 1974, S. 205 f.

Kleinheyer, Gerd: Rechtsgutverwendung und Bereicherungsausgleich, JZ 1970, S. 471 ff.

Knieper, Rolf: Soraya und die Schmerzensgeldrechtsprechung des Bundesverfassungsgerichts, ZRP 1974, S. 137 ff.

Köbl, Ursula: Die Öffentlichkeit des Zivilprozesses – eine unzeitgemäße Form? , in: Festschrift für Schnorr von Carolsfeld, Köln-Berlin-München 1972, S. 235 ff.

Kohl, Helmut: Medienwirkung und Medienverantwortung, in: Hoffmann-Riem/Kohl/Lüscher, Medienwirkung und Medienverantwortung, Überlegungen und Dokumente zum Lebach-Urteil des Bundesverfassungsgerichts, Baden-Baden 1974, S. 58 ff.

Kohlhaas, Max: Persönlichkeitsschutz und Strafverfahren, ZRP 1972, S. 52 ff.

Krasser, Rudolf: Der Schutz vertraglicher Rechte gegen Eingriffe Dritter, Untersuchungen zum Delikts- und Wettbewerbsrecht Deutschlands, Frankreichs und Belgiens, Köln-Berlin-Bonn-München 1971

Kreuzer, Karl-F.: Persönlichkeitsschutz und Entgegnungsanspruch, in: Festschrift für Willi Geiger, Tübingen 1974, S. 61 ff.

Kübler, Friedrich: Die Haftung der Massenmedien, insbesondere der Presse bei Eingriffen in persönliche oder gewerbliche Rechtspositionen, Arbeiten zur Rechtsvergleichung, hrsg. von Hans Dölle und Ernst von Caemmerer, Frankfurt/M. 1972

Küchenhoff, Günther: Persönlichkeitsschutz kraft Menschenwürde, Festschrift für Willi Geiger, Tübingen 1974, S. 45 ff.

Lampe, Ernst-Joachim: Der Straftäter als Person der Zeitgeschichte, NJW 1973, S. 217 ff.

Laufs, Adolf: Schutz der Persönlichkeitssphäre und ärztliche Heilbehandlung, VersR 1972, S. 1 ff.

Meyer, Dieter: Genugtuungsfunktion des Schmerzensgeldes und Strafzumessung, OLG Düsseldorf, NJW 1974, S. 1289 und OLG Celle, JZ 1970, S. 548, JuS 1975, S. 87 ff.

Migsch, Erwin: Besprechung von Peter Schwerdtner, Fürsorgetheorie und Entgelttheorie im Recht der Arbeitsbedingungen, Heidelberg 1970, ZAS 1971, S. 38 ff.

Mitscherlich, Margarete: Müssen wir hassen?, Über den Konflikt zwischen innerer und äußerer Realität, München 1972

Neumann-Duesberg: Geldliche Genugtuung neben Widerruf und Unterlassung?, in: Festschrift für Georg Roeber, Berlin 1973, S. 403 ff.

Orth, Siegfried: Die Bereicherung im Patentrecht, Marburg 1928

Pärn, Franziskus: Die Beseitigungsklage des Individuums contra Massenmedium, Essen 1974

Parker, Reginald: Das Privatrecht der Vereinigten Staaten in Amerika, Wien 1960

Persson Blegvad, Britt-Mari: Schiedsverfahren und staatlicher Prozeß als Mittel der Konfliktlösung in der Wirtschaft, in: Rehbinder, Manfred, Einführung in die Rechtssoziologie, Frankfurt/M. 1971, S. 126 ff.

Remé, Thomas M.: Die Aufgaben des Schmerzensgeldes im Persönlichkeitsschutz, Berlin 1962

Reumann: Waffengleichheit in der Gegendarstellung, Berlin 1971

Ridder, Helmut: Rechtsschutz der Person, in: Vorträge, gehalten anläßlich der Hessischen Hochschulwochen für staatswissenschaftliche Fortbildung, Bd. 32 (1962), S. 45 ff.

Richardi, Reinhard: Besprechung von Adomeit, Rechtsquellenfragen im Arbeitsrecht, München 1969, AcP Bd. 171 (1971), S. 179 ff.

Rohrmoser, Günter: Emanzipation und Freiheit, München 1970

Schulz, Fritz: System der Rechte auf den Eingriffserwerb, AcP Bd. 105 (1909), S. 1 ff.

Struck, Gerhard: Das Recht am Namen und die Dialektik der Aufklärung, Archiv für Rechts- und Sozialphilosophie, Bd. LXI/1, 1975, S. 67 ff.

Weimar, Wilhelm: Besprechung von Strätz, Zivilrechtliche Aspekte der Rechtsstellung des Toten unter besonderer Berücksichtigung der Transplantation, Paderborn 1971, MDR 1971, S. 795

Wieacker, Franz: Besprechung von Adomeit, Rechtsquellenfragen im Arbeitsrecht, München 1969, Rechtstheorie 1971, S. 118 ff.

Wolf, Ernst: Allgemeiner Teil des Bürgerlichen Rechts, Köln-Berlin-Bonn-München 1973

Stichwortverzeichnis

Achtungsanspruch 94 ff, 175 ff
Akten-Zeichen X-Y ungelöst 196 ff
Aktivitätsschutz 92 ff
Allgemeines Persönlichkeitsrecht 6 ff, 94 f
Anlaßfälle 8, 9, 252 ff
BGB-Gesetzgeber 8
Juristische Personen 117 ff
Lebensgut i.S.v. § 823 Abs. 1 BGB 95
Rahmenrecht 97 ff
Rechtsdogmatische Verortung 94 ff
Rechtspolitik 167
Rechtswidrigkeitsurteil 98
Systematisierungsversuche 89 ff
Träger 101 ff
Hermeneutik und Verfassungsrecht 73 ff
Arbeitsrecht, Menschenwürde 167 ff
Aufopferungsanspruch, bei Persönlichkeitsverletzungen 344 ff
Aufopferungsschmerzensgeld 345
Aufsichtspflicht, elterliche 181
Ausgleichsfunktion 276 ff

Bankgeheimnis 176 f
Berufliche Werdegangsdaten, Weitergabe an Dritte 204 ff
Beschäftigungsanspruch 284
Bildanonymität 207 ff
Bild, Recht am eigenen 207 ff
Buße 309

Das allgemeine Persönlichkeitsrecht, eine juristische Mißgeburt? 77, 95
Drittwirkung der Grundrechte, gesellschaftspolitischer Hintergrund 126 ff

Ehestörungsklage 178 ff
Ehre, sonstiges Recht i.S.v. § 823 Abs. 1 BGB 8
Ehrenschutz, zivilrechtlicher 7 ff
Eingriffserwerb 241 ff
Eingriffskondiktion 241 ff
Eingriffstheorie, Zuweisungstheorie 241 ff
Enumerationsprinzip des § 253 BGB, Verbot der Rechtsfortbildung 257 ff
Enumerationsprinzip des § 253 BGB und Verfassungsrecht 255 ff
Ersatz des immateriellen Schadens und strafgerichtliche Verurteilung 301 ff
Ersatz des Nichtvermögensschadens 249 ff
Bagatellfälle 303 ff
Reformbestrebungen 294/295
Verfassungsmäßigkeit 75 ff, 255 ff

Gegendarstellungsanspruch 339 ff
Ersatz des Nichtvermögensschadens 343 f
Rechtsgrundlage 339/340
Reformbedürtigkeit 341
Verhältnis zum Widerrufsanspruch 343/344
Gegendarstellungsobliegenheit 343/344
Gegendarstellungsrecht 339 ff
Generalprävention 272
Genugtuungsfunktion 272 ff
Gerichtsöffentlichkeit 188 ff

Immaterieller Schadensersatz 249 ff
Ausgleichs- und Genugtuungsfunktion bei Personenverletzungen 279 ff
Dogmatische Verortung 95
Billigkeitshaftung 287
Buße 309
Ersatz des, und Strafrecht 290
Funktion der gesetzlichen Fälle 294
Haftpflichtversicherung 290/291
Körperverletzung 277 ff
Verletzung des allgemeinen Persönlichkeitsrechts 249 ff
Materialien des BGB 263/264
Meinungsstand 275 ff
Privatstrafe 276
Vermögensverhältnisse des Verletzten, Verletzers 294
Schwere des Eingriffs 293/294
Informativurteil 336 ff
Integritätsschutz 245

Jurisprudenz, politische Handlungswissenschaft 54 ff

Klassenjustiz 295 ff
Kommerzialisierung 265 ff
Kritischer Rationalismus 45 ff
Kunsturhebergesetz 207 ff

Liberales Modell, Abschied 140 ff
Lizenzgebühr, übliche Grenzen dieser Schadensberechnungsart 226 ff
Lizenzvertrag, fiktiver, Sittenwidrigkeit 226 ff

Marktwirtschaft, Planwirtschaft 163 ff
Meinungs- und Pressefreiheit, allgemeines Persönlichkeitsrecht 269 ff

Namensanonymität 200
Namensrecht 8, 238 ff
Nennung von Prozeßbeteiligten in Urteilen 194 ff
Nichtvermögensschaden, Ersatz des, Verfassungsmäßigkeit 75 ff, 255 ff

Personen der Zeitgeschichte, relative, absolute 214 ff
Persönlichkeitsrecht, allgemeines
 Systematisierungsversuche 89 ff
 allgemeines 6 ff, 94 f
 von juristischen Personen 117 ff
Persönlichkeitsschutz
 einfaches Gesetzesrecht 74 ff
 marxistische Kritik am 87 ff
 strafrechtlicher, zivilrechtlicher 289/290
Politische Rechtstheorie 37 ff
Postmortales Persönlichkeitsrecht 101 ff
 Gegendarstellungsanspruch 117
 positiv-rechtlicher Befund 104 ff
 Schmerzensgeld 116
 Teilrechtsfähigkeit 107/108
 Widerrufsanspruch 116
Pressefreiheit 269 ff
Privatautonomie, Grenznormen 130 ff, 143 f
Privat-, Intimsphäre 79 f

Recht am eigenen Bild 207 ff
 Einwilligung 211 f
 Fälle zulässiger Aufnahme und Verbreitung 210/211
 Verbot der Aufnahme 208 ff
Recht am Lebensbild, Abgrenzung zum Recht am eigenen Bild 218 ff

Schadensberechnung, abstrakte 230/231
Schadensersatz, exemplarischer 289
Schiedsgerichtswesen 156 ff
Schmerzensgeldanspruch 249 ff
 Abtretbarkeit 291/292
 Ansprüche in Vertragsverhältnissen 261
 Subsidiarität 311 ff
 Vererblichkeit 291/292
Schmerzensgeld 249 ff
 Betragshöhen 303 ff
 Rechtsprechung, ein Stück Klassenjustiz? 295 ff
 Rechtsprechung 252 ff
 Gefährdung der Pressefreiheit 269 f
 Rentenleistung und strafgerichtliche Verurteilung 301 ff
 Vererblichkeit 291/292
 Verhältnis zum Widerruf 311 ff
 Verpflichtung zu Rentenleistungen 291
 Versicherungsfähigkeit 290/291
Schmerzensgeldtabellen 292/293
Spezielle Persönlichkeitsrechte, Rechtsfolgen der Verletzung 94 ff, 225 ff
Straftaten, Grenzen der Presseberichterstattung 218 ff
Straftäter
 allgemeines Persönlichkeitsrecht 215
 als Person der Zeitgeschichte 214 ff
Subjektives Recht 149 ff

Tagebücher 9
Teilhaberanspruch 125 ff
Theorie der subjektlosen Rechte 108
Tonbandaufnahmen 9
Ton-, Fernseh- und Filmaufnahmen im Gerichtssaal 186 ff
Topisches Rechtsdenken 28 ff

Übermaßverbot, zivilrechtliches 153 ff
Unerlaubte Handlung, Persönlichkeitsschutz 94 ff, 226 ff
Ungerechtfertigte Bereicherung, Persönlichkeitsschutz 241 ff
Urheberrecht, Rechtsnatur 236/237

Verbrechensaufklärung durch Fernsehsendungen 196 ff
Vertragsfreiheit, Eigentumsfreiheit 161 ff
Vertragsrecht, Funktion 144 ff
Verinnerlichung der Persönlichkeitsrechtsdiskussion 79 ff
Verunglimpfung des Ansehens Verstorbener 104/105

Werbezusendungen, Schutz vor 202 ff
Widerruf 311 ff
  Befugnis zur Urteilsveröffentlichung 320/321
  Beweislast 321 ff
  eingeschränkter, uneingeschränkter 315 ff
  Form 325 ff
  Rechtsgrundlagen 313
  Verhältnis zum Gegendarstellungsanspruch 342/343
  Verhältnis zum Schmerzensgeldanspruch 343 f
  Vollstreckung 332 ff
  Voraussetzungen und Grenzen 313
  Widerrufsanspruch 311 ff
  Abschied von 336 ff
  Ausforschungsinstrument 324
  Widerrufsanspruch 311 ff
  und Vorbringen im schwebenden Zivilprozeß 328 ff
  vermögensrechtliche Natur 319/320
  Wahrnehmung berechtigter Interessen 327/328
Widerrufsurteil, Vollstreckbarkeit 332 ff
Wohl des Kindes, Gefährdung 181
Würde 72 ff

Zivilurteile, Nennung von Prozeßbeteiligten 194 ff
Zuweisungsgehalt 241 ff

FSC
www.fsc.org
MIX
Papier | Fördert
gute Waldnutzung
FSC® C083411

Kolibri 360 GmbH
Ferdinand-Jühlke-Straße 7
99095 Erfurt, Deutschland
produktsicherheit@kolibri360.de